治療行為と刑法

天田 悠 著

成 文 堂

はしがき

　本書は、「ドイツ刑法における治療行為論の歴史的展開」、「治療行為論の史的考察」、および「傷害罪の保護法益からみた治療行為論」（早稲田法学会誌63巻2号～66巻1号（2013年～2015年）掲載）をもとに執筆した博士学位論文に、加筆・修正を施した研究書である。もっとも、本書の公刊にあたっては、全体の構成を改め、旧稿の叙述を大幅に見直すとともに、未公表の部分を新たに書き下ろした。基本的な構想は学位論文のときから一貫しているが、私見の細部については考えを改めた部分もある。

　医師の治療行為がわれわれにとって必要不可欠であるということは、もはやいうまでもない。しかし、それは、人の諸々の権利・利益を脅かす危険性を有する行為であるがゆえに、憲法や民法はもちろん、とりわけ刑法とはつねに緊張関係にある。しかも治療行為は、それ自体で完結したテーマではなく、終末期医療、臨床試験、医療事故、臓器移植といった医療をめぐるさまざまな現代的課題へと波及しうる複合的・学際的な問題領域でもある。本書は、この「治療行為」という問題領域に、刑法理論のフィルターをとおして基礎理論的検討を加えることで、医療にまつわる法的諸問題を解決するための基本的指針を与えようとする試みである。もとより、本書のこうした試みがどの程度まで具現化できているかは心許ないかぎりであるが、読者の方々からのご批判・ご叱正を仰ぎつつ、引きつづき研鑽を重ねていくことを誓いたい。

　本書の公刊に至ることができたのは、非常に多くの先生方のご指導・ご助力があったからこそである。

　まず、恩師である甲斐克則先生（早稲田大学法学学術院教授）に心より御礼を申し上げたい。先生とはじめてお会いしたのは、筆者が大学2年時に履修した医事刑法の講義のときである。その講義を受けて医事刑法の世界に魅了され、その後、大学院に入学して謦咳に接することを許されて以来、先生からは、今日まで厳しくも温情あふれるご指導を賜っている。先生との出会いが

なければ、本書が生まれることはなかったと断言できる。これまでのご指導に対する感謝の気持ちを込めて、本書を甲斐克則先生に捧げさせていただく。

早稲田大学法学学術院の先生方からも、多くのご指導・ご支援を賜っている。とりわけ、学位論文の審査をお引き受けいただいた、高橋則夫先生、松澤伸先生、岩志和一郎先生には、お名前を挙げて御礼を申し上げることをお許しいただきたい。また、刑事法関係の研究会では松原芳博先生、杉本一敏先生に、医事法関係の研究会では山口斉昭先生に、それぞれあたたかくも厳しいご指導をいただいている。心より感謝を申し上げるとともに、今後も引きつづきご指導を賜りたいと切に願っている。

また、仲道祐樹先生（早稲田大学社会科学総合学術院教授）、福山好典先生（姫路獨協大学人間社会学群現代法律学類専任講師）からは、研究生活の最初期から現在に至るまで有形無形のご支援・ご指導をいただいている。もちろん、ここにお名前を挙げることのできなかった多くの先生方、先輩、同期、そして後輩からも貴重なご教示を賜っている。これまでお世話になったすべての方に、謹んで謝意を表する。

さらに、昨今の厳しい出版情勢にもかかわらず、本書の公刊を快くお引き受けくださった成文堂の阿部成一社長、そして本書の編集につき細やかなご配慮をいただいた篠崎雄彦氏に対し、この場を借りて心より御礼を申し上げたい。なお、本書は、日本学術振興会2012年度～2014年度科学研究費補助金（特別研究員奨励費：課題番号12J04390）、2016年度～2017年度同補助金（研究活動スタート支援：課題番号16H07275）に基づく研究成果の一部であり、刊行にあたって、2017年度同補助金（研究成果公開促進費：課題番号17HP5130）による助成を受けた。ここに記して謝意を表する。

最後に、私事にわたるが、本書の完成を心待ちにしてくれていた祖父・江口秀男が、本年5月18日に他界した。本書をその生前に届けられなかったことは、痛恨のきわみというほかない。自らの不甲斐なさを心より恥じつつ、遅ればせながら本書を亡き祖父の霊前に捧げる。

2017年11月2日

天　田　　悠

目　　次

はしがき

序　章 ……………………………………………………………………… 1

第 1 章　わが国の現状と課題の設定
第 1 節　わが国の現状 ……………………………………………… 17
第 2 節　課題の設定 ………………………………………………… 66

第 2 章　ドイツ法の系譜的考察・その 1
　　　　　──判例・学説の展開
第 1 節　本章の目的 ………………………………………………… 75
第 2 節　第二次世界大戦前の展開：
　　　　議論の発端から身体利益説の登場・発展まで ………… 77
第 3 節　第二次世界大戦後の展開：
　　　　結果説の隆盛と 3 つの理論的アプローチ ……………… 109
第 4 節　ドイツ法の到達点とその理論的検討 …………………… 134
第 5 節　本章の成果 ………………………………………………… 150

第 3 章　ドイツ法の系譜的考察・その 2
　　　　　──刑法改正作業の展開
第 1 節　本章の目的 ………………………………………………… 157
第 2 節　第二次世界大戦前の刑法改正作業：
　　　　治療行為関連規定の誕生とその変遷 …………………… 161
第 3 節　第二次世界大戦後の刑法改正作業：
　　　　判例法理の結晶化を目指して …………………………… 185
第 4 節　ドイツ刑法改正作業の到達点とその理論的検討 ……… 205

第5節　本章の成果 ……………………………………………………… 213

第4章　ドイツ法の理論的考察
　　　　――治療行為と傷害罪の保護法益
　　第1節　本章の目的 ……………………………………………………… 217
　　第2節　ドイツ刑法223条の制定とその解釈 ………………………… 222
　　第3節　傷害罪の法益論をめぐる2つの潮流 ………………………… 260
　　第4節　傷害罪における「身体」法益の内容と構造 ………………… 310
　　第5節　本章の成果 ……………………………………………………… 321

第5章　スイス法の比較法的考察
　　第1節　本章の目的 ……………………………………………………… 325
　　第2節　スイス刑法における「身体に対する罪」の概要 ………… 329
　　第3節　専断的治療行為をめぐるスイス判例の分析 ……………… 338
　　第4節　判例分析に基づく学説の比較法的検討：
　　　　　　3つの視点からみた各国比較 ………………………………… 351
　　第5節　本章の成果 ……………………………………………………… 363

終　章　治療行為の法益論的基礎づけ
　　第1節　治療行為をめぐる議論の法益論的検討 …………………… 368
　　第2節　治療行為の正当化――違法阻却論の基本的枠組み ……… 380

結　語 ……………………………………………………………………………… 411

参考文献一覧 ……………………………………………………………………… 427
事項索引 …………………………………………………………………………… 501
人名索引 …………………………………………………………………………… 507
判例索引 …………………………………………………………………………… 510

細 目 次

はしがき i

序 章 ……………………………………… 1
一 本書の目的と本研究の意義 ………… 3
　1　本書の目的：「治療行為論」体系の構築 3
　2　本研究の意義 6
二 検討対象の設定と本書の構成 ……… 8
　1　検討対象の設定：治療行為の概念をめぐって 8
　2　本書の構成 11

第1章 わが国の現状と課題の設定 …… 13

第1節 わが国の現状 ………………… 17
第1款 治療行為をめぐる議論の系譜的検討 …………………… 17
　第1項 現行刑法典の制定と理論的基礎づけの試み ……………… 17
　　1　現行刑法典の制定 18
　　2　理論的基礎づけの試み 21
　第2項 身体侵害モデルと自由侵害モデルによる対立軸の明確化 … 27
　　1　藤木英雄による理論的基礎づけの試み：自由侵害モデルの立場から 28
　　2　町野朔による「治療行為」論の整理・整頓：身体侵害モデルの立場から 32
　　3　治療行為をめぐる議論の純化：傷害罪の法益理解をめぐって 41

　　4　求められる分析：ドイツ法の系譜分析 46
第2款 治療行為をめぐる議論の理論的検討 …………………… 48
　第1項 身体侵害モデルの理論的基礎 …………………………… 51
　　1　個別的考察による基礎づけ 52
　　2　正当(業務)行為規定による基礎づけ 54
　　3　刑事政策的基礎づけ 55
　第2項 自由侵害モデルの理論的基礎 …………………………… 59
　　1　全体的考察による基礎づけ 60
　　2　自由侵害モデルにおける3つのアプローチ 61

第2節 課題の設定 …………………… 66
第1款 治療行為をめぐる議論の比較法的検討(第2章～第5章) … 67
　第1項 ドイツ法 …………………… 67
　　1　分析の指針 67
　　2　検討素材の選択と期待される成果 68
　第2項 スイス法 …………………… 69
　　1　分析の指針 69
　　2　検討素材の選択と期待される成果 69
　第3項 オーストリア法 …………… 69
　　1　分析の指針 69
　　2　検討素材の選択と期待される成果 70
第2款 治療行為論の理論的基礎の呈示(終章) …………………… 71

第2章 ドイツ法の系譜的考察・その1
　　──判例・学説の展開 73

第1節 本章の目的 75
　第1款 本章の課題 75
　第2款 分析対象とその選択理由 75
　第3款 本章の構成 76
第2節 第二次世界大戦前の展開：議論の発端から身体利益説の登場・発展まで 77
　第1款 前 史：議論の揺籃期 78
　第2款 ライヒ裁判所1894年判決 78
　　第1項 本判決の意義：同意原則の提唱 78
　　第2項 学説の反応 82
　第3款 刑法学説の「高揚」：身体侵害モデルと自由侵害モデルをめぐって 84
　　第1項 身体侵害モデルの擁護：バールとリリエンタールの議論 ... 85
　　　1 「患者の承諾」の位置づけ ... 85
　　　2 「医師の説明義務」の内実理解 86
　　　3 議論の意義と残された課題 ... 87
　　第2項 自由侵害モデルの整備：シュトースとカールの議論 87
　　　1 全体的考察の導入：シュトースの議論 87
　　　2 全体的考察のさらなる推進：カールの議論 88
　　　3 議論の特徴と次款への序 89
　第4款 治療行為論における身体利益説の胎動：ベーリングの所説をめぐって 91
　　第1項 刑法改正論議の概要 91
　　第2項 「身体利益」概念による基礎づけの試み：ベーリングの身体利益説 92
　　　1 身体利益の概念 93
　　　2 傷害構成要件該当性の判断過程 94
　　　3 身体利益説における承諾の位置づけ 95
　　　4 身体利益説の学説史的意義 95
　第5款 第二次世界大戦前夜の身体利益説：エンギッシュとエベルハルト・シュミットの議論 96
　　第1項 優越的利益原理による基礎づけ：エンギッシュの議論 96
　　　1 ベーリング理論からの出発とそれとの訣別 97
　　　2 優越的利益原理と同意思想が結びつく3つの類型 98
　　　3 エンギッシュの利益理解とその帰結 99
　　　4 私的自治という観点の投入 100
　　　5 エンギッシュ理論の学説史的位置づけ 101
　　第2項 社会的行為論による基礎づけ：エベルハルト・シュミットの議論 103
　　　1 社会的行為論による基礎づけ 103
　　　2 議論のまとめと次項への序 104
　　第3項 判例・学説にみるナチス刑法学の趨勢 105
　　　1 刑法改正の影響 105
　　　2 指導的見解の趨勢と判例の抵抗 106
　第6款 小 括：身体利益説の抬頭と発展 108
第3節 第二次世界大戦後の展開：結果説の隆盛と3つの理論的アプローチ 109
　第1款 戦後復興期の議論：結果説の

隆盛まで 109
第1項　「医師の説明義務」をめぐる判
　　　例・学説の諸相 109
　1　戦後における判例の展開　109
　2　医師の説明義務をめぐる刑法学説
　　の動向：グリュンヴァルトの議論
　　を中心に　111
　3　議論の到達点と残された課題
　　112
第2項　結果説の抬頭 113
　1　基本法理解を出発点とする結果
　　説：アルトゥール・カウフマンの
　　議論　113
　2　過失犯の成否を問う結果説：ボッ
　　ケルマンの議論　115
　3　結果説の意義と限界　116
第2款　治療行為論の変転：3つの理
　　　論的アプローチを中心に 117
第1項　身体侵害モデルの再評価のき
　　　ざし 117
第2項　結果説からのアプローチ 118
　1　エーザーの修正結果説　118
　2　修正結果説の特徴　120
第3項　危険判断アプローチ 121
　1　シュミットホイザーの危険緩和説
　　121
　2　マリア-カタリナ・マイヤーの危険
　　減少説　122
　3　危険判断アプローチの特徴とその
　　予備的検討　122
第4項　法益論アプローチ 123
　1　序論的考察　124
　2　自由主義的法益論に基づく身体法
　　益の具現化：ロクシンの議論　127
　3　治療行為をめぐる問題の「二元的」
　　解決：ホルンの議論　129
　4　自由主義的法益論に基づく傷害構

　　成要件の再検討：タークの議論
　　130
　5　法益論アプローチの特徴とその政
　　策的背景　132
第3款　小　括：ドイツ法の到達点と
　　　しての法益論アプローチ 133
**第4節　ドイツ法の到達点とその理論的
　　　検討** 134
第1款　身体侵害モデルの理論的到達
　　　点 134
第1項　判例の概観 134
　1　基本的立場　134
　2　医師の説明義務　135
第2項　学説の概観 136
　1　個別的考察による基礎づけ　136
　2　刑事政策的基礎づけ　137
第2款　自由侵害モデルの理論的到達
　　　点 138
第1項　共通の出発点：全体的考察に
　　　よる基礎づけ 138
第2項　適法化メルクマールの操作・
　　　措定による解決：いわゆる行
　　　為説・結果説を中心に 139
　1　行為説の基本構想とそのヴァリエ
　　ーション　139
　2　結果説の基本構想とそのヴァリエ
　　ーション　142
第3項　傷害罪の法益論による解決：
　　　法益論アプローチの基本的主
　　　張と検討課題の具体化 145
　1　法益論アプローチの基本的主張
　　146
　2　検討課題の具体化：第3章と第4
　　章への序　148
第3款　小　括：身体侵害モデルの堅
　　　持と自由侵害モデルのヴァリ
　　　エーション 149

viii　細目次

第5節　本章の成果 …………………… 150
　第1款　ドイツ法における法益論アプローチの意義 ……………… 150
　第2款　獲得された課題：「身体」法益論の検討必要性 …………… 151

第3章　ドイツ法の系譜的考察・その2
　　　──刑法改正作業の展開 ……… 155
第1節　本章の目的 …………………… 157
　第1款　本章の課題 ……………… 157
　第2款　分析対象とその選択理由 …… 158
　　第1項　時間的範囲とその時期区分 … 158
　　第2項　分析対象とする議論 ……… 158
　第3款　本章の構成 ……………… 159
第2節　第二次世界大戦前の刑法改正作業：治療行為関連規定の誕生とその変遷 ……………… 161
　第1款　問題の所在 ……………… 161
　　第1項　前史 …………………… 162
　　　1　議論の揺籃期　162
　　　2　1894年判決の登場　163
　　第2項　判例を契機とする身体侵害モデルと自由侵害モデルの対立 ……… 163
　　　1　2つの思考モデルの基本的枠組み　164
　　　2　理論的対立点　164
　　第3項　刑法改正の目的 ………… 165
　第2款　第Ⅰ期：黎明期──刑法改正作業の胎動 ……………… 166
　　第1項　刑法改正作業始 ………… 166
　　第2項　1911年対案における結実 … 167
　　第3項　1913年草案の身体侵害モデル的立場 …………………… 168
　第3款　第Ⅱ期：伸展期──「患者の自己決定権」と「医師の治療権」の相克 …………………… 169
　　第1項　ワイマール体制下の刑法改正作業 …………………… 169
　　　1　1919年草案の専断的治療行為処罰規定　169
　　　2　1922年ラートブルフ草案の傷害罪排除規定　171
　　第2項　1925年草案の傷害罪排除規定 …………………… 172
　　　1　1925年草案起草の経緯　172
　　　2　「良心的な医師の慣行」の内容　173
　　　3　傷害罪排除規定と同意傷害規定の関係　174
　　　4　専断的治療行為処罰規定の頓挫　175
　　第3項　1927年草案および1930年草案をめぐる議論 …………… 175
　　　1　1927年草案をめぐる議論　175
　　　2　1930年草案をめぐる議論　178
　第4款　第Ⅲ期：混迷期──ナチス政権下の刑法改正作業 ………… 178
　　第1項　ナチスの抬頭と刑法改正 … 178
　　　1　ナチスの政権獲得と1933年草案の起草　178
　　　2　1933年草案と1930年草案の差異　179
　　　3　刑法改正作業におけるナチス刑法学の趨勢　180
　　第2項　1936年草案と1939年草案 … 182
　　　1　1936年ギュルトナー草案　182
　　　2　1939年草案：ナチスの刑法改正の黄昏　183
　第5款　小括：専断的治療行為処罰規定の狙いと次節に向けた課題 …………………… 184
第3節　第二次世界大戦後の刑法改正作業：判例法理の結晶化を目指し

　　　　　て ………………………… 185
　第1款　プロローグ ………………… 185
　第2款　第Ⅳ期：復興期——「戦前」と
　　　　　の訣別は果たせたか ………… 186
　　第1項　刑法改正作業の再開とその展
　　　　　　開 ……………………………… 186
　　　1　1959年第1・第2草案　186
　　　2　医学界の趨勢　188
　　　3　1959年第1草案の関連条文とその
　　　　　特徴　189
　　第2項　1960年刑法典草案 …………… 190
　　　1　起案の背景　190
　　　2　傷害罪排除規定　191
　　　3　専断的治療行為処罰規定　192
　　第3項　1962年刑法典草案 …………… 193
　　　1　起案の背景　193
　　　2　傷害罪排除規定　194
　　　3　専断的治療行為処罰規定：自由侵
　　　　　害罪としての専断的治療行為　195
　　　4　草案審議とドイツ法曹大会　197
　第3款　第Ⅴ期：新興期——「戦後」の
　　　　　新たな動き ……………………… 198
　　第1項　1970年代の起草 ……………… 198
　　第2項　1970年代の専断的治療行為
　　　　　　処罰規定 ……………………… 198
　　第3項　第5次刑法改正法担当官草案
　　　　　 ………………………………… 200
　第4款　第Ⅵ期：転換期——第6次刑
　　　　　法改正法の展開 ………………… 201
　　第1項　1996年担当官草案の起草 …… 201
　　第2項　1996年草案の内容と特徴 …… 202
　　第3項　エピローグ …………………… 204
　第5款　小　括：判例法理の結晶体と
　　　　　しての刑法改正草案 …………… 204
**第4節　ドイツ刑法改正作業の到達点と
　　　　その理論的検討 …………………… 205**
　第1款　専断的治療行為処罰規定の保

細目次　ix

　　　　　護法益 ………………………… 206
　　第1項　刑法改正草案における3つの
　　　　　　権利・利益理解 ……………… 206
　　第2項　「利益」理解をめぐる対立の原
　　　　　　因 ……………………………… 207
　　第3項　獲得された分析視角とさらなる
　　　　　　検討課題：第4章への序 …… 208
　第2款　専断的治療行為の刑事規制 … 209
　　第1項　医師に対する特別刑法 ……… 210
　　第2項　医師の説明義務をめぐって … 211
　　　1　刑法改正草案の対応　211
　　　2　医学会内部の相克　212
第5節　本章の成果 …………………… 213
　第1款　ドイツ刑法改正作業からみた
　　　　　法益論アプローチの到達点 … 213
　第2款　次章への課題 ………………… 213

**第4章　ドイツ法の理論的考察
　　　　——治療行為と傷害罪の保護法
　　　　益 ………………………………… 215**
第1節　本章の目的 …………………… 217
　第1款　分析の対象 …………………… 220
　第2款　本章の構成 …………………… 221
**第2節　ドイツ刑法223条の制定とその
　　　　解釈 ……………………………… 222**
　第1款　本節の目的 …………………… 222
　第2款　序論的考察：ドイツ刑法にお
　　　　　ける身体・健康の保護 ………… 223
　　第1項　「身体」概念をめぐる議論 …… 223
　　第2項　「健康」概念をめぐる議論 …… 225
　　第3項　世界保健機構（WHO）による
　　　　　　「健康」の定義 ……………… 226
　　第4項　議論のまとめと次款への序 … 227
　第3款　ドイツ刑法223条の制定 ……… 228
　　第1項　前　史：ローマ法からカロリ
　　　　　　ナ刑事法典制定まで ………… 228

x　細目次

第 2 項　学説の展開 ………………………… 231
第 3 項　1813 年のバイエルン刑法典制
　　　　定まで …………………………… 232
　　1　1751 年のバイエルン刑事法典とそ
　　　の周辺：ローマ法以来の伝統的立
　　　場との訣別　233
　　2　1794 年のプロイセン一般ラント
　　　法：名誉に対する罪への執心　234
　　3　1813 年のバイエルン刑法典：傷害
　　　概念の細分化の試み　235
第 4 項　ライヒ刑法典制定まで ……… 236
　　1　1851 年のプロイセン刑法典：傷害
　　　と暴行による侮辱との連続性　236
　　2　1870 年の北ドイツ連邦刑法典：傷
　　　害と暴行による侮辱との峻別　238
　　3　1871 年のライヒ刑法典：傷害概念
　　　をめぐる議論の停滞　239
　　4　議論のまとめと次項への序：名誉
　　　に対する罪から自由に対する罪へ
　　　240
第 5 項　ドイツ刑法改正論議 ………… 241
　　1　第二次世界大戦前の刑法改正論
　　　議：傷害概念の純化に向けた動き
　　　241
　　2　第二次世界大戦後の刑法改正論
　　　議：傷害罪をつうじた自己決定権
　　　保護の試み　243
第 6 項　議論のまとめと検討課題の抽
　　　　出 ………………………………… 246
　　1　ドイツ傷害罪規定をめぐる立法的
　　　到達点　246
　　2　残された課題と次款への序：問題
　　　解決への糸口　247
第 4 款　ドイツ刑法 223 条の解釈 ……… 248
第 1 項　身体的虐待の解釈 …………… 248
　　1　問題の所在：身体的虐待における
　　　「有害で不適切な取扱い」の解釈

　　　248
　　2　判例の変遷とその特徴　250
　　3　判例分析に基づく学説の系譜的検
　　　討　254
第 2 項　健康損害の解釈 ……………… 257
　　1　判例・通説における基本的理解　257
　　2　健康損害の適用例　258
第 3 項　身体的虐待と健康損害の関係
　　　　………………………………… 259
第 5 款　小　括：議論の到達点と獲得
　　　　された課題 …………………… 259
第 3 節　傷害罪の法益論をめぐる 2 つの
　　　　潮流 ……………………………… 260
第 1 款　本節の目的 ……………………… 260
第 2 款　傷害罪の法益論をめぐる伝統
　　　　的潮流：「身体」法益概念の内
　　　　容的限定の試み ……………… 263
第 1 項　基本的枠組み ………………… 263
第 2 項　伝統的潮流における各アプロー
　　　　チ ………………………………… 265
　　1　純客観的アプローチ：ナーグラー
　　　＝シェーファーとザウアーの議論
　　　265
　　2　身体利益説からのアプローチ：ベー
　　　リングとエンギッシュの議論
　　　266
　　3　身体の不可侵アプローチ：現在の
　　　支配的見解　268
　　4　アメルンクのアプローチ：承諾論
　　　による自己決定権の保護　270
第 3 項　伝統的潮流の批判的検討 …… 274
第 3 款　傷害罪の法益論をめぐる新た
　　　　な潮流：「身体」法益概念の豊
　　　　穣化の試み …………………… 276
第 1 項　基本的枠組み ………………… 276
第 2 項　新たな潮流における各アプロー
　　　　チ ………………………………… 278

1　自由主義的法益論からのアプロー
　　　　チ……278
　　　2　治療行為における統合モデルの投
　　　　入：タークの議論……284
　　　3　中間的考察……286
　第3項　新たな潮流のヴァリエーショ
　　　　ン……289
　　　1　基盤モデルの提唱：レナウの議論
　　　　289
　　　2　傷害構成要件における「二元的」解
　　　　決：ホルンの議論……291
　　　3　唯一の法益としての「自律的支
　　　　配」：シュミットホイザーの議論
　　　　292
　　　4　修正結果説とその法益観：エーザ
　　　　ーの議論をめぐって……293
　第4款　ドイツ民法および憲法からの
　　　　アプローチ……300
　第1項　ドイツ民法からのアプローチ
　　　　……301
　　　1　ドイツ不法行為法上の議論……301
　　　2　家族法における懲戒権との関係
　　　　302
　第2項　ドイツ憲法からのアプローチ
　　　　……304
　　　1　基本法2条2項をめぐる議論……305
　　　2　判例の立場……306
　　　3　学説の立場……307
　第5款　小　括：2つの潮流の意義と
　　　　問題点……308
第4節　傷害罪における「身体」法益の内
　　　　容と構造……310
　第1款　本節の目的……310
　第2款　傷害罪における2つの「身体」
　　　　利益……311
　第1項　「身体的基体」利益……311
　第2項　「身体の統合性」利益……313

　　　1　基本構想……313
　　　2　わが国への継受：大場茂馬の記述
　　　　をめぐって……314
　　　3　Integrität概念の再構成と次款に
　　　　向けた課題……317
　第3款　傷害罪における「身体」法益の
　　　　構造……317
　第1項　傷害罪における法益の核心：
　　　　タークの「身体」法益論からの
　　　　示唆……318
　第2項　本書の基本的立場……319
　　　1　傷害罪の法益としての身体的基体
　　　　319
　　　2　治療行為論において基礎となる思
　　　　考モデル……320
第5節　本章の成果……321
　第1款　「身体」法益論の基本的視座……321
　第2款　残された課題……322

第5章　スイス法の比較法的考察……323
第1節　本章の目的……325
　第1款　分析の対象……325
　第2款　本章の構成……327
第2節　スイス刑法における「身体に対
　　　　する罪」の概要……329
　第1款　身体に対する罪の保護法益……329
　第2款　身体に対する罪における身体・
　　　　健康の意義……331
　第1項　身体の意義……331
　第2項　健康の意義：ドイツ法との比
　　　　較……331
　第3款　単純傷害罪における身体損害
　　　　と健康損害の解釈……332
　第1項　身体損害の解釈……332
　第2項　健康損害の解釈……334
　第3項　ドイツ法との比較……334

xii　細目次

第 4 款　治療行為・医療行為と傷害罪の
　　　　成否 ………………………………… 336
　第 1 項　単純傷害罪の成否 …………… 336
　第 2 項　重傷害罪の成否 ……………… 337
第 3 節　専断的治療行為をめぐるスイス
　　　　判例の分析 …………………………… 338
　第 1 款　1973年判決の検討：リーディ
　　　　　ングケースの登場 ……………… 339
　　第 1 項　事実の概要 ………………… 339
　　第 2 項　判決要旨 …………………… 339
　　第 3 項　比較・検討すべきポイントの
　　　　　　抽出 ………………………… 342
　第 2 款　1998年判決の検討：判例法理
　　　　　の確認とその深化 ……………… 343
　　第 1 項　事実の概要 ………………… 343
　　第 2 項　判決要旨 …………………… 344
　　第 3 項　比較・検討すべきポイントの
　　　　　　抽出 ………………………… 345
　第 3 款　判例分析から抽出される係争
　　　　　点 …………………………………… 346
　　第 1 項　治療行為と傷害罪の関係 …… 346
　　第 2 項　専断的治療行為に対する強要
　　　　　　罪の成否とそれにともなう立
　　　　　　法的解決の要否 ……………… 349
　　第 3 項　治療行為における違法阻却の
　　　　　　判断枠組み …………………… 350
第 4 節　判例分析に基づく学説の比較法
　　　　的検討：3 つの視点からみた各
　　　　国比較 ………………………………… 351
　第 1 款　スイス法における法益論アプ
　　　　　ローチの到達点 ………………… 352
　　第 1 項　治療行為の傷害構成要件該当
　　　　　　性 …………………………… 352
　　第 2 項　身体法益とその処分権 ……… 354
　　第 3 項　議論の成果：スイス法の「身
　　　　　　体」法益理解 ………………… 355
　第 2 款　専断的治療行為における強要

　　　　　罪の成否と立法提案の状況 …… 356
　　第 1 項　専断的治療行為と強要罪の関
　　　　　　係 …………………………… 356
　　第 2 項　立法提案をめぐる状況：ドイ
　　　　　　ツ法・オーストリア法との比
　　　　　　較 …………………………… 357
　　第 3 項　議論の成果：自由に対する罪
　　　　　　としての把握の峻拒 ………… 358
　第 3 款　治療行為における正当（業務）
　　　　　行為規定の機能 ………………… 359
　　第 1 項　スイス刑法14条の概要：旧32
　　　　　　条との対比 …………………… 359
　　第 2 項　日本法との比較 ……………… 361
　　第 3 項　議論の成果：正当（業務）行為
　　　　　　規定による基礎づけの批判的
　　　　　　検討 ………………………… 362
第 5 節　本章の成果 ……………………… 363
　第 1 款　スイス法における法益論アプ
　　　　　ローチの特徴 …………………… 363
　第 2 款　次章への課題 ………………… 364

終　章　治療行為の法益論的基礎づけ
　　　　　………………………………………… 365

第 1 節　治療行為をめぐる議論の法益論
　　　　的検討 ………………………………… 368
　第 1 款　「身体」利益概念の再構成 …… 369
　　第 1 項　身体利益固有の性質 ………… 369
　　第 2 項　財産的利益との比較 ………… 371
　第 2 款　身体法益論に基づく「治療行為
　　　　　論」体系の構築 ………………… 372
　　第 1 項　傷害罪における「身体」利益の
　　　　　　内実：治療行為と傷害構成要
　　　　　　件の関係 ……………………… 372
　　第 2 項　専断的治療行為の罪責：オー
　　　　　　ストリア法との比較 ………… 375
　　第 3 項　「患者の自己決定権」の刑法

　　　　保護：わが国の民事判例との
　　　　対比 ……………………………… 377
　第3款　小　括 …………………………… 380
第2節　治療行為の正当化
　　　　──違法阻却論の基本的枠組み
　　　　……………………………………… 380
　第1款　治療行為における利益衡量の
　　　　基本的枠組み …………………… 381
　第1項　検討対象の設定 ………………… 381
　第2項　承諾の基礎としての優越的利
　　　　益原理 …………………………… 383
　　1　違法阻却論における優越的利益ア
　　　プローチの提唱：ノルの議論　383
　　2　衡量モデルのさらなる推進：イェ
　　　シェック＝ヴァイゲントの議論
　　　386
　　3　衡量モデルにおける発想の転換：
　　　デリンクの帰納モデル　387
　第3項　議論のまとめとさらなる検討
　　　　課題の特定 ……………………… 389
　第2款　治療行為に対する承諾とその
　　　　他の正当化要素 ………………… 390
　第1項　わが国の現状と課題の設定・390
　第2項　ドイツ法上の議論：現状確認
　　　　と課題の抽出 …………………… 392
　　1　学説の概観：3つの基本要件をめ
　　　ぐって　392
　　2　学説における医学的適応性の位置
　　　づけ　394
　第3項　構成要件段階における医学的
　　　　適応性の機能 …………………… 396
　　1　構成要件該当性阻却機能：自由侵
　　　害モデルの立場から　396
　　2　批判的考察：医学的適応性の「高
　　　低」としての把握　397
　第4項　違法性段階における医学適応
　　　　性の機能 ………………………… 398

　　1　承諾モデル：被害者の承諾と患者
　　　の承諾をめぐって　398
　　2　衡量モデル：ガイレンとケルン＝
　　　ラウフスの議論　403
　　3　承諾モデルと衡量モデルの融和の
　　　試み：エーザーの議論　406
　第5項　小　括：承諾モデルと衡量モ
　　　　デルが機能する各局面 ……… 408

結　語 ……………………………………… 411
　一　本書の成果 ……………………… 413
　二　今後の課題と問題の広がり ……… 422

参考文献一覧 ……………………………… 427
　一　日本語文献一覧　427
　二　外国語文献一覧　466

事項索引 …………………………………… 501
人名索引 …………………………………… 507
判例索引 …………………………………… 510

序　章

一　本書の目的と本研究の意義
二　検討対象の設定と本書の構成

一　本書の目的と本研究の意義

1　本書の目的：「治療行為論」体系の構築

　わが国の通説的見解によれば、医師の治療行為は、傷害罪（刑法204条）等の構成要件に該当するが[1]、それが、患者の生命・健康を維持・回復する必要があるという意味で「医学的適応性」を有し、医学上一般に承認された正当な方法という意味で「医術的正当性」を備え（以下、両者をあわせて「医学的正当性」という。）、患者に対して十分な説明ないし情報提供をしてその承諾を得て行われたかぎりで、刑法35条後段の正当（業務）行為として違法性が阻却される、と解されている[2]。

　では、医学的正当性はあるが、患者の意思に反して、あるいはその承諾を得ずに行われた治療行為（以下「専断的治療行為」という。）に対し、何らかの犯罪が成立する余地はあるか。この点が直接問題とされた刑事判例・裁判例は公刊物をみるかぎり存在しないが、この問題は、民事裁判の場でかねてから争われてきた。その先駆けの1つが、秋田地大曲支判昭和48年3月27日下民集24巻1～4号154頁（舌がん事件）である。本判決は、被告医師が、舌がんにかかった患者が舌の切除に対してかたくなに拒否しているにもかかわらず、舌の切除ではなく、潰瘍部分を焼き取ると説明したうえで、舌の3分の1を切除した事案に関するものである。本件医師は、患者の家族には病名を告知したが、患者本人には病名を告知せずに、患者が舌の切除を明確に拒否したにもかかわらず、同人に対して舌の切除手術を行っている。

　秋田地裁大曲支部は以下のように判示して、被告に対して精神的損害に基づく損害賠償請求を認めた[3]。

1　むろん、わが国では、傷害致死罪（刑法205条）、暴行罪（208条）、過失傷害罪（209条）、過失致死罪（210条）、業務上過失致死傷罪（211条）のほか、保護責任者遺棄（致死傷）罪（218条、219条）、殺人罪（199条）等との関係も問題となる。
2　町野朔『患者の自己決定権と法』（1986年・東京大学出版会）3頁、甲斐克則『医事刑法への旅Ｉ〔新版〕』（2006年・イウス出版）32頁以下参照。
3　本判決の評釈として、稲垣喬「判批」判例評論183号（判例時報734号）（1974年）143頁以下〔同『医事訴訟と医師の責任』（1981年・有斐閣）211頁以下所収〕、松倉豊治「判批」判例タイムズ318号（1975年）91頁以下〔同『医学と法律の間』（1977年・判例タイムズ社）180頁以下所収〕等。舌がん事件とともに、わが国での議論の嚆矢をなしたのは、東京地判昭和46年5月19日下民

「ガンの治療に当る医師は、患者にその病名を告知すべきでないと一般に考えられており、現在における医師界ないしは医学界における実情もそうであることは、前記証言により認められるところであるので、被告が、原告に舌ガンであることを秘したうえでその手術の必要性を納得させることが至難であったことも十分に理解できるところである。〔原文改行〕しかしながら、生命、健康の維持、増進という医学上の立場からは不合理なことであるかも知れないが、前記のとおり原告は、舌を切除する手術を拒否していたのである。患者の意思が拒、諾いずれとも判断できない場合ならともかく、拒否していることが明らかな場合にまで、右の医学上の立場を強調することは許されないといわなければならない。」

　舌がん事件は民事裁判例ではあるが、その事案は、専断的治療行為の刑法的処理を考えるうえでも有益な素材を提供してくれる。もしかりに舌がん事件の事案を刑法の問題として処理するならば、先に挙げた通説的見解からすると、患者は、身体に対する侵襲をともなう手術に承諾していなかったため、本件医師の行為は、刑法204条の傷害罪を構成するとみられる[4]。患者の自己決定権に裏打ちされた承諾がないため、治療行為としての違法阻却が認められないからである。

　しかし、この処理は、依然大きな問題点を抱えているように思われる。まず、前提として、ここにいう「患者の自己決定権」に刑法上いかなる位置づけが与えられているかが、必ずしも明らかでない。また、傷害罪が保護する「人の身体」と、患者の自己決定権がどのような関係に立つかについても、理論的には十分に突き詰められていない。治療行為が適法化されるか否かを検討するためには、まず、この両者の関係を根本から問い直す必要があるの

集22巻5＝6号626頁（乳腺症事件）である。裁判所は、将来がんになるおそれがあると判断し、乳腺症患者の承諾を得ずに行われた乳房の摘出手術につき、承諾を得ていない手術が原則違法であるとして、損害賠償責任を肯定した（ただし、生命に対する危険が迫っている場合には、例外的に承諾を不要とする余地を認めている）。舌がん事件では、がんの手術という医学的適応性がきわめて高い治療行為が問題とされたのに対し、乳腺症事件では、乳房の予防的摘出というその適応性に関して医学的に見解が分かれていた行為が問題とされた。本判決の評釈として、新美育文「判批」唄孝一＝成田頼明編『医事判例百選』（1976年・有斐閣）82頁以下、宇都木伸＝木原章子「判批」宇都木伸ほか編『医事法判例百選』（2006年・有斐閣）117頁等参照。

[4]　西田典之『刑法総論〔第2版〕』（2010年・弘文堂）197頁、福田平『全訂　刑法総論〔第五版〕』（2011年・有斐閣）177頁、曽根威彦『刑法原論』（2016年・成文堂）246頁等。その一方で、浅田和茂『刑法総論〔補正版〕』（2007年・成文堂）199頁は、傷害罪として違法であるが、手術が成功した場合は可罰的違法性が欠ける、とする。これに対して、大谷實『刑法講義総論〔新版第4版〕』（2012年・成文堂）260頁は、専断的治療行為がそもそも傷害罪の構成要件に該当しない、とする。

ではないだろうか。

　そして、以上のような問題点の帰結として、専断的治療行為による犯罪の成立範囲や限界も十分に明確化されているとはいいがたい。こうした現状は、わが国の裁判実務がこれまで専断的治療行為を傷害罪で立件・処罰してこなかったという事情と[5]、決して無関係ではないだろう。さらに、この点との関係で付言しておくと、わが国でこれまで立件・処罰された事案がないからといって、治療行為の刑法解釈はいかようでもよい、ということはできない[6]。なぜなら、医師の治療行為は、腕に注射針を突き刺す行為や、メスを用いて患部を切除・切開する行為のように、われわれの生命・身体に直接干渉し、本来なら危険をともなう行為だからである。そうであるがゆえに、治療行為は、法、とりわけ生命や身体を保護する刑法とはつねに緊張関係にあり、ときに衝突を生じることさえある。専断的治療行為は、その最たる例といってよい[7]。

　こうした衝突のおそれを除去・軽減しようとするならば、まず、治療行為がなぜ違法でないのか、その行為が刑法上どのように適法化されるのかを明らかにする必要がある。しかしながら、本書の見立てによると、こうした問題の体系的・総合的な検討は、これまで不十分なまま済まされてきた。すなわち、詳しくは次章以降で述べるが、わが国の先行研究は、刑法上の正当化事由一般との関係で、治療行為が問題となる特定の場面を断片的に論じる傾向が強く、医療・司法実務がよりどころにできるような実践的な理論体系を提供してこなかった。その結果、医師にはどこまでの治療行為が適法であり、どこからが違法なのかを事前に予測・判断する手立てがなかった。この点に、先行研究上の空隙がある。この空隙を埋め合わせるために、本書は、

5　大谷實『医療行為と法〔新版補正第2版〕』（1997年・弘文堂）81頁、飯田英男『刑事医療過誤Ⅱ〔増補版〕』（2007年・判例タイムズ社）12頁等参照。かつて大きな社会的関心を呼んだ富士見産婦人科病院事件（東京高判平成元年2月23日判タ691号152頁）でさえ、被告人が患者30名あまりに対して承諾を得ずに子宮や卵巣を摘出した行為につき、傷害罪では不起訴となり、無資格者による診療補助業務に対してのみ、旧・保健婦助産婦看護婦法（現・保健師助産師看護師法）43条1項1号（31条1項、32条違反）および60条により有罪判決が下されている。
6　佐伯仁志「身体に対する罪」法学教室358号（2010年）119頁以下、125頁参照。
7　佐伯仁志「違法論における自律と自己決定」刑法雑誌41巻2号（2002年）74頁以下、76頁は、「自己決定権と法益侵害の関係が最も先鋭な形で現れるのは、専断的治療行為の問題においてである」とする。

治療行為の刑法的評価をめぐる問題（以下、この問題領域を「治療行為論」と総称する[8]。）に対し、これまで不足していた体系的基盤を与えることを目的とする。

2 本研究の意義

本研究は、以下の2点において理論的・実践的意義を有する。

（1）第1に、本書は、刑法理論の観点から「治療行為」という問題領域を分析することで、刑法理論そのものの再検討を要請するという意味を有する。

たとえば、治療行為に対する「患者の承諾」と、犯罪論における「被害者の承諾」は、本人の自己決定が中心となる点で共通するが、前者には、患者の身体・健康に関する客観的優越的利益があるのに対し、後者にそうした客観的利益はなく、あえていえば「自己決定の自由」という主観的利益があるにすぎない、という点で異なる。また、刑法解釈論としては、前者は、刑法35条後段の正当（業務）行為として位置づけられるのに対し、後者は、構成要件該当性阻却事由または超法規的違法阻却事由とされている。さらにいえば、前者が、患者の医学的客観的利益が見込まれる場合もあるため、その要件は緩やかに、しかも推定的承諾で足りるときもあるのに対し、後者は、それよりも厳格な要件が要求される、といわれている[9]。

このように、治療行為に対する「患者の」承諾は、犯罪論における「被害

---

8 「治療行為論」ということばを用いる先行研究として、古川原明子「終末期における治療行為論（一）」龍谷法学36巻4号（2004年）261頁以下、同「安楽死・尊厳死の刑法的評価――終末期における治療行為論に向けて――」現代法学18号（2009年）77頁以下、辰井聡子「治療行為の正当化」中谷陽二編集代表『精神科医療と法』（2008年・弘文堂）347頁以下、361-362頁、小林公夫『治療行為の正当化原理』（2007年・日本評論社）13頁以下等がある。一方、佐久間修「医療行為における『被害者の承諾』――特に生命の処分について――」阪大法学44巻2・3号下巻（1994年）349頁以下、350頁〔同『最先端法領域の刑事規制 医療・経済・IT社会と刑法』（2003年・現代法律出版）102頁以下所収、103頁〕は、「医療行為論」という。また、辰井聡子「治療不開始／中止行為の刑法的評価――『治療行為』としての正当化の試み」法学研究（明治学院大学）86号（2009年）57頁以下、65頁は、「治療行為論は、医師の行為に構成要件該当性があることを前提として、当該行為が、治療行為として適切であったか否かを論じる議論である」とする。

9 以上のような理解につき、町野・前出注（2）174頁以下、甲斐克則「医療行為と『被害者』の承諾」現代刑事法6巻3号（2004年）26頁以下、26-27頁、武藤眞朗「犯罪論における『被害者の意思』の意義」『曽根威彦先生・田口守一先生古稀祝賀論文集〔上巻〕』（2014年・成文堂）281頁以下、292頁以下参照。

者の」承諾と一方では共通するが、他方では異なる法的性質を有する。これら2つの承諾の差異を意識しつつ、各々にまつわる問題を相互に関連づけながら検討することは、とりわけ、違法（阻却）論との関係で解釈論的意義を有する（詳細につき、終章第2節（本書380頁以下）参照）。本書は、犯罪論における伝統的な「被害者の承諾」論に対し、「治療行為」という窓からアプローチすることで、新たな理論的寄与を果たそうとする試みである。

　さらに、治療行為の問題は、故意犯にとどまらず過失犯の領域にも関係してくる。たとえば、治療行為の過程で何らかのミスが生じた場合は、過失犯における注意義務の内容が問われることはもちろん、「過失の標準」との関係も問題となりうる[10]。しかも、その行為がチーム体制のもとで行われた場合は、（広義の）過失の競合に関しても特別な考慮が必要となる。

　以上概観したように、治療行為は、「被害者の承諾」論や過失犯論をはじめ、刑法理論における多くの古典的な解釈問題と密接に関連している。古典的な問題が現代的な社会生活においてあらためて問われているという点で、治療行為は、刑法解釈論にとって重要な意義を有するテーマといえよう。本書の目標は、この「治療行為」というテーマを媒介としながら、刑法理論における各研究領域の議論を深めていくための基本的視点を獲得することにある。

　（2）第2に、本書は、医事刑法学の分野においてもっとも根源的な問題である「治療行為」の刑法的性質を明らかにすることで、将来の医事刑法[11]研究における理論的支柱を打ち立てるという意味を有する。

　治療行為に隣接する刑法上の問題として、たとえば、治療行為の過程での

10　佐伯仁志『刑法総論の考え方・楽しみ方』（2013年・有斐閣）310頁は、東京地判平成13年3月28日判時1763号17頁（薬害エイズ帝京大学病院事件）で真に問題となっていたのは、「（予見可能性の存在を前提として）エイズの危険のある血液製剤を使用することが治療行為として正当化されるかどうかという問題であった」としつつ、しかもそこでは、行為のメリットとデメリットの比較衡量を患者の意思に基づいて行うという視点も見落とされてしまった、とする。山口厚「薬害エイズ事件三判決と刑事過失論」ジュリスト1216号（2002年）10頁以下、15頁、松原芳博『刑法総論　第2版』（2017年・日本評論社）290頁も同旨。なお、島田聡一郎「薬害エイズ事件判決が過失犯論に投げかけたもの」刑事法ジャーナル3号（2006年）26頁以下、38-39頁。

11　医事刑法（学）とは、刑法の領域のなかで「医療と刑法」が交錯する領域を理論的・実践的に探究することを任務とする学問分野をいう。齊藤誠二『医事刑法の基礎理論』（1997年・多賀出版）5頁以下、甲斐・前掲注（2）2頁、山中敬一『医事刑法概論Ⅰ（序論・医療過誤）』（2014年・成文堂）3頁以下参照。

ミスによって生じる医療過誤、未成年者や重度の精神障害者のような承諾能力のない患者への治療行為、宗教上の理由に基づく治療拒否、美容整形手術、未確立の新規療法を試験するために行われる臨床試験、(生体移植を含む)臓器移植、移植目的等によるドナーからの臓器・組織摘出、終末期医療として特別な考慮が必要となる安楽死、尊厳死および治療の中止・差控えが挙げられる。本書は、上記の諸問題を直接取り扱うわけではないが、これらの問題を論じるうえでは、治療行為に対する刑法上の対応をまず明らかにしておく必要がある、と考える。なぜなら、以上の諸問題は、程度の差はあるにせよ、いずれも治療行為の延長線上に位置する類型といえるからである。医事刑法における各研究領域は、「治療行為」という問題領域を媒介として、そこからの距離感をはかりながら議論が積み重ねられてきた、といってもよい。本書は、将来の医事刑法研究のための理論的原点を規定し、これによって医療をめぐる現代的課題を考察する際の基本的視座を確立するための布石でもある。

二　検討対象の設定と本書の構成

1　検討対象の設定：治療行為の概念をめぐって

　以上述べてきたように、本書は、上記の諸問題に関して考察を深めるための確固たる理論的基礎を築き上げるべく、「治療行為論」体系の構築を目指す試みであるが、ここまでは、肝心の「治療行為」の定義を明らかにしないまま論述を進めてきた。しかし、治療行為のイメージは人によってさまざまであり、ことばの定義を曖昧にしたまま本格的な分析に移ると、議論の内容や射程に誤解を生むおそれがある。そこで以下では、次章以降の検討に先立って、まず、本書が検討対象とする「治療行為」の概念をあらかじめ規定しておきたい[12]。

12　もっとも、本書の「治療行為」概念は、あくまでも暫定的な定義であることをお断りしておきたい。その意味で、以下で用いる「治療行為」概念は、本書の問題意識を共有してもらうための便宜上の定義づけにすぎない。

（1） 治療行為の概念

　わが国の刑法学において、治療行為の概念は、必ずしも確定しているわけではない。これに対して、わが国の議論に大きな影響を与えているドイツ法においては、治療行為の概念をめぐって大要以下の点で一致をみており[13]、本書も、そこでの定義を検討の出発点に据えることとする。これによれば、治療行為とは、疾患の予防、診断ないし治癒[14]を前提として、医学上の治療必要性、つまり医学的適応性があり[15]、医学上一般に承認されたルール（以下「医学準則」または「レーゲ・アルティス（lege artis）」という。）[16]に則って行われる行為をいい、この行為は、原則として患者本人（またはその法定代理人）の承諾を得て行われる必要がある[17]、と解されている。

　加えて、治療行為は、患者の身体に向けて行われる行為であるから、物理的・化学的作用による人体への侵襲（Eingriff）をともなうのが通常である。そのため、本書では、人の身体に一定の危険を生じさせる治療行為を、とくに治療侵襲（Heileingriff）と呼ぶこととする[18]。

13　詳細につき、*Brigitte Tag*, Der Körperverletzungstatbestand im Spannungsfeld zwischen Patientenautonomie und Lex artis, Berlin/Heidelberg/New York 2000, S. 31 ff., 185 ff.; *Gunnar Duttge*, in: Dorothea Prütting (Hrsg.), Medizinrecht Kommentar, 4. Aufl., Köln 2016, § 223 StGB Rn. 9 参照。

14　たとえば、ドイツ1962年刑法典草案161条（治療行為）は、「疾患、苦痛、身体の損傷、身体の故障又は精神の障害を予防、診断、治療又は緩和する」こと、を要求する。

15　*Eberhard Schmidt*, Der Arzt im Strafrecht, Leipzig 1939, S. 69 ff.; *Hans Joachim Hirsch*, Zur Frage eines Straftatbestandes der eigenmächtigen Heilbehandlung, in: Gedächtnisschrift für Heinz Zipf, Heidelberg 1999, S. 353 ff., 364 f.〔関連する邦訳として、ハンス・ヨアキム・ヒルシュ（石原明訳）「専断的治療行為」神戸学院法学30巻4号（2001年）289頁以下〕; *Sabine Riedelmeier*, Ärztlicher Heileingriff und allgemeine Strafrechtsdogmatik, Baden-Baden 2004, S. 36 f.

16　*Joseph Heimberger*, Arzt und Strafrecht, in: Festgabe für Reinhard von Frank, Bd. I, Tübingen 1930, S. 389 ff., 403 f.; *Ludwig Ebermayer*, Der Arzt im Recht, Leipzig 1930, S. 148 ff.; *Karl Engisch*, Die rechtliche Bedeutung der ärztlichen Operation, in: R. Stich/K. H. Bauer (Hrsg.), Fehler und Gefahren bei chirurgischen Operationen, Bd. II, 4. Aufl., Jena 1958, S. 1521 ff., 1523 参照。ドイツ・ライヒ裁判所1931年12月1日判決（RGSt 67, 12 [16 f., 23 f.]）、ドイツ連邦通常裁判所1991年5月17日決定（BGHSt 37, 383 [385]）等は、大学医学（Schulmedizin）、すなわち、「大学および医学アカデミーで、学問研究、教育、および病者への治療において行われている医学」（*Paul Bockelmann*, Strafrecht des Arztes, Stuttgart 1968, S. 93 Anm. 12〔紹介として、金沢文雄「パウル・ボッケルマン著『医師の刑法』」判例タイムズ248号（1970年）63頁以下〕）との合致を要求する。

17　ライヒ裁判所1894年5月31日判決（RGSt 25, 375. 骨がん事件）、連邦通常裁判所1957年11月28日判決（BGHSt 11, 111. 第1筋腫事件）等。

18　大谷・前出注（5）6頁参照。

以上の定義によると、外科手術や注射といった患者の身体に直接干渉する行為のほか、放射線治療[19]、化学療法、医薬品の処方のような身体の内部に影響を及ぼす行為は、本書の検討対象となる。これに対して、純粋に美容上の理由に基づく整形手術[20]、単なる研究目的で行われる臨床試験、第三者提供目的で行われる献血および骨髄・血漿提供、移植目的等により行われるドナーからの臓器・組織摘出、堕胎・人工妊娠中絶[21]のほか、脈拍測定、聴診、超音波検査、血圧測定のような一定の軽微な侵襲は、本書の検討対象から外れることとなる。

（2）治療行為と医療行為

　ところで、治療行為と似て非なる概念として、医療行為がある。医療行為の概念は、治療行為と多くの部分で重なるが、必ずしも完全に一致するわけではない。すなわち、治療行為が何らかの方法によって人の身体を傷つける行為であるのに対し、医療行為は、必ずしも人の身体を傷つけるとはかぎらない診察・検査等をも含む。この意味で、医療行為は、治療行為よりも広い概念である[22]。

　このような理解によれば、医師、看護師およびその他の医療従事者による行為のほか、医学の素人や無免許医による行為も、本書の検討対象とな

19　連邦通常裁判所1971年11月16日判決（BGH NJW 1972, 335）、同1997年12月3日判決（BGHSt 43, 346）等。
20　*Eb. Schmidt*, a. a. O.（Anm. 15）, S. 70 Anm. 4. なお、学説上は、美容整形手術も治療行為にあたるとする見解（*Engisch*, a. a. O.（Anm. 16）, S. 1522; *Georg Freund*, Der Entwurf eines 6. Gesetzes zur Reform des Strafrechts: Eine Würdigung unter Einbeziehung der Stellungnahme eines Arbeitskreises von Strafrechtslehrern, ZStW 109（1997）, S. 455 ff., 476 f. 等参照）も有力であるが、少なくとも、本文で掲げるような「純粋に」美容上の理由に基づく整形手術は、本書の検討対象から除外する。
21　妊婦の生命・身体を保護するために行われる堕胎・人工妊娠中絶には、母体だけでなく、胎児の生命・身体に関わる問題も付随しており、別途考慮が必要となるため、本書の検討対象から外すこととする。
22　大塚仁「医療行為と社会的相当性・許された危険」福田平＝大塚仁『刑法総論I——現代社会と犯罪』（1979年・有斐閣）210頁以下、青木清相＝武田茂樹「医療行為の適法性について——その総論的考察——」日本法学48巻3号（1983年）127頁以下、140頁以下、上田健二「診療行為の意義」中山研一＝泉正夫編『医療事故の刑事判例　第二版』（1993年・成文堂）23頁以下、甲斐・前出注（9）26-27頁、小林（公）・前出注（8）2頁以下、武藤眞朗「手術と刑事責任」中山研一＝甲斐克則編『新版　医療事故の刑事判例』（2010年・成文堂）151頁以下、大塚仁ほか編『大コンメンタール刑法　第三版　第2巻〔第35条～第37条〕』（2016年・青林書院）452頁〔古田佑紀＝古川原明子〕等参照。

る[23]。もとより、本書では、「医師の治療行為」や「外科医の手術行為」といった表現を用いるときもあるが、これらの表現は、行為主体の限定を意図して用いるわけではない。

2　本書の構成

　以上のような問題意識に基づいて、本書は、以下のような順序で考察を進める。

　まず第1章では、わが国の現状と課題を明らかにし、これによって本書の具体的な検討課題を設定する。ここでは、治療行為をめぐるわが国の議論を系譜的・理論的観点から検討し、その到達点と問題点を明らかにする。そして本章では、結論からいえば、以下の2つの検討課題を導出する。

　第1が、治療行為をめぐる議論の比較法的検討である（第2章～第5章）。具体的には、この問題をめぐり100年以上の議論の蓄積があるドイツ法、およびこれと体系を同じくするスイス法とオーストリア法から、分析の素材と視点を抽出する。そして、これらの比較法的検討をつうじて、従来わが国に欠けていた、あるいは手薄だった視角を明晰化する。

　第2が、治療行為論の理論的基礎の呈示である（終章）。すなわち、第1の課題を検討して得られる比較法的知見と、わが国における既存の議論とを接合することで、本書を規定するある理論枠組みの骨子を析出し、これにより治療行為の刑法的評価を確定する。そして、この分析をつうじて得られる成果を発展させるかたちで、治療行為を適法化するための基本的な判断構造を明らかにする。

　そこで第2章では、ドイツ法における判例・学説の系譜をたどり、第1章で設定した課題を達成するための分析視角を獲得する。ここでは、判例およびそれに対抗して展開される学説上の議論を原典のテクストに沿って克明に描き出し、ドイツ法の到達点を明らかにする。この作業をつうじて、これまでのわが国に欠けていた視点を掘り起こし、問題解決のために必要な分析の方針をより明確化する。

23　大塚・前出注（22）210頁、町野・前出注（2）4頁、153頁以下参照。

ついで第3章では、判例・学説の流れを受けて起草されたドイツ刑法改正作業の展開を追体験し、その現状と課題を示す。ここでは、専断的治療行為の処罰をめぐる刑法改正論議の変遷をたどり、その現在までの状況を明らかにする。本章は、第2章までで得られる系譜的・比較法的知見を補強するかたちで、治療行為の法的性質を解明するためのさらなる素材と視点を獲得することを狙いとする。

　これを受けて第4章では、日独刑法における傷害罪の保護法益を分析し、「身体」法益概念の輪郭、およびこれに基づく「治療行為論」体系の骨格を抽出する。具体的には、まず、ドイツ傷害罪規定の制定過程を跡づけ、それにより生成される学説上の議論を批判的に分析する。そして、以上の分析結果をもとに、わが国の傷害罪で保護されるべき「身体」法益の内実を解明する。

　さらに第5章では、スイス法に着目し、本書の理論枠組みを補強するための新たな視角を獲得する。スイス刑法14条は、わが国の35条に相当する適法行為に関する一般規定である。本章では、現行刑法典（110条）で専断的治療行為を処罰の対象とするオーストリア法とも比較しつつ、ドイツ法の治療行為理解が、このスイス刑法14条を仲介するとどのように変容するのかを明らかにする。

　そして終章では、本書を規定する「身体」法益論の基本構想を彫琢し、その構想に基づいて「治療行為論」体系の理論的骨格を呈示する。具体的には、まず、前章までに獲得する系譜的・比較法的知見を手がかりに、傷害構成要件が保護する「身体」法益の内容と構造を解明する。つぎに、そこで得られる「身体」法益理解を基礎として、治療行為の適法化において衡量されるべき諸利益を規定し、その際の利益衡量の基本的指針を明らかにする。

第1章　わが国の現状と課題の設定

第1節　わが国の現状
第2節　課題の設定

現在わが国では、治療行為の刑法的評価を規定する所説として、大きく分けて、治療行為傷害説（身体侵害モデル）と治療行為非傷害説（自由侵害モデル）の２つが主張されている。

治療行為傷害説とは、治療行為は傷害罪の構成要件に該当し、その違法性を阻却するためには、原則として患者の承諾が必要であるとする所説をいう。この治療行為傷害説によれば、治療行為に対する承諾は、「身体」の傷害に対する承諾を意味する。そのため、患者の承諾を得ずに行われた専断的治療行為は、人の身体に対する違法な侵襲行為と評価され、刑法上は、傷害罪（刑法204条）をはじめ、暴行罪（208条）、過失傷害罪（209条）、過失致死罪（210条）、業務上過失致死傷罪（211条）等の身体に対する罪を構成しうる[1]。以下では、治療行為傷害説のこうした本質をより明瞭に表現するために、同説を「身体侵害モデル」と呼ぶこととする。

これに対して、治療行為非傷害説とは、医学的適応性があり、医学準則に則って行われた治療行為は、その違法阻却を論じるまでもなく、もとより傷害罪の構成要件に該当しないとする所説をいう。この治療行為非傷害説によれば、専断的治療行為は、患者の意思に反する措置を行った点にその違法性が見いだされる。すなわち、専断的治療行為は、患者の「自由」を侵害する違法行為、つまり、身体利益と区別された「患者の自己決定権」そのものを侵害する行為として位置づけられる。それゆえにこの行為は、理論的には、強要罪（223条）や監禁罪（220条）等の自由に対する罪を構成しうる。以下では、治療行為非傷害説のこうした実体をより明晰に言語化するために、同説を「自由侵害モデル」と呼称することとする。

本章は、わが国における議論の到達点と問題点を明らかにし、本書の検討課題を具体化することを目的とする。この目的を達成するために、第１節では、以下のような手順で分析を進める。

まず第１款では、わが国における議論の系譜を素描し、その到達点を特定する。具体的には、刑法35条の制定過程とそれに対応する所説の動向を跡づけることで、第二次世界大戦前までの議論を追体験する。ついで、戦後のい

1　本章で条文のみを挙げるときは、とくに断りのないかぎり、日本現行刑法典のそれを指す。

わゆる行為無価値論と結果無価値論の対立を背景として登場した藤木英雄と町野朔の議論を取り上げ、各々の基本的枠組みを抽出し、分析を加える。そこでは、藤木説と町野説の検討をつうじて、行為無価値論と結果無価値論の展開過程をいわば裏面から観察することとなる。そして、町野説以降に自覚的に展開される「傷害罪の法益」論に着目する所説のうち、とくに佐伯仁志と辰井聡子の所説を取り上げて検討することで、現在までの議論の到達点を明らかにする。もっとも、第1款の記述は、この領域独自のやや細かな研究史となっている。そのため読者においては、その関心に応じて第2項4（本書46-47頁）のまとめだけ確認したうえで、第2款まで適宜読み飛ばしていただいて差し支えない。

　つぎにその第2款では、前款の系譜的考察によって抽出される分析視角に基づき、身体侵害モデルと自由侵害モデルをめぐる議論を渉猟し、比較法的知見を用いて検討すべき理論上のポイントを特定する。ここでは、まず、身体侵害モデルを貫く基本的理論枠組みを確認し、つぎに、自由侵害モデルの基本的思考枠組みとこれを踏まえた3つのアプローチを概観することで、次章以降に掘り下げて検討すべき個別の問題点を浮き彫りにする。この作業により、これらの問題点を解決するために必要な分析の重点を規定することが、本款の狙いである。

　以上を受けて第2節では、本書の具体的な検討課題を設定する。すなわち、第1節の分析結果に基づいて本書が取り組むべき検討課題を具体化し、その課題を解決するために必要な分析の内容と手法を示す。

第1節　わが国の現状

第1款　治療行為をめぐる議論の系譜的検討

第1項　現行刑法典の制定と理論的基礎づけの試み

　序章・一（本書3頁以下）で述べたように、わが国の通説的理解によれば、医師の治療行為は、暴行罪や傷害罪等の構成要件に該当するが、原則として患者の承諾を得たうえで、患者の疾病を治癒または予防するために、医学上一般に認められた正当な方法によって行われた場合には、刑法35条後段の正当（業務）行為として違法性が阻却される。しかし、本書の見立てによると、以上のような理解に至った経緯については、現在もなお明らかにされていない部分が多いように見受けられる。この点に、先行研究上の空白が存在する[2]。

　この空白を埋めるために、まず本章では、刑法35条の制定過程およびそれに対応する所説の動向を跡づける。具体的には、旧刑法76条の制定・改正から現行刑法35条の制定までの立法過程をたどり（後出・1）[3]、これと並行して展開される学説上の議論を整理する（後出・2）。この作業をつうじて、第二次世界大戦前までの議論を追体験し、その到達点と残された課題を明らかにする。

---

[2]　この問題に関する先駆的業績として、町野朔『患者の自己決定権と法』（1986年・東京大学出版会）8頁以下があり、比較的近時の包括的検討として、小林公夫『治療行為の正当化原理』（2007年・日本評論社）27頁以下がある。

[3]　もっとも、刑法35条の制定史を扱う包括的研究として、内田文昭「刑法三五条の制定」神奈川法学30巻1号（1995）131頁以下、井上宜裕『緊急行為論』（2007年・成文堂）75頁以下、同「正当行為と違法の統一性」大阪市立大学法学雑誌58巻3・4号（2012）107頁以下等がすでに存在する。そのため、本書では、先行研究との重複を可能なかぎり避けながら、本書の叙述に必要な範囲に限定したうえで、同条の制定論議を扱うこととする。

18　第1章　わが国の現状と課題の設定

1　現行刑法典の制定
(1)　明治28年「刑法草案」48条と治療行為

　明治13 (1880) 年に、旧刑法76条が起草された。旧刑法76条は、「本屬長官ノ命令ニ從ヒ其職務ヲ以テ爲シタル者ハ其罪ヲ論セス」と定めており、当時のベルギー刑法70条やロシア刑法134条をはじめ、とりわけフランス1810年刑法114条と327条[4]の思想を継受して起草された規定である[5]。しかし、旧刑法の施行直後から、明治維新による旧社会の解体とそれにつづく急激な社会の変化の影響を受けて、刑法の改正が叫ばれるようになった。このような声を受けて司法省刑法改正審査委員会が起草したのが、明治28 (1895) 年「刑法草案」48条である[6]。同条は、「法令又ハ正當ノ業務ニ因リ爲シタル行爲ハ之ヲ罰セス」と規定し[7]、現行刑法35条とほぼ変わらない内容をもつ。明治28年「刑法草案」48条は、法令による行為のほか、正当業務行為をはじ

4　磯部四郎『改正増補　刑法講義　上巻』(1893年・八尾出版)〔復刻版として、同『改正増補刑法〔明治13年〕講義　上巻第二分冊　日本立法資料全集　別巻139』(1999年・信山社)〕831頁は、旧刑法76条が「佛國刑法第三百二十七條ニ『法律ノ命シ及ヒ正當官憲ノ令スルニ依リ人ヲ殺傷毆打シタルトキハ重罪輕罪ナシ』トアルト同一理ニ出ツルモノニシテ……要スルニ本條ノ規定ト法理ヲ同フスルハ容ヒ疑レサルヘシ」とする。フランス1810年刑法327条 (現行刑法122-4条) の内容と解釈につき、江口三角「フランス刑法における正当化事由 (一)」愛媛法学4号 (1972年) 29頁以下、35頁以下、G・ステファニ＝G・ルヴァスール＝B・ブーロック (澤登俊雄＝澤登佳人＝新倉修訳)『フランス刑事法〔刑法総論〕』(1981年・成文堂) 110頁以下、北川敦子「フランス刑法における被害者の同意 (1)――グザヴィエ・パンの見解を素材に――」早稲田法学会誌59巻2号 (2009年) 127頁以下、152頁以下、井上 (宜)・前出注 (3)「正当行為と違法の統一性」119頁以下参照。

5　司法省蔵版『各國刑法類纂　上巻』(1878年・司法省) 366頁以下、村田保編『各國刑法比照 二』(1883年・慶應義塾大学図書館所蔵版) 136-137頁、司法省藏版『刑法表』(1883年・司法省)〔復刻版として、同『刑法表〔明治13年〕　日本立法資料全集　別巻288』(2003年・信山社)〕114-115頁参照。さらに、岡田朝太郎『訂正増補再版　日本刑法論　完』(1895年・有斐閣書房) 320-321頁、同『比較刑法　上巻』(出版年不明 (1916年か)・明治大學出版部)〔復刻版として、同『比較刑法　上巻　日本立法資料全集　別巻315』(2004年・信山社)〕441頁も参照。なお、以上のような理解の傍証となる研究として、三田奈穂「『各国刑法比照』をめぐる一考察」法学政治学研究92号 (2013年) 35頁以下がある。

6　杉山晴康＝吉井蒼生夫編『刑法改正審査委員会決議録』(1989年・早稲田大学比較法研究所) 107頁所収の第36・37回刑法改正審査委員会決議録によれば、すでに明治26 (1893) 年5月15・17日に、「第五十五條　法律又ハ相當官署、官吏ノ命令ニ依リ爲シタル所爲ハ之ヲ罰セス」という規定を設けるよう提案がなされていた。内田文昭＝山火正則＝吉井蒼生夫編『刑法〔明治40年〕(2)　日本立法資料全集21』(1993年・信山社) 31頁以下所収の「刑法草案総則　各国刑法参照」によると、本条を起草する際にも、欧州諸国をはじめ世界各国の刑法典が広く参照されたという。しかし、この条文が主としてどこの国の刑法典を模範として作成されたのかは、現存する資料からは明らかでない。

7　内田＝山火＝吉井編・前出注 (6) 138頁。

めて明文化した点で先駆的意義を有する[8]。

　問題は、この明治28年「刑法草案」48条と医師の治療行為がどのような関係に立つか、である。しかし、刑法草案理由書は、正当業務行為と治療行為の関係に一切触れておらず[9]、一部の論者が、正当業務行為の一例として、「醫師ノ患者ヲ治療スル爲メ之ヲ傷害スル」[10]行為を挙げていたにすぎない。その後も、明治30（1897）年「刑法草案」48条[11]、明治33（1900）年「刑法改正案」48条[12]、明治34（1901）年「刑法改正案」45条[13]、明治35（1902）年「刑法改正案」45条[14]、そして明治39（1906）年「刑法改正案」35条[15]等が起草されたが、これらの草案理由書も、正当（業務）行為規定と治療行為の関係には特段言及していない。

（2）現行刑法35条と治療行為

　かくて明治40（1907）年に現行刑法35条が制定されたが、一部の刑法改正委員は、その制定過程で同条を削除するよう再三要求していた。たとえば、明治40年2月27日の衆議院刑法改正案委員会第5回会議において、花井卓藏

8　内田＝山火＝吉井編・前出注（6）15-16頁〔山火正則〕参照。さらに、内田・前出注（3）141-142頁も参照。

9　たとえば、溝淵正氣＝藤田次郎（龜山貞義校閲）『新舊對象刑法草案理由書　完』（1898年・法典實習會）81頁は、本条が「種々ノ場合ヲ網羅セシメ」る、と述べるにとどまる。

10　中島晋治＝大澤唯治郎（石渡敏一＝勝本勘三郎校閲）『現行刑法對比　改正刑法草案理由　總則編之部』（1898年・法政學會出版）146頁。同書「例言」1頁によれば、「本書載スル所ノ理由ハ主トシテ刑法改正審査ニ從事セラレタル學者諸氏ノ所説ヲ參酌シ傍ラ卑見ヲ加ヘタルモノ」である。

11　内田＝山火＝吉井編・前出注（6）138頁。

12　明治33年「刑法改正案」48条理由書は、旧刑法76条が「業務上爲シタル行爲ニ付テハ一言ノ規定ナク之カ爲メ解釋上ノ困難ヲ生シタルコトアルヲ以テ」、正当業務行為の趣旨を明確化するために本条を起草した、と説明する。内田＝山火＝吉井編・前出注（6）515頁参照。さらに、田中正身『改正刑法釋義　上巻』（1907年・西東書房）〔復刻版として、同『改正刑法釋義　上巻　日本立法資料全集　別巻35』（1994年・信山社）402頁も参照〕。

13　松尾浩也増補解題『増補　刑法沿革綜覧　日本立法資料全集　別巻2』（1990年・信山社）171頁、内田文昭＝山火正則＝吉井蒼生夫編『刑法〔明治40年〕(3)-Ⅰ　日本立法資料全集22』（1994年・信山社）39頁、86頁〔明治34年第15回帝国議会提出「刑法改正案」45条参考書〕参照。

14　松尾増補解題・前出注（13）443頁、内田文昭＝山火正則＝吉井蒼生夫編『刑法〔明治40年〕(4)　日本立法資料全集24』（1995年・信山社）37頁、82頁、なお331頁以下〔明治35年第16回帝国議会提出「刑法改正案」45条理由書〕、同編『刑法〔明治40年〕(5)　日本立法資料全集25』（1995年・信山社）31頁〔明治35年「刑法改正案」貴族院修正可決案45条〕、さらに327頁、372-373頁〔明治35年第17回帝国議会提出「刑法改正案」44条理由書〕参照。

15　内田文昭＝山火正則＝吉井蒼生夫編『刑法〔明治40年〕(6)　日本立法資料全集26』（1995年・信山社）262頁、302頁〔明治40年第23回国議会提出「刑法改正案」35条理由書〕参照。

は、「三十五條ヲ法文ノ上ニ現ス必要ハ全ク無イノテアル、是ハ原則テ分リ切ツタ話テアル『法令又ハ正當ノ業務ニ因リ爲シタル行爲ハ之ヲ罰セス』ナトト云フコトハ、法文ノ上ニ全ク無用ノ條文テアル」と発言し[16]、さらに、同年3月8日の衆議院刑法改正案委員会第9回会議でも同旨を主張して[17]、同条の削除案をくり返し唱えていた。

　これに対して、平沼騏一郎は、「何モ條文カアリマセヌト、之ニ付イテモ疑ノ起リマシタ事例ハ随分アル、……法文ニ示シテ置ク方カ疑ヲ避ケルタメニ至當テアラウ」〔――圏点筆者〕と発言し、花井の削除案に真っ向から反論した[18]。結局、平沼のこの存置案が、賛成多数で花井の削除案を制している。

　では、平沼が念頭に置いていた「疑ノ起リマシタ事例」とはどのような場合か。明治40年の第5回会議の際に、平沼は、相撲や柔術で人に怪我をさせた事例を挙げるにとどまるが[19]、それに先立つ明治38（1905）年の『刑法總論　完』では、「正當ナル業務ノ執行」の例として、「醫師カ外科手術ヲ行フニ付テ準據スヘキ規則ニ從ヒ爲シタル行爲」[20]を列挙している。時系列からみて、平沼が「疑ノ起リマシタ事例」の1つとして、医師の外科手術を念頭に置いていたと推測するのは、ごく自然なことであろう。また、平沼と同じく第5回会議に出席した磯部四郎も、「外科醫カ患者ノ身體ヲ切斷……スルカ如キ行爲」[21]が犯罪を構成しないと明言し、この行為を正当業務行為の1つの典型例として挙げていた[22]。

16　松尾増補解題・前出注（13）1895頁〔花井卓蔵発言〕。さらに、内田文昭＝山火正則＝吉井蒼生夫編『刑法〔明治40年〕（7）　日本立法資料全集27』（1996年・信山社）117頁〔花井発言〕も参照。
17　内田＝山火＝吉井編・前出注（16）253-254頁〔花井発言〕。勝本勘三郎『刑法講話』（1912年・嚴松堂書店）96頁等も同旨。さらに、田中（正）・前出注（12）406頁参照。
18　松尾増補解題・前出注（13）1895頁〔平沼騏一郎発言〕。さらに、内田＝山火＝吉井編・前出注（16）118頁〔平沼発言〕も参照。
19　松尾増補解題・前出注（13）1895頁〔平沼発言〕、内田＝山火＝吉井編・前出注（16）118頁〔平沼発言〕。田中（正）・前出注（12）407-408頁も同旨。
20　平沼騏一郎『刑法總論　完』（1905年・日本大學）89頁。同『刑法汎論　完』（1906年・東京法學院大學）86頁も同旨。
21　磯部四郎『改正刑法正解』（1907年・六合館）〔復刻版として、同『改正刑法正解　日本立法資料全集　別巻34』（1995年・信山社）〕65-66頁。なお、第5回会議の出席者に関しては、内田＝山火＝吉井編・前出注（16）92頁に一覧が掲載されている。
22　その後、花井卓蔵編纂『改正新刑法註解』（1908年・東京法律研究會）14頁は、「第三十五條ハ正當ノ業務ニヨリ爲シタル行爲ハ罪トナラズ例ヘバ醫師ガ手術上人ヲ死ニ至ラシムトモ罪トナラ

2 理論的基礎づけの試み
(1) 現行刑法典制定前の議論

現行刑法典制定前の時期にも、治療行為の正当（業務）行為性に言及する文献は、わずかながら存在した。たとえば、古賀廉造は、「外科醫等カ業務執行ノ場合ニ於テ犯罪ヲ構成スト爲スハ實ニ刑法ノ原則ニ違フ甚シト謂ハサルヲ得ス」として、外科医の業務執行を正当業務行為として位置づけた[23]。古賀の説明は、先にみた第5回会議での平沼の説明よりもさらに詳細な内容をもっており、きわめて重要な意義を有する[24]。

(2) 現行刑法典制定後の議論

①正当(業務)行為規定の解釈をめぐって　現行刑法典制定後は、医師の治療行為が35条の正当（業務）行為にあたるとの理解が一般化するようになった。しかし、この理解がどこの国のどのような議論をもとに形成されたのかは、現在残されている資料からは確認できない[25]。

そうしたなかで、以上の理解に関連して興味深い記述を残しているのが、ドイツの刑法学者ヨーゼフ・ハイムベルガー（*Joseph Heimberger*）である。ハイムベルガーは、「嘲弄的語調を以て」[26]、「1907年4月23日の日本新刑法典（オオバシゲマ[ママ]博士訳）だけが、業務権（Berufsrecht）に関して、35条に、『法令又は正当な業務による行為は、罰しない』という文言を含んでいる。おそらく日本人は、『業務権』[27]に関してドイツの刑法教科書で見つけたものを検

ズ」としている。
23　古賀廉造『刑法新論』(1898年・和沸法律学校出版部) 496頁。さらに、同『刑法講義總論』(1901年・明治法律学校出版部) 324頁も参照。
24　内田・前出注 (3) 146頁注 (25) による評価である。このほか、石渡敏一『刑法總論　完』(1901年・日本法律学校) 175-176頁は、「職業ノ權」の一種として「醫業」を挙げ、岡田朝太郎『刑法講義　全（刑法總論）』(1903年・明治大學出版部) 174頁も、刑法上の権利行為として、「法令又ハ慣習ニ因リ己ノ業務……例、外科ノ施術、角力等……ニ屬スル行爲」を掲げている。
25　町野朔「違法阻却事由としての業務行為——スイス刑法三二条を中心として——」『団藤重光博士古稀祝賀論文集　第一巻』(1983年・有斐閣) 201頁以下、202頁。内田・前出注 (3) 146頁注 (25) も同旨。
26　黒田誠「行爲ノ違法（特ニ刑法第三十五條ニ就テ）」法学協会雑誌32巻1号 (1914) 109頁以下、128頁註、32巻2号 (1914) 112頁以下〔同『行爲の違法（第三版）——特に刑法第三十五條に就て——』(1924年・有斐閣) 1頁以下所収、29頁註。以下、引用は同書による〕。おそらくこの言い回しは、ハイムベルガー自身が、業務権に対して批判的な態度を示していた点と関連している。*Joseph Heimberger*, Strafrecht und Medizin, München 1899, S. 6 ff. 参照。また、央忠雄「醫師の醫療手術と身體侵害罪（三、完）(醫療手術に因る醫師の刑責問題)」法曹会雑誌3巻6号 (1925) 68頁以下、79頁は、ハイムベルガーによる以下の叙述を「皮肉な記憶」と回想する。

討することによって、そうしたものを自分たちの刑法典のなかに設けたのであろう」[28]と述べる。十分な資料的根拠が確認できない以上、現時点では、ハイムベルガーのこの推測を支持せざるをえない[29]。

それでも、ハイムベルガーの記述をもとに、明治28年「刑法草案」の起草前後にドイツで公刊された刑法体系書を繙いてみると、これらの体系書は、職業上の義務や違法阻却論との関係で、治療行為に言及している[30]。したがって、わが国の学説がドイツ刑法体系書の記述を参考に、正当業務行為をめぐる議論の体系化を試みたとの推測は、十分に成り立つと思われる[31]。

②**ドイツ法の継受**　ドイツ法のうち、わが国にとくに影響を与えたのが、治療行為の不処罰根拠論である。そこで以下では、まず、この議論の影響を咀嚼するために、ドイツにおける当時の状況を簡潔に確認する。

ドイツのライヒ裁判所は、父親が事前に反対したにもかかわらず、ただち

27　ドイツ法における「業務権」概念とその批判的検討として、第2章第2節第2款第2項（本書82頁以下）、同第3款第2項3（本書89-90頁）参照。

28　*Joseph Heimberger*, Berufsrechte und verwandte Fälle, in: Karl von Birkmeyer u. a. (Hrsg.), Vergleichende Darstellung des deutschen und ausländischen Strafrechts, IV. Bd., Berlin 1908, S. 15 ff. 28. 圏点は原文で隔字体である。なお、日本刑法典のドイツ語訳につき、ハイムベルガーは出典を明記していないが、*Shigema Oba*, Strafgesetzbuch für das Kaiserlich japanische Reich vom 23. April 1907, Berlin 1908, S. 17 以外は、時期的にみて考えにくい。

29　内田・前出注（3）143頁、147-148頁注（4）参照。

30　*Karl Binding*, Handbuch des Strafrechts, 1. Bd., Leipzig 1885, S. 802; *Hugo Meyer*, Lehrbuch des Deutschen Strafrechts, 5. Aufl., Leipzig 1895, S. 271 f.; *Franz von Liszt*, Lehrbuch des Deutschen Strafrechts, 11. Aufl., Berlin 1902, S. 132 f.〔邦訳として、フォン・リスト原著（岡田朝太郎校閲＝吾孫子勝・乾政彦共訳）『獨逸刑法論』（1903年・早稲田大學出版部）276-277頁〕等。これらの体系書を引用するのは、岡田庄作『刑法原論總論』（1913年・明治大學出版部）の「序言」、勝本勘三郎『刑法要論總則〔訂正三版〕』（1915年・明治大學出版部）の「参考書目録」等である。

31　たとえば、岡田朝太郎『刑法講義總論』（1906年・明治大學出版部）182頁、同『刑法講義總論』（出版年不明〔1907年か〕・明治大學出版部）166頁は、「法令又ハ慣習ニ因リ己ノ業務……ニ屬スル行爲」との関連で外科手術の適法性を論じている。岡田は、明治33（1900）年に、当時ハレ大学にいたフランツ・フォン・リスト（*Franz von Liszt*）のもとに留学し、帰国後は、リスト原著（岡田校閲＝吾孫子・乾共訳）・前出注（30）をはじめ、*Franz von Liszt*, Lehrbuch des Deutschen Strafrechts, 14./15. Aufl., Berlin 1905 の翻訳であるフォン・リスト原著（岡田朝太郎校閲＝吾孫子勝・乾政彦共訳）『獨逸刑法論　總則〔訂正再版〕』（1908年・早稲田大學出版部）、同『獨逸刑法論　各論』（1908年・早稲田大學出版部）の校閲を手がけるなど、リストの刑法理論から少なからず影響を受けていたと推測される。詳細につき、小林好信「岡田朝太郎の刑法理論」吉川経夫ほか編『刑法理論史の総合的研究』（1994年・日本評論社）177頁以下、180-181頁参照。さらに、以上の理解を補強する資料として、田口正樹「岡松参太郎のヨーロッパ留学」北大法学論集64巻2号（2013年）61頁以下、70頁以下、西英昭「岡田朝太郎の欧州留学について」法政研究84巻1号（2017年）1頁以下、7頁以下も参照。

に手術が必要な状態にあった当時7歳の女児に対して医師（被告人）が手術を行った事案につき、大要以下のように判示して原判決を破棄し、差し戻した。すなわち、（当時の）ライヒ刑法223条にいう「身体的に虐待し（körperlich misshandeln）」という文言は、「直接的・物理的に身体組織に加えられた侵害(Verletzung)すべてを含む」。したがって、およそ治療行為は、たとえそれが医学上適正に行われたとしても傷害罪の構成要件に該当し、その違法性を阻却するためには、原則として患者（またはその法定代理人）の承諾が必要である。本件ではこの承諾が欠けるため、被告人の行為は違法な傷害を構成する、と[32]。

　もっとも、本判決が「治療の実施にあたり、医師は原則として患者の同意を得なければならない」として同意原則の考えを打ち出した点は、学説からの厳しい批判にさらされた。しかし、本判決を契機として議論が「高揚」[33]し、その後の学説は、慣習法（Gewohnheitsrecht）、業務権、治療目的、被害者の承諾、および民法上の事務管理等に、医師の治療行為が不可罰となる根拠を求めるようになる[34]。

　そして、ドイツの議論に触発されたわが国の学説もまた、治療行為の不処罰根拠論としての業務権説[35]、慣習法説[36]、国家認容説[37]、同意説[38]を主

32　ライヒ裁判所1894年5月31日判決（RGSt 25, 375 [378]. 骨がん事件）。圏点は原文で隔字体である。本判決の詳細につき、第2章第2節第2款（本書78頁以下）参照。
33　*Alexander Graf zu Dohna*, Die Rechtswidrigkeit als allgemeingültiges Merkmal im Tatbestande strafbarer Handlungen, Halle 1905, S. 95.
34　当時の学説状況につき、勝本勘三郎「刑法第三五條ト醫業トノ關係（一）（二・完）」京都法学会雑誌8巻10号（1913年）106頁以下、8巻11号（1913年）103頁以下〔同著（勝本正晃編）『刑法の理論及び政策』（1925年・有斐閣）231頁以下所収。以下、引用は同書による〕、花井卓藏「醫師と法律」法学新報27巻1号（1917年）28頁以下、32頁以下、市村光惠『改版　醫師ノ權利義務』（1928年・寶文館）〔復刻版として、同『改版　醫師ノ權利義務　復刻叢書法律学篇37』（1994年・信山社）62頁以下、土井十二『醫事法制學の理論と其實際』（1934年・凡進社）347頁以下参照。ドイツでの議論状況につき、第2章第2節第2款第2項（本書82頁以下）参照。
35　業務権説とは、医師の業務が継続的に行われる点に治療行為の適法化根拠を求める所説をいう。わが国での支持者として、岡田庄作『刑法原論總論〔増訂改版第十六版〕』（1924年・明治大學出版部）299頁等。
36　慣習法説とは、医師という職業の国家的・公的な性格から治療行為の合法性を導く所説をいい、わが国では、勝本らがかつて支持していた見解である。勝本勘三郎『刑法析義各論之部　下巻』（1900年・有斐閣書房）54-55頁等参照。
37　小疇傳『新刑法論總則〔第二版〕』（1911年・清水書店）270頁、花井卓藏「刑法上醫師ノ權利義務ヲ論ス（一）（二・完）」刑事法評林4巻9号（1912年）1頁以下、1頁、4巻10号（1912年）1頁以下〔同『刑法俗論』（1912年・博文館）383頁以下所収、383頁〕、山崎佐『醫事法制學

張しはじめた。このようにして、わが国でも、医師の治療行為が刑法35条後段の正当（業務）行為にあたること、そしてかかる理解を共有しつつ、治療行為の不処罰根拠に対して立場決定をすることが一般化していった。

　しかし、その後ドイツでは、業務権説およびこれと同質の思考方法をとる所説に対して批判が集中し、医師の治療権を業務権によって基礎づける所説は、次第に影響力を失っていった。これを受けてわが国でも、議論の中心は、「医師の治療行為が不処罰となる根拠は何か」から、「いかなる範囲ないし条件のもとで、治療行為が適法化されるか」という問題に移行していった[39]。その際にもっとも議論が集中したのが、「患者の承諾」の位置づけである。その争点は、患者の承諾を得ずに行われた専断的治療行為によって顕在化する。すなわち、そこでの問題は、専断的治療行為は違法か、もし違法ならばいかなる犯罪を構成するか、であった。

　③専断的治療行為の刑法的処理をめぐって　たとえば、大場茂馬は、専断的治療行為の無罪説[40]や強要罪成立説を丹念に検討した末に、「不法ニ人ノ身體ニ裂傷ヲ與フルカ如キハ之ヲ傷害行爲ナリト解スルヲ妥當トス」[41]と結論づける。大場によれば、専断的治療行為が侵害するのは、患者の「身体」にほかならず、ここに同意原則の影響をみてとることができる。

　これに対して、勝本勘三郎は、この問題が「究局傷害罪ノ意義如何ニヨリ決セラレルヘキ」であり、身体に損害を与える傷害行為と、傷害の故意が排除された行為である治療行為とは到底帰一しない、とする[42]。そしてこう

（1920年・克誠堂書店）41頁、黒瀨善治『醫事法制に就て』（1927年・醫海時報社）35頁等。丸山正次『醫師の診療過誤に就て』（1934年・司法省調査課）26頁は、「此の説は我國に於ける通説である」とする。

38　勝本・前出注（30）231頁参照。ただし、勝本は、同・前出注（34）243-244頁（註）で再度改説している。現在わが国で主張されている同意説の内容につき、本節第2款第2項2(1)（本書61頁以下）参照。

39　詳細につき、小疇・前出注（37）270頁、市村・前出注（34）77頁参照。

40　大場旧説である。大場茂馬『刑法各論　上巻』（1909年・日本大學）〔復刻版として、大場茂馬『刑法各論　上巻　復刻叢書法律学編42』（1994年・信山社）〕157頁参照。岡田朝太郎『刑法講義全（刑法各論）』（1903年・明治大學出版部）234-235頁、黒田・前出注（26）62頁も同旨。

41　大場茂馬『刑法各論　上巻（増訂四版）』（1911年・中央大學）221頁。さらに、同『刑法各論上巻第一冊』（1911年・嚴松堂）221頁参照。小疇・前出注（37）272頁、花井・前出注（34）36頁、市村・前出注（34）77頁、291頁も同旨。山岡萬之助「醫師ノ業務上ニ於ケル過失ノ責任」法学新報23巻6号（1913年）60頁以下、67頁も、「手術……等ヲ行フニハ本人又ハ其保護者ノ承諾ヲ得ルヲ常トス然ラサル場合ニハ傷害罪ヲ以テ訴追セラルル危険ナシトセス」とする。

した理解から、勝本は、専断的治療行為に脅迫罪、強要罪および監禁罪等が成立する可能性を示唆する。勝本によると、専断的治療行為が侵害するのは、患者の身体そのものではなく、身体の「自由」であり、患者の行動を制限する暴行・脅迫等の行為がなければ、いかなる犯罪も成立しえない[43]。

その一方で、藤本直は、勝本の立場に理解を示しつつも、脅迫罪や強要罪による処理ではなく、ドイツ1927年草案281条のような、専断的治療行為そのものを処罰の対象とする規定を設けるよう提案した[44]。

(3) 議論の到達点と残された課題

以上概観してきた議論の到達点として、第1に、法律文献のレベルで同意原則が主張されはじめた点、第2に、「専断的治療行為＝原則違法」という理解が生成されつつあった点、が挙げられる。

もっとも、第1の点につき、書籍や学術論文等から垣間みえる人権擁護的傾向と、司法の現実を動かす実力の世界との間に隔たりがあったという事情に照らすと[45]、「治療にあたって医師は、原則として患者の同意を得なければならない」とする同意原則が実際にどれほど定着をみていたかについては、疑問が残る[46]。たとえば、長崎地佐世保支判昭和5年5月28日は、被告医師が患者に無断で行った開腹手術に対して不法行為責任を認めたものの、本判決は、「抑々違法阻却ノ事由ニ属スヘキ醫師ノ治療行為タルニハ一般ノ醫師カ一定ノ病症ニ對シ一定ノ治療ヲ為スニ非ラサレハ到底治癒スルヲ得サルヘシト確信スル所為ナラサルヘカラスト認ムルヲ妥當トス」として、医学的にみて正当な治療行為ならば、むしろ、患者の承諾がなくてもその違法性を阻却するという立場をとっていた[47]。それでも医師の不法行為責任

---

42 勝本・前出注（34）241頁。黒田・前出注（26）62頁も同旨。
43 勝本・前出注（34）244-245頁。丸山（正）・前出注（37）35頁も、「傷害罪の法益たる身體の健康は、承諾なき醫療行為に依つて何等害せられて居らず、害せらるるのは單に患者の意思に過ぎぬ」とする。
44 藤本直「醫師の手術と身體傷害罪（Ⅳ・完）」司法協会雑誌11巻7号（1932年）60頁以下、66-67頁。ドイツ1927年草案につき、第3章第2節第3款第3項1（本書175頁以下）参照。
45 佐伯千仭＝小林好信「刑法学史（学史）」鵜飼信成ほか責任編集『講座 日本近代法発達史11』（1967年・勁草書房）207頁以下、283頁参照。
46 「同意思想空疎化の傾向」を危惧していたのは、井上祐司「被害者の同意」日本刑法学会編『刑法講座 第2巻』（1963年・有斐閣）160頁以下、172頁〔井上祐司『刑事判例の研究（その一）』（2003年・九州大学出版会）59頁以下所収、70頁。以下、引用は同書による〕である。
47 町野・前出注（2）14頁。

が認められた理由は、「未タ本件開腹當時ニ於テ其ノ依頼ノ趣旨ニ背キ原告ノ子宮及附屬器ヲ摘出スルニ非サレハ原告ノ該部分ノ病症ヲ治療スルヲ得サルヘシトノ確信アル所爲トハ認ムルニ由ナキト同時ニ右摘出行爲ヲ施スニ非サレハ忽チ生命ニ關スルカ如キ危險ノ恐アリシ症狀ニ在リトハ到底是認シ難シ」と認定されたからであり、この認定を受けて本判決は、「原告ノ承諾ニ基カサル前顯ノ子宮及ヒ其ノ附屬器ノ摘出行爲ハ適法ナル治療行爲ノ範圍ヲ超越シタルモノト云フヘク之レニ基キ生シタル原告ノ有形無形ノ損害ハ被告ニ於テ之ヲ賠償スヘキ責アルコト當然ナル」と結論づけている[48]。

また、第2の点に関しても、学説上、「専断的治療行為は原則として『違法』である」という認識が一応生成されはじめたと評価できるが、専断的治療行為がいかなる意味で「違法」か、すなわち、当該行為がいかなる利益を侵害し、いかなる犯罪を構成するかという問題意識は、当時まだ希薄であった[49]。なぜなら、大正時代はせいぜい、医事法学の前身とでもいうべき「医事法制」[50]が登場しはじめた時期であり、昭和初期の刑法学も、学派の争いを中心とした体系構築に重点を置いていたからである。そのため、刑法学において、治療行為という問題領域が本格的な議論の対象となるには、いまだ程遠い状況にあった[51]。

そのなかにあって、大場や勝本が専断的治療行為の刑法的性質を明らかにしたのは、ドイツ刑法学に全面的に依拠していたからにすぎない[52]。した

48　以上の引用は、丸山（正）・前出注（37）246頁以下、255-256頁による。その後、長崎控訴院において、原告が請求を全部破棄している。同・前出注（37）257頁参照。

49　たとえば、泉二新熊『日本刑法論上巻（總論）〔訂正第四十版〕』（1927年・有斐閣）349頁は、「醫師カ當該權利者ノ同意ヲ得スシテ害ヲ加ヘ……タルカ如キ場合ニ於テハ犯罪ヲ構成スルコトアル可シ」と述べるにとどまる。当時の状況につき、唄孝一「東大における『医事法制講義』事始を中心として——山崎佐先生との"雅談"など」年報医事法学6号（1991年）53頁以下、56頁以下参照。

50　代表的著作として、山崎（佐）・前出注（37）がある。医事法制から医事法学への転換につき、甲斐克則「日本の医事法学——回顧と展望——」同編『医事法講座　第1巻　ポストゲノム社会と医事法』（2009年・信山社）5頁以下、8-9頁参照。

51　甲斐克則「医療と刑法——医事刑法の回顧と展望」ジュリスト1348号（2008年）130頁以下、131頁参照。

52　大場・前出注（40）157頁以下は、Karl Binding, Lehrbuch des Gemeinen Deutschen Strafrechts, Besonderer Teil, 1. Bd., 2. Aufl., Leipzig 1902, S. 53 ff. 等のドイツ刑法の体系書を参照しつつ、「身體ニ對スル罪」との関連で治療行為の問題を取り扱っている。大場理論に対するドイツ刑法学の影響につき、第4章第4節第2款第2項2（本書314頁以下）参照。また、勝本・前出注

がって、ドイツ法の受容という観点からみれば、大場や勝本らの議論は、いずれも「接ぎ木」[53]の域を出ておらず、わが国の土壌にマッチした法移植を実現していたとは評価しがたい。もっとも、そうした評価の一方で、治療行為の問題が35条という「便利（？）な規定」[54]の適用によってあまりにも簡潔に処理されている現状を嘆き、そうした現状に「物足りない感」[55]をあらわにする論者もいた。第二次世界大戦後の議論は、まず、このような不満を克服することを出発点としていた。

第2項 身体侵害モデルと自由侵害モデルによる対立軸の明確化

戦後のいわゆる行為無価値論的思考の登場と、昭和30（1955）年代以降のその具体的展開[56]は、治療行為をめぐる議論にも新たな展開をもたらした。なかでも、藤木英雄は、ドイツ法の犯罪論体系を検討する際に治療行為の問題を取り上げ、その後は町野朔が、昭和40（1965）年代頃からの結果無価値論の再評価の流れを受けて、この問題をめぐる対立軸の多くを明らかにした。

以下では、まず、藤木説の骨格を抽出したうえで、その学説史的意義を確

---

(34) 242頁も、ドイツ傷害罪の解釈を考察の出発点に据えている。刑法学説の総括として、井田良「外国法（学）の継受という観点から見た日本の刑法と刑法学」早稲田大学比較法研究所編『日本法の中の外国法――基本法の比較法的考察――』（2014年・成文堂）139頁以下、145頁以下参照。
53 園部逸夫「公法の領域における外国法の受容――接ぎ木法文化の一側面――」日本比較法研究所50周年記念講演録編集委員会編『多文化世界における比較法』（2000年・中央大学出版部）63頁以下、76-77頁。
54 藤本直「醫師の手術と身體傷害罪の問題に就て（一）」法学新報41巻2号（1931年）1頁以下、11頁。
55 央・前出注（26）78頁。
56 包括的分析として、内藤謙「戦後刑法学における行為無価値論と結果無価値論の展開（一）（二・完）」刑法雑誌21巻4号（1977年）1頁以下、5-6頁、22巻1号（1978年）58頁以下、58頁〔同『刑法理論の史的展開』（2007年・有斐閣）189頁以下所収、193頁、207頁。以下、引用は同書による〕、曽根威彦「違法論」ジュリスト1348号（2008年）19頁以下、22頁以下〔同『刑事違法論の展開』（2013年・成文堂）3頁以下所収、9頁以下〕参照。法益論との関連では、甲斐克則「日本刑法学における違法論の潮流と法益論――その（一）・主観的違法論および初期の規範違反説を中心に――」『鈴木茂嗣先生古稀祝賀論文集［上巻］』（2007年・成文堂）253頁以下、同「日本刑法学における違法論の潮流と法益論――（その二）・第二次世界大戦前後から一九七〇年代までの客観的違法論と法益論――」『立石二六先生古稀祝賀論文集』（2010年・成文堂）113頁以下、135頁以下、松原芳博「刑事違法論と法益論の現在」法律時報88巻7号（2016年）23頁以下参照。

認し（後出・1）、つぎに、町野説の基本的枠組みを跡づけ、これに内在する問題点を浮き彫りにする（後出・2）。そこでは、藤木説と町野説の検討をつうじて、行為無価値論と結果無価値論の展開過程をいわば裏面から観察することとなる。そして、町野説以降に自覚的に展開される「傷害罪の法益」論に着目する所説のうち、佐伯仁志と辰井聡子の議論に焦点を当てて検討を加える（後出・3）。この検討をつうじて、わが国における議論の到達点を特定するとともに、これまでの議論にいかなる分析が欠けていたか、を示す（後出・4）。

1　藤木英雄による理論的基礎づけの試み：自由侵害モデルの立場から
(1)　治療行為の構成要件論的検討

藤木英雄は、「社会的相当行為雑考」[57]、「可罰的違法性の理論」[58]、『可罰的違法性』[59]等の複数の文献にわたって治療行為の問題を取り上げた。

藤木によれば、治療行為をめぐる「問題の基本は構成要件該当性と違法性の関係についてどのように考えるか、ということに帰する」[60]。そこでまず、藤木は、構成要件を違法類型と解する立場から、その行為が社会的相当性の限界を逸脱した行為か否か、を検討する。そして、社会的相当行為の限界を逸脱した行為にのみ構成要件該当性を認め、社会的に相当な行為はもとより構成要件に該当しない、と結論づける。かくして、藤木は、構成要件概念の弾力的運用に基づいて、構成要件該当性に先行して当該行為の具体的な違法判断に立ち入るのである[61]。この枠組みを治療行為の問題領域にあてはめると、以下のようになる。

　　「例えば、外科手術により腕、脚などを切断することについては、治療の目的のために必要な医学上相当な施療と認められるかぎり、刑法上それがいかなる構成要件に

57　藤木英雄「社会的相当行為雑考」警察研究28巻1号（1957年）44頁以下〔同『可罰的違法性の理論』（1967年・有信堂）51頁以下所収。以下、引用は同書による〕。
58　藤木英雄「可罰的違法性の理論」法学協会雑誌83巻7・8号（1966年）62頁以下〔同・前出注(57)『可罰的違法性の理論』1頁以下所収〕。
59　藤木英雄『可罰的違法性』（1975年・学陽書房）。
60　藤木・前出注(59)60頁。
61　藤木・前出注(57)70頁。さらに、同「超法規的違法阻却事由について」警察学論集16巻6号（1963年）24頁以下、42頁以下も参照。

あたるかを問題にするまでもなく刑事責任を生じないが、それが不必要、不相当な行為であると認められたときはじめて傷害罪、あるいは過失傷害罪の構成要件を充足するかどうかを問うべきものとなる」[62]。

以上の理解においては、個々の構成要件要素の解釈が肝要となる。藤木によれば、閉ざされた構成要件とは、当該構成要件に該当する行為の可罰的違法性が、特別な違法阻却事由が存在しないかぎりただちに確定できるものをいう。たとえば、傷害罪における「傷害」概念に関しては、人の身体に損傷を与える行為があれば傷害行為としての構成要件該当性が確定でき、その違法性もおのずと明らかとなる。ただし、その行為が社会的相当行為としての要件を実質的に備えている場合は、その構成要件該当性をとくに論じるまでもない[63]。これによると、治療行為における傷害構成要件の解釈は、以下のとおりとなる。

> 「医療行為が、医学上の一般に認められた妥当な手段であり、かつ、医師がその手段を選択することに合理性があると認められる場合には、身体に対する侵襲行為それ自体は、故意犯との関係において傷害というにあたらない……。また、過失犯の関係においては、医療を実施する際に必要な注意を怠った場合にはじめて、刑法上、行為無価値的観点からその傷害が受忍限度を超え、傷害の定型性をそなえるにいたると解したい。これは、形式的・外観的には、傷害という一般概念にはあてはまるけれども、その手術をする行為自体が、医療としての妥当性を有し、かつ、注意義務を遵守して行われる限りにおいて、行為無価値の見地からの違法性を欠き、当然社会観念上正当な行為と認められると考えるからである」[64]。

では、社会的相当行為としての要件を実質的に備えた治療行為とは、どの

---

62 藤木・前出注（57）68頁。さらに、同「過失犯の考察（一）〜（三・完）」法学協会雑誌74巻1号（1957年）1頁以下、29頁、74巻3号（1957年）22頁以下、74巻4号（1957年）18頁以下〔同『過失犯の理論』（1969年・有信堂）3頁以下所収、33-34頁。以下、引用は同書による〕、同・前出注（59）85頁も参照。
63 藤木英雄「『社会的相当行為』理論の労働刑法への適用について」警察研究31巻1号（1960年）25頁以下、33-34頁〔同・前出注（57）『可罰的違法性の理論』89頁以下所収、99-100頁〕。
64 藤木・前出注（59）85頁。これに対して、福田平「社会的相当性」日本刑法学会編・前出注（46）106頁以下、120頁以下〔同『目的的行為論と犯罪理論』（1964年・有斐閣）133頁以下所収、147頁以下〕、同「社会的相当性とはなにか。」福田平＝大塚仁『新版 刑法の基礎知識（1）』（1982年・有斐閣）119頁以下、126-127頁は、構成要件該当性の概念や、社会的相当性の理論における個々の構成要件要素の解釈原理を検討し、身体侵害モデルの妥当性を基礎づけようと試みる。

ような行為か。藤木によれば、「何よりも、医療行為が許容される前提としては、患者の同意（あるいは近親者の同意）が原則として必要とされる」[65]。ここでは、患者の承諾が社会的に相当な治療行為の必須条件として、治療目的や手段・方法の妥当性がこれを補完する条件として考慮されている[66]。

（2）学説史的位置づけと残された課題

　藤木説の功績は、行為無価値論的思考を基礎として、社会生活の実態に即した犯罪論を構成すべく[67]、「医療と刑法」に対する関心の高まりにこたえるための理論[68]を整備しようとした点にある。具体的には、治療行為をめぐる問題が、理論的には「構成要件該当性と違法性の関係」に帰着するとした点、その際に、傷害罪の構成要件要素の解釈が重要であるとした点、がこれである[69]。

　しかし、その一方で、藤木が支持した社会的相当性の理論は、多くの根本的批判を招くこととなった。たとえば、構成要件該当性に先行して行為の具体的な違法性の問題に立ち入ることは、構成要件該当性判断と違法判断の犯罪論体系上の区別を突き崩すとの批判[70]や、この見解が「結論を示すだけで、どのような場合に社会的相当性があるかの基準を明らかにしないうらみがある」との批判[71]がそれである。とくに後者の批判に関連して、藤木は、社会的相当性という概念を、法益侵害ないしその危険という結果無価値的要素から切りはなされた、行為無価値を意味する概念として用いている[72]。

65　藤木英雄『刑法各論――現代型犯罪と刑法』（1972年・有斐閣）186頁。圏点は原文でゴシック体である。同『刑法講義　総論』（1975年・弘文堂）188-189頁も同旨。

66　藤木・前出注（57）58頁、同・前出注（59）85頁参照。同様の思考方法をとるのは、団藤重光編『注釈刑法（2）のⅠ　総則（2）』（1968年・有斐閣）117頁〔福田平〕、大塚仁「医療行為と社会的相当性・許された危険」福田平＝大塚仁『刑法総論Ⅰ――現代社会と犯罪』（1979年・有斐閣）210頁以下、213頁以下等である。

67　このような目的意識を示唆する記述として、藤木・前出注（57）14頁以下、同・前出注（62）7頁以下、同・前出注（65）『刑法講義　総論』「はしがき」（1頁）、25頁参照。さらに、内藤・前出注（56）212-213頁も参照。

68　藤木英雄「『許された危険』と未必の故意」研修242号（1968年）3頁以下、10頁参照。

69　その姿勢は、藤木・前出注（61）40-41頁に端的に表れている。

70　荘子邦雄『労働刑法（総論）〔新版〕』（1975年・有斐閣）161-162頁、166-169頁注（四）等。これに対して、藤木・前出注（57）67頁以下、94頁以下、同「可罰的違法性の理論について」書研所報17号（1968年）1頁以下、16頁以下、同・前出注（59）86-87頁は、これらの批判を想定し、反論を試みている。

71　平野龍一『刑法　総論Ⅱ』（1975年・有斐閣）214頁。

72　藤木・前出注（65）『刑法講義　総論』77頁。福田平『全訂　刑法総論〔第五版〕』（2011年・

第1節　わが国の現状　31

すなわち、社会的相当性の判断は、当該具体的な結果との関係をいったん捨象したうえで判断される構造となっているのである。しかし、およそ結果惹起の観点を抜きにして、当該行為の意味を把握することができるかどうかは疑問であり[73]、こうした疑問が、つぎにみる町野説[74]、および、治療行為論にいわゆる「結果説」が抬頭する背景をなしたと考えられる[75]。

　以上のように、藤木は、「専断的治療行為がいかなる意味で違法か」という課題に答えようとしたものの、その際に、当該行為による法益ないし利益侵害という側面をさほど重視していなかった（あるいは、意図的に排除さえしていた）ように見受けられる。この意味において、藤木は、（むろん時代的制約もあるだろうが）戦前に積み残された第2の課題に正面から取り組んでこなかったといわざるをえない[76]。

　また上述のように、藤木の議論枠組みにおいては、治療行為に対する承諾の解釈論的位置づけに関しても、必ずしも判然としない部分が残されている。そのため、藤木が支持した自由侵害モデルの枠組みは、同意原則を排除する傾向にあるとして[77]、とくに身体侵害モデルの陣営から批判を浴びることとなった。このように、藤木は、戦前に積み残された第1の課題、つまり同意原則の不徹底という課題に対しても、十分な解答を与えることができなかった。かくして、「行為無価値論の台頭に伴って、同意の地位が後退し

　　　有斐閣）144頁も同旨。
73　山口厚『刑法総論　補訂版』（2005年・有斐閣）44頁は、「行為の意義は結果との関係において、結果惹起の観点から、結果との相互関係において捉えられなければならない」とする。さらに、仲道祐樹『行為概念の再定位――犯罪論における行為特定の理論――』（2013年・成文堂）35-36頁も参照。
74　町野・前出注（2）26-27頁は、「この問題を検討する基本的視点」が、「治療行為によってもたらされる患者の身体の侵害結果、あるいは身体・生命侵害の危険の正当化について、患者の意思をも考慮する」こと、つまり「それは、行為態様ではなく、結果、あるいは結果発生の危険性を中心にして考えることであって、違法論において『結果無価値』の立場を原則とすることを意味する」という。このような結果無価値の立場から、同・前出注（2）30頁以下は、藤木の行為無価値論に対する批判を展開する。
75　治療行為論にいわゆる「結果説」につき、本節第2款第2項2(3)（本書64頁以下）参照。
76　戦前に積み残された2つの課題につき、本款第1項2(3)（本書25頁以下）参照。
77　八木国之「被害者の承諾と傷害罪の成立」我妻栄編集代表『続学説展望――法律学の争点――』（1965年・有斐閣）160頁以下、160頁、井上（祐）・前出注（46）69頁参照。平野竜一「現代における刑法の機能」同編『岩波講座　現代法11　現代法と刑罰』（1965年・岩波書店）3頁以下、15頁〔平野龍一『刑法の基礎』（1966年・東京大学出版会）93頁以下所収、107頁〕も同旨か。

つつある状況も見受けられ、この問題の刑法的解決は不十分であるばかりか、その行方は混沌としてい」[78]た。そのなかで、身体侵害モデルの立場から承諾の機能を解明しようとしたのが、つぎにみる町野朔の議論であった。

2　町野朔による「治療行為」論の整理・整頓：身体侵害モデルの立場から

　町野は、『患者の自己決定権と法』[79]をはじめ、「患者の自己決定権と刑法」[80]、「患者の自己決定権」[81]等の複数の文献にまたがりながら、自身の理論体系を築き上げた。当時の（民）法学説は、昭和40（1965）年に発表された唄孝一の論文[82]を嚆矢とし、さらに、東京地判昭和46年5月19日下民集22巻5＝6号626頁（乳腺症事件）や、秋田地大曲支判昭和48年3月27日下民集24巻1〜4号154頁（舌がん事件）等を受けて[83]、この問題に大きな関心を寄

78　大谷實「町野朔著『患者の自己決定権と法』」ジュリスト860号（1986年）145頁。
79　町野・前出注（2）。同書は、同「刑法解釈論からみた治療行為（一）（二）」法学協会雑誌87巻4号（1970年）29頁以下、88巻9・10号（1971年）1頁以下、同「治療行為における患者の意思（一）（二）――刑法上の違法阻却論との関連において――」上智法学論集22巻2号（1979年）65頁以下、24巻2号（1981年）41頁以下に「大幅な加筆訂正を加えるとともに、新たに未完の部分を書き下ろし、全体を構成し直した」（同書「はしがき」ⅰ頁）モノグラフィーである。書評として、大谷・前出注（78）145頁、新美育文「町野朔著『患者の自己決定権と法』」年報医事法学2号（1987年）144頁以下があり、包括的検討として、松宮孝明「患者の自己決定権と治療拒否権」南山法学11巻3号（1988年）95頁以下、米村滋人「再論・『患者の自己決定権と法』」町野朔先生古稀記念『刑事法・医事法の新たな展開　下巻』（2014年・信山社）83頁以下、佐藤陽子「被害者の承諾」伊東研祐＝松宮孝明編『リーディングス刑法』（2015年・法律文化社）228頁以下がある。
80　町野朔「患者の自己決定権と刑法」刑法雑誌22巻3・4号（1979年）34頁以下〔同『生と死、そして法律学』（2014年・信山社）167頁以下所収。以下、引用は同書による〕。
81　町野朔「患者の自己決定権」日本医事法学会編『医事法学叢書　第1巻　医師・患者の関係』（1986年・日本評論社）39頁以下〔同・前出注（80）『生と死、そして法律学』145頁以下所収。以下、引用は同書による〕。これは、日本医事法学会第5回研究大会の報告原稿である、同「患者の自己決定権」ジュリスト568号（1974年）44頁以下に、補訂と「補論」を付け加えた論説である。
82　唄孝一「治療行為における患者の意思と医師の説明――西ドイツにおける判例・学説――」『契約法体系Ⅶ（補巻）』（1965年・有斐閣）66頁以下〔同『医事法学への歩み』（1970年・岩波書店）3頁以下所収。以下、引用は同書による〕。唄自身の回顧録として、同「医事法学への轉進――志したこと、求めたもの――」法と精神医療18号（2004年）1頁以下、5頁以下〔同『志したこと、求めたもの』（2013年・日本評論社）160頁以下所収、165頁以下〕がある。唄論文の刑法学説史的意義につき、佐藤・前出注（79）228頁以下参照。さらに、町野・前出注（2）15頁、町野朔＝秋山秀樹＝中島一憲「座談会――インフォームド・コンセントをめぐる諸問題」現代のエスプリ339号（1995年）15頁以下、21頁〔町野発言〕も参照。
83　両判決の詳細につき、序章・一1（本書3頁以下）参照。さらに、医師の説明義務の懈怠が問題とされた京都地判昭和51年10月1日下民集31巻9〜12号1025頁や広島高判昭和52年4月13日高

せはじめていた(84)。この流れを受けて、日本刑法学会も、昭和42（1967）年10月14日に開催された第35回大会の共同研究(85)と、昭和52（1977）年11月8日に開催された第53回大会の共同研究(86)において、「医療と刑法」を報告テーマとして取り上げている。このうちの第53回大会における報告者の1人が、町野であった。

（1）身体侵害モデルの理論的基礎とその帰結

　町野説の特徴は、専断的治療行為による患者の「利益」侵害の本質論に着目し、そこから治療行為傷害説、つまり身体侵害モデルの具体的帰結を明示した点にある。このような作業に取り組むことで、町野は、治療行為をめぐる（刑）法「解釈論の基礎になっているさまざまの価値観を探し出」し(87)、

民集30巻2号51頁、虚偽の説明により得られた承諾を無効とした熊本地判昭和52年5月11日下民集31巻9〜12号1042頁も参照。また、札幌地判昭和53年9月29日判時914号85頁（札幌ロボトミー事件）は、本件手術が本人の承諾を欠く行為であり、手術の最終手段性の制約を逸脱したとして、被告医師らに不法行為による損害賠償責任を肯定した（名古屋地判昭和56年3月6日下民集31巻9〜12号1445頁（名古屋ロボトミー事件）も参照）。その後、最判昭和56年6月19日裁判集民133号145頁（開頭手術事件）も、患者やその法定代理人に手術の内容とそれに随伴する危険の説明義務を肯定している。詳細につき、金川琢雄「医療における説明と承諾の問題状況――医師の説明義務を中心として」法律時報55巻4号（1983年）71頁以下〔日本医事法学会編『医事法学叢書　第3巻　医事紛争・医療過誤』（1986年・日本評論社）225頁以下所収〕、新美育文「医師の説明義務と患者の同意」加藤一郎＝米倉明編『民法の争点Ⅱ（債権総論・債権各論）』（1985年・有斐閣）230頁以下、手嶋豊「インフォームド・コンセント法理の歴史と意義」甲斐克則編『医事法講座　第2巻　インフォームド・コンセントと医事法』（2010年・信山社）3頁以下等参照。

84　この時期に日本医事法学会が取り上げた関連テーマは、以下のとおりである。第5回研究大会「医師と患者の関係をめぐって」（ジュリスト568号（1974年）14頁以下掲載）、第6回研究大会「医師・患者の関係」（法律時報47巻10号（1975年）8頁以下掲載）、第7回研究大会「医師・患者をめぐる訴訟とその背景」（ジュリスト619号（1976年）16頁以下掲載）、第8回研究大会「医師と患者の関係」（法律時報49巻10号（1977年）8頁以下掲載）、第9回研究大会「医師と患者の関係をめぐって」（ジュリスト678号（1978年）46頁以下掲載）、第12回研究大会「医療における説明と承諾の問題状況――医師の説明義務を中心として」（法律時報55巻4号（1983年）69頁以下掲載）等。

85　日本刑法学会編『日本刑法学会50年史』（2003年・有斐閣）195頁参照。その際の報告テーマと質疑応答の内容は、瀧川春雄「医療をめぐる法律上の諸論点――一九六七年度の学会における『医療と法律』問題のスケッチ」法律時報40巻2号（1968年）17頁以下、17-18頁に簡潔な紹介がある。

86　報告者とテーマは、西山雅明「患者の同意と医師の説明義務」、町野朔「患者の自己決定権と刑法」、宮野彬「生命維持装置の取外しと刑法」、大嶋一泰「生命維持装置の取外しと義務衝突」である。詳細につき、刑法雑誌22巻3・4号（1979年）33頁以下、日本刑法学会編・前出注（85）205頁、310頁参照。

87　松尾浩也ほか「〈座談会〉これからの刑事法学」ジュリスト655号（1978年）192頁以下、194頁〔町野朔発言〕。

それにより、身体侵害モデルと自由侵害モデルをめぐる対立軸の多くを明らかにした[88]。もっとも、詳しくは後で述べるように、町野が提起した問題が刑法学・医事法学の学説において的確に議論の俎上に載せられてきたかといえば、必ずしもそうではないように思われる[89]。

そこで以下では、主として『患者の自己決定権と法』を対象として町野説の骨格を抽出し、検討のための素地を整える。具体的には、同書の記述に沿うかたちで、まず構成要件段階に対応した分析を跡づけ（後出・①②）、つぎに違法阻却論に焦点を当てて町野説の特徴を整理する（後出・(2)）。そして町野が、ここまで未解決のままにされていた２つの理論的課題にどのように取り組み、その後の学説がどのような方向へシフトしていったかを跡づける（後出・(3)）。

①**身体侵害モデルの理論的基礎**　専断的治療行為とは、患者の身体利益を侵害する違法行為か、それとも、治療を受けるか否かに対する患者の自由権を侵害する違法行為か。町野によれば、前者の理解が治療行為傷害説、つまり身体侵害モデルの帰結であり、後者の理解が治療行為非傷害説、すなわち自由侵害モデルの帰結である。前者からは、専断的治療行為には傷害罪が成立し、後者からは、ほとんどの場合、不可罰な行為となるにすぎない[90]。かくして、町野は、問題の要諦が以下の点にある、と喝破する。

> 「問題は、法的保護を受けるべき患者の自己決定権とは何か、彼のいかなる利益について決定する彼自身の権利であるのか、である」[91]。

以上のような問題設定のもとで、まず町野が批判するのは、自由侵害モデル的理解、すなわち、患者の自己決定権を身体利益から切りはなし、意思決定の自由のみに対する罪とする理解である。なぜなら、患者の意思決定の自由を患者の生命・健康という法益から切りはなして考えると、承諾が、医的侵襲による患者の身体利益侵害と無関係であるとされる結果、医師の説明義

88　大谷・前出注（78）145頁参照。
89　米村・前出注（79）83頁。佐藤・前出注（79）242-243頁も同旨。
90　町野・前出注（2）12頁、29頁参照。
91　町野・前出注（2）87頁。さらに、大谷実ほか「討論」刑法雑誌22巻3・4号（1979年）47頁以下、50頁〔町野朔発言〕も参照。

務の範囲や処罰されるべき専断的治療行為の範囲が無限定に広がる可能性があるからである[92]。

そこで町野は、患者の意思に反する専断的治療行為を、患者の「身体」利益、つまり、身体の不可侵に対する権利を侵害する行為として位置づける。これによって、患者の自己決定権は、その身体利益の処分権という具体的な権利として刑法上保護される、というのである[93]。

　②**身体侵害モデルが導く2つの帰結**　以上の基本的理解から、町野は、身体侵害モデルの帰結として以下の2点を導出する。

第1が、専断的治療行為の、致死傷罪としての可罰性である。これによれば、専断的治療行為は、暴行・傷害罪の構成要件に該当し、それが違法・有責であるときは、これらの罪を含めた致死傷罪として処罰されうる。なぜなら、「客観的な合理性判断のみによって患者の身体的利益を侵害することが許されないということこそが、患者の自己決定権の思想である」[94]からである。そして町野は、専断的治療行為の処罰を必要以上に限定する所説を批判し、「専断的治療行為は致死傷罪が成立する範囲で、そしてその罪として処罰すべきであり、それ以上に処罰する必要はない」[95]とする。身体侵害モデルに基づくこの帰結は、専断的治療行為の罪責を確定し、同意原則違反の刑法上の帰結を明らかにした点に意義がある[96]。同意思想の不徹底という戦前に積み残された課題[97]は、ここに理論的に克服されたと評価できる。

第2が、患者の自己決定権の刑法的意味である。町野によれば、「刑法上保護を受ける患者の自己決定権は、具体的な治療行為を受けるか否かを決定することによって彼自身が自己の身体・生命に関する利益を左右する権利であ」[98]る。このような自己決定権理解によるならば、患者の意思に反する専断的治療行為が侵害するのは、具体的・実質的内容を備えた生命・身体の処

92　町野・前出注（2）82-83頁、131頁、同・前出注（80）172-173頁参照。
93　町野・前出注（2）87頁、130頁。さらに、上野正吉ほか「討論」ジュリスト568号（1974年）52頁以下、55頁〔日本医事法学会編・前出注（81）62頁以下所収、68-69頁〕〔町野発言〕も参照。
94　町野・前出注（2）116-117頁。
95　町野・前出注（2）130頁。さらに、米村・前出注（79）86頁も参照。
96　大谷實『医療行為と法〔新版補正第2版〕』（1997年・弘文堂）79頁参照。
97　その総括として、本款第1項2(3)（本書25頁以下）参照。
98　町野・前出注（2）131頁。

分権にほかならない。かくして、町野は、患者の自己決定の自由を生命・身体法益から切りはなし、抽象的な意思決定の自由として把握することを峻拒するのである[99]。

（2）違法阻却論における「患者の意思」の役割

では、身体利益侵害ゆえに暴行・傷害構成要件に該当する専断的治療行為は、いかなる根拠によってその違法性が阻却されるのか。町野のことばを借りれば、つぎの問題は、専断的治療行為による「法益侵害の結果がどのような事情があるときに正当化されるか」[100]、また、「その法益侵害の正当化について患者の意思が占めるべき役割」[101]は何か、である。

これらの問題に対して、町野は、事前的優越利益に基づく違法阻却論の観点から、患者の自己決定権およびそれと結びついた承諾の位置づけを分析することで解答を試みる。

①優越的利益の選択権としての「患者の自己決定権」　まず町野によれば、衝突する2つの利益主体が同一であるときは、当該主体の衝突解消の意思が優先される。なぜなら、「客観的に優越利益が守られたといえる場合であっても、患者はこのような結果を甘受して治癒の結果を選択するか否かの権利を保持している」からである[102]。したがって、患者は治療に承諾を与える

99　町野・前出注（80）148頁。平野（龍）・前出注（71）255頁も、ドイツ刑法改正草案の専断的治療行為処罰規定を評して、「患者の意思決定の自由を重視する点はたしかに妥当な考えだと思われる。しかし、身体の傷害ときりはなして意思決定の自由のみに対する罪とするのには、なお疑問がある」とする。
100　町野・前出注（2）30頁。
101　町野・前出注（2）32頁。さらに、同「構成要件の理論（その1）～（その3・完）」法学セミナー378号（1986年）66頁以下、379号（1986年）90頁以下、380号（1986年）86頁以下、91頁〔芝原邦爾ほか編『刑法理論の現代的展開——総論Ⅰ』（1987年・日本評論社）1頁以下所収、35頁、町野朔『犯罪論の展開Ⅰ』（1989年・有斐閣）43頁以下所収、68頁〕も参照。
102　町野・前出注（2）167頁。
103　町野・前出注（2）167頁。かつて、同・前出注（80）173-174頁は、この事例における医師の行為は刑事責任も免れえないとしていた。しかしその後、同・前出注（2）187頁はつぎのように述べて、その立場を一部修正している。すなわち、「民法上は、医師の行為は患者の権利の侵害としての不法行為であるとすることも許されるかも知れない。しかし、患者が自己の病状を正確に認識したとしたら手術を許容したと思われない場合であって、当該治療行為が癌病巣の摘出という医学的適応性のきわめて高い手術であることを考えるなら、刑法上の問題としては、患者の拒絶意思は無効とし、……患者の推定的意思に基づく治療行為としてその合法性を肯定するのが妥当ではないかと考えられる」、と。さらに、同・前出注（2）340頁注（87）、348頁注（181）も参照。

ことで、侵害される身体利益よりも治療の結果として維持・増進される身体・生命利益を優先させるのか、それとも、当該治療に承諾を与えないことで前者の利益を後者の利益に優先させるのかを選択することができる。このような理解によるならば、たとえば、「舌癌にかかった舌の切除手術についていうなら、身体の一部に対する利益も、癌から解放される利益も、いずれも患者本人のものである。前者を犠牲にして後者を得ることが患者の選択に反するときは、それは違法である」[103]。かくして、町野は、「患者の承諾」の実体を優越的利益の選択として理解し、患者の自己決定権を優越的利益の選択権として位置づけるのである[104]。

しかし、「身体の一部を侵害して、治療という身体利益を得ることが患者の選択に反するときは違法である」ということは、すなわち、患者には、身体を自由に処分する権利（上記の舌がん事例では、舌の一部と引き換えに、治療により得られる身体利益を放棄する権利）があるということ、しかも、それは刑法によって保護される積極的な権利である、ということとなる。その前提には、おそらく、「身体の自由な処分権は、傷害罪の保護法益そのものである」という考えがある[105]。だが、身体の処分権を傷害罪の法益そのものととらえ、法益主体の意思を「身体」法益の内容に直接読み込んでしまうと、患者の意思に反して行われた専断的治療行為の場合に、客観的「優越利益」保護を理由として当該行為を正当化することは著しく困難となる[106]。したがって、

---

104 日本医事法学会編・前出注（81）64-65頁〔町野発言〕参照。さらに、武藤眞朗「治療行為の違法性と正当化——患者の承諾の意義——」早稲田大学大学院法研論集59号（1991年）195頁以下、205頁も参照。
105 辰井聡子「治療行為の正当化」中谷陽二編集代表『精神科医療と法』（2008年・弘文堂）347頁以下、352-353頁。こうした理解の傍証となる記述として、町野朔「被害者の承諾」西原春夫ほか編『判例刑法研究　第2巻』（1981年・有斐閣）165頁以下、169頁参照。
106 もし違法阻却の余地があるとすれば、あとは緊急避難によるしかない。緊急避難構成を支持する代表的な見解として、上野正吉「医療と人権侵害」日本医事新報2246号（1967年）57頁以下、同「再び『医療と人権侵害』について」日本医事新報2255号（1967年）83頁以下、84頁、同「医療と刑法三七条」ジュリスト404号（1968年）14頁、同「医療と刑法37条」内科31巻3号（1973年）1頁、同「外科と法律」木本誠二監修『現代外科学大系　第1巻《外科史、外科と法律、手術室と関連施設》』（1973年・中山書店）57頁以下、77-78頁、同「医療行為における医師の自律規範」法律時報47巻10号（1975年）25頁以下、30-31頁〔日本医事法学会編『医事法学叢書　第2巻　医療行為と医療文書』（1986年・日本評論社）13頁以下所収、27-28頁〕等参照。
　しかし、緊急避難によるとしても、医学上正当に行われた治療行為が不幸にも「失敗」して患者を死に至らしめた場合は、その行為によって「生じた害が避けようとした害の程度を超えなかった場合」とはいえないため、当該行為を適法化することはできない。また、患者の生命・身体

このような理解に立つのであれば、「自己決定権の尊重」が処罰範囲の縮小ではなく、かえってその拡大につながっていくだろう[107]。

かくして、問題の要諦は、患者の身体処分権ないし自己決定権を理論的にどのように位置づけるか、にある。しかし、町野は、身体法益の概念を規定する際に、処分権ないし自己決定権を身体法益の積極的な構成要素として位置づける一方、違法阻却の判断場面でも、患者の自己決定権を優越的利益の選択権というかたちで登場させている。そのため、町野の議論においては、かかる2様の処分権の相違・関係が必ずしも整理しきれていないように思われる。

②正当化の柵としての「患者の承諾」　患者の自己決定権との関連でさらに問題となるのが、「患者の承諾」の刑法解釈論上の位置づけである。町野によれば、「患者の意思が治療行為において考慮されなければならないのは、彼の健康、彼の生命が彼個人のものであり、治療行為として行なわれる行為が、客観的にみればいかに合理的な被害者の利益の選択であったとしても、それが個人の選択と相反することは許されないという基本原則に由来するものだからである」[108]。それゆえ、治療行為において、患者の意思は、その正当性の「事由（Grund）」ないし「基礎（Fundament）」ではなく、その「柵（Schranke）」である[109]。その理由につき、町野は、「実際にも、治療行為を被害者の承諾の法理でのみ処理しようとするなら、有効な承諾の存在を認めえないため、違法性の阻却を肯定しえないあまりにも多くの侵襲結果が存在することになってしまう。被害者の承諾、特に傷害罪におけるその要件は、現在の一般的な考え方に従えば相当に厳格なものにならざるをえないからで

に対する疾病を「現在の危難」に含ませることも、解釈論として無理がある。なぜなら、現在の危難とは、自然災害や不法な攻撃のような外部から迫った危険を指すというべきであり、したがって、患者自身の身体内部にすでに疾病がある場合、それが悪化するおそれは「危難」にあたらないからである。町野・前出注（2）164-165頁、田坂晶「刑法における治療行為の正当化」同志社法学58巻7号（2007年）263頁以下、271頁、同「治療行為の正当化における患者の同意」比較法雑誌51巻1号（2017年）97頁以下、121-122頁参照。なお、髙山佳奈子「医行為に対する刑事規制」法学論叢（京都大学）164巻1～6号（2009年）362頁以下、366-367頁。

107　辰井・前出注（105）356頁、同「判批」西田典之＝山口厚＝佐伯仁志編『刑法判例百選Ⅰ総論［第6版］』（2008年・有斐閣）46頁以下、47頁参照。

108　町野・前出注（2）172-173頁。

109　町野・前出注（2）173頁。

ある」という[110]。したがって、町野の承諾理解によると、治療行為に対する「患者」の承諾は、伝統的犯罪論における「被害者」の承諾と要件的に異なり、前者は、後者に比して広く肯定されうる。なぜなら、「もし、個別的な身体侵襲に対する患者の同意意思が現実に存在しない以上侵襲結果は正当化されないとするならば、医師は、各々の侵襲行為のたびごとに、患者の有効な同意をえなければならなくなる」[111]からである。

さらに、患者が治療行為を拒絶した場合も問題となる。町野によれば、侵襲結果が患者の現実的または推定的意思に反しないと認められる場合のみ、当該侵襲は正当化される。このように、町野は、客観的優越利益性を根拠として、患者の実際の意思よりもその「推定的意思」を優先して治療行為の合法性を導いている[112]。このような理解から、患者の拒絶意思を尊重すること、そして、患者の現実的意思がない場合や無効の場合には推定的意思が重視されることが導かれる。しかし、その根拠となる優越的利益が、明らかに治療行為のもたらす最終結果（またはその蓋然性）であるとするならば、そのかぎりで町野も、自身が批判する「差引残高（Saldierung）の理論」（後述）に従っていることとなる[113]。そうであれば、治療行為固有の価値が構成要件段階で効果を発揮する可能性に関してもなお検討の余地が生じよう[114]。事実、つぎにみる佐伯仁志と辰井聡子の議論も、このような差引残高的発想に司られている。

加えて、町野のように推定的意思が働く余地を大幅に認める理論構成に対しては、たとえ法的保護に値する自己決定権を身体利益が直接関係する場合に限定したとしても、その身体利益の原則として自由な処分を肯定する自己決定権の存在意義を半減するとの批判[115]や、そうした論理構成が患者の主体性を無視することにつながりかねないとの批判[116]も寄せられている。推

---

110 町野・前出注（2）174頁。
111 町野・前出注（2）197頁。
112 町野・前出注（2）202頁以下参照。その際に町野は、患者の推定的意思を認定するための具体的基準を挙げている。
113 佐久間基「専断的治療行為と傷害罪（三・完）」法学（東北大学）58巻2号（1994年）124頁以下、377-378頁。差引残高の理論につき、本節第2款第2項1(2)（本書60-61頁）参照。
114 佐藤・前出注（79）241頁。
115 新美・前出注（79）148頁。
116 松宮・前出注（79）100頁、なお106-107頁注（4）参照。

定的意思の位置づけに関しては、さらに掘り下げた検討が行われるべきであろう[117]。

（3）学説史的位置づけとその後の動向

以上、主として『患者の自己決定権と法』を対象として町野説の骨格を抽出し、検討を加えてきた。以下では、これまで積み残されていた2つの課題が、町野によってどの程度克服されたか、そしてこれにより、その後の学説がどのように規定されたか、を確認する。

まず町野は、身体侵害モデルの理論的基礎を整備することで、戦前の所説（および藤木）が積み残した第1の課題、すなわち、同意思想の不徹底という課題を克服しようと試みた。身体侵害モデルの具体的帰結として専断的治療行為の罪責を確定した点、そしてこれを受けて、同意原則違反の刑法上の帰結を明らかにした点で、この課題は理論上解決されたと評価できる（前出・(1)②）。

では、戦前に積み残された第2の課題、すなわち、専断的治療行為による利益侵害の観点はどうか。町野は、専断的治療行為による患者の「身体利益」侵害の本質論に着目し、患者の自己決定権およびそれと結びついた承諾の位置づけを分析することで、「身体利益侵害ゆえに暴行・傷害構成要件に該当する専断的治療行為は、いかなる根拠によってその違法性が阻却されるのか」を明らかにしようとした。以上の観点にこそ問題の要諦があると看破し、専断的治療行為による「利益」侵害の構造解明に取り組んだ点で、町野説の先駆的意義は大きい。しかし、町野が到達した利益理解に問題があること、具体的には、身体処分権を法益の積極的な構成要素とする点（前出・(2)①）、そして、治癒結果の側面を重視するがあまり差引残高的発想を払拭できなかった点（前出・(2)②）も、すでに指摘したとおりである。

しかし、その後の刑法学説は、町野が払拭できなかった差引残高的発想（およびそれを支える自由侵害モデル的理解）を、むしろ積極的に取り入れる方向へとシフトしていった。その代表的論者が、つぎにみる佐伯仁志と辰井聡子である。

---

117 ただし、詳しくは後述するように、本書は、身体法益の理論構造の解明を先決課題として設定するため、この問題にはこれ以上立ち入らない。詳細な検討は他日を期したい。

3　治療行為をめぐる議論の純化：傷害罪の法益理解をめぐって

　町野による一連の研究が公表されて以降、治療行為をめぐる議論は、しばらくの間盛り上がりをみせた。しかし、そこでの議論においては、一方で、藤木が主張したような自由侵害モデルはあまり注目されることはなく、そのかわりに、次款第 2 項 2（本書61頁以下）でみるような、行為の結果や態様に応じて構成要件該当性を部分的に否定するタイプの自由侵害モデルが支持を集めた[118]。他方で、学説の多くは、町野が確立した身体侵害モデルの枠組みを基本的前提としながら、より細かな解釈準則を議論するようになった。

　そして以上の対立状況を下敷きにして、学説は、患者の自己決定権をより手厚く保障するための理論枠組みの構築を目指すようになる[119]。そのなかで、日本刑法学会は、平成13（2001）年 5 月19日に開催された第79回研究大会の共同研究において、「刑法における自律と自己決定」をテーマに掲げ、その際に報告を担当した佐伯仁志が、「自己決定権と法益侵害の関係が最も先鋭な形で現れる」問題として、専断的治療行為を取り上げている[120]。

118　代表的な議論として、金澤文雄「医療と刑法――専断的治療行為をめぐって――」中山研一ほか編『現代刑法講座　第 2 巻　違法と責任』（1979年・成文堂）125頁以下、136頁以下、齊藤誠二『医事刑法の基礎理論』（1997年・多賀出版）30頁以下等がある。

119　佐久間修「医療行為における『被害者の承諾』――特に生命の処分について――」阪大法学44巻 2 ・ 3 号下巻（1994年）349頁以下、349頁〔同『最先端法領域の刑事規制　医療・経済・IT 社会と刑法』（2003年・現代法律出版）102頁以下所収、102頁〕参照。

120　佐伯仁志「違法論における自律と自己決定」刑法雑誌41巻 2 号（2002年）74頁以下、76頁。佐伯が具体的に念頭に置いているのは、最判平成12年 2 月29日民集54巻 2 号582頁（東大医科研病院事件）の事案である。本件は、エホバの証人の信者である患者が、無輸血手術を求めたにもかかわらず、被告病院の医師が手術に際して輸血を行ったことにつき、損害賠償請求を行ったという事案である。最高裁は、「患者が、輸血を受けることは自己の宗教上の信念に反するとして、輸血を伴う医療行為を拒否するとの明確な意思を有している場合、このような意思決定をする権利は、人格権の一内容として尊重されなければならない」として、患者が輸血拒否の固い意思を有し、当該病院では無輸血手術が受けられると信じている場合には、医師は、輸血以外の救命方法がないとの可能性が否定しがたいと判断すれば輸血する方針である旨を説明したうえで、当該病院の手術を受けるかどうかは患者に決定に委ねられる、と判示した。本件で最高裁は、医師はこのような説明をせず、患者の意思決定の機会を奪ったとして、患者の人格権侵害を理由とした損害賠償責任（精神的苦痛に対する慰謝料）を認めている。本判決の評釈や関連文献は膨大な数に上るが、そのうちのごく一部として、佐久間邦夫「判解」『最高裁判所判例解説民事篇　平成12年度（上）（ 1 月〜 4 月分）』（2003年・法曹会）115頁以下、潮見佳男「判批」宇都木伸ほか編『医事法判例百選』（2006年・有斐閣）96頁以下、淺野博宣「判批」長谷部恭男＝石川健治＝宍戸常寿編『憲法判例百選Ⅰ［第 6 版］』（2013年・有斐閣）56頁以下、岩志和一郎「判批」甲斐克則＝手嶋豊編『医事法判例百選［第 2 版］』（2014年・有斐閣）80頁以下およびそこで引用された各評釈・解説を参照。

（1）佐伯仁志による議論の再設定

①２つの命題とその帰結　まず佐伯は、「結局、この問題は、暴行罪や強要罪とは区別された、傷害罪の法益をどのように考えるかという問題であ」る[121]と述べて、以下の２つの命題を掲げる[122]。

> ①　傷害罪の保護法益には、身体の健康だけでなく身体の形態・機能も含まれる。
> ②　身体の枢要な部分・機能に関する自己決定権は健康の利益に優先する。

つぎに佐伯は、ドイツの刑法学者アルビン・エーザー（*Albin Eser*）の議論から着想を得て[123]、「専断的治療行為は、身体の枢要な部分や機能を恒久的に失わせてしまうような場合には傷害罪の構成要件に該当するが、そうでない場合には、全体として健康状態を改善する行為である限り傷害の結果が存在せず、傷害罪の構成要件に該当しない」[124]という結論を呈示する。

これを上記命題に即してみてみると、まず命題①によれば、傷害罪で保護される身体利益は、健康状態と身体の枢要な部分・機能である[125]。これが原則である。だが、これに対して、命題②によれば、人は、「身体の枢要な部分・機能」を自由に処分することはできない。なぜなら、身体（とくにその枢要部分）は生命に近い性質を有しており[126]、そうであるならば202条との抵触が問題となりうるからである。したがって、佐伯の理解によれば、たとえば四肢の切断や舌の切除といった、身体の枢要な部分や機能を恒久的に

121　佐伯（仁）・前出注（120）76頁。
122　佐伯（仁）・前出注（120）77頁。
123　佐伯（仁）・前出注（120）81頁注（7）は、*Albin Eser*, in: Schönke/Schröder Strafgesetzbuch Kommentar, 26. Aufl., München 2001, § 223 Rn. 31 を引用している。
124　佐伯（仁）・前出注（120）77頁。さらに、佐伯仁志＝川端博「《対談》被害者の承諾の取扱いをめぐって」現代刑事法６巻３号（2004年）４頁以下、８頁〔佐伯発言〕、同「身体に対する罪」法学教室358号（2010年）119頁以下、125-126頁も参照。
125　佐伯（仁）・前出注（124）126頁は、「その意味では、身体の完全性毀損説にも一面の真理が含まれている」とする。しかし、同・前出注（120）82頁注（8）によれば、「この説が妥当でないのは、あらゆる身体の外形の変更を傷害にあたるとする点にある」。
126　佐伯仁志「被害者の同意とその周辺（1）（2）」法学教室295号（2005年）107頁以下、110頁、296号（2005年）84頁以下〔同『刑法総論の考え方・楽しみ方』（2013年・有斐閣）200頁以下所収、206頁。以下、引用は同書による〕参照。

失わせてしまったような専断的治療行為には、たとえ健康状態が改善していても傷害罪が成立することとなる。

　②**「問題の核心」としての傷害罪の法益論**　　佐伯説の意義は、(専断的) 治療行為をめぐる「問題の核心」[127]が傷害罪の法益論にあると明言した点にある。たしかに、これは、町野や藤木、さらには大場や勝本も意識していた点ではある。しかし、大場や勝本はドイツ法の継受のための一素材として、そして藤木は、行為無価値論と結果無価値論が対立する一局面として[128]、(専断的) 治療行為の問題をそれぞれ取り上げたにすぎない。また、町野の議論はこれらの議論とは一線を画すものの、この問題を違法論上の態度決定のための一素材として扱った感はやはり払拭しがたい[129]。

　これに対して、佐伯は、「わが国の通説は、検察官が専断的治療行為を傷害罪で起訴してこなかったことに安易に寄りかかったものではないか」として従来の議論を「厳しく」断罪し[130]、身体傷害の意味を正面から問うことで問題解決を試みる。その際に佐伯が、身体 (とくにその枢要な部分や機能) に対し、生命に近い性質を認めようとする点は示唆的である[131]。そうであるからこそ、佐伯は、人の健康状態を良化させた行為が部分的な生理 (的) 機能を害したとしても、基本的に傷害罪にあたらない、と主張するのである。

127　甲斐克則「治療行為と刑法」現代刑事法4巻8号 (2002年) 109頁以下、110頁〔同『医事刑法への旅Ⅰ [新版]』(2006年・イウス出版) 29頁以下所収、31頁。以下、引用は同書による〕、同「医療行為と『被害者』の承諾」現代刑事法6巻3号 (2004年) 26頁以下、28頁。さらに、同「輸血拒否と医師の刑事責任」現代刑事法4巻9号 (2002年) 116頁以下、119頁〔同・前出『医事刑法への旅Ⅰ』53頁以下所収、59頁〕も参照。
128　橋爪隆「違法論」法律時報81巻6号 (2009年) 19頁以下、22頁は、行為無価値論・結果無価値論の対立の反映として論じられてきた問題の多くが、むしろ問題領域ごとによりきめ細かく検討されるべきである、とする。平野竜一「結果無価値と行為無価値」法学教室37号 (1983年) 20頁以下、22頁〔平野龍一『刑法の機能的考察』(1984年・有斐閣) 15頁以下所収、18-19頁〕も参照。また、杉本一敏「行為無価値論と結果無価値論の対立はどこまで続くか」法学セミナー708号 (2014年) 106頁以下、109-110頁〔高橋則夫＝杉本一敏＝仲道祐樹『理論刑法学入門──刑法理論の味わい方』(2014年・日本評論社) 313頁以下所収、321頁〕も、両陣営の争いはいまや、判断のための理論的「枠組み」の組み立て方の争いにすぎない、とする。
129　その傍証となりうる記述として、町野・前出注 (2) 26頁以下参照。
130　佐伯 (仁)・前出注 (120) 77頁。さらに、この記述の背景をなす発言として、佐伯仁志＝道垣内弘人『刑法と民法の対話』(2001年・有斐閣) 146頁〔佐伯発言〕も参照。
131　佐伯仁志「被害者の錯誤について」神戸法学年報1号 (1985年) 51頁以下、61頁、72-73頁、同・前出注 (124) 125頁参照。同・前出注 (126) 206頁は、「そのことを犯罪論の体系上示す」ために、傷害罪における被害者の承諾を違法阻却事由として位置づける。

この意味で、佐伯説（そしてつぎにみる辰井説）は、差引残高的発想およびそれを支える自由侵害モデル的理解と親和的である。

（２）辰井聡子の「身体利益」論

辰井聡子も、「治療行為の正当化」[132]、「治療不開始／中止行為の刑法的評価──『治療行為』としての正当化の試み」[133]等を中心に、終末期医療の問題に取り組むための基礎的考察の一環として、治療行為の刑法的性質を明らかにした[134]。辰井の「治療行為論」研究の屋台骨を支えるのは、佐伯が掘り起こした傷害罪の法益論である。

① **「身体利益」論の基本的枠組み**　まず辰井は、佐伯が掲げた２つの命題を敷衍して[135]、傷害罪における身体利益には、①生存の基礎としての健康状態に関わる利益と、②外観・生活機能によってもたらされる、人格にあずかる利益の２種類が含まれる[136]、とする。まず、ここにいう①の利益は、医学的な意味での健康状態に関する、客観的に測定可能な利益を指す。利益衡量において基本的に優先されるのは、①の客観的利益である[137]。これに対して、②の利益は、利益主体が当該利益にどの程度重きを置くかによって左右される主観的利益である[138]。したがって、治療行為の医学的正当性の判断において、衡量される利益に②の利益が含まれるときは、本人の意思を考慮せずに利益衡量を行うことはできない。これによると、「身体の枢要部分の外観や基本的な生活機能の如何（四肢の有無、経口で食事をとることができるか等）」に関わる場合や、「人格にとって本質的な影響をもちうる基本的部分の変更を伴う場合」[139]に、当該行為のもたらす利害の衡量は、患者本人に委ねなければならない。

132　辰井・前出注（105）347頁以下。
133　辰井聡子「治療不開始／中止行為の刑法的評価──『治療行為』としての正当化の試み」法学研究（明治学院大学）86号（2009年）57頁以下。
134　その成果は、辰井聡子「終末期医療とルールの在り方」甲斐克則編『医事法講座　第４巻　終末期医療と刑事法』（2013年・信山社）215頁以下等に結実している。
135　辰井・前出注（105）364-365頁は、佐伯の２つの命題が「考え方としても、基本的に妥当である」としつつ、「問題は、なぜこのようにいえるのか、ということである」とする。
136　辰井・前出注（105）365-366頁。
137　辰井・前出注（133）62頁、同「終末期医療と刑法」明治学院大学法律科学研究所年報25号（2009年）21頁以下、27頁。さらに、同・前出注（107）47頁も参照。
138　辰井・前出注（133）62頁、同・前出注（137）27頁。
139　辰井・前出注（105）365頁。さらに、同・前出注（133）62頁も参照。

以上の利益理解に即して、具体例をいくつかみてみよう。たとえば、高熱で危険な状態にある患者に解熱剤を注射するといったそれ自体軽微で治療効果の高い専断的治療行為の場合は、基本的に①の利益が優先されるため、傷害罪は成立しない(140)。これに対して、舌の切除をともなう専断的治療行為の正当化は、当該患者が舌の切除により損なわれる味覚や発話機能をどの程度重視するか、に左右される。このような理解からすれば、舌の切除ががん細胞の縮小にとっては最善の方法であったとしても、その患者が舌を保持することで確保される味覚や発話機能に重大な利益を見いだしている場合は、その行為は患者の優越利益を保護するとはいえないため、その意思に反する舌の切除行為は違法となる(141)。また、四肢の切断をともなう専断的治療行為の場合も、身体の枢要部分の外観や基本的な生活機能に対する②の利益は①の利益に優越するため、当該行為は傷害罪を構成する(142)。

　②学説史的位置づけ　佐伯は、「法益を自由に処分できる利益は法益の内容そのものであって、法益と別個の利益ではない」(143)と述べて、傷害罪の保護法益には身体の自由な処分権も含まれる、という理解に立つ。この意味で、佐伯の法益理解は町野のそれと共通する。だがその一方で、佐伯は、身体処分権には、「身体の枢要な部分・機能」に対する処分権と、それ以外の身体処分権がある、と主張する。こうした主張に基づいて、佐伯は、2つの処分権に異なる意味づけを与え、患者の意思に反して身体の枢要な部分や機能を恒久的に失わせてしまった場合には、健康状態が改善していても傷害罪の成立を認めるが、そうでない場合には、およそ傷害罪の構成要件に該当しない、と結論づける。ここで再び問われるのは、患者の身体利益およびそれに対する処分権を刑法理論としてどのように位置づけるか、である(144)。

　この問題に対して、辰井は、身体利益の内容を分析することで佐伯の議論

140　辰井・前出注（105）350-351頁、同・前出注（133）63頁参照。
141　辰井・前出注（133）62-63頁、同・前出注（137）27頁。
142　辰井・前出注（105）365頁、同・前出注（133）62頁。
143　佐伯（仁）・前出注（126）205頁。
144　この点につき、町野説を扱う本項2(2)①（本書36頁以下）参照。岡上雅美「治療行為と患者の承諾について、再論――緊急治療を題材にした一試論――」『曽根威彦先生・田口守一先生古稀祝賀論文集［上巻］』（2014年・成文堂）309頁以下、314頁は、身体侵害モデルに対する「もっとも根源的な疑問」として、傷害罪の法益に関する点を挙げる。

を精緻化し、専断的治療行為がただちに傷害罪を構成しないための方法を模索する[145]。そのために、辰井は、「患者の意思を考慮するかしないかの二分法を超えて、患者の意思を考慮しなければ正当化されない場合とそうでない場合を、適切に区別」[146]しようと試みるのである。このような、佐伯が再発掘し、辰井が精緻化した「身体利益」論は、わが国の学説の到達点に位置づけられる[147]。

4　求められる分析：ドイツ法の系譜分析

　ここまでみてきたように、辰井聡子の議論は、「身体利益」概念の分析によって、わが国の治療行為論の到達点を示したと評価できる。そして、辰井説の理論的根幹をなすのが、本項3（1）（本書42頁以下）で取り上げた佐伯仁志の議論であり、それは、ドイツの刑法学者アルビン・エーザーの修正結果説（modifizierte Erfolgstheorie）から着想を得た所説である。この所説において、エーザーは、治療行為の成功・失敗をベースとしつつ、さらに、身体の「基体に対する重大な変更（wesentliche Substanzveränderung）」というメルクマールを投入することで、治療行為の刑法的性質を明らかにしようと試みている。したがって、わが国の到達点にあたる辰井の議論、およびそれに理論的基盤を与えた佐伯の議論の真意を十分に咀嚼するためには、エーザーの修正結果説の理論構造をまず正確に理解しておかなければならない。そこで次章以降は、エーザーの修正結果説の骨子を析出し、これを批判的に検討することで、結論からいえば、佐伯と辰井の議論に含まれる問題点を逆照射する[148]。

　もっとも、エーザーの議論でさえ、ドイツ法がこれまで積み重ねてきた議

145　辰井聡子「判批」平成17年度重要判例解説（2006年）165頁以下、166頁は、「医療における患者の自己決定権を至高のものと見て、治療の選択権から事実上の生死の選択権を、かなり無造作に引き出すというのが最近の傾向のようであ」るとして、その再考を迫る。
146　辰井・前出注（105）366頁。同351頁は、「通説的な見解の問題点は、患者の意思を不可欠の要件とする点、したがって、治療効果の高い軽微な侵襲であっても、患者の意思に反する以上傷害罪が成立するという結論を否定できない点にある」とする。
147　米村・前出注（79）90頁注（31）は、辰井説を、「傷害罪の保護法益に関する基本的理解から説き起こす形で、この点の議論を最も精緻に展開する」所説、と評している。
148　エーザーの修正結果説およびその予備的検討として、第2章第3節第2款第2項（本書118頁以下）、同第4節第2款第2項2（2）（本書144-145頁）参照。また、佐伯と辰井の議論も含めた、修正結果説の批判的検討として、第4章第3節第3款第3項4（本書293頁以下）参照。

論の一断面にすぎない。議論の積み重ねを軽視して、代表的とされる判例・学説を無造作に並べ、そこでの議論の上澄みだけをただ表面的に批判するだけでは、物事の核心に迫ることはできない。真の問題解決のためには、議論の根幹に立ち返った基礎研究に取り組み、考え方の筋道を正すための方法論的な建て直しを図らなければならない[149]。

では、具体的にはどのような分析が求められるか。まず、エーザーの修正結果説の真意を問うためには、エーザーによって「修正」が施される前の「結果説」のプロトタイプを確認しておかなければならないだろう。そのためには、結果説の主唱者であるアルトゥール・カウフマン（*Arthur Kaufmann*）やパウル・ボッケルマン（*Paul Bockelmann*）の議論が登場した経緯を跡づける必要がある。

また、結果説は、自由侵害モデルのヴァリエーションの1つとして位置づけられている。ドイツ法における自由侵害モデルは、1800年代末葉にカール・シュトース（*Carl Stooss*）らがまず主張し、戦後にかけて結果説を含むいくつかのヴァリエーションに分岐し、それぞれが独自の発展を遂げていった。結果説の思考枠組みを精緻に分析するためには、こうした学説史的経緯も押さえておかなければならない。さらに、ドイツでは、判例が身体侵害モデルを採用し、これに異を唱えた学説が自由侵害モデルの流れを形成した（そしてわが国にも影響を与えた）[150]という経緯がある。それだけに、ドイツ法の系譜分析は、わが国の議論の理論的背景を知るうえでも不可欠の作業である。

以上の検討から、本書では、一見すると迂遠にみえるかもしれないが、ドイツ法の系譜分析からわが国にとって参照価値のある比較法的知見を抽出する、という作業を先行させる。次章で取り組むべき課題は、この作業をつうじて、わが国でこれまで分析が手薄であった傷害罪の法益論を掘り起こし、「治療行為論」体系構築への手がかりを見いだすことにある。

---

149 この記述は、宮澤浩一『刑法学研究の基礎――一九世紀ドイツ刑法学の論文集成を終えて――』法学研究（慶應義塾大学）51巻5号（1978年）51頁以下、70頁以下に負うところが大きい。
150 ドイツ法がわが国に与えた影響につき、本款第1項2(2)(本書21頁以下) 参照。

第2款　治療行為をめぐる議論の理論的検討

　以上、わが国における議論の歴史的発展過程に焦点を当てて分析を進めてきた。もっとも、そうであるがゆえにやむをえないのかもしれないが、本章では、治療行為の刑法的評価を左右する各々の思考枠組みと、そこに内在する個々の問題点をまだ十分に検討しきれていない。しかし、このまま漫然と比較法分析に着手すると、膨大な議論をただやみくもに羅列するだけで、結局、期待された成果が得られないおそれがある。

　こうしたおそれを払拭するために、本款では、以上の系譜的検討を踏まえて、そこから現在の議論を規定する基本的思考枠組みを析出し、予備的検討を加えることで、わが国における議論の理論的到達点を明らかにする。この点に関しては、本書15頁ですでに述べたように、現在わが国では、身体侵害モデルと自由侵害モデルという2つの思考モデルが主張されており、この2つのモデルに即して議論を整理するのが有益であると思われる。

　そこで以下では、まず、身体侵害モデルに潜在する基本的理論枠組みから確認し（第1項）、つぎに、自由侵害モデルの基本的思考枠組みとこれを基礎とする3つのアプローチを抽出することで、次章以降に掘り下げて検討すべき個別の問題点を特定する（第2項）。本款は、これらの問題点を解決するために必要な比較法分析の重点を規定することを目的とする。

　ただし、本格的な理論分析に移る前に、治療行為論における判例の位置づけに関しては、ここで一言述べておく必要がある。

　序章・一（本書3頁以下）で述べたように、わが国の公刊物をみるかぎり、専断的治療行為を理由として医師が傷害罪で起訴された事案は存在しない[151]。刑事裁判の場で従来問題とされてきたのは、もっぱら特別法違反罪

151　飯田英男『刑事医療過誤Ⅱ［増補版］』（2007年・判例タイムズ社）12-13頁参照。ただし、昭和53（1978）年から54（1979）年にかけて起きた富士見産婦人科病院事件（東京高判平成元年2月23日判タ691号152頁）では、患者30名あまりに対して承諾なく子宮や卵巣を摘出した医師の行為が傷害罪で告訴された。しかし、本件医師は、傷害罪では不起訴となり、無資格者に診療補助業務を行わせた行為につき、旧・保健婦助産婦看護婦法（現・保健師助産師看護師法）43条1項

の成否である⁽¹⁵²⁾。その理由としては、わが国の検察実務が傷害罪による訴追に対して消極的な立場をとっていることが考えられ⁽¹⁵³⁾、その結果、表面的にはきわめて抑制的な運用がなされている⁽¹⁵⁴⁾。

しかしながら、これまでのわが国において、専断的治療行為の・身・体・侵・害・と

1号（31条1項、32条違反）および60条により有罪判決が下されている。本判決の評釈として、加藤摩耶「判批」宇都木ほか編・前出注（120）14頁以下、田坂晶「判批」甲斐＝手嶋・前出注（120）10頁以下等参照。なお、本件につき、平野哲郎「判批」宇都木ほか編・前出注（120）230頁以下、231頁は、「被告医師らの行為は『患者に対する傷害行為というべきもの』であり、医療に対する刑事司法の介入が極めて謙抑的であった当時はともかく、現在このような事件が発覚すれば傷害罪による実刑判決も十分ありえるケースではないだろうか」とする。さらに、本件の民事判決として、東京高判平成15年5月29日 LEX/DB:28082381 があり、その第1審判決（東京地判平成11年6月30日判タ1007号120頁）の評釈として、手嶋豊「判批」年報医事法学15号（2000年）162頁以下、信澤久美子「判批」判例地方自治209号（2001年）50頁以下等参照。本件の訴訟経過につき、富士見産婦人科病院被害者同盟＝富士見産婦人科病院被害者同盟原告団編『富士見産婦人科病院事件　私たちの30年のたたかい』（2010年・一葉社）105頁以下参照。本件に類似する民事事件として、東京高判平成6年10月5日判時1513号115頁（野村病院事件）も参照。

152　たとえば、東京高判昭和45年11月11日高刑集23巻4号759頁（ブルーボーイ事件）は、性転換手術が正当な医療行為にはあたらないとして、旧・優生保護法（現・母体保護法）28条違反の罪で被告人に有罪判決を言い渡している。本件行為に傷害罪の成立を認める見解として、植松正「判批」判例評論129号（判例時報569号）（1969年）125頁以下、127頁、富田孝三「性転換手術と刑事責任――東京地裁昭和四〇年合（わ）第三〇七号優生保護法違反等被告事件　昭和四四年二月一五日第一二部判決をめぐって」法律のひろば23巻5号（1970年）20頁以下、23頁、高島学司「判批」唄孝一＝成田頼明編『医事判例百選』（1976年・有斐閣）202頁以下、203頁参照。これに反対するものとして、金沢文雄「判批」判例タイムズ280号（1972年）89頁以下、94頁、宮野彬「判批」平野龍一編『刑法判例百選Ⅰ総論』（1978年・有斐閣）76頁以下、77頁等である。

153　町野朔「判批」我妻栄編集代表『続刑法判例百選』（1971年・有斐閣）258頁以下、260頁、高島・前出注（152）203頁参照。ただし、平成21（2009）年の検察審査会法の改正によって、検察官の不起訴処分に対し、検察審査会が起訴相当の議決をしたにもかかわらず検察官が起訴しない場合には、検察審査会が一定の条件のもとにいわゆる起訴議決を行い、指定弁護士が公訴の提起、維持にあたるとされた（検察審査会法39条の5第1項1号、41条の2、41条の6、41条の7、および41条の9）。これによって、検察官の不起訴判断の妥当性に外部から制限を加えることが可能となった。検察審査会制度の現状と課題につき、宇藤崇「検察審査会の役割と制度の概要」法律のひろば62巻6号（2009年）4頁以下、新屋達之「本格始動した改正検察審査会」法律時報82巻11号（2010年）1頁以下等参照。

154　上田健二「診療行為の意義」中山研一＝泉正夫編『医療事故の刑事判例　第二版』（1993年・成文堂）23頁以下、47頁、飯田英男「刑事司法と医療」ジュリスト1339号（2007年）60頁以下、62頁、加藤摩耶「療行為の意義」中山研一＝甲斐克則編『新版　医療事故の刑事判例』（2010年・成文堂）17頁以下、37頁、米村滋人『医事法講義』（2016年・日本評論社）174頁等参照。なお、東京高判平成9年8月4日高刑集50巻2号130頁は、豊胸手術にあたって必要とされる措置をとらずに行った無免許医の手術につき、たとえ被施術者の承諾があったとしても、その違法性は阻却されないとして、無資格医業の罪（医師法31条1項1号）および傷害致死罪（刑法205条）が成立する、と判示している。本件では、手術を受けた患者が死亡したため、傷害致死罪による訴追は避けられなかったと推測できる。加持祈禱による傷害致死事案として、札幌地判昭和36年3月7日下刑集3巻3＝4号237頁も参照。

しての適法性が問題になったことがないかといえば、必ずしもそうではない。専断的治療行為に関する著名な判決として、前出秋田地大曲支判昭和48年3月27日（舌がん事件）のほか、前出東京地判昭和46年5月19日（乳腺症事件）がある。事実の概要は以下のとおりである。

　原告女性は、左右乳房にできた腫瘍により診察を受け、検査の結果、右乳房内の腫瘍が乳腺がんであると判明した。被告医師は、原告の父に対し、右乳房内腫瘍が乳がんであり、乳房全部およびリンパ腺を切除する必要があると説明したところ、原告がこれに承諾した。そこで医師は、皮ふおよび乳首を残して右乳房の乳腺全部を剔出したが、その際に、左乳房に関してはまったく承諾を得ずに内部組織を全部剔出した。本件は、右乳房の手術直後に行われた左乳房の腫瘍検査の結果、これはがんではないが、乳腺症であり、将来がんになるおそれがあると医師が判断して、ただちに左乳房の切除手術を行ったという事案である。

　東京地裁は、まず、乳腺症と乳がんの関係をめぐっては医学者の間に意見の相違があるが、被告医師が両者に密接な関係があり、予防的に乳腺摘出が必要であるとの立場に立って手術を行った点は、ただちに違法とはいえない、とした。そのうえで、裁判所は、「承諾を得ないでなされた手術は患者の身体に対する違法な侵害であるといわなければならない」とし、本件手術が違法であると判示した。これにつづいて、判旨はさらに以下のように述べる。

> 「少くとも、たとえば、四肢の一部を切断する手術のような、身体の機能上または外観上極めて重大な結果を生ずる手術を実施するにあたつては、患者の治療の申込においてそのような重大な手術に関する承諾までが常に同時になされているものとは到底いえないから、患者の生命の危険がさしせまつていて承諾を求める時間的余裕のない場合等の特別の事情がある場合を除いては、医師はその手術につき患者が承諾するかどうかを確認すべきであり、これをしないで手術を実施したときは、当該手術は患者の身体に対する違法な侵害であるとのそしりを免れることができないというべきである。」

　この乳腺症事件のように、これまでいくつかの民事裁判例が、身体侵害との関係で（専断的）治療行為の問題を取り扱ってきた。それにもかかわらず、従来の裁判実務が、専断的治療行為を刑法上どのように位置づけ、評価を下

してきたかは、必ずしも明らかにされていない[155]。たしかに、わが国の下級審裁判例のなかには、身体侵害モデル的理解に立って違法阻却の可否を判断したとみられるケースも存在する[156]。しかしながら、厳密にいえば、治療行為の問題に関して直接判断を下した判例・裁判例は、わが国には存在しないというべきだろう。

第1項　身体侵害モデルの理論的基礎

以上のような実務の現状を念頭に置きつつ、身体侵害モデルの基本的枠組みから確認していこう。身体侵害モデルによると、医師の治療行為は、たとえそれが患者の身体状態を改善・維持するために、医学的適応性を備え、医学準則に則って実施されたとしても、傷害罪（刑法204条）や暴行罪（208条）をはじめ、場合によっては死亡結果を構成要件要素とする諸々の犯罪（199条、205条、209条～211条等）の構成要件に該当し、それらの違法性を阻却するためには、原則として患者の承諾が必要となる[157]。このモデルによれば、専断的治療行為は、患者の「身体」に対する違法な（承諾のない）侵襲行為と評価され、刑法上は、身体に対する罪を構成しうる。

以下では、まず、わが国の身体侵害モデルを司る基本的思考枠組みを抽出する。身体侵害モデルは、大きく分けて、行為の個別的考察（後出・1）、刑法典における正当（業務）行為規定の存在（後出・2）、および、刑事政策的要請（後出・3）にその理論的根拠を求めている。

155　井田良『講義刑法学・総論』(2008年・有斐閣) 329頁は、こうした現状をとらえて、わが国の実務が治療行為非傷害説、つまり自由侵害モデルの立場を採用している、と分析する。同「医療とインフォームド・コンセントの法理」五十子敬子編『医をめぐる自己決定――論理・看護・医療・法の視座――』(2007年・イウス出版) 129頁以下、132頁、同『講義刑法学・各論』(2016年・有斐閣) 63頁も同旨。

156　福岡高判平成22年9月16日判タ1348号246頁（爪ケア事件）は、看護師である被告人が、高齢患者の足親指の爪を爪切りニッパーで指先より深い箇所まで切り取った事案につき、被告人の行為は傷害罪の構成要件に該当するが違法性が阻却されるとして、無罪を言い渡した。もっとも、本件で問題とされたのは爪ケアという「看護」行為であり、裁判所のこの論理が「治療」行為にまで及ぶかどうかは、慎重な検討を要する。高平奇恵「判批」法政研究78巻2号 (2011年) 69頁以下、81頁、秋山紘範「判批」法学新報120巻3・4号 (2013年) 511頁以下、521頁参照。

157　小林（公）・前出注（2）114頁、大塚仁『刑法概説（総論）〔第四版〕』(2008年・有斐閣) 423頁注（二）、福田・前出注（72）177頁、西田典之『刑法総論〔第2版〕』(2010年・弘文堂) 197頁、高橋則夫『刑法総論〔第3版〕』(2016年・成文堂) 333頁等。

1 個別的考察による基礎づけ
(1) 基本的枠組み

　第1が、行為の個別的考察による基礎づけである。これによれば、医師の治療行為、たとえば外科手術は、たとえ一時的であっても患者の身体の生理(的)機能に直接干渉し、その健康状態を悪化させうる本来危険な行為である[158]。このような前提から、個別的考察を支持する論者は、各侵襲行為を時間的に分断して、各行為を個別的に考察する必要があり、侵襲行為から創傷の治癒・改善までを一連一体の行為として全体的に考察するのでは不十分である、と主張する。

(2) ドイツ法に求める示唆：「身体」利益概念の再検討

　これに対して、全体的考察を支持する論者は、器物損壊と比較することで、個別的考察による基礎づけを批判する。すなわち、たとえば時計を修理する場合、修理業者は、まずその時計を分解してから必要な箇所を修理し、さらにこれを組み立て直す。その際に、器物損壊罪における「損壊」該当性は、時計を分解してから組み立てるまでのプロセス全体をみてはじめてこれを判断できる。そうであるならば、時計の修理行為は、器物損壊罪の構成要件にそもそも該当しない、と[159]。

　しかし、器物損壊と治療行為をパラレルに扱う議論には、なお検討の余地があるように思われる。なぜなら、身体の生理(的)機能を直接侵害する腕への穿刺や、メスによる患部の切除・切開等は、それらが一度行われた以上、たとえ患部が治癒・回復しても、その傷が以前の状態にすべて元どおりになるわけではないからである[160]。また、そもそも何をもって治癒・回復というのかを法的に確定することも、きわめて困難である。人の身体は非常

---

[158] 生田勝義「医療行為と刑事責任」莇立明＝中井美雄編『医療過誤法』（1994年・青林書院）229頁以下、240頁〔同『行為原理と刑事違法論』（2002年・信山社）221頁以下所収、230頁〕、門田成人「インフォームド・コンセントと患者の自己決定権」大野真義編『現代医療と医事法制』（1995年・世界思想社）54頁以下、62頁等参照。

[159] わが国でいち早くこの事例を取り上げたのは、大場・前出注（40）158-159頁であるが、もともとは、Anton Hess, Die Ehre und die Beleidigung des § 185 St. G. B., Hamburg 1891, S. 54 Anm. 4（屋根の修理）; Heimberger, a. a. O. (Anm. 26), S. 46（洋服の仕立て）等による設例である。詳細につき、第2章第4節第1款第2項1（本書136-137頁）参照。

[160] 島田美小妃「治療行為の不可罰性の根拠について」法学新報117巻9・10号（2011年）313頁以下、353頁参照。なお、内田文昭『刑法各論〔第三版〕』（1996年・青林書院）30頁も参照。

に複雑な構造を有しているため、医的侵襲による治癒結果を一義的に確定するのは難しいように思われる[161]。

こうした事情からみえてくるのは、器物損壊における「財産」利益と、治療行為において問題となる「身体」利益との異質性である。治療行為の問題を考えるうえでは、行為を統合的に評価するか、それとも分断的に評価するか[162]を論じる以前に、まず、治療行為と密接な関係に立つ「身体」利益の法的性質を明らかにする必要がある。

しかし、「身体」利益概念の理論的検討という課題は、佐伯や辰井らが近時ようやく自覚的に設定したばかりであり、わが国には、この課題を掘り下げて検討するための蓄積が不足している。そこで本書では、この課題に関して一定の蓄積があるドイツ法を手がかりとしたい。具体的には、第2章第4節第2款第3項（本書145頁以下）で、ドイツ法に予備的検討を加え、そこでの成果を踏まえて、第4章（本書215頁以下）で、比較法的・理論的観点に基づいてさらに詳細な分析を加える。そして以上の検討を踏まえて、終章（本書365頁以下）において、本書が依拠する理論構想を明らかにする。本書の構想を若干予告しておくと、そこではまず、傷害罪が保護する「身体」利益概念の内容を確定することで、構成要件レベルで身体侵害モデルの妥当性を導き（終章第1節）、これを受けて正当化レベルで、違法阻却論として衡量されるべき諸利益（たとえば、医学的正当性）を体系上一貫したかたちで規定することを試みる（同第2節）。

---

[161] 佐藤陽子「治療行為の傷害構成要件該当性について」北大法学論集56巻2号（2005年）321頁以下、347頁参照。
[162] 東京高判平成13年2月20日判時1756号162頁（ベランダ転落死事件）、最決平成16年3月22日刑集58巻3号187頁（クロロホルム事件）、最決平成17年7月4日刑集59巻6号403頁（シャクティ治療事件）等を契機とする「行為の1個性」をめぐる議論も、この問題を検討する際に有益と思われる。このような問題意識を示す分析として、小田直樹「治療行為と刑法」神戸法学年報26号（2010年）1頁以下、23頁以下、岡上・前出注（144）315頁等がある。「一連の行為」論そのものの包括的検討として、深町晋也「『一連の行為』論について――全体的考察の意義と限界――」立教法務研究3号（2010年）93頁以下、仲道・前出注（73）、高橋則夫「『一連の行為』論をめぐる諸問題」司法研修所論集125号（2015年）158頁以下等参照。

2　正当（業務）行為規定による基礎づけ
（1）代表的な議論の概観

　第2が、正当（業務）行為規定による基礎づけである。たとえば、武藤眞朗は、わが国の通説が身体侵害モデルであり、ドイツの通説が自由侵害モデルであるとの認識から、わが国とドイツの状況がこのように異なる理由を、「わが国の刑法における一般的正当化事由を規定した三五条に相当する規定がドイツ刑法には存在せず、構成要件レヴェルにおいて犯罪性を否定する傾向があることが背景にあるのではなかろうか」[163]、と分析する。

　また、佐藤陽子も、武藤の議論をつぎのように敷衍し、これを補強する。すなわち、日本刑法のもとでは、治療行為に傷害罪の構成要件該当性を認めたとしても、刑法35条に基づいて治療行為それ自体に特別な意義を認め、行為の違法性を阻却することができる。これに対して、ドイツ刑法にはそのような規定が存在しない。そのため、いったん治療行為に傷害罪の構成要件該当性を肯定してしまうと、この行為を正当化するためには、治療行為そのものを超法規的違法阻却事由としないかぎり、別の正当化事由を用いなければ当該行為を正当化することはできない。「それゆえ、治療行為とは社会的に重要な行為であるので、そのような行為を容易に刑法の前に引き出してはいけないという要求が、一般的正当化事由を持たないドイツの通説を治療行為非傷害説の側に寄せたのであり、他方より柔軟な解決が期待できる刑法三五条の存在が、日本の通説を治療行為傷害説に引き寄せたという見解は、十分に説得力を持つものであるように思われる」、と[164]。

（2）スイス法分析の必要性：スイス刑法14条をめぐる議論の比較法的考察

　以上概観したように、わが国の有力説は、まず、わが国の通説が身体侵害モデルであり、ドイツの通説が自由侵害モデルであるという前提から出発する。そして、日本刑法35条に相当する正当（業務）行為規定がドイツ刑法典には存在せず、その結果、ドイツ法が構成要件段階で治療行為の犯罪性を否定する（つまり、自由侵害モデル的理解に立脚する）傾向にある、と整理するので

---

[163] 武藤眞朗「治療行為と傷害の構成要件該当性――専断的治療行為と患者の自己決定権に関する研究の予備作業――」早稲田大学大学院法研論集54号（1990年）243頁以下、260-261頁。

[164] 佐藤・前出注（161）344頁。田坂・前出注（106）「刑法における治療行為の正当化」382頁も同旨。

ある。しかし、このような整理がどの程度奏功しているかを検証するためには、わが国の刑法35条に相当する規定のないドイツ法だけを分析対象とするのでは不十分であるように思われる。

そこで本書は、スイス法に着目する。なぜなら、スイス現行刑法14条（旧刑法32条）は、適法行為に関する一般規定を置いており、スイスの通説は、同条の典型的な適用例の1つとして、医師の治療行為を挙げているからである。しかも、スイス法は、伝統的にドイツ法と議論を共有してきた部分も多い。ドイツ法の治療行為理解が、スイス刑法14条を仲介するとどのように変容するかを明らかにすることで、これまでの先行研究が獲得できなかった比較法的示唆を得ることができるだろう。

したがって、本書第5章（本書323頁以下）では、スイス法を検討の俎上に載せ、そこでの検討の成果を、同第4節第3款（本書359頁以下）で総括する。ここでの結論を予告しておくと、第5章では、まず、身体侵害モデルの理論的妥当性を正当（業務）行為規定の存否に求めてきた先行研究に問題がある、と指摘する。つぎに、この指摘を踏まえて、治療行為をめぐる問題の要諦が当該行為によって侵害される「利益」の内実理解にあることを、スイス刑法の比較法的考察によって浮き彫りにする。

3　刑事政策的基礎づけ

第3が、刑事政策的基礎づけである。自由侵害モデルは、患者の意思に反して行われた専断的治療行為を、患者の「自由」を侵害する行為として把握する。したがって、このモデルによれば、専断的治療行為は、刑法理論からみると、強要罪や監禁罪等の自由に対する罪を構成しうる。しかし、強要罪や監禁罪の構成要件に該当しうる行為は、たとえば、麻酔によって患者の明示的意思に反して治療を実施する行為や、重病であると脅して患者の意思に反する治療を強要する行為といった類型に限られるだろう。そのため、現在の一般的な考え方によるならば、専断的治療行為の多くは自由に対する罪の構成要件に該当しないため、およそ犯罪は成立しえない[165]。ここに処罰の

165　ドイツでつとに指摘されてきたこの問題点をわが国でいち早く紹介したのが、唄・前出注（82）5頁である。

間隙が生じることとなるが、果たしてそれでよいのだろうか。

（1）処罰の間隙に対する解決策

以上のような処罰の間隙に対しては、大きく分けて以下の3つの解決策が示されてきた[166]。

第1が、①身体侵害モデルの採用による解決である。たとえば、田坂晶は、自由侵害モデルを採用すると処罰の間隙が生じるという結論が広い支持を受けられるとは考えられないとして、――詳しくは次章以降で述べるが――かかる考慮がドイツの判例に身体侵害モデルを堅持させており、こうした問題意識はわが国にもあてはまる[167]、と指摘する。また、佐藤陽子も、治療行為が傷害罪の構成要件を充足する可能性がまったくなくなることで、専断的治療行為を刑法で十分にカヴァーできなくなるとの帰結に対して危惧感を示している[168]。このように、①は、処罰の間隙を埋めるという合目的的考慮に基づいて、治療行為を傷害構成要件によって捕捉する解決策といえる[169]。

第2が、②専断的治療行為処罰規定の導入による立法的解決である。この解決の主唱者であった金澤文雄は、上記のような処罰の空隙を埋めるために、ドイツ刑法の1927年草案281条と1930年草案281条にならって[170]、専断的治療行為そのものを処罰の対象とする規定（以下「専断的治療行為処罰規定」という。）を設けるよう提案していた。金澤は、つぎのような規定を創設するよう提案する。すなわち、「患者の承諾を得ないで治療行為を行つた者は二年以下の懲役又は五万円以下の罰金に処する。〔原文改行〕患者の生命又は健康の重大な危険なしには適時に承諾を得られないときは前項のかぎりでない。〔原文改行〕第一項の場合に患者が法定代理人を有するときは本人が承諾の能力を有しないときにかぎり法定代理人の意思による。」、と[171]。この

---

166 解決策の整理にあたり、大谷・前出注（96）80頁以下を参考にした。
167 田坂・前出注（106）「刑法における治療行為の正当化」382頁。
168 佐藤・前出注（161）345頁。
169 平野竜一「刑法の基礎⑭　その他の違法阻却事由」法学セミナー134号（1967年）41頁以下、43頁参照。
170 ドイツ1927年草案と1930年草案の内容につき、第3章第2節第3款第3項（本書175頁以下）参照。
171 金澤文雄「傷害（二七三条・二七四条）」日本刑法学会編『改正刑法準備草案〔刑法雑誌第11巻1・2号〕』（1961年・有斐閣）152頁以下、158頁。藤本・前出注（44）67頁も同旨。

金澤案の内容は、具体的な立法提言として興味深いが、治療行為をめぐる議論の蓄積が乏しかった当時、金澤の問題意識が学界で十分に共有されていたかどうかは疑わしい。そして現に、こうした雰囲気を感じ取ったためか、法改正を提案した金澤自身がその後に自説を改めている[172]。

　第3が、③刑法以外による解決である。たとえば、大谷實は、「医療上適正なものであり医療の準則に従っているかぎり、医療行為自体は適法なものと解し、ただ患者の自己決定権の侵害において違法であり、それゆえ精神的損害の賠償として慰藉料の対象になる」として、損害賠償責任という制裁によって自己決定権の保護を図ることが、法的制裁として有効かつ十分であるから、「現行法の下では、専断的治療行為として医師が法上の制裁に服するのは、民事責任が原則」である、とする[173]。同じように、②から改説した後の金澤も、「成功した専断的治療行為については必ずしも処罰の必要はなく、ただ、失敗した専断的治療行為についてのみ、その自己決定権無視と結果の結びつきが確実であるかぎりで、過失傷害・同致死罪の構成要件該当性を認めるだけで、専断的治療行為の抑止力として十分に機能する」[174]とする。このように、③は、専断的治療行為が必然的に犯罪を構成することへの違和感から出発して[175]、刑法の謙抑性[176]や最終手段性[177]を根拠に、民事

172　金澤文雄「治療行為」木村亀二編『法律学演習講座　刑法』（1955年・青林書院）109頁以下、109-110頁、金沢文雄「治療行為」木村亀二編『現代法律学演習講座　刑法（総論）』（1955年・青林書院）255頁以下、256頁は、かつてシンプルな自由侵害モデルを支持していたが、その後、治療行為の成功・失敗に応じて構成要件該当性を決する「結果説」に転向している。同・前出注（118）143-144頁は、専断的治療行為を「不可罰としても刑事政策上の不都合が果して生じるか疑問である」として、「ドイツ草案に見られるような立法の必要もさしあたり否定的に解すべきであろう」とする。また、岡上・前出注（144）320頁も、わが国で「専断的治療行為による患者の自由権侵害の被害が現に蔓延しているとか、その危険があるなど、新立法を要請するだけの立法事実があるようには思われない」とする。さらに、「当該議論は不毛である」と論難するのは、小林（公）・前出注（2）411頁である。

173　大谷・前出注（96）84-85頁。ただし、同99頁は、前出②の立法的解決に対しても好意的である。

174　金澤・前出注（118）143-144頁、下山瑛二ほか「討論　医師と患者の関係をめぐって」ジュリスト678号（1978年）46頁以下、52頁以下、60-61頁〔金沢文雄発言〕、金沢文雄『刑法とモラル』（1984年・一粒社）168頁は、成功した専断的治療行為は民法上の不法行為を構成しうるにすぎない、とする。

175　たとえば、岡西賢治「治療行為における自己決定権」日本大学大学院法学研究年報17号（1987年）71頁以下、108頁は、治療行為において尊重される患者の自己決定権が「傷害罪による刑法的保護を必要としているか疑問である」として、「患者の自己決定権は、まずメディカル・プロフェッションの問題としてとらえられるべきであろう」とする。また、岩崎正「刑事手続打切り

法や行政法規による対応を模索する解決策といえる。

（２）ドイツ・オーストリア法分析に期待する成果：刑法改正草案の分析

　ここまでみてきた３つの解決策は、専断的治療行為により侵害され、かつ刑法的保護に値する「利益」理解の違いを反映している。すなわち、①の解決策がこれを患者の「身体」利益として理解するのに対して、②の解決策は、患者の身体処分への「自由」利益ないし自己決定権そのものの侵害としてとらえる。他方で、③の解決策は、②と方向性を同じくするものの、②が患者の「自由」利益ないし自己決定権を刑法で保護しようとするのに対し、③は、民法上の不法行為や医師法等の行政法規によって保護するほうが望ましい、とするのである。

　本書において、これらの解決策に潜在する思考枠組みを掘り下げて検討し、(刑)法的な制裁を受けるべき専断的治療行為の範囲・態様を画定するためには、何よりもまず、当該行為による患者の「利益」侵害の実体を明らかにする必要があるように思われる[178]。もっとも、そのためには、立法論をも見据えた専断的治療行為の(刑)法的性質が問われるところ、わが国固有の議論を見渡してみても、この点に関する十分な検討素材は見当たらない。

　そこで本書は、ドイツ法のうち、とくに刑法改正作業の議論に着目する。なぜなら、ドイツ刑法改正草案は、治療行為を傷害罪から切りはなし、専断

　　論についての一考察（一）――医療過誤の刑事責任限定論を契機として――」阪大法学64巻2号（2014年）153頁以下、163頁以下は、当該行為が医学水準ないし医学準則に達しない場合は、実体法上、犯罪の成立を否定することができないとして、刑事手続の打切りによって処罰を限定するよう提案する。

176　内藤謙『刑法講義　総論（中）』（1986年・有斐閣）529頁等。医療事故の文脈ではあるが、こうした観点に基づく近時の分析として、松原久利「医療事故調査制度と医師の刑事責任」『浅田和茂先生古稀祝賀論文集〔上巻〕』（2016年・成文堂）377頁以下、399頁以下も参照。

177　たとえば、行政制裁との関係に着目した分析として、芝原邦爾「行政の実効性確保――刑事法の視点から」公法研究58号（1996年）256頁以下、262頁以下〔同『経済刑法研究　上』（2005年・有斐閣）110頁以下所収、119頁以下〕参照。これによれば、刑事制裁が「最後の手段」として用いられるか否かは、①社会一般が違反行為を「犯罪」として認識しているか、②刑罰以外の制裁手段が多く存在し、かつそれらが現実に活用されているか、③犯罪捜査の前段階として刑事処分に値する事件と他の行政処分等が適当な事件かを判断する独自の行政調査機関が存在するか、により決せられる。さらに、井上正仁「犯罪の非刑罰的処理――『ディヴァージョン』の観念を手懸りにして――」芦部信喜ほか編『岩波講座　基本法学8――紛争』（1983年・岩波書店）395頁以下、407頁、410頁も参照。

178　小松進「医療と刑罰」石原一彦ほか編『現代刑罰法大系　第3巻　個人生活と刑罰』（1982年・日本評論社）71頁以下、73-74頁参照。

的治療行為を処罰の対象とする独自の構成要件を創設するよう提案してきたからである。このような経緯に照らすと、専断的治療行為をめぐるドイツ刑法改正草案の議論は、刑法的保護に値する患者の「利益」の実質を考えるうえで、有益な素材となることが期待される。したがって、第3章（本書155頁以下）では、ドイツ刑法改正作業に焦点を当てて分析を進め、それにより得られる成果を、同第4節（本書205頁以下）で総括する。

また、ドイツ刑法改正草案の分析にあたっては、オーストリア法との対比も効果的であると思われる。なぜなら、ドイツの刑法改正作業は、オーストリアのそれから大きく影響を受けているだけでなく、オーストリア現行刑法110条は、「たとえ医学準則に則って治療がなされたとしても、他の者をその承諾を得ずに治療した者」を処罰の対象としており、専断的治療行為の(刑)法的性質をめぐって議論の蓄積があるからである。オーストリア法は、第5章第4節第2款（本書356頁以下）と終章第1節第2款（本書372頁以下）で取り上げることとする。

第2項　自由侵害モデルの理論的基礎

つぎに、自由侵害モデルの基本的枠組みとこれに基づく3つのアプローチを概観する。自由侵害モデルによれば、医学的適応性があり、医学準則に則って行われた治療行為は、その違法阻却を論じるまでもなく、もとより傷害罪等の構成要件に該当しえない。患者を治癒する社会的に有用な行為は、傷害罪の文脈で論じられる乱暴で粗野な行為と根本的に異なる、とされるからである。このような理解によれば、専断的治療行為は、患者の身体利益を侵害した点ではなく、その意思「自由」に反する措置を行った点に違法性が見いだされ、「患者の自己決定権」そのものを侵害する行為として位置づけられる。それゆえに、自由侵害モデルからすると、専断的治療行為は、刑法理論的には、強要罪や監禁罪等の自由に対する罪を構成しうる。

もっとも、一言で自由侵害モデルといっても、その内容は多彩である。そこで以下では、自由侵害モデルに共通する全体的考察の思考方法をまず確認してから（後出・1）、このモデルにおける3つの代表的なアプローチを概観することで、比較法による分析が必要なポイントを特定する（後出・2）。

1　全体的考察による基礎づけ
（1）基本的枠組み

　自由侵害モデルの理論枠組みを司るのは、行為の全体的考察である。これによれば、治療行為は、身体に対する侵襲から最終的な治癒まで全体として観察されるべきであり、患者の健康状態を改善する行為を個別的に考察すべきでない。このような前提のもとで、論者は、かかる行為がその目的設定や社会的意味[179]によって評価されるべきである、というのである[180]。

（2）差引残高の理論

　こうした全体的考察の支柱をなすのが、差引残高の理論である。差引残高の理論とは、治療侵襲によって惹起された患者の身体利益の侵害が、終局的に生じたより大きな身体利益の維持によって帳消しになる、とする考え方をいう[181]。この差引残高の考え方によると、当該侵襲前の患者の身体状態と、当該侵襲後の患者の身体状態とを比較し、その侵襲後の患者の状態が治癒または改善している以上、差引計算をすると、患者の「身体利益」侵害はそもそも存在しないので、当該侵襲は傷害罪の構成要件をもとより充足しえない[182]。もっとも、以上のような差引残高の理論に対しては、たとえその行為が最終的に患者の治癒という結果をもたらしたとしても、行為時にすでに生じた構成要件的結果を、その後生じた治癒結果によって事後的に相殺ないし否定することは論理的に不可能である[183]、との批判も向けられている。

179　たとえば、岡上・前出注（144）322頁は、身体侵害モデル（およびそれを支える個別的考察）が「切開行為または外科手術全体を一個の行為と捉え、結果についても切開時または手術時の傷害を構成要件的結果と理解するが、実は、それは、おそらく自覚的にではなく、すでに社会的意味を勘案して得られた結果なのである」とする。

180　牧野英一『刑法總論　上巻〔全訂版〕』（1958年・有斐閣）484頁、佐伯千仭「法律家からみた医療」大阪府医師会編『医療と法律』（1971年・法律文化社）28頁以下、44頁〔同『刑事法と人権感覚——ひとつの回顧と展望——』（1994年・法律文化社）192頁以下所収、207頁〕、米田泰邦『医療行為と刑法』（1985年・一粒社）184頁、佐久間（基）・前出注（113）155頁以下等。

181　町野・前出注（2）92頁。

182　たとえば、伊東研祐「『傷害の罪』の法益」日本法学82巻2号（2016年）3頁以下、7頁は、「既存の生理的な機能障害を除去ないし軽減し、それに因って健康状態の改善ないし回復または悪化の停止ないし鈍化をもたらす過程で、（各種の措置・手術や投薬等により）元の機能障害の一次的な悪化や新規の機能障害の発生を生じたとしても、それらは、患者の全体的な回復力を前提・勘案して『治療行為』に織り込まれて計算された、通常の場合は最終的に治療効果中に謂わば消失・解消するものであり、また、そのようなものとして認識されるものであって、客観的にも主観的にも、同様に、『傷害』に該らない」とする。

183　町野・前出注（2）93頁。治癒利益の相殺ないし衡量が基本的に違法論に属する問題であると

差引残高の理論およびこれに対する批判は、ドイツでかねてから唱えられてきた。本書の視点からすると、ここでも、財産的利益と区別された「身体」利益を差引残高的に考察することの当否が問われることとなる。しかし、先述のように、わが国にはこの問題を掘り下げて検討するための蓄積が不足している。

　したがって、次章以降は、差引残高の理論をめぐって議論の蓄積があるドイツ法を手がかりにしながら、差引残高的発想の本質をまず浮き彫りにし、そのうえで、当該理論の妥当性につき評価を下したい。それとの関係上、本章での検討はここでいったん切り上げ、第2章第4節第2款第2項（本書139頁以下）で、ドイツ法の学説を参照しながら分析を加えることとする。

2　自由侵害モデルにおける3つのアプローチ

　自由侵害モデルの各議論は、細かな点でそれぞれ異なるアプローチを試みている。具体的には、患者の承諾のほか、医学的正当性や治療行為の成功・失敗といった複数の衡量メルクマールを措定・操作することで、治療行為の刑法的評価を決するアプローチがみられる。以下では、自由侵害モデル内部の3つのアプローチを概観し、比較法的知見により補充すべきポイントを抽出する。

（1）同意説からのアプローチ：前田雅英と山中敬一の議論

　第1が、同意説からのアプローチである。治療行為論にいわゆる同意説とは、治療行為が患者の同意を得て行われた場合は、治療結果の成否を問わず、傷害罪の構成要件該当性を一律にまたは部分的に否定する所説をいう。たとえば、前田雅英の同意説によれば、「患者の完全な同意がある場合は構成要件該当性は否定され、それ以外は、優越的利益の存する場合にのみ正当化される」[184]。また、山中敬一も、被害者の同意に対して原則として構成要

するのは、武藤・前出注（163）263頁である。また、小田・前出注（162）34頁も、「現在の機能低下を将来の可能性で許容するのが治療行為の本質であり、それは将来の利益（獲得の可能性）を理由とした違法阻却の問題であろう」とする。

184　前田雅英『刑法総論講義　第5版』（2011年・東京大学出版会）340頁。なお、同『刑法総論講義　第6版』（2015年・東京大学出版会）237頁は、「被害者の真摯な承諾があれば原則として構成要件該当性が欠けるとすることも、十分合理性がある」とする。同「インフォームド・コンセントの法的側面――刑法の視点から」現代のエスプリ339号（1995年）48頁以下、51頁、同「自

件該当性阻却効果を認め[185]、重大な生理（的）機能の障害に至らない軽微な傷害は、被害者の同意によって構成要件該当性が阻却される、とする[186]。そのうえで山中は、「患者の同意は、治療行為であっても傷害罪の構成要件を充足する重大な傷害の場合にのみ、その他の違法阻却の要件の充足と相まって違法性を阻却すると考えるべきである」と主張する。なお、ここにいう重大な傷害とは、「四肢の切断、臓器・器官の摘出・損傷、外形の主要部分の重大かつ不可逆的な変更ないし身体の機能の重大かつ不可逆的な損傷」をいう[187]。

　前田や山中らの議論によると、患者が治療に対して承諾を与えてさえいれば、それだけで傷害罪の構成要件該当性は否定される。これに対して、患者が医師から当該治療に関して十分な説明を受けたにもかかわらずこれを拒否する場合や、意識不明状態で運ばれてきた患者に対して緊急手術を実施する場合には、たとえその治療が医学上必要であり、かつ正当であったとしても、身体の生理（的）機能を障害した以上、傷害罪の構成要件に該当し、推定的承諾の法理によって正当化の可否が検討される[188]。

　以上概観した同意説の特徴は、患者の自己決定権を重視する姿勢を犯罪論

　己決定権はどこまで患者を守れるか──刑事法の視点」法と精神医療10号（1996年）87頁以下、91頁も同旨。西山雅明「治療行為と刑法」西南学院大学法学論集2巻3号（1969年）29頁以下、49-50頁、同「患者の同意と医師の説明義務」刑法雑誌22巻3・4号（1979年）33頁以下、33頁も、患者の有効な承諾に基づいて行われる治療行為につき、それが成功して治癒効果があがった場合には、暴行・傷害罪の構成要件要素である利益侵害が欠けるため、これらの犯罪の構成要件にあたらない。また、不成功の場合でも、治癒効果もなく有害な効果もないときならば、その侵襲自体に対してはすでに承諾があるので、この場合も傷害罪の構成要件に該当しない、とする。

185　山中敬一『刑法総論〔第3版〕』（2015年・成文堂）209頁は、「個人的法益の法益主体はその者に属する法益について権限者として『自律的支配』をもつのであって、これも法益の一部と考えるべき」との前提から、同211頁は、「身体の『完全性』や『生理的機能』は、それだけで『法益』なのではなく、法益主体がその法的保護を欲しているかぎりで、法益主体の『自己決定権』を含めてはじめて構成要件によって保護されるべき完全な『法益』なのである」とする。

186　山中敬一「医療侵襲に対する患者の同意」関西大学法学論集61巻5号（2012年）1頁以下、26頁〔同『医事刑法概論I（序論・医療過誤）』（2014年・成文堂）105頁以下所収、132頁。以下、引用は同書による〕。山中によれば、腕や背中への入れ墨、しみやほくろを取る手術、網膜へのレーザー治療、虫歯を削ること、二重まぶたにするといった美容整形手術は、傷害罪の構成要件に該当しない。同・前出注（185）212頁も参照。

187　山中・前出注（186）132頁。さらに、同・前出注（185）601頁も参照。

188　齊藤誠二『刑法講義各論I〔新訂版〕（新訂6版）』（1982年・多賀出版）192頁以下、同・前出注（118）30頁以下参照。なお、斉藤誠二「被害者の承諾と傷害（1）」受験新報488号（1991年）20頁以下、23-24頁。

体系上示そうとする点にある。しかし、同意説に対して、たとえば武藤は、「患者の選択がいかに不合理なものであろうとこれにしたがわなければならず、これに反する治療行為は傷害罪として処罰されることになってしまう」[189]との批判を向けている。ただしその際に、武藤は、「客観的に不合理な治療を患者に求められた場合にこれを行わなかったとしても傷害の構成要件該当性がない」というが[190]、そうした帰結がいかなる根拠に基づいているのかは、必ずしも明らかでない[191]。本書の視点からすると、同意説においては、患者が当該治療によって得ようとする「利益」とは何か、その利益を保全する際に患者の意思がいかなる機能を果たすのか、そして、ここに治療行為の医学的正当性がどのように関係してくるかが十分に整理して論じられていないため、議論の見通しが悪くなっていると考えられる。

　もっとも、同意説の基本的枠組みのみならず、それを支える自由侵害モデルの基本的理解、さらには、専断的治療行為により侵害される「利益」理解それ自体に関して、わが国では議論の蓄積が少なく、この所説に対して評価を下すための材料は十分とはいいがたい。

　そこで、本章での検討はここまでとし、同意説に関する議論が比較的豊富なドイツ法を参照しながら検討を進めたい。具体的な検討の手順としては、まず第2章第3節第2款第4項（本書123頁以下）で予備的考察を行い、つぎに第4章第3節第3款（本書276頁以下）で、第2章の考察から明らかとなる問題点を再度吟味する。そして、以上の検討の成果を終章第1節（本書368頁以下）で総括し、刑法上保護される患者の「利益」の内容を確定する。さらに同第2節（本書380頁以下）で、その利益をどのように「衡量」するかという視点のもとで、その際に患者の承諾が果たすべき役割、および、患者の承諾以外の医学的正当化要素の理論的位置づけを探る。

（２）行為説からのアプローチ：大谷實の議論

　第2が、行為説からのアプローチである。治療行為論にいわゆる行為説とは、当該行為が医学上正当に行われたか否かを重視してその構成要件該当性

189　武藤・前出注（104）199頁。
190　武藤・前出注（104）217頁注（20）。
191　田坂・前出注（106）「刑法における治療行為の正当化」285頁注（26）。

を判断する所説をいう。これによると、医学的適応性を備え、医学上一般に承認された方法で行われた治療行為は、その最終的な治癒結果にかかわらず、もとより傷害罪の構成要件に該当しない。なぜなら、そのように行われた行為は、行為無価値的見地からみると、患者の身体利益を侵害しているのではなく、むしろ維持・増進しているからである[192]。たとえば、大谷は、「医学上一般に承認されている方法で行う医療は、類型的に人の身体に危険をもたらす行為とはいえ、そもそも健康の回復・維持・増進にとって必要なものであるから、社会通念上傷害の概念に当てはまらない」[193]とする。このような理解によれば、患者の意思に反する専断的治療行為は、刑法理論的には、身体に対する罪ではなく、強要罪や監禁罪等の自由に対する罪を構成しうるにとどまる[194]。

ここで行為説の理論的妥当性が問われるところ、わが国でこの所説を採用する議論は比較的少数であり、検討の素材は手薄といわざるをえない。これに対して、ドイツには、第二次世界大戦前からこの所説を支持する議論が存在し、わが国よりもはるかに多くの理論的蓄積がある。そこで本書では、まずドイツにおける行為説の歴史的変遷をたどり、同説を司る思考枠組みを抽出してから、第2章第4節第2款第2項1（本書139頁以下）で検討を加える。

(3) 結果説からのアプローチ：金澤文雄と佐伯仁志の議論

第3が、結果説からのアプローチである。治療行為論にいわゆる結果説とは、治療行為を「成功した治療行為」と「失敗した治療行為」に分けたうえで、各行為に刑法上異なる意味づけを与える所説をいう。

この結果説の骨格をなすのが、治療行為における「成功」と「失敗」の概念である。金澤の定義によれば、成功した治療行為とは、治療の結果、全体として身体的健康が高められ、維持された場合をいい、これとは反対に、失敗した治療行為とは、全体としての身体的健康が害された場合をいう[195]。さ

---

192 藤木・前出注（59）85頁等。
193 大谷實『刑法講義総論［新版第4版］』（2012年・成文堂）259頁。同・前出注（96）84-85頁も同旨か。
194 大谷・前出注（78）145頁は、「患者が治療行為を受け入れるかどうかの問題は、依然として意思ないし行動の自由にかかわる事柄であって、治療行為を傷害行為に転ずるものではない」とする。
195 金澤・前出注（118）139頁注（1）。

第 1 節 わが国の現状 65

らに、町野は、意図した侵襲による結果であれ、意図せずして不可避的に発生した併発結果であれ、その発生が最終的にもたらされた患者の身体利益の増進にとって必要な手段をなしていた場合を、成功した治療行為と呼ぶ[196]。

そのうえで問題となるのが、成功ないし失敗した治療行為の刑法的処理である。まず、成功した治療行為は、患者の健康状態を維持・回復させたことを理由に、傷害（致死）罪の構成要件に該当しない[197]。より具体的にいえば、治療が成功した場合は、傷害や死亡という構成要件的結果が生じておらず、結果無価値が欠けるため、その行為が医学準則に則って行われた否かでさえ重要でない[198]。成功した治療行為が傷害構成要件該当性を欠くとの結論それ自体は、結果説を支持する論者においてほぼ一致をみている。

これに対して、失敗した治療行為をめぐっては、学説上評価が分かれている。たとえば、金澤は、失敗した治療行為をつぎのように処理する。すなわち、失敗した治療行為は、傷害（致死）罪の客観的構成要件を充足する。その場合には、医療過誤による行為であれば過失傷害・同致死罪が成立するが、患者の有効な意思に反したことが明確な場合でなければ過失犯の構成要件に該当しない。過失犯を構成するのは、患者の意思に反して治療行為を行った結果、それが失敗に終わった場合であり、説明義務違反の場合は原則として犯罪を構成しない、と[199]。

その一方で、佐伯は、おそらくは失敗した専断的治療行為を念頭に置きつつ、「身体の枢要な部分や機能を恒久的に失わせてしまうような場合には傷害罪の構成要件に該当するが、そうでない場合には、……傷害罪の構成要件に該当しない」と叙述する。佐伯のこの叙述は、厳密にいえば、身体侵害モデルにも自由侵害モデルにも分類できない議論であり、佐伯も自説を「中間説」と称している[200]。もっとも、先述のように、佐伯の議論はエーザーの

---

196 町野・前出注（2）168頁、なお333-334頁注（13）。ただし、町野自身は、結果説の立場を峻拒する。
197 瀧川幸辰＝宮内裕＝瀧川春雄『法律學体系コンメンタール篇9 刑法』（1950年・日本評論社）256-257頁〔宮内裕〕、金澤・前出注（118）136頁以下等。さらに、岡上・前出注（144）323頁も参照。
198 上田・前出注（154）29頁。
199 金澤・前出注（118）139頁以下、144頁、同・前出注（174）167-168頁。
200 佐伯（仁）・前出注（120）77頁。佐伯説につき、本節第1款第2項3(1)（本書42頁以下）参照。

修正結果説から示唆を得ているため、この議論も、結果説（およびその前提をなす自由侵害モデル）に分類することが許されるように思われる。

その結果説の理論的支柱をなすのが、前出・1(2)（本書60-61頁）で触れた「差引残高の理論」である。しかし、先述のように、差引残高の理論に対しては批判も向けられている。結論からいえば、本書は、差引残高の理論およびこれに基づく結果説の思考方法が、身体「利益」の理解という点で重大な構造的欠陥を有している、と考えている。もっとも、わが国における議論の蓄積は乏しく、これらの問題点を吟味するための素材は十分でない。

そこで本書では、結果説の母国ドイツでの議論を手がかりに、まず第2章第3節第1款第2項（本書113頁以下）で、アルトゥール・カウフマンやボッケルマンが支持した結果説のプロトタイプを確認し、ついで同第2款第2項（本書118頁以下）で、エーザーによる同説の修正内容を整理する。以上の分析を経て、第2章第4節第2款第2項2（本書142頁以下）と第4章第3節第3款第3項4（本書293頁以下）では、本書が依拠する理論構想から、結果説的発想に含まれる解釈論上の問題点を浮き彫りにする。

第2節　課題の設定

以上、治療行為をめぐるわが国の議論を系譜的に分析し、それによって得られた理論的視角を手がかりに、現在までの議論の到達点と問題点を明らかにしてきた。以上の分析を踏まえて、本書は、以下の2つの具体的課題を設定する。

第1が、治療行為をめぐる議論の比較法的検討である（第2章～第5章）。具体的には、本章の冒頭（本書15頁）で掲げた2つの思考モデルをめぐって100年以上の議論の蓄積があるドイツ法、およびこれと体系を同じくするスイス法とオーストリア法から、分析の素材と視点を抽出する。そして、これらの比較法的・系譜的検討をつうじて、これまでのわが国に欠けていた、あるいは手薄だった分析視角を明晰化する。

第2が、治療行為論の理論的基礎の呈示である（終章）。すなわち、第1の課題を検討して得られる比較法的・系譜的知見を総合することで、まず、傷

害構成要件が保護する「身体」利益の内容およびその理論構造を解明し、これにより治療行為の刑法的評価を司る思考モデルを導出する。つぎに、以上の考察を正当化レベルで発展させるかたちで、違法阻却論として衡量されるべき利益を規定し、治療行為の正当化における利益衡量の基本方針を明らかにする。

本節では、治療行為をめぐる議論の比較法的検討（第1款）と、治療行為論の理論的基礎の呈示（第2款）という2つの課題につき、それぞれの具体的な検討内容と手法を示す。

第1款　治療行為をめぐる議論の比較法的検討（第2章〜第5章）

本書における比較法的検討の中心はドイツ法であるが、ここにスイス法とオーストリア法を補助的に参照する。以下では、前節までで一部明らかにした比較法研究の必要性につき、その際の分析の指針、具体的な検討の素材、および、獲得が期待される成果を予告する。これにより、次章以降に取り組むべき比較法的検討の内容を、ドイツ法（第1項）、スイス法（第2項）、そしてオーストリア法（第3項）の順に、各国別にさらに具体化する。

第1項　ドイツ法

1　分析の指針

治療行為をめぐるわが国の議論は、主としてドイツ法から示唆を得て形成された。前節第2款（本書48頁以下）でみた理論的基礎づけは、いずれもドイツで精力的に議論されてきた成果である。

すでにくり返し述べてきたように、これらの理論的基礎づけの根底には、究極的には、専断的治療行為による患者の「利益」侵害はいかなる内実を備えているか、という問いが潜在している。本書では、この問いを基礎づける思考枠組みを抽出し、これを掘り下げて検討することで、治療行為の刑法的評価を司る思考モデルを導出する。この作業によって「治療行為論」体系構築への手がかりを見いだすことが、次章以降の目標となる。

2　検討素材の選択と期待される成果

そのために本書では、第2章、第3章および第4章において、つぎのような分析を試みる。

まず第2章では、ドイツ法における判例・学説の歴史的発展過程をたどり、本章で設定した課題に取り組むうえで必要な分析視角を具体化する。ここでは、ドイツ現行刑法典制定以降の判例・学説を分析の素材として、ドイツ法の諸相を原典のテクストに沿いながら丹念に解読し、その基底をなす各理論枠組みを抽出したうえで検討を加える。このような検討を経ることでこそ、ドイツ法の解釈論的到達点と、これまでわが国に欠けていた分析視角を掘り起こし、本書で求められる比較法分析の方針をより明確化することができる。

つづく第3章では、第2章の分析を追体験するかたちで、ドイツ刑法改正作業の動きに焦点を当てて、専断的治療行為の刑事規制をめぐる議論を跡づける。判例・学説の影響を受けて刑法改正草案が起草されたという経緯にかんがみれば、ドイツ刑法改正作業の歴史的発展過程を明らかにすることも、本書の問題解決にとって欠かせない。ドイツ刑法改正草案における専断的治療行為処罰規定の保護法益を掘り下げて分析することで、専断的治療行為による「利益」侵害の内実を究明するための視点と素材を獲得することができるだろう。

そして第2章と第3章の分析結果を受けて、第4章では、ドイツ刑法における傷害罪の保護法益を分析し、わが国の議論と比較検討することで、「身体」法益論の基本的視座、およびこれに基づく「治療行為論」体系の基本的骨格を規定する。具体的には、まず、ドイツ刑法223条の傷害罪規定の制定過程をたどり、ついで、傷害罪の保護法益をめぐる学説の2大潮流の内容を批判的に分析する。そして、ドイツ法から得られる知見とわが国の議論とを総合し、わが国の傷害罪規定で保護されるべき「身体」法益の意味内容およびその構造を明らかにする。本章の分析によって、本書を司る「治療行為論」の体系が浮き彫りとなるだろう。

第2項　スイス法

1　分析の指針

わが国では、身体侵害モデルの理論的根拠として、正当（業務）行為規定による基礎づけが挙げられている。先述のように、この基礎づけの妥当性を検証するためには、ドイツ法との比較だけでは不十分であり、スイス法を新たに分析対象として設定する必要がある。ドイツと連続性を有するが、立法状況が異なるスイスにおいて、ドイツ法の治療行為理解がどのようなかたちで存在しているかを明らかにすることで、わが国オリジナルの「治療行為論」体系構築に資する比較法的示唆を得ることができるだろう。

2　検討素材の選択と期待される成果

そこで第5章では、まず、専断的治療行為に関する2つの最高裁判決を分析することで論点の抽出を試み、つぎにそこで得られる成果を踏まえて、ドイツ法とも対比しながら、スイス法学説を比較法的に検討する。具体的には、スイス法における「身体利益」論の現状、専断的治療行為に対する強要罪の成否と立法提案の状況、および、治療行為における正当（業務）行為規定の機能、という3つの分析視角に即して、これらに関連するスイス法学説を渉猟し、同国の理論的到達点を特定する。この作業によって、前章までで明らかにする本書の法益論枠組みを補強するための、さらなる視座を獲得する。

第3項　オーストリア法

1　分析の指針

オーストリア現行刑法典は、「自由に対する罪」章下の110条1項で、「たとえ医学準則に則って治療がなされたとしても、他の者をその承諾を得ずに治療した者」を処罰の対象とする[201]。このような規定は、ドイツにもスイスにも、むろんわが国にも存在しない。これまでドイツでは、専断的治療行為を独自に処罰の対象とする構成要件、つまり、専断的治療行為処罰規定を設けるようくり返し提案されてきたが、現在まで刑法典の改正は実現してい

201　オーストリア刑法110条の全文は、第5章第3節第3款第2項（本書349–350頁）参照。

ない。これに対して、オーストリア刑法の立法者は、専断的治療行為処罰規定を導入することに成功しており、この点に、オーストリア法研究の意義が認められる[202]。

しかし、身体・健康利益の内実解明という本書の基本的視点に照らすと、オーストリア法をドイツ法やスイス法と同じように独立の章を割いて扱うことは、かえって不適当であるように思われる。なぜなら、オーストリア法の蓄積は、ドイツ法やスイス法のそれと比べると豊富とはいえないのみならず[203]、何よりもオーストリア法は、専断的治療行為処罰規定の法益を、人の身体利益から切りはなされた自由な意思決定という意味での「患者の自己決定権」そのもの、と解しているからである。

このように、オーストリア法は、わが国やドイツ・スイスの判例と大きく異なり、自由侵害モデルを前提として議論を組み立てている。かように状況の異なるオーストリア法をドイツ法やスイス法と並列して扱うと、前節で特定した分析の重点にひずみが生じ、期待された比較法的成果が十分に得られないおそれがある。したがって、ドイツ法（とスイス法）を分析の基軸とし、そこにオーストリア法を補助的に参照するほうが、本書の基本的視点を鮮明に保ったまま分析を進めることができ、その結果、各国法制の特徴をより立体的に把握することができる。

2　検討素材の選択と期待される成果

そこで本書では、主として第3章と第5章において、以下のような方針のもとでオーストリア法を検討する。

202　オーストリア刑法研究の意義一般につき、宮沢浩一「オーストリア刑事法学の一断面——第二次大戦後の雑誌論文目録——」法学研究（慶應義塾大学）41巻12号（1968年）51頁以下、51頁、宮澤浩一「オーストリア刑事法学の一断面——第二次大戦後の雑誌論文目録——（追録Ⅱ）——」法学研究（慶應義塾大学）52巻5号（1979年）51頁以下、52-53頁、振津隆行「オーストリア刑法学研究序説（1）（2）——オーストリアにおける犯罪論の展開について——」商学討究34巻2号（1983年）85頁以下、87-88頁、34巻4号（1984年）43頁以下〔同『刑事不法論の展開』（2004年・成文堂）1頁以下所収、2頁〕参照。

203　宮沢浩一「西ドイツ刑事法学の研究体制　付　オーストリアおよびドイツ語圏スイスの状況」法学研究（慶應義塾大学）47巻3号（1974年）70頁以下、86頁参照。さらに、宮沢浩一「比較刑法研究のための基礎作業」井上正治博士還暦祝賀『刑事法学の諸相（上）』（1981年・有斐閣）169頁以下、176頁も参照。

まず第3章では、ドイツ刑法改正作業の歴史的展開をたどるうえで、オーストリアの刑法改正作業の議論を補充的に参照する。ここでオーストリア法に着眼する理由は、いくつかのドイツ刑法改正諸草案（1911年対案、1925年草案等）が、オーストリアの刑法草案を参考にしながら起草されたという経緯があるからである。ドイツ法を媒介としたこのような分析を行うことで、オーストリア法の立法的・理論的意義と課題を逆照射することが可能となる。

　つぎに第5章では、スイス法の判例・学説を分析する際の比較対象として、オーストリア法を参照する。専断的治療行為に関するスイスの最高裁判決は、ドイツ法はもちろん、オーストリア法にも踏み込んだ検討を加えており、比較法的にみて参照価値が高い。本章では、判例分析の成果に基づいてスイス法学説を扱う際に、オーストリア刑法110条の専断的治療行為処罰規定にも目を向け、これをスイス法の理論枠組みを析出する際の一助とする。スイス法と対比しながら分析を進めることで、オーストリア法に含まれる理論的問題点をいっそう明確化することができるだろう。

第2款　治療行為論の理論的基礎の呈示（終章）

　そして終章では、第2章から第5章までの分析から得られる比較法的知見を、わが国における既存の議論と接合し、治療行為の刑法的評価とその正当化判断の基本的枠組みを呈示する。ここでは、まず、傷害罪の法益論を基礎とする「治療行為論」体系の基本的枠組みを明らかにし、結論として、治療行為を違法阻却事由として把握するよう主張する。つぎに、治療行為における違法阻却の理論構造を解き明かすために、その根幹をなす身体利益「衡量」の基本的枠組みを検討する。具体的には、かかる枠組みを採用するドイツの学説を再度検討の俎上に載せ、治療行為の違法阻却における利益「衡量」論の基本方針を打ち立てる。そして、このような利益「衡量」論の観点から、治療行為の正当化において患者の承諾が果たす役割、および、患者の承諾以外の医学的正当化要素（医学的正当性）の刑法解釈論上の位置づけを明らかにする。

第2章　ドイツ法の系譜的考察・その1
——判例・学説の展開

　　第1節　本章の目的
　　第2節　第二次世界大戦前の展開：
　　　　　　議論の発端から身体利益説の登場・発展まで
　　第3節　第二次世界大戦後の展開：
　　　　　　結果説の隆盛と3つの理論的アプローチ
　　第4節　ドイツ法の到達点とその理論的検討
　　第5節　本章の成果

第1節　本章の目的

第1款　本章の課題

　本章は、ドイツ法における判例・学説の歴史的発展過程をたどり、前章で設定した課題を達成するために必要な分析視角を獲得することを目的とする[1]。そこで以下では、ドイツ法を規律する思考枠組みを原典のテクストから抽出し、検討を加えることで、同国の解釈論的到達点と残された課題を明らかにする。このような手法によってこそ、従来のわが国に欠けていた、あるいは手薄だった分析の視座を明確化できると考えるからである。

第2款　分析対象とその選択理由

　そのために、本章では、ドイツ法の史的素描の出発点を、1871年のライヒ刑法典制定前後に設定する。その理由は、わが国における議論の源流がこの時期に求められるからである。すなわち、前章で述べたように、わが国の議論は、後述の1894年判決を契機として、ドイツの判例・学説を100年以上にわたってフォローしてきた経緯がある[2]。こうした経緯に照らせば、本書が、従来わが国に欠けていた視点を発掘し、新たな議論を積み重ねるためには、まず、ドイツ法の出発点と到達点を正確に把握する必要がある。このような作業を経てはじめて、これまで十分に咀嚼できていなかった視点をわが国の議論に盛り込み、これにより、「治療行為論」体系構築のための素材と視点を獲得することができる。

1　ドイツ法分析の必要性とその手法につき、詳しくは、第1章第1節第1款第2項4（本書46–47頁）、同第2節第1款第1項（本書67–68頁）を参照。
2　わが国におけるドイツ法の継受につき、第1章第1節第1款第1項2(2)（本書21頁以下）参照。

第3款　本章の構成

　以上の目的を達成するために、本章では、以下のような手順に沿って考察を進める。

　まず第2節では、ドイツ現行刑法典制定期から第二次世界大戦前までの議論をたどる。ドイツでは、後述する1894年判決が身体侵害モデル的理解を打ち出したのを契機として刑法学説が「高揚」し、これに対抗して自由侵害モデルが学説上有力に展開されることとなる。本節では、これらの議論のうち、傷害罪の法益論から問題解決を試みたベーリングの身体利益説をまず取り上げ、ついで、優越的利益原理に基づいてこれを深化させたエンギッシュの所説と、いわゆる社会的行為論の立場から身体利益説の1つの到達点を示したエベルハルト・シュミットの所説を検討の対象とする。なお、これらの所説を扱うに際しては、その基本的理論枠組みを正確に抽出する必要性が高いことから、原典のテクストを丹念に参照しながら分析を加える。このようなテクスト解析をつうじて、第二次世界大戦前までの議論を追体験することが、本節の狙いである。

　つづく第3節では、第二次世界大戦後の議論の展開過程を素描し、戦後における身体侵害モデルの再評価のきざしと、自由侵害モデルを基礎とした3つの理論的アプローチを概観し、それぞれに分析を加える。そこでは、まず、戦後の判例とそれに触発された所説（アルトゥール・カウフマン、ボッケルマン）の動向をたどる。つぎに、自由侵害モデルに由来する各アプローチ、具体的には、結果説からのアプローチ（エーザー）、危険判断アプローチ（シュミットホイザー、マリア-カタリナ・マイヤー）、および法益論アプローチ（ロクシン、ホルン、ターク）の各思考枠組みを原典に沿って仔細に跡づけつつ、検討を加える。このような作業によって、ドイツ法の系譜的到達点を正確に炙り出すことが可能となる。

　そして第4節では、前節までのテクスト解析から得られる比較法的・系譜的知見を総合し、ドイツ法が約100年かけて到達した理論的見地と積み残した課題を明らかにする。具体的には、まず、判例の基本的枠組みとこれを支

持する学説、つまり、身体侵害モデルの解釈論的到達点を明らかにする。つぎに、自由侵害モデルの基本構想を確認し、そこから派生する2つの解決（具体的には、①適法化メルクマールの操作・措定による解決と、②傷害罪の法益論による解決）の骨格とそこに含まれる理論的課題を浮き彫りにする。この作業をつうじて、わが国における既存の議論を補充・進展させるために必要な比較法研究上の視点を具体化し、第3章や第4章でさらに掘り下げて分析すべき理論上のポイントを特定する。

第2節　第二次世界大戦前の展開：
議論の発端から身体利益説の登場・発展まで

　本節は、ドイツ現行刑法典制定期から第二次世界大戦前までの議論をたどり、そこで展開される各議論の理論枠組みを正確に抽出し、その後の検討に向けた基礎資料を作成することを目的とする。そのために以下では、まず、後述する1894年判決が登場するまでの議論と（第1款）、同判決およびそれに対して寄せられた学説の動向を確認する（第2款）。

　つぎに、1894年判決を受けて活性化する刑法学説のうち、一方で、同判決の論理を支持するバールとリリエンタールの議論を紹介し、他方で、これに異を唱えるシュトースとカールの自由侵害モデルに検討を加える（第3款）。

　そして、とくに後者のうち、傷害罪の法益論から「身体利益説」の基本思想を打ち出したベーリングの所説を取り上げ（第4款）、これを優越的利益原理に基づいてさらに発展させたエンギッシュの議論、および、社会的行為論から同説を裏打ちしたエベルハルト・シュミットの議論を批判的に分析する。さらに、エンギッシュらの議論の真意を探るべく、ナチス時代の立法、判例および学説の動向にも目を向ける（第5款）。以上の作業をつうじて、第二次世界大戦終結までの議論を跡づけることが、本節の目標である。

　もっとも、本節の記述は、ドイツ治療行為論固有のやや細かな系譜分析となっている。そのため、第1款から第5款は、読者の関心に応じて適宜読み飛ばしていただき、第6款（本書108頁）の小括を確認してから、すぐに次節に移っていただいて差し支えない。

第1款　前　史：議論の揺籃期

　ドイツで治療行為の（刑）法的評価をめぐる議論が展開されたのは、1878年から1890年までに社会保険制度が一連の法規で制定されたことに由来する。これらの法規の制定によって、医師患者関係が私法上の契約という性格を次第に失っていき、医療過誤等の損害賠償事件を民事裁判や和解によって解決することができなくなっていった。こうした事情のもとで、国家は、医師に対する刑事制裁の可能性を示し、以上のような経緯が、ドイツにおける（とくに刑法学の分野での）治療行為論研究の背景をなしたと考えられる[3]。

　そして、このような社会的事情を背景として、医療過誤が民事の問題から刑事のそれへと移行していくとともに、治療行為の法的評価も、次第に学問的関心を集めるようになっていった[4]。とはいえ、治療行為をめぐる当時の議論は、刑法総論分野では、「被害者の承諾」論、各論分野では、傷害罪との関連で若干言及される程度の位置づけであり、犯罪論体系の構築を至上命題としていた刑法学者らの講壇事例の域を出ることはなかった。しかし、そうした状況を打破するきっかけとなる判決が登場する。ライヒ裁判所1894年5月31日判決（骨がん事件。以下「1894年判決」という。）がこれである。

第2款　ライヒ裁判所1894年判決

第1項　本判決の意義：同意原則の提唱

　1894年判決は、自然療法の信奉者であった父親が事前に明確に反対したに

---

[3] *Jerzy Sawicki*, Über die Verantwortlichkeit für fehlerhafte ärztliche Eingriffe, Rechtswissenschaftlicher Informationsdienst, 1955, S. 201 ff., 203 f. 参照。さらに、井上祐司「被害者の同意」日本刑法学会編『刑法講座　第2巻』（1963年・有斐閣）160頁以下、174-175頁注（一）〔井上祐司『刑事判例の研究（その一）』（2003年・九州大学出版会）59頁以下所収、73頁注（1）。以下、引用は同書による〕も参照。

[4] *Ludwig Ebermayer*, Der Arzt im Recht, Leipzig 1930, S. 103 f.; *Albin Eser*, Beobachtungen zum „Weg der Forschung" im Recht der Medizin, in: Albin Eser (Hrsg.), Recht und Medizin, Darmstadt 1990, S. 1 ff., 12 ff. 参照。

もかかわらず、ただちに手術が必要な状態であった 7 歳の女児に対して外科手術を行った医師が、1871年のライヒ刑法典（Strafgesetzbuch für das Deutsche Reich: Reichsstrafgesetzbuch）223条の傷害罪で起訴された事案に関するものである。検討の出発点として、当時と現在の傷害罪規定を以下に掲げよう[5]。

1871年ライヒ刑法223条（傷害）
故意に他の者を身体的に虐待し（körperlich mißhandeln）又はその健康を害した（an der Gesundheit beschädigen）者は、傷害のかどで、3年以下の軽懲役又は300ターラー以下の罰金に処する。

ドイツ現行刑法223条（傷害）
1．他の者を身体的に虐待し又はその健康を害した（an der Gesundheit schädigen）者は、5年以下の自由刑又は罰金に処する。
2．本罪の未遂は罰せられる。

ライヒ裁判所は、まず、当時のライヒ刑法223条にいう「身体的に虐待し」[6]という文言が、「直接的・物理的に身体組織に加えられた侵害（Verlet-

---

5　RGBl. 1871, Nr. 24 [S. 127]. この規定は、その後とくに大きな変更が加えられることなく、現行刑法223条1項に受け継がれている。刑法223条の制定過程は、第4章第2節第3款（本書228頁以下）で扱う。なお、ドイツ現行刑法典の訳出にあたっては、法務省大臣官房司法法制部編『ドイツ刑法典』（2007年・法曹会）を参照したが、各罪の理解に沿うかたちで適宜修正を加えている。また、本章で条文のみを挙げるときは、とくに断りのないかぎり、ドイツ現行刑法典のそれを指す。

6　ライヒ刑法223条も現行刑法223条も、「身体的虐待（körperliche Misshandlung）」と「健康損害（Gesundheitsschädigung）」という2つの行為類型を規定する。現在の通説的理解によれば、身体的虐待とは、身体的健全感（körperliches Wohlbefinden）もしくは身体の不可侵（körperliche Unversehrtheit）を些細とはいえない程度に損ない、またはその他の身体の統合性（körperliche Integrität）に影響が及ぼされるような有害で不適切な取扱いをいう。一方、健康損害とは、被害者の身体的または精神的機能に、通常の状態から不利な方向へ逸脱した病理学的状態（pathologische Verfassung）を作出し、または悪化させることをいう。身体的虐待と健康損害の解釈につき、*Hans Joachim Hirsch*, in: Strafgesetzbuch Leipziger Kommentar, 5. Bd., 10. Aufl., Berlin 1989, § 223 Rr. 6, 11; *Hans Lilie*, in: Strafgesetzbuch Leipziger Kommentar, 6. Bd., 11. Aufl., Berlin 2001, § 223 Rn. 6, 12; *Albin Eser/Detlev Sternberg-Lieben*, in: Schönke/Schröder Strafgesetzbuch Kommentar, 29. Aufl., München 2014, § 223 Rn. 3, 5; *Gunnar Duttge*, in: Dorothea Prütting (Hrsg.), Medizinrecht Kommentar, 4. Aufl., Köln 2016, § 223 StGB Rn. 4 f.; *Thomas Fischer*, Strafgesetzbuch mit Nebengesetzen, 64. Aufl., München 2017, § 223 Rn. 4, 8 等参照。わが国の先行研究として、藤本直「醫師の手術と身體傷害罪の問題に就て（一）～（三）」法学新報41巻2号（1931年）1頁以下、6頁以下、41巻3号（1931年）71頁以下、41巻5号（1931年）72頁以下、同「醫師の手術と身體傷害罪（Ⅰ）～（Ⅳ・完）」司法協会雑誌11巻4号（1932年）16頁以下、11巻5号（1932年）54頁以下、11巻6号（1932年）48頁以下、11巻7号（1932年）60頁以下、下村康正「傷害および暴行」佐伯千仭＝団藤重光編『総合判例研究叢書　刑法（7）』

zung）すべてを含む」[7]とする。そして、裁判所は、かかる侵害によって現に損なわれた身体の不可侵（körperliche Unversehrtheit）の侵害が、少なくとも身体の重要な構成要素の侵害にあたるとしたうえで、つぎのように判示する。

> 「あらゆる場合において、̇こ̇の患者の治療を引き受けてもらうよう、とにもかくにも、まさに̇こ̇の医師を呼んだのは、患者ないしその近親者および法定代理人の意思なのである[8]。」

かくして、ライヒ裁判所は、この意思を欠く以上、その行為は違法な傷害を構成するとして、検察官の上告を受けて原判決を破棄し、差し戻した[9]。本判決は、1851年のプロイセン刑法典（Strafgesetzbuch für die Preußischen Staaten）187条[10]が採用するカズイスティックな文言にかえて、ライヒ刑法

（1957年・有斐閣）7頁以下、大沼邦弘「傷害罪における身体的虐待──連邦通常裁判所第三刑事部一九五二年九月二五日判決 BGH NJW 1953, 1440」警察研究58巻9号（1987年）86頁以下、齋藤彦弥「暴行概念と暴行罪の保護法益」成蹊法学28号（1988年）437頁以下、446頁以下、武藤眞朗「治療行為と傷害の構成要件該当性──専断的治療行為と患者の自己決定権に関する研究の予備作業──」早稲田大学大学院法研論集54号（1990年）243頁以下、245頁以下、佐藤陽子「治療行為の傷害構成要件該当性について」北大法学論集56巻2号（2005年）321頁以下、325-326頁、田坂晶「刑法における治療行為の正当化」同志社法学58巻7号（2007年）263頁以下、342-343頁、小林公夫『治療行為の正当化原理』（2007年・日本評論社）107頁以下、島田美小妃「仮定的承諾論」中央大学大学院研究年報（法学研究科篇）39号（2010年）185頁以下、192頁、同「治療行為の不可罰性の根拠について」法学新報117巻9・10号（2011年）313頁以下、319頁以下、山中敬一「医療侵襲に対する患者の同意」関西大学法学論集61巻5号（2012年）1頁以下、16頁以下〔同『医事刑法概論Ｉ（序論・医療過誤）』（2014年・成文堂）105頁以下所収、122頁以下。以下、引用は同書による〕、薮中悠「ドイツ刑法における傷害概念と精神の障害」法学政治学論究99号（2013年）37頁以下、40頁以下等がある。なお、「身体的虐待」と「健康損害」の概念に関する理論的・系譜的検討として、第4章第2節第4款（本書248頁以下）参照。

7　RGSt 25, 375 [378]. 圏点は原文で隔字体である。
8　RGSt 25, 375 [381]. 圏点は原文で隔字体である。
9　原審および本判決の判決文は、Carl Stooss, Chirurgische Operation und ärztliche Behandlung, Berlin 1898, S. 108 ff. 参照。差戻し後のハンブルク地方裁判所は、被告人が父親の意思を認識していなかった点に過失はないとして、被告人に無罪を言い渡している（ebenda, S. 118 ff.）。詳細につき、藤本・前出注（6）「（二）」74頁以下、西山雅明「治療行為と刑法」西南学院大学法学論集2巻3号（1969年）29頁以下、31頁以下、神山敏雄「西ドイツの医療過誤に関する刑事判例」中山研一＝泉正夫編『医療事故の刑事判例』（1983年・成文堂）311頁以下、313頁以下、町野朔『患者の自己決定権と法』（1986年・東京大学出版会）38頁以下、武藤・前出注（6）250頁、佐久間基「専断的治療行為と傷害罪（一）〜（三・完）」法学（東北大学）55巻3号（1991年）87頁以下、88頁以下、55巻4号（1991年）88頁以下、58巻2号（1994年）124頁以下、佐藤・前出注（6）337-338頁、田坂・前出注（6）343頁以下、小林（公）・前出注（6）37頁以下、島田（美）・前出注（6）「治療行為の不可罰性の根拠について」322-323頁、山中・前出注（6）120頁以下参照。
10　1851年のプロイセン刑法典187条は、「故意に他の者を刺突し（stößen）若しくは打撃を加え

223条の、もっとも広く一般的な意味での「身体的に虐待し」という文言を妥当とし、本件医師の手術行為が客観的にみて傷害にあたる[11]、と判示している。

もっとも、本判決が採用した同意原則の枠組みは、それ以前は、個別のケースで参照されていたにすぎなかった[12]。たとえば、ライヒ裁判所1880年11月15日判決[13]や同1832年2月22日判決[14]は、傷害に対する承諾がその適法性判断において些細な影響しか及ぼさないと判示し、本判決の原審ハンブルク地方裁判所1894年2月2日判決[15]も、このような立場を支持していた。しかし、1894年判決は、従来の判例法理を変更し、とくに単純傷害に対する有効な承諾が正当化事由になりうると認めたのである[16]。この点に本判決の意義がある。

そしてその後、1894年判決は、次第に民事・刑事を問わず多くの判決に影響を及ぼすようになり、1930年代以降は、リーディングケースとしての地位を不動のものとした。たとえば、扁桃腺の除去手術が問題とされたライヒ裁

(schlagen)、又はこの者にその他身体の虐待若しくは傷害を行った者は、2年以下の軽懲役に処する。」と規定する。法文は、*Melchior Stenglein* (Hrsg.), Sammlung der deutschen Strafgesetzbücher, 3. Bändchen, München 1858, XI. Strafgesetzbuch für die Preußischen Staaten vom 14. April 1851, S. 100; *Arno Buschmann* (Hrsg.), Textbuch zur Strafrechtsgeschichte der Neuzeit, München 1998, S. 538 ff., 576 による。同法典の詳細につき、第4章第2節第3款第4項1(本書236頁以下)を参照。

11 RGSt 25, 375 [377 f.].
12 *Paul Bockelmann*, Der ärztliche Heileingriff in Beiträgen zur Zeitschrift für die gesamte Strafrechtswissenschaft im ersten Jahrhundert ihres Bestehens, ZStW 93 (1981), S. 105 ff., 108 参照。
13 RGSt 2, 442 [442 f.].
14 RGSt 6, 61 [61 ff.].
15 *Stooss*, a. a. O. (Anm. 9), S. 108 ff.
16 *Frank Korn*, Körperverletzungsdelikte-§§ 223 ff., 340 StGB: Reformdiskussion und Gesetzgebung von 1870 bis 1933, Berlin 2003, S. 133 f., 134 Anm. 205 参照。1894年判決を契機とする議論につき、*Joseph Heimberger*, Berufsrechte und verwandte Fälle, in: Karl von Birkmeyer u. a. (Hrsg.), Vergleichende Darstellung des deutschen und ausländischen Strafrechts, IV. Bd., Berlin 1908, S. 15 ff., 57 f. をはじめ、*Alexander Löffler*, Die Körperverletzung (Abschnitt 17 des II. Teiles des RStrGB.), in: v. Birkmeyer u. a. (Hrsg.), ebenda, V. Bd., Berlin 1905, S. 205 ff., 241 ff.; *Gerd Geilen*, Einwilligung und ärztliche Aufklärungspflicht, Bielefeld 1963, S. 44 ff.; *ders.*, Rechtsfragen der ärztlichen Aufklärungspflicht, in: Armand Mergen (Hrsg.), Die juristische Problematik in der Medizin, Bd. II, München 1971, S. 11 ff.;*Ulrich Schroth*, Ärztliches Handeln und strafrechtlicher Maßstab: Medizinische Eingriffe ohne und mit Einwilligung, ohne und mit Indikation, in: Claus Roxin/Ulrich Schroth (Hrsg.), Handbuch des Medizinstrafrechts, 4. Aufl., Stuttgart/München/Hannover/Berlin/Weimar/Dresden 2010, S. 21 ff., 24 f. 等を参照。

判所1905年 4 月10日判決[17]は、ほとんど些細ともいえる傷害を与えた場合にも、1894年判決と同様の法理が妥当する、と判示している。

第 2 項　学説の反応

しかし、本判決に対して、カール・ビンディング（Karl Binding）は、裁判所が「きわめて民事法的な考え方にとらわれており、一貫して医師・患者間契約に基づいて論証を行っている」[18]として、その理由づけに不満の声をもらした。また、リヒャルト・シュミット（Richard Schmidt）も、「医師に……認められる権限の内容と範囲」がもっぱら「病者の法的意思をつうじて規定されなければならない」とすれば、「恣意的な結論」に至るおそれがある[19]、として危惧感をあらわにした。

たしかに、1894年判決は、刑法学説から厳しい批判を浴びこそした。しかし、1894年判決が、治療行為の実施にあたって、医師は原則として患者本人の同意（Zustimmung）を得なければならない[20]と判示し、19世紀にすでに患者の自律（Autonomie）が有する高次の価値（「患者の意思は最高の法である（voluntas aegroti suprema lex）」）を強調していた点は、注目に値する[21]。この意味で1894年判決は、現在もなお意義を有する。

17　RGSt 38, 34.
18　Karl Binding, Lehrbuch des Gemeinen Deutschen Strafrechts, Besonderer Teil, 1. Bd., 2. Aufl., Leipzig 1902, S. 58 Anm. 1.
19　Richard Schmidt, Die strafrechtliche Verantwortlichkeit des Arztes für verletzende Eingriffe, Jena 1900, S. 34 Anm. 1. 圏点は原文で隔字体である。この意見に賛同するのは、Karl von Lilienthal, Die pflichtmässige ärztliche Handlung und das Strafrecht, in: Festgabe zur Dr. Ernst Immanuel Bekker, Berlin 1899 (Nachdruck: Aalen 1973), S. 1 ff., 31 f. Anm. 2 である。
20　RGSt 25, 375 [382] 参照。以下では、とくに明記しないかぎり、「同意」と「承諾（Einwilligung）」を互換的な概念として用いる。同意と承諾の関係につき、曾根威彦「『被害者の承諾』と犯罪論体系――被害者の承諾・その二――」早稲田法学53巻 1・2 号（1978年）67頁以下〔曽根威彦『刑法における正当化の理論』（1980年・成文堂）225頁以下所収。以下、引用は同書による〕、宮野彬「被害者の承諾」中山研一ほか編『現代刑法講座　第 2 巻　違法と責任』（1979年・成文堂）109頁以下、山中敬一「被害者の同意における意思の欠缺」関西大学法学論集33巻 3・4・5 号（1983年）271頁以下、275頁以下、井上（祐）・前出注（ 3 ）59頁以下、須之内克彦「刑法における被害者の同意（一）（二・完）――その序論的一考察――」法学論叢（京都大学）93巻 1 号（1973年）66頁以下、72頁以下、94巻 1 号（1973年）26頁以下〔同『刑法における被害者の同意』（2004年・成文堂）23頁以下所収、27頁以下。以下、引用は同書による〕、佐藤陽子『被害者の承諾――各論的考察による再構成――』（2011年・成文堂） 2 頁以下等参照。
21　Brigitte Tag, Der Körperverletzungstatbestand im Spannungsfeld zwischen Patientenautonomie und Lex artis, Berlin/Heidelberg/New York 2000, S. 15 参照。

それでも、当時の多数説は、医学的適応性があり、医学準則に則って行われた治療行為が「当然に」不処罰になると解し[22]、医師の治療行為が不処罰となる根拠を、慣習法（Gewohnheitsrecht）[23]、医師の業務権（Berufsrecht）[24]、治療目的[25]、被害者の承諾[26]、および民法上の事務管理[27]等に求めた。こ

22 *Franz von Liszt*, Die Verantwortlichkeit bei ärztlichen Handlungen, in: R. Kutner (Hrsg.), Ärztliche Rechtskunde: zwölf Vorträge, Jena 1907, S. 1 ff., 32; *Gustav Radbruch*, Geburtshülfe und Strafrecht, Jena 1907, S. 7, 12. 医師の治療行為が傷害にならないとの結論を、「法規範と文化規範の一致」という観点から基礎づけるのは、*Max Ernst Mayer*, Rechtsnormen und Kulturnormen, Breslau 1903 (Nachdruck: Darmstadt 1965), S. 98 f. である。
23 *Lassa Oppenheim*, Das ärztliche Recht zu körperlichen Eingriffen an Kranken und Gesunden, Basel 1892, S. 17 ff., 19; *ders.*, Die rechtliche Beurteilung der ärztlichen Eingriffe, ZStR 6 (1893), S. 332 ff., 339 f.; *Wilhelm Kahl*, Der Arzt im Strafrecht, Jena 1909, S. 21 f. 患者の承諾とともに、慣習法によって特徴づけられた医師の規範を考慮するのは、*Albert Behr*, Ärztlich-operativer Eingriff und Strafrecht, München 1902, S. 59; *ders.*, Medizin und Strafrecht, GS 62 (1903), S. 400 ff., 402 である。
24 *Karl Binding*, Handbuch des Strafrechts, 1. Bd., Leipzig 1885, S. 792 Anm. 2, S. 802 f.（ただし、その後ビンディングは改説している）; *Adolf Merkel*, Lehrbuch des Deutschen Strafrechts, Stuttgart 1889, § 58 (S. 156 ff.), § 63 (S. 167 ff.); *Hugo Meyer*, Lehrbuch des Deutschen Strafrechts, 5. Aufl., Leipzig 1895, S. 271 f.; *Justus Olshausen*, Kommentar zum Strafgesetzbuch für das Deutsche Reich, 2. Bd., 7. Aufl., Berlin 1906, § 223 Ziff. 9b). ドイツで業務権説が発達し、有力に主張された要因として、19世紀以降、医師会が形成され、医師による医療の独占がはじめて成立した点が挙げられる。*Heimberger*, a. a. O. (Anm. 16), S. 32 ff. 参照。さらに、新美育文「医師と患者の関係（一）——説明と同意の法的側面——」名古屋大学法政論集64号（1975年）67頁以下、75頁も参照。
25 *Rotering*, Die chirurgische Operation insbesondere die Perforation als Ausnahme von der Norm, Archiv für Strafrecht 30 (1882), S. 179 ff., 180. さらに、*Löffler*, a. a. O. (Anm. 16), S. 244 ff. も参照。
26 *Richard Keßler*, Die Einwilligung des Verletzten in ihrer strafrechtlichen Bedeutung, Berlin/Leipzig 1884, S. 72 ff., 82.
27 *Werner Rosenberg*, Strafbare Heilungen, GS 62 (1903), S. 62 ff., 73. 事務管理説の主唱者ヴェルナー・ローゼンベルクに対して、アルトゥール・ブリュックマン（*Arthur Brückmann*, Neue Versuche zum Problem der strafrechtlichen Verantwortlichkeit des Arztes für operative Eingriffe: Negatives und Positives, ZStW 24 (1904), S. 657 ff.) は、（当時の）ドイツ民法677条以下は、事務管理者の義務を規定するのみで、事務管理者の権利に関しては何も述べておらず、民法上の規定で他者の身体に対する治療侵襲の正当性を基礎づけることはできない、と批判する。
しかしその一方で、ブリュックマンは、ローゼンベルクの主張がある面で正鵠を射ているとも評価する。ブリュックマンによれば、立法者だけが、治療侵襲の刑法上の問題性を解決するための妥当な方策を提供できる。すなわち、立法者は、「たとえ外科的侵襲が、契約関係や処分権限を有する患者の承諾によって捕捉されないとしても」、いかなる要件のもとで外科的侵襲が不処罰となるかを明示する必要がある。そこで、ブリュックマンは、「民法上の、つまり法律上の（！）性質」を出発点として、被施術者の意思能力の程度やその法定代理人の意思の一致や不一致に応じた承諾権限の段階づけを提案し、これを基礎づけるのが意思要件（Willenserfordernis）や、その措置の「適切（angemessen）」さである、とする（ebenda, S. 704 f. 圏点は原文で隔字体のところ）。
ローゼンベルクとブリュックマンの論争は、藤本・前出注（6）「（一）」4頁以下、同・前出

うした状況に照らせば、「治療行為論」という問題領域が自覚的に展開されるには、いまだ程遠い状況にあった。それでも、アウグスト・フィンガー (August Finger) の論説「外科手術と医療行為」[28]が全刑法雑誌 (ZStW) に掲載され、アレキサンダー・グラーフ・ツー・ドーナ (Alexander Graf zu Dohna) をして、「手術と傷害の関係に関する諸論稿の真の高揚 (Hochflut)」[29]といわしめた点もあわせ考えれば、「治療行為論」という問題領域は、19世紀末葉から徐々に形成されていったと考えられる[30]。

第3款 刑法学説の「高揚」：身体侵害モデルと自由侵害モデルをめぐって

当時の主たる問題関心は、治療行為の犯罪論体系上の位置づけにあった。すなわち、治療行為の刑法的評価をめぐって、刑法学説は、身体侵害モデルと自由侵害モデルを基軸として議論を展開していた[31]。このうち、身体侵

注（6）「（Ⅰ）」20頁以下、「（Ⅱ）」54頁以下、62頁註（六）に詳しい。
28 *August Finger*, Chirurgische Operation und ärztliche Behandlung, ZStW 20 (1900), S. 12 ff.
29 *Alexander Graf zu Dohna*, Die Rechtswidrigkeit als allgemeingültiges Merkmal im Tatbestande strafbarer Handlungen, Halle 1905, S. 95.
30 当時の学説状況につき、*Ludwig von Bar*, Gesetz und Schuld im Strafrecht, Bd. III, Berlin 1909, §§ 35 ff. (S. 70 ff.); *Richard Honig*, Die Einwilligung des Verletzten, Teil I, Mannheim/Berlin/Leipzig 1919, S. 123 Anm. 18 参照。わが国の先行研究として、勝本勘三郎「刑法第三五條ト醫業トノ關係（一）（二、完）」京都法学会雑誌8巻10号（1913年）106頁以下、8巻11号（1913年）103頁以下〔同著（勝本正晃編）『刑法の理論及び政策』（1925年・有斐閣）231頁以下所収。以下、引用は同書による〕、花井卓蔵「醫師と法律」法学新報27巻1号（1917年）28頁以下、32頁以下、黒田誠「行爲ノ違法（特ニ刑法第三十五條ニ就テ）」法学協会雑誌32巻1号（1914年）109頁以下、32巻2号（1914年）112頁以下、125頁以下〔同『行爲の違法（第三版）――特に刑法第三十五條に就て――』（1924年・有斐閣）1頁以下所収、59頁以下。以下、引用は同書による〕、市村光恵『改版 醫師ノ權利義務』（1928年・實文館）〔復刻版として、同『改版 医師ノ権利義務 復刻叢書法律学篇37』（1994年・信山社）62頁以下、土井十二『醫事法制學の理論と其實際』（1934年・凡進社）347頁以下等参照。
31 現在わが国では、治療行為傷害説と治療行為非傷害説という用語法がひろく用いられているが、この用語法は、藤本・前出注（6）「（二）」71頁以下、同・前出注（6）「（Ⅲ）」48頁が、前者を「身體傷害説」、後者を「身體非傷害説」と呼んだことに由来し、ドイツ語の「Körperverletzungstheorie」（*Karl Engisch*, Ärztlicher Eingriff zu Heilzwecken und Einwilligung, ZStW 58 (1939), S. 1 ff., 3 等）から着想を得た呼称であると思われる。なお、現在ドイツでは、治療行為傷害説にあたる用語として「Rechtfertigungslösung（正当化による解決）」が、治療行為非傷害説にあたる用語として「Tatbestandslösung（構成要件による解決）」が一般に用いられている。*Tag*, a. a. O. (Anm. 21), S. 14 ff.; *Wolfgang Bauer*, Die strafrechtliche Beurteilung des ärztlichen Heileingriffs, Hamburg 2008, S. 5 ff.; MedR[4]/*Duttge*, a. a. O. (Anm. 6), § 223

害モデルとは、治療行為は傷害罪の構成要件に該当し、その違法性を阻却するためには、原則として患者の承諾が必要である、とする思考モデルをいう[32]。これに対して、自由侵害モデルとは、医学的適応性があり、医学準則に則って行われた治療行為はもとより傷害罪の構成要件に該当せず、患者の意思自由に反する措置を行った点にその違法性がある、とする思考モデルをいう[33]。

以下では、まず、バールやリリエンタールが支持する身体侵害モデル（第1項）と、これに対抗してシュトースやカールが唱えた自由侵害モデル（第2項）の基本的骨格を明らかにする。そのうえで、各モデル内部の共通点と相違点を抽出し、次款で詳しくみる身体利益説が抬頭するまでの動向を跡づける。

第1項　身体侵害モデルの擁護：バールとリリエンタールの議論

1　「患者の承諾」の位置づけ

ルートヴィッヒ・フォン・バール（*Ludwig von Bar*）は、「被施術者の同意なき治療行為などありえない」[34]と喝破する。バールによれば、患者の承諾は、医的侵襲に「治療行為」というメルクマールを付与する機能を有しており、治療行為の問題は、被害者の承諾によって解決される同意傷害や医的侵襲一般の問題とまったく次元を異にする。

カール・フォン・リリエンタール（*Karl von Lilienthal*）も承諾の重要性を強調し、患者の承諾は、「医師の行為を許容することにとっての基礎（Fundament）」ではなく、「柵（Schranke）」である、とする[35]。リリエンタールはい

StGB Rn. 10, 14 等参照。
32　身体侵害モデルの主唱者として、*Franz von Liszt*, Lehrbuch des Deutschen Strafrechts, 16./17. Aufl., Berlin 1908, S. 153 f. Anm. 4, S. 313 等参照。
33　自由侵害モデルの支持者として、*Anton Hess*, Die Ehre und die Beleidigung des § 185 St. G. B., Hamburg 1891, S. 54 Anm. 4; *Friedrich Kitzinger*, Zur Lehre von der Rechtswidrigkeit im Strafrecht, GS 55 (1898), S. 83 ff., 87 f; *Reinhard Frank*, Das Strafgesetzbuch für das Deutsche Reich, 2. Aufl., Leipzig 1901, § 223 (S. 279 f.); *Binding*, a. a. O. (Anm. 18), S. 56 等参照。
34　*Ludwig von Bar*, Zur Frage der strafrechtlichen Verantwortlichkeit des Arztes, GS 60 (1902), S. 81 ff., 94. 圏点は原文で隔字体である。さらに、小名木明宏「バールの違法論」熊本法学98号（2000年）1頁以下参照。

う。「医師の治療行為は、その目的をつうじて刑罰を免れているが、しかし、この行為は、被施術者の意思に反して行われてはならないのである」、と[36]。

このように、バールとリリエンタールにとって、患者の承諾は、治療行為の合法性を基礎づけるための必須条件である。すなわち、バールとリリエンタールは、判例と同じく客観的侵害の存否に焦点を合わせ、当該行為に基づく侵襲結果を正当化するためには、特別な違法阻却事由、つまり患者の承諾が必要である、というのである。

2　「医師の説明義務」の内実理解

さらに、バールとリリエンタールは、医師の説明義務の内容にも分析を加えている。問題は、医師はその治療計画を患者に告知しなければならないのか、また、どの範囲までそれを告知しなければならないのか、である。

バールは、「必然的な結果や起こりうる結果に触れることなく」、事前に与えられた患者の承諾は、「耐えられる軽微な苦痛が問題となるかぎり、何の意味もなさないであろうが、それだけではなく、非常に長期にわたって継続する苦痛が問題とならないかぎりでも、何の意味もなさないであろう」とする。なぜなら、医師には、当該手術に関する医療「技術上の詳細を述べる」義務まではなく、「あまりにもわずかな死の危険」まで患者に説明する必要はないからである[37]。

一方、リリエンタールは、「承諾を与える者は、自身に対して行われる行為の性質を理解していなければならない」という「自明の」前提から、つぎのように説く。すなわち、「その手術が危険であればあるほど、医師はより確実に、患者にその手術の見込みを告知する義務を有する。患者は、自身の生命に差し迫る危険を認識していなければなら」ない[38]。しかし、医師が手術経過の詳細を患者に説明することまでは不要であり、患者が手術に了承した時点で、手術の具体的な実施方法は、医師の義務適合的な裁量に委ねられるのである、と[39]。

35　*v. Lilienthahl*, a. a. O. (Anm. 19), S. 42.
36　*v. Lilienthahl*, a. a. O. (Anm. 19), S. 56.
37　*v. Bar*, a. a. O. (Anm. 34), S. 107.
38　*v. Lilienthahl*, a. a. O. (Anm. 19), S. 47.

3 議論の意義と残された課題

　以上概観したように、バールとリリエンタールは、基本的に判例の立場に与しつつ、医師の説明義務の問題に取り組むことでこれを援護した。しかし、同意原則に基づく医師の説明義務の重点化は、患者の権利を保障するという観点からは歓迎されたが、説明義務の範囲が広がりすぎるとして医師からの反発を招いた。このような医師患者間の対立を止揚するために刑法学に託された課題は、「あらゆる治療侵襲は傷害であり、有効な承諾がカヴァーするときに限って、その侵襲は許容される」という命題[40]、つまり身体侵害モデルの思考方法を克服することであった。

第2項　自由侵害モデルの整備：シュトースとカールの議論

1　全体的考察の導入：シュトースの議論

　ここまでみてきた身体侵害モデルの思考方法に対し、カール・シュトース（*Carl Stooss*）[41]は、傷害行為と治療行為が性質上異なる、と主張する。

　まずシュトースによれば、治療行為は、疾患の治癒または緩和、つまり患者の健全（Wohl）を志向して行われるのであるから、刑法はこれを傷害として処罰すべきでない。この意味において、シュトースも、傷害が客観的な侵害態様であることを出発点としている。

　しかし、この論理は、成功した治療行為の場合には理解できるが、失敗した治療行為の場合にも妥当するとはいいがたい。そこでシュトースは、健康損害が惹起された場合には、傷害罪の客観的構成要件が実現され、その際に、執刀医の傷害の故意を否定することで、失敗した治療行為の問題を解決しようと試みる。シュトースはつぎのようにいう。すなわち、患者を治療・

39　*v. Lilienthal*, a. a. O.（Anm. 19）, S. 48. さらに、*R. Schmidt*, a. a. O.（Anm. 19）, S. 35 は、「医師がその患者に対し個別の措置についても情報提供を行い、その同意を得ることは、……医師の倫理として確立されている」〔――圏点は原文で隔字体のところ〕、とする。
40　*Bockelmann*, a. a. O.（Anm. 12）, S. 114 参照。圏点は原文でイタリック体である。
41　シュトースの議論を検討するにあたって、本書では主に、*Stooss*, a. a. O.（Anm. 9）, S. 1 ff. を取り上げる。さらに、*ders.*, Operativer Eingriff und Körperverletzung, ZStrR 6（1893）, S. 53 ff.; *ders.*, Die strafrechtliche Natur ärztlicher Handlungen, DJZ 1899, S. 184 ff. も参照。わが国の先行研究として、市村・前出注（30）68頁以下、藤本・前出注（6）「（三）」74頁以下、同・前出注（6）「（Ⅲ）」48頁以下、町野・前出注（9）47頁以下、小林（公）・前出注（6）26-27頁等がある。

治癒する医師の意思は、傷害の故意を阻却する。なぜなら、「手術行為を開始する医師は、身体を傷害する活動も、健康を害する活動もなんら行っておらず、患者を治療した（behandeln）のであって、虐待した（misshandeln）わけではない」からである、と[42]。

シュトース説の特徴は、メス等による刺突のような個別の行為ではなく、当該行為を全体的に考察する点にある[43]。しかし、傷害の故意を否定するというシュトースの命題に対して、フィンガーは、傷害罪の構成要件該当性を判断する際に、最終目的（つまり治癒の意図）と傷害の故意をいかにして区別するのか、との疑問を提起した。フィンガーによれば、患者に対して何かしらの傷害が問題となりうるという医師の表象は、治療の意図と併存可能であり、医師のそうした意図を基準とするのは妥当でない。そればかりか、患者が治癒されるまでには、中間結果（Zwischenerfolg）である傷害結果が必然的に生じるが、その結果を無視することはできない[44]、というのである。

2　全体的考察のさらなる推進：カールの議論

フィンガーからの批判にもかかわらず、シュトースが掘り起こした自由侵害モデルの基本構想は、その後も受け継がれていった。

ヴィルヘルム・カール（Wilhelm Kahl）も、シュトースと問題意識を同じくする論者のひとりである[45]。カールによれば、患者の承諾は、「医師による外科的侵襲を正当化するための一般的基礎（generelles Fundament）として、そもそも」[46]有益でない。なぜなら、たとえば、病院に搬送された患者が意

42　Stooss, a. a. O. （Anm. 9）, S. 6. 圏点は原文でイタリック体である。シュトースの構成要件論、とくにその消極的構成要件要素の理論につき、ders., Rechtswidrigkeit und Verbrechen, ZStR 10 （1897）, S. 351 ff.; ders., Der gesetzliche Tatbestand und seine Ausnahmen, ZStR 23 （1910）, S. 309 ff. 参照。さらに、中義勝『誤想防衛論』（1971年・有斐閣）89頁以下も参照。
43　Eser, a. a. O. （Anm. 4）, S. 15. 自由侵害モデルの帰結として、シュトースは、専断的医療行為罪を設けるよう提案する。Stooss, a. a. O. （Anm. 9）, S. 38, 61 ff. 参照。
44　Finger, a. a. O. （Anm. 28）, S. 32 参照。さらに、v. Lilienthahl, a. a. O. （Anm. 19）, S. 8 f. も同旨。シュトースの議論が「浅はかな解釈」であるとしてこれを批判するのは、Eduard Kohlrausch, Irrtum und Schuldbegriff im Strafrecht, Berlin 1903, S. 97 である。
45　Wilhelm Kahl, Der Arzt im Strafrecht, ZStW 29 （1909）, S. 351 ff. この論文は、ders., a. a. O. （Anm. 23）として再刊されている。本章の分析は、後者のモノグラフィーを底本としている。カールの議論につき、藤本・前出注（6）「（二）」89頁以下、同・前出注（6）「（Ⅲ）」53頁以下、町野・前出注（9）43頁、小林（公）・前出注（6）22頁以下も参照。

識不明状態である場合や、一度開始された手術を拡大する場合には、患者本人の承諾が得られないからである。そうした状況のもとで適用される推定的承諾の法理は、「きわめて恣意的な擬制（Fiktion）」[47]にすぎず、「何人も、第三者の生命と健康を放棄することはできないから」[48]である。

そこでカールは、「諸悪の根源」[49]が身体侵害モデルの思考方法にあるとして、これを論難する。それによれば、医師の外科手術は、「治癒することという主観的意図と客観的目的をもって行われるため」、「手術は、刑法典の意味における『虐待』でもなければ、『健康損害』でもないがゆえにこそ、傷害ではない。……虐待とは、身体に向けられた、確立された規則に反して行為することをいう。医学的に治療するということは、身体に向けられた、合目的的に、かつ規則に合致する行為を行うことをいう」[50]。その一方で、健康損害とは、「損害を与えることが最終目標および自己目的であるところの」行為をいう。では、「最終結果が健康の維持（Gesundheits*erhaltung*）にある中間行為または一連の中間行為を、刑法の意味における健康損害（Gesundheits*beschädigung*）と呼ぶことは、果たして合理的といえるのか」、と[51]。

3　議論の特徴と次款への序

以上の考察を踏まえて、カール説を手がかりに、この時期の自由侵害モデルの特徴を整理しておこう。

まずカールも、傷害の客観的侵害性に着目し、身体的・客観的損害が最終的に発生しない外科手術は、傷害罪の保護領域とおよそ無関係である、と説く。傷害本質論からこの問題にアプローチした点、および、その際にシュトースと同質の思考方法を採用した点に、カール説の特徴がある。この傷害本質論につき、身体傷害の客観的「利益」侵害性にまず着目するという視点

46　Kahl, a. a. O. (Anm. 23), S. 16. 圏点は原文で隔字体である。カールによれば、判例の同意原則にいささかの真理があるとすれば、医師の外科的侵襲は、事前に説明を受けた成人の意思に反して実施されてはならない、という点にある。したがって、患者の明示的意思に反して行われた外科的侵襲は、自由に対する罪（とくに強要罪）を構成する。
47　Kahl, a. a. O. (Anm. 23), S. 17. 圏点は原文で隔字体である。
48　Kahl, a. a. O. (Anm. 23), S. 19. 圏点は原文で隔字体である。
49　Kahl, a. a. O. (Anm. 23), S. 19.
50　Kahl, a. a. O. (Anm. 23), S. 20. 圏点は原文で隔字体である。
51　Kahl, a. a. O. (Anm. 23), S. 21. 圏点は原文で隔字体である。

は、その後、第4款第2項(本書92頁以下)でみるある所説によって受け継がれていくこととなる。

　ついでカールは、治療行為の不処罰根拠に言及する。すなわち、カールは、医師の治療行為の「積極的根拠および権限」につき、当該行為が「衛生という公の利益 (öffentliches Interesse der Gesundheitspflege)」[52]に基づいて行われる点を重視し、その正当化根拠が「国家によって承認された業務権」[53]、つまり国家によって養成され、免許を受けた医師の職能階級の権限にある、と説く。このように、カールは、医師の業務権に特別な正当化事由が内在していると仮定し、これを客観的に基礎づけようと試みるのである。

　もっとも、当時からすでに指摘されていたように、医師の業務権は、「医師」と呼称される権限のみを意味するにすぎず、医師の行為すべてに対する許容規範として機能していたわけではない[54]。そして、もちろんこの指摘は、業務権説と同質の思考方法をとる慣習法説等の所説にもあてはまる。ここであらためて注目すべきは、前出1894年判決が「理性的な目的」や「いわゆる医師の業務権そのもの」が医師の治療権を基礎づけるわけではない[55]、と指摘していた点である。

52　*Kahl*, a. a. O. (Anm. 23), S. 21. 引用部分は原文で隔字体である。
53　*Kahl*, a. a. O. (Anm. 23), S. 19. 引用部分は原文で隔字体である。
54　1909年の帝国営業令 (Reichsgewerbeordnung) 参照 (zit. bei *Kahl*, a. a. O. (Anm. 23), S. 22)。ドイツ法における「営業の自由」の概念につき、中島茂樹「ドイツ市民革命期における『営業の自由』(一) (二)」名古屋大学法政論集63号 (1975年) 126頁以下、64号 (1975年) 155頁以下、村上淳一「近代ドイツの経済発展と私的自治――『営業の自由』を中心として――」加藤一郎編『民法学の歴史と課題』(1982年・東京大学出版会) 351頁以下、354頁以下、赤坂正浩「ドイツ法上の職業と営業の概念」季刊・企業と法創造8巻3号 (2012年) 85頁以下、同「職業遂行の自由と営業の自由の概念――ドイツ法を手がかりに――」立教法学91号 (2015年) 1頁以下等参照。
55　RGSt 25, 375 [378 f.]. 圏点は原文で隔字体である。業務権説およびこれと同質の所説 (慣習法説等) に対する批判につき、*Joseph Heimberger*, Strafrecht und Medizin, München 1899, S. 6 ff.; *ders.*, a. a. O. (Anm. 16), S. 20 f. のほか、藤本・前出注 (6)「(三)」73頁以下、町野・前出注 (9) 43頁以下、小林 (公)・前出注 (6) 24頁以下を参照。

第4款　治療行為論における身体利益説の胎動：
ベーリングの所説をめぐって

第1項　刑法改正論議の概要

　判例は、1894年判決以降も、身体侵害モデルの基本的理論枠組みをおおむね維持しつづけていた[56]。このように、判例が身体侵害モデル的理解を堅持していた要因の1つは、専断的治療行為を処罰の対象とする犯罪構成要件が存在しない、という点にあった。

　自由侵害モデル的理解に立つ場合、専断的治療行為を刑法理論上どのように評価するかが問題となる。ドイツ法上は、専断的治療行為が自由剥奪罪(刑法239条)や強要罪(同240条)等の「自由に対する罪」を構成するということは実際上困難であるため、患者の自己決定権を保護するためには、専断的治療行為を処罰するための特別な犯罪構成要件を新たに創設しなければならない。1900年代以降は、専断的治療行為処罰規定の創設問題がたびたび議論されはじめていたが[57]、こうした動きは、自由侵害モデルが有力化し、ついに刑法改正の次元でこのモデルが「明確な形に於て勝利を博するに至つたこと」[58]を意味していた。

56　前出1905年4月10日判決（RGSt 38, 34 [34 f.]）、同1940年2月23日判決（RGSt 74, 91 [95 f.]）等。一方、同1912年3月1日判決（RGZ 78, 432）は、同意原則を前提としながら説明義務に言及しているが、説明の範囲はもっぱら医師の裁量に委ねられており、「それらすべてを教示することを医師の義務と考えるのは誤りである」とする。本判決はむしろ、説明の対象が過大になる点を戒めるだけであって、その範囲を積極的には画定していない。こうした論理構成から、当時は説明義務そのものにまだそれほど大きな意味がおかれていなかった、という見方が成り立つ。その後、同1936年11月24日判決（RGZ JW 1937, 927）も説明義務の限界を指摘し、医師に寛容な態度を示している。判例の展開につき、唄孝一「治療行為における患者の意思と医師の説明——西ドイツにおける判例・学説——」『契約法体系Ⅶ（補巻）』（1965年・有斐閣）66頁以下、88頁以下〔同『医事法学への歩み』（1970年・岩波書店）3頁以下所収、23頁以下。以下、引用は同書による〕、山中敬一「医師の説明義務（1）（2・完）」関西大学法学論集61巻6号（2012年）1頁以下、4頁以下、62巻1号（2012年）1頁以下〔同・前出注（6）『医事刑法概論Ⅰ』235頁以下所収、238頁以下〕参照。
57　ドイツ刑法改正論議につき、第3章第2節第1款（本書161頁以下）参照。
58　藤本・前出注（6）「（Ⅳ・完）」65頁。

その一方で、学説においても、自由侵害モデルの基本構想が支持を集めはじめた。その主唱者のひとりが、構成要件論の泰斗エルンスト・ベーリング (*Ernst Beling*) であった。

第2項　「身体利益」概念による基礎づけの試み：
ベーリングの身体利益説

　ベーリングは、その著書『犯罪論 (Die Lehre vom Verbrechen)』[59]をもとに、のちに「身体利益説 (Körperinteressentheorie)」と称される所説の礎を築きあげた[60]。ベーリングの所説を検証する以上は、まず、その構成要件論の大要を押さえておくべきであるが、ベーリングの構成要件論に関してはすでに多くの先行研究[61]がある。そのため、本書では、治療行為との関係に限っ

59　*Ernst Beling*, Die Lehre vom Verbrechen, Tübingen 1906, S. 151 ff., insb. 154 f.
60　*Ernst Beling*, Die strafrechtliche Verantwortlichkeit des Arztes bei Vornahme und Unterlassung operativer Eingriffe, ZStW 44 (1924), S. 220 ff.〔紹介論文として、央忠雄「醫師の醫療手術と身體侵害罪（一）〜（三、完）（醫療手術に因る醫師の刑責問題）」法曹会雑誌3巻4号（1925年）64頁以下、3巻5号（1925年）83頁以下、3巻6号（1925年）68頁以下〕。これは、ベーリングが *ders*., Die Lehre vom Tatbestand, Tübingen 1930〔紹介として、佐伯千仭「ベーリング『タートベシュタンド論』」法学論叢（京都大学）26巻2号（1931年）125頁以下〕を上梓する以前の、初期の構成要件論に基づいて執筆した論文である。わが国の先行研究として、西山・前出注（9）34頁以下、町野・前出注（9）91頁以下、佐久間（修）・前出注（9）「（一）」99頁以下、佐藤・前出注（6）326頁以下、小林（公）・前出注（6）69-70頁注（19）等参照。
61　小野清一郎「構成要件充足の理論」『松波先生還暦祝賀論文集』（1928年・有斐閣）337頁以下〔同『犯罪構成要件の理論』（1953年・有斐閣）195頁以下所収〕、佐伯千仭「タートベスタント序論（一）（二・完）――所謂構成要件の理論のために――」法学論叢（京都大学）29巻2号（1933年）57頁以下、29巻3号（1933年）16頁以下〔同『刑法における違法性の理論』（1974年・有斐閣）95頁以下、同『違法性と犯罪類型、共犯論　佐伯千仭著作選集　第二巻』（2015年・信山社）1頁以下所収〕、同「ベーリンクといわゆる構成要件の理論（一）（二）」立命館法学15号（1956年）1頁以下、18号（1957年）1頁以下、瀧川幸辰『犯罪論序説』（1947年・有斐閣）46頁以下、同「刑法における構成要件の機能」刑法雑誌1巻2号（1950年）1頁以下〔同『瀧川幸辰刑法著作集　第五巻』（1981年・世界思想社）314頁以下所収〕、下村康正「ベーリングの構成要件論」刑法雑誌3巻3号（1953年）45頁以下、平場安治「構成要件理論の再構成」瀧川先生還暦記念『現代刑法學の課題　下』（1955年・有斐閣）535頁以下〔『刑法における行為概念の研究』（1961年・有信堂）83頁以下所収〕、夏目文雄「犯罪構成要件構造論序説」『愛知大学十周年記念論文集（法政編）』（1956年・愛知大学法経学会）287頁以下、井上祐司「構成要件該当性の内容について」法政研究24巻3号（1957年）15頁以下、17頁以下〔同・前出注（3）『刑事判例の研究（その一）』3頁以下所収、4頁以下〕、竹田直平「ベーリンクの構成要件の理論」法学（近畿大学）6巻1号（1957年）1頁以下〔同『法規範とその違反』（1961年・有斐閣）103頁以下所収〕、西原春夫「犯罪論における定型的思考の限界」『齊藤金作先生還暦祝賀論文集』（1963年・成文堂）159頁以下、166頁以下〔同『犯罪実行行為論』（1998年・成文堂）28頁以下所収、29頁以下。以下、引用は同書による〕、立石二六「構成要件概念について――構成要件と違法性の

て触れるにとどめる[62]。

1　身体利益の概念

　ベーリングによれば、人の身体組織には、①「現存在に対する利益（Daseinsinteresse）（生または死に関する利益）」、②「狭義の身体利益（eigentliches Körperinteresse）」、および③「行動の自由に対する（Bewegungsfreiheits-）（身体の制御に対する〔Körperherrschafts-〕）利益」という3つの利益があり[63]、このうち②の利益は、さらに以下の3つに分かれる。

　第1が、「身体的健全性（körperliches Wohlsein）」に対する利益、すなわち、「病理学的（pathologisch）」状態と正反対の関係に立つ「通常の」状態であるところの、身体組織の客観的状態に対する利益である。第2が、「（主観的な）身体的健全感（körperliches Wohlbefinden）」に対する利益、つまり、苦痛全体やそれに類する倦怠感のない状態に対する利益である。そして第3が、身体の「外観（äußere Erscheinung）」に対する利益、すなわち、身体が「奇形化または醜悪化」しないことに対する利益である[64]。そして、身体の不可侵に対する利益は、身体的「健全性、健全感または外観と結びつくかぎり」[65]で存在している。

　ベーリングによると、人の身体に対する作用には、健全性、健全感または外観に対する利益にとって有益な（förderlich）作用もあれば、不利な（nachteilig）作用や、有害な（abträglich）作用もある。すなわち、身体に対する傷害とは、「治癒および苦痛の惹起」に向けられた行為であり、身体利益の内部では、「各々異なる数多くの作用が、さまざまな価値的徴表（Wertvorzeichen）と結びついている」[66]。したがって、衝突する一方の利益と、それに優越する他方の利益が存在するときは、「これらの利益の交錯（Interessenkreuzungen）」

関係を中心に――」下村康正先生古稀祝賀『刑事法学の新動向　上巻』（1995年・成文堂）227頁以下、松宮孝明「構成要件の概念とその機能」『三井誠先生古稀祝賀論文集』（2012年・有斐閣）23頁以下、28頁以下、山中敬一「ドイツにおける近代犯罪論の生成の現代的意義」法律時報84巻1号（2012年）22頁以下〔同『近代刑法の史的展開』（2017年・信山社）179頁以下所収〕等。
62　ベーリングの身体利益説は、第4章第3節第2款第2項2(1)(本書266頁)でも取り扱う。
63　Beling, a. a. O. (Anm. 60), S. 222. 圏点は原文で隔字体である。
64　Beling, a. a. O. (Anm. 60), S. 222. 圏点は原文で隔字体である。
65　Beling, a. a. O. (Anm. 60), S. 223.
66　Beling, a. a. O. (Anm. 60), S. 223. 圏点は原文で隔字体である。

を受け容れるほかない[67]。通常、①現存在に対する利益は、②単なる身体利益すべてに優越し、かかる身体利益のうち、「健全性に対する利益は、主観的健全感に対する利益と外観に対する利益とに優越する。かくして、健全感または外観の侵害は、健全性に裨益しないかぎりでのみ、身体に対する全体利益（Gesamt-Interesse）の侵害となるのである」[68]。

2　傷害構成要件該当性の判断過程

ベーリングは、「身体傷害（Körperverletzung）」が、単に何らかの身体組織を切除する行為ではなく、むしろ、「*身体利益の侵害*（Körperinteresseverletzung）の略語」にほかならない。「『自由の剥奪』が、身体行動に対する利益（Körperbewegungsinteresse）によって……特徴づけられているとすれば、身体傷害は、身体利益にとって有害な結果とともにもたらされる」[69]として、さらにつぎのようにつづける。すなわち、傷害構成要件は、つねに、身体に対する全体利益を侵害する行為によって実現される。しかし、「なるほど、個々の点では侵害であるが、全体としてみれば身体利益や生命利益にとって有益であり、『健康損害』にも『身体的虐待』にもなりえない」行為が存在するのである、と[70]。

かくして、ベーリングは、以下のように結論づける。すなわち、「*医師の手術が患者の健全性にとって単に有益であったにすぎず*、あるいはその生命さえ救い、健全感または外観の侵害も、好ましくない中間作用、随伴作用または副作用として発生したにすぎない場合には」、その手術は傷害にあたらない。「なるほど、身体傷害が患者の健全性に対する侵害とともにもたらさ

67　Beling, a. a. O.（Anm. 60）, S. 223.
68　Beling, a. a. O.（Anm. 60）, S. 224.
69　Beling, a. a. O.（Anm. 60）, S. 225. 圏点は原文で隔字体である。ベーリングは、「現存在に対する利益」、つまり、人が現に存在しているという事実にとって有害な結果をもたらす行為（殺人等）にも同様のことがいえる、とする。
70　Beling, a. a. O.（Anm. 60）, S. 226. ベーリングは、当時のドイツ刑法223条にいう「身体的に虐待し（mißhandeln）」という文言の「mißという音節」が身体に対する「有害な取扱い」を含意し（ebenda, S. 226 f.）、その取扱いが「『悪行（Missetat）』、つまり不法と関連している」〔――圏点は原文で隔字体のところ〕としつつ、人は、身体利益の客体として、人格として、身体組織全体として存在しなければならず、身体の健全状態を全体として促進させる行為は身体的虐待とは呼べない、とする（ebenda, S. 229）。さらに、ders., a. a. O.（Anm. 59）, S. 154 f. も参照。

れたが、一般的にみて、その侵害が健全性を促進させた」場合も、その手術は傷害ではない。これに対して、たとえ医師が成功を期待していたとしても、手術が失敗した以上、それは傷害にあたるのである、と[71]。

3　身体利益説における承諾の位置づけ

　さらに、ベーリングは、承諾の問題を取り上げ、「他の者に対して行われた治療が、本人の意思と合致して実施された場合には違法でない」という命題を前提に、治療行為は、患者（緊急時にはその法定代理人）の承諾によって適法化される必要がある、とする[72]。しかしその一方で、ベーリングは、たとえ患者の承諾が欠ける場合であっても、患者の健全性を全体として促進させた行為は、事後判断によれば傷害罪を構成しえない、と述べている[73]。

　また、瑕疵に基づいて得られた承諾の処理も問題となる。この問題につき、ベーリングは、自由剥奪罪や強要罪による処罰を示唆するが[74]、おそらくベーリングは、医師の専断的治療行為をさほど当罰的と評価していなかったと思われる。なぜなら、ベーリングは、特定の専断的治療侵襲に対し、その患者と同様の立場にある者を基準に、慣習法による違法阻却の余地を認めているからである[75]。だがその一方で、ベーリングは業務権を否定し、医師に手術を義務づけることはできず、「医学準則も、……他の者を治療する権利を構成しない」[76]とする。

4　身体利益説の学説史的意義

　かくして、ベーリングは、「身体に対する全体利益」という観点から傷害罪の構成要件該当性を決し、患者の健康を最終的に促進させた治療行為を適法化しようと試みた。ドイツの学説史上、ここに差引残高（Saldierung）の理

71　*Beling*, a. a. O.（Anm. 60), S. 230. 圏点は原文で隔字体である。
72　*Beling*, a. a. O.（Anm. 60), S. 232 参照。
73　*Beling*, a. a. O.（Anm. 60), S. 232 f. 参照。
74　*Beling*, a. a. O.（Anm. 60), S. 235 f.
75　*Beling*, a. a. O.（Anm. 60), S. 233. ベーリングは慣習法を重視し、その適用例として、輸血や皮膚移植の場合や、実験的治療の場合のほか（ebenda, S. 235)、手術の部位・範囲を拡大する場合（ebenda, S. 238）を挙げる。
76　*Beling*, a. a. O.（Anm. 60), S. 231.

論[77]が明確なかたちで登場したと評価できる。また、ベーリングの所説は、客観的身体利益を基軸としながらも、行動の自由や外観に対する利益のように、患者の主観に帰属する諸要素をも身体利益の内容として読み込んでいる。この意味で、ベーリングの身体利益説は、これまでの所説と決定的に異なる。

しかし、ベーリングの所説に対しては、カール・エンギッシュ（Karl Engisch）から、傷害構成要件の充足が偶然発生した不測の結果に左右されかねないとの批判や、本来は行為時に行われるべき構成要件該当性判断が、結果発生時に行われているとの批判[78]が寄せられた。それでも、ベーリングは、身体傷害の射程が単に身体の局部に限定されるべきでなく、その有無が全体としての身体利益の比較衡量によって決せられるとして、身体利益の本質論からこの問題にアプローチした。この点に、ベーリング説の学説史的意義がある。

第5款　第二次世界大戦前夜の身体利益説：
エンギッシュとエベルハルト・シュミットの議論

第1項　優越的利益原理による基礎づけ：
エンギッシュの議論

身体利益説の礎を築いたのはベーリングであるが、その正統後継者として、カール・エンギッシュの名を挙げることができる。エンギッシュは、自身がベーリングに浴びせた批判を克服するべく、ベーリングと同じく、身体利益の本質論からこの問題領域にアプローチする[79]。結論からいえば、エ

77　差引残高の理論につき、第1章第1節第2款第2項1 (2)（本書60-61頁）参照。
78　*Engisch*, a. a. O.（Anm. 31）, S. 9 参照。
79　エンギッシュの身体利益説は、第4章第3節第2款第2項2 (2)（本書266-267頁）でも扱うが、本章では、*Engisch*, a. a. O.（Anm. 31）, S. 1 ff. を中心に、エンギッシュの思考過程を追体験する。さらに、*ders.*, Die rechtliche Bedeutung der ärztlichen Operation, in: R. Stich/K. H. Bauer (Hrsg.), Fehler und Gefahren bei chirurgischen Operationen, Bd. II, 4. Aufl., Jena 1958, S. 1521 ff.; *ders.*, Arzt und Patient in der Sicht des Strafrechts, Universitas 5 (1965), S. 469 ff.; *ders.*, Heileingriff und ärztliche Aufklärungspflicht, in: Karl Engisch/Wilhelm Hallermann (Hrsg.), Die ärztliche Aufklärungspflicht aus rechtlicher und ärztlicher Sicht, Köln/Berlin/Bonn/

ンギッシュは、大要つぎのような帰結を導き出す。すなわち、医学的適応性があり、医学準則に則って行われた治療行為は、つねに傷害罪の構成要件に該当しない。そして、その行為が事前的にみて患者の優越的利益を維持・回復する蓋然性が高いときは、たとえそれが失敗し、結果的に患者の生命・健康を害したとしても、「許された危険」の一適用例として適法化されうる、と。

1 ベーリング理論からの出発とそれとの訣別

はじめに、エンギッシュの問題意識から確認しよう。まず、エンギッシュはつぎのような問いを立てる。

> 「われわれの今日の法的見地からみて、治療目的による医的侵襲の刑法的評価にとって、患者の意思はどのような意義を有するのか[80]。」

この問いがエンギッシュ理論の出発点をなす。この問いに対して、エンギッシュは、まずつぎのように解答する。すなわち、「『身体傷害（Körperverletzung）』概念は、外面的に理解されるべきではな」く、「身体利益の侵害（Körperinteressenverletzung）、つまり、健全状態（Wohlergehen）、主観的健全感（Wohlbefinden）または健全な外観（Wohlaussehen）に対する利益の侵害を意味する」。治療侵襲は、「たとえ個々の副次的利益が損なわれているとしても、全体において、また、最終結果において身体利益の侵害とはなりえない」、と[81]。エンギッシュは、ここまではベーリングと同一歩調をとる。

しかし、ベーリング理論との訣別が徐々に明らかとなっていく。すなわ

München 1970, S. 7 ff. も参照。わが国の先行研究として、西山・前出注（9）39頁以下、金澤文雄「医療と刑法——専断的治療行為をめぐって——」中山研一ほか編『現代刑法講座 第2巻 違法と責任』（1979年・成文堂）125頁以下、町野・前出注（9）97頁以下、佐久間（修）・前出注（9）「（一）」105頁以下、佐藤・前出注（6）328-329頁、田坂・前出注（6）362-363頁、小林（公）・前出注（6）73頁以下、島田（美）・前出注（6）「治療行為の不可罰性の根拠について」329頁等。エンギッシュの構成要件論は、立石二六「エンギッシュの消極的構成要件要素論——彼のいわゆる全不法構成要件概念との関連において」法学新報81巻7号（1974年）129頁以下に詳しい。

80 *Engisch*, a. a. O. (Anm. 31), S. 3.
81 *Engisch*, a. a. O. (Anm. 31), S. 5. さらにエンギッシュは、ebanda, S. 5 Anm. 13 でも、ベーリングの論文（*Beling*, a. a. O. (Anm. 60), S. 220 ff.）を引用している。しかし、ベーリングが掲げる「行動の自由に対する（＝身体の制御に対する）利益」を身体利益に含めない点で、エンギッシュの利益理解は、ベーリングのそれと異なる。

ち、エンギッシュは、身体利益の概念を「その用語法が許容するようにきわめて包括的に解」し、この概念を「個人と社会一般の利益（Allgemeininteresse）」[82]として把握する。エンギッシュによると、「常識」からいえば、たとえば、生命をおびやかす手術がつねに傷害となることはありえない。「なぜなら、その手術は、治療目的により行われ、[医学的]適応性[83]を備え、レーゲ・アルティス（lege artis）[84]に則って実施されたからである」。したがって、「『良心的な医師の慣行に適合する』医的侵襲は、傷害構成要件だけでなく、さらに場合によっては、殺人構成要件をも欠落させることがある」[85]。このように、身体利益の概念を社会一般の利益との関係でとらえる点で、エンギッシュの利益理解は、ベーリングのそれと異なる。

2　優越的利益原理と同意思想が結びつく3つの類型

そのうえでエンギッシュは、以上の理解を基礎として優越的利益原理を展開し、治療行為に関連づけた「身体傷害」概念の内実をより詳しく言語化しようと試みる。そのためにエンギッシュが提唱するのは、以下にみる「目的原理ないし利益原理と同意思想が結びつく3つの類型」[86]である。

第1は、どのような（身体）利益を優先させるべきかを、無条件に患者に決定させることに関する類型である。これによれば、もっぱら患者の意思が重要となる。苦痛や危険を除去すべきか、また、いかにしてそれらを除去すべきかに関しては、苦痛に苛まれている患者本人だけが最終的にこれを決定することができる[87]。エンギッシュによると、ここで利益衡量を行う際に尊重されるべきは、患者の意思である。なぜなら、客観的優越的利益衡量に

82　Engisch, a. a. O. (Anm. 31), S. 8. そのため、治療行為が患者の身体利益を増進させたか、それともこれを減退させたかは、「その治療行為が患者の意思と一致していたか、それとも一致していなかったか」だけでは決まらない。
83　以下、本書では、邦訳として読みやすい文章にするために訳語を補うときには角括弧（[　]）を使用し、原典にはこれに対応することばはないが、筆者が、読者の理解を妨げないよう説明を付す必要があると判断したときは、亀甲括弧（〔　〕）を用いることとする。
84　レーゲ・アルティスとは、医学上一般に承認されたルールをいい、医学準則と同義である。レーゲ・アルティスの概念につき、序章・二1(1)（本書9-10頁）も参照。
85　Engisch, a. a. O. (Anm. 31), S. 9.
86　Engisch, a. a. O. (Anm. 31), S. 13. 井上（祐）・前出注（3）69-70頁も参照。
87　Engisch, a. a. O. (Anm. 31), S. 13 f.

より患者の利益を増進させるために行われる医的侵襲の領域と、もっぱら患者の意思に委ねられるべき医的侵襲の領域との間には、「境界領域（Grenzgebiet）」が存在するからである。このうち後者にあたるのは、たとえば、保険金詐欺目的で行われる切断術や、高度に実験的な意味合いのある医的侵襲である[88]。

第2は、利益欠缺原理（Prinzip des mangelnden Interesses）に基づく不法阻却論に関する類型である。これによれば、法益侵害に対する承諾は、法益維持に対する利益の放棄とみなされる。その結果、詳しくは後述するように、患者個人の生命・身体法益よりも、共同体の利益（Gemeinschaftsinteresse）や社会一般の利益を担保するための医的侵襲が優先される場合がある[89]。ただし、エンギッシュによるこの主張の真意を読み解くためには、当時の時代的・思想的背景をも考慮する必要があるだろう。この点は、本款第3項（本書105頁以下）で再度取り上げる[90]。

第3は、患者の自己決定権を尊重することに関する類型である。これによれば、「およそ法秩序は、利益衡量に対する権利、つまり患者の自己決定権が一定の限度内で尊重すべき特別な利益であるが、場合によっては個人だけでなく、共同体と合致する利益でもあることを認めているのである」[91]。

3　エンギッシュの利益理解とその帰結

以上のように、エンギッシュは、患者の自己決定権の重要性を認めつつも、それが患者個人の権利に尽きるわけではなく、共同体や社会一般に対する利益でもありうる、とする。この記述からも、身体利益が「個人と社会一般の利益」[92]からなる、とするエンギッシュ本来の主張をうかがい知ること

88　*Engisch*, a. a. O.（Anm. 31）, S. 15 f.
89　*Engisch*, a. a. O.（Anm. 31）, S. 16 f. 参照。
90　さらに、第3章第2節第4款第1項3（本書180頁以下）も参照。戦後、社会的相当性の理論からエンギッシュと同様の結論に到達したのは、*Friedrich Schaffstein*, Soziale Adäquanz und Tatbestandslehre, ZStW 72（1960）, S. 369 ff., 378 f. である。詳細につき、西山雅明「社会的相当性の理論——ヴェルツェルをめぐって——」西南学院大学法学論集1巻1号（1968年）165頁以下、177頁以下、篠田公穂「『許された危険』の学説史的考察（二）——とくにドイツおよびわが国の理論をめぐって——」名古屋大学法政論集63号（1975年）184頁以下、189頁以下参照。
91　*Engisch*, a. a. O.（Anm. 31）, S. 18.
92　*Engisch*, a. a. O.（Anm. 31）, S. 8.

ができる。問題は、こうした利益理解の妥当性、具体的には、身体利益の意味内容として、共同体や社会一般の利益を読み込むという理論構成の当否である。

エンギッシュによれば、身体利益は、社会的構想（soziale Konzeption）のもとで理解されるべきであり、まさにこの構想の核心にあるのが、社会一般の利益である[93]。それゆえに、エンギッシュの理論構成からは、個人の利益に対する意思決定の自由は、客観的利益衡量のなかで身体利益を具現化する際の一衡量要素にとどまる[94]。そして、かかる利益理解を背景として、エンギッシュはつぎのように叙述する。

> 「大家族の能力のある扶養者が問題となるときは、生きるのが楽しくない、役立たずの（unbrauchbar）、独身の知的障害者（Geistesschwäche）が問題となるときよりも、人の生命の維持に対する利益がより大きなものとなるのである[95]。」

エンギッシュのこの叙述からは、生命ないし身体法益の相対化傾向がはっきりとみてとれる。むろん、こうした傾向を有するエンギッシュの利益理解は、戦後批判を受けることとなった[96]。

4　私的自治という観点の投入

さらに、エンギッシュは、以上の「身体利益」理解を私的自治（Privatautonomie）という観点から補強する。すなわち、エンギッシュは、患者の「自己決定権は、国民全体からの尊重に値する利益なのか」、「こうした自己決定権に対する共同体の直接的利益」はおよそ存在しないのか、と問いかけ、私的自治の観点を投入することでこれらの問いに答えようと試みる[97]。

エンギッシュによれば、「私的自治は、共同体の価値高き態度にとってき

93　*Engisch*, a. a. O. (Anm. 31), S. 14, 17 参照。
94　この帰結を端的に示す記述として、*Engisch*, a. a. O. (Anm. 31), S. 15, 29 参照。
95　*Engisch*, a. a. O. (Anm. 31), S. 8.
96　たとえば、*Tag*, a. a. O. (Anm. 21), S. 67 Anm. 318 は、「この立場が基本法の今日の人間像と調和しえないことは、いうまでもない」とする。
97　*Engisch*, a. a. O. (Anm. 31), S. 29. さらに、*Eberhard Schmidt*, Der Arzt im Strafrecht, Leipzig 1939, S. 92 ff. も、私的自治の観点を考慮する。ドイツ法における「私的自治」概念の変遷につき、村上淳一「倫理的自律としての私的自治」法学協会雑誌97巻7号（1980年）98頁以下参照。

わめて有益である」。なぜなら、「私的自治は、名誉心、責任感、心構え、冒険心およびその他共同体にとって重要な感情を呼び起こし、強固にする」[98]からである。しかし、医師・患者間の私的自治を徹底し、強制治療権を認めると、医師は、専断的治療行為の結果だけでなく、強制治療権を行使せずに治療を差し控えた結果に対しても責任を負うこととなる。そのため、医師が責任を負う範囲は、無限定に拡散するおそれがある。医師の強制治療権を盾に患者を服従させることは、医師・患者間の信頼関係を揺るがし、さらには、患者に抵抗の意を生じさせることで治療過程を阻害し、結果として、医療本来の目的を妨げることとなるだろう[99]。

エンギッシュの理解によると、患者の自己決定権（およびそれを裏打ちする承諾）は、私的自治を基礎とする利益ではあるが、それは、国民共同体の利益と矛盾しない。このようにして、エンギッシュは、個人の健康管理を法益衡量において考慮すべき一要素ととらえたうえで、客観的にみて適切な治療行為とそうでない治療行為との境界領域が曖昧な場合には、自己決定権が基準となること、そして、客観的にみて適切でない治療行為を行う場合であっても、患者の承諾が（公序良俗に反しないかぎりで）傷害罪の違法阻却事由となることを認めるのである[100]。

5 エンギッシュ理論の学説史的位置づけ

かくして、エンギッシュは、医学的適応性があり、医学準則に則って行われた治療行為がつねに傷害構成要件に該当せず、その行為が事前的にみて患者の利益を維持・回復する蓋然性が高いときは、たとえそれが失敗し、患者の生命・健康を害したとしても、「許されたリスク（危険）(erlaubtes Risiko)」[101]の一適用例として適法化されうる、とする[102]。ベーリングと同じく、エン

98　*Engisch*, a. a. O.（Anm. 31), S. 29.
99　*Engisch*, a. a. O.（Anm. 31), S. 31 f. むろん、以上の点は、医師の能力や患者の個人的体質にも左右される。
100　井上（祐）・前出注（3）69-70頁参照。エンギッシュは、「良心的な医師の慣行」に適合する専断的治療行為が、自由に対する罪を構成するとしつつ、専断的治療行為処罰規定の創設を提案する。*Engisch*, a. a. O.（Anm. 31), S. 4, 35 f. 参照。
101　本書が、「許された危険」という定訳ではなく、「許されたリスク」という訳語を用いる理由につき、甲斐克則「刑法におけるリスクと危険性の区別」法政理論45巻4号（2013年）86頁以下参照。

ギッシュも患者の「身体利益」理解を出発点としている。しかし、エンギッシュの議論は、共同体や社会一般の利益という観点から「身体利益」概念を再構成した点、そして、「身体利益」侵害性を事前に判断する点で、ベーリングの所説と異なる。

しかし、エンギッシュの議論に対して、エベルハルト・シュミット（*Eberhard Schmidt*）は、つぎのような疑問を投げかけた。すなわち、結果の事前的考察と、「『優越する身体利益を侵害しまたは危殆化する』医的侵襲は、……『違法であるとともに傷害である』というテーゼ」[103]と矛盾するのではないか、という疑問がこれである。それによれば、エンギッシュの議論は、優越的利益衡量に基づいて、「実際の帰結、つまり結果」が発生しなかったという点に構成要件該当性阻却の根拠を求めている。それにもかかわらず、エンギッシュは、実際には、結果の事前判断に基づき、患者の生命・身体に対する不利益結果が発生しないであろうとの見込みだけで構成要件該当性阻却という結論を導いており、この点で理論的に一貫していない[104]、というのである。

---

102 *Karl Engisch*, Untersuchungen über Vorsatz und Fahrlässigkeit im Strafrecht, Berlin 1930 (Nachdruck: Aalen 1964), S. 288 f.〔邦訳として、カール・エンギッシュ（荘子邦雄＝小橋安吉訳）『刑法における故意・過失の研究』（1989年・一粒社）351頁〕参照。エンギッシュの「許されたリスク（危険）」論につき、不破武夫『刑事責任論』（1948年・弘文堂）187頁以下、190頁注（二）、井上正治『過失の實證的研究』（1950年・日本評論社）11頁以下、30頁以下〔同『過失犯の構造』（1958年・有斐閣）50頁以下所収、66頁以下〕、井上祐司「信頼の原則と過失犯の理論」法政研究39巻1号（1972年）29頁以下、70頁以下〔同『行為無価値と過失犯論』（1973年・成文堂）59頁以下所収、103頁以下〕、篠田公穂「『許された危険』の学説史的考察（一）――とくにドイツおよびわが国の理論をめぐって――」名古屋大学法政論集61号（1974年）100頁以下、123頁以下、同「許された危険の理論についての一考察――その内在原理について――」刑法雑誌27巻2号（1986年）39頁以下、44頁以下、前田雅英「許された危険」中山研一ほか編『現代刑法講座 第3巻 過失から罪数まで』（1979年・成文堂）25頁以下、33頁、同『可罰的違法性論の研究』（1982年・東京大学出版会）219頁以下、236-237頁、松宮孝明「ドイツにおける過失犯論の変遷と『許された危険論』の役割（一）（二・完）」法学論叢（京都大学）115巻2号（1984年）28頁以下、115巻3号（1984年）32頁以下、35頁以下〔同『刑事過失論の研究 補正版』（2004年・成文堂）1頁以下所収、27頁以下〕、小林憲太郎「許された危険」立教法学69号（2005年）43頁以下、52頁以下〔同『刑法的帰責――フィナリスムス・客観的帰属論・結果無価値論』（2007年・弘文堂）264頁以下所収、271頁以下〕、加藤正明「許された危険について」神奈川法学45巻1号（2012年）61頁以下、77頁以下等参照。

103 *Eb. Schmidt*, a. a. O.（Anm. 97）, S. 74.

104 *Eb. Schmidt*, a. a. O.（Anm. 97）, S. 74. 圏点は原文で隔字体である。さらに、佐藤・前出注（6）328-329頁、小林（公）・前出注（6）74-75頁も参照。

だがしかし、エンギッシュの事前的考察を継承し、これをいわゆる社会的行為論に基づいて補完し、さらに発展させたのは、ほかならぬエベルハルト・シュミットその人であった。エベルハルト・シュミットによって、身体利益説はその頂点をきわめることとなる。

第2項 社会的行為論による基礎づけ：エベルハルト・シュミットの議論

1 社会的行為論による基礎づけ

エベルハルト・シュミット[105]は、社会的行為論（soziale Handlungslehre）[106]と称される独自の行為論に基づいて、以下のような議論を展開する。まずは、エベルハルト・シュミットの述べるところを聴いてみよう。

> 「われわれはすでにこのとき、法的評価の対象が……人の『行為』であるという基本原則を想起しなければならない。」およそ人の行為とは、「社会生活上の経験がわれわれにそれを理解することを教えてくれる社会的有意味性（soziale Sinnhaftigkeit）を有する行為態様である[107]。」

> 「『治療侵襲』としてとらえられるべき行為態様にあって、さしあたり行われる身体的基体の侵害（Körpersubstanz-Verletzung）（たとえば、身体の切開そのもの）に

---

105 本章の主な検討対象は、*Eb. Schmidt*, a. a. O.（Anm. 97）〔紹介論文として、佐久間基「エーベルハルト・シュミットの治療行為非傷害説」創立20周年記念論文集発刊部会編『法学の諸課題』（1992年・大阪経済法科大学出版部）229頁以下〕である。エベルハルト・シュミットが自説を披歴した文献として、*ders.*, Der Arzt im Strafrecht, in: Albert Ponsold (Hrsg.), Lehrbuch der Gerichtlichen Medizin, 2. Aufl., Stuttgart 1957, S. 1 ff.; *ders.*, Anmerkung zum Urteil des BGH v. 28. 11. 1957-4 StR 525/57, JR 1958, S. 226 f.; *ders.*, Empfiehlt es sich, daß der Gesetzgeber die Fragen der ärztlichen Aufklärungspflicht regelt?, in: Verhandlungen des Vierundvierzigsten Deutschen Juristentages Hannover 1962, Bd. I (Gutachten) 4. Teil, Gutachten für den 44. Deutschen Juristentag, Tübingen 1962 等も参照。わが国の先行研究として、西山・前注（9）41頁以下、町野・前注（9）100頁以下、佐久間（基）・前注（9）「（一）」112頁以下、佐藤・前注（6）351頁注（32）、小林（公）・前注（6）75頁以下等参照。

106 社会的行為論の学説史研究として、宮沢浩一「社会的行為論──学説史的にみて──」綜合法学5巻12号（1962年）32頁以下、33頁以下〔宮澤浩一『刑事法論集 第一巻 刑法の思考と論理』（1975年・成文堂）333頁以下所収、338頁以下。以下、引用は同書による〕参照。エベルハルト・シュミットの社会的行為論につき、*Eberhard Schmidt*, Soziale Handlungslehre, in: Festschrift für Karl Engisch, Frankfurt am Main 1969, S. 339 ff.〔紹介として、藤尾彰「エーベルハルト・シュミット『社会的行為論』」法学論叢（京都大学）93巻3号（1973年）100頁以下〕参照。

107 *Eb. Schmidt*, a. a. O. (Anm. 97), S. 75. エベルハルト・シュミットは、ebenda, S. 75 f. Anm. 29 でその社会的行為論を本格的に展開している。

もっぱら焦点を合わせることは、……不可能であるように思われる。むしろ目を向けなければならないのは、その患者の健康状態にとって具体的な意味において行われる手術である。したがって、医師がその職務を遂行すること、また、治癒傾向（Heiltendenz）を有し、医学・医術の準則を遵守して実施される措置が存在するということを、社会的意義（soziale Sinnbedeutug）を把握する際には、忘れてはならないのである[108]。」

以上の行為理解を前提に、エベルハルト・シュミットは、成功した治療行為をつぎのように評価する。

「成功した手術の場合には、その社会的意義によれば、……いかなる点でも、『傷害』と解釈する手がかりを与えることのない措置がある。」成功した治療行為は、「身体利益の増進を『意味』し、あらゆる点で、『虐待』または『健康損害』とみなされるであろうものの対極にある[109]。」

これに対して、エベルハルト・シュミットによれば、「失敗した医師の治療侵襲の問題はすべて、不真正不作為犯の観点へと移行する」[110]。なぜなら、治療行為の社会的有意味性によれば、医師は、積極的作為ではなく、（構成要件該当）結果を「回避しなかった」という不作為によって健康損害結果や死亡結果を惹起したからである[111]。そして、治療に携わる医師には、治療にともなう危険を回避する法的義務が課せられており、医師がその法的義務に適合しているか、また、どの程度これに適合しているかは、不作為時点の事前判断に基づくべきである、という[112]。

2 議論のまとめと次項への序

エベルハルト・シュミットの議論枠組みは、身体利益の客観化を目指す点で、エンギッシュのそれと共通する。しかしその一方で、エベルハルト・シュミットは、ベーリングやエンギッシュの利益理解を継承したうえで、この問題の要諦が、医師の治療行為が有する「社会的有意味性」にある、と説

---

108 *Eb. Schmidt*, a. a. O. (Anm. 97), S. 76. さらに、*ders.*, a. a. O. (Anm. 105), in: Ponsold (Hrsg.), Lehrbuch der Gerichtlichen Medizin, S. 35 も同旨。
109 *Eb. Schmidt*, a. a. O. (Anm. 97), S. 76 f.
110 *Eb. Schmidt*, a. a. O. (Anm. 97), S. 78. 引用部分はすべて、原文では隔字体である。
111 *Eb. Schmidt*, a. a. O. (Anm. 97), S. 79 f., 87 f. 参照。
112 *Eb. Schmidt*, a. a. O. (Anm. 97), S. 87 ff. 参照。

く。まさにこの主張に、エベルハルト・シュミット理論の特色が表れている。

　もっとも、患者の生命・身体に生じた最終結果ではなく、行為態様そのものによって侵害される法益が異なるという考え方に対しては、疑問が呈されている。また、実際の帰結として、たとえ治療行為が成功したとしても、それが事前的観点からみて医学上不適切な行為によるのだとすれば傷害罪が成立するという点は、結論の均衡を失している、ともいわれている[113]。とはいえ、身体利益説の議論からは、傷害概念の本質論からアプローチするという基本的姿勢のほか、治療行為の成功・失敗や医学準則といった複数のメルクマールを顧慮する方針もみてとれる。

　もとより、エンギッシュやエベルハルト・シュミットの議論をさらに咀嚼するためには、当時の時代背景を押さえておく必要がある。なぜなら、当時のドイツがいかなる変遷を経験し、それが学界の議論にどのように反映されたかを追体験する作業は、彼らの叙述の真意を繙くための導きの糸になると考えるからである。

第3項　判例・学説にみるナチス刑法学の趨勢[114]

1　刑法改正の影響

　ナチス時代の到来は、刑法学を大きく動揺させた。とりわけ、1933年5月26日の刑法典一部改正による（旧）226a条の新設[115]は、これまでの議論に

113　詳細につき、町野・前出注（9）103頁参照。
114　刑法改正作業に焦点を当てた分析として、第3章第2節第4款第1項3（本書180頁以下）参照。
115　RGBl. 1933, I 295. 旧226a条（現228条）は、「被害者の承諾を得て傷害を行った者は、承諾があるにもかかわらず、行為が善良な風俗（gute Sitten）に反するときのみ、違法に行為を行ったものとする。」と規定する。邦訳は、法務大臣官房司法法制調査部編『ドイツ刑法典』法務資料439号（1982年）を参照。同条の制定と解釈につき、町野朔「同意傷害――連邦通常裁判所一九五三年一月二九日判決 BGHSt 4, 24」警察研究53巻1号（1982年）82頁以下、84頁以下〔堀内捷三＝町野朔＝西田典之編『判例によるドイツ刑法（総論）』（1987年・良書普及会）36頁以下所収、38頁以下〕、塩谷毅「同意傷害について」岡山大学法学会雑誌50巻2号（2001年）241頁以下、246頁以下〔同『被害者の承諾と自己答責性』（2004年・法律文化社）126頁以下所収、128頁以下〕、*Harald Niedermair*, Körperverletzung mit Einwilligung und die Guten Sitten, München 1999, S. 1 ff.; *Christian Gröning*, Körperverletzungsdelikte-§§ 223 ff., 340 StGB: Reformdiskussion und Gesetzgebung seit 1933, Berlin 2004, S. 25 ff., 39 ff. 等参照。さらに、阿部純二「傷害罪と承諾――その一側面」鴨良弼先生古稀祝賀『刑事裁判の理論』（1979年・日本評論社）

対して多くの面で変革をもたらした。刑法2条の改正による罪刑法定主義の廃止[116]は、その最たる例である。この法改正は、とくに身体侵害モデルの論者に対して大きな影響を及ぼした。なぜなら、「[治療行為] 傷害説の支持者ら（とくにライヒ裁判所）にとっては、223条の法文（Gesetzes*wortlaut*）を単に指摘するだけでは（傷害＝『虐待』または『健康損害』）、もはや対処できなくなってい」た[117]からである。

2　指導的見解の趨勢と判例の抵抗

この時代の傾向として、たとえ患者の意思に反してでも、共同体の構成員の生命・健康を維持することが推奨されていた[118]。こうした「革命的な意見表明」[119]は、全体利益のもとで国民の健康維持が優先され、そのために必要な医療行為や強制治療権が認められる場合がありうることを意味していた。たとえば、ヴァルター・カルフェルツ（*Walter Kallfelz*）は、「動的なナチズム的法律観」から、共同体構成員に奉仕能力があるときにのみ優越的利益が認められるとし[120]、ベルトルト・ホフマン（*Berthold Hofmann*）も、たとえその治療に優越的な公共的利益がなかったとしても、「その共同体における病める国民同胞の構成員」から、治療中止義務を導くことができる[121]、

397頁以下、404頁以下、須之内・前出注（20）23頁以下、41頁以下、小林公夫「医療の範疇における同意傷害――ドイツ刑法典228条の議論を中心に――」一橋法学4巻2号（2005年）241頁以下、256頁以下も参照。ナチス刑法学における同意傷害の取扱いにつき、佐伯千仭「刑法に於けるキール學派に就て（一）（二・完）」法学論叢（京都大学）38巻2号（1938年）74頁以下、38巻3号（1938年）106頁以下、123頁以下〔同『刑事法の歴史と思想、陪審制　佐伯千仭著作選集第四巻』（2015年・信山社）24頁以下所収、61頁以下〕参照。

116　RGBl. 1935, I 839. 詳細につき、内藤謙「刑法学説史（一）外国」中山研一ほか編『現代刑法講座　第1巻　刑法の基礎理論』（1977年・成文堂）121頁以下、136頁〔同『刑法理論の史的展開』（2007年・有斐閣）526頁以下所収、541-542頁〕参照。さらに、牧野英一「刑法の革新とナチス刑法綱領（一）～（五・完）」警察研究11巻1号（1940年）1頁以下、11巻2号（1940年）1頁以下、11巻3号（1940年）1頁以下、11巻4号（1940年）1頁以下、11巻5号（1940年）1頁以下〔同『改正刑法假案とナチス刑法綱領』（1941年・有斐閣）121頁以下所収〕、山中敬一「ナチス刑法における『法の革新』の意義――その解明の試み――」ナチス研究班『ナチス法の思想と現実〔研究叢書第3冊〕』（1989年・関西大学法学研究所）159頁以下〔同・前出注（61）『近代刑法の史的展開』193頁以下所収〕も参照。

117　*Engisch*, a. a. O.（Anm. 31）, S. 3. 圏点は原文で隔字体である。

118　*Engisch*, a. a. O.（Anm. 31）, S. 21 参照。

119　*Bockelmann*, a. a. O.（Anm. 12）, S. 129.

120　*Walter Kallfelz*, Anmerkung zum Urteil des RG v. 19. 06. 1936-III ZR 298/35（RGZ 151, 349）, JW 1936, S. 3114 ff., 3115 f.

とした。またその一方で、カール・レットゲン（*Karl Röttgen*）は、その治療行為を差し控えることが国民の身体・健康を危険にさらす場合には、その行為がたとえ患者の意思に反するとしても、それは医師の業務権によって正当化されうる、とまで述べていた[122]。

これに対して、ライヒ裁判所1936年6月19日判決[123]は、決然とかかる「革命的な意見表明」に立ち向かい、患者の承諾の必要性や自己決定権の尊重を高調し、強制治療権の濫用に歯止めをかけようとした。しかし、1930年代末葉という時代は、国民共同体の名のもとで個人の価値観を制限するのが政府の基本方針であり、この方針を推進することこそが至上命題であった。これに対して、エンギッシュは、「患者の自己決定の背後にあるリベラリズム」[124]を盾に警鐘を鳴らし、エベルハルト・シュミットとともに、私的自治の観点から自己決定権を擁護するよう働きかけた。もっとも、エンギッシュやエベルハルト・シュミットの議論が、ナチスの法思想との対決をつうじて生成された反面、その主張を一部取り込んでいた事実も否定できない[125]。

だがその後も、強制治療権の推進と同意思想の制限はつづいた[126]。ドイツ刑法学が「この問題領域から同意思想を排除してゆこうとする強い流れ」[127]を排したうえで、「自己決定権の圧制」[128]を克服し、患者の自己決定

121　Berthold Hofmann, Die Berufung des Arztes und das Reichsgericht, DR 1936, S. 502 ff., 504.

122　Karl Röttgen, Der Eingriff des Arztes ohne oder wider Willen des Patienten, Köln 1937, S. 38.

123　RGZ 151, 349. ライヒ裁判所1940年3月8日判決（RGZ 163, 129）、同1941年12月3日判決（RGZ 168, 209）も同旨。Engisch, a. a. O. (Anm. 31), S. 19 ff.; Eb. Schmidt, a. a. O. (Anm. 105), Verhandlungen, Ziff. 26 ff.; Sabine Riedelmeier, Ärztlicher Heileingriff und allgemeine Strafrechtsdogmatik, Baden-Baden 2004, S. 28 f. のほか、唄・前出注（56）28-29頁、52頁以下、67頁注（3）、町野・前出注（9）60-61頁参照。

124　Engisch, a. a. O. (Anm. 31), S. 32. さらに、青井秀夫「カール・エンギッシュの法哲学の基礎（一）──『事物の本性』論を中心として──」法学（東北大学）42巻1号（1978年）1頁以下、6頁、エンギッシュ（莊子＝小橋訳）・前出注（102）「訳者あとがき」2-3頁〔莊子邦雄〕も参照。もっとも、雑誌論文等から垣間みえる革新的・人権擁護的傾向と、司法の現実を動かす実力の世界との間に乖離がある点には注意を要する。佐伯千仭＝小林好信「刑法学史（学史）」鵜飼信成ほか責任編集『講座　日本近代法発達史　11』（1967年・勁草書房）207頁以下、283頁以下参照。

125　Eser, a. a. O. (Anm. 4), S. 18 f. は、エンギッシュの立場を批判的に考察し、その本質がナチス刑法学のそれと大差がない、と喝破する。エンギッシュによる生命法益の相対化傾向につき、本款第1項3（本書99-100頁）参照。

126　その一方で、当時ようやく露呈してきたナチス的思想観や医療観の成長が、むしろかえってそれとの抵抗において、戦後、裁判所が一段と患者の自己決定権の強調を謳う結果になるとは、あ

権を保障するための理論体系を構築していくためには、第二次世界大戦の終結を待たなければならなかった[129]。

第6款　小　括：身体利益説の抬頭と発展

　以上、ドイツ現行刑法典制定から第二次世界大戦までの展開を確認してきた。
　まず、1894年判決を契機とする身体侵害モデル的理解と、これにつづいて展開された自由侵害モデルの議論を分析した（第2款）。ドイツでは、1894年判決が身体侵害モデル的理解を採用したのを契機として刑法学説が「高揚」し、これに対抗して自由侵害モデルが学説上有力に展開されはじめた（第3款）。後者の思考モデルのうち、とりわけ、身体利益説の始祖ベーリングは、傷害罪の法益論から問題解決を試み（第4款）、これを受けてエンギッシュは、優越的利益原理に基づいて議論を深化させた。さらに、エベルハルト・シュミットは、その社会的行為論に基づいて、不真正不作為犯の原理を治療行為の問題に応用し、身体利益説の1つの到達点を示した（第5款）。もっとも、エンギッシュやエベルハルト・シュミットが活躍した当時は、ナチスの法思想の影響を受けて、同意原則の制限、強制治療権の容認、および自己決定権の圧制が提唱されていた。
　次節では、戦後これらの議論がどのように乗り越えられ、そして受け継がれたかを確認してから、検討を再開したい。

　　る意味では皮肉なことであった。唄・前出注（56）29頁、61-62頁注（2）参照。
127　井上（祐）・前出注（3）69頁。
128　*Eb. Schmidt*, a. a. O. (Anm. 105), Verhandlungen, Ziff. 67a.
129　そのなかで、ライヒ裁判所1931年12月1日判決（RGSt 67, 12）や同1932年2月29日判決（RGSt 66, 181）が説明義務の範囲・程度を論じ、なお萌芽的段階にあった説明の対象に関する議論に一石を投じた点は注目に値する。唄・前出注（56）52頁以下、神山・前出注（9）319頁以下、324頁以下参照。

第3節　第二次世界大戦後の展開：
結果説の隆盛と3つの理論的アプローチ

　本節では、第二次世界大戦後の議論の展開過程を描き出し、戦後における身体侵害モデルの再評価のきざしと、自由侵害モデルに由来する3つの理論的アプローチに分析を加える。そこでまず、戦後復興期に相ついで登場した諸判例の傾向を確認し、これと並行して学説上抬頭した結果説のうち、とくにアルトゥール・カウフマンとボッケルマンの結果説を検討する（第1款）。

　つぎに、1970年代中葉以降における身体侵害モデルの再評価のきざしを一瞥した後に、自由侵害モデルにおける3つの理論的アプローチ、具体的には、結果説からのアプローチ（エーザー）、危険判断アプローチ（シュミットホイザー、マリア-カタリナ・マイヤー）、そして法益論アプローチ（ロクシン、ホルン、タルク）の各思考枠組みを原典のテクストに沿って正確に再現し、そのうえで検討を加える（第2款）。このような作業によって、ドイツ法の解釈論的到達点を正確に見定め、次節の理論分析のための基礎資料を提供することができる。

　もとより、本節も、ドイツ法固有の細かな系譜研究である。そのため、第1款と第2款は、読者の関心に応じて適宜読み飛ばしていただき、第3款（本書133-134頁）の小括を確認してから、先へと読み進めてもらって問題ない。以上の系譜分析を総括し、ドイツ法の到達点と課題を示す作業には、次節で取り組む予定である。

第1款　戦後復興期の議論：結果説の隆盛まで

第1項　「医師の説明義務」をめぐる判例・学説の諸相

1　戦後における判例の展開

　(西) ドイツの議論が再び「高揚」を経験したのは、第二次世界大戦後、医師の説明義務に関する判決が相ついで登場したことに端をなす。たとえ

ば、連邦通常裁判所1954年7月10日判決（第1電気ショック事件）は、1894年判決[130]の同意原則を、基本法上保障された生命・身体の不可侵に対する権利と、身体に対する自己決定権から根拠づけ、承諾の前提として強化された説明義務を一般原則として認めたうえで[131]、「医師の説明義務の範囲と程度は、生じうる副作用の頻度とその困難さ、および当該侵襲の危険性が相まって決定される」[132]と判示した。また、連邦通常裁判所1957年11月28日判決（第1筋腫事件）も、「医師が——たとえそれが医学上正当な理由による場合であっても——その意見を適時に求めうる病者に対し、その者の事前の承認を得ずに、専断的かつ独断的に、重大な結果をもたらす手術を行ったのならば、それは人間の人格の自由と尊厳に対する違法な干渉であろう」[133]とし、さらに連邦通常裁判所1958年12月9日判決（第2電気ショック事件）[134]や、連

---

130 1894年判決の内容につき、本章第2節第2款第1項（本書78頁以下）参照。
131 神山・前出注（9）330頁参照。
132 BGH NJW 1956, 1106 [1107]. 本判決は、電気ショック療法による骨折の危険性が争われた事案に関するものである。連邦通常裁判所は、医学上適正に行われた治療行為が刑法223条の構成要件を充足し、原則として患者（またはその法定代理人）の承諾がなければ当該行為の違法性は阻却されない、と判示した。唄・前出注（56）30頁以下、町野・前出注（9）62-63頁、173-174頁、佐久間（基）・前出注（9）「（二）」89頁以下参照。
133 BGHSt 11, 111 [114]. 本判決は、子宮筋腫の切除手術の開始後に、当該筋腫を除去するには子宮全体を切除する必要があると判明し、主治医である被告人が患者にその旨を知らせずに、子宮全摘出手術を行った事案に関するものである。患者は、筋腫摘出には承諾していたが、子宮全摘には承諾していなかった。原審は、患者がかかる手術の拡大に承諾しているとの前提に立つことが許されるから、患者の承諾が存在しないと認識していなかった本件医師には過失がないとして、無罪を言い渡した。これに対して、連邦通常裁判所は、患者の自己決定権を、「基本法2条2項第1文で保障された身体の不可侵に対する権利」（BGHSt 11, 111 [113 f.]）と解し、原審のような前提は許されないとして、被告人に有罪を言い渡した。本判決の評釈として、Eb. Schmidt, a. a. O. (Anm. 105), JR 1958, 226 f. 等。わが国の先行研究として、唄・前出注（56）60-61頁、金澤・前出注（79）131頁、町野朔「治療行為と患者の同意——連邦通常裁判所一九五七年一一月二八日判決 RGSt 11, 111」警察研究53巻1号（1982年）88頁以下〔堀内＝町野＝西田編・前出注（115）43頁以下所収〕、同・前出注（9）63頁、290頁注（119）、神山・前出注（9）330頁以下、佐久間（基）・前出注（9）「（二）」93頁以下、甲斐克則「個人の自己決定権にもとづく違法性の阻却」西原春夫ほか編『刑法マテリアルズ——資料で学ぶ刑法総論』（1995年・柏書房）309頁以下、316-317頁、佐藤・前出注（6）338-339頁、田坂・前出注（6）345-346頁、同「刑法における同意能力を有さない患者への治療行為に対する代諾の意義」島大法学55巻2号（2011年）1頁以下、32-33頁、小林（公）・前出注（6）285頁以下、山中・前出注（6）217頁等参照。
134 BGHZ 29, 46. 本判決は、電気ショック療法によって生じた左大腿骨頸複雑骨折およびその後遺症につき、当該療法の危険性に関する説明の有無が争われた事案に関するものである。下級審ではともに原告が勝訴し、被告が上告した。連邦通常裁判所は、説明対象が起こりうる危険の一切に及ぶ必要はないとし、問題は、「典型的危険」、つまり「当該治療と結びつくのが常であり、

邦通常裁判所1959年1月16日判決（放射線事件）[135]も、患者の自己決定権が基本法上保障された権利であるとしたうえで[136]、医師の説明義務の対象と範囲を詳論している。

2 医師の説明義務をめぐる刑法学説の動向：グリュンヴァルトの議論を中心に

これら一連の判決に触発された刑法学説も、説明義務の問題に取り組みはじめた。

たとえば、ゲラルト・グリュンヴァルト（Gerald Grünwald）は、医師が患者に対し、治療の性質と起こりうる結果を告知しなければならないのか、また、どの程度これらを告知しなければならないのか[137]、と問う。グリュン

医師の経験と医学の立場によれば、その発生を予想しておかなければならない危険」（BGHZ 29, 46 [57 f.]）に関する説明の要否である、とした。唄・前出注（56）34-35頁によれば、「この判決では、そもそも承諾の意義・能力・その代理・治療義務と説明義務との関係、裁判官の事後審査の必要などにつき詳細に論じられており、……何といっても重要なのは、説明義務の対象の範囲につき詳論していることである」。本判決につき、同「治療行為における患者の承諾と医師の説明義務の範囲――第二電気ショック事件――」我妻栄編集代表『ドイツ判例百選』（1969年・有斐閣）96頁以下、山下登「医師の説明義務をめぐる最近の論議の展開（3）――ドイツの判例・学説を中心として――」六甲台論集31巻3号（1984年）68頁以下、72頁、町野・前出注（9）63-64頁参照。

135 BGHZ 29, 176. 本判決は、子宮がん患者の治療に際し、放射線療法の併発症につき医師の説明がなく、患者もこれを認識していなかった事案に関するものである。連邦通常裁判所は、診断の説明義務を詳論し、医師は原則としてがん患者に対しても放射線療法の特別の危険を告知しなければならない、と判示した。本判決の詳細につき、武村信義「癌患者に対する医師の説明義務」日本医事新報2042号（1963年）16頁以下、19-20頁、唄・前出注（56）55-56頁、山下・前出注（134）72-73頁、町野・前出注（9）65頁以下参照。

136 詳しくは第3章第3節第2款第3項3（本書195頁以下）で扱うが、判例法理の結晶体とでも呼ぶべき1962年草案162条（治療目的による専断的治療行為）理由書も、同条の目的が、基本法2条2項で保障された患者の自己決定権を刑法上保護する点にある、と述べていた。その一方で、第2電気ショック事件は、「諸々の見解の相違は、『その承諾がどのような性質を有していなければならないか、すなわち、病者が自己の状態を洞察していることがとくに要件とされているかどうか、そしてそれがどの程度要件とされているか、さらに、その病者が自己の疾患の種類、および、予定された治療の本質、意義ならびに生じうる有害結果につき説明を受けなければならないかどうか、といった問題から始まる」（BGHZ 29, 46 [50]）、とする。唄・前出注（56）10頁、34-35頁参照。

137 Gerald Grünwald, Die Aufklärungspflicht des Arztes, ZStW 73 (1961), S. 5 ff., 12. 第1電気ショック事件が、説明の要否を分かつ「典型的危険」基準をクローズアップしたのを契機に、医師の説明義務は、予想される危険すべてにまで及ぶ必要はなく、「起こりうる危険のうち、『典型的危険』に関しては説明が必要であり、『非典型的危険』に関しては説明は不要である」というドグマが打ち立てられようとしていた。唄・前出注（56）30頁参照。グリュンヴァルトの議論

ヴァルトは、連邦通常裁判所が掲げる「典型的危険 (*typische* Gefahr)」に関する説明義務を取り上げ、典型的危険の概念をつぎのように批判する。すなわち、典型的危険は、非常に珍しい事案でのみ生じる危険とどのように異なるのか。もし具体的事案でその発生を予見できる危険を「典型的」と呼ぶのであれば、「典型的」という表現は何も述べていない[138]。「というのは、患者が現実的・具体的な危険に関してのみ説明を受けなければならないというのは、自明のことだからである」、と[139]。

　そしてグリュンヴァルトは、連邦通常裁判所の「典型的危険」基準に対し、「その危険が、合理的患者が決断を下す際に重要となる場合……、医師は、当該損害が有する危険を患者に告知しなければならない」[140]としたうえで、つぎのようにいう。すなわち、医師の説明は、「それを告知することが患者の健康または生命にとって重大な危険をもたらすであろうとの特別な諸事情が予想されるときに欠落し、または制限されうる」、と[141]。つまり、医師は、患者の健康または生命に対する重大な危険が予想されるときや、患者の人格や精神状態も顧慮し、まさにこの患者に帰属する特殊事情が損害をもたらすと予想されるときにはじめて、説明を差し控えることができるのである[142]。

3　議論の到達点と残された課題

　このように戦後は、身体侵害モデルと自由侵害モデルのいずれに立とうとも、患者の承諾、ひいては自己決定権を尊重する姿勢は自明の前提となった。しかし、一切の細目に及ぶ包括的教示は不要であるとしても、説明の対象・範囲をいかに画するか、説明を省略できるか、そしてもし省略できるな

　は、このドグマへの疑問を出発点としている。さらに、山下登「医師の説明義務をめぐる最近の論議の展開（2）――ドイツの判例・学説を中心として――」六甲台論集30巻3号（1983年）33頁以下、河原格『医師の説明と患者の同意　インフォームド・コンセント法理の日独比較』（1998年・成文堂）154頁以下も参照。
138　*Grünwald*, a. a. O. (Anm. 137), S. 12, 14 f. 参照。圏点は原文で隔字体である。
139　*Grünwald*, a. a. O. (Anm. 137), S. 15. さらに、*ders.,* Heilbehandlung und ärztliche Aufklärungspflicht, in: Hans Göpinger (Hrsg.), Arzt und Recht, München 1966, S. 125 ff., 141 ff. も参照。
140　*Grünwald*, a. a. O. (Anm. 137), S. 16.
141　*Grünwald*, a. a. O. (Anm. 137), S. 26.
142　*Grünwald*, a. a. O. (Anm. 137), S. 29; *ders.,* a. a. O. (Anm. 139), S. 149 f. 参照。

らそれはどのような場合か、という課題は残されたままであった。基本法が患者の自己決定権の高調を謳う以上、それを規範化し、医師に行動規範を示す必要性が認識されはじめたのである[143]。

第2項　結果説の抬頭

かくして、「医師の説明義務」の問題が提起され、判例・学説のみならず、立法者もこの問題に本格的に取り組みはじめたが、この取組みと平行して、1960年代以降は、治療行為の成功・失敗をメルクマールとする「結果説（Erfolgstheorie）」が学説上有力に主張されはじめた。以下では、結果説の主唱者アルトゥール・カウフマン（Arthur Kaufmann）とパウル・ボッケルマン（Paul Bockelmann）の記述からそれぞれの理論の骨子を抽出し、次節における検討のための素地を整える。

1　基本法理解を出発点とする結果説：アルトゥール・カウフマンの議論

まず、アルトゥール・カウフマンの議論枠組みを整理する[144]。第二次世界大戦後、基本法を根拠として患者の自己決定権が論じられたことで、伝来的な判例法の立場は一段と強化された。もっとも、判例が基本法を援用する点に対しては、基本法の適用範囲の面だけでなく、実質的価値衡量の面からも、若干の疑問が呈されていた。アルトゥール・カウフマンの疑問は、このうちの後者の面につらなる[145]。

これまで判例は、専断的治療行為が患者の身体・自由という2つの法益を1個の行為（uno actu）で侵害する、と理解してきた。これに対して、カウフマンの理解からは、むしろ、「基本法2条で保障された自由な意思決定という価値と、身体の統合性という価値との衝突がどのようにして解消されうるか、という法的・倫理的な問題がむしろ重要となる」[146]。しかし、カウフマ

143　詳細につき、唄・前出注（56）36頁以下、山中・前出注（6）285頁以下、346頁以下参照。この点は、戦後の刑法改正草案が説明義務の特則を設けた経緯からも読み取れる。第3章第3節第2款第2項3（本書192–193頁）、同第3項3（本書195頁以下）参照。
144　本書が検討対象とするのは、Arthur Kaufmann, Die eigenmächtige Heilbehandlung, ZStW 73 (1961), S. 341 ff. である。
145　詳細につき、唄・前出注（56）10–11頁注（1）参照。
146　Kaufmann, a. a. O. (Anm. 144), S. 352.

ンによると、これら２つの法益の衝突につき、基本法は、問題解決のための決め手にはならない。なぜなら、基本法２条は、身体の不可侵に対する権利とともに、人身の自由に対する権利をも保護しており、同条がこれら２つの権利のいずれかに優先権を与えているとはいえないからである。

　以上の基本法理解を踏まえながら、カウフマンはつぎのように述べる。

> 「［医学上］必要であり、［医療］技術上適正に実施された治療措置は、少なくともその措置が成功した場合は、決して身体的統合性の侵害ではなく、まったくの正反対である。すなわち、治療措置とは、身体的統合性の維持・回復である[147]。」

　カウフマンによると、「成功した治療行為の場合、傷害の犯罪類型はすでに否定されるべきである。成功した治療行為は、健康を回復させているため『健康損害』ではなく、その行為は、身体の有害で不適切な取扱いではないのだから、『身体的虐待』でもない」[148]という。

　その一方で、カウフマンの理解からは、（医師が治癒結果を見誤り、あるいは有害な副作用を生じさせたという意味での）失敗した治療行為は、傷害罪（場合によっては殺人罪）の構成要件に該当する。これに対して、医学的適応性・医術的正当性を備えてさえいれば、たとえ失敗した治療行為であっても、もとより傷害罪の構成要件にあたらない場合がありうる。なぜなら、「その侵襲が［医学的］適応性を備え、［医療］技術上適正に実施されたという事情は、その失敗結果が――事前に評価されるべき――許されたリスクの枠内にあること、あるいは、その医師の行為が社会的に相当であることを意味」しているからである[149]。

147　Kaufmann, a. a. O.（Anm. 144）, S. 352. その場合、医師の治療行為は、患者の「身体の不可侵に対する権利」を侵害する行為ではないが、それが患者の承諾を得ずに行われたという意味で、患者の自己決定権を侵害する行為である、という（ebenda, S. 352 f.）。
148　Kaufmann, a. a. O.（Anm. 144）, S. 372. 圏点は原文で隔字体である。
149　Kaufmann, a. a. O.（Anm. 144）, S. 373. 圏点は原文で隔字体である。ハンス・ヴェルツェル（Hans Welzel）の議論もこれと同じ傾向を有する。とくにその構成要件論との関係につき、藤木英雄「社会的相当行為雑考」警察研究28巻１号（1957年）44頁以下〔同『可罰的違法性の理論』（1967年・有信堂）51頁以下所収〕、同『可罰的違法性』（1975年・学陽書房）81頁以下、宮澤浩一「開かれた構成要件と法義務のメルクマール（一）〜（四・完）」法学研究（慶應義塾大学）33巻11号（1960年）47頁以下、34巻10号（1961年）44頁以下、44頁以下、34巻11号（1961年）34頁以下、34巻12号（1961年）31頁以下〔同・前出注（106）『刑法の思考と論理』139頁以下所収、179頁以下〕、青柳文雄「社会的相当性についての実務的考察」法学研究（慶應義塾大学）35

2　過失犯の成否を問う結果説：ボッケルマンの議論

つぎに、1968年に『医師の刑法（Strafrecht des Arztes）』[150]を上梓したパウル・ボッケルマンの議論を整理する。はじめに、ボッケルマンの主張が端的に示されている記述を以下に引用しよう。

> 「治療侵襲の法的評価は、当該侵襲がそれらから成っている個々の部分行為（einzelner Teilakt）……ではなく、最終的に発生する結果を含めた全体行為（Gesamtakt）を基礎に置くべきである[151]。」したがって、「患者を治癒しまたはその苦痛を改善する成功した侵襲は、傷害ではない[152]。」

「これに対して、失敗した侵襲は、傷害の客観的構成要件を充足する」[153]。というのは、「侵襲それ自体により身体の健全（körperliches Wohl）が害されるとか、結果として、身体の健全を高めること、全体的または部分的に回復させること、健康を強化することによる清算（Ausgleich）が達成されなかった、という全体行為の評価が生じる」[154]からである。したがって、「その侵襲が失敗し、それゆえに客観的にみてそれが傷害である場合は、執刀医が223条の主観的構成要件をも実現したかを問う必要がある」が、「故意または

巻12号（1962年）1頁以下、福田平「社会的相当性」日本刑法学会編・前出注（3）106頁以下〔同『目的的行為論と犯罪理論』（1964年・有斐閣）133頁以下所収〕、西原春夫「構成要件の価値的性格――犯罪論における定型的思考の限界・その二――」早稲田法学41巻1号（1965年）161頁以下〔同・前出注（61）『犯罪実行行為論』65頁以下所収〕、西山・前出注（9）165頁以下、篠田・前出注（90）185頁以下、井上（祐）・前出注（3）70頁、立石二六「ヴェルツェルの構成要件概念――構成要件と違法性の関係を中心として――」法学新報112巻1・2号（2005年）361頁以下、370頁以下、安達光治「社会的相当性の意義に関する小考――ヴェルツェルを中心に――」立命館法学327・328号（2009年）20頁以下等参照。

150　Paul Bockelmann, Strafrecht des Arztes, Stuttgart 1968〔紹介として、金沢文雄「パウル・ボッケルマン著『医師の刑法』」判例タイムズ248号（1970年）63頁以下〕．さらに、ders., Rechtliche Grundlagen und rechtliche Grenzen der ärztlichen Aufklärungspflicht, NJW 1961, S. 945 ff.; ders., Operativer Eingriff und Einwilligung des Verletzten, JZ 1962, S. 525 ff.; ders., Das Strafrecht des Arztes, in: Albert Ponsold (Hrsg.), Lehrbuch der Gerichtlichen Medizin, 3. Aufl., Stuttgart 1967, S. 1 ff. も参照．わが国の先行研究として、町野・前出注（9）96-97頁、武藤・前出注（6）251-252頁、265-266頁注（32）、佐久間（基）・前出注（9）「（一）」118頁以下、小林（公）・前出注（6）61頁以下も参照。

151　Bockelmann, a. a. O.（Anm. 150）, Strafrecht des Arztes（1968）, S. 66.
152　Bockelmann, a. a. O.（Anm. 150）, Strafrecht des Arztes（1968）, S. 67.
153　Bockelmann, a. a. O.（Anm. 150）, Strafrecht des Arztes（1968）, S. 67. 圏点は原文でイタリック体である。なお、当該侵襲により患者が死亡した場合は、殺人の構成要件に該当する（ebenda, S. 82 Anm. 90）。
154　Bockelmann, a. a. O.（Anm. 150）, Strafrecht des Arztes（1968）, S. 68.

過失がない場合、傷害（223条、230条）の主観的構成要件は充足されない」。
「これに対して、223条の客観的構成要件は、手術結果とともに明らかとなる肉体の健全の毀損によってはじめて実現され、そうであるがゆえに、故意はまさにこの点に向けられなければならない。故意がこの点に向けられない場合は、わずかに過失傷害が問題となるにすぎず、……過失もまた、まさに身体の健全の毀損が医師の注意義務違反の結果であるという前提のもとでのみ肯定されうる」[155]。

3　結果説の意義と限界

以上、アルトゥール・カウフマンとボッケルマンの記述を整理し、結果説の基本的枠組みを抽出してきた。

結果説に対しては、まず、治療実施時にその行為が傷害罪の構成要件に該当するのか、それとも構成要件に該当しないのかが確定できず、傷害罪の成否が偶然発生した結果に委ねられ[156]、治療行為の刑法的評価が「賭けごと（Glücksspiel）に格下げ」[157]されてしまう、という批判が浴びせられた[158]。また、結果説の立場を前提とするかぎり、傷害罪の成否が最終的に行為者の故意に基づくという帰結になるため、当該行為がたとえどれほど無謀であっても、ほとんどの事例で傷害の故意が否定されかねない、という不都合も考えられる。結果説に対するこれらの不満が、次款第2項（本書118頁以下）でみる修正結果説が登場する背景をなしたと考えられる。

155　*Bockelmann*, a. a. O.（Anm. 150）, Strafrecht des Arztes（1968）, S. 68. 圏点は原文でイタリック体である。
156　*Engisch*, a. a. O.（Anm. 31）, S. 9; *Detlef Krauss*, Zur strafrechtlichen Problematik der eigenmächtigen Heilbehandlung, in: Festschrift für Paul Bockelmann, München 1979, S. 557 ff., 561 f.; *Walter Gropp*, Ärztliches Handeln als Körperverletzung aus Sicht der Rechtslehre und Jurisdiktion, ZaefQ 1998, S. 536 ff., 539; ders., Die Einwilligung in den ärztlichen Heileingriff-ein Rechtfertigungsgrund: Überlegungen zum Gehalt der straftatbestandsmäßigen Handlung, GA 2015, S. 5 ff., 17 参照。
157　*Tag*, a. a. O.（Anm. 21）, S. 194.
158　たとえば、AとBが喧嘩をし、Aがナイフをつかみ、Bを突き刺したところ、それがたまたまBの体内の腫瘍にあたり、膿が流れ出て、それまで危険にさらされていたBの生命が助かったという、「偶然治療」の事例を想起されたい。（*Hans Welzel*, Das neue Bild des Strafrechtssystems, 4. Aufl., Göttingen 1961, S. 11 f.）〔邦訳として、ハンス・ヴェルツェル（福田平＝大塚仁訳）『目的的行為論序説〔第三版〕』（1979年・有斐閣）16-17頁〕参照。

それでもなお、社会的相当性の理論や許されたリスク等の道具立てを用いながら、戦前からの問題意識を受け継ぎつつ議論の深化を試みた点に、結果説の学説史的意義が認められる。

第2款　治療行為論の変転：3つの理論的アプローチを中心に

以上のように結果説が学説上抬頭したのを受けて、戦後世代の刑法学者によって、さらに新たな傾向が形成されていった。具体的には、一方で、判例の身体侵害モデル的理解を再評価する傾向（第1項）であり、他方で、自由侵害モデルにおける3つの理論的アプローチの傾向（第2項～第4項）がこれである。まず、前者の傾向から確認していこう。

第1項　身体侵害モデルの再評価のきざし

1960年代、身体侵害モデルは、判例上その地位を確固たるものとしていた[159]。その後、推定的承諾や仮定的承諾の法理に関する判決が続々と登場したが、いずれの判決も、傷害罪の構成要件該当性をまず認めたうえで、違法阻却の可否を検討している[160]。

その一方で、1970年代中葉以降は、判例法理の結晶体とでも呼ぶべき1962年草案の創設が失敗に終わり、1970年代案も頓挫したことを受けて、専断的治療行為処罰規定の実現が遠のいたとみたためか、身体侵害モデルが一躍脚光を浴びるようになった[161]。たとえば、デトレフ・クラウス（Detlef Krauss (ß)）

---

[159] たとえば、前出1957年11月28日判決（BGHSt 11, 111 [112]. 第1筋腫事件）は、「これ〔身体侵害モデル〕に対して学説上唱えられた異論（この点につき、Eb. Schmidt „Der Arzt im Strafrecht" im Lehrbuch cer gerichtlichen Medizin von Ponsold, 1957 S. 35 を見よ）」に関し、検討」の必要があるとは思われないとして、自由侵害モデルの議論を一蹴している。さらに、本節第1款第1項1（本書109頁以下）参照。

[160] 連邦通常裁判所1999年10月4日判決（BGHSt 45, 219）、同2003年10月15日決定（BGH JR 2004, 251）等。その一方で、医師の説明義務を一方的に強調する点を疑問視し、患者の自己決定権の高調傾向に警鐘を鳴らした判例として、連邦通常裁判所1960年10月28日判決（BGHSt 15, 200. 第2筋腫事件）、同1963年6月28日判決（BGH JZ 1964, 231）がある。とりわけ医師の説明義務につき、連邦憲法裁判所1979年7月25日決定（BVerfGE 52, 131）を参照。本決定の紹介・検討として、金澤文雄「患者の自己決定権と医師の説明義務——西ドイツの連邦憲法裁判所判決とシュライバーの判例批判をめぐって」広島法学4巻2号（1980年）57頁以下、町野・前出注（9）68頁以下、山中・前出注（6）121頁注（47）、300-301頁がある。

は、傷害罪における健康損害の概念を、「基体侵害（Substanzverletzung）または機能障害（Funktionsstörung）により惹起された身体能力（körperliche Leistungsfähigkeit）の毀損」[162]と解したうえで、大要つぎのようにいう。すなわち、治療行為はすべて、一時的であるにせよ、患者の身体能力ないし身体的健全感を些細とはいえない程度に侵害する行為であり、そうである以上、かかる行為は傷害罪の結果無価値を実現しているのであって、われわれは、最終結果ではなく、個々の中間結果に基づいてその行為に法的評価を下すべきである、と[163]。さらに、ペーター・クラマー（Peter Cramer）も、自由侵害モデルに立つことで生じる処罰の間隙を憂慮し、判例の立場に与している[164]。

このように、ドイツの判例は、現在に至るまで身体侵害モデル的理解を採用しつづけ、一部の論者もこれを支持している。しかし、自由侵害モデルに立つ論者も依然少なくない。そして自由侵害モデルのなかでも、1970年以降は、結果説からのアプローチ（第2項）、危険判断アプローチ（第3項）、および、法益論アプローチ（第4項）の3つが抬頭してきている。次項では、これら3つの理論的アプローチを順次概観し、これによってドイツ法の到達点を跡づける。

第2項　結果説からのアプローチ

1　エーザーの修正結果説

第1が、結果説からのアプローチである。結果説からのアプローチとは、結果説の枠組みを継承しながらも、その相対化を図る議論をいう。アルビン・エーザー（Albin Eser）の修正結果説（modifizierte Erfolgstheorie）[165]がその

161　詳細につき、第3章第3節第3款（本書198頁以下）参照。
162　Krauss, a. a. O. (Anm. 156), S. 560. クラウスの議論につき、町野・前出注（9）95頁、佐久間（基）・前出注（9）「(二)」128頁以下、佐藤・前出注（6）335頁、田坂・前出注（6）370-371頁注（49）参照。
163　Krauss, a. a. O. (Anm. 156), S. 561; ders., Der „Kunstfehler" oder zur Bedeutung juristischer Kategorien für die Bewertung ärztlichen Handelns, in: Heike Jung/Hans Wilhelm Schreiber (Hrsg.), Arzt und Patient zwischen Therapie und Recht, Stuttgart 1981, S. 141 ff., 144 f. さらに、Theodor Lenckner, Arzt und Strafrecht, in: Balduin Forster (Hrsg.), Praxis der Rechtsmedizin für Mediziner und Juristen, Stuttgart/New York 1986, S. 569 ff., 594 も同旨。
164　Peter Cramer, Ein Sonderstraftatbestand für die eigenmächtige Heilbehandlung: Einige Bemerkungen zu §§ 229, 230 des Entwurfs eines 6. Gesetzes zur Reform des Strafrechts (6. StrRG), in: Festschrift für Theodor Lenckner, München 1998, S. 761 ff., 774 f. 参照。

筆頭である[166]。エーザーはつぎのようにいう。

> 「刑法にとって、健康を志向する医学の視点という意味で、もっぱら患者の『身体の健全』の保護のみが重要であるとすれば、傷害構成要件は、もっとよりその医療行為が身体の健全を毀損したときにのみ実現されるだろう。というのは、健康を促進する侵襲であれば、すでに傷害の『結果無価値』が欠けるであろうし、しかもその場合には、医師が健康の改善（または健康の悪化の阻止）を、レックス・アルティス (lex artis)[167]を遵守して達成したのか、それともそれをまさに無視したにもかかわらず達成したのか、ないしは、医師は患者の承諾を得て治療を行ったのか、それとも承諾を得ずに治療を行ったのかは、顧慮されないであろうからである[168]。」

エーザーによれば、患者の健康を促進した治療措置、つまり成功した治療行為は、患者の承諾の有無や、医学準則の遵守いかんにかかわらず、刑法223条ないし229条の傷害構成要件の結果無価値を欠く[169]。もっとも、患者の健康や身体の健全を改善させた治療行為であっても、四肢の切断や身体機能の変更・停止のようにそれが身体の「基体に対する重大な変更 (wesentliche Substanzveränderung)」と結びつく場合は、（患者の身体の統合性を保護するた

---

165 本章では、*Albin Eser*, Medizin und Strafrecht: Eine schutzgutorientierte Problemübersicht, ZStW 97 (1985), S. 1 ff.〔邦訳として、アルビン・エーザー（上田健二訳）「医学と刑法――保護に向けられた問題の概観――」同志社法学37巻3号（1985年）81頁以下〔アルビン・エーザー（上田健二＝浅田和茂編訳）『先端医療と刑法』（1990年・成文堂）1頁以下、エーザー（上田＝浅田編訳）『医事刑法から統合的医事法へ』（2011年・成文堂）1頁以下所収〕。以下、引用は『医事刑法から統合的医事法へ』による〕を中心に、エーザー説の理論枠組みを抽出する。さらに、ders., Heileingriff-ärztliche Aufklärungspflicht-Sterilisation und Kastration-Transplantation, in: Albin Eser, Juristischer Studienkurs, Strafrecht III, 2. Aufl., München 1981, 7 (S. 87 ff.); Sch/Sch[29]–ders./Sternberg-Lieben, a. a. O.（Anm. 6），§ 223 Rn. 27 ff. も参照。わが国の先行研究として、武藤・前出注（6）255頁、齊藤誠二『医事刑法の基礎理論』（1997年・多賀出版）23-24頁、佐藤・前出注（6）331-332頁、田坂・前出注（6）363-364頁、小林（公）・前出注（6）67頁、島田（美）・前出注（6）「治療行為の不可罰性の根拠について」327頁等。

166 このほか、*Horst Schröder*, Eigenmächtige Heilbehandlung im geltenden Strafrecht und im StGB-Entwurf 1960, NJW 1961, S. 951 ff., 952 f. の議論も、結果説のヴァリエーションの1つに類別できると思われる。詳細につき、町野・前出注（9）94-95頁、武藤・前出注（6）254-255頁、佐久間（基）・前出注（9）「（二）」111頁以下、小林（公）・前出注（6）59頁以下、島田（美）・前出注（6）「治療行為の不可罰性の根拠について」360頁注（45）、362頁注（59）参照。

167 レックス・アルティスとは、医学上一般に承認されたルールをいい、レーゲ・アルティスないし医学準則と同義の概念である。序章・二1(1)（本書9-10頁）参照。

168 *Eser*, a. a. O.（Anm. 165），ZStW 97 (1985), S. 6 f.〔エーザー（上田訳）・前出注（165）6-7頁〕。なお、本書の文脈との関係上、訳文は適宜変更している（以下同じ）。

169 *Eser*, a. a. O.（Anm. 165），Juristischer Studienkurs III, 7 A 10 ff. (S. 90 ff.); Sch/Sch[29]–ders./Sternberg-Lieben, a. a. O.（Anm. 6），§ 223 Rn. 32 ff. ただし、医学準則の重大な違反がある場合は別である。

めに）承諾が必要であり、その承諾があってはじめて傷害の結果無価値が欠ける[170]。

その一方で、患者の健康を悪化させた治療措置、つまり失敗した治療行為であっても、「この措置が、α）医学的に適応し、β）レーゲ・アルティスに則って実施され、かつ、γ）主観的には治療目的により行われたとき」は、傷害罪の構成要件にもとより該当しない[171]。その際に、エーザーは、医学的適応性と医術的正当性を評価するにあたり、行為の事前判断が妥当である、とする。なぜなら、医師は、つねに刑事処罰のリスクにさらされており、治療後に判明した事情によって評価されるのでは、治療を躊躇してしまうからである[172]。

2　修正結果説の特徴

治療行為の成功・失敗という判断基底を維持しつつも、身体・健康に対する自己決定権を保護する姿勢を貫こうとする点に、修正結果説の特徴がある。この修正結果説の根底にあるのは、基本法上保障された権利と結びついた身体・健康理解である。すなわち、エーザーによると、「刑法223条の……構成要件にあっては、健康の保護だけでなく、身体の統合性の保護も重要……である。そして、身体の統合性は、本人の保持意思に左右されるため、それとともに本人の自己決定に対する利益（Selbstbestimmungsinteresse）もすでに重要な役割を果たしている」[173]。それゆえに、傷害罪は、法益主体の自己決定権そのものを保護しているわけではなく、人の身体・健康に対する処分権の自由を保護している、と[174]。かくして、エーザーは、患者の「自己

170　Sch/Sch[29]–*Eser/Sternberg-Lieben*, a. a. O. (Anm. 6), § 223 Rn. 33 参照。圏点は原文で太字である。

171　*Eser*, a. a. O. (Anm. 165), ZStW 97 (1985), S. 7〔エーザー（上田訳）・前出注（165）7頁〕。

172　Sch/Sch[29]–*Eser/Sternberg-Lieben*, a. a. O. (Anm. 6), § 223 Rn. 36. さらに、*Eser*, a. a. O. (Anm. 165), Juristischer Studienkurs III, 7 A 9 (S. 90) も参照。なお、(修正) 結果説の詳細な検討は、次節第2款第2項2 (2)（本書144–145頁）に譲る。

173　*Eser*, a. a. O. (Anm. 165), ZStW 97 (1985), S. 5〔エーザー（上田訳）・前出注（165）5頁〕。圏点は原文でイタリック体である。

174　*Eser*, a. a. O. (Anm. 165), ZStW 97 (1985), S. 18 f.〔エーザー（上田訳）・前出注（165）17–18頁〕参照。そこでエーザーは、オーストリア刑法110条を範として、専断的治療行為処罰規定を創設し、身体の統合性をより手厚く保護すべきである、と提案する（ebenda, S. 19）。この提案の詳しい内容につき、*ders.*, Zur Regelung der Heilbehandlung in rechtsvergleichender Per-

決定権」侵害の発露としての、身体の「重大な変更」ないしその「喪失」がある場合につき、身体傷害の無価値が実現されるとするのである。

第3項　危険判断アプローチ

第2が、危険判断アプローチである。以下では、このアプローチの主唱者として、エベルハルト・シュミットホイザー（*Eberhard Schmidhäuser*）の議論と（後出・1）、マリア-カタリナ・マイヤー（*Maria-Katharina Meyer*）の議論を取り上げ（後出・2）、各議論の特徴を整理する（後出・3）。

1　シュミットホイザーの危険緩和説

シュミットホイザーは、治療行為の法的性質を、危険緩和説（Gefahrminderungstheorie）によって説明しようと試みる[175]。

まずシュミットホイザーは、医学的適応性があり、医学準則に則って行われた治療行為を前提として、つぎのようにいう。すなわち、一方で治療侵襲が行われたとしたら得られたであろう患者の利益（身体状態の改善・増進）と、他方でその侵襲が行われなければ患者の身体に差し迫るであろう不利益（身体状態の悪化・減退）とを比較すれば、前者の場合は、患者の身体に対する「危険」の緩和を意味する、と。それによれば、その治療行為が実際に成功したか、それとも失敗したか否かは重要でない。かくして、シュミットホイザーは、治療行為が傷害罪の法益を侵害する行為ではない、と結論づける[176]。

---

spektive, in: Festschrift für Hans Joachim Hirsch, Berlin/New York 1999, S. 465 ff., 482〔邦訳として、アルビン・エーザー（上田健二＝浅田和茂訳）「比較法的に展望した治療行為の規制について」エーザー（上田＝浅田編訳）・前出注（165）71頁以下、90-91頁。紹介として、岡本昌子「アルビン・エーザー『比較法的視点における治療行為の規定について』」立命館法学276号（2001年）203頁以下〕参照。

175　*Eberhard Schmidhäuser*, Strafrecht Allgemeiner Teil, Lehrbuch, 2. Aufl., Tübingen 1975, 8/121; ders., Strafrecht Besonderer Teil, Grundriß, 2. Aufl., Tübingen 1983, 1/5; ders., Strafrecht Allgemeiner Teil, Studienbuch, 2. Aufl., Tübingen 1984, 5/105. わが国の先行研究として、佐久間（基）・前出注（9）「（三・完）」168頁注（19）、島田（美）・前出注（6）「治療行為の不可罰性の根拠について」363頁注（67）参照。

176　シュミットホイザーによれば、被害者の承諾に基づく行為は、傷害罪の構成要件に該当しない。その結果、承諾は正当化事由でないとの帰結が導かれるが、彼の治療行為論もまた、「被害者の承諾」論上の帰結を基礎としている。シュミットホイザーの犯罪論体系につき、*Eberhard*

2 マリア-カタリナ・マイヤーの危険減少説

シュミットホイザーの議論を受け継ぎ、危険減少説（Gefahrverringerungstheorie）を展開したのが、マリア-カタリナ・マイヤー[177]である。

マイヤーによれば、「その行為が適切であり、法益客体に差し迫った危険をもっぱら減少させる意思に担われている場合は」[178]、身体的虐待の構成要件が欠落する。その際、その行為が実際に成功したか、それとも失敗したかは問題ではなく[179]、むしろ各ケースを事前判断の見地から考察する必要がある[180]。この場合は、患者に事前に十分な説明を行ったうえで得た承諾[181]のみが、傷害罪の構成要件該当性を阻却する[182]。

3 危険判断アプローチの特徴とその予備的検討

シュミットホイザーの議論もマリア-カタリナ・マイヤーの議論も、差引計算による患者の「身体利益」侵害の不存在をその実質的論拠としている[183]。そのかぎりで、両者の議論枠組みは、前節でみたベーリングやエン

 Schmidhäuser, Zur Systematik der Verbrechenslehre: Ein Grundthema Radbruchs aus der Sicht der neueren Strafrechtsdogmatik, in: Gedächtnisschrift für Gustav Radbruch, Göttingen 1968, S. 268 ff., 277 f.〔紹介として、中義勝＝垣口彦彦「シュミットホイザー『犯罪論の体系』——新しい刑法理論からみたラードブルフのライトモティーフ——」関西大学法学論集20巻6号（1971年）116頁以下、120-121頁〕のほか、井田良「E・シュミットホイザーの犯罪理論について」法律学研究9号（1978年）52頁以下、曽根・前出注（20）238頁以下を参照。シュミットホイザーの法益論は、第4章第3節第3款第3項3（本書292-293頁）で検討する。

177 *Maria-Katharina Meyer*, Ausschluß der Autonomie durch Irrtum, Köln/Berlin/Bonn/München 1984, S. 211 ff. さらに、佐藤・前出注（6）332頁以下、小林（公）・前出注（6）81-82頁、島田（美）・前出注（6）「治療行為の不可罰性の根拠について」329-330頁も参照。

178 *Maria-Katharina Meyer*, Reform der Heilbehandlung ohne Ende-Ein Beitrag zum geltenden Strafrecht und zum Referentenentwurf des Bundesjustizministeriums 1996-, GA 1998, S. 415 ff., 419.

179 *M-K. Meyer*, a. a. O. (Anm. 177), S. 211 f.; *dies.*, a. a. O. (Anm. 178), S. 419.

180 *M-K. Meyer*, a. a. O. (Anm. 178), S. 419. マリア-カタリナ・マイヤーは、生命維持措置や生命緩和（Lebenserleichterung）措置にも言及し、当該措置が患者の生命を維持または緩和する目的であれば、差し迫った危険をコントロールし、特段新たな危険を生じさせないため、特定の身体部分を切除する行為も傷害にはあたらない、とする。マイヤーの危険減少説は、この意味でシュミットホイザーの危険緩和説と異なる（ebenda, S. 419 Anm. 27）。

181 正確には、構成要件該当性を阻却する合意ないし了解（Einverständnis）である。「了解」という訳語を選定する理由につき、甲斐克則「被害者の承諾」椎橋隆幸＝西田典之編『変動する21世紀において共有される刑事法の課題——日中刑事法シンポジウム報告書——』（2011年・成文堂）95頁以下、111頁注（15）参照。

182 *M-K. Meyer*, a. a. O. (Anm. 178), S. 420.

183 町野・前出注（9）92頁参照。

ギッシュのそれと共通する[184]。したがって、身体利益説に対して寄せられた批判の多くが妥当しうるだろうが、ここで各々の批判を逐一取り上げるつもりはない。以下では、危険判断アプローチ固有の理論枠組みに焦点を絞って予備的検討を加え、次節における分析のための準備を整える。

　危険判断アプローチに対しては、何よりもまず、その根幹をなす「危険緩和」ないし「危険なき侵襲」概念があまりに不明確である、という批判が寄せられている[185]。つぎに、危険判断アプローチが、事象全体からみて結果的に身体的健全感を改善している点を重視せず、虐待行為、すなわち、有害で不適切な行為を重視する点に対しても批判が向けられている。これによれば、虐待結果ではなく、虐待行為を重視することで、当該行為がたとえ事前に予測できた危険を現実化せずとも、患者の承諾がなければ必然的に傷害罪の成立が認められてしまう[186]。また、患者の生命・健康に対する危険という不利益が、事前的観点からみた患者の利益に吸収され、打ち消されてしまうというのはそもそも理論的に不可能である、とも指摘されている[187]。

第4項　法益論アプローチ

　第3が、法益論アプローチである。以下では、このアプローチの理論枠組みを抽出し、その特徴を整理する。

　第二次世界大戦後の議論においてもっとも注目すべき動向は、傷害罪の法益論から解決を試みるアプローチ（以下「法益論アプローチ」と総称する。）が展開されはじめた点である。もっとも、傷害構成要件における「身体」概念の分析を出発点とする点で、法益論アプローチの問題意識は、ベーリング、エンギッシュ、およびエベルハルト・シュミットらの身体利益説[188]と一部共通するようにもみえる。では、法益論アプローチは、かつて主張された身体

---

[184] ベーリングの所説は、前節第4款第2項（本書92頁以下）を、エンギッシュの議論は、同第5款第1項（本書96頁以下）を参照。

[185] W. Bauer, a. a. O. (Anm. 31), S. 83.

[186] LK[11]/Lilie, a. a. O. (Anm. 6), Vor § 223 Rn. 4. さらに、佐藤・前出注（6）333頁も参照。

[187] 町野・前出注（9）98頁参照。

[188] ベーリング、エンギッシュ、およびエベルハルト・シュミットの身体利益説につき、前節第4款第2項（本書92頁以下）、同第5款第1項（本書96頁以下）および同第2項（本書103頁以下）参照。

利益説とどのような点で異なるのか、また、学説史的にはどのように位置づけられるべきか。

以下では、法益論アプローチの主唱者クラウス・ロクシン（*Claus Roxin*）（後出・2）、エックハルト・ホルン（*Eckhard Horn*）（後出・3）、およびブリギッテ・タ－ク（*Brigitte Tag*）（後出・4）の議論を概観し、各々の特徴をまとめる（後出・5）。ただし、そのための予備作業として、まず、承諾の体系的位置づけに関する基本的理解から確認しておきたい（後出・1）。なぜなら、承諾の体系的位置づけは、法益理解と緊密に結びついているからである。

1　序論的考察
（1）議論の概観とその実践的意義

犯罪論上、被害者の承諾の体系的位置づけをめぐっては、かねてから争いがある。判例・通説によれば、身体の傷害に対する承諾は、正当化事由である[189]。ハロ－・オット－（*Harro Otto*）のことばを借りれば、「承諾は、法的保護を放棄する機能を有する。承諾が、いわゆる個人的法益の行為客体（攻撃客体）の侵害を正当化するのである」[190]。この機能によって、承諾は、正当防衛や正当化的緊急避難といったその他の正当化事由と区別される[191]。その一方で、判例・通説は、住居侵入罪やいわゆる強姦罪のように各構成要件が被害者の意思に反し、あるいはそうした意思をもたない行為を要求する場合には、その同意、より正確にいえば、合意ないし了解（Einverständnis）に対し、構成要件該当性を阻却する効果を認めている。

これに対して、比較的近時の有力説は、構成要件該当性を阻却する了解と、正当化事由としての承諾を区別せずに、被害者の同意をすべて構成要件該当性阻却事由として把握する[192]。この構成要件該当性阻却事由説の主唱

189　*Urs Kindhäuser*, Normtheoretische Überlegungen zur Einwilligung im Strafrecht, GA 2010, S. 490 ff., 490 Anm. 4 は、近時の基本文献をコンパクトにまとめている。

190　*Harro Otto*, Einverständnis, Einwilligung und eigenverantwortliche Selbstgefährdung, in: Festschrift für Friedrich Geerds, Lübeck 1995, S. 603 ff., 622.

191　*Walter Gropp*, Strafrecht Allgemeiner Teil, 4. Aufl., Berlin/Heidelberg, 2015, § 5 Rn. 28 ff. 〔邦訳として、ヴァルタ－・グロップ（金尚均＝玄守道監訳）「『刑法総論』（第4版、2015年）（1）～（4）」龍谷法学49巻1号（2016年）101頁以下、49巻2号（2016年）383頁以下、49巻3号（2017年）177頁以下、49巻4号（2017年）701頁以下〕等参照。

192　比較的近時の包括的研究として、*Thomas Rönnau*, Willensmängel bei der Einwilligung im

者が、ロクシンである。ロクシンによれば、処分可能な法益を保護する刑罰規定は、現実的基体（Realsubstrat）の不可侵と、これに関する自己決定の自由という2つの構成要素からなる状態を保護している。これによると、構成要件に該当するといえるためには、行為者は、この2つの構成要素を侵害して行為しなければならない。したがって、現実的基体を侵さずに自己決定権のみを侵害する行為も、自己決定権を侵害せずに現実的基体のみを侵す行為も、構成要件を充足しない(193)。

このように、承諾の体系的位置づけをめぐっては、判例および伝統的通説が支持する正当化事由説と、比較的近時の有力説が支持する構成要件該当性阻却事由説とが対立している。では、この対立にはいかなる意味があるのか。たとえば、ウルス・キントホイザー（Urs Kindhäuser）は、「承諾の犯罪体系的分類には、実践的重要性がない」と宣言し(194)、さらには、学説上の有力説も、了解と承諾の区別は、各構成要件が有する特別な構造に応じて規定されるにすぎない、とする(195)。しかし、承諾の体系的位置づけをめぐる議論は、傷害罪の法益をいかに規定するか、それとともに承諾を犯罪体系上どのように把握するかを考えるうえで重要性を有する(196)。このかぎりで、以上の対立にはなお実践的意義が認められる。

　Strafrecht, Tübingen 2001, S. 141 ff.; Uwe Murmann, Die Selbstverantwortung des Opfers im Strafrecht, Berlin/Heidelberg 2005, S. 368 ff.; Bijan Fateh-Moghadam, Die Einwilligung in die Lebendorganspende, München 2008, S. 87 ff. のほか、Claus Roxin, Strafrecht Allgemeiner Teil Bd. I, 4. Aufl., München 2006, § 13 Rn. 11 Anm. 19〔第3版の邦訳として、平野龍一監修・町野朔＝吉田宣之監訳『ロクシン刑法総論　第一巻〔基礎・犯罪論の構造〕（第三版）（翻訳第一分冊）』（2003年・信山社）589-590頁注（19）参照〕; Kindhäuser, a. a. O.（Anm. 189）, S. 490 Anm. 3 に挙げられた文献を参照。比較法の観点からドイツ法の相対化を試みるのは、天田悠「同意――比較刑法ノート（6）――」刑事法ジャーナル49号（2016年）139頁以下である。
193　Claus Roxin, Einwilligung, Persönlichkeitsautonomie und tatbestandliches Rechtsgut, in: Festschrift für Knut Amelung, Berlin 2009, S. 269 ff., 283 参照。
194　Urs Kindhäuser, Strafrecht Allgemeiner Teil, 7. Aufl., Baden-Baden 2015, § 12 Rn. 6. 圏点は原文で太字である。
195　Hans-Heinrich Jescheck/Thomas Weigend, Lehrbuch des Strafrechts, Allgemeiner Teil, 5. Aufl., Berlin 1996, S. 374 f.〔邦訳として、イェシェック＝ヴァイゲント（西原春夫監訳）『ドイツ刑法総論　第5版』（1999年・成文堂）287頁以下〕; Roxin, a. a. O.（Anm. 192）, § 13 Rn. 11〔ロクシン（平野監修・町野＝吉田監訳）・前出注（192）587-588頁〕等。比較的近時の議論につき、Kindhäuser, a. a. O.（Anm. 189）, S. 491 Anm. 7 に挙げられた文献を参照。
196　Fateh-Moghadam, a. a. O.（Anm. 192）, S. 87 f. 参照。

（2）承諾の体系的位置づけ

　前述のように、判例・通説によれば、承諾は正当化事由である。いいかえれば、承諾とは、構成要件上保護される法益に対する介入を例外的に正統化する許容命題（Erlaubnissatz）である。その場合、承諾の正当化根拠は、──エドムント・メッガー（*Edmund Mezger*）の二元的体系[197]に関連づけていえば──利益欠缺原理[198]や優越的利益原理[199]に求められる。利益欠缺原理によれば、法益は、その権限を有する者によって放棄される。これに対して、優越的利益原理によれば、自己決定の価値またはそれに介入することにより追求される目的は、法益保護に対する利益に優越する。もっとも、正当化事由として把握する所説はいずれも、法益主体の承諾を得たか否かにかかわらず、法益侵害の存在を前提として正当化理論の体系を組み立てている。

　これに対して、ロクシンらの有力説は、承諾をすべて構成要件該当性阻却事由として位置づける。以下では、本書が検討対象とする治療行為との関係上、身体傷害に対する承諾を念頭に置いて説明する。

　構成要件該当性阻却事由説は、法益およびその処分権を、基本法2条2項第1文による生命・健康の保護にとって不可欠の構成要素として理解する。これによると、刑法223条の傷害罪は、身体の不可侵そのものとともに、それに対する法益主体の処分権をも保護している[200]。そのため、身体の不可

---

[197] メッガーによれば、刑法上の正当化事由の多くは、優越的利益原理を基礎とするが、承諾の場合は、利益欠缺原理が妥当するという。すなわち、「利益欠缺原理による正当化は、構成要件上、侵害されたと目される意思が個々の場合に放棄されることによって行われる」（*Edmund Mezger*, Strafrecht, 3. Aufl., Berlin/München 1949, §27 (S. 206). 圏点は原文で隔字体のところ）。メッガーの体系論は、曾根威彦「『被害者の承諾』の違法阻却根拠──被害者の承諾・その一──」早稲田法学50巻3号（1975年）1頁以下、17頁以下〔曾根・前出注（20）『刑法における正当化の理論』105頁以下所収、118頁以下〕、同「刑法における正当化原理」刑法雑誌22巻2号（1978年）175頁以下、179頁以下〔同・前出注（20）『刑法における正当化の理論』151頁以下所収、156頁以下〕、川原広美「刑法における被害者の同意（一）──自律性原理の確認──」北大法学論集31巻1号（1980年）209頁以下、221-222頁に詳しい。なお、宮内裕「違法性の阻却」日本刑法学会編『刑事法講座　第1巻　刑法（Ⅰ）』（1952年・有斐閣）217頁以下も参照。

[198] *Fritjof Haft*, Strafrecht Allgemeiner Teil, 9. Aufl., München 2004, S. 67 f.; *Theodor Lenckner*, in: Schönke/Schröder Strafgesetzbuch Kommentar, 27. Aufl., München 2006, Vor §§ 32 ff. Rn. 28 等。

[199] たとえば、すべての正当化事由を優越的利益原理によって説明しようとするのが、*Peter Noll*, Übergesetzliche Rechtfertigungsgründe im besondere die Einwilligung des Verletzten, Basel 1955, S. 74 f. である。詳細な検討として、終章第2節第1款第2項1（本書383頁以下）参照。

[200] *Ulrich Schroth*, Das Rechtsgut der Körperverletzungsdelikte und seine Verletzung: Zugleich

侵に対する処分権が法益主体の承諾によって行使されるとき、治療行為の傷害構成要件該当性はすでに欠落する、というのである。たとえば、キントホイザーはつぎのように説いて、承諾を「固有の性質を有する構成要件的不法阻却」事由[201]と称し、客観的帰属論の観点から構成要件該当性阻却事由説を根拠づける。

>「かくして、法益主体がこの財を自由に処分する権限を有するとき、その処分に対応する財の変更は、行為者に対し、構成要件該当結果として客観的に帰属されえないのである[202]。」

他方で、構成要件該当性阻却事由説の議論を法益論の枠組みによって基礎づけるのが、ロクシンである。ロクシンは、承諾の犯罪論体系的地位を、その自由主義的法益論（liberale Rechtsgutslehre）から根拠づける。

2　自由主義的法益論に基づく身体法益の具現化：ロクシンの議論

まず、ロクシン法益論を端的に表す以下の一節を引用しよう。

>「法益が個人の自由な発展に資する場合には……、すなわち、ある行為がその法益の担い手の処分に基づくものであり、その者の自由な発展をなんら害さず、むしろそれとは反対に、その表明（Ausdruck）である場合には、法益侵害は決して存在しえないのである[203]。」

この一節を受けて、ロクシンは、傷害罪の法益へと論を進める[204]。ロク

---

ein Beitrag zur strafrechtlichen Bewertung des ärztlichen Heileingriffs, in: Ulfrid Neumann/Cornelius Prittwitz (Hrsg.), „Personale Rechtsgutslehre" und „Opferorientierung im Strafrecht", Frankfurt am Main 2007, S. 113 ff., 115 ff. 参照。

201　*Kindhäuser*, a. a. O. (Anm. 194), § 12 Rn. 5. 圏点は原文で太字である。キントホイザーの帰属論は、杉本一敏「規範論から見たドイツ刑事帰属論の二つの潮流（上）」比較法学37巻2号（2004年）159頁以下、186頁以下に詳しい。

202　*Urs Kindhäuser*, Strafrecht Allgemeiner Teil, Baden-Baden 2005, § 12 Rn. 5. 圏点は原文でイタリック体である。ただし、この記述は、同書第7版（*ders.*, a. a. O. (Anm. 194), § 12 Rn. 5) では削除されている。なお、近時キントホイザーは、被害者の承諾を「規範消滅事由（Normaufhebungsgrund）」と呼んでいる。詳細につき、*ders.*, Zum sog. „unerlaubten" Risiko, in: Festschrift für Manfred Maiwald, Berlin 2010, S. 397 ff., 412 ff.; *ders.*, a. a. O. (Anm. 189), S. 502 ff. 参照。

203　*Roxin*, a. a. O. (Anm. 192), § 13 Rn. 12〔ロクシン（平野監修・町野＝吉田監訳）・前出注(192) 590頁〕。なお、本書の文脈との関係上、訳文は適宜変更している（以下同じ）。

204　もっとも、ここでロクシンは、法益一般を論じているのであって、身体・健康法益を特別に扱

シンによれば、傷害罪における身体・健康法益は、人格の自由な発展の保護に資する[205]。しかし、現行刑法典が専断的治療行為処罰規定を置いていない以上、223条が身体法益とともに身体の統合性に対する自己決定権をも保護していると認めざるをえない[206]。そこでロクシンは、身体法益の概念をつぎのように定式化する。

> 「身体は、肉と骨のかたまりとして保護客体となるのではなく、その者に宿り、その者を支配する精神と結びつくときにのみ保護客体となるのである[207]。」

これによれば、人は、身体・精神が不可分一体の存在として刑法的保護を享受する。そのうえで、ロクシンは、身体関連性というメルクマールによって、身体・健康法益概念の内容を限定しようと試みる。すなわち、ロクシンによると、法益といえるためには、身体性ないし有体性（Körperlichkeit）といった対象としての現実性まで備えている必要はないが、その侵害がわれわれの社会生活上の現実の不都合をもたらすという意味での経験的現実性（Wirklichkeit）を有していなければならない[208]。

たしかに、経験的現実性ないし身体関連性の要請は、その限界がなお不明瞭であるという点に課題を残している。しかし、こうした要請は、法益概念に侵害対象としての具体性を付与し、法益概念の観念化に歯止めをかけることのできる切札として、さらなる検討に値するように思われる[209]。この「身体関連性」の要請に対しては、第4章第3節第3款第2項1(1)(本書278頁以下)で、治療行為をめぐる具体的事例と関連づけつつ、さらに掘り下げて検討を加える。

っているわけではない。
205 *Roxin*, a. a. O. (Anm. 192), § 2 Rn. 7 ff.〔旧版の邦訳として、ロクシン（平野監修・町野＝吉田監訳）・前出注（192）20頁以下〕参照。
206 *Roxin*, a. a. O. (Anm. 192), § 13 Rn. 26〔ロクシン（平野監修・町野＝吉田監訳）・前出注（192）598頁〕。さらに、*ders.*, a. a. O. (Anm. 193), S. 285 も参照。
207 *Roxin*, a. a. O. (Anm. 192), § 13 Rn. 14〔ロクシン（平野監修・町野＝吉田監訳）・前出注（192）591頁〕。さらに、*ders.*, a. a. O. (Anm. 193), S. 278, 282 f. も同旨。
208 Claus Roxin, Rechtsgüterschutz als Aufgabe des Strafrechts?, in: Roland Hefendehl (Hrsg.), Empirische und dogmatische Fundamente, kriminalpolitischer Impetus, Köln/Berlin/München 2005, S. 135 ff., 139〔紹介として、松原芳博「クラウス・ロクシン『刑法の任務としての法益保護』」早稲田法学82巻3号（2007年）255頁以下、257-258頁〕。
209 松原（芳）・前出注（208）263頁参照。

3　治療行為をめぐる問題の「二元的」解決：ホルンの議論

つぎに、ホルンの議論枠組みを抽出し、その特徴を整理する[210]。ホルンは、「『二元的』解決（„zweispurige" Lösung）」[211]と呼ばれる独自説に基づいて、傷害罪の保護法益を解明しようと試みる。ホルンの核心的主張は、つぎの一言にある。すなわち、傷害罪の保護法益には、①自己決定権と、②身体の統合性という２つの法益があり、「これらの法益に対する２種類の侵害も、互いに厳格に区別されなければならない」、と[212]。

まず、上記①につき、ホルンは、「自己決定権は数量化できない（nicht quantifizierbar）」[213]としつつ、つぎのようにいう。すなわち、「法益の担い手の、ないしは、そのような承諾を与える権限を有する者の、有効な現実的または推定的承諾を得ずに行われる……他の者の組織体に対する直接的・物理的な作用はすべて、虐待の形式における223条の客観的構成要件を充足する」、と[214]。

その一方で、ホルンは、上記②に関してつぎのような説明を加える。すなわち、「健康損害という観点のもとでは、以下の点で学説上の一般的見解と一致する。つまり、客観的・事前的にみて（objektiv-ex-ante）医学的適応性があり、レーゲ・アルティスに則って実施された侵襲は不可罰である、とい

210　ホルンは、*Eckhard Horn*, in: Systematischer Kommentar zum Strafgesetzbuch, Bd. II, Besonderer Teil, 14. Lfg., Frankfurt am Main 1983, § 223 Rn. 35 ff. ではじめて「二元的」解決を提唱したが、本書では、*Eckhard Horn/Gereon Wolters*, in: Systematischer Kommentar zum Strafgesetzbuch, Bd. II, Besonderer Teil, 64. Lfg., Frankfurt am Main 2005, § 223 Rn. 35 ff. に依拠して検討を行う。このコンメンタールの1983年版と見比べてみても、その本質的部分に変更点はないと考えるからである。

211　「„zweispurige" Lösung」を「二元的（な）解決」と訳出するのは、金澤・前出注（79）138頁、齊藤誠二『刑法講義各論Ⅰ〔新訂版〕（新訂６版）』（1982年・多賀出版）201頁、佐藤・前出注（６）336頁、小林（公）・前出注（６）364頁注（90）、島田（美）・前出注（６）「治療行為の不可罰性の根拠について」326頁等であるが、町野・前出注（９）316頁注（210）、佐久間（基）・前出注（９）「（二）」119頁等は、「複線的解決」と訳出する。これに対して、本書は、ホルンが「傷害構成要件は、互いに異なる２つの法益を保護しなければならない」（SK-*Horn/Wolters*, a. a. O. (Anm. 210), § 223 Rn. 35. 圏点は筆者による）として、傷害罪が２種類の法益を内包するとした点を重視し、「『二元的』解決」と訳出する。

212　SK-*Horn/Wolters*, a. a. O. (Anm. 210), § 223 Rn. 35. 圏点は原文で太字である。

213　SK-*Horn/Wolters*, a. a. O. (Anm. 210), § 223 Rn. 38. 圏点は原文で太字である。

214　SK-*Horn/Wolters*, a. a. O. (Anm. 210), § 223 Rn. 36. 圏点は原文で太字である。ホルンによれば、治療目的により行われた行為であっても、それが患者の自己決定権を軽視して行われた以上、同様のことがいえる。

う点がそれである」[215]。これに対して、「その侵襲が医学準則によれば［医学的］適応性がないか、あるいはその侵襲を実施する際に医学準則から逸脱している場合」には、医的侵襲の結果が重要な意味をもつ[216]。その場合は、「もっぱら、患者の全体的な健康状態の悪化という基準」[217]からみて「身体の統合性」の侵害があるときは、傷害罪の構成要件該当性が認められ、それとともに故意の有無が検討される[218]。

かくして、ホルンの「二元的」解決は、身体・健康に対する自己決定権が身体的虐待の枠内でのみ保障されるとの前提から、「判例の立場の解釈論的修正」[219]を試み、健康損害が首肯できる場合は、特定の要件（医学的適応性とレーゲ・アルティス）のもとで構成要件該当性を否定する。以上のように、ホルンの議論は、患者の自己決定権侵害と、健康状態の悪化（身体の統合性侵害）とを峻別しようとする点に特徴がある。ホルンの法益理解に関しては、第4章第3節第3款第3項2（本書291-292頁）であらためて分析を加える。

4　自由主義的法益論に基づく傷害構成要件の再検討：タークの議論

タークの議論も、法益論アプローチの1つに位置づけられる。タークが試みるのは、「身体の不可侵を保護するための犯罪構成要件に光をあてた」分析[220]である。その際に、タークは、自身と一見類似のアプローチをとるエーザー説とホルン説を批判の対象とする。

（1）エーザー説およびホルン説との対決

タークは、まずエーザーの修正結果説に対して、身体・健康に対する処分の自由や自己決定権の侵害は、身体の枢要部分の重大な変更・喪失がある場

215　SK-*Horn/Wolters*, a. a. O.（Anm. 210），§ 223 Rn. 40. 圏点は原文で太字である。ホルンによれば、当該行為が健康の改善、刑法226条（犯情の重い傷害）1項2号にいう結果、および死亡（生命の短縮）をもたらしたかどうかは、この場合には無関係である。
216　SK-*Horn/Wolters*, a. a. O.（Anm. 210），§ 223 Rn. 41. 圏点は原文で太字である。
217　SK-*Horn/Wolters*, a. a. O.（Anm. 210），§ 223 Rn. 42. 圏点は原文で太字である。
218　SK-*Horn/Wolters*, a. a. O.（Anm. 210），§ 223 Rn. 43 参照。
219　LK[10]/*Hirsch*, a. a. O.（Anm. 6），Vor § 223 Rn. 4.
220　*Tag*, a. a. O.（Anm. 21），S. 3. さらに、*dies.*, Rechtliche Problematik der Placeboanwendung, in: Bundesärztekammer (Hrsg.), Placebo in der Medizin, Deutscher Ärzte-Verlag 2011, S. 105 ff., 109 ff.〔邦訳として、ブリギッテ・ターク（山本紘之訳）「プラシーボの法的問題」比較法雑誌47巻4号（2014年）101頁以下、105頁以下〕も参照。

合だけに限られず、刑法223条ないし229条で保護される自律は、身体の枢要部分を保護する利益だけで汲みつくされるわけではない[221]、としてこれを批判する。つぎに、ホルンの「二元的」解決に対しては、自己決定権侵害との関係で身体的虐待と健康損害の二分法をとる根拠は説得的でなく、とくに健康損害における「自己決定権」侵害を等閑視する点は、「健康を『害した』」という構成要件要素の文言に合致しない[222]、とする。

そこでタークは、エーザーの修正結果説につき、身体的健全感や身体の不可侵に対する侵害を基準とすることを説き、ホルンの「二元的」解決につき、患者の自己決定権の帰属対象が身体的虐待と健康損害の双方であるとして、行為無価値と結果無価値の判断によってこれらの批判を回避しようと試みる。

(2) 再検討の端緒としての傷害構成要件

そのためにタークが着目するのは、身体の不可侵という保護法益をもっぱら客観的・生物学的な概念としてとらえ、身体・健康に対する処分の自由や、患者の自己決定権の侵害を「自由に対する罪」に帰属させる所説である。タークは、この所説をつぎのように批判する。すなわち、身体とそれに対する自己決定権は不可分一体であり、「傷害構成要件が身体の不可侵とともに身体に関連する人格の自由な発展を保護していないとすれば、人が客体に格下げされる危険、つまり第三者の理性の高権 (Vernunfthoheit) の客体となる危険があるだろう」、と[223]。この批判を踏まえて、タークは、傷害構成要件の保護法益をつぎのように定式化する。

> 「……刑法223条と229条の刑法上の保護領域は、法益の担い手の、個人的な諸々の価値関係を顧慮したうえで、身体状態ないし健康状態のかたちで示されているかぎり、少なくともその精神をも取り込んだものでなければならない[224]。」

タークによれば、刑法223条ないし229条の傷害構成要件は、人の生物学的な現存在形態、すなわち、人が生物として現に存在しているという事実のみ

---

221 *Tag*, a. a. O. (Anm. 21), S. 195 f. 参照。
222 *Tag*, a. a. O. (Anm. 21), S. 196 参照。
223 *Tag*, a. a. O. (Anm. 21), S. 92.
224 *Tag*, a. a. O. (Anm. 21), S. 92.

ならず、その人の身体に宿る処分権の自由、さらにいえば、患者の自己決定の自由をも保護している[225]。したがって、治療行為における患者の承諾は、もっぱら傷害罪の構成要件該当性の問題であり、専断的治療行為は、それが成功したか、それとも失敗したかどうかにかかわらず、傷害罪によって捕捉されうる[226]。

(3) 傷害構成要件該当性の判断形式

そしてタークは、以下のような手順で傷害の無価値判断を行う。

まず、医師が医学準則に則り、患者の有効な承諾を得て治療行為を行ったときは、その行為が実際に成功したか、それとも失敗したか否かとは無関係に、有害で不適切な取扱い、つまり身体的虐待の行為無価値が欠ける。これに対して、以上の前提を欠くとき（つまり、医師が少なくとも未必の故意により行為したかぎりで）は、行為無価値が実現される。その後、その行為が、患者の身体的健全感や身体の不可侵の些細とはいえない程度の侵害を惹起したかどうか、つまり身体的虐待の結果無価値が判断される。その際、当該行為が、身体の触診やきわめて微量のガンマ線を用いた治療といった最小限度の些細な侵襲にとどまるときは、身体的健全感や身体の不可侵の著しい侵害をもたらしていないため、身体的虐待の結果無価値が欠落する[227]。

一方で、健康損害の行為無価値は、「事前的観点からみて、レーゲ・アルティスに則って実施され、インフォームド・コンセントを得て行われた医療行為の場合には、これが欠落する」[228]。健康損害の結果無価値判断も先述と同様である。その際、健康損害の行為無価値判断と結果無価値判断は、治療行為の成功・失敗や（副作用等も含む）一時的な健康の悪化には左右されない[229]。

5 法益論アプローチの特徴とその政策的背景

前出・1（本書124頁以下）で確認したように、法益論アプローチは、身体利益の分析を試みる点で、ベーリング、エンギッシュ、およびエベルハル

---

225 *Tag*, a. a. O. (Anm. 21), S. 66 f., 68 参照。
226 *Tag*, a. a. O. (Anm. 21), S. 182 ff., 441 参照。
227 *Tag*, a. a. O. (Anm. 21), S. 187 f. 参照。
228 *Tag*, a. a. O. (Anm. 21), S. 193.
229 *Tag*, a. a. O. (Anm. 21), S. 193 f.

ト・シュミットらの身体利益説と問題意識を同じくする。だが、法益論アプローチは、民法学者ゲルト・ブリュッゲマイアー（Gert Brüggemeier）らの「二重の保護法益論（Lehre vom doppelten Schutzgut）」[230]から着想を得て、基本法上保障された身体の不可侵と自己決定権を顧慮しながら身体法益の本質を考究し、あくまでも、傷害罪の枠内で処分権の自由や自己決定権を保護しようとする所説といえる。こうした利益理解に、自由侵害モデルをベースとする身体利益説との決定的違いがあるとともに、法益論アプローチ最大の特徴がある。そのなかでもタークの議論は、学説史的にみて、ロクシンが形成した法益論アプローチの到達点として位置づけられる。

また、このアプローチの背後には、専断的治療行為に関する刑法改正の実現可能性が低いとの見通しから、解釈論としては現行傷害罪規定をベースとして患者の自己決定権を保護しようという政策的配慮があるのかもしれない。このように考えてみると、法益論アプローチの問題意識は、本款第1項（本書117頁以下）でみた身体侵害モデル的理解とも一部通底するように思われる。

第3款　小　括：ドイツ法の到達点としての法益論アプローチ

以上、戦後ドイツにおける判例・学説を概観してきた。

まず、第二次世界大戦後の議論の展開過程を素描した。戦後、説明義務に関する諸判決が相ついで登場したのを受けて（第1款第1項）、刑法学説も再びこの問題に取り組みはじめた。この時期の特筆すべき動向は、アルトゥール・カウフマンやボッケルマンが、治療行為の成功・失敗を判断メルクマールとする結果説の精緻化を試みた点である（同第2項）。

つぎに、1970年代中葉以降に表れた身体侵害モデルの再評価のきざしと（第2款第1項）、自由侵害モデルに由来する議論の変転を確認し、これに分析を加えた。具体的には、自由侵害モデルにおける3つの理論的アプローチ、すなわち、結果説からのアプローチ（同第2項）、危険判断アプローチ（同第

---

[230] Gert Brüggemeier, Deliktsrecht, Baden-Baden 1986, Ziff. 701. さらに、W. Bauer, a. a. O. (Anm. 31), S. 124 Anm. 397 も参照。

3項)、そして法益論アプローチ（同第4項）の抬頭である。次節では、これらの議論をいくつかの対立軸に即して再度整理・検討するが、これらのアプローチのうち、ドイツ法の到達点に位置づけられるべきは、ロクシンが形成し、タークが発展させた法益論アプローチである。

第4節　ドイツ法の到達点とその理論的検討

　本節では、前節までのテクスト解析から得られた比較法的・系譜的知見を総合し、ドイツ法が約100年かけて到達した理論的地平とそこに積み残した課題を明らかにする。そのために、まず、判例の伝統的枠組みおよびこれを支持する学説、すなわち、身体侵害モデルの解釈論的到達点を明らかにする（第1款）。

　つぎに、自由侵害モデルの基本構想を確認してから、①適法化メルクマールの操作・措定による解決を取り上げ、そのうちの2つの代表的な所説に検討を加える。この検討により、各説の特徴とそこに含まれる課題を明らかにする。ついで、②傷害罪の法益論による解決（法益論アプローチ）の基本的主張を確認する。この作業に取り組むことで、わが国における既存の議論を進展させるのに必要な比較法研究上の視点を具体化することができ、また、第3章や第4章で掘り下げて分析すべきポイントも特定できると思われる（第2款）。

第1款　身体侵害モデルの理論的到達点

第1項　判例の概観

1　基本的立場

　判例の基本的立場[231]によれば、医師の治療行為は、たとえ身体状態を改

231　代表的な刑事判例として、前出1894年判決（RGSt 25, 375）のほか、前出1905年4月10日判決（RGSt 38, 34）、前出1940年2月23日判決（RGSt 74, 91 [95 f.]）、前出1957年11月28日判決（BGHSt 11, 111 [113 f.]．第1筋腫事件）、連邦通常裁判所1959年2月10日判決（BGHSt 12, 379 [383 f.]）、同1961年2月1日判決（BGHSt 16, 309. 医学研修生事件）、前出1963年6月28日判決

善・維持する目的で行われ、医学的適応性があり、医学準則に則って行われたとしても、傷害罪の構成要件に該当し、患者の自律的決定に基づく承諾によって正当化される。判例は、「患者の意思は最高の法である」という基本原則に基づいて、患者（またはその法定代理人）の意思が尊重されなければならない、とする。

2 医師の説明義務

戦後は、医師の説明義務（の内容と範囲）に議論が集中している。患者は、これから行われる治療の「本質、意義および射程」[232]を十分に理解していなければ、有効な承諾を与えることができない。さらに、医師による包括的な説明、治療にともなうリスクと負担に関する説明、そして場合によっては、代替療法に関する説明も必要となる[233]。

（BGH JZ 1964, 231 [231 f.]）、連邦通常裁判所1978年2月22日判決（BGH NJW 1978, 1206 [1206]. 抜歯事件）〔本判決につき、神山・前出注（9）346頁以下、山中・前出注（6）204-205頁参照〕、同1982年10月26日決定（BGH NJW 1983, 352 [352 f.]）、同1988年3月25日決定（BGHSt 35, 246 [250]）、同1995年6月29日判決（BGH NStZ 1996, 34 [34 f.]）、同1997年11月19日判決（BGHSt 43, 306）、同1997年12月3日判決（BGHSt 43, 346）〔本判決につき、山中・前出注（6）123頁参照〕、前出1999年10月4日判決（BGHSt 45, 219 [221 f.]）、連邦通常裁判所2010年12月22日判決（BGH NJW 2011, 1088 [1089 f.]. レモン汁事件）〔本判決につき、秋山紘範「我流の方法についての医師による説明——『レモン果汁事件』」比較法雑誌46巻3号（2012年）489頁以下、山川秀道「医師の説明義務違反と（危険）傷害罪との関係」広島法学36巻4号（2013年）112頁以下、山中・前出注（6）279頁以下、ヤン・C・イェルデン（山中友理訳）「異例の治療方法を適用する際の医師の説明義務違反と刑事責任について——連邦通常裁判所『レモン汁事件』を例に——」関西大学法学論集64巻5号（2015年）250頁以下参照〕等。

戦後の代表的な民事判例として、前出1954年7月10日判決（BGH NJW 1956, 1106. 第1電気ショック事件）、連邦通常裁判所1958年12月5日判決（BGHZ 29, 33. 甲状腺事件）〔本件につき、唄・前出注（56）15-16頁、山中・前出注（6）149-150頁参照〕、前出1958年12月9日判決（BGHZ 29, 46 [49 f.]. 第2電気ショック事件）、連邦通常裁判所1971年6月22日判決（BGH NJW 1971, 1887 [1887]）等があり、連邦憲法裁判所判例として、連邦憲法裁判所1971年10月19日決定（BVerfGE 32, 98）、前出1979年7月25日決定（BVerfGE 52, 131 [168 f.]）等。

232 連邦通常裁判所1981年5月22日決定（BGH NStZ 1981, 351 [351]）。前出1958年12月5日判決（BGHZ 29, 33 [36]. 甲状腺事件）、前出1959年2月10日判決（BGHSt 12, 379 [382]）、連邦通常裁判所1999年10月12日判決（BGH NStZ 2000, 87 [88]）のほか、医薬品法（Arzneimittelgesetz: AMG）40条1項3号a）、同2項、41条3項も同旨。

233 前出1954年7月10日判決（BGH NJW 1956, 1106 [1107 f.]. 第1電気ショック事件）、連邦通常裁判所1971年11月16日判決（BGH NJW 1972, 335 [336]）等。詳細につき、唄・前出注（56）13頁以下、山下登「医師の説明義務をめぐる最近の論議の展開（1）——ドイツの判例・学説を中心として——」六甲台論集30巻1号（1983年）96頁以下、142頁以下、河原・前出注（137）55頁以下、小林（公）・前出注（6）285頁以下、田坂晶「ドイツ刑法における治療行為に対する患者の同意能力の意義とその判断基準」島大法学53巻3号（2009年）83頁以下、同・前出注（133）

むろん、患者の現実的承諾が適時に得られないという、いわゆる「遅れると危険（Gefahr im Verzug）」の場合、具体的には、「交通事故で重態、意識不明となった患者が病院に運び込まれ、輸血などの措置を即時にとらなければ手遅れになってしまう場合、あるいは手術を開始した後でその拡大・変更の必要性が判明し、一旦手術を中止してから患者の同意を新たに取り付け再度手術を行なうという手続をとっていたのでは、患者の体力がもちそうにない場合」[234]も想定される。この場合は、推定的承諾や仮定的承諾の法理が補完的に適用される[235]。これに対して、万一の場合や緊急の場合のほか、推定的意思を判定するための資料がない場合には、刑法34条の正当化的緊急避難が適用されうる[236]。

第2項　学説の概観

身体侵害モデルを支持する学説は、大きく分けて、行為の個別的考察による基礎づけ（後出・1）と、刑事政策的基礎づけ（後出・2）にその理論的根拠を求めている。

1　個別的考察による基礎づけ

第1が、行為の個別的考察による基礎づけである。これによれば、治療行為を評価する際には、直接的な侵襲それ自体、つまり個別の侵襲をそのつど顧慮しなければならない[237]。たとえば、医師の外科手術には（一時的とはいえ）健康状態の悪化がつきものである[238]。そこで、四肢の切断といった身

29頁以下、山中・前出注（6）191頁以下、216頁以下参照。
234　町野・前出注（9）210頁参照。
235　前出1988年3月25日決定（BGHSt 35, 246）、前出1999年10月4日判決（BGHSt 45, 219）等。唄・前出注（56）42頁以下、齊藤（誠）・前出注（165）39頁以下、山本啓一ほか「ドイツの医療過誤裁判における傷害罪関係判例」犯罪学雑誌65巻5号（1999年）207頁以下、217頁以下、井上（祐）・前出注（3）75-77頁注（6）のほか、*Klaus Ulsenheimer*, in: Adolf Laufs/Wilhelm Uhlenbruck (Hrsg.), Handbuch des Arztrechts, 4. Aufl., München 2010, § 139 Rn. 42; Sch/Sch[29]-*Eser/Sternberg-Lieben*, a. a. O. (Anm. 6), § 223 Rn. 38 ff. も参照。
236　*Tag*, a. a. O. (Anm. 21), S. 16; *W. Bauer*, a. a. O. (Anm. 31), S. 7.
237　*Oppenheim*, a. a. O. (Anm. 23), S. 9 f., 17 f. 等。
238　*Wilfried Bottke*, Suizid und Strafrecht, Berlin 1982, Ziff. 199; *Ulrich Weber*, in: Gunther Arzt/Ulrich Weber/Bernd Heinrich/Eric Hilgendorf, Strafrecht Besonderer Teil, 2. Aufl., Bielefeld 2009, § 6 Rn. 96 f., 99; *Eric Hilgendorf*, in: Gunther Arzt/Ulrich Weber/Bernd Heinrich/Eric

体部分の喪失・変更がある場合や、被侵襲者の苦痛をともなう場合は、全体的考察では不十分であり[239]、各行為を時間ごとに分割し、それぞれを個別に考察する必要がある、という。

しかし、この基礎づけに対しては、職人が器物を修理する際に器物損壊罪は成立しえないという、器物損壊における不均衡が指摘されている。これによれば、時計等の物品を修理する際に、修理業者はその物品をまず分解してから修理し、これを組み立てなおすが、その際この行為が器物損壊にあたるという論者は誰もおらず、これと同様に、患者を治癒する行為も刑法上の傷害罪にあたらない、という[240]。たとえば、ヨーゼフ・ハイムベルガー (*Joseph Heimberger*) は、つぎのように述べて個別的考察を批判する。

> 「燕尾服を仕立ててもらうために、仕立屋に1枚の黒い布を与えたとしよう。仕立屋はその布をいくつかのパーツに切り分け、これによって器物損壊を犯す。仕立屋は、それらのパーツを互いにピンで留め、つまり、その布という物質にピンを突き刺し、これによって再び器物損壊を行う。これにつづいて仕立屋は、ボタンが掛けられるようさらにその布に穴をあけ、その後、またもや器物損壊なくしては行いえないボタンの縫い付けを行い、そして最後に、そうした器物損壊からの絶え間ない一連の流れを経て、上品な燕尾服が完成するのである[241]。」

2 刑事政策的基礎づけ

第2が、刑事政策的基礎づけである。これによれば、治療行為を傷害構成要件の保護範囲から排除すると、これにより処罰の間隙が生じ、事実上、患者の自己決定が刑法上保護されなくなってしまう。つまり、自由剥奪罪（刑

Hilgendorf, Strafrecht Besonderer Teil, 3. Aufl., Bielefeld 2015, § 6 Rn. 96 f., 99.

239 Cramer, a. a. O. (Anm. 164), S. 773. 個別的考察によれば、たとえ当該行為が治療目的に基づくとしても、これに付随する行為をともに考慮してはならない。たとえば、*Paulheinz Baldus*, in: Niederschriften über die Sitzungen der Großen Strafrechtskommission, 7. Bd., Besonderer Teil, 67. bis 75. Sitzung, Bonn 1959, S. 196 は、つぎのようにいう。すなわち、「疾患は宿命である。〔しかし〕疾患によってその当事者を『専門家』に引き渡すことは耐えがたい。治療目的だけで傷害を否定することなどできないのである」、と。

240 Bockelmann, a. a. O. (Anm. 150), Strafrecht des Arztes (1968), S. 66; *Hans Joachim Hirsch*, Zur Frage eines Straftatbestands der eigenmächtigen Heilbehandlung, in: Gedächtnisschrift für Heinz Zipf, Heidelberg 1999, S. 353 ff., 356〔関連する邦訳として、ハンス・ヨアキム・ヒルシュ（石原明訳）「専断的治療行為」神戸学院法学30巻4号（2001年）289頁以下〕参照。

241 *Heimberger*, a. a. O. (Anm. 55), S. 46.

法239条)や強要罪(同240条)によって患者の自己決定権を捕捉するのは、解釈論的に困難であるため、傷害罪をつうじてこれを保護しようというのである[242]。

しかし、この基礎づけに対しては、医師の行為が傷害構成要件に該当するというならば、医師が単なる傷害行為者、つまりナイフをもった無頼漢(Messerstecher)と同視され、結果的に医師の信用性が損なわれる、との批判[243]が向けられている。もっとも、その職務を執行する際に、何らかの犯罪構成要件を充足するが正当化される「刑事裁判官」や「劇評家」[244]のような職業は他にもいくつもあるのだから、この基礎づけに理解を示したからといって、必ずしも、医師とナイフをもった無頼漢とを同列に置くことにはならないように思われる[245]。

第2款　自由侵害モデルの理論的到達点

第1項　共通の出発点：全体的考察による基礎づけ

以上の身体侵害モデルに対して、学説上有力なのが、自由侵害モデルである。医師の治療行為という患者の身体に向けられた肯定的態度は、傷害構成要件に該当する否定的態度に変換されるべきでない[246]。このような考えが、

242　たとえば、*Kaufmann*, a. a. O.(Anm. 144), S. 373 f. は、処罰の間隙を埋めるための合目的的考慮が必要である、とする。さらに、LK[10]/*Hirsch*, a. a. O.(Anm. 6), Vor § 223 Rn. 6; LK[11]/*Lilie*, a. a. O.(Anm. 6), Vor § 223 Rn. 6 も同旨。

243　*Binding*, a. a. O.(Anm. 18), S. 56; *Eb. Schmidt*, a. a. O.(Anm. 105), Verhandlungen, Ziff. 35; *Karl Heinz Gössel/Dieter Dölling*, Strafrecht Besonderer Teil 1, 2. Aufl., Heidelberg 2004, § 12 Rn. 52 等。身体侵害モデルが罪刑法定主義違反であると示唆するのは、*Eb. Schmidt*, a. a. O.(Anm. 105), JR 1958, S. 227 である。また、LK[10]/*Hirsch*, a. a. O.(Anm. 6), Vor § 223 Rn. 5 は、ナイフをもった無頼漢の論拠(Messerstecherargument)がさほど有効な批判でない、として疑問を呈する。

244　*Lenckner*, a. a. O.(Anm. 163), S. 594. さらに、LK[11]/*Lilie*, a. a. O.(Anm. 6), Vor § 223 Rn. 5 も参照。

245　*Welzel*, a. a. O.(Anm. 158), S. 12〔ヴェルツェル(福田＝大塚訳)・前出注(158)17頁〕参照。

246　たとえば、*Karl Heinrich Bauer*, Rechtsfragen in der Chirurgie, Universitätstage(1964), S. 199 ff., 199 は、「外科医が外科学に従事し、手術を行うとしたら、そのことは、現行法によれば——傷害なのである！　外科医は総じてこれに反対している」という。

自由侵害モデルの出発点をなす。このモデルによれば、治療行為は全体的考察により判断される[247]。すなわち、患者の健康状態を改善する行為は、個別的に考察されるべきではなく[248]、目的的行為論や社会的行為論に基づき、その目的設定や社会的有意味性によって評価される、という[249]。

しかし、自由侵害モデルを支持する各論者は、それぞれ異なる理論的基礎づけを試みている。そこで以下では、前節までの系譜的検討の成果から、①治療行為の適法化メルクマールの措定・操作による解決（第2項）と、②傷害罪の法益論による解決（第3項）に分けて、各解決の理論的骨格を抽出・検討し、わが国における既存の議論を進展させるための視点を獲得する。

第2項　適法化メルクマールの操作・措定による解決：
いわゆる行為説・結果説を中心に

第1が、適法化メルクマールの操作・措定による解決である。現在の多数説は、治療目的、医学的適応性、および医学準則等を適法化のための衡量メルクマールとして掲げているが、これらのメルクマールをめぐってとくに顕著なのは、治療行為の成功・失敗をめぐる対立である。

そこで以下では、治療行為の成否をめぐる議論を手がかりに、治療行為論にいわゆる行為説（後出・1）と結果説（後出・2）の特徴を整理し、検討を加える。ここで概括的検討を加えることで、各説に含まれる問題点の多くを明らかにすることができ、そればかりでなく、次章以降にさらに掘り下げて分析すべきポイントをも特定することができる。

1　行為説の基本構想とそのヴァリエーション

従来、治療結果の刑法的評価をめぐっては、大きく分けて、2つの所説が主張されてきた。そのうちの1つが、治療行為論にいわゆる「行為説（Handlungstheorie）」である[250]。この行為説の支持者は、治療行為をその実施時点

247　*Bockelmann*, a. a. O. (Anm. 150), in: Ponsold (Hrsg.), Lehrbuch der Gerichtlichen Medizin, S. 18 ff. 刑法改正審議時の発言として、*Eduard Dreher*, in: Niederschriften, a. a. O. (Anm. 239), S. 200 も参照。
248　*Beling*, a. a. O. (Anm. 60), S. 226 f., 229.
249　*Eb. Schmidt*, a. a. O. (Anm. 97), S. 75 f. 参照。

で事前的に評価するため、「実際の効果それ自体」[251]を重視しない。医学的適応性を備え、医学準則に則って行われた治療行為は、それが成功ないし失敗したかとは無関係に、傷害罪や殺人罪の客観的構成要件を充足しない、というのである[252]。

（１）エンギッシュの身体利益説とその検討

もっとも、行為説の内容も一様ではない。たとえば、エンギッシュは、当該治療に高度の優越的利益が認められる場合、故意または過失傷害罪は成立しない、とする[253]。エンギッシュによれば、優越的利益を判断する際に基準となるのは、患者の身体利益の侵害・増進である。

エンギッシュは、身体傷害を「身体利益の侵害」ととらえ、患者の健康に対する損害を客観化し、医学的・客観的利益侵害の不存在を基礎づけようと試みる。しかし、健康とは、本来「きわめて主観的な財 (Gut)」[254]であるから、「客観的」健康という基準を設定することに対しては疑問の余地がある。しかも、たとえある行為が最終的に患者の健康回復という結果をもたらしたとしても、すでにその行為によって生じた構成要件的結果を、その後に偶然生じた結果によって相殺ないし否定することは論理的に不可能ではないだろうか[255]。このように考えてみると、差引残高の理論を採用するのは理論上難しいように思われる[256]。

250　*Riedelmeier*, a. a. O. (Anm. 123), S. 40 f. 等参照。「レーゲ・アルティスに則った侵襲説 (Theorie vom Eingriff lege artis)」と呼ぶのは、*W. Bauer*, a. a. O. (Anm. 31), S. 19 等であり、MedR⁴/*Duttge*, a. a. O. (Anm. 6), § 223 StGB Rn. 17 は、「[医療] 技術上適正な侵襲説 (Theorie des kunstgerechten Eingriffs)」とする。

251　*Eb. Schmidt*, a. a. O. (Anm. 97), S. 73.

252　*Hess*, a. a. O. (Anm. 33), S. 54 Anm. 4; *v. Lilienthal*, a. a. O. (Anm. 19), S. 56; *Grünwald*, a. O. (Anm. 139), S. 138 f.; *Schmidhäuser*, a. a. O. (Anm. 175), AT (Lehrbuch), 8/121 等。刑法改正審議時の発言として、*Edmund Mezger*, in: Protokolle der Strafrechtskommission des Reichsjustizministeriums, 22. Sitzung vom 18. April 1934, 23 f. (in: *Jürgen Regge/Werner Schubert* (Hrsg.), Quellen zur Reform des Straf- und Strafprozeßrechts, II. Abteilung, NS-Zeit (1933-1939) -Strafgesetzbuch, Bd. 2, 1. Teil, Berlin/New York 1988, S. 553 ff., 575 f.); *Eberhard Schmidt*, in: Niederschriften, a. a. O. (Anm. 239), S. 190 f., 192 参照。

253　エンギッシュの議論につき、本章第2節第5款第1項（本書96頁以下）参照。

254　*Bottke*, a. a. O. (Anm. 238), Ziff. 207.

255　町野・前出注（９）93頁参照。武藤・前出注（６）263頁は、治癒利益の相殺ないし衡量が基本的には違法論に属する問題である、とする。

256　*Lenckner*, a. a. O. (Anm. 163), S. 593; *M-K. Meyer*, a. a. O. (Anm. 177), S. 213 f.; *W. Bauer*, a. a. O. (Anm. 31), S. 73 f. 参照。

もとより、差引残高の理論に対する評価は、一定の「身体」利益理解を下敷きにしなければ、導き出すことができない。本章では、この「身体」利益理解に関する点を、いまだ十分に分析できていない。したがって、次章以降は、この点に関する検討をさらに深めていき、本書が依拠する「身体」利益論を彫琢していく必要がある。そのために、具体的には、まず次項（本書145頁以下）の予備的検討を踏まえながら、とくに第4章第3節第2款（本書263頁以下）で、エンギッシュの所説を含めた「身体」利益論に対してさらに詳細な系譜的・解釈論的検討を加える。ついで、以上の検討を踏まえつつ、終章第1節（本書368頁以下）において、本書が支持する理論構想から、傷害罪が保護する「身体」利益の内容を確定する。

（2）エベルハルト・シュミットの社会的行為論とその検討

　一方、エベルハルト・シュミットは、医学準則に則って行われた治療行為が失敗した際に、不作為時点での事前的考察により、不真正不作為犯の原理から解決を試みる[257]。その前提として、シュミットは、医師の行為の社会的有意味性に着目し、治療行為を全体として1個の行為ととらえる。

　しかし、とくに失敗した治療行為を処理する場合は、作為による危険の惹起と、その危険を「回避しなかった」という不作為というかたちで、行為が2個に分割されてしまう。したがって、「行為の社会的意味」というメルクマールを持ち出したとしても、この不整合を説明するのは困難であると考える。

（3）シュミットホイザーの危険緩和説とその検討

　さらに、シュミットホイザーは、医学的適応性を備え、医学準則に則って行われた治療行為が、その行為を差し控えたときに身体に差し迫る不利益と比較して「危険の緩和」を意味する、という[258]。このような、シュミットホイザーの理解によれば、患者に対する危険と結びついた救命目的で治療行為が行われた場合[259]は、傷害罪の構成要件に該当しえない。

　しかし、前節第2款第3項3（本書122-123頁）でも述べたように、危険緩

---

[257] エベルハルト・シュミットの議論につき、本章第2節第5款第2項（本書103頁以下）参照。
[258] シュミットホイザーの議論につき、前節第2款第3項1（本書121頁）参照。
[259] *Schmidhäuser*, a. a. O. (Anm. 175), BT, 1/5. その一方で、*M-K. Meyer*, a. a. O. (Anm. 178), S. 419 f. は、患者の承諾にのみ構成要件該当性阻却効果を認める。

和説ないし危険減少説の根幹をなす「危険」概念の不明確さはもとより、治療が失敗し、患者の身体に対する傷害がすでに生じている以上、傷害罪の構成要件不該当という結論を導くのにはやはり無理がある[260]。さらにいえば、傷害罪の成否が危険増加や危険緩和・減少に左右される理論的根拠の呈示も求められよう。しかし、危険緩和説や危険減少説の議論は、これらの批判に対して説得的な反論を示すことができていない。

2　結果説の基本構想とそのヴァリエーション

治療結果の刑法的評価をめぐって主張されたもう1つの所説が、いわゆる「結果説」である。結果説とは、治療行為を「成功した治療行為」と「失敗した治療行為」に分けて、それぞれに異なる刑法的評価を下す所説をいう。以下では、分析の透明性を確保するために、治療行為によって患者の身体利益が全体として増進され、あるいは少なくとも維持された場合を「成功した治療行為」、患者に悪結果が生じた場合を「失敗した治療行為」と呼ぶこととする[261]。

この結果説によれば、成功した治療行為は、傷害罪の構成要件に該当しない。その際、行為者が患者の承諾を得ていたかどうかは問題とならない[262]。ドイツ現行刑法（そして日本刑法）において、患者の自己決定権の侵害は、自由に対する罪によって捕捉されるにすぎず[263]、その治療行為が成功し、患者の身体的・生物学的状態を全体として改善した以上、これを刑法上考慮する必要はない、というのである[264]。

一方、失敗した治療行為に関しては評価が分かれている。学説においては、失敗した治療行為は傷害罪の客観的構成要件を充足するが、治療目的や救助の意思に基づいて傷害の故意を否定し、主観的構成要件が欠けるとする

260　*W. Bauer*, a. a. O.（Anm. 31），S. 83.
261　治療行為における成功・失敗の定義につき、金澤・前出注（79）139頁、町野・前出注（9）168頁、333–334頁注（13）参照。
262　*Heimberger*, a. a. O.（Anm. 55），S. 52; *Kaufmann*, a. a. O.（Anm. 144），S. 372 f.; *Bockelmann*, a. a. O.（Anm. 150），Strafrecht des Arztes（1968），S. 69 等。
263　*Heimberger*, a. a. O.（Anm. 55），S. 55 f.; LK[10]/*Hirsch*, a. a. O.（Anm. 6），Vor § 223 Rn. 3 参照。
264　*Beling*, a. a. O.（Anm. 60），S. 228; *Kaufmann*, a. a. O.（Anm. 144），S. 372 f.; *Gössel/Dölling*, a. a. O.（Anm. 243），§ 12 Rn. 76 等。

見解[265]や、患者の承諾に構成要件該当性阻却効果を認める見解[266]が主張されている。さらに、アルトゥール・カウフマンは、医学準則に基づいて設定された注意義務を遵守することで当罰性を否定し、傷害や死亡の結果を惹起する行為であっても、許されたリスクや社会的相当性の理論によって説明できる、とする[267]。

（1）結果説の構想に対する疑問点

しかし、結果説の構想に対しては、主として以下の2点に関して検討の余地がある。

第1が、治療「結果」のとらえ方をめぐる点である。ここでの問題は、治療行為の成功・失敗という「結果」概念をいかにして規定するか、にある。たとえば、患者が膀胱疾患の手術を受け、手術自体は成功したが、それにより生殖能力が失われた事例[268]を考えてみよう。この事例にいう手術の成功とは、いかなる状態を指すのか。また、手術を受けなければあと1年は家族と通常の生活を送ることのできるがん患者が、その手術を受ければ3年は延命できる反面、術後は介護が必要な寝たきり状態になってしまうと仮定しよう[269]。この場合、成功した手術とはいかなる実質を備えていればよいのか。さらにいえば、手術が成功したか否かを誰が、いつ、どのように判断するのか[270]。本書の視点からすると、これらの問題は、身体「利益」侵害の結果をどのように規定するかに関係してくる。この点は、傷害罪における法益の

---

265 *Bockelmann*, a. a. O. (Anm. 150), Strafrecht des Arztes (1968), S. 67 f; *Hirsch*, a. a. O. (Anm. 240), S. 355 f; *Gössel/Döling*, a. a. O. (Anm. 243), § 12 Rn. 85 等。刑法改正審議時の発言として、*Wilhelm Gallas*, in: Niederschriften, a. a. O. (Anm. 239), S. 197 も参照。

266 失敗した治療行為につき、*Gössel/Döling*, a. a. O. (Anm. 243), § 12 Rn. 90 は、患者の有効な承諾によって傷害罪の構成要件該当性（あるいは傷害の故意）が否定される、とする。その一方で、*Schmidhäuser*, a. a. O (Anm. 175), BT, 1/5 は、患者の生命が危険にさらされるときは、患者本人の承諾が必要である、という。

267 *Kaufmann*, a. a. O. (Anm. 144), S. 373. アルトゥール・カウフマンの議論につき、前節第1款第2項1（本書113-114頁）参照。

268 この事例は、*Werner Hardwig*, Betrachtungen zur Frage des Heileingriffes, GA 1965, S. 161 ff., 163 による設例を一部修正したものである。

269 *Ingeborg Puppe*, Die strafrechtliche Verantwortlichkeit des Arztes bei mangelnder Aufklärung über eine Behandlungsalternative-Zugleich Besprechung von BGH, Urteile vom 3. 3. 1994 und 29. 6. 1995, GA 2003, S. 764 ff., 765 による設例である。

270 たとえば、*W. Bauer*, a. a. O. (Anm. 31), S. 65 は、後遺症として患者に麻痺や障害が残った場合の処理に疑問を呈し、「いつ、その侵襲は成功したといえるのか」(ebenda, S. 67)、と問う。

とらえ方を考える際に、第4章第3節第3款第2項1（本書278頁以下）でさらに掘り下げて検討していきたい。

第2に、結果説は、その基本コンセプトであるはずの全体的考察を徹底できていない疑いがある。すなわち、たとえその治療行為が最終的に患者の身体利益を悪化させなかった場合であっても、個別的考察を適用せざるをえず、そのかぎりで全体的考察を貫徹できない、というのである。このように考えてみると、たとえ最終的に患者に治癒結果が生じたとしても、すでにその侵襲結果によって生じた構成要件的結果を、その後に生じた治癒結果によって相殺ないし否定することは、理論上やはり不可能であるように思われる[271]。もとより、差引残高の理論に関するさらなる検討の必要性と、その際に踏むべき具体的な手順については、前出・1(1)（本書140-141頁）で述べたとおりである。

(2) 修正結果説の論理構造に対する予備的検討

以上のような結果説のプロトタイプに対して、エーザーの修正結果説は、たとえ治療が成功した場合であっても、それが四肢の切断や身体機能の変更・停止のような、身体の枢要部分の重大な喪失・変更と結びつくときには、患者の承諾が必要である、とする[272]。たしかに、エーザーは、健康状態を悪化させない失敗した侵襲行為も、傷害罪の構成要件に該当しないとする。なぜなら、その場合の行為は、「身体的健全感を毀損する有害で不適切な取扱い」も、健康に対する損害も、惹起していないからである[273]。このような処理によって、エーザーは先にみた第2の疑問点を回避し、全体的考察を維持しようと試みる。この姿勢は、ただ単に失敗しただけの侵襲行為に対し、傷害罪の構成要件該当性を認める多くの「結果説」論者とは対照的である。

もっとも、結果概念をめぐる第1の疑問点は、修正結果説に対してもその

---

[271] *Weber,* a. a. O.（Anm. 238），§ 6 Rn. 100; *Hilgendorf,* a. a. O.（Anm. 238），§ 6 Rn. 100. 町野・前出注（9）93頁のほか、佐久間（基）・前出注（9）「（一）」103頁、佐藤・前出注（6）346-347頁も参照。

[272] エーザーの修正結果説につき、前節第2款第2項1（本書118頁以下）参照。

[273] *Eser,* a. a. O.（Anm. 165），Juristischer Studienkurs III, 7 A 10（S. 90）; Sch/Sch²⁹⁻*ders./Sternberg-Lieben,* a. a. O.（Anm. 6），§ 223 Rn. 32.

ままあてはまるだろう。このかぎりで、修正結果説における「結果」概念に対しても疑問の余地がある。しかも、治療結果としての身体機能の喪失・変更・侵害[274]という基準はあまりに不明確であるばかりでなく、それがなぜ構成要件実現にとって重要なのかは、理論上必ずしも明らかでない[275]。さらにいえば、患者の自己決定権や身体の処分権の自由が傷害罪の法益に内在しているのなら、それは、四肢の切断や身体機能の変更・停止のように、重大な身体部分を喪失ないし変更させた場合のみならず、あらゆる場合にも等しく妥当するといわなければならないだろう[276]。それゆえに、結果説の基本枠組みをベースとする以上、その修正形式にあたるエーザーの所説もまた、理論上看過できない問題点を含んでいるように思われる。とはいえこの問題点に関しても、傷害罪における法益のとらえ方という観点から、慎重な検討が求められる。そこで第4章第3節第3款第3項4（本書293頁以下）では、わが国の佐伯仁志や辰井聡子の議論をも視野に入れつつ検討を加える。

第3項　傷害罪の法益論による解決：
法益論アプローチの基本的主張と検討課題の具体化

　第2が、傷害罪の法益論による解決（法益論アプローチ）である。自由侵害モデルは、判例の身体侵害モデル的理解と異なり、患者の自律、つまり、治療行為に対する承諾に統一的な意味づけを与えていない[277]。この点に関して、現在のドイツ法においては、治療行為との関係で傷害罪の法益をどのようにとらえるかをめぐって、明らかに思考方法の異なる2つの潮流が存在している。傷害罪における身体・健康を生物学的・身体的不可侵に限定する「伝統的潮流」と、傷害罪における身体・健康を生物学的・身体的不可侵に限定しない「新たな潮流」がこれである。前節第4項（本書123頁以下）では、ドイツ法における学説の理論的・系譜的到達点としての法益論アプローチの

274　Sch/Sch[29]-*Eser/Sternberg-Lieben*, a. a. O. (Anm. 6), § 223 Rn. 31 ff. 等。

275　LK[11]/*Lilie*, a. a. O. (Anm. 6), Vor § 223 Rn. 4; *Gössel/Dölling*, a. a. O. (Anm. 243), § 12 Rn. 77; MedR[4]/*Duttge*, a. a. O. (Anm. 6), § 223 StGB Rn. 20 参照。W. *Bauer*, a. a. O. (Anm. 31), S. 76 f. も、患者の承諾を得ずに行われた輸血を例として挙げつつ、「重大な」変更という基準は有効に機能しえない、とする。

276　LK[10]/*Hirsch*, a. a. O. (Anm. 6), Vor § 223 Rn. 4; *Tag*, a. a. O. (Anm. 21), S. 195 f. 参照。

277　*Tag*, a. a. O. (Anm. 21), S. 20 参照。

諸相を素描してきたが[278]、一言で「法益論アプローチ」といっても一枚岩ではない点に注意を要する。

以下では、傷害罪の法益論をめぐる伝統的潮流と新たな潮流の基本的主張を確認し（後出・1）、この作業をつうじて、第3章と第4章でさらに掘り下げて検討すべき課題を具体化する（後出・2）。

1 法益論アプローチの基本的主張
（1）傷害罪の法益論をめぐる伝統的潮流：「身体」法益概念の内容を限定する立場

ドイツの多数説は、傷害罪の保護領域を身体的・生物学的不可侵に限定し[279]、身体・健康に対する処分権の侵害をもっぱら自由に対する罪に帰属させている[280]。この立場が、ドイツ（医事）刑法における伝統的な法益理解であり[281]、つぎにみる新たな潮流に対抗するかたちで、近時より自覚的に展開されはじめた理論的潮流である。

その主張内容として、傷害罪の法益の内容として自由に対する権利を読み込む点につき、エベルハルト・シュミットは、立法者の意図と完全に乖離してしまう[282]として警鐘を鳴らし、ヴェルナー・ニーゼ（*Werner Niese*）も、「法定構成要件体系およびこれに帰属する法益体系が、法治国家にとってもっとも憂慮すべきかたちで解体されてしまうだろう」[283]として非難の声をあげている。また、これらの声に同調する他の論者らも、傷害罪の構成要件に自己決定権を含ませる点に対し、身体に対する罪と自由に対する罪との交錯する境界が不明瞭になる[284]、基本法103条2項[285]の明確性の原則に反す

---
278 法益論アプローチの内容につき、前節第2款第4項（本書123頁以下）参照。
279 *Grünwald*, a. a. O. (Anm. 139), S. 138; *Gössel/Dölling*, a. a. O. (Anm. 243), § 12 Rn. 73 参照。
280 *Christian Katzenmeier*, Ein Sonderstraftatbestand der eigenmächtigen Heilbehandlung, ZRP 1997, S. 156 ff., 158 等。
281 *Christine Wagner*, Die Schönheitsoperation im Strafrecht, Berlin 2015, S. 104 参照。
282 *Eb. Schmidt*, a. a. O. (Anm. 105), JR 1958, S. 226 f.
283 *Werner Niese*, Ein Beitrag zur Lehre vom ärztlichen Heileingriff, in: Festschrift für Eberhard Schmidt, Göttingen 1961, S. 364 ff., 366.
284 *Bockelmann*, a. a. O. (Anm. 150), JZ 1962, S. 527 f.
285 ドイツ基本法103条2項は、「ある行為が遂行される以前にその可罰性が法律により規定されていた場合にのみ、その行為を罰することができる。」と規定する。なお本書では、基本法の条文訳にあたって、宮沢俊義編『世界憲法集 第四版』（1983年・岩波書店）153頁以下〔山田晟訳〕、

る[286]、といった批判を浴びせている。

（2）傷害罪の法益論をめぐる新たな潮流：「身体」法益概念の内容としてその処分権をも盛り込む立場

これに対して、比較的近時の有力説は、客観的・生物学的な身体性のみならず、身体・健康に対する自由な処分権ないし自己決定権も、傷害罪の保護法益に含まれる、とする[287]。この有力説によれば、法益に対する処分権の行使は、法益の「侵害」ではなく、むしろその「実現」にほかならない[288]。

新たな潮流によると、人の身体とそれに対する自己決定権とを切りはなすことは不可能である[289]。その理論的根拠につき、ヴィルフリート・ボトケ（*Wilfried Bottke*）は、健康という法益が主観的傾向を有しているとし[290]、クラウスも、「身体機能としての健康が何であるのかは、その機能の目標を設定しようとする者だけがこれを決することができ、身体の健全感が何であるのかは、健全である者だけがこれを述べることができる」[291]として、傷害罪

高橋和之編『新版 世界憲法集 第二版』（2012年・岩波書店）161頁以下〔石川健治訳〕等を参照したが、必ずしも同一ではない。

286 Bockelmann, a. a. O. (Anm. 150), Strafrecht des Arztes (1968), S. 70 f.; L/U[4]-*Ulsenheimer*, a. a. O. (Anm. 235), § 138 Rn. 4 参照。

287 Roxin, a. a. O. (Anm. 192), § 13 Rn. 13 f.〔ロクシン（平野龍一監修・町野＝吉田監訳）・前出注(192) 591-592頁〕; ders., a. a. O. (Anm. 193), S. 278, 281 ff. 等。

288 法益を、行為客体に対して「権限を有する者の自律的支配（autonome Herrschaft des Berechtigten）」と解するのは、Schmidhäuser, a. a. O. (Anm. 175), AT (Lehrbuch), 8/124 であり、Thomas Weigend, Über die Begründung der Straflosigkeit bei Einwilligung des Betroffenen, ZStW 98 (1986), S. 44 ff., 61 は、「自律的に行使される処分権についての自由」ととらえる。詳細につき、曽根・前出注(20) 137頁以下、238頁以下、川原広美「刑法における被害者の同意（二・完）——自律性原理の確認——」北大法学論集31巻2号（1980年）357頁以下、370-371頁、386頁以下、須之内克彦「刑法における『自己決定』に関する一考」愛媛法学会雑誌3巻2号（1977年）73頁以下〔同・前出注(20)『刑法における被害者の同意』62頁以下所収〕、佐藤・前出注(20) 102頁以下、山中・前出注(6) 128頁以下参照。シュミットホイザーの議論は、第4章第3節第3款第3項3（本書292-293頁）でも取り上げる。

289 このような理解からすると、患者の有効な承諾を得て行われた治療行為は、傷害罪の構成要件にもとより該当しない。Riedelmeier, a. a. O. (Anm. 123), S. 65 参照。これに対して、W. Bauer, a. a. O. (Anm. 31), S. 141 f. は、新たな潮流のような法益論を前提に、身体侵害モデルのほうが身体の不可侵に対する権利をより広く保護することができ、これにより患者の自己決定権も保護される、とする。

290 Bottke, a. a. O. (Anm. 238), Ziff. 207 参照。

291 Krauss, a. a. O. (Anm. 156), S. 570. ここでクラウスは、Carl Schmitt, Freiheitsrechte und institutionelle Garantien der Reichsverfassung (1931), in: Carl Schmitt, Verfassungsrechtliche Aufsätze aus den Jahren 1924-1954, 3. Aufl., Berlin 1958, S. 140 ff., 167〔紹介として、森靜太郎「ドイツ憲法の制度的保障」法文論叢（九州大学）15号（1934年）28頁以下、49頁。全訳として、

の法益が身体の不可侵のみならず、自己決定権をも含む、とする。「というのは、何人も、個人的な価値観によって特徴づけられた利益を、本人自身よりも適切に判断することなどできないからである」[292]。

　治療行為との関係で、この潮流の趣旨を明確に宣言したのがホルンである。ホルンは、傷害罪に内在する二重の保護法益を出発点として（「二元的」解決）、患者の自己決定権を阻害する専断的治療行為は身体的虐待の構成要件を充足し、身体の不可侵の保護を健康損害に帰属させる[293]。ロクシンおよびこれを受け継ぐタークの議論[294]も、ホルンの議論と共通の問題意識に司られている[295]。

2　検討課題の具体化：第3章と第4章への序

　ドイツ法の法益論アプローチ、すなわち、傷害罪の保護法益を解明しようとするアプローチは、わが国の発展に資する分析視角となりうるように思われる。前述のように、これまでのわが国では、「身体」法益の本質論に踏み込んだ分析が不足していた[296]。この法益論アプローチをさらに掘り下げて検討し、わが国にとって有意な比較法的知見を抽出してはじめて、「治療行為論」体系構築のための手がかりが得られるだろう。

　では、具体的にはどのような検討が求められるか。本書の視点からすると、まず、専断的治療行為をめぐるドイツ刑法改正諸草案の到達点と課題を明らかにすることで、当該行為による「利益」侵害の構造を明晰化する必要がある。法益論アプローチからすると、治療行為をめぐる問題の核心は、傷害罪の保護法益との関係で、患者の自己決定権をどのように位置づけるか、

　　カール・シュミット（佐々木高雄訳）「ワイマル憲法における自由権と制度的保障」時岡弘編『人権の憲法判例〔第三集〕』（1980年・成文堂）281頁以下、313頁〕を引用している。
292　*Tag*, a. a. O.（Anm. 21）, S. 440 f.
293　ホルンの「二元的」解決につき、前節第2章第4項3（本書129-130頁）参照。
294　タークの議論につき、前節第2款第4項4（本書130頁以下）参照。
295　たとえば、*Engisch*, a. a. O.（Anm. 31）, S. 5 f., 9, 29 は、精神的健康と身体的健康、そして身体的損害と精神的損害がそれぞれ不可分であるとし、傷害罪による保護を第一次的には身体の不可侵に帰属させるが、その際、身体利益を具体化する際の衡量要素として自己決定権に意義を認めるべきである、とする。さらに、Sch/Sch29-*Eser/Sternberg-Lieben*, a. a. O.（Anm. 6）, § 223 Rn. 32 f. も参照。
296　わが国の議論として、第1章第1節第1款第2項3（本書41頁以下）参照。

にある。この問題の考察を深めるためには、患者の自己決定権と身体法益との関係がもっとも先鋭化する専断的治療行為の刑法改正論議を押さえておかなければならない。すなわち、まず、専断的治療行為を処罰の対象とするドイツ刑法改正諸草案がいかなる経緯を経て起草されたかを系譜的にたどり、ついでその系譜分析から得られる成果を総合し、刑法改正諸草案が専断的治療行為により侵害される「利益」の実質をどのようにとらえてきたかを明らかにする。これにより、本章の考察を立法論的観点から再度見直し、ドイツ法の到達点をより立体的に把握することができるだろう。第3章では、こうした考察に取り組みたい。

つぎに、ドイツ刑法223条の傷害罪規定の制定過程を跡づけ、同条にいう「身体」の意味内容、およびこれに対する自己決定権をめぐる議論の理論的到達点を明らかにする必要がある。これまでの議論の積み重ねを軽視して、現在代表的とされる議論の上澄みだけをただ表面的に批判するだけでは、事物の核心に迫ることはできないからである。「被害者の承諾」論や法益論はもとより、違法(阻却)論の基本原理にまで及ぶこの問題を解決するためには、議論の根幹に立ち返った基礎研究に取り組まなければならない。そのためには、本項でみた学説上の2大潮流を、理論的にさらに掘り下げて検討する必要がある。具体的には、まず、傷害罪の法益論をめぐる伝統的潮流と新たな潮流の各理論枠組みを明晰化し、ついで、各潮流を支える論拠を批判的に検討することにより、わが国への導入可能性を検証する。このような作業によってこそ、わが国の傷害罪で保護すべき「身体」法益の内容と構造を明らかにし、「治療行為論」の体系化への糸口を見いだすことができるだろう。この分析には、次章で刑法改正作業の考察を終えた後、引きつづき第4章で取り組むこととしたい。

第3款　小　括：身体侵害モデルの堅持と自由侵害モデルのヴァリエーション

以上、前節までのテクスト解析の成果を総合し、ドイツ法の理論的到達点と課題を明らかにしてきた。本節の成果をまとめると、以下のとおりである。

ドイツの判例は、個別的考察に基づく身体侵害モデル的立場を採用し、100年以上にわたってこれを維持している（第1款第1項、第2項）。これに対して、自由侵害モデルの内容は、全体的考察を採用する点で一致するが、細かな点では帰一しない。自由侵害モデルのなかにも、大別して、①適法化メルクマールの措定・操作による解決と、②傷害罪の法益論による解決（法益論アプローチ）が存在する（第2款第1項）。

まず、①は、(a) 治療行為による危険の緩和・減少や、(b) 当該行為の成否、つまり成功・失敗によって治療行為の刑法的性質を特徴づける解決である。しかし、(a) につき、傷害罪の成否が危険の増加ないし緩和・減少に左右される理論的根拠は必ずしも明らかでなく、そこにいう「危険」概念の内実もあまりに不明瞭である。また (b) に関しても、治療行為の成功・失敗という「結果」概念をいかにして規定するか、また、結果説の基本コンセプトである全体的考察をどの程度徹底できているか、という点で疑問の余地がある（第2款第2項）。

これに対して、②は、治療行為との関係で傷害罪の保護法益をどのようにとらえるかを問う解決であり、従来のわが国に欠けていた視点を提供するという意味で、一定の参照価値が認められる。次章以降は、この②の解決をさらに掘り下げて検討し、わが国にとって有意な比較法的知見を抽出することで、「治療行為論」体系構築のための手がかりを見いだしたい（第2款第3項）。

第5節　本章の成果

第1款　ドイツ法における法益論アプローチの意義

以上、ドイツ法における判例・学説の歴史的発展過程を追体験し、各テクストの基底をなす理論枠組みを抽出しつつ検討を加えることで、同国における議論の到達点と課題を明らかにしてきた。本章の記述全体から抽出されたのは、「身体」傷害概念の意義・射程をつねに念頭に置いて解釈を行うドイ

ツ法の基本的姿勢である。このような姿勢は、わが国で「治療行為論」体系を構築するうえでも参考になるように思われる。なぜなら、第1章第1節第2款（本書48頁以下）で述べたように、これまでのわが国の議論は、もっぱら、刑法35条という「便利（？）な規定」[297]の解釈に主眼を置くがあまり、「身体」法益の本質に立ち返った検討に関しては、きわめて手薄な状況にあったといえるからである。

第2款　獲得された課題：「身体」法益論の検討必要性

　かくして、治療行為をめぐる諸問題の解決のためには、傷害罪の保護法益と治療行為の関係性を明らかにしなければならない。そのためには、前節第3項2（本書148-149頁）で述べたように、ドイツ刑法改正作業の動きをまず確認しておく必要がある。なぜなら、治療行為に関するドイツ刑法改正作業は、本章でみた判例・学説から影響を受けて展開されたという経緯があるからである。ドイツ刑法改正諸草案の内容を分析することで、本章の議論をより立体的に把握することができる。

　そこで次章では、ドイツ刑法改正作業の歴史的展開を追跡し、その現状と課題を明らかにすることで、専断的治療行為による「利益」侵害の内実を解明するためのより具体的な視点を獲得する。

297　藤本・前出注（6）「（一）」11頁。詳細につき、第1章第1節第1款第1項2(3)（本書25頁以下）参照。

表1　ドイツ判例・学説の特徴

	治療結果		医学準則		その他の メルクマール
	成　功	失　敗	高　度	低　度	
	以下の見解は、行為の個別的考察を前提とする				
判例	① 治療行為は、刑法223条（傷害罪）の構成要件をつねに充足する ② 上記①は、医学的適応性の存否や医学準則の遵守と無関係である ③ 違法阻却事由、とくに患者の承諾が必要である				
	以下の見解は、行為の全体的考察を前提とする				
身体利益説	重視されず	重視されず	傷害罪の客観的構成要件は、治療結果にかかわらず充足されない	◇客観的構成要件が充足される ①医学準則に故意に違反した場合（＝故意傷害） ②医学準則に過誤により違反した場合（＝過失傷害）	◇当該治療に優越的利益が認められる場合を考慮（エンギッシュ） ◇不真正不作為犯の原理に基づき、治療が失敗した場合を考慮（E・シュミット）
結果説	◇医学準則の遵守や治療目的の有無にかかわらず、傷害罪の構成要件にあたらない ◇医学準則に故意に違反した場合、治療目的のない場合は、傷害未遂が問題となる	◇傷害罪の客観的構成要件を充足する ①医学準則を遵守した場合や、治療目的がある場合は、主観的構成要件が欠落する ②医学準則に違反した場合や、治療目的のない場合は、故意傷害罪または過失傷害罪が成立する	治療が失敗した場合に考慮される	治療が失敗した場合に考慮される	──

	治療結果		医学準則		その他の メルクマール
	成　功	失　敗	高　度	低　度	
修正結果説	◇（四肢の切断や身体機能の変更・停止のような）身体の重要	◇患者が了解していなかった場合は、傷害罪の客観的構成要件	治療が失敗した場合に考慮される	治療が失敗した場合に考慮される	◇治療は成功したが、（四肢の切断等の）身体の重要部分の喪

第5節　本章の成果　153

修正結果説	な部分の喪失・変更がないかぎり、医学準則の遵守や治療目的の有無にかかわらず、傷害罪の客観的構成要件は充足されない◇治療目的を欠く場合、医学準則に故意に違反した場合は、傷害罪の未遂が問題となる	が充足されるが、医学準則を遵守し、治療目的があった場合は、主観的構成要件が欠ける◇治療目的を欠く場合や、医学準則に故意に違反した場合は、主観的構成要件が充足され、故意傷害罪が成立する			失・変更が生じた場合①患者が治療に了解していた場合は、傷害とならない②患者の了解を得ていなかった場合、治療目的がない場合、医学準則に違反した場合は、故意傷害罪が成立する
危険減少説・危険緩和説	重視されず	重視されず	重視されず	重視されず	①危険が減少・緩和した場合（＝構成要件該当性なし）②危険が増加した場合（＝構成要件該当性あり）

	治療結果		医学準則		その他のメルクマール
	成功	失敗	高度	低度	
「三元的」解決	過誤による医的侵襲の場合にのみ考慮される	過誤による医的侵襲の場合にのみ考慮される	治療結果にかかわらず、健康損害はない	①治療が成功した場合は、健康損害がない（ただし、医学準則に故意に違反した場合は、傷害未遂罪が成立しうる）②治療が失敗した場合は、健康損害があり、行為者の内心に応じて故意傷害罪または過失傷害罪の成否が問題となる	患者の身体に対する直接的・専断的侵襲はすべて、故意の身体的虐待を構成する

＊ *W. Bauer*, a. a. O.（Anm. 31）, S. 203 ff. を参考に筆者作成

第3章　ドイツ法の系譜的考察・その2
──刑法改正作業の展開

第1節　本章の目的
第2節　第二次世界大戦前の刑法改正作業：
　　　　治療行為関連規定の誕生とその変遷
第3節　第二次世界大戦後の刑法改正作業：
　　　　判例法理の結晶化を目指して
第4節　ドイツ刑法改正作業の到達点とその理論的検討
第5節　本章の成果

第1節 本章の目的

第1款 本章の課題

　前章でみたように、ドイツ法は、100年以上も前から治療行為をめぐる法的課題に取り組んできた。これを受けて、わが国の先行研究も、ドイツ法をフォローしつづけてきた。もっとも、わが国のこれまでの研究をもう一度よく見渡してみると、ドイツの判例・学説を紹介・分析した研究は比較的多いものの、刑法改正作業そのものに焦点を当てた研究[1]は意外なほど少ない。なるほど、ドイツ現行刑法典を繙いてみても、「治療行為」の名を冠する規定は見当たらない。わが国の先行研究が、刑法改正作業に目を向けてこなかったのもうなずける。しかし、この先行研究上の空隙を見過ごすわけにはいかない。前述のように[2]、判例・学説から影響を受けて刑法改正諸草案が起草された以上、ドイツ刑法改正作業の歴史的発展過程[3]を明らかにする作業

1　先行研究として、藤本直「醫師の手術と身體傷害罪の問題に就て（一）～（三）」法学新報41巻2号（1931年）1頁以下、11頁以下、41巻3号（1931年）71頁以下、41巻5号（1931年）72頁以下、町野朔『患者の自己決定権と法』（1986年・東京大学出版会）51頁以下、田坂晶「刑法における治療行為の正当化」同志社法学58巻7号（2007年）263頁以下、348頁以下がある。さらに、佐久間基「専断的治療行為と傷害罪（一）～（三・完）」法学（東北大学）55巻3号（1991年）87頁以下、94-98頁注（13）、55巻4号（1991年）88頁以下、58巻2号（1994年）124頁以下、塩谷毅「同意傷害について」岡山大学法学会雑誌50巻2号（2001年）241頁以下、246頁以下〔同『被害者の承諾と自己答責性』（2004年・法律文化社）126頁以下所収、128頁以下。以下、引用は同書による〕も参照。

2　詳しくは、第2章第2節第4款第1項（本書91-92頁）、同第3節第2款第1項（本書117-118頁）参照。

3　ドイツ刑法改正論議を包括的に扱う文献として、*Brigitte Tag*, Der Körperverletzungstatbestand im Spannungsfeld zwischen Patientenautonomie und Lex artis, Berlin/Heidelberg/New York 2000, S. 31 ff., 445 ff.; *Sabine Riedelmeier*, Ärztlicher Heileingriff und allgemeine Strafrechtsdogmatik, Baden-Baden 2004, S. 20 ff. がある。また、*Eberhard Schmidt*, Der Arzt im Strafrecht, Leipzig 1939, S. 117 ff. は、1900年代前葉から1930年代中葉の議論を整理し、*Hans-Ludwig Schreiber*, Novellierung des Arztstrafrechts-Juristische Gründe, ZaefQ 1998, S. 568 ff., 569 ff.; *ders.*, Zur Reform des Arztstrafrechts, in: Festschrift für Hans Joachim Hirsch, Berlin/New York 1999, S. 713 ff. は、刑法改正の系譜を包括的に分析する。専断的治療行為の刑事規制に関する比較法的研究として、*Albin Eser*, Zur Regelung der Heilbehandlung in rechtsvergleichender Perspektive, in: FS Hirsch, S. 465 ff.〔邦訳として、アルビン・エーザー（上田健二＝浅田和茂

も、本書の問題解決にとって不可欠のはずだからである[4]。前章と対をなす本章は、ドイツ刑法改正作業の展開過程を追体験し、その到達点と課題を明らかにすることで、専断的治療行為による「利益」侵害の内実を究明するための視点と素材を獲得することを目的とする。

第2款　分析対象とその選択理由

はじめに、本章における分析の対象とその選択理由を以下に示す。

第1項　時間的範囲とその時期区分

まず、本章が分析対象とする時間的範囲は、1800年代末葉から1900年代末葉までとする。1871年のライヒ刑法典制定期までさかのぼって分析を行う理由は、議論の発端がその時期に集中しているからであり、また、刑法改正作業の起源から到達点までを統一的に分析した研究が、わが国に欠けているからである。

そのうえで本章では、後述する1909年草案から第一次世界大戦勃発までを第Ⅰ期「黎明期」、ワイマール体制の確立から1933年のナチスの政権獲得までを第Ⅱ期「伸展期」、ナチス政権期から第二次世界大戦後の時期までを第Ⅲ期「混迷期」、戦後の刑法改正作業の再開から1962年草案までを第Ⅳ期「復興期」、1970年代案までを第Ⅴ期「新興期」、そして第6次刑法改正法までを第Ⅵ期「転換期」に区分し、刑法改正作業の歴史的展開をたどる[5]。

第2項　分析対象とする議論

つぎに、本章における直接の分析対象は、1900年代以降に起草された刑法改正草案の「治療行為関連規定」をめぐる議論とする。治療行為関連規定と

訳）「比較法的に展望した治療行為の規制について」アルビン・エーザー（上田健二＝浅田和茂編訳）『医事刑法から統合的医事法へ』（2011年・成文堂）71頁以下〕参照。
4　立法過程研究の意義とその必要性につき、小林直樹『立法学研究――理論と動態――』（1984年・三省堂）35頁以下参照。
5　時期区分を設定するにあたり、唄孝一『医事法学への歩み』（1970年・岩波書店）23頁以下を参考にした。

は、傷害罪排除規定と専断的治療行為処罰規定の総称である。

傷害罪排除規定とは、身体に対する傷害行為と治療行為を刑法上峻別する規定をいう。たとえば、1922年ラートブルフ草案235条の「良心的な医師の慣行に適合する侵襲及び治療方法は、この法律の意味における傷害又は虐待ではない。」という規定がこれにあたる[6]。

専断的治療行為処罰規定とは、患者の意思に反し、またはその承諾を得ずに行われた治療行為、つまり専断的治療行為を処罰の対象とする規定をいう。たとえば、1927年ドイツ一般刑法典草案281条1項の「治療の目的によりある者をその意思に反して治療した者は、3年以下の軽懲役又は罰金に処する。」という規定がこれにあたる[7]。

また、本章の目的意識のもとでは、同意傷害規定と違法阻却一般規定にも目を配る必要がある。前者の一例として、1925年ドイツ一般刑法典公式草案239条は、「被害者の承諾を得て傷害を行った者は、承諾があるにもかかわらず、行為が善良な風俗（gute Sitten）に反するときにのみ、罰せられる。」と規定し[8]、後者に関して、1913年委員会草案26条には、「その違法性が公法又は民法によって阻却される行為は、罰しない。」という明文規定がある[9]。これらの規定は、必要に応じてそのつど取り上げる。

なおその際に、本章では、各案起草当時の社会的背景をも顧慮しながら、治療行為関連規定の系譜を整理・分析する。なぜなら、刑法改正作業は、各年代の表層的な事実関係のみならず、その背後に潜在する政治的・経済的な情勢からも影響を受けているからである。

第3款　本章の構成

以上のような目的意識および前提のもと、本章では、以下の手順でドイツ

6　1922年ラートブルフ草案につき、次節第3款第1項2（本書171-172頁）、第4章第2節第3款第5項1（2）（本書241頁以下）参照。

7　1927年草案につき、次節第3款第3項1（本書175頁以下）、第4章第2節第3款第5項1（2）（本書241頁以下）参照。

8　1925年草案につき、次節第3款第2項（本書172頁以下）、第4章第2節第3款第5項1（2）（本書241頁以下）参照。

9　1913年草案につき、次節第2款第3項（本書168-169頁）参照。

刑法改正作業の展開を系譜的観点から考察し、これによって第2章の議論を追体験する。

まず第2節では、1800年代末葉から1900年代前葉にかけての議論、すなわち、現行刑法典の制定から第二次世界大戦までの時期の歴史的展開過程をたどる。そのために、あらゆる議論の発端となった1894年判決と、これに対抗するかたちで展開される所説をはじめに紹介する。つぎに、1909年草案から第一次世界大戦勃発までの第Ⅰ期「黎明期」の議論、1919年のワイマール体制の確立から1933年のナチスの政権獲得までの第Ⅱ期「伸展期」の議論、および、第二次世界大戦終結までの第Ⅲ期「混迷期」の議論を、草案理由書等を手がかりに描き出し、判例・学説に対して立法者がいかなる対応を示したかを確認する。

つづく第3節では、第二次世界大戦終結から20世紀末葉までの刑法改正論議を眺望し、その展開を跡づける。具体的には、第二次世界大戦後の刑法改正作業再開から1962年草案までの第Ⅳ期「復興期」の展開、1970年代案までの第Ⅴ期「新興期」の展開、および、第6次刑法改正法までの「転換期」の展開をたどる。ここでは、専断的治療行為処罰の保護法益をめぐる議論を分析の基軸としながら、さらに、医師の説明義務をめぐる議論にも検討を加えることで、戦後から現在までのドイツ刑法改正作業の到達点を特定する。

そして第4節では、以上の分析から得られる比較法的・系譜的知見を総合し、本章の成果を示す。具体的には、まず、ドイツ刑法改正諸草案における専断的治療行為処罰規定の保護法益を明らかにする。この作業によって、第2章でみた学説の法益論アプローチ[10]を再度見直し、これにより刑法改正作業の理論的到達点を立体的に把握することができる。つぎに、そこでの作業の成果を踏まえて、ドイツで治療行為関連規定の立法化が実現していない理由を解明する。そして、第2章の分析から得られた系譜的・比較法の知見を補強するかたちで、専断的治療行為による「利益」侵害の内実を明らかにするためのさらなる素材と視点が獲得されれば、本章の目標は達成されることとなる。

---

10 ドイツ法上の法益論アプローチにつき、第2章第3節第2款第4項（本書123頁以下）、同第4節第2款第3項（本書145頁以下）参照。

第2節　第二次世界大戦前の刑法改正作業：
治療行為関連規定の誕生とその変遷

第1款　問題の所在

　本節では、1800年代末葉から1900年代前葉にかけて展開された刑法改正論議、具体的には、ドイツ現行刑法典の制定から第二次世界大戦までの時期の刑法改正の歴史的経緯をたどる。そのために、まず、1800年代末葉から1900年代前葉にかけての議論から整理する（第1款）。ここでは、議論の契機となった1894年判決とそれをめぐる学説との対立を概観し、この対立に対して、立法者がいかなる対策を講じるのかを観察する。

　つぎに、1909年草案から第一次世界大戦勃発までの第Ⅰ期「黎明期」の議論を跡づける（第2款）。この第Ⅰ期の議論のうちとくに着目すべきは、1911年対案をめぐる議論である。ここでは、刑法改正史において1911年対案がいかなる地位を占めたかを明らかにする。

　さらに、1919年のワイマール体制の確立から1933年のナチスの政権獲得までの第Ⅱ期「伸展期」の議論を概観する（第3款）。この第Ⅱ期には、戦前の刑法改正を代表する1922年ラートブルフ草案や1925年草案等が起草されるが、ここでは、立法者が、処罰の対象とすべき専断的治療行為の範囲をどのように画したかに注目する。

　そして、第二次世界大戦終結までの第Ⅲ期「混迷期」の議論を素描する（第4款）。刑法改正草案は、1933年草案から突如それまでの立場を改め、専断的治療行為の処罰範囲を拡大する方針を打ち出した。その要因はナチス刑法学の思想にある、といわれている。問題は、その思想がどのような内容を有し、戦後それが受け継がれたか否か、また、もし受け継がれたとすればどのように受け継がれたか、である。ここでは、これらの点にスポットを当てながら検討を進め、第二次世界大戦前までの刑法改正作業の到達点を明らかにする。

もっとも、本節の記述は、この領域独自のやや細かな刑事法制史研究となっている。そのため、第2款から第4款は、読者の関心に応じて適宜読み飛ばしていただき、第5款（本書184-185頁）の小括を確認してから、すぐ第3節に移っていただいて差し支えない。

第1項　前　史

1　議論の揺籃期

ドイツでは、1870年に北ドイツ連邦刑法典が、1871年にライヒ刑法典がそれぞれ制定されたが、両法典はともに治療行為関連規定を設けなかった[11]。その理由につき、ヨーゼフ・ハイムベルガー (Joseph Heimberger) は、ビスマルク「改革」以前の刑法文献が治療行為の問題をめぐり沈黙している点をとらえて、19世紀前葉には、治療行為の適法性が自明のことと考えられていた、と指摘する[12]。現にライヒ刑法典制定期まで、治療行為をめぐる刑法上の問題関心は、刑法学者らの思考実験の域を出ず、ただそれをどう説明するかが問題となっていたにすぎなかった[13]。

こうした状況下で有力に主張されたのは、医師という職業の国家的・公的な性格から治療行為の合法性を導く「慣習法説」[14]や、医師の業務が継続的に行われる点に治療行為の適法化根拠を求める「業務権説」[15]であった。これらの所説の隆盛からみてとれるように、この問題に対する学問的関心は、

11　北ドイツ連邦刑法典制定時の議論として、Stenographische Berichte über die Verhandlungen des Reichstages des Norddeutschen Bundes, I. Legislatur Periode-Session 1870, 2. Bd., Berlin 1870, 34. Sitzung, S. 637 ff., 661 ff. 参照。一方で、ライヒ刑法典制定時には、同意傷害との関係で議論がなされた。Karl von Lilienthal, Verbrechen und Vergehen gegen das Leben, Zweikampf, Körperverletzung, in: Paul Felix Aschrott/Franz von Liszt (Hrsg.), Die Reform des Reichsstrafgesetzbuchs, Bd. 2, Berlin 1910, S. 265 ff., 292 参照。

12　*Joseph Heimberger*, Berufsrechte und verwandte Fälle, in: Karl von Birkmeyer u. a. (Hrsg.), Vergleichende Darstellung des deutschen und ausländischen Strafrechts, IV. Bd., Berlin 1908, S. 15 ff., 36 f. 参照。井上祐司「被害者の同意」日本刑法学会編『刑法講座　第2巻』（1963年・有斐閣）160頁以下、174-175頁注（一）〔井上祐司『刑事判例の研究（その一）』（2003年・九州大学出版会）59頁以下所収、73頁注（1）。以下、引用は同書による〕も参照。

13　町野・前出注（1）37頁。

14　*Lassa Oppenheim*, Das ärztliche Recht zu körperlichen Eingriffen an Kranken und Gesunden, Basel 1892, S. 17 f. さらに、*Wilhelm Kahl*, Der Arzt im Strafrecht, Jena 1909, S. 21 f. も参照。

15　*Karl Binding*, Handbuch des Strafrechts, 1. Bd., Leipzig 1885, S. 792 Anm. 2, S. 802 f.; *Hugo Meyer*, Lehrbuch des Deutschen Strafrechts, 5. Aufl., Leipzig 1895, S. 271 f.

19世紀末まで決して高くはなかった[16]。治療行為をめぐる議論が活性化するには、ライヒ裁判所1894年5月31日判決（骨がん事件。以下「1894年判決」という。）[17]の登場を待たねばならなかった。本判決の基本的な判断構造は、第2章第2節第2款（本書78頁以下）ですでに確認したため、以下では、本章の論述に必要な範囲に絞ってその判旨を再確認する。

2 1894年判決の登場

本件は、自然療法の信奉者であった父親が事前に反対したにもかかわらず、ただちに手術が必要な状態であった7歳の女児に対して外科手術を行った医師（被告人）が、（当時の）ライヒ刑法223条の傷害罪で起訴された事案である。原審ハンブルク地方裁判所は、医師に無罪を言い渡したが、ライヒ裁判所は、大要以下のように判示して原判決を破棄し、差し戻した。すなわち、刑法223条にいう「身体的に虐待する（körperlich mißhandeln）」という文言は、身体に直接加えられた侵害すべてを含む[18]。したがって、およそ治療行為は、たとえ医学上適正に行われ成功したとしても傷害罪の構成要件に該当し、その違法性を阻却するためには、原則として患者（またはその法定代理人）の承諾が必要である。本件ではこの承諾が欠けるため、被告人の行為は違法な傷害を構成する、と。

かくして、1894年判決は、同意原則の立場から治療権をもっぱら患者の意思にかからしめ、患者の自己決定権を確認するとともに医師の強制治療権を否定した[19]。この点に本判決の意義がある。

第2項　判例を契機とする身体侵害モデルと自由侵害モデルの対立

1894年判決は、学問上のある論争を引き起こした。身体侵害モデルと自由侵害モデルの対立がそれである。

16　当時の学説状況につき、第2章第2節第2款第2項（本書82頁以下）参照。
17　RGSt 25, 375.
18　RGSt 25, 375 [378 f.].
19　町野・前出注（1）40頁。

1 2つの思考モデルの基本的枠組み

判例によれば、治療行為は傷害罪の構成要件に該当し、その違法性を阻却するためには、原則として患者の承諾が必要となる。これが身体侵害モデルの基本的発想である。たとえば、フランツ・フォン・リスト (Franz von Liszt) は、治療行為を法的に評価する際には、直接的な侵襲行為そのものをまず考慮しなければならない[20]として、身体侵害モデルを支持した。

これに対して学説上は、医学的適応性があり、医学準則に則って行われた治療行為はもとより傷害構成要件に該当せず、患者の意思自由に反する措置を行った点にその違法性があるとする立場、すなわち、自由侵害モデルが有力に主張されはじめた。たとえば、アントン・ヘス (Anton Hess) は、治療行為が傷害罪から切りはなされる根拠を、医師に主観的な傷害の意思が欠ける点に求め[21]、また、カール・ビンディング (Karl Binding) も、「もとより、創傷を治癒することは、一撃によって創傷を負わせることと、称賛に値するほどの対極 (löblicher Gegensatz) をなすのである！」[22]と主張して、医師の外科手術行為と無頼漢の刺突行為とを同視することに異を唱えた。自由侵害モデルによれば、治療行為はまさに全体として考慮されるべきであり、それは個別的に評価されるべきでない[23]。「したがって、改善・手術・治癒は、損害でもなければ、傷害でもないのである」[24]。

2 理論的対立点

身体侵害モデルと自由侵害モデルの対立は、専断的治療行為がいかなる罪を構成するか、という問いに集約される。

身体侵害モデルは、治療行為に対する患者の承諾を、その「身体」の傷害に対する承諾と理解し、患者の承諾を得ずに行われた専断的治療行為を、人の身体に対する違法な侵襲行為と評価する。したがって、このモデルから

---

20 *Franz von Liszt*, Lehrbuch des Deutschen Strafrechts, 16./17. Aufl., Berlin 1908, S. 153 f. Anm. 4, S. 313.
21 *Anton Hess*, Die Ehre und die Beleidigung des § 185 St. G. B., Hamburg 1891, S. 54 Anm. 4.
22 *Karl Binding*, Lehrbuch des Gemeinen Deutschen Strafrechts, Besonderer Teil, 1. Bd., 2. Aufl., Leipzig 1902, S. 56.
23 *Ernst Beling*, Die Lehre vom Verbrechen, Tübingen 1906, S. 154 f.
24 *Hess*, a. a. O. (Anm. 21), S. 54 Anm. 4.

は、専断的治療行為は、傷害罪等の身体に対する罪を構成しうる。

これに対して、自由侵害モデルは、医師が患者の意思に反する措置を行った点にその違法性を見いだし、専断的治療行為を、患者の意思「自由」を侵害する行為、つまり、身体利益と区別された「患者の自己決定権」そのものの侵害行為として評価する。したがって、このモデルからは、専断的治療行為は、理論的には、自由剥奪罪や強要罪といった自由に対する罪を構成しうる。

しかし、現在の通説的見解によれば、自由剥奪罪や強要罪の構成要件に該当しうる行為は、たとえば、麻酔や拘留によって患者の明示的意思に反して治療を施す行為や、重病であると脅して患者の意思に反する治療を黙認させる行為に限られる。そのため、自由に対する罪の構成要件に該当しうる行為は、刑法上ごく一部の類型にとどまるだろう。その結果、専断的治療行為の多くは不可罰となり、ここに処罰の間隙が生じることとなる[25]。

第3項　刑法改正の目的

こうした処罰の間隙への対処法として、ドイツでは、大きく分けて以下の2つの解決策が示されてきた[26]。

第1が、身体侵害モデルの採用による解決である。これによると、治療行為は傷害構成要件によって捕捉され、違法阻却の問題として処理される。1894年判決以来の判例がこの解決策を採用しつづけているのも、処罰の間隙を埋めるという合目的的考慮を理由としている。しかし、この解決は、ただ単に処罰の間隙を埋めるための法の歪曲であり、罪刑法定主義違反の疑いがあるとして非難される所以ともなった[27]。

これに対して、刑法改正作業は、判例と異なる第2の解決策を選択した。すなわち、治療行為と傷害行為を刑法上峻別する規定（傷害罪排除規定）を設け、専断的治療行為を処罰の対象とするための受け皿構成要件（専断的治療行為処罰規定）を導入するという解決策がこれである。この解決策を刑法理論

25　*Riedelmeier*, a. a. O. (Anm. 3), S. 19.
26　これに対応するわが国の議論として、第1章第1節第2款第1項3(1)(本書56頁以下) 参照。
27　唄・前出注(5) 5-6頁。

的に支えるのが、自由侵害モデルの構想である。

　たしかに、19世紀末葉から20世紀にかけて、同意原則は、判例・学説にすでに根を下ろしつつあった。それでも、専断的治療行為をカヴァーするための適切な処罰規定が存在しなかった点は、学界にとって大きな懸案事項であった。そうであるがゆえに、医師の治療行為が傷害行為と無関係であると証明するべく、また、医師の専断的行為から患者の自己決定権を保護するべく、刑法典に治療行為関連規定を導入するよう求められたのである[28]。

　かくして、身体侵害モデルと自由侵害モデルの対立は、刑法改正の局面で顕在化し、専断的治療行為をめぐる刑法改正作業が胎動しはじめた。以上の経緯を念頭に置きつつ、まず次款では、1900年代前葉から第一次世界大戦勃発までの「黎明期」の議論を跡づける。

第2款　第Ⅰ期：黎明期――刑法改正作業の胎動

第1項　刑法改正事始

　1902年、ライヒ司法省は、刑法改正に着手するよう決意した。そこで同省は、刑法改正の準備として、次官ルドルフ・アーノルド・ニーベルディンク（*Rudolf Arnold Nieberding*）の要請に基づいて学術委員会を構成し、これに広汎な比較法研究の任務を委託した[29]。その後、ライヒ司法省では、プロイセン司法省局長ヘルマン・ルーカス（*Hermann Lucas*）を議長とする実務家委員会が開催され、1909年ドイツ刑法典予備草案（Vorentwurf zu einem Deutschen Strafgesetzbuch）が完成した[30]。

　ただ、この1909年草案も、治療行為関連規定の創設を断念した。その理由につき、草案理由書は、「その者になされた治療の委任に基づいて、医学準

28　刑法学者による具体的な立法提案として、たとえば、*Carl Stooss*, Chirurgische Operation und ärztliche Behandlung, Berlin 1898, S. 38 がある。さらに、*Heimberger*, a. a. O.（Anm. 12）, S. 59 f. も参照。
29　*Thomas Vormbaum*, Einführung in die moderne Strafrechtsgeschichte, 3. Aufl., Berlin/Heidelberg 2016, S. 141 参照。その集大成が、*v. Birkmeyer u. a.*（Hrsg.）, a. a. O.（Anm. 12）である。
30　*Vormbaum*, a. a. O.（Anm. 29）, S. 141 f.

則の枠内で侵襲を行う医師は、すでに客観的にみて、違法に行為するものではない」[31]とだけ述べて、「簡潔な考察」[32]を付すにとどまった。

しかし、1909年草案に対しては厳しい批判が寄せられた[33]。1902年刑法改正学術委員会会員ヴィルヘルム・カール（Wilhelm Kahl）をはじめ、ハイムベルガー、カール・フォン・リリエンタール（Karl von Lilienthal）らは、1909年草案が治療行為関連規定を設けなかった点を批判し[34]、医師会も同規定を創設するよう要請していた[35]。

第2項　1911年対案における結実

こうした声を受けて、カール、リスト、リリエンタールおよびジェームズ・ゴールトシュミット（James Goldschmidt）ら新旧両学派の指導的な刑法学者は、1911年ドイツ刑法典予備草案対案（Gegenentwurf zum Vorentwurf eines deutschen Strafgesetzbuchs）を起草した。同案は、「自由侵害（Freiheitsverletzung）」章下の279条[36]でつぎのように規定する[37]。

1911年刑法典予備草案対案279条（専断的医療行為〔Eigenmächtige ärztliche Behandlung〕）
　1．他の者に対してその明示的意思又は状況から推定される意思に反して医療行為を行った者は、1年以下の軽懲役又は5,000マルク以下の罰金に処する。

31　Vorentwurf zu einem Deutschen Strafgesetzbuch, Begründung, Besonderer Teil, Berlin 1909, S. 660.
32　*Alexander Löffler*, Die Körperverletzung (Abschnitt 17 des II. Teiles des RStrGB.), in: v. Birkmeyer u. a. (Hrsg.), a. a. O. (Anm. 12), V. Bd., Berlin 1905, S. 205 ff., 247. さらに、*Carl Joseph Anton Mittermaier*, Die Frage der ärztlichen Eingriffe, in: Entwurf eines Allgemeinen Deutschen Strafgesetzbuchs, Anlage I., Berlin 1927, S. 92 ff.〔邦訳として、ミッテルマイヤア「醫療上の處置の問題」司法省調査課編『刑法改正に關する比較法制資料（中、後篇）』司法資料128号（1928年）289頁以下〕参照。
33　詳細につき、*Vormbaum*, a. a. O. (Anm. 29), S. 143 参照。
34　*v. Lilienthal*, a. a. O. (Anm. 11), S. 291 f.
35　医師会からの批判につき、*Heimberger*, a. a. O. (Anm. 12), S. 40 ff. 参照。
36　1911年対案279条のモデルは、1909年オーストリア刑法典予備草案325条（Vorentwurf zu einem österreichischen Strafgesetzbuch und zu dem Einführungsgesetze, Wien 1909）である。Gegenentwurf zum Vorentwurf eines deutschen Strafgesetzebuchs, Berlin 1911, S. 264 参照。
37　法文は、Gegenentwurf, a. a. O. (Anm. 36), S. 264 f. による。訳出に際し、藤本・前出注（1）「（一）」12頁、町野・前出注（1）52頁、佐久間（基）・前出注（1）「（一）」95頁注（13）、田坂・前出注（1）348-349頁参照。

2．第三者が被治療者の身上配慮権を有するときは、その権利者の意思が基準となる。

　対案279条1項は、患者の「意思に反して医療行為を行った者」を処罰の対象とする。本条は、「医学準則……を考慮し、治療行為の目的または価値を同じくするその他の諸目的により行われた医的侵襲は、たとえ被治療者の同意が得られなかったとしても、決して傷害としては処罰されえない」[38]として、患者の現実的または推定的意思に反して行われた行為を規制対象とする。対案279条のこうしたスタンスは、当時の学説状況を踏まえている[39]。また、1911年対案は、意思能力を有さない患者に対して治療を行う際に、身上配慮権者の意思を基準とすべきである、とする。この方針を明文化した点は、当時としては画期的な試みであった[40]。

　1911年対案の意義は、専断的治療行為を刑法改正草案史上はじめて処罰の対象とした点、またその際に、専断的治療行為の本質が患者の「自由」侵害であると明示した点にある。ところが、次項でみる1913年草案は、再び専断的治療行為処罰規定を放棄したのである。

第3項　1913年草案の身体侵害モデル的立場

　1913年のいわゆる委員会草案（Kommissionentwurf）[41]は26条に違法阻却一般規定[42]を設け、28条で「『被危殆者の意思に反しない』緊急救助」[43]を許容し、さらに293条に同意傷害規定を置いた[44]。関連条文を以下に掲げよう。

38　Gegenentwurf, a. a. O.（Anm. 36）, S. 264.
39　町野・前出注（1）194頁参照。
40　*Eb. Schmidt*, a. a. O.（Anm. 3）, S. 119 参照。
41　Entwurf der Strafrechtskommission (1913), in: Entwürfe zu einem Deutschen Strafgesetzbuch: Entwurf der Strafrechtskommission 1913/Entwurf 1919/Denkschrift zum Entwurf 1919 mit Anhang, 1. Teil, Berlin 1920 参照。
42　詳細につき、内藤謙「ドイツ刑法改正事業と一般的『違法性阻却』規定」佐伯千仞博士還暦祝賀『犯罪と刑罰（上）』（1968年・有斐閣）336頁以下〔同『刑法改正と犯罪論（下）』（1976年・有斐閣）546頁以下所収〕参照。
43　*Mittermaier*, a. a. O.（Anm. 32）, S. 92〔ミッテルマイヤア・前出注（32）290-291頁〕。さらに、内藤謙『刑法改正と犯罪論（上）』（1974年・有斐閣）115頁以下、169頁以下、井上宜裕『緊急行為論』（2007年・成文堂）149頁注（25）も参照。
44　藤本・前出注（1）「（一）」14頁、15-16頁注（一四）、塩谷・前出注（1）130頁参照。

> **1913年委員会草案26条（違法性の阻却）**
> その違法性が公法又は民法によって阻却される行為は、罰しない。
> **同293条（被害者の承諾）**
> 被害者の承諾を得て傷害を行った者は、違法に行為するものではない。ただし、承諾があるにもかかわらず、行為が善良な風俗に反するときは、このかぎりでない。

 以上のように、1913年草案は、専断的治療行為処罰規定の創設を断念し、以上の諸規定によって治療行為の問題に対処する立場を選んだ。その理由につき、エベルハルト・シュミット（*Eberhard Schmidt*）は、刑法委員会の構成員の大多数が「1894年のライヒ裁判所判決の呪縛から解放されていなかった」[45]点が決定的であった、と回顧する。
 しかし、第一次世界大戦の勃発が、すぐにかかる立場を揺るがすこととなる。そこで次款では、まず、ワイマール体制下の動向を概観し（第1項）、ついで、1925年草案の傷害罪排除規定に加えて（第2項）、1927年草案と1930年草案をめぐる改正動向（第3項）を確認する。これらの作業により、第二次世界大戦開戦前までの議論の趨勢を明らかにする。

第3款　第Ⅱ期：伸展期──「患者の自己決定権」と「医師の治療権」の相克

第1項　ワイマール体制下の刑法改正作業

1　1919年草案の専断的治療行為処罰規定

 1914年に第一次世界大戦が勃発し、それとともに刑法改正作業も中断を余儀なくされた。この大戦は1918年に終結し、1919年8月11日のワイマール憲法制定によってワイマール共和国が誕生した[46]。そしてこれを受けて、同

45　*Eb. Schmidt,* a. a. O.（Anm. 3), S. 120. エベルハルト・シュミットの議論につき、第2章第2節第5款第2項（本書103頁以下）参照。
46　ドイツにおける「帝制の崩壊」につき、H. マウ＝H. クラウスニック（内山敏訳）『ナチスの時代──ドイツ現代史──』（1961年・岩波書店）37頁参照。

年には、刑法改正作業も再開された。のちのライヒ司法大臣クルト・ヨエル（Curt Joël）とライヒ裁判所長エルヴィン・ブムケ（Erwin Bumke）ら少数の実務家が改正作業に従事し、1919年草案（Entwurf von 1919）を起草した[47]。

1919年草案は、同意傷害規定を削除した一方で、第21章「人身の自由又は安全に対する侵害（Verletzung der persönlichen Freiheit oder Sicherheit）」章下に313条を設けた。専断的治療行為処罰規定の復活である。その条文を以下に示そう[48]。

1919年草案313条（専断的治療行為〔Eigenmächtige Heilbehandlung〕）
1．治療の目的により他の者をその意思に反して治療した者は、3年以下の軽懲役又は罰金に処する。この刑は、行為者が過失により、その他の者が当該治療を了解していたと誤信した場合にも適用する。
2．当該所為は、告訴がなければ公訴を提起することができない。告訴は取り下げることができる。
3．特に軽微な場合は、その刑を免除する。

1919年草案313条は、1911年対案に、親告罪規定と軽微な場合の刑の免除規定とを付したうえで、「治療の目的により他の者をその意思に反して治療した者」を処罰の対象とする[49]。専断的治療行為は傷害ではない[50]というのが1919年草案の出発点であり、この点で本案は、判例およびそれに従う1913年草案と異なる。

また、本書の視点から着目される保護法益につき、1919年草案313条1項は、専断的治療行為による利益侵害の実質を「患者の意思自由に対する侵害」ととらえつつ、さらに、同条による処罰を回避するためには、患者の明

---

47 *Vormbaum*, a. a. O.（Anm. 29），S. 149 参照。ペーター・ディエナース（本間学訳）「クルト・ヨエル——ライヒ司法の行政官」ヘルムート・ハインリッヒスほか（森勇監訳）『ユダヤ出自のドイツ法律家』（2012年・中央大学出版部）723頁以下、727頁以下も参照。
48 　法文は、Entwurf von 1919, in: Entwürfe, a. a. O.（Anm. 41），2. Teil, S. 70 による。邦訳として、藤本・前出注（1）「（一）」16頁、田坂・前出注（1）349頁参照。
49 　1919年草案が「その意思に反して」と規定した点をとらえて、同案が意思方向説を採用したとするのは、Karl Engisch, Ärztlicher Eingriff zu Heilzwecken und Einwilligung, ZStW 58（1939），S. 1 ff., 36 Anm. 76 である。
50 　Denkschrift zu dem Entwurf von 1919, in: Entwürfe, a. a. O.（Anm. 41），3. Teil, S. 238 f., 259 f.; *Mittermaier*, a. a. O.（Anm. 32），S. 92〔ミツテルマイヤア・前出注（32）291頁〕。

示的な許容が必要である、とする[51]。すなわち、1919年草案は、患者の明示的または推定的意思に反した行為だけでなく、「行為者が過失により、その他の者が当該治療を了解していたと誤信した場合」をも処罰の対象としている。こうした対応に、先にみた1911年対案と1919年草案の本質的な違いがある[52]。

2　1922年ラートブルフ草案の傷害罪排除規定

1919年草案につづいて刑法改正作業を引き受けたのが、当時、ハイデルベルク大学教授でライヒ司法大臣でもあったグスタフ・ラートブルフ（Gustav Radbruch）である。ラートブルフは、1922年草案（Entwurf von 1922）、いわゆるラートブルフ草案（Radbruchs Entwurf）[53]を起草し、同年9月13日に、本案を帝国政府に内閣提案として送付した[54]。

ラートブルフ草案のうち、第18章「傷害（Körperverletzung）」の関連規定を以下に掲げよう[55]。

> **1922年ラートブルフ草案230条（傷害）1項**
> 　他の者の身体を傷害し又はその健康を害した者は、3年以下の禁錮又は罰金に処する。……
> **同234条（虐待）1項**
> 　他の者を虐待した者は、1年以下の禁錮又は罰金に処する。……
> **同235条（医的侵襲）**
> 　良心的な医師の慣行（Übung eines gewissenhaften Arztes）に適合する侵襲及び治療方法は、この法律の意味における傷害又は虐待ではない。

51　Denkschrift zu dem Entwurf von 1919, a. a. O.（Anm. 50）, S. 238. さらに、藤本・前出注（1）「（一）」18頁注（一五）も参照。
52　Riedelmeier, a. a. O.（Anm. 3）, S. 20.
53　Gustav Radbruchs Entwurf eines Allgemeinen Deutschen Strafgesetzbuches（1922）, Tübingen 1952〔邦訳として、牛谷瑾子＝宮澤浩一訳「ラートブルフ刑法草案及理由書」法学研究（慶應義塾大学）28巻8号（1955年）13頁以下〕．包括的分析として、木村龜二『法哲學――人と思想――』（1949年・角川書店）249頁以下、251頁以下、宮崎澄夫「ラートブルッフ刑法草案について」法学研究（慶應義塾大学）28巻8号（1955年）1頁以下参照。
54　Vormbaum, a. a. O.（Anm. 29）, S. 163.
55　法文は、Radbruchs Entwurf, a. a. O.（Anm. 53）, S. 29 f.〔中谷＝宮澤訳・前出注（53）47頁〕による。

ラートブルフ草案235条は、治療行為と傷害・虐待行為[56]を区別する基準として、「良心的な医師の慣行」を投入する[57]。先の諸草案と本案の違いは、まさにこの点にある。すなわち、ラートブルフ草案は、「良心的な医師の慣行」というメルクマールをはじめて用い、治療行為と傷害・虐待行為との刑法上の峻別を試みたのである。ただし、ラートブルフ草案およびその理由書は、「良心的な医師の慣行」の意味内容に関しては何も述べていない。

第2項　1925年草案の傷害罪排除規定

1　1925年草案起草の経緯

ラートブルフ草案は、1924年に政府委員会ではじめて審議にかけられ、その基本思想は、1925年ドイツ一般刑法典公式草案（Amtlicher Entwurf eines Allgemeinen Deutschen Strafgesetzbuchs）[58]に受け継がれた。1925年草案の「一般」ということばは、当時、ドイツとオーストリアの間に、法を平衡化する試みがあり、本案も両国の協力のもとに作成されたことに由来する[59]。1925年草案は、ドイツ初の公式草案[60]として、1924年11月17日に帝国政府から理由書とともに参議院に送付された[61]。

56　現行法が身体的虐待と健康損害を同一条文内で規定しているのに対し、ラートブルフ草案は、両者を別個の構成要件として規定する。*Eb. Schmidt*, a. a. O.（Anm. 3), S. 122 Anm. 177 参照。議論の経緯につき、第4章第2節第3款第5項1 (2)（本書241頁以下）も参照。
57　Radbruchs Entwurf, a. a. O.（Anm. 53), S. 64〔中谷＝宮澤訳・前出注（53）82頁〕参照。
58　Amtlicher Entwurf eines Allgemeinen Deutschen Strafgesetzbuchs nebst Begründung 1925, Berlin 1925〔復刻版として、Amtlicher Entwurf eines Allgemeinen Deutschen Strafgesetzbuchs nebst Begründung 1925 (Reichsratsvorlage)（Nachdruck), in: Materialien zur Strafrechtsreform 3. Bd., Bonn 1954. 邦訳として、司法省調査課編『一九二五年獨逸刑法草案並に理由書（總則篇）』司法資料79号（1925年）、同編『一九二五年獨逸刑法草案並に理由書（各論篇）』司法資料84号（1926年）〕。
59　平野龍一「オーストリア刑法草案について——改正刑法準備草案との関連で——」法律時報34巻3号（1962年）72頁以下〔同『犯罪者処遇法の諸問題〔増補版〕刑事法研究　第6巻』（1982年・有斐閣）188頁以下所収〕、同「ドイツ刑法の改正」鈴木禄弥＝五十嵐清＝村上淳一編『概観ドイツ法』（1971年・東京大学出版会）271頁以下、273-274頁、内藤・前出注（43）92頁以下、340頁以下、342-344頁注（2）参照。スイス法からの影響につき、牧野英一「スイスの新統一刑法典（上）」警察研究10巻5号（1939年）1頁以下〔同『刑法研究　第十』（1942年・有斐閣）155頁以下所収。以下、引用は同書による〕参照。
60　*Werner Schubert/Jürgen Regge* (Hrsg.), Quellen zur Reform des Straf- und Strafprozeßrechts, I. Abteilung, Weimarer Republik (1918-1932), Bd. 2, Beratungen des Entwurfs eines Allgemeinen Deutschen Strafgesetzbuchs von 1924/25 im Reichsrat (1926/27), Berlin/New York 1998, S. IX Anm. 1 (Einführung).

2 「良心的な医師の慣行」の内容

1925年草案第18章「傷害」のうち、本書の関心対象となる規定をまず掲げておこう[62]。

> **1922年ラートブルフ草案230条（傷害）1項**
> 　他の者の身体を傷害し又はその健康を害した者は、3年以下の禁錮又は罰金に処する。……
> **同234条（虐待）1項**
> 　他の者を虐待した者は、1年以下の禁錮又は罰金に処する。……
> **同235条（医的侵襲）**
> 　良心的な医師の慣行（Übung eines gewissenhaften Arztes）に適合する侵襲及び治療方法は、この法律の意味における傷害又は虐待ではない。

まず、「良心的な医師の慣行」の内容が問題となる。理由書は、これを「医学準則によれば適切であるのみならず、……医師の倫理という観点からみても許容される」こと、つまり、「医師の職業上の義務（ärztliche Standespflicht）によって定められた許容性」と定義する[63]。この定義によれば、当初の目的が医的侵襲によって達成されなかったとしても、その行為が「良心的な医師の慣行」に適合していれば、傷害罪（草案233条）や虐待罪（同237条）を構成しない[64]。そして、その行為が適法化されるためには、適切な医療技術、すなわち、「大学医学（Schulmedizin）[65]の諸原則」に適合していなければならない。大学医学の諸原則は医学準則を意味し、医学準則は、「良心的な医師の慣行」と同義である[66]。この点で、1925年草案は、1911年対案や

61　*Vormbaum*, a. a. O. (Anm. 29), S. 167.
62　法文は、Amtlicher Entwurf, a. a. O. (Anm. 58), S. 27 による。訳出にあたり、司法省調査課編・前出注（58）各論篇53頁、黒瀬善治『醫事法制に就て』（1927年・醫海時報社）133頁、藤本・前出注（1）「（一）」21-22頁、町野・前出注（1）52-53頁、佐久間（基）・前出注（1）「（一）」95頁注（13）、塩谷・前出注（1）131頁、田坂・前出注（1）350頁を参照。
63　Amtlicher Entwurf, a. a. O. (Anm. 58), S. 123〔司法省調査課編・前出注（58）各論篇366頁〕.
64　Amtlicher Entwurf, a. a. O. (Anm. 58), S. 123〔司法省調査課編・前出注（58）各論篇366頁〕. さらに、*Mittermaier*, a. a. O. (Anm. 32), S. 92〔ミッテルマイヤア・前出注（32）291頁〕。1925年草案が傷害と虐待を区別した理由につき、Amtlicher Entwurf, a. a. O. (Anm. 58), S. 120 f.〔司法省調査課編・前出注（58）各論篇353頁以下〕参照。
65　大学医学とは、大学および医学アカデミーで、学問研究、教育および治療において行われている医学をいう。序章・二1(1)（本書9-10頁）参照。
66　これに対して、*Eb. Schmidt*, a. a. O. (Anm. 3), S. 127 は、1925年草案の「良心的な医師の慣行

1919年草案と一致する。

1925年草案は、必要な説明の範囲が、医師の職業倫理（ärztliche Standesethik）[67]によって決せられる、という。つまり、当該治療に対する患者の明示的承諾がなかったとしても、医師の職業倫理に照らせば、当該侵襲は傷害罪を構成しえない[68]。とはいえ、手術を行う際には、患者の承諾が必要かどうかが検討されるべきであり、その承諾の存在または不存在は、違法性段階でのみ判断できる、という[69]。

以上のように、1925年草案は、自由侵害モデル的立場をより明確に採用したように読める[70]。しかし、1925年草案は、238条を傷害から完全に切りはなそうとしなかった。その結果、「良心的な医師の慣行」に適合しない治療行為は、たとえ成功しても傷害罪で処罰されたのである[71]。

3 傷害罪排除規定と同意傷害規定の関係

つぎに、1925年草案238条（傷害罪排除規定）と239条（同意傷害規定）の関係を整理する。239条の同意傷害規定の主な適用対象は、健常者に対する侵襲行為である[72]。だがその一方で、理由書はつぎのようにいう。すなわち、「本条〔238条の傷害罪排除規定〕は、被害者が医学上の意味において疾患に罹患していることを絶対的条件とするわけではない。身体的欠陥の除去、たとえば、肝斑、斜視および奇形の除去のために行う侵襲も、……良心的な医師の慣行に適合するかぎりでこの場合に該当する」[73]、と。つまり、238条

に適合する侵襲及び治療方法」という表現に不満の声をもらし、「治癒の目的により適切に行われた侵襲及び治療行為」、あるいは単に、「治療目的による侵襲及び治療行為」が妥当である、とする。
67 Gustav Radbruch, Abschnitt 17 bis 20, in: Paul Felix Aschrott/Eduard Kohlrausch（Hrsg.）, Reform des Strafrechts, Berlin/Leipzig 1926, S. 301 ff., 316 f.
68 Radbruch, a. a. O.（Anm. 67）, S. 311 によれば、臨死介助（Sterbehilfe）に対しても、「良心的な医師の慣行」基準が妥当する。
69 Radbruch, a. a. O.（Anm. 67）, S. 316 f.
70 Amtlicher Entwurf, a. a. O.（Anm. 58）, S. 122〔司法省調査課編・前出注（58）各論篇360頁〕は、1925年草案が身体侵害モデルを放棄した、と読む。
71 Amtlicher Entwurf, a. a. O.（Anm. 58）, S. 123〔司法省調査課編・前出注（58）各論篇366頁〕.
72 藤本・前出注（1）「（一）」22頁、24頁。塩谷・前出注（1）131頁も参照。Amtlicher Entwurf, a. a. O.（Anm. 58）, S. 123〔司法省調査課編・前出注（58）各論篇366頁〕は、「新薬または新たな治療法の効果を試験するために侵襲が行われ、当該治療によってその者があらためて疾患に罹患するかもしれない場合」を挙げる。

は、医学上の疾患のみを対象とする規定ではない。その結果、238条は、医的侵襲のほとんどを捕捉することとなる。

問題は、立法者が238条の傷害罪排除規定を設けた理由である。この点につき、草案理由書からは必ずしも明らかでないが、本案起草当時、治療行為の刑法的評価を早急に確定せよとの要請が存在したことは想像にかたくない。刑法学界と医学界は、治療行為と傷害の峻別を切望し、刑法改正立法者が、両者の意見を汲み取って傷害罪排除規定を起草したと推測される。したがって、238条の傷害罪排除規定は、宣誓的・象徴的な意味合いを多分に含むといえる。

4　専断的治療行為処罰規定の頓挫

議論は専断的治療行為処罰規定にも及んだ。ハイムベルガーは、いわゆる治療拒否の事案につき、1925年草案の傷害罪排除規定や強要罪だけで対処するのは困難であるとして、第20章「人身の自由又は安全に対する重罪及び軽罪（Verbrechen und Vergehen gegen die persönliche Freiheit oder Sicherheit）」に、「専断的医療行為」という規定を設けるよう提案した[74]。ハイムベルガーのこの提案に対しては、ラートブルフ[75]やエベルハルト・シュミット[76]も賛成していたが、医学界からの強い反対にあったため[77]、この提案が実現することはなかった。

第3項　1927年草案および1930年草案をめぐる議論

1　1927年草案をめぐる議論

帝国政府は、帝国参議院本会議で1927年4月5日と13日に審議を行い、1925年草案に寄せられた意見に基づいて同案を修正した。そして同年5月14日に、新たに決議された草案がライヒ司法大臣によって帝国議会に提出され

73　Amtlicher Entwurf, a. a. O.（Anm. 58）, S. 123〔司法省調査課編・前出注（58）各論篇366頁〕.
74　*Joseph Heimberger*, Der Ausschluß der Rechtswidrigkeit und Verwandtes（§§ 20–22 AE.）, in: Aschrott/Kohlrausch（Hrsg.）, a. a. O.（Anm. 67）, S. 76 ff., 91 f.
75　*Radbruch*, a. a. O.（Anm. 67）, S. 317.
76　*Eb. Schmidt*, a. a. O.（Anm. 3）, S. 122 Anm. 178.
77　詳細につき、*Heimberger*, a. a. O.（Anm. 74）, S. 92 参照。

た[78]。ドイツ一般刑法典草案（Entwurf eines Allgemeinen Deutschen Strafgesetzbuchs）[79]がそれである。同案のうち、本書の関心対象となる条文をまとめておこう[80]。

> **1927年一般刑法典草案263条（治療行為）**[81]
> 　良心的な医師の慣行に適合する侵襲及び治療は、この法律の意味における傷害[82]ではない。
> **同281条（専断的治療行為）**[83]
> 　1．治療の目的によりある者をその意思に反して治療した者は、3年以下の軽懲役又は罰金に処する。
> 　2．妊婦の意思に反して医療上必要な妊娠中絶又は出生中の嬰児の殺害（第254条）を行った免許医も、前項の刑に処する。その未遂は罰せられる。
> 　3．諸事情から、第1項及び第2項の規定は、治療者又は医師が、被治療者の生命又は健康を重大な危険にさらすことなく、被治療者又は妊婦の承諾を適時に得ることができる状況になかった場合は適用しない。
> 　4．当該所為は、被治療者又は妊婦の告訴がなければ公訴を提起することができない。
> 　5．特に軽微な場合には、裁判所はその刑を免除することができる。

　まず、傷害罪排除規定から確認する。1927年草案263条の態度は「中立的」である、といわれている。なぜなら、本条は、良心的な医師の慣行に適合する行為が、そもそも傷害罪の構成要件に該当しないか（自由侵害モデル的理

78　*Vormbaum*, a. a. O. (Anm. 29), S. 168.
79　Entwurf eines Allgemeinen Deutschen Strafgesetzbuchs, Berlin 1927〔復刻版として、Entwurf eines Allgemeinen Deutschen Strafgesetzbuchs 1927 mit Begründung und 2 Anlagen (Reichstagsvorlage) (Nachdruck), in: Materialien zur Strafrechtsreform 4. Bd., Bonn 1954. 邦訳として、司法省調査課編『一九二七年獨逸刑法草案並に理由書（總則篇）』司法資料124号（1928年）、同編『一九二七年獨逸刑法草案並に理由書（各論篇）』司法資料126号（1928年）〕.
80　法文は、Entwurf (1927), a. a. O. (Anm. 79), S. 28, 30 による。邦訳として、司法省調査課編・前出注（79）各論篇116-117頁、128-129頁、藤本・前出注（1）「（一）」24頁以下、丸山正次『醫師の診療過誤に就て』（1934年・司法省調査課）27-28頁、33頁以下、町野・前出注（1）212頁、田坂・前出注（1）351頁参照。
81　1927年草案263条は、第18章「傷害」章下で規定されている。
82　1927年草案は、1925年草案238条にあった「虐待」の文言を削除している。この文言は、1927年草案が傷害と虐待を、259条で傷害罪として同一構成要件内に規定した点に起因する。
83　1927年草案281条は、第20章「人身の自由又は安全に対する重罪及び軽罪」章下で定められている。

解)、それともその違法性が阻却されるにすぎないのか（身体侵害モデル的理解）を明言せずに、その判断をもっぱら判例と学説に委ねようとしたからである[84]。

それにもかかわらず、1927年草案263条の基本的立場は、1925年草案238条のそれとおおよそ一致する。すなわち、1927年草案263条は、「良心的な医師の慣行」の内容を、医師の倫理という観点からみて許容されること[85]と解し、治療行為と傷害行為を構成要件段階で区別している。こうした理解によれば、たとえば肝斑、斜視および奇形の除去のために行う侵襲や、種痘等の診断・予防のために必要な侵襲も、それが良心的な医師の慣行に適合し、臨床上適切であれば、治療行為にあたる。これに対して、新薬または新たな治療法の臨床試験を行うために被治療者を新たに疾患に罹患させる場合は、治療行為にあたらない。この場合は、同意傷害としての違法阻却が問題となるにすぎない[86]。

また、本書が着目する保護法益の観点からは、1927年草案は、「専断的治療行為から人身の自由を保護するための新たな規定を創設」し[87]、281条で、「治療の目的によりある者をその意思に反して治療した者」を処罰の対象とする。理由書によれば、患者の「意思に反し」た治療行為は、患者の意思自由に対する侵害行為を構成する[88]。かくして、1927年草案は、治療行為を傷害罪の適用対象から除外し、「専断的治療行為は患者の自己決定権の侵害である」という理解を確立した。こうした理解を打ち出した点に、1927年草案の特徴がある。

1927年草案281条は、数年来唱えられていた医学界の要請を受けて、その創設が決定した規定である。ラートブルフ草案と1925年草案で専断的治療行為処罰規定の創設を断念してわずか2年で、立法者は立場を改めたのである。ここからは、「専断的治療行為を刑法上いかに評価するか」という刑法

---

84 *Tag*, a. a. O.（Anm. 3）, S. 33.
85 Entwurf（1927）, a. a. O.（Anm. 79）, S. 133〔司法省調査課編・前出注（79）各論篇526頁〕.
86 Entwurf（1927）, a. a. O.（Anm. 79）, S. 133 f.〔司法省調査課編・前出注（79）各論篇526-527頁〕参照。
87 Entwurf（1927）, a. a. O.（Anm. 79）, S. 142〔司法省調査課編・前出注（79）各論篇563頁〕.
88 Entwurf（1927）, a. a. O.（Anm. 79）, S. 142〔司法省調査課編・前出注（79）各論篇563頁〕.

学説の苦悩、医学界の混乱と動揺、そして議論の錯綜が垣間みえる。

2 1930年草案をめぐる議論

1927年草案をめぐっては、帝国議会の刑法委員会で、その委員長であったカール主宰のもとに審議がつづけられた[89]。同委員会は計128回の審議を開催し、1930年2月に第1読会を終え(1930年第1読会案)[90]、同年7月11日に最終審議が行われ、12月6日に、ドイツ一般刑法典草案（Entwurf eines Allgemeinen Deutschen Strafgesetzbuchs）、いわゆるカール草案（Entwurf Kahl）が完成した[91]。1930年第1読会案とカール草案は、1927年草案263条と281条を受け継ぎ、傷害罪排除規定（263条）と専断的治療行為処罰規定（281条）を設けた[92]。もっとも、それぞれの文言に変更はない。

第4款 第Ⅲ期：混迷期――ナチス政権下の刑法改正作業

第1項 ナチスの抬頭と刑法改正

1 ナチスの政権獲得と1933年草案の起草

かくて起草された1930年両草案であったが、議会でさらに審議をつづけることはもはや不可能となった。1930年9月14日の議会選挙で、ナチスが従来の12議席から一躍107議席に伸び、社会民主党につぐ第2の大政党となったからである[93]。ナチスは、1933年1月30日に政権を掌握した後、ただちに刑

---

89 宮沢浩一＝臼井滋夫「ドイツ刑法沿革略史」法務大臣官房司法法制調査部編『ドイツ刑法典』法務資料424号（1975年）1頁以下、5頁。
90 司法省調査課編『獨逸刑法第一讀会終了（一九三〇年）案』司法資料181号（1934年）1頁。
91 Entwurf eines Allgemeinen Deutschen Strafgesetzbuchs nach den Beschlüssen des Deutschen Reichstagsausschusses und den Deutschen und Österreichischen Strafrechtskonferenzen, 29. Aufl., Berlin/Leipzig 1930〔復刻版として、Entwurf eines Allgemeinen Deutschen Strafgesetzbuchs 1930（Entwurf Kahl）(Nachdruck), in: Materialien zur Strafrechtsreform 5. Bd., Bonn 1954. 邦訳として、司法省調査課編『一九三〇年獨逸刑法草案竝に現行獨逸刑法典』司法資料191号（1935年）〕。
92 法文は、Entwurf Kahl (1954), a. a. O. (Anm. 91), S. 26 f.〔司法省調査課編・前出注（90）64頁、68-69頁、同編・前出注（91）105頁、112頁〕参照。
93 宮沢＝臼井・前出注（89）5-6頁。さらに、J・F・ノイロール（山﨑章甫＝村田宇兵衛訳）『第三帝国の神話〔新装版〕』（2008年・未來社）129頁以下、295頁以下も参照。

法改正事業に着手した。

まず、当時のライヒ司法大臣フランツ・ギュルトナー (Franz Gürtner) は、1927年草案をもとに、1933年一般刑法典草案 (Entwurf eines Allgemeinen Strafgesetzbuchs) を起草した[94]。1933年草案は、1930年両草案の内容とほぼ同じであるが、若干の違いもある。以下では、当時の時代背景にも目を配りつつ、1930年カール草案と比較しながら1933年草案の特徴を整理する。

2　1933年草案と1930年草案の差異

1933年草案は、263条に傷害罪排除規定[95]を置く一方、278条1項で、「治療の目的によりある者を・その・承諾・を・得・ずに治療した者は、3年以下の軽懲役又は拘留に処する。」と規定する[96]。このように、1930年草案281条の「その意思に反して」という文言は、本条で「その承諾を得ずに」に変更されている[97]。この点に、1933年草案最大の特徴がある。

1930年草案は、患者の「意思に反し」た治療行為のみを処罰の対象とし、これにより、専断的治療行為の処罰範囲を限定していた。1930年草案や1919年草案も同旨を規定し、1911年対案は、患者の「明示又は状況から推定される意思に反し」て行われた治療行為のみに罰則を科していた。しかし、1933年を境に、「ドイツの刑法改正作業においては、患者の意思に反した場合ばかりでなく、その同意の欠缺しているにすぎないときも治療行為は可罰的であること、患者の現実的同意がなくても行為が合法なのは、それを得るために治療を延期したのでは患者の生命・身体に対する危険が生ずるときのみであることが確定した」[98]。かくして、刑法改正草案は、1933年草案から突如

94　Vormbaum, a. a. O.（Anm. 29）, S. 191 f. 参照。
95　1933年草案263条（治療行為）は、「良心的な医師の慣行に適合する侵襲及び治療は、この法律の意味における傷害ではない。」と規定する。法文は、Entwurf eines Allgemeinen Strafgesetzbuchs 1933, in: *Jürgen Regge/Werner Schubert* (Hrsg.), Quellen zur Reform des Straf- und Strafprozeßrechts, II. Abteilung, NS-Zeit (1933-1939) -Strafgesetzbuch, Bd. 1, Entwürfe eines Strafgesetzbuchs, 1. Teil, Berlin/New York 1988, S. 1 ff., 49 による。
96　法文は、*Regge/Schubert* (Hrsg.), a. a. O. (Anm. 95), S. 51 による。圏点は原文でイタリック体である。
97　Riedelmeier, a. a. O. (Anm. 3), S. 21. さらに、Prussia Justizministerium (Hrsg.), Nationalsozialistisches Strafrecht: Denkschrift des Preußischen Justizministers, Berlin 1933, S. 89 ff.〔邦訳として、司法省調査課編『ナチスの刑法（プロシヤ邦司法大臣の覺書）』司法資料184号（1934年）159頁以下〕も参照。

その立場を改め、専断的治療行為の処罰範囲を拡大するよう方向転換したのである。その原因の一端は、ナチス刑法学の趨勢にある。

3　刑法改正作業におけるナチス刑法学の趨勢[99]

ナチス時代以前の諸草案は、自由主義的思想を基調としていた[100]。すなわち、1932年以前の数多くの刑法改正は、自由主義的法治国家の思想を基礎として、刑法理論の進歩や、新しい刑事政策思想の発展に即応して、刑法の諸規定を時代の要請に適合するために行われた[101]。

しかし、ナチス時代の到来とともに、様相は一変した。すなわち、ナチスは、1933年3月24日のいわゆる授権法／全権委任法（Ermächtigungsgesetz）、つまり「民族及び国家の困難克服のための法律（Gesetz zur Behebung der Not von Volk und Reich）」[102]によって独裁体制を確立し、均質化（Gleichschaltung）政策を実行した[103]。ナチスは、州も市町村も、教会も家族もすべて自律性を否認し、アトム的個人にまで徹底的に解体したうえで組織化の対象とした。均質化になじまないとみなされた要素は、社会から排除されたのである[104]。その後、1933年7月14日には、「遺伝性疾患子孫防止法（Gesetz zur Verhütung erbkranken Nachwuchses）」が制定され[105]、ナチスの人種政策[106]と

98　町野・前出注（1）195-196頁。なお、被害者の意思侵害要件に関する近時の研究として、嘉門優「被害者の意思侵害要件の展開——強姦罪における暴行・脅迫要件を題材として——」『浅田和茂先生古稀祝賀論文集［上巻］』（2016年・成文堂）743頁以下等があるが、本書ではこれ以上立ち入らない。

99　判例・学説に焦点を当てた分析として、第2章第2節第5款第3項（本書105頁以下）参照。

100　牧野・前出注（59）220-221頁参照。

101　宮沢＝臼井・前出注（89）7頁。

102　詳細につき、Edmund Mezger, Der strafrechtliche Schutz von Staat, Partei und Volk, in: Hans Frank (Hrsg.), Nationalsozialistisches Handbuch für Recht und Gesetzgebung, 2. Aufl., München 1935, S. 1382 ff., 1383〔関連する邦訳として、エドムンド・メッガア「國家、ナチス黨及び國民の刑法上の保護」司法省調査課編『ハンス・フランク編（一九三四年版）ナチスの法制及び立法綱要（刑法及び刑事訴訟法の部）』司法資料211号（1936年）271頁以下、273頁〕参照。

103　山田晟『ドイツ法概論Ⅰ〔第3版〕』（1985年・有斐閣）12頁参照。さらに、マウ＝クラウスニック（内山訳）・前出注（46）32頁以下も参照。

104　村上淳一＝守矢健一／Hans Peter Marutschke『ドイツ法入門〔改訂第8版〕』（2012年・有斐閣）21頁。

105　ナチスの断種法につき、木村龜二「ナチスの刑法」我妻榮編『ナチスの法律』（1934年・日本評論社）159頁以下、252頁以下、藤本直『断種法』（1941年・岩波書店）236頁以下、326頁以下、市野川容孝「ドイツ——優生学はナチズムか？」米本昌平ほか『優生学と人間社会　生命科学の世紀はどこへ向かうのか』（2000年・講談社）51頁以下、89頁以下、スティーブン・トロンブレ

それにともなう個人主義の制限が行われた。

　刑法の領域にもその影響は及んだ。罪刑法定主義の否定[107]はその最たる例である。また、「被害者の承諾」論においても、ナチス刑法学は、「治療行為は始めから身体傷害の構成要件に該当しないとする構成をとることによって、同意思想の働く余地を狭めていった」[108]。そこでは、「完全に全體主義の見地に立つて、被害者の承諾に對して刑法上の重要性を全然否定せんとする傾向が強く示されるに至つて居」[109]た。たとえば、ドイツ法アカデミー刑法部中央委員会決議覚書[110]は、被害者の承諾の効力を原則として認めず、被害法益が全体利益にとってなんらの意義も有さない場合に限り、例外的に違法阻却を認めていた[111]。全体利益を維持する目的によって、被害者の意思を無視した侵襲が大幅に黙認されたのである[112]。優生学的理由に基づく強制断種制度は、その一適用例にほかならない。さらに、1933年5月26日の刑法226a条[113]の新設を受けて、民族共同体（Volksgemeinschaft）や血統共同体（Blutsgemeinschaft）[114]といった政治的・思想的見地から、被治療者の承諾

イ（藤田真利子訳）『優生思想の歴史――生殖への権利』（2000年・明石書店）212頁以下参照。同法との関係で医業の公共性が問題とされた、ライヒ裁判所1936年6月19日判決（RGZ 151, 349 [352 ff.]）も参照。本判決は、傍論としてではあるが、いかなる場合に承諾なき侵襲が許されるかを詳論している。唄・前出注（5）67頁注（3）のほか、*Riedelmeier*, a. a. O. (Anm. 3), S. 28 参照。

106　ナチスの人種政策につき、アルツール・ギュット（美濃口時次郎訳）「人口政策と人種政策」二荒芳徳編纂代表『新獨逸國家大系第一巻　政治篇1』（1939年・日本評論社）369頁以下参照。
107　治療行為をめぐる議論への影響につき、第2章第2節第5款第3項（本書105頁以下）参照。
108　井上（祐）・前出注（12）69頁。
109　木村龜二「被害者の承諾と違法性」法学（東北大学）5巻10号（1936年）1頁以下、4頁。なお、同『刑法解釈の諸問題　第一』（1939年・有斐閣）305頁以下所収時に、旧稿の「完全に全體主義の見地に立つて」という表現が、「專ら全體主義の見地に立つて」〔――圏点筆者〕（同書309頁）に改められている。
110　*Georg Thierack*, Notwehr, Notstand‐Rechtfertigungsgründe im neue Strafrecht, in: Roland Freisler/Walter Luetgebrune (Hrsg.), Denkschrift des Zentralausschusses der Strafrechtsabteilung der Akademie für Deutsches Recht über die Grundzüge eines Allgemeinen Deutschen Strafrechts, Berlin 1934, S. 85 ff., 88 f.
111　木村（龜）・前出注（109）『刑法解釈の諸問題　第一』309-310頁。
112　町野・前出注（1）58頁参照。
113　旧226a条（現228条）の制定につき、第2章第2節第5款第3項1（本書105-106頁）参照。
114　Prussia Justizministerium (Hrsg.), a. a. O. (Anm. 97), S. 4〔司法省調査課編・前出注（97）3頁〕. Ebenda, S. 90〔同・前出注（97）159-160頁〕は、国防義務を保全しまたは可能とするための専断的治療行為は許容されるべきである、とする。当時の全体主義的医権思想につき、唄・前出注（5）25頁以下、市野川・前出注（105）91頁以下参照。

の範囲が著しく制限された。

むろん、以上のようなナチス刑法学の趨勢に対しては、国家社会主義的イデオロギー[115]の暴走のおそれがあるとして監視の目が向けられていた。しかし、1933年草案の態度は、1936年草案と1939年草案にも受け継がれ、ついにナチス刑法学は、「同意思想をこの問題領域から完全に排除して、医師の強制処置権をみとめるに至った」[116]のである。

第2項　1936年草案と1939年草案

1　1936年ギュルトナー草案

1933年以降も改正作業はつづけられ、1936年には、ドイツ刑法典草案 (Entwurf eines Deutschen Strafgesetzbuchs)、いわゆるギュルトナー草案[117]が作成された。本案は、以前の諸草案の自由主義的かつ法治国家的態度からはかけはなれていたが、それでもなおその時代のイデオロギーとは無関係に得られた価値多き諸々の思想を含んでいた[118]。

1936年ギュルトナー草案431条（専断的治療行為）
1．治療の目的により他の者をその承諾を得ずに治療した者は、2年以下の軽懲役又は拘留に処する。
2．（略）
3．延期によって、被治療者の生命又は健康を著しく危険にさらすことなく、行為者が承諾を得ることができなかったときは、当該専断は罰せられない。
4．（略）

しかし、1936年草案の専断的治療行為処罰規定[119]は、1933年草案のそれと

115　詳細につき、小野清一郎「ナチス刑法學の一體系—— Siegert, Grundzüge des Strafrechts im neuen Staate (1934).——」法学協会雑誌52巻12号（1934年）115頁以下〔同『法学評論（上）』（1938年・弘文堂書房）85頁以下所収〕参照。
116　井上（祐）・前出注（12）70頁。
117　ギュルトナー草案に関する記述として、町野・前出注（1）289頁注（106）も参照。
118　宮沢＝臼井・前出注（89）6頁。
119　法文は、Rietzsch, Angriffe auf die persönliche Freiheit, in: Franz Gürtner (Hrsg.), Das kommende deutsche Strafrecht, Besonderer Teil, 2. Aufl., Berlin 1936, S. 420 ff., 430〔邦訳として、リーチュ「個人の自由に対する侵害」司法省調査部編『將來の獨逸刑法（各則）下 ——刑法委員會事業報告——』司法資料238号（1938年）192頁以下、207-208頁〕参照。

ほぼ一致する[120]。結局、刑法委員会は、専断的治療行為が従来のように患者の意思「自由」の侵害として処罰されるという方針を維持しつつ、患者の治療拒否が公益優先原則に反するときは、民族共同体に対する義務違反や、公序良俗に対する違反として無効になるとしたのである[121]。

2 1939年草案：ナチスの刑法改正の黄昏

いわゆる安楽死計画[122]が実行された1939年には、ドイツ一般刑法典公式草案（Amtliche Entwürfe eines allgemeinen deutschen Strafgesetzbuchs）が起草された。1939年草案424条の傷害罪排除規定も436条の専断的治療行為処罰規定も[123]、1936年草案のそれと同一である。

この1939年草案が、ナチス政権最後の改正草案となった。なぜなら、同案は、1939年に政府によって認可されたが、ヒトラーの署名が得られず、ついに実定法とならなかったからである[124]。その後、戦局の悪化とともに刑法改正への意欲は下火となり、結局、ナチスによる刑法改正の試みも失敗に終わった。

---

120 1936年草案419条の傷害罪排除規定も、従来と比較してとくに変更はない。法文は、*Edmund Mezger*, Körperverletzung, in: Gürtner (Hrsg.), a. a. O. (Anm. 119), S. 389 ff., 392〔邦訳として、エドムンド・メツガア「傷害」司法省調査部編・前出注（119）145頁以下、151頁〕参照。
121 *Rietzsch*, a. a. O. (Anm. 119), S. 422 f.〔リーチュ・前出注（119）197頁〕。
122 ナチスの安楽死計画につき、*Karl Binding/Alfred Hoche*, Die Freigabe der Vernichtung lebensunwerten Lebens, Leipzig 1920, 2. Aufl., Leipzig 1922〔初版の部分訳として、中野峯夫「ビンディングの『殺人の許容』」法学論叢（京都大学）11巻5号（1924年）110頁以下。第2版の全訳およびその批判的検討として、カール・ビンディング＝アルフレート・ホッヘ／森下直貴＝佐野誠訳著『「生きるに値しない命」とは誰のことか──ナチス安楽死思想の原典を読む──』（2001年・窓社）〕、エルンスト・クレー（松下正明監訳）『第三帝国と安楽死〔生きるに値しない生命の抹殺〕』（1999年・批評社）参照。さらに、宮野彬「生きる価値のない生命を絶つことの許容性──ビンディングとホッヘへの見解を中心に──」鹿児島大学法文学部紀要法学論集3号（1967年）130頁以下、同「ナチスドイツの安楽死思想──ヒトラーの安楽死計画──」鹿児島大学法文学部紀要法学論集4号（1968年）119頁以下、同『安楽死から尊厳死へ』（1984年・弘文堂）299頁以下、甲斐克則「法益論の一側面──人工心肺器遮断の許容性をめぐって──」九大法学45号（1983年）63頁以下、85-86頁も参照。
123 法文は、Deutsches Strafgesetzbuch vom Dezember 1939, S. 53 f., zit. bei *Jürgen Regge/Werner Schubert* (Hrsg.), Quellen zur Reform des Straf- und Strafprozeßrechts, II. Abteilung, NS-Zeit (1933-1939) -Strafgesetzbuch, Bd. 1. Entwürfe eines Strafgesetzbuchs, 2. Teil, Berlin/New York 1990, S. 569 f. による。
124 宮沢＝臼井・前出注（89）6頁。

第5款　小　括：専断的治療行為処罰規定の狙いと次節に向けた課題

　以上、ドイツ現行刑法典の制定から第二次世界大戦までの時期の歴史的展開過程を追跡してきた。

　まず、1800年代末葉から1900年代前葉にかけての議論を整理した。あらゆる議論の発端は、1894年判決である。この1894年判決が打ち出した身体侵害モデル的立場に対抗して、学説は、治療行為と傷害行為を峻別するべく自由侵害モデルを支持した。かかる対立状況を受けて、立法者は、治療行為に関する傷害罪排除規定と専断的治療行為処罰規定を刑法典に導入することで、身体侵害モデルと自由侵害モデルの論争に終止符を打とうと試みた（第1款）。

　つぎに、1909年草案から第一次世界大戦勃発までの第Ⅰ期「黎明期」の議論を跡づけた。この時期の特徴は、1911年対案が専断的治療行為を刑法改正史上はじめて処罰の対象とした点、またその際に、専断的治療行為の本質が患者の意思「自由」侵害であると明示した点にある（第2款）。

　さらに、ワイマール体制の確立からナチスの政権獲得までの第Ⅱ期「伸展期」の議論を概観した。この時期を代表する1922年ラートブルフ草案や1925年草案は、「良心的な医師の慣行」に適合する治療行為が刑法上の傷害にあたらないとした。このように、第Ⅱ期に起草された諸草案は、「良心的な医師の慣行」基準によって治療行為の範囲を限界づけようと試みた。本書の視点からとくに着目されるのは、1927年草案が、治療行為を傷害罪の適用対象から除外し、「専断的治療行為は、患者の自己決定権の侵害である」との理解を確立した点にある（第3款）。

　そして、第二次世界大戦終結までの第Ⅲ期「混迷期」の議論を素描した。刑法改正草案は、1933年草案から突如それまでの立場を改め、専断的治療行為の処罰範囲を拡大する方針を打ち出した。その要因は、ナチス刑法学の思想にある。この時期は、民族共同体や血統共同体といった政治的・思想的見地から、患者の承諾の範囲が著しく制限された（第4款）。

　問題は、以上の方針が戦後どのように受け継がれ、あるいは変更された

か、である。次節ではこうした観点から検討を進め、ドイツ刑法改正作業の現在までの到達点を明らかにする。

第3節　第二次世界大戦後の刑法改正作業：
判例法理の結晶化を目指して

第1款　プロローグ

　第二次世界大戦の戦火は、ドイツ軍の無条件降伏によって終息した。それとともにナチス政権も崩壊した[125]。連合国管理委員会は、1946年1月30日の法律第11号により、1933年以降に刑法典に挿入されあるいは補充された一連のナチ的な諸規定を廃止した[126]。これによって占領下における立法面の整備は、ナチスが遺した不正を克服するという面では、着々と実績があがっていった。たとえば、民法の領域における法の統一という問題は、ナチスの時代のいろいろな立法的措置による影響や戦後における法の分裂による影響が比較的少なかったため、大いに進捗した。だがこれに対して、刑法の領域における法の統一作業は、民法の領域におけるそれよりはるかに困難であり、しかも急速に立法によって解決しなければならない多くの問題があった[127]。

　以下では、第二次世界大戦終結から20世紀末葉までの刑法改正論議を概観し、戦前の議論が戦後のそれにどのように受け継がれ、その際にいかなる変更が加えられたかを明らかにする。

　具体的には、まず、第二次世界大戦後の刑法改正作業再開から1962年草案までの第Ⅳ期「復興期」の展開を跡づける（第2款）。戦後の立法者は、傷害罪排除規定と専断的治療行為処罰規定の併設を提案し、1960年草案と1962年草案がこの基本方針を採用することとなるが、そこでいかなる議論がなされ

125　詳細につき、クリストフ・クレスマン（石田勇治＝木戸衛一訳）『戦後ドイツ史1945-1955——二重の建国』（1995年・未來社）41頁以下、91頁以下参照。
126　宮沢＝臼井・前出注（89）10頁。
127　宮沢＝臼井・前出注（89）11頁。

たかを確認しておく必要がある。また、本書の問題設定との関係では、これらの草案の専断的治療行為処罰規定が、患者の自己決定権をどのように位置づけていたのかも重要である。

つぎに、1970年代案までの第Ⅴ期「新興期」の議論を概観する（第3款）。ここでは、戦後世代の刑法学者が起草した草案が、これまでの草案とどのような点で異なるのかに着目する。

そして、第6次刑法改正法までの第Ⅵ期「転換期」の展開をたどる（第4款）。結局、ドイツにおける治療行為関連規定の実定法化は今日まで実現していないが、ここでは、その理由を解き明かすための素材と視点を獲得することを目標とする。

もとより、本節も、この問題領域固有の細かな系譜分析である。そのため、読者においては、第5款（本書204-205頁）の小括だけ確認してから、必要に応じて第4節まで読み飛ばしていただいて差し支えない。これらの刑法改正史研究の成果を総合し、ドイツ刑法改正諸草案の到達点と課題を示す作業は、その第4節で取り組むからである。

第2款　第Ⅳ期：復興期——「戦前」との訣別は果たせたか

第1項　刑法改正作業の再開とその展開

1　1959年第1・第2草案
（1）起草の経緯

戦後の刑法改正作業は、ドイツ連邦共和国の建国後まもない1953年に、連邦司法大臣トーマス・デーラー（*Thomas Dehler*）によって再開された[128]。まず、デーラーは、ドイツの指導的な刑法学者に参考意見[129]を提出させて、議論の蓄積を図った。それとともにデーラーは、フライブルク大学の外国・国際刑法研究所に依頼して、刑法総則と各則のあらゆる重要なテーマに関す

128　以下の経緯につき、*Vormbaum*, a. a. O.（Anm. 29）, S. 230 f. 参照。
129　Materialien zur Strafrechtsreform 1. Bd., Bonn 1954〔邦訳として、法務大臣官房司法法制調査部編『ドイツ刑法改正資料（第一巻）（上）（下）——刑法学者の意見集——』法務資料370号（1960年）、373号（1964年）〕.

る広汎な比較法研究⁽¹³⁰⁾を行わせた。

その後、デーラーの後任者である連邦司法大臣フリッツ・ノイマイヤー (Fritz Neumayer) は、刑法大委員会 (Große Strafrechtskommission) を招集した。刑法大委員会は、1954年4月6日にボンで第1回の組織会議を開催した。この会議には各専門委員会が設置され、医療関係の問題に対しては、医学の専門家の参考意見や専門家団体による立場決定が求められた⁽¹³¹⁾。そのようにして刑法大委員会は、合計22回の会議を経て、ナチス時代以前の諸草案を参考にしながら審議をつづけ、第1読会として1956年12月に総則の審議を、1958年10月に各則の審議をそれぞれ終えた。また、第2読会では、合計29回の期日をともなう3回の会議⁽¹³²⁾が開催された。

そして以上の成果として、刑法大委員会第1読会の決議による刑法総則草案 (1956年刑法総則草案)⁽¹³³⁾が完成した。ついで、第2読会の審議対象とするために、刑法大委員会第1読会案に修正を加えた1959年第1草案 (Entwurf 1959 I)⁽¹³⁴⁾と、第2読会の審議をとりまとめた1959年第2草案 (Entwurf 1959 II)⁽¹³⁵⁾が作成された⁽¹³⁶⁾。

130　Materialien zur Strafrechtsreform, 2. Bd., I. Allgemeiner Teil, Bonn 1954, II. Besonderer Teil, Bonn 1955〔邦訳として、法務大臣官房司法法制調査部編『ドイツ刑法改正資料　第二巻Ⅰ（上）（中）（下）――比較法的研究――』法務資料374号（1962年）、375号（1961年）、376号（1963年）、同『ドイツ刑法改正資料　第二巻Ⅱ（上）（中）（下）――比較法的研究――』法務資料403号（1967年）、410号（1969年）、412号（1970年）〕。
131　宮沢＝臼井・前出注（89）18-19頁。詳細につき、西原春夫「西ドイツの刑法改正論争をめぐって――その一・概説」法律時報37巻1号（1965年）42頁以下〔同『刑事法研究　第一巻』（1967年・成文堂）3頁以下所収。以下、引用は同書による〕も参照。
132　審議録として、Niederschriften über die Sitzungen der Großen Strafrechtskommission, 1. bis 14. Bd., Bonn 1956-1960 参照。
133　Entwurf des Allgemeinen Teils eines Strafgesetzbuchs nach den Beschlüssen der Großen Strafrechtskommission in erster Lesung, 1959〔邦訳として、齊藤金作『一九五六年ドイツ刑法総則草案――刑法大委員会第一読会の決議による――』早稲田大学比較法研究所紀要3号（1958年）、同『一九五六年ドイツ刑法総則草案理由書（上）（下）――刑法大委員会第一読会の決議による――』早稲田大学比較法研究所紀要4号（1959年）、5号（1959年）〕。
134　Entwurf eines Strafgesetzbuchs nach den Beschlüssen der Großen Strafrechtskommission in erster Lesung, 1959〔邦訳として、齊藤金作『一九五九年ドイツ刑法各則草案――刑法大委員会第一読会の決議、司法省の修正による――』早稲田大学比較法研究所紀要13号（1960年）〕。
135　Entwurf eines Strafgesetzbuchs-E 1959 II-nach den Beschlüssen der Großen Strafrechtskommission in zweiter Lesung. ただし、原典は確認できなかった。
136　Vormbaum, a. a. O. (Arm. 29), S. 231 f. 参照。

(2) 治療行為関連規定をめぐる議論：法律家と医師の「冷戦」

この一連の立法過程で、治療行為関連規定に関しても集中的に審議が行われた。その際の議題は、ナチス時代以前の諸草案と同じく専断的治療行為処罰規定のほかに傷害罪排除規定を設けるか、設けるとしたらその内容をどのようにするか[137]、であった。

こうした審議の背景には、連邦通常裁判所1954年7月10日判決（第1電気ショック事件）[138]、同1957年11月28日判決（第1筋腫事件）[139]、同1958年12月9日判決（第2電気ショック事件）[140]、そして同1959年1月16日判決（放射線事件）[141]等に代表される、医師の説明に関する一連の諸判例の展開がある[142]。医師の説明の必要性を強調する（刑）法学界とそれに反発する医学界という構図が、「法律家と医師の『冷戦』（„kalter Krieg" zwischen Juristen und Medizinern）」[143] となって顕在化し、改正時に論争を巻き起こしたのである。

2 医学界の趨勢

治療行為関連規定にかかる刑法改正論議を十分に咀嚼するためには、当時の医学界にも目を配る必要がある。たとえば、1958年に、ドイツ外科学会（Deutsche Gesellschaft für Chirurgie）は、傷害行為と外科的侵襲行為の違いを10項目に分けて説明し、傷害概念と治療概念を区別するよう訴えた。

> 「実に人道主義的なこの活動は、本質的には、乱暴者、犯罪者またはナイフをもった無頼漢（Messerheld）による傷害と、実際はまったく無縁である。その活動は、法律上もきわめて厳密に区別されなければならず、……医師の立場からは、刑法改正の際に、医学教育や治療目的により、医学的経験によれば必要であり、問題なく行わ

---

137 町野朔「刑法解釈論からみた治療行為（二）」法学協会雑誌88巻9・10号（1971年）1頁以下、53頁。
138 BGH NJW 1956, 1106. 本書110頁注（132）も参照。
139 BGHSt 11, 111. 本書110頁注（133）も参照。
140 BGHZ 29, 46. 本書110-111頁注（134）も参照。
141 BGHZ 29, 176. 本書111頁注（135）も参照。
142 詳細につき、山下登「医師の説明義務をめぐる最近の論議の展開（1）～（3）——ドイツの判例・学説を中心として——」六甲台論集30巻1号（1983年）96頁以下、30巻3号（1983年）33頁以下、31巻3号（1984年）68頁以下参照。
143 *Georg Schwalm*, Die strafrechtliche Bedeutung der ärztlichen Aufklärungspflicht, MDR 1960, S. 722 ff., 723. これに対して、唄・前出注（5）63頁は、「そのようなセンセイショナルな表現はむしろミスリーディングである」とする。

れた医的侵襲を、傷害概念と殺人概念から除外することを強く要請しなければならない[144]。」

さらに、1952年にミュンヘンで開催されたドイツ外科学会も、治療目的による医的侵襲を傷害概念と区別するよう、また、専断的治療行為処罰規定を刑法典に設けるよう提案していた[145]。

かくして、政界、法学界および医学界の動きも相まって、治療行為関連規定を設けるか否か、説明義務の特則を設けるか否か、その議論の動向に注目が集まっていたのである。

3 1959年第1草案の関連条文とその特徴

そうした議論のさなかに、刑法大委員会は、1959年第1草案の各則第1章第3節「身体の不可侵に対する罪（Straftaten gegen die körperliche Unversehrtheit）」と、同第5節「人身の自由に対する罪（Straftatan gegen die persönliche Freiheit）」との間に、第4節「医的侵襲及び治療行為（Ärztliche Eingriffe und Heilbehandlung）」を設けた。同節のうち、関連条文を以下に掲げよう[146]。

> **1959年第1草案167条（治療行為）**
> 医学の知識と良心的な医師の諸原則によれば治療目的にとって必要であり、かつそのようにして行われた侵襲及びその他の治療は、傷害として罰しない。
>
> **同168条（専断的治療行為）**
> 1．治療の目的により他の者をその承諾を得ずに治療した者は、3年以下の軽懲役又は拘留に処する。
> 2．～4．（略）

1959年第1草案167条は、一定の要件を充足する医的侵襲を捕捉しつつ、それ以外の侵襲を傷害罪として処理している。以下、本書が着目する利益侵害の観点から、1959年第1草案をみてみよう。

144　Stellungnahme der deutschen Gesellschaft für Chirurgie, in: Gutachten und Stellungnahmen zu Fragen der Strafrechtsreform mit ärztlichem Einschlag, Bonn 1958, S. 140 f., 141.
145　田村幸雄「医師の説明（告知）義務をめぐる諸問題」日本医事新報2064号（1963年）75頁以下、77頁参照。
146　法文は、E 1959 I, a. a. O. (Anm. 134), S. 50〔齊藤（金）・前出注（134）12-13頁〕による。

まず問題となるのは、1959年第1草案が、専断的治療行為による「利益」侵害の本質をどのようにとらえているか、である。この点につき、刑法大委員会のゲオルク・シュヴァルム（Georg Schwalm）は、治療行為が「身体の不可侵」と「人身の自由」という2つの法益に関連している、と発言している[147]。ただ、つぎにみる1960年草案や、本款第3項（本書193頁以下）で取り上げる1962年草案が、この1959年第1草案と同様の理解を基礎としている。そのため、詳細な検討はそちらに譲りたい。

また、これまでの諸草案と比較してみると、1959年第1草案の細部に関しては、さらに変更が加えられている。たとえば、168条の法定刑は、「3年以下の軽懲役」である。この法定刑は、ナチス以前の諸草案のそれと同じである。一方で、「その承諾を得ずに」との文言は、ナチス時代の諸草案でも用いられており、本条も、患者の「意思に反し」た行為のみならず、「承諾を得ずに」行われた行為をも処罰の対象としている。

以上のように、1959年第1草案は、一方でナチス時代以前への回帰を示しつつ、他方でナチス時代の変更点を維持している。もとより、草案理由書はその経緯や理由を明らかにしていないが、本改正委員会に参加した教授たちが、戦前にその学者としての地位を固めた人達であった点が、少なからず関係しているように思われる。むろん、これらの人達がナチスを積極的に支持したわけではないが、時代の思想の影響は否定すべくもないだろう[148]。かくして、「戦前」との訣別を目指した刑法改正草案であったが、ナチス時代の専断的治療行為処罰規定は一部維持された。その内容は、1959年第2草案にも受け継がれている。

第2項　1960年刑法典草案

1　起案の背景

連邦司法当局は、刑法大委員会の会議を経て、第1読会および第2読会の決議をもとに、立法府に提出する法律案の原案を作成した。同案は、各州司

147　*Georg Schwalm*, in: Niederschriften über die Sitzungen der Großen Strafrechtskommission, 7. Bd., Besonderer Teil, 67. bis 75. Sitzung, Bonn 1959, S. 116 f. さらに、町野・前出注（137）52頁以下も参照。
148　平野（龍）・前出注（59）「ドイツ刑法の改正」276頁参照。

法官の代表者からなる刑法大改正のための諸州委員会（Länderkommission für die große Strafrechtsreform）の審議にも供され、1960年9月に連邦政府の法律案として確定され、同年10月に連邦議会に送付された[149]。いわゆる1960年刑法典草案（Entwurf eines Strafgesetzbuches (StGB) E 1960）[150]がこれである。

2　傷害罪排除規定

傷害罪排除規定から確認しよう。1960年草案は、各則第1章第4節「医的侵襲及び治療行為」節下161条で、つぎのように規定する[151]。

> **1960年刑法典草案161条（治療行為）**
> 医学の知識と経験及び良心的な医師の諸原則によれば、疾患又は苦痛を予防、診断、治療又は緩和する目的にとって必要であり、かつこの目的により行われた侵襲及びその他の治療は、傷害として罰しない。

まず、1927年草案や1959年第1・第2草案と同様、1960年草案161条は構成要件該当性阻却事由に関する規定か、それとも違法阻却事由に関する規定かが問題となる。この問題は、1927年草案等と同様、法律の条文ではなく、もっぱら学説に委ねられている[152]。つまり、1960年草案は、161条の法的性質に対してなんら積極的な立場表明をしていない。この方針はおそらく、身体侵害モデルと自由侵害モデルが鋭く対立する学説状況を考慮しての対応であろう。

つぎに、1960年草案にいう「治療行為」概念の内容が重要である。草案161条によれば、医学上必要な措置または医学療法上・医療技術上正当に行われた措置のみが、適法な治療行為にあたる。また、疾患を前提としない予防的措置も、治療行為にあたる。これに対して、献血者や臓器提供者に行われる医的侵襲は、治療行為にあたらず、被害者の承諾等の特別な正当化事由

149　宮沢＝臼井・前出注（89）19-20頁。
150　Entwurf eines Strafgesetzbuches (StGB) E 1960 mit Begründung, Bonn 1960〔条文訳として、齊藤金作『一九六〇年ドイツ刑法草案』早稲田大学比較法研究所紀要18号（1961年）〕。さらに、Christian Gröning, Körperverletzungsdelikte-§§ 223 ff., 340 StGB: Reformdiskussion und Gesetzgebung seit 1933, Berlin 2004, S. 81 ff. も参照。
151　法文は、E 1960, a. a. C. (Anm. 150), S. 38 による。訳出に際し、齊藤（金）・前出注（150）84-85頁、田村・前出注（145）77頁、町野・前出注（1）213頁を参照。
152　E 1960, a. a. O. (Anm. 150), S. 280 f. 参照。

によってその違法性が阻却されうるにすぎない[153]。これにより、「治療行為は、客観的にはその必要性によって、主観的には、予防、診断、治療および緩和という目的傾向を手がかりに、美容整形手術のような治療目的を欠くその他の措置と区別される」のである[154]。

3　専断的治療行為処罰規定

つぎに、1960年草案の専断的治療行為処罰規定は、以下のように規定する。

1960年刑法典草案162条（専断的治療行為）
1. 他の者に対してその承諾を得ずに、疾患又は苦痛を予防、診断、治療又は緩和する目的により侵襲又はその他の治療を行った者は、3年以下の軽懲役又は拘留に処する。
2. 他の者は承諾を与えるであろうが、この承諾は治療を延期する場合にのみ得ることができ、しかも延期すると、他の者に死の危険又は身体若しくは健康に対する重大な損害の危険（第147条第2項〔1960年草案における重傷害の定義規定〕）をもたらすであろうことを覚悟しなければならない場合には、当該所為は第1項によって罰することができない。
3. 行為者が、第2項の諸要件があると誤信し、かつその錯誤につき非難しうるときは、これを2年以下の軽懲役又は拘留に処する。
4. 当該所為は、告訴がなければ公訴を提起することができない。

1960年草案理由書によれば、本条は、基本法2条2項で保障された患者の自己決定権を刑法上保護するための規定である[155]。また、本条は、いわゆる「遅れると危険（Gefahr im Verzug）」の場合、たとえば、「交通事故で重態、意識不明となった患者が病院に運び込まれ、輸血などの措置を即時にとらなければ手遅れになってしまう場合、あるいは手術を開始した後でその拡大・変更の必要性が判明し、一旦手術を中止してから患者の同意を新たに取り付け再度手術を行なうという手続をとっていたのでは、患者の体力がもちそうにない場合」[156]を立法化している点でも特徴的である[157]。

153　*Schwalm,* a. a. O. (Anm. 143), S. 723.
154　*Tag,* a. a. O. (Anm. 3), S. 35.
155　E 1960, a. a. O. (Anm. 150), S. 281.
156　町野・前出注（1）210頁参照。

1960年草案162条をめぐる最大の争点は、説明義務の特則の要否であった。たとえば、刑法大委員会の審議過程では、説明義務の特則を置くべきとの意見もあった。これに対して、理由書は、「一般に使用可能であり、価値の高い基準が与えられるような方法で法律上定めることは見込みがない」[158]として、特則を置くと医師の説明が一般化される危険があるばかりでなく、医師の説明義務の具体的内容を法文化するのは困難であるとの立場を示した[159]。

結局、1960年草案は、説明義務の特則を置くことを見送った。それでもなお、エベルハルト・シュミットは、基本的な規定が必要であるとして説明義務を法文化するよう要求し[160]、シュヴァルムも、説明義務の特則を設けるよう要請していた[161]。さらに、1960年4月20日にミュンヘンで開催された第77回ドイツ外科学会でも、説明義務に関する問題が取り上げられ、説明義務の特則を望む意見が寄せられた[162]。

第3項　1962年刑法典草案

1　起案の背景

1960年草案は、1960年10月7日に連邦議会に提出された。しかし、同議会はすでに選任期の末期にあったため十分な審議ができず、決議を保留したまま、同年11月3日にこれを連邦議会に回付した。しかし、連邦議会の第3立法会期が1961年9月に終了するまでの間、同案の審議は行われず、ついに会期終了とともに1960年草案は廃案となった[163]。

その一方で、刑法大改正のための諸州委員会は、1959年9月以降、1959年第2草案と1960年草案を中心に審議を進め、1962年1月12日に、1962年刑法典草案（Entwurf eines Strafgesetzbuches (StGB) E 1962）[164]を完成させ、同年10

157　議論の経緯につき、*Schwalm*, a. a. O. (Anm. 143), S. 725 参照。
158　E 1960, a. a. O. (Anm. 150), S. 275.
159　町野・前出注（1）74頁。
160　*Eberhard Schmidt*, in: Niederschriften, a. a. O. (Anm. 147), S. 217 f.
161　*Schwalm*, a. a. O. (Anm. 143), S. 726. さらに、*Gröning*, a. a. O. (Anm. 150), S. 83 f. も参照。
162　*Schwalm*, a. a. O. (Anm. 143), S. 726 参照。
163　西原・前出注（131）12–13頁参照。
164　Entwurf eines Strafgesetzbuches (StGB) E 1962 mit Begründung, Bonn 1962〔条文訳として、法務省刑事局編『一九六二年ドイツ刑法草案』刑事基本法令改正資料2号（1963年）、同編『一九六二年ドイツ刑法草案理由書（総則篇）――第一分冊・第二分冊――』刑事基本法令改正

月4日、連邦政府は、同案を連邦議会に提出した[165]。こうして完成した1962年草案[166]は、刑法大委員会の審議を基礎にして展開されてきた段階のドイツ刑法改正作業の1つの到達点を示した草案であった[167]。

2 傷害罪排除規定

まず、傷害罪排除規定から確認しよう。1962年草案161条は、以下のように規定する。

1962年刑法典草案161条（治療行為）
　医学の知識と経験及び良心的な医師の諸原則によれば、疾患、苦痛、身体の損傷、身体の故障又は精神の障害を予防、診断、治療又は緩和する目的のために適切であり、かつこの目的により行われた侵襲及びその他の治療は、傷害として罰しない。

草案規定補遺によれば、1962年草案161条は、治療行為の基準を限定的に列挙した規定である[168]。すなわち、本条は、治療必要性を判断するために、「疾患、苦痛、身体の損傷、身体の故障又は精神の障害」という構成要件要素を掲げ、身体的状態の客観的変更をつぶさに記述することで、治療行為の範囲を限定しようと試みている。

資料10号（1966年）、11号（1968年）］．包括的分析として、ハンス・ヴェルツェル（大野平吉訳）「一九六二年ドイツ刑法草案について」ヴェルツェル（福田平編訳）『目的的行為論の基礎』（1967年・有斐閣）49頁以下も参照。
165　宮沢＝臼井・前出注（89）20頁。
166　法文は、E 1962, a. a. O. (Anm. 164), S. 38 f. による。邦訳として、法務省刑事局編・前出注（164）『一九六二年ドイツ刑法草案』79-80頁、西山雅明「治療行為と刑法」西南学院大学法学論集2巻3号（1969年）29頁以下、唄・前出注（5）47-48頁、町野・前出注（1）75-76頁、111-112頁、214頁、武藤眞朗「治療行為の違法性と正当化——患者の承諾の意義——」早稲田大学大学院法研論集59号（1991年）195頁以下、216頁注（5）、佐久間（修）・前出注（1）「（一）」96-97頁注（13）、齊藤誠二『医事刑法の基礎理論』（1997年・多賀出版）15頁、田坂・前出注（1）353-354頁、小林公夫『治療行為の正当化原理』（2007年・日本評論社）413-414頁、岡上雅美「治療行為と患者の承諾について、再論——緊急治療を題材にした一試論——」『曽根威彦先生・田口守一先生古稀祝賀論文集［上巻］』（2014年・成文堂）309頁以下、317-318頁参照。
167　内藤謙『西ドイツ新刑法の成立——改正刑法草案との比較法的検討——』（1977年・成文堂）3頁。
168　Zit. bei *Tag*, a. a. O. (Anm. 3), S. 36.

3　専断的治療行為処罰規定：自由侵害罪としての専断的治療行為

つぎに、専断的治療行為処罰規定をみてみよう。1962年草案162条は、以下のように規定する。

> **1962年刑法典草案162条（治療目的による専断的治療行為）**
> 1．他の者に対してその承諾を得ずに、疾患、苦痛、身体の損傷、身体的苦痛又は精神の障害を予防、診断、治療又は緩和するために、侵襲又はその他の治療を行った者は、3年以下の軽懲役、拘留又は罰金に処する。
> 2．承諾は治療を延期する場合にのみ得ることができ、しかも延期すると、その者に死の危険又は身体若しくは健康に対する重大な損害の危険（第147条第2項〔1962年草案における重傷害の定義規定〕）をもたらすかもしれず、かつその者が承諾を拒絶するであろうと断定しえない諸事情がある場合には、当該所為は第1項によって罰することができない。
> 3．医師が治療行為（第161条）を他の者に行い、医師が事前に承諾にとっての本質的な諸事情に関する十分な説明を行わなかったがために、この者が第1項の意味における承諾を与えていない場合であっても、
> 　① その者が少なくとも、医師がこの者に何らかの治療を行うこと、及び、侵襲が行なわれるべき場合であれば何らかの侵襲を行うことに承諾しており、
> 　② 医学の知識と経験によれば、その者の死の危険又は身体若しくは健康に対する重大な損害の危険（第147条第2項）を回避するために、当該治療が必要であり、
> 　③ 十分な説明がその者にとって精神的負担となり、これによって治療効果が著しく損なわれるであろうことが予測され、かつ、
> 　④ 十分な説明を行っても、その者が承諾を拒絶するであろうと断定しえない諸事情があるときは、当該所為は、第1項によって罰することができない。
> 4．行為者が第2項又は第3項の諸要件があると誤信し、かつその錯誤につき非難しうるときは、これを2年以下の軽懲役、拘留又は罰金に処する。
> 5．当該所為は、告訴がなければ公訴を提起することができない。被害者が死亡した場合は、第121条第2項によって近親者に告訴権が受け継がれる。

まず、本書がとくに着目する保護法益の観点、すなわち、専断的治療行為による「利益」侵害の本質に関わる点からみていこう。1962年草案162条1項は、専断的治療行為を処罰の対象とし、同2項は「遅れると危険」の場合を、同条3項は説明が免除される場合を規定する。草案理由書によれば、本条の目的は、基本法2条2項[169]で保障された患者の自己決定権を刑法上保護することにある[170]。すなわち、1962年草案は、専断的治療行為処罰規定の保護法益を、伝統的な判例のように「身体の不可侵に対する権利」でもなく、戦前の1911年対案や1927年草案のように「自由の不可侵に対する権利」でもなく、患者の自己決定権そのもの、と位置づけている。こうした位置づけからも、刑法改正草案が、身体侵害モデルと自由侵害モデルが対立する学説状況に苦慮していた様子がみてとれる。

　そして、再度問題とされたのは、説明義務の内容とその範囲を規定するか否かであった。1962年草案は、ドイツ連邦医師会の代表者や医学関係諸団体と協議を重ね、1960年草案に若干の修正を加える方向で落ち着いた。それによれば、「本条〔1962年草案162条〕の根本思想は、これによって一方で、医師の説明義務と、それとともに承諾に対する説明の意義とを法律上保障する点、他方で、承諾能力を有する患者自身が説明に精神的に耐えられないという、とくに重要な場合のために説明義務の制限を法律により規定する点にある」[171]。これを受けて、162条3項は、説明の内容そのものを正面から規定しておらず、「本質的な諸事情に関する十分な説明」がむしろ必要である、とする。理由書は、「十分な」説明といっても、個々の点すべてに関する説明を要求するわけではなく、「本質的な諸事情に関する」説明で足る、と述べる[172]。この点で、162条の態度は判例のそれと一致する[173]。このように、医師の説明義務を定める162条は、当時の判例法理を明文化ないし結晶化し

169　ただし、基本法を援用する手法に対しては疑問も呈されていた。唄・前出注（5）10-11頁注（1）参照。
170　E 1962, a. a. O.（Anm. 164), S. 298.
171　E 1962, a. a. O.（Anm. 164), S. 299.
172　E 1962, a. a. O.（Anm. 164), S. 299. もっとも、唄・前出注（5）49頁がいうように、「『何が本質的か』という疑問には、個々の場合の一切の事情を根拠としてしか答え得ない」。さらに、Gröning, a. a. O.（Anm. 150), S. 93 f. も参照。
173　E 1962, a. a. O.（Anm. 164), S. 299 f. 参照。

た規定である、と総括できる。

4　草案審議とドイツ法曹大会

1962年草案の審議は、1963年3月28日に始まった。同年12月には、もっぱら刑法改正問題だけを審議するための「刑法」特別委員会（Sonderausschuß „Strafrecht"）が設置され[174]、同委員会は、1965年6月30日までに計56回の会議[175]を重ね、その結果を、第4立法会期の『1962年刑法典草案の審議に関するドイツ連邦議会「刑法」特別委員会報告書』[176]として公表した。

そして、連邦議会の第4立法会期は1965年9月をもって終了し、それとともに刑法特別委員会の作業も中断のやむなきに至り、刑法全面改正の議案は審議未了に終わった。だが、総選挙によって新たに構成された第5立法会期は、刑法全面改正のための特別委員会を再度設置し、1966年1月13日に、連邦政府は全面改正のための刑法典草案を提出した[177]。

一方、第44回ドイツ法曹大会（Deutscher Juristentag）では、「立法者は医師の説明義務の問題を規定すべきか」[178]というテーマが設定され、法律家に加え、多数の医師を交えて議論が行われた。そこでの議論は法学・医学の両界を刺激し、これを踏まえた論文が上梓され、それらをつうじてさらに議論が集積されたのである[179]。

174　宮沢＝臼井・前出注（89）20頁。
175　詳細につき、臼井滋夫『西ドイツにおける刑事法改正の動き』ジュリスト314号（1965年）50頁以下参照。
176　この報告書の紹介として、内藤謙「西ドイツ刑法改正事業の現況——連邦議会刑法特別委員会の『報告書』について——」ジュリスト349号（1966年）60頁以下がある。
177　宮沢＝臼井・前出注（89）21頁。内藤・前出注（167）18頁以下参照。
178　*Eberhard Schmidt*, Empfiehlt es sich, daß der Gesetzgeber die Fragen der ärztlichen Aufklärungspflicht regelt?, in: Verhandlungen des Vierundvierzigsten Deutschen Juristentages Hannover 1962, Bd. I (Gutachten) 4. Teil, Gutachten für den 44. Deutschen Juristentag, Tübingen 1962.
179　紹介として、*Gröning*, a. a. O. (Anm. 150), S. 96 ff. 参照。さらに、町野・前出注（1）77頁、113-114頁も参照。

第3款　第Ⅴ期：新興期——「戦後」の新たな動き

第1項　1970年代案の起草

　1962年草案以降の注目すべき動向として、いわゆる代案（Alternativ-Entwurf）グループの活躍が挙げられる。1963年に、刑法改正大委員会に所属していた教授たちが、当時の西ドイツの各大学の刑法講座担当者からの支持を得ようとして、1962年草案に対する賛成の署名を求めたところ、多くの教授達から拒否されるという出来事が起こった。この出来事がきっかけとなって、1962年草案に対する批判の声が公然と現れるようになった[180]。

　こうした声を受けて、ユルゲン・バウマン（Jürgen Baumann）やアルトゥール・カウフマン（Arthur Kaufmann）ら新しい世代の中堅・若手の刑法学者15名は、改正草案の代案作成に着手した。代案グループは、1966年に刑法典総則代案を[181]、1968年には「政治刑法」や「性犯罪」の代案を起草したが、「人身に対する罪」の刑法改正代案（以下「1970年代案」という。）が、専断的治療行為処罰規定を設けるよう提案した。以下では、この1970代案をめぐる議論を中心に、第Ⅴ期「新興期」の動向を確認する。

第2項　1970年代案の専断的治療行為処罰規定

　1970年代案の関連条文をまず確認しよう。1970年代案の各則第1章第4節「自由に対する罪（Straftaten gegen die Freiheit）」節下の123条は、以下のように規定する[182]。

---

[180]　宮沢＝臼井・前出注（89）21-22頁参照。平野（龍）・前出注（59）「ドイツ刑法の改正」280頁によると、代案グループの「教授達は、いわば戦後の人々であり、戦前からの教授達との間には世代の断絶がある。この違いは、現行法の解釈論をたたかわせている間はそれほど目立たなかったが、新たな草案の作成ということになって、表面に出てきたのである」。

[181]　Jürgen Baumann u. a., Alternativ-Entwurf eines Strafgesetzbuches 1966, Allgemeiner Teil, Tübingen 1966〔邦訳として、法務省検事局編『一九六六年ドイツ刑法草案総則対案』刑事基本法令改正資料12号（1968年）、同編『一九六六年ドイツ刑法草案総則対案理由書』刑事基本法令改正資料15号（1969年）〕。

[182]　法文は、Jürgen Baumann u. a., Alternativ-Entwurf eines Strafgesetzbuches, Besonderer Teil, Straftaten gegen die Person, 1. Halbband, Tübingen 1970, S. 78 による。邦訳に際して、町

> **1970年代案123条（専断的治療侵襲）**
> 1．他の者に対して承諾を得ずに治療侵襲を行い、その際、医学の知識と経験に従って行為し又はそのように行為していると信じた者は、1年〔分〕以下の〔日数〕罰金[183]に処する。
> 2．当該所為は、告訴がなければ公訴を提起することができない。被害者が死亡した場合は、近親者に告訴権が受け継がれる。
> 3．承諾は治療を延期する場合にのみ得ることができ、しかも延期すると、その者に死の危険又は重大な傷害をもたらすかもしれず、かつその者が承諾を拒絶するであろうと断定しえない諸事情がある場合には、当該所為は罰することができない。
> 4．承諾を与える者が、治療の態様、射程及び合理的な人間の決定にとって重視される、起こりうる結果に関して説明を受けていた場合にのみ、当該承諾は有効である。説明が健康又は精神状態を著しく損なう、きわめて重大な危険を基礎づけるであろうかぎりで、説明は行わなくてよいものとする。

1970年代案123条は、1項に専断的治療行為処罰規定、2項に親告罪規定、3項に「遅れると危険」に関する規定、4項に医師の説明に関する規定[184]を設けている。同条の適用によって、「医学の知識と経験に従って」行われた治療行為は、傷害罪の保護範囲から除外される。

ここで本書の視点から着目される保護法益をみてみると、1970年代案は、その章編成から明らかなように、専断的治療行為の本質が、患者の意思「自由」を侵害する行為にある、と位置づけている。1970年代案のこうした利益

野・前出注（1）80頁、114頁、佐久間（基）・前出注（1）「(一)」97-98頁注（13）、田坂・前出注（1）355-356頁を参照。
183　第2次刑法改正法（1969年7月4日成立、1975年1月1日施行）によって総則規定が全面改正されたが、その際の重要な変更点の1つとして、日数罰金制度が導入された点が挙げられる。日数罰金制度とは、行為の責任内容に応じて日数罰金の「日数」を決めるとともに、行為者の一身的および経済的状態を考慮して1日分の日数罰金の「日額」を決定する制度である。1970年代案123条の規定も、原則としてこの制度に則っている（1966年総則代案49条参照）。日数罰金制度の導入をめぐる議論につき、宮澤浩一「日数罰金制の意義と現実——西ドイツの新刑法典を中心にして——」法学研究（慶應義塾大学）49巻1号（1976年）61頁以下、内藤・前出注（167）133頁以下参照。
184　代案は、1962年草案162条の「本質的な諸事情に関する十分な説明」という表現を批判し、法的安定性を重視しこれを確保しようとする立場から、医師が説明すべき事項に関する一般的指針を与えている。Baumann v. a., a. a. O. (Anm. 182), S. 79, 81 参照。

理解は、一方で、戦前の1911年対案や1927年草案への回帰を、他方で、戦後の1962年草案との訣別を意味している。

一方で、1970年代案123条１項は、1933年草案278条１項[185]と同じく、患者の「承諾を得ずに」行われた治療行為をも処罰の対象とする。このように、ナチス時代の処罰範囲は、本案でも維持されている。その理由につき、草案理由書は、患者の「意思に反し」て行われた治療行為のみを処罰の対象とするのでは、処罰範囲が狭くなりすぎるからである、とする[186]。なるほど、代案は、専断的治療行為の処罰範囲がナチス時代に拡大された点に過剰反応せずに、患者の自己決定権をより手厚く保護する姿勢を示している。しかし、代案およびそれを支持する学説の態度は、医療従事者にとって相当過酷だったと推測される。なぜなら、連邦通常裁判所判例のなかには、患者の自己決定権の高調傾向を疑問視する声も存在していたからである[187]。

第３項　第５次刑法改正法担当官草案

その後は、1971年10月７日の第５次刑法改正法担当官草案 (Referentenentwurf eines 5. Strafrechtsreformgesetzes) でも、治療行為関連規定を創設するよう提案がなされた。担当官草案は、具体的には、233a条で傷害罪排除規定、233b条で専断的治療行為処罰規定、233c条で緊急時の専断的治療行為に関する規定、そして233d条で説明に瑕疵があった際の専断的治療行為に関する規定を設けるよう提案していた[188]。しかし、この提案も結実することは

185　前節第４款第１項２（本書179-180頁）参照。
186　*Baumann u. a.*, a. a. O. (Anm. 182), S. 79.
187　たとえば、連邦通常裁判所1960年10月28日判決（BGHSt 15, 200. 第２筋腫事件）がそうである。*Eb. Schmidt*, a. a. O. (Anm. 178), Nr. 162 Anm. 272; *Gerald Grünwald*, Heilbehandlung und ärztliche Aufklärungspflicht, in: Hans Göppinger (Hrsg.), Arzt und Recht, München 1966, S. 125 ff., 146 f. 参照。第１筋腫事件につき、連邦通常裁判所は、医師の過失を認め有罪とした。しかし、その再上告審にあたる第２筋腫事件において、裁判所は、手術拡大の可能性を告知されたとしても、患者がそれに同意したであろうと推定される場合には、医師がその旨を告げず、かつ患者の同意の存在を認識したとしても過失があるとはいえないとして、医師の過失責任を否定し、無罪を言い渡した。町野朔「治療行為と患者の同意──連邦通常裁判所一九五七年一一月二八日判決 RGSt 11, 111」警察研究53巻１号（1982年）88頁以下、93頁〔堀内捷三＝町野朔＝西田典之編『判例によるドイツ刑法（総論）』（1987年・良書普及会）43頁以下所収、48頁〕、同・前出注（１）77-78頁、田坂晶「刑法における同意能力を有さない患者への治療行為に対する代諾の意義」島大法学55巻２号（2011年）１頁以下、33頁参照。
188　*Gröning*, a. a. O. (Anm. 150), S. 125 ff. 参照。

なかった。
　さらにそれ以降は、治療行為にかかる立法化の動きが鎮静化するとともに、身体侵害モデルに与する刑法学説が有力化した。「刑法典が改正される見込みがない以上、患者の自己決定権を手厚く保護するためには、身体侵害モデルを採用するほかない」という考慮が働いたことが、その要因であろう[189]。
　しかし、不動であるかにみえた治療行為関連規定の立法論議に、1990年代中葉にまたも転機が訪れる。第6次刑法改正法によって、再び立法案が提出されたのである。

第4款　第Ⅵ期：転換期──第6次刑法改正法の展開

第1項　1996年担当官草案の起草

　ドイツでは、1970年代案から約四半世紀が経過したのちに、第6次刑法改正法による各則大改正が行われた。この改正を最後に、治療行為をめぐる刑法改正作業は収束を迎えることとなる。
　連邦司法省は、第6次刑法改正法担当官草案（Referentenentwurf eines 6. Strafrechtsreformgesetzes）[190]を起草した。同案は、29名の刑法教員に加えて、州司法行政官、連邦通常裁判所および刑事弁護団体から成る作業班によって作成された[191]。その起案過程で、専断的治療行為処罰規定を創設する提案があり、この提案を審議した結果、1996年7月15日の担当官草案（以下「1996年草案」という。）が229条と230条を設けた[192]。かくして、1996年草案は、ドイツ

189　詳細につき、第2章第3節第2款第1項（本書117-118頁）参照。
190　第6次刑法改正法につき、上嶌一高「ドイツの第六次刑法改正法」刑法雑誌38巻2号（1999年）247頁以下、251頁、嘉門優「ドイツ刑法学の五つの重点──古きものと新たなものとの両面で──」刑法雑誌41巻2号（2002年）175頁以下、176-177頁参照。
191　詳細につき、Vormbaum, a. a. O. (Anm. 29), S. 264 参照。
192　Hans Joachim Hirsch, Zur Frage eines Straftatbestands der eigenmächtigen Heilbehandlung, in: Gedächtnisschrift für Heinz Zipf, Heidelberg 1999, S. 353 ff.〔関連する邦訳として、ハンス・ヨアキム・ヒルシュ（石原明訳）「専断的治療行為」神戸学院法学30巻4号（2001年）289頁以下〕参照。さらに、小林（公）・前出注（166）423頁以下のほか、Georg Freund, Der Entwurf eines 6. Gesetzes zur Reform des Strafrechts: Eine Würdigung unter Einbeziehung der Stel-

連邦医師会と法学界の伝統的な議論[193]を復活させたのである。

第2項 1996年草案の内容と特徴

1996年草案は、第17章「身体の不可侵に対する罪」章下で、以下のように規定する[194]。なお、本書がここまで着目してきた保護法益の観点につき付言しておくと、1996年草案は、その章題名からすでに明らかなように、専断的治療行為を、患者の「意思自由」を侵害する行為ではなく、その「身体の不可侵」を侵害する行為として把握している[195]。

> **1996年担当官草案229条（専断的治療行為）**
> 1. 有効な承諾を得ずに、他人の身体又は胎児に現存する又は将来的に生ずるような身体的又は精神的な疾患、損傷、苦痛、故障又は障害を診断、治療、緩和又は予防するために、他人に対して身体的な侵襲を加え、又は、他人の身体の統合性若しくは健康状態に重大でないとはいえない影響を与える治療を行った者は、5年以下の自由刑又は罰金に処する。第226条が適用される。
> 2. 特に犯情の重い事案では、刑は、6月以上10年以下の自由刑である。特に犯情の重い事案とは、通常、
>   ① 当該治療が被治療者若しくは胎児にとって必要とされていないにもかかわらず、新たな治療方法の臨床試験に役立てられる場合、又は、
>   ② 当該治療によって追求される諸目的を衡量して、被治療者がそれと結びついた危殆化に対して責任を問うことができる場合をいう。
> 3. 当該所為は、以下の場合を除き、告訴がなければ公訴を提起することができない。
>   ① 当該所為が第2項第2文に掲げられた諸要件のもとで遂行された場合、又は、

---

lungnahme eines Arbeitskreises von Strafrechtslehrern, ZStW 109 (1997), S. 455 ff.; *Peter Cramer*, Ein Sonderstraftatbestand für die eigenmächtige Heilbehandlung: Einige Bemerkungen zu §§ 229, 230 des Entwurfs eines 6. Gesetzes zur Reform des Strafrechts (6. StrRG), in: Festschrift für Theodor Lenckner, München 1998, S. 761 ff.; *Tanja Hartmann*, Eigenmächtige und fehlerhafte Heilbehandlung, Baden-Baden 1999, S. 79 ff.; *Riedelmeier*, a. a. O. (Anm. 3), S. 24 f. も参照。

193 *Tag*, a. a. O. (Anm. 3), S. 445 参照。
194 法文は、*Tag*, a. a. O. (Anm. 3), S. 447 f. による。邦訳として、ヒルシュ（石原訳）・前出注(192) 290頁、303頁、田坂・前出注(1) 356-357頁、小林（公）・前出注(166) 412-413頁、エーザー（上田＝浅田訳）・前出注(3) 74-75頁注(12)、岡上・前出注(166) 319頁を参照。
195 これに対する批判として、ヒルシュ（石原訳）・前出注(192) 299頁参照。

> ② 刑事訴追当局が刑事訴追への特別な公共の利益のために、職権に基づく訴追が必要と認めた場合。
> 　被害者が死亡した場合は、第77条第2項に従い近親者に告訴権が受け継がれる。
>
> **同230条（過誤による治療行為〔Fehlerhafte Heilbehandlung〕）**
> 1．過失により、治療の過誤によって、第229条第1項第1文における諸目的に資する治療の枠内で他の者の健康を害した者は、3年以下の自由刑又は罰金に処する。
> 2．第229条第3項第1文、第2文を準用する。

　まず、1996年草案起案の背景から確認する。これまで、治療行為は、もっぱら患者を治癒し、その苦痛を緩和・軽減する行為を意味するとされていた。しかし、1970年代案以降の、心理学や向精神薬製造分野の進歩・発達によって、患者の人格そのものに疑問が呈されるようになり、意思自由の意義があらためて問題とされた。つまり、(刑)法学と医学の対話によって、人の「健康」を新たに定義しなおす必要性が唱えられたのである[196]。こうした要請を受けて、患者の健康は刑法的保護の対象となるかが問題とされた。1996年草案は、この問いを適切に受けとめたと評価されている。なぜなら、その229条が、患者の「精神的健康」[197]もともに保護される、と宣言したからである。

　また、1996年草案230条は、医師が錯誤に基づき、包括的な説明から得られた患者の承諾を前提として行為した場合を規定する。すなわち、草案230条は、医師の専断を構成要件的錯誤として処理し、過誤による専断的治療行為を不可罰とする。このとき医師は、刑法16条1項[198]により行為したとみなされる[199]。この点に、1996年草案最大の特徴が認められる。

196　*Tag*, a. a. O. (Anm. 3), S. 449. ドイツ刑法における「健康」概念につき、第4章第2節第2款第2項（本書225頁以下）参照。

197　Begründung des Reformvorschlages, S. 135 ff., zit. bei *Tag*, a. a. O. (Anm. 3), S. 449 Anm. 2206.

198　刑法16条（行為事情に対する錯誤）1項は、「行為遂行時に、法定構成要件に属する事情を認識していなかった者は、故意に行為したものではない。過失による遂行を理由とする処罰の可能性は、なお残る。」と規定する。

199　*Tag*, a. a. O. (Anm. 3), S. 450 参照。

第3項　エピローグ

　しかし、1996年草案も、第6次刑法改正法として結実するには至らなかった。なぜなら、この草案は、学界との対話を欠いたまま、あまりに性急に作成されたため、学説からの厳しい批判にさらされたからである。また、ドイツ連邦医師会も、1997年春にベルリンで開催されたワークショップで、本案に反対する旨の意見を表明していた[200]。

　1996年草案以降、刑法改正草案は、治療行為関連規定に関する議論を取り上げていない。1997年3月14日の連邦政府草案[201]もこの問題を議題としていない。1998年1月26日の第6次刑法改正法は、同年4月1日に発効したが、当然そこにも治療行為関連規定は見当たらない。かくして、治療行為関連規定創設の試みは、またも失敗に終わったのである。

第5款　小　括：判例法理の結晶体としての刑法改正草案

　以上、第二次世界大戦終結から20世紀末葉までの刑法改正論議を概観し、その到達点を明らかにしてきた。

　まず、第二次世界大戦後の刑法改正作業再開から1962年草案までの第Ⅳ期「復興期」の展開を跡づけた。戦後の立法者は、傷害罪排除規定と専断的治療行為処罰規定を併設するよう提案し、1960年草案と1962年草案がこの方針を採用している。第Ⅳ期の諸草案には、いわゆる「遅れると危険」の事例を立法化した1960年草案や、説明義務の特則を設けた1962年草案等があり、いずれの草案をみても議論の多様化と深化がみてとれる。これらの草案のうち法益論との関係でとくに注目すべきは、1962年草案162条の専断的治療行為処罰規定である。すなわち、1962年草案162条は、専断的治療行為処罰規定の法益を、伝統的な判例のように「身体の不可侵に対する権利」でもなく、戦前の1911年対案や1927年草案のように「自由の不可侵に対する権利」でも

200　*Schreiber*, a. a. O.（Anm. 3）, in: FS Hirsch, S. 719. 紹介として、*Gröning*, a. a. O.（Anm. 150）, S. 173 f. も参照。
201　BT-Drucks. 164/97.

なく、患者の自己決定権そのもの、ととらえている。こうした法益理解からは、刑法改正草案の起草者が、身体侵害モデルと自由侵害モデルが対立する学説状況に苦慮していた様子がみてとれる（第2款）。

つぎに、1970年代案までの第Ⅴ期「新興期」と、第6次刑法改正法までの第Ⅵ期「転換期」の議論を概観した。1962年草案に触発されたバウマンら戦後世代の刑法学者は、代案グループを組織し、1970年代案の各則第1章第4節「自由に対する罪」節下の123条に、専断的治療行為処罰規定を設けた。1970年代案は、専断的治療行為を患者の意思「自由」を侵害する行為として位置づけているが、この位置づけは、一方で、戦前の1911年対案や1927年草案への回帰を、他方で、戦後の1962年草案との訣別を意味している（第3款）。

そして、そこから若干の断絶を経て、連邦司法省は、第6次刑法改正法の審議過程で、1996年草案229条と230条に治療行為関連規定を再び設けた。1996年草案の特徴は、その229条で専断的治療行為を患者の「身体の不可侵」の侵害行為として把握した点、そして、230条で過誤による専断的治療行為を不可罰とした点にある。しかし、1996年草案も含めて、治療行為関連規定の実定法化は今日まで実現していない（第4款）。その理由を解き明かすことが次節の目標であるが、その際に検討の端緒となるのが、専断的治療行為処罰規定の保護法益をめぐる議論である。

第4節　ドイツ刑法改正作業の到達点とその理論的検討

本節は、前節までの分析から得られた比較法的・系譜的知見を総括し、専断的治療行為処罰規定の保護法益を明らかにすることで、ドイツ刑法改正諸草案における法益論アプローチの到達点と問題点を抽出することを目的とする。ドイツの刑法改正立法者は、1900年代前葉以降、治療行為関連規定を創設するための取組みをつづけてきた。前節までは、刑法改正作業の動向を追跡してきたが、これによってつぎの点が明らかとなった。すなわち、刑法改正草案の治療行為関連規定は、判例・学説の趨勢にそのつど目を配りながら起草され、それはまさに当時の議論を反映させた学問的結晶体とでも呼ぶべ

き存在であった、という点がそれである。本節の課題は、こうした認識に基づいて刑法改正作業の意義と問題点を炙り出すことにある。

そのために以下では、まず、ドイツ刑法改正諸草案における専断的治療行為処罰規定の保護法益を明らかにする（第1款）。この作業をつうじて、第2章で得られた系譜的・比較法的知見を補強し、専断的治療行為による「利益」侵害の内実を明らかにするための、さらなる分析視角を獲得する。

つぎに、この作業を踏まえて、ドイツで治療行為関連規定の立法化が実現していない理由を解き明かす（第2款）。ここでは、ドイツ刑法改正作業を媒介として、「医と法の関わり」という医事（刑）法全体に及ぶ問題にも踏み込んでいくこととなる。

第1款　専断的治療行為処罰規定の保護法益

まず、刑法改正諸草案における専断的治療行為規定の位置づけを概観し、同規定の法益をめぐって、大きく分けて3つの権利・利益理解が示されてきたことを確認する（第1項）。そして、これらの理解が対立してきた原因を探り（第2項）、そのうえで、次章で掘り下げて検討すべき課題を具体化する（第3項）。

第1項　刑法改正草案における3つの権利・利益理解

はじめに、ドイツ刑法改正諸草案における専断的治療行為処罰規定の保護法益を明らかにする。この点に関しては、大きく分けて、以下の3つの権利・利益理解が示されてきた。

第1が、①自由に対する権利・利益としての理解である。刑法改正立法者が専断的治療行為処罰規定をはじめて設けたのは、1911年対案「自由の侵害」章下であり、その後、専断的治療行為処罰規定は、1927年草案の「人身の自由又は安全に対する重罪及び軽罪」章下や、1970年代案の「自由に対する罪」章下にも設けられている。これらの章題名からも明らかなように、1911年対案、1927年草案および1970年代案は、専断的治療行為の本質を、患者の「自由」を侵害する行為として位置づけている。

第2が、②身体の不可侵に対する権利・利益としての理解である。たとえば、1996年草案は、専断的治療行為による「利益」侵害の内実を、患者の「自由」を侵害した点ではなく、その「身体の不可侵」を侵害した点に見いだしている。

　第3が、③患者の自己決定権としての理解である。すなわち、上記①②の理解に立つ諸草案に対して、第二次世界大戦後に起草された1959年第1・第2草案、1960年草案および1962年草案は、「身体の不可侵に対する罪」の章や「人身の自由に対する罪」の章とは別に、「医的侵襲及び治療行為」の節を独自に設け、同章に専断的治療行為処罰規定を置いている[202]。これらの草案は、専断的治療行為による「利益」侵害の本質を、身体侵害という側面か、自由侵害という側面のどちらか一方に見いだすのが難しいとしたうえで、これを妥協的に中間に位置づけ、身体侵害・自由侵害のどちらに重きを置いても解釈できるようにしたとみられる。

第2項　「利益」理解をめぐる対立の原因

　刑法改正草案の専断的治療行為処罰規定は、もともと、自由侵害モデルによって生じる処罰の間隙を埋めるために提案された[203]。とはいえ、刑法改正草案がすべて、自由侵害モデルを所与の前提としていたわけではない。たとえば、1913年草案は、同意傷害規定や違法阻却一般規定によってこの問題を処理していたし[204]、1927年草案や1960年草案は、身体侵害モデルと自由侵害モデルのいずれを採用するのかを明言せずに、専断的治療行為の刑法的評価に関する立場決定を回避していた[205]。こうした対応からは、刑法改正諸草案の起草者らが、一向に収束しない両思考モデルの対立に苦慮していた様子がみてとれる。

　では、このような対立が生じた原因は何か[206]。判例をはじめとする身体

202　1959年第1・第2草案、1960年草案および1962年草案につき、前節第2款第1項（本書186頁以下）、同第2項（本書19◯頁以下）、および同第3項（本書193頁以下）参照。
203　詳細につき、本章第2節第1款第3項（本書165-166頁）参照。
204　詳細につき、本章第2節第2款第3項（本書168-169頁）参照。
205　1927年草案につき、本章第2節第3款第3項1（本書175頁以下）を、1960年草案につき、前節第2款第2項（本書190頁以下）を参照。さらに、Gröning, a. a. O. (Anm. 150), S. 85 f. も参照。
206　予備的考察として、本章第2節第1款第2項（本書163頁以下）。

侵害モデルは、患者の自己決定権を、身体の不可侵に対する権利（基本法2条2項第1文）ととらえる。これに対して、有力説および刑法改正草案の多くが前提とする自由侵害モデルは、患者の自己決定権を「自由の不可侵」に対する権利（同第2文）として理解する。以上の理解によれば、身体侵害モデルは、文字どおり、専断的治療行為を患者の「身体」に対する違法な侵襲行為として理解するが、これに対して、自由侵害モデルは、専断的治療行為が患者の意思「自由」に反する行為にほかならない、とする。しかし、刑法改正草案には、前者の身体侵害モデル的理解に基づく草案（上記②）と、後者の自由侵害モデル的理解を基礎とする草案（上記①）が混在している。そればかりか、戦後の刑法改正諸草案のなかには、専断的治療行為処罰規定の法益を、現行刑法上保護される身体の不可侵に対する権利にも、自由に対する権利にも分類できない、「患者の自己決定権」そのものと位置づける草案（上記③）まで存在する。

第3項　獲得された分析視角とさらなる検討課題：
第4章への序

　かくして、身体侵害モデルと自由侵害モデルの対立構造は、刑法における「患者の自己決定権」の内容理解に帰着する。そこでは、患者の自己決定権を刑法理論としていかに位置づけるか、具体的には、身体ないし自由の不可侵に対する権利と、患者の自己決定権はどのような関係に立つかが問題となる。

　この問題に取り組むならば、まず、傷害罪の保護法益を分析・確定するという作業が不可欠となる。なぜなら、ドイツ法は、専断的治療行為による利益侵害の構造を解明するために、傷害罪における「身体」利益との関係性をつねに念頭に置きながら議論を積み重ねてきたからである[207]。それはまた、従来のわが国の議論に欠けていた視角でもあった。

　ここでさらに問題となるのは、患者の自己決定権を傷害罪の法益としてどこまで取り込めるか、また、どのように取り込めるか、である。たとえば、前章で概観したように、法益論アプローチの主唱者クラウス・ロクシン

207　ドイツ法の総括として、第2章第5節第1款（本書150-151頁）参照。

(Claus Roxin）は、ドイツ刑法223条の傷害罪が身体法益とともに身体の統合性に対する自己決定権をも保護しているとし、また、エックハルト・ホルン (Eckhard Horn）は、傷害罪の保護法益には、自己決定権と身体の統合性という2つの法益があり、傷害罪の法益を二元的に理解するよう主張していた。さらに、ブリギッテ・タルク（Brigitte Tag）は、傷害罪の法益として、身体の不可侵とともに、身体に対する人格の自由な発展をも考慮している。これらの議論は、基本法上保障された諸権利を顧慮しながら身体法益の本質を探究し、傷害罪の法益との関係で患者の自己決定権の位置づけを探ろうとする試みといえる[208]。

そこで次章では、これらの立法・学説上のアプローチを踏まえながら、傷害罪の法益に焦点を絞ってさらに検討を深めていきたい。その際、第2章第4節第2款第3項2（本書148-149頁）で予告したように、まず、傷害罪規定の沿革と基本的な解釈を確認したうえで、傷害罪の法益論をめぐる伝統的潮流と新たな潮流の各理論枠組みを明晰化する。ついで、2つの潮流を支える各論拠を批判的に検討することで、わが国への導入可能性を検証する。このような作業によってこそ、わが国の傷害罪で保護すべき「身体」法益の内容と構造、およびそこに占める自己決定権の位置づけを解明し、また、「治療行為論」体系化への糸口を見いだすことができるだろう。

第2款　専断的治療行為の刑事規制

つぎに、ドイツで治療行為関連規定の立法化が実現していない理由を考察する。その理由は、第1款でみたように、改正作業の段階で専断的治療行為処罰規定の法益をめぐる理解の対立があり、この対立をめぐる議論を収束させないまま当該規定を設けようとした点にある。しかし、理由はそれだけに尽きるわけではないように思われる。そこで以下では、第1款の分析を補強するべく、「医師に対する特別刑法」を設けるのが妥当か否かという議論（第1項）、また、医と法をめぐる対立がもっとも先鋭化する一場面として、

208　ロクシン、ホルン、タークらに代表される「法益論アプローチ」の議論につき、第2章第3節第2款第4項（本書123頁以下）参照。

医師の説明義務をめぐる議論（第2項）を取り上げ、ドイツで治療行為関連規定の立法化が実現していない理由を考察してみたい。もとよりここでは、ドイツ刑法改正作業というフィルターを通して、「医と法の関わり」という医事（刑）法全体に及ぶ問題にも、必然的に踏み込んでいくこととなる。

第1項　医師に対する特別刑法

　刑法典に専断的治療行為処罰規定を設けるべきか。ドイツの刑法改正立法者は、約100年にわたってこの問題と対峙しつづけてきた。まず、タークによる以下の指摘を引用し、この問題を考察するための端緒としよう。

> 「現行法が医師に対する特別刑法（Sonderstrafrecht für Ärzte）を創設する説得的な根拠を示さないのであれば、……単なる『象徴』そのものが依然残ることとなるだろう[209]。」

　タークは、医師に対する象徴的刑法を創設することが、医師の特権化を推し進め、治療行為に従事する医師に過度な裁量権を付与するおそれがある、とする[210]。治療行為に関する刑事立法が、医師の「特別刑法」と呼ばれる所以がここにある。

　タークのこの指摘に対して、ヘニング・ローゼナウ（Henning Rosenau）はつぎのように反論する。

> 「不当にも、医師に対する特別刑法を創設することになるだろうとの考慮が示されている。[しかし]そのことは説得力に乏しい。すでに今日われわれは、たとえば……職務上の傷害のように、特別な職業集団に対する特別刑法を有している。……分野別の非犯罪化が可能であるとすれば、医プロフェッションと医療従事者に対しても非犯罪化を考えることができよう[211]。」

209　*Tag*, a. a. O.（Anm. 3), S. 455.
210　*Tag*, a. a. O.（Anm. 3), S. 442 f. 参照。「刑法の肥大化」に危惧感を示していたのは、*Reinhard Frank*, Die Überspannung der staatlichen Strafgewalt, ZStW 18 (1898), S. 733 ff. 733 Anm.* である。
211　*Henning Rosenau*, Begrenzung der Strafbarkeit bei medizinischen Behandlungsfehlern?, in: Henning Rosenau/Hakan Hakeri (Hrsg.), Der medizinische Behandlungsfehler, Baden-Baden 2008, S. 215 ff., 228〔関連する邦訳として、ヘニング・ローゼナウ（山本紘之訳）「医療過誤における可罰性の限定？」比較法雑誌42巻3号（2008年）75頁以下、95頁〕。ただし、文脈に沿うかたちで訳文は適宜修正している。なお、特別構成要件の創設を求める近時の見解として、*Eric Hilgendorf*, Einführung in das Medizinstrafrecht, München 2016, S. 12 f. Rn. 16, 18〔紹介とし

刑法改正論議を振り返ってみると、1920年代から1930年代にかけて、専断的治療行為を処罰すること、そして、治療行為の合法性要件として患者の承諾を規定することへの反対意見は、当時からすでに存在していた。ドイツ連邦医師会や外科学会の意見[212]が刑法改正の局面でたびたび登場し、刑法改正論議に大きな影響を及ぼしたとの史実は、すでに触れたとおりである。

 そして戦後は、「患者の自己決定権」擁護論が優勢となり、それとともに専断的治療行為を処罰の対象とする原則も確立された。それにもかかわらず、刑法改正草案は、「患者の自己決定権」の意味内容や理論的位置づけに関する立場決定を回避しつづけてきた。そのために、法律家と医師の「冷戦」、すなわち、患者の自己決定権をめぐる対立が顕在化し、その影響が1950年代以降の判例や諸草案にも表われるようになったのである。

第2項 医師の説明義務をめぐって

1 刑法改正草案の対応

 専断的治療行為の処罰をめぐる「医と法」の対立は、医師の説明義務をめぐって先鋭化した。刑法典に説明義務の特則を設けるか、もしそれを設けるとして説明の内容と範囲をどのように記述するか、という問題が提起されたからである。

 しかし、説明義務の法文化作業は難航をきわめた。「もとより、成文化については、その適切な成文化が果たして可能であるか否か、可能であるとして果たしてどれだけの成果を期待できるか否かについては疑問もなくはなく、一方では強い立法の要望がありながら、他面ではむしろ否定的な意見も

て、福山好典＝天田悠「エリック・ヒルゲンドルフ著『医事刑法入門（Einführung in das Medizinstrafrecht）』」年報医事法学32号（2017年）200頁以下、201頁）も参照。

212 ドイツでは、伝統的に専門職集団の自律性が発達しており、それゆえ医師会や学会も大きな発言力を有している。ドイツの医師は、各州の医療職法によって、医師会への加入が強制されており、同会は、模範職業規則（Musterberufsordnung）の制定と懲戒処分の権限とを有している。また、医師の職業裁判所（Berufsgericht）にも懲戒処分の権限がある。詳細につき、畔柳達雄「ドイツの医師免許制度と医師に対する懲戒制度」小島武司先生古稀祝賀『民事司法の法理と政策 下巻』（2008年・商事法務）987頁以下、1000頁以下、村山淳子「ドイツの医療法制──医療と法の関係性の分析──」西南学院大学法学論集43巻3・4号（2011年）235頁以下、249頁以下、佐伯仁志「ドイツにおける刑事医療過誤」『三井誠先生古稀祝賀論文集』（2012年・有斐閣）249頁以下、255頁参照。

強かった」[213]からである。

結局、この対立は、1962年草案と1970年代案で一応の決着をみた。すなわち、1962年草案は説明義務の特則を設置し[214]、これに異を唱えた1970年代案は、医師が基本的に説明すべき事項に関する一般指針を与えるために、「治療の態様、範囲および合理的な人間の決定にとって重視される、起こりうる結果」を説明する必要がある、とした[215]。このように、刑法改正草案は判例を参考としつつ、医師サイドの意見を部分的に汲み取ったのである。

2 医学会内部の相克

なるほど、ドイツ連邦医師会や外科学会の意見は、治療行為と傷害行為を刑法上截然と区別すべきとする点、専断的治療行為を刑法によって処罰する点で一致していた。しかし、患者の自己決定権の抽象化現象にともない、判例・学説が医師の説明義務を強調したことで[216]、医学会内部でも軋轢が生じた。かつてシュヴァルムは、「法律家と医師の『冷戦』」と述べて、刑法学と医学の意見が錯綜するさまを描き出したが[217]、「冷戦」は、医学界内部にもあった。その冷戦は、むしろ医学サイドのほうこそ深刻であったともいえる。こうした状況は、1925年草案や1927年草案の専断的治療行為処罰規定をめぐって、医学会のスタンスが二転三転していた点からも読み取れる[218]。

このように、専断的治療行為処罰規定の創設を阻んだ（あるいは阻みつづけている）のは、医師の義務内容をめぐってくり広げられてきた、「医と法」をめぐる二重の相克である。

---

213 唄・前出注（5）46-47頁。具体的な意見として、*Bockelmann*, in: Niederschriften, a. a. O. (Anm. 147), S. 191 f.; *Jescheck*, in: Niederschriften, a. a. O. (Anm. 147), S. 194; *Dreher*, in: Niederschriften, a. a. O. (Anm. 147), S. 195 等。さらに、*Gröning*, a. a. O. (Anm. 150), S. 196 f. 参照。
214 1962年草案における説明義務の特則につき、前節第2款第3項3（本書195頁以下）参照。
215 1970年代案起草時の議論として、前節第3款第2項（本書198頁以下）参照。
216 町野・前出注（1）82-83頁参照。
217 詳細につき、前節第2款第1項1(2)（本書188頁）参照。
218 1925年草案につき、本章第2節第3款第2項（本書172頁以下）を、1927年草案につき、同第3項1（本書175頁以下）を参照。

第5節　本章の成果

第1款　ドイツ刑法改正作業からみた法益論アプローチの到達点

　以上、ドイツ刑法改正作業の歴史的展開をたどり、刑法改正諸草案における専断的治療行為処罰規定の保護法益を明らかにすることで、ドイツ刑法改正の次元における法益論アプローチの到達点と問題点を整理してきた。前章の分析と本章のそれとを架橋するキーワードは、「専断的治療行為による『利益』侵害の内実究明」であった。ここにいう患者の利益が、患者の「身体」を指すのか、それとも「自由」ないし「自己決定権」そのものを意味するのかは、慎重な検討を要する。本章の分析から得られた視点と知見を踏まえながら、この課題に取り組む必要がある。

第2款　次章への課題

　そこで次章では、現行刑法の枠組みからこの問題にアプローチし、傷害罪により保護されるべき「利益」の内実、およびそれと結びついた患者の自己決定権の理論的位置づけを明らかにする。

第 4 章　ドイツ法の理論的考察
　　　　——治療行為と傷害罪の保護法益

　　第 1 節　本章の目的
　　第 2 節　ドイツ刑法223条の制定とその解釈
　　第 3 節　傷害罪の法益論をめぐる 2 つの潮流
　　第 4 節　傷害罪における「身体」法益の内容と構造
　　第 5 節　本章の成果

第1節　本章の目的

　医師の治療行為の刑法的評価をめぐって、わが国ではかねてから、傷害罪（刑法204条）、傷害致死罪（205条）、暴行罪（208条）、過失傷害罪（209条）、過失致死罪（210条）、業務上過失致死傷罪（211条）のほか、保護責任者遺棄（致死傷）罪（218条、219条）、殺人罪（199条）等との関係が問題とされてきた[1]。もっとも、実務上争われる機会が多いのは過失傷害（致死）罪の成否であり、医師が、患者の承諾を得ずに治療を行ったために故意傷害罪で起訴された事案は、公刊物をみるかぎり、わが国には存在しない[2]。しかし、これまで起訴された事案がないのだから解釈はいかようでもよい、というのはあまりに早計だろう[3]。医師の治療行為がわれわれの生命・身体に直接干渉し、本来危険をともなう以上、その刑法的性質を明らかにする必要がある。

　本書のみるところ、治療行為の適法性を判断する際の出発点となるのは、何よりもまず、傷害罪の解釈である。なぜなら、およそ治療行為は、患者の腕への穿刺や、メスによる患部の切除・切開といった具合に、本来、患者の身体を傷つける侵襲行為だからである。事実、第2章でみたように、わが国に今なお大きな影響を及ぼしているドイツ刑法学も、傷害罪における「身体」傷害概念の解釈から、治療行為の問題領域にアプローチしてきた。

　これに対して、わが国の先行研究は、もっぱら、刑法35条の正当（業務）行為規定の解釈に主眼を置いてきた。それゆえ、傷害罪が保護する「身体」法益の本質に立ち返った検討は、これまで手薄であったといってよい[4]。こ

1　町野朔『患者の自己決定権と法』（1986年・東京大学出版会）8頁。なお、本章で条文のみを挙げるときは、とくに断りのないかぎり、現行刑法典のそれを指す。
2　大谷實『医療行為と法〔新版補正第2版〕』（1997年・弘文堂）81頁、飯田英男『刑事医療過誤Ⅱ〔増補版〕』（2007年・判例タイムズ社）12-13頁参照。富士見産婦人科病院事件においてでさえ、患者30名あまりに対して承諾を得ずに子宮や卵巣を摘出した医師の行為につき、傷害罪では不起訴処分となっている。ただし、本件では、無資格者による診療補助業務につき、旧・保健婦助産婦看護婦法（現・保健師助産師看護師法）43条1項1号違反の罪（31条1項、32条）と60条1項違反の罪で有罪とされたほか（東京高判平成元年2月23日判タ691号152頁）、民事事件として損害賠償責任が認められている（東京高判平成15年5月29日 LEX/DB:28082381）。
3　佐伯仁志「身体に対する罪」法学教室358号（2010年）119頁以下、125頁参照。
4　伊東研祐「『傷害の罪』の法益」日本法学82巻2号（2016年）3頁以下、5頁も、「人の身体」という法益ないし「傷害」罪の保護範囲をめぐる議論が、「比較的に手薄に感じられる」とする。

の点につき、従来わが国では、刑法204条にいう「傷害」の意義をめぐって、人の生理（的）機能の侵害と解する「生理（的）機能障害説」[5]、人の身体の完全性の侵害・毀損と解する「身体の完全性毀損説」[6]、そして、人の生理（的）機能を侵害することおよび身体の外観に重要な変化を加えることと解する「折衷説」[7]が主張されてきた。もっとも、生理（的）機能障害説、身体の完全性毀損説、および折衷説の相違は、頭髪等の切断のような外貌・外観に変更を加えるにすぎない行為に傷害罪の成立を認めるか否かにとどまる。そのため、治療行為の問題領域では、いずれの所説に与したとしても、結論に表面上違いは生じてこないともいえる[8]。しかし、たとえそのようにいえるとしても、「身体」法益の検討が決して無意味というわけではない。本書の見立てによれば、治療行為の刑法的性質を解明するためには、まず、わが国の傷害罪で保護されるべき「身体」法益の本質を明晰に言語化し、これによって問題の原点を正確に掘り起こす必要がある。この作業は、将来の医事刑法研究のための理論的原点となり、医療が引き起こす現代的諸問題を考察する際の基本的姿勢を確立することにも資するだろう[9]。

　さらに、「被害者の承諾」の法理をめぐってもっとも対立が先鋭化する同意傷害の事例群[10]や、法益主体が錯誤・欺罔に基づいて承諾を与えたとい

　わが国の現状につき、第1章第1節第1款第2項3（本書41頁以下）参照。
5　平野龍一『刑法概説』（1977年・東京大学出版会）167頁、林幹人『刑法各論　第2版』（2007年・東京大学出版会）47頁、山口厚『刑法各論　第2版』（2010年・有斐閣）45頁、曽根威彦『刑法各論〔第5版〕』（2012年・弘文堂）17頁、西田典之『刑法各論〔第6版〕』（2012年・弘文堂）41頁、高橋則夫『刑法各論〔第2版〕』（2014年・成文堂）46頁、井田良『講義刑法学・各論』（2016年・有斐閣）48頁等。
6　小野清一郎『新訂刑法講義各論』（1949年・有斐閣）169頁、瀧川幸辰『刑法各論』（1951年・世界思想社）41頁、藤木英雄『刑法講義　各論』（1976年・弘文堂）193-194頁等。
7　団藤重光『刑法綱要各論〔第三版〕』（1990年・創文社）409頁、西原春夫『犯罪各論　訂補準備版』（1991年・成文堂）14頁、内田文昭『刑法各論〔第三版〕』（1996年・青林書院）26頁、福田平『全訂　刑法各論〔第三版増補〕』（2002年・有斐閣）151頁、大塚仁『刑法概説（各論）〔第三版増補版〕』（2005年・有斐閣）26頁、大谷實『刑法講義各論〔新版第4版補訂版〕』（2015年・成文堂）25頁等。
8　武藤眞朗「治療行為と傷害の構成要件該当性——専断的治療行為と患者の自己決定権に関する研究の予備作業——」早稲田大学大学院法研論集54号（1990年）243頁以下、248頁、小林公夫『治療行為の正当化原理』（2007年・日本評論社）110-111頁、伊東・前出注（4）15頁注（4）参照。
9　治療行為論研究の意義とあわせて、序章・一2（本書6頁以下）参照。
10　「身体」法益の内容理解は、被害者の承諾に基づく違法阻却の範囲・限界を検討する際に意味をもつ。宮内裕「違法性の阻却」日本刑法学会編『刑事法講座　第1巻　刑法（I）』（1952年・

う事例群[11]においても、「身体」法益にいかなる内容を読み込むかが問題となりうる。この点の理解を深めるための補助線として、井上正治による以下の叙述を引用しよう。

> 「『被害者の承諾』の理論は現在の犯罪論ではそれほど大きな意義を有しないかのように解されているが、わたくしはそう思わない。……『被害者の承諾』を考えることによって、法益の侵害とは何かが考えさせられることとなる。法益の侵害のないところに犯罪はない。これが犯罪論におけるわたくしの出発点である[12]。」

井上は以上のように述べたうえで、「『被害者の承諾』を前提にしなければ説明の難しいと思われる事例」として、真っ先に「医師の治療行為」を挙げている[13]。医師の治療行為の問題、そしてこれと密接に結びついた「被害者の承諾」という問題領域を扱うからには、われわれは、「法益」の内実をつねに念頭に置いて検討を進めなければならない。翻って、治療行為との関連で、傷害罪における「身体」法益侵害の理論構造を解明する作業は、「被害者の承諾」の法理一般にとっても基礎研究としての意義を有する。すなわち、「治療行為」という1つの問題領域を媒介としながら、「被害者の承諾」論・法益論・違法（阻却）論といった犯罪論の根本問題を掘り下げて検討していくことは、「刑法理論における各研究領域の議論を深めていくための基本的視点を獲得」しようとする本書の目的にも資する作業といえる（詳細につき、本書7頁参照）。

有斐閣）217頁以下、221頁．団藤重光編『注釈刑法（5）各則（3）』（1965年・有斐閣）73頁〔小暮得雄〕、佐藤陽子『被害者の承諾――各論的考察による再構成――』（2011年・成文堂）98頁以下参照。

11　各構成要件に関する法益分析の必要性は、佐伯仁志「被害者の錯誤について」神戸法学年報1号（1985年）51頁以下、62頁、林幹人「錯誤に基づく被害者の同意」『松尾浩也先生古稀祝賀論文集 上巻』（1998年・有斐閣）233頁以下、235頁、西田典之＝山口厚＝佐伯仁志編『注釈刑法 第1巻 総論 §§1～72』（2010年・有斐閣）346頁以下、361頁〔深町晋也〕等もつとに指摘してきたところである。

12　井上正治「違法論の法理」法政研究33巻3～6号（1967年）217頁以下、218頁。その各論的深化を試みるのが、同「法益の侵害」佐伯千仭博士還暦祝賀『犯罪と刑罰（上）』（1968年・有斐閣）257頁以下である。井上正治による議論の学説史的意義につき、甲斐克則「日本刑法学における違法論の潮流と法益論――その（一）・主観的違法論および初期の規範違反説を中心に――」『鈴木茂嗣先生古稀祝賀論文集［上巻］』（2007年・成文堂）253頁以下、261-262頁、同「被害者の承諾」椎橋隆幸＝西田典之編『変動する21世紀において共有される刑事法の課題――日中刑事法シンポジウム報告書――』（2011年・成文堂）95頁以下参照。

13　井上（正）・前出注（12）「違法論の法理」218頁。

それにもかかわらず、ドイツ刑法の影響を色濃く受けているはずのわが国において、ドイツ刑法の傷害罪をめぐって、判例、学説および立法の起源から到達点を統一的視点から分析した研究は、これまでほとんどなかったといってよい。ここに、わが国におけるドイツ刑法研究の空隙が存在する。本章は、日独刑法における傷害罪の保護法益の内容と構造を解明し、わが国の「治療行為論」体系を規定する法益論の基本的視座を確立することを目的とする。

第1款　分析の対象

本章における考察の前提として、ここであらためて「治療行為」の概念を確認しておきたい。

序章・二（本書8頁以下）で示したように、本書が検討対象とする「治療行為」とは、典型的には外科手術のほか[14]、化学療法、医薬品等の投与および注射のような、生活機能・生理（的）機能・健康状態の毀損・障害・変更[15]をともなう外科的・内科的[16]侵襲行為をいう。これに対して、問診・触診のような各種診察、超音波検査、心電図検査およびMRI検査のような一定の軽微な侵襲は、本章の考察対象から除外する。なぜなら、傷害の程度（軽微性）の判断にあたって、日常生活への悪影響ないし支障の有無やその持続性、医療行為の必要性、被害者の苦痛の有無等を考慮する（裁）判例[17]お

14　外科手術をめぐるわが国の刑事判例につき、米田泰邦「手術と刑事責任」中山研一＝泉正夫編『医療事故の刑事判例　第二版』（1993年・成文堂）155頁以下、武藤眞朗「手術と刑事責任」中山研一＝甲斐克則編『新版　医療事故の刑事判例』（2010年・成文堂）151頁以下参照。

15　傷害概念との関連でこの点に触れる判例として、大判明治41年2月25日刑録14輯134頁（病毒の感染）、大判昭和8年6月5日刑集12巻736頁（毒物による中毒症状の惹起）、最判昭和26年9月25日裁判集刑53号313頁（メチルアルコール中毒による疲労・全身の倦怠感、膝蓋腱反射亢進の惹起）、最判昭和27年6月6日刑集6巻6号795頁（病毒・性病の感染）、最決平成24年1月30日刑集66巻1号36頁（睡眠薬の投与による意識障害および筋弛緩作用をともなう急性薬物中毒症状）等がある。

16　大判大正11年10月23日評論11巻刑法400頁（疲労倦怠・胸部疼痛）、最決昭和32年4月23日刑集11巻4号1393頁（胸部疼痛）、福岡高宮崎支判昭和62年6月23日判時1255号38頁（腰部圧痛）は、身体内部の機能に障害を与える行為も傷害にあたるとする。

17　大決大正15年7月20日新聞2598号9頁、名古屋高金沢支判昭和40年10月14日高刑集18巻6号691頁、熊本地玉名支判昭和42年11月10日下刑集9巻11号1372頁等。

よび学説[18]の傾向に照らすと、以上で挙げたような診察・検診行為に、傷害罪の構成要件該当性を認めるのは難しいと考えるからである[19]。

以上のような状況からすると、本章における検討の中心は、ドイツ刑法223条と、わが国の刑法204条における傷害罪となる。そこで以下では、まず、ドイツ刑法223条の傷害罪をめぐる議論を整理し、つぎにそこで得られる比較法的知見を踏まえて、わが国における傷害罪の保護法益論、およびそこから導かれる「治療行為論」体系への展望を見いだしたい。

第2款　本章の構成

本章における考察の順序は、より具体的には以下のとおりである。

まず第2節では、ドイツ刑法223条の傷害罪規定の歴史的経緯をたどり、ドイツ法の歴史的発展経緯を明らかにする。ここでは、ドイツ傷害罪規定をめぐる解釈の現況をまず明らかにしたうえで、現行刑法の制定過程を跡づけ、「身体」「健康」概念をめぐる議論を整理する。そのうえで、傷害罪における身体的虐待と健康損害の解釈問題に検討を加え、傷害罪の法益を解明するための素地を整える。これらの分析によって、本節では、治療行為の問題を解決するためには、傷害罪の法益の本質に立ち返った解釈論的検討が不可欠であること、とりわけ、「身体」法益の意味内容およびそれに対する自己決定権の理論的位置づけを明らかにする必要があること、を示す。

つづく第3節では、傷害罪の保護法益をめぐる学説の2大潮流、すなわち、傷害罪の法益論をめぐる伝統的潮流（傷害罪における「身体」の内容を生物学的・身体的不可侵に限定する立場）と、新たな潮流（傷害罪の法益は、生物学的・医学的な意味における「身体」にとどまらず、さらにそれに対する処分権ないし自己決定権をも含むとする立場）の内容を批判的に分析し、わが国への導入可能性を検証する。ここでは、各潮流の基本的思考方法をまず確認したうえで、そこから派生する代表的なアプローチを取り上げ、検討を加える。これによって、

18　団藤・前出注（7）409頁、西田・前出注（5）41頁等。
19　団藤編・前出注（10）〔小暮〕76頁以下、大塚仁ほか編『大コンメンタール刑法　第二版　第10巻〔第193条～第208条の3〕』（2006年・青林書院）391頁以下〔渡辺咲子〕参照。

わが国の刑法学がドイツ法から示唆を得るべき点と峻拒すべき点が浮き彫りになるだろう。この作業をつうじて、ドイツ法の理論的到達点と残された問題点を跡づけるとともに、「治療行為論」の理論枠組みを構築するための基本的視点を獲得することが、本節の目標である。

　以上の検討を踏まえて、第4節では、ドイツ法の分析から得られる知見とわが国の議論とを総合し、わが国の傷害罪規定で保護されるべき「身体」法益の意味内容およびその理論構造を明らかにする。ここでは、まず、ドイツ法の継受という視点から、わが国における判例・学説を系譜的観点に基づいて再検証し、傷害罪における「身体」利益の内容を明らかにする。つぎに、患者の身体処分権ないし自己決定権と関連づけつつ、傷害罪における「身体」法益の理論構造を究明し、さらに、そこでの分析を「治療行為」の問題に適用した際の展望を示す。これらの分析によって、本書を司る「治療行為論」体系の骨格、そしてつぎに取り組むべきさらなる検討課題を見いだすことができれば、本章の目的は達成されることとなる。

第2節　ドイツ刑法223条の制定とその解釈

第1款　本節の目的

　本節は、ドイツ刑法223条の傷害罪規定をめぐる議論の歴史的経緯を明らかにすることを目的とする。そのために以下では、まず、ドイツ現行刑法223条の傷害罪規定をめぐる解釈に予備的検討を加え、そこに含まれる課題を明らかにする（第2款）。つぎに、主として1532年のカロリナ刑事法典からさかのぼって現行傷害罪規定の制定過程をたどり、刑事法制史的観点から、「身体」「健康」概念をめぐる議論を精査し、本章で取り組むべき検討課題を具体化する（第3款）。さらに、傷害罪における身体的虐待と健康損害の解釈をめぐる判例・学説に検討を加え、次節以降で同罪の保護法益を解明するための素地を整える（第4款）。そして、これらの系譜的・理論的分析をつうじて、本節では、治療行為の問題を解決するには、傷害罪の法益の本質に立ち

返った解釈論的検討が不可欠であること、とりわけその際には、「身体」法益の意味内容およびそれに対する自己決定権の理論的位置づけを明らかにする必要があること、を示す（第5款）。

第2款　序論的考察：ドイツ刑法における身体・健康の保護

考察の端緒として、はじめに、ドイツ現行刑法223条の条文を以下に掲げておこう。

> **ドイツ刑法223条（傷害）**
> 1．他の者を身体的に虐待し（körperlich misshandeln）又はその健康を害した（an der Gesundheit schädigen）者は、5年以下の自由刑又は罰金に処する。
> 2．本罪の未遂は罰せられる。

ドイツ刑法223条は以上のように規定し、身体的虐待（körperliche Misshandlung）と健康損害（Gesundheitsschädigung）という2つの行為類型を掲げている。問題は、223条にいう「身体」「健康」の意味内容が何かである。そこでまず、ドイツ傷害罪における「身体」概念（第1項）および「健康」概念（第2項、第3項）をめぐる議論を概観し、その現況を確認する（第4項）。

第1項　「身体」概念をめぐる議論

傷害罪における「身体」概念[20]の解明にはじめて本格的に取り組んだの

20　先行研究として、町野朔『犯罪各論の現在』（1996年・有斐閣）108頁以下、111頁以下、甲斐克則「医事法の立場から　医事法的観点からみた患者の身体」医学哲学医学倫理18号（2000年）167頁以下、同「人体の利用と刑法・その1――身体、身体から切り離された『身体の一部』および死体の法的位置づけ――」現代刑事法6巻2号（2004年）111頁以下〔同『臓器移植と刑法』（2016年・成文堂）87頁以下所収。以下、引用は同書による〕、同「刑事法学の視点から――人体・ヒト組織・ヒト由来物質の利用と刑事規制をめぐる序論的考察」北大法学論集54巻6号（2004年）156頁以下、同「人体およびヒト組織等の利用をめぐる生命倫理と刑事規制」唄孝一先生賀寿記念『人の法と医の倫理』（2004年・信山社）481頁以下、486頁以下〔同・前出『臓器移植と刑法』31頁以下所収、33頁以下〕、同「人体・ヒト組織・ヒト由来物質の利用をめぐる生命倫理と刑事規制」刑法雑誌44巻1号（2004年）101頁以下、103頁以下、同「人体構成体の取扱いと『人間の尊厳』」ホセ・ヨンパルトほか編『法の理論26』（2007年・成文堂）3頁以下、20頁以下〔同・前出『臓器移植と刑法』3頁以下所収、20頁以下〕、山中敬一「身体・死体に対する侵

は、構成要件論の泰斗エルンスト・ベーリング (Ernst Beling) である。ベーリングは、狭義の身体利益として、身体的健全性 (körperliches Wohlsein) に対する利益、(主観的な) 身体的健全感 (körperliches Wohlbefinden) に対する利益、および身体の外観 (äußere Erscheinung) に対する利益を挙げ、刑法が保護する「身体」利益概念の解明に向けた第一歩を踏み出した[21]。

そして、ベーリングに触発されたその後の所説は、傷害罪にいう「身体」を、「身体の統合性 (körperliche Integrität)」[22]、「生物学的な統一性および総体性 (Einheitlichkeit und Gesamtheit)」[23]、あるいは、「人格の自由発展的な潜在能力の中核要素」を保護する「生物学上の機能的統一体 (Funktionseinheit)」[24]、と定義している[25]。

もっとも、これらのうち最後に挙げた、ゲオルク・フロイント (Georg Freund) ＝フリートリッヒ・ホイベル (Friedrich Heubel) の定義は、明らかに問題を含むように思われる[26]。なぜなら、フロイント＝ホイベルは、切り

襲の刑法上の意義（１）」関西大学法学論集63巻２号（2013年）１頁以下、長井圓「人格的法益と財産的法益との排他性・流動性」『山中敬一先生古稀祝賀論文集［下巻］』（2017年・成文堂）161頁以下、171頁以下等がある。さらに、佐伯仁志＝道垣内弘人『刑法と民法の対話』（2001年・有斐閣）311頁以下、344頁以下、佐久間修「ゲノム社会の到来と生命・身体の処分──臓器売買と安楽死・尊厳死」警察学論集57巻５号（2004年）127頁以下、同「ヒトの身体構成部分の法的保護とその限界」刑法雑誌44巻２号（2005年）73頁以下、櫛橋明香「人体の処分の法的枠組み（八・完）」法学協会雑誌131巻12号（2014年）100頁以下、174頁以下も参照。

21　Ernst Beling, Die Lehre vom Verbrechen, Tübingen 1906, S. 151 ff.; ders., Die strafrechtliche Verantwortlichkeit des Arztes bei Vornahme und Unterlassung operativer Eingriffe, ZStW 44 (1924), S. 220 ff., 222 f.〔紹介論文として、央思雄「醫師の醫療手術と身體侵害罪（一）～（三、完）（醫療手術に因る醫師の刑責問題）」法曹会雑誌３巻４号（1925年）64頁以下、３巻５号（1925年）83頁以下、３巻６号（1925年）68頁以下〕参照。ベーリングの「身体利益」論につき、第２章第２節第４款第２項１（本書93-94頁）、次節第２款第２項２（１）（本書266頁）参照。

22　Ulrich Weber, in: Gunther Arzt/Ulrich Weber/Bernd Heinrich/Eric Hilgendorf, Strafrecht Besonderer Teil, 2. Aufl., Bielefeld 2009, § 6 Rn. 1; Eric Hilgendorf, in: Gunther Arzt/Ulrich Weber/Bernd Heinrich/Eric Hilgendorf, Strafrecht Besonderer Teil, 3. Aufl., Bielefeld 2015, § 6 Rn. 1.

23　Harro Otto, Der strafrechtliche Schutz des menschlichen Körpers und seiner Teile, Jura 1996, S. 219 ff., 219.

24　Georg Freund/Friedrich Heubel, Der menschliche Körper als Rechtsbegriff, MedR 1995, S. 194 ff., 195, 198. フロイント＝ホイベルの議論につき、山中・前出注（20）10頁以下も参照。

25　通説は、身体概念を、生きている者の「身体」に限定している。1998年の第６次刑法改正法も、旧168条（死者の安息の妨害）の「死体、死体の一部」という文言を、「死者の身体の全部若しくはその一部」〔──圏点筆者〕に改正した。この改正により、223条にいう「身体」は、生きている者のそれに限定されることとなった。BT-Drs. 13/9064, S. 19参照。これにならい、本章の検討対象も、生きている者の「身体」とする。

はなされた身体[27]の構成部分をすべて傷害罪によって捕捉しようとするが、そうした解釈を行う結果、同罪の保護範囲が従来よりも著しく拡大する可能性があるからである[28]。これによると、たとえば、補聴器や車いすのような人工補装具を奪取する行為や損壊する行為でさえ、傷害罪を構成することとなるだろう[29]。しかし、このような理解は、現行刑法の解釈として妥当とは思われない。

第2項 「健康」概念をめぐる議論

一方で、「健康」概念につき、学説上は、「被害者の身体機能が比較的通常の状態であること」[30]、疾病でないこと[31]、あるいは、「健全であること」[32]といった説明を付す見解が多い。また、通説によれば、刑法223条は、純精神的・心理的な健康を捕捉するための規定ではない[33]。

---

26 フロイント＝ホイベルは、規範的・機能的な身体統一体（Körper-Einheit）という観点から、冷凍保存された精子を誤って廃棄した事案に関する連邦通常裁判所1993年11月9日判決（BGHZ 124, 52）を分析している。Freund/Heubel, a. a. O. (Anm. 24), S. 194 ff. 参照。本判決の詳細とそれに対する学説の反応につき、ヨッヘン・タウビッツ（一木孝之訳）「原材料としての人間：その利益は誰のものか？ ——利得と損害の狭間に位置する人体細胞の利用について——」比較法学34巻1号（2000年）173頁以下、179–180頁、岩志和一郎「ヒトの身体構成部分の法的性質をめぐるドイツの議論」ジュリスト1247号（2003年）56頁以下、58頁以下、ハンス=ゲオルク・コッホ（甲斐克則＝福山好典＝新谷一朗訳）「補充交換部品貯蔵庫および生体試料供給者としての人か？ ——ドイツにおける人の臓器および組織の採取と利用に関連する法的諸問題——」比較法学43巻3号（2010年）155頁以下、178頁以下〔甲斐・前出注（20）『臓器移植と刑法』221頁以下所収、239頁以下〕、山中・前出注（20）8頁以下参照。
27 もっとも、前出注（20）の文献が検討対象とする、いわゆる「切りはなされた身体」の問題に解答できるだけの準備は、現在の筆者にはない。詳細な検討は他日を期したい。
28 Friedrich-Christian Schroeder, Begriff und Rechtsgut der „Körperverletzung", in: Festschrift für Hans Joachim Hirsch, Berlin/New York 1999, S. 725 ff., 736 f.
29 通説の批判的検討として、Schroeder, a. a. O. (Anm. 28), S. 734 ff., insb. 736 f.; Hans Lilie, in: Strafgesetzbuch Leipziger Kommentar, 6. Bd., 11. Aufl., Berlin 2001, Vor § 223 Rn. 1; Ulrich Schroth, Das Rechtsgut der Körperverletzungsdelikte und seine Verletzung: Zugleich ein Beitrag zur strafrechtlichen Bewertung des ärztlichen Heileingriffs, in: Ulfrid Neumann/ Cornelius Prittwitz (Hrsg.), „Personale Rechtsgutslehre" und „Opferorientierung im Strafrecht", Frankfurt am Main 2007, S. 113 ff., 117 f. 参照。
30 Paul Bockelmann, Strafrecht Besonderer Teil/2, München 1977, S. 54; Reinhart Maurach/ Friedrich-Christian Schroeder/Manfred Maiwald, Strafrecht Besonderer Teil, Teilband 1, 10. Aufl., Heidelberg 2009, § 9 I Rn. 5.
31 Hans Welzel, Das Deutsche Strafrecht, 11. Aufl., Berlin 1969, S. 288; Karl Heinz Gössel/Dieter Dölling, Strafrecht Besonderer Teil 1, 2. Aufl., Heidelberg 2004, § 12 Rn. 19; Fritjof Haft, Strafrecht Besonderer Teil. II, 8. Aufl., München 2005, S. 145 f. 参照。
32 Beling, a. a. O. (Anm. 21), ZStW 44 (1924), S. 226.

第3項　世界保健機構（WHO）による「健康」の定義

　健康概念の本質を考えるためには、刑法以外の議論、とくに世界保健機構（以下「WHO」という。）の議論も確認しておかなければならない。なぜなら、隣接諸科学、とりわけ健康社会学の知見を抜きにして、この問題を論じることはできないからである。

　1946年に、WHOは、それまでの「身体」中心の健康観に対し、社会的側面を加えた、包括的・人的概念としての「健康」概念を提唱した[34]。すなわち、WHO憲章前文によれば、健康とは、「肉体的、精神的、社会的に完全に良好な状態にあることをいい、単に疾病でないとか、あるいは虚弱でないということではない」[35]。しかし、社会的健康概念と呼ばれるこの概念は、あまりに広汎であるとの批判にさらされた。

　そこでWHO執行理事会は、健康の定義を、「肉体的、精神的、『霊的』および社会的に完全に『動的な（dynamic）』状態にあることをいい、単に疾病でないとか、あるいは虚弱でないということではない」[36]と改正するよう提案した。この定義は、健康の概念が個人に帰属する諸事情によって変化することを前提としており、（刑）法学にとっても示唆に富む。

33　*Hans Joachim Hirsch*, in: Strafgesetzbuch Leipziger Kommentar, 5. Bd., 10. Aufl., Berlin 1989, Vor § 223 Rn. 2 ; *Eckhard Horn/Gereon Wolters*, in: Systematischer Kommentar zum Strafgesetzbuch, Bd. II, Besonderer Teil, 64. Lfg., Frankfurt am Main 2005, § 223 Rn. 23; *Johannes Wessels/Michael Hettinger*, Strafrecht Besonderer Teil 1, 40. Aufl., Heidelberg 2016, Rn. 245 等参照。詳細につき、林美月子「PTSDと傷害」神奈川法学36巻3号（2004年）219頁以下、224頁以下、林幹人「精神的ストレスと傷害罪」判例時報1919号（2006年）3頁以下、5頁［同『判例刑法』（2011年・東京大学出版会）247頁以下所収、251頁以下。以下、引用は同書による］、藪中悠「ドイツ刑法における傷害概念と精神的障害」法学政治学論究99号（2013年）37頁以下参照。

34　WHOによる「健康」の定義につき、山崎喜比古「健康・病気と保健・医療の新しい見方」同編『健康と医療の社会学』（2001年・東京大学出版会）33頁以下、桝本妙子『健康社会学への誘い──地域看護の視点から──』（2006年・世界思想社）59頁以下等参照。さらに、第5章第2節第2款第2項（本書331-332頁）も参照。

35　日本WHO協会「健康の定義について」（http://www.japan-who.or.jp/commodity/kenko.html, 2017年6月30日最終閲覧）参照。なお、本書の文脈に応じて訳文は適宜修正している（以下同じ）。

36　詳しくは、厚生省大臣官房国際課・厚生科学課「WHO憲章における『健康』の定義の改正案について」平成11年3月19日付厚生省報道発表資料、同「WHO憲章における『健康』の定義の改正案のその後について（第52回WHO総会の結果）」平成11年10月26日付厚生省報道発表資料を参照。

もっとも、WHO の健康概念はあまりに理念的であり、刑法理論上ただちにこれを採用することはできないだろう。第 5 次刑法改正法草案の理由書も、223条の傷害罪にいう健康の定義を、WHO の定義よりも限定的に解釈すべきである[37]、と述べている。

第 4 項　議論のまとめと次款への序

　以上概観したように、ドイツ刑法223条 1 項にいう「身体」とは、──細かな表現の違いはあるが──生きている者の身体が統合された状態、つまり身体の統合性をいう、と解されている。ここでさらに問われるべきは、以上のような説明が付されるに至った議論の歴史的経緯、およびその理論的根拠である。具体的には、「身体」傷害罪の刑法的位置づけ、他罪（名誉に対する罪、自由に対する罪等）との共通点・相違点、そして、身体それ自体と身体に対する処分権ないし自己決定権との関係性を究明しなければならない。

　そこでつぎに、ドイツ刑法223条規定の制定過程をたどり、法制史的観点から、「身体」「健康」概念をめぐる議論を抽出する。立法の起源にまでさかのぼった統一的分析は、これまでほとんどなされてこなかっただけに[38]、少なからぬ資料的価値を有すると思われる。次款では、傷害罪における身体・健康概念をめぐる議論の系譜を繙き、問題解決のために求められる検討課題をさらに具体化する。

　もっともそうであるがゆえに、次款の記述は、この領域独自のやや細かな立法史研究となっている。そのため、第 1 項から第 5 項までは、読者の関心に応じて適宜読み飛ばしていただき、第 6 項（本書246-247頁）のまとめだけを確認したうえで、すぐに第 4 款に移ってもらって差し支えない。

37　BT-Drs. VI/3434, Anlage 1, S. 21 f. なお、スイス法につき、第 5 章第 2 節第 2 款第 2 項（本書331-332頁）参照。
38　わが国の先行研究として、朝倉京一「暴行傷害罪に関する一考察」専修法学論集35号（1982年） 1 頁以下、 3 頁以下、藪中・前出注（33）50頁以下があるにすぎない。

第3款　ドイツ刑法223条の制定

第1項　前　史：ローマ法からカロリナ刑事法典制定まで

　ドイツ刑法223条の淵源は、ローマ法に求められる。もっとも、ローマ法において、故意による身体的・精神的虐待は、民事法上の「侵害（iniuria, injuria）」[39]の構成要素であり、被害者の軽視を不法内容とする一般犯罪にす

39　わが国では、iniuria ないし injuria を、「侵害」、「不法行為」、「不法」、「侮辱的行為」、「人格権侵害」、「人格侵害」と訳出する文献が混在しており、定訳は存在しないとみられる。「侵害」と訳出するのは、船田亨二『ローマ法　第三巻　私法第二分冊　債権〔改版〕』（1970年・岩波書店）384頁、平井宜雄「責任の沿革的・比較法的考察――不法行為責任を中心として――」『岩波講座　基本法学5――責任』（1984年・岩波講座）3頁以下、9頁〔同『不法行為法理論の諸相――平井宜雄著作集Ⅱ』（2011年・有斐閣）1頁以下所収、8頁〕等であり、「不法行為」と訳出するのは、フォン、リスト原著（岡田朝太郎校閲＝呉孫子勝＝乾政彦共訳）『獨逸刑法論　各論』（1908年・早稲田大學出版部）36頁〔なお、Franz von Liszt, Lehrbuch des Deutschen Strafrechts, 14./15. Aufl., Berlin 1905, S. 314 参照〕等である。また、曾根威彦「正当防衛の歴史的考察――違法阻却論研究・その一――」早稲田法学会誌22巻（1972年）69頁以下、80頁注（20）〔曽根威彦『刑法における正当化の理論』（1980年・成文堂）3頁以下所収、11頁注（23）。以下、引用は同書による〕、平野龍一監修＝町野朔・吉田宣之監訳『ロクシン刑法総論　第一巻〔基礎・犯罪論の構造〕（第三版）（翻訳第一分冊）』（2003年・信山社）583頁等は「不法」と訳出し、「侮辱的行為」とするのは、Gernot Schubert（山中敬一訳）『1824年バイエルン王国刑法典　フォイエルバッハ草案』（1980年・関西大学出版部）24頁〔原著として、ders., Feuerbachs Entwurf zu einem Strafgesetzbuch für das Königreich Bayern aus dem Jahre 1824, Berlin 1978, S. 32〕等である。さらに、錦織成史「民事不法の二元性（一）――ドイツ不法行為法の発展に関する一考察――」法学論叢（京都大学）98巻1号（1975年）25頁以下、36頁、廣峰正子「民刑峻別の軌跡」立命館法学327・328号（2009年）710頁以下、714頁等は「人格権侵害」と訳出し、Theodor Mommsen, Römisches Strafrecht, Leipzig 1899, S. 784 等は、「Personalverletzung（人格侵害）」とする。赤星定義「権利侵害は不法行為の要件か（上）」法学新報38巻9号（1928年）108頁以下、123頁、原田慶吉「民法七〇九條の成立するを迄」同著（石井良助編）『日本民法典の史的素描』（1954年・創文社）337頁以下、338頁も同旨。これに対して、末川博『権利侵害論〔第2版〕』（1949年・日本評論社）51-52頁は、「iniuria についてもこれに終始一貫するところの統一的概念を構成することは不可能である」として、単に「インユリア」とする。末川・前出書61頁、103頁ほか随所、小野清一郎『刑法に於ける名誉の保護（増補版）』（1970年・有斐閣）13頁以下、内田文昭「過失犯論の史的展開について（一）」上智法学論集16巻1号（1972年）3頁以下、63頁〔同『犯罪概念と犯罪論の体系』（1990年・信山社）175頁以下所収、229頁。以下、引用は同書による〕、同・前出注（7）24頁、202-203頁、斉藤博『人格権の研究』（1979年・一粒社）4頁以下、朝倉・前出注（38）3頁、ハイン・ケッツ＝ゲルハルト・ヴァーグナー（吉村良一＝中田邦博監訳）『ドイツ不法行為法』（2011年・法律文化社）7-8頁〔同書の第13版として、Hein Kötz/Gerhard Wagner, Deliktsrecht, 13. Aufl. München 2016, Rn. 15〕参照。

　本書は、「iniuria」が個人の生命・身体・人格・名誉等に対する侵害すべてを包括する概念と解し、これを「侵害」と訳出する。「iniuria」の概念につき、Richard Honig, Die Einwilligung

ぎなかった(40)。ユスティニアヌス帝『法学提要第4巻4の1』(41)によれば、iniuria には一般的な意義と特別な意義があり、一般的な意義としての iniuria とは、一切の違法な行為をいい、特別な意義においては、侮辱（contumelia）、過失（culpa）、不公平または不正（iniquitas）という3つの意義を有していた(42)。このように、ローマ法は、傷害罪のような身体に対する罪と、「暴行による侮辱（Realinjurie）」(43)のような名誉に対する罪との違いをおよそ意識していなかったといってよい(44)。

---
 des Verletzten, Teil I, Mannheim/Berlin/Leipzig 1919, S. 2 f. をまず参照。
40 *Wolfgang Bauer*, Die strafrechtliche Beurteilung des ärztlichen Heileingriffs, Hamburg 2008, S. 89 f. 石井茂樹「Iniuria ノ史的觀察（一）（二、完）」法学協会雑誌42巻6号（1924年）119頁以下、42巻7号（1924年）94頁以下、126頁以下も参照。
41 末松謙澄『ユスチーニアーヌス帝欽定羅馬法學提要〔訂正増補四版〕』（1924年・大雄閣書房）457-458頁、原田慶吉『「法學提要希臘語義解』第四卷邦譯」同『法學提要希臘語義解』（1934年・法學協會）20-21頁等。
42 春木一郎「Lex Aquilia ニ付テ」鳩山秀夫編輯『土方教授在職十五年記念私法論集』（1917年・有斐閣書房）129頁以下、149頁以下、同「十二表法ノ iniuria ニ付テ」法学協会雑誌37巻4号（1919年）1頁以下、10頁以下、石井（茂）・前出注（40）「（一）」120-121頁、「（二、完）」124頁以下、入江俊郎『ユス・プレトリウムの研究』（1926年・巌松堂書店）150頁以下、赤星・前出注（39）123頁以下、末川・前出注（39）51頁以下等。
43 「Realinjurie」にも定訳はないと思われる。この単語を「實體的不法行為」と訳出するのは、リスト原著（岡田校閲＝吾孫子・乾共譯）・前出注（39）37頁〔v. Liszt, a. a. O. (Anm. 39), S. 314〕であり、栗生武夫『人格權法の發達』（1929年・弘文堂）69頁以下等は、「態度侮辱」と訳出する。また、佐伯千仞「フリードリッヒ大王と刑法（一）（二、完）」法学論叢（京都大学）40巻4号（1939年）1頁以下、40巻5号（1939年）63頁以下、88頁〔同『刑事法の歴史と思想、陪審制 佐伯千仞著作選集 第四巻』（2015年・信山社）110頁以下所収、163頁。以下、引用は同書による〕は、「身體に対する暴力又は侵害を加ふる行為による有形的侮辱」とし、小野・前出注（39）48頁は、「動作に依るインユリア」と訳すほか、「暴行的侮辱」（同・前出注（39）152頁）、「動作（暴行）に依る侮辱」（同・前出注（39）204-205頁）と解する。さらに、「乱暴行為」と訳出するのは、G. Schubert（山中訳）・前出注（39）23頁〔原著では、ders., a. a. O. (Anm. 39), S. 31〕であり、H. リュービング（川端博＝曽根威彦訳）『ドイツ刑法史綱要』（1984年・成文堂）77頁以下〔同書の第6版として、*Hinrich Rüping/Günter Jerouschek*, Grundriss der Strafrechtsgeschichte, 6. Aufl., München 2011, Rn. 126 ff.〕は、「殴打暴行」と訳出する。加えて、足立昌勝監修＝岡本洋一・齋藤由紀・永嶋久義訳「プロイセン一般ラント法 第2編第20章（刑法）試訳（3）」関東学院法学23巻1号（2013年）151頁以下、166頁〔齋藤由紀訳〕は、「暴行を伴う名誉毀損」とし、藪中・前出注（33）51頁は、「行動による侮辱」と解し、そして、W. Bauer, a. a. O. (Anm. 40), S. 90 f. は、「暴行による侮辱（Beleidigung durch Tätlichkeit, tätliche Beleidigungen）」とする。
　本書は、「Realinjurie」の核心が侮辱にあり、それが、人身に対する攻撃によって行われるという点をとらえて、Realinjurie を「暴行による侮辱」と訳出する。ドイツ刑法185条がその名残とみられる。詳しくは、本款第4項（本書236頁以下）のほか、小野・前出注（39）26頁、56頁以下、204頁以下、内田・前出注（7）37頁、201頁以下参照。なお、現行刑法185条は、「侮辱は、1年以下の自由刑又は罰金に処し、侮辱が暴力行為を手段として行われたときは、2年以下の自由刑又は罰金に処する。」と規定する。

その後、ドイツでは、1532年に「カロリナ刑事法典（Constitutio Criminalis Carolina: CCC.）」、いわゆる「カルル五世の刑事裁判令（Peinliche Gerichtsordnung Kaiser Karls V.）」が制定された。カロリナ刑事法典は、ハンス・フォン・シュヴァルツェンベルク（*Hans von Schwarzenberg*）が、ローマ法やイタリア法学、さらには、1507年のバンベルク刑事裁判令（Bambergische Halsgerichtsordnung, Constitutio Criminalis Bambergensis）等を範として起草したドイツ初の統一刑法典である[45]。このカロリナ刑事法典も、傷害罪という独立の犯罪類型を置かずに、投毒（130条）、動物による損傷（136条）、医師の過失（134条）[46]、喧嘩闘争（148条）、堕胎と去勢（133条）等をカズイスティックに掲げるにとどまり、身体・健康を断片的に保護していたにすぎなかった。ただ、そのなかにあって、カロリナ刑事法典104条が、身体に対する侵害を暴行（crimen vis）ないし不法損害（damnum iniuria datum）ととらえていた点は注目に値する[47]。同条はつぎのように規定する[48]。

44 *Maurach/Schroeder/Maiwald*, a. a. O.（Anm. 30），§8 I Rn. 2 参照。さらに、赤星・前出注（39）124頁、小野・前出注（39）25頁以下も参照。

45 カロリナ刑事法典につき、木村亀二「カロリナ法典について——その四百年に際して——」法学志林34巻12号（1932年）26頁以下、*Franz Wieacker*, Privatrechtsgeschichte der Neuzeit, 2. unveränderter Nachdruck der 2., neubearb. Auflage von 1967, Göttingen 1996, S. 158 f.〔初版の邦訳として、F・ヴィーアッカー（鈴木禄弥訳）『近世私法史』（1961年・創文社）158頁〕、*Heinrich Mitteis/Heinz Lieberich*, Deutsche Rechtsgeschichte, 19. Aufl., München 1992, S. 334〔第11版の邦訳として、ミッタイス＝リーベリッヒ（世良晃志郎訳）『ドイツ法制史概説 改訂版』（1971年・創文社）451頁〕、勝田有恒＝森征一＝山内進編『概説 西洋法制史』（2004年・ミネルヴァ書房）187頁以下、191頁以下〔藤本幸二〕、*Rüping/Jerouschek*, a. a. O.（Anm. 43），Rn. 94 ff.〔初版の邦訳として、リューピング（川端＝曽根訳）・前出注（43）63頁以下〕等参照。

46 カロリナ刑事法典134条につき、*Adolf Laufs/Alexander Eichener*, Ursprünge einer strafrechtlichen Arzthaftung: Untersuchungen zu Artikel 134 der Constitutio Criminalis Carolina, in: Festschrift für Hubert Niederländer, Heidelberg 1991, S. 71 ff. のほか、内田・前出注（39）『犯罪概念と犯罪論の体系』228頁以下、同「刑法三五条の制定」神奈川法学30巻1号（1995年）131頁以下、132頁を参照。

47 *L. Günther*, Ueber die Hauptstadien der geschichtlichen Entwicklung des Verbrechens der Körperverletzung und seiner Bestrafung, Erlangen 1884, S. 27 ff.; *Schroeder*, a. a. O.（Anm. 28），S. 726.

48 カロリナ刑事法典104条の法文は、*Josef Kohler/Willy Scheel*, Die Peinliche Gerichtsordnung Kaiser Karls V., Constitutio Criminalis Carolina. Bd. I. Neudruck der Ausgabe, Halle 1900（Nachdruck: Aalen 1968），S. 56 f.; *Arno Buschmann*（Hrsg.），Textbuch zur Strafrechtsgeschichte der Neuzeit, München 1998, S. 103 ff., 137 f. に、邦訳は、塙浩「カルル五世刑事裁判令（カロリナ）」同『フランス・ドイツ刑事法史 塙浩著作集4』（1992年・信山社）145頁以下、189-190頁による。さらに、上口裕訳「カール5世刑事裁判令（1532年）試訳（1）～（3・完）」南山法学37巻1・2号（2014年）149頁以下、37巻3・4号（2014年）299頁以下、306-307頁、38巻1号

> **1532年カロリナ刑事法典104条（いかにして、非行は刑事刑をもって罰せらるべきや、に関しての序言）**
> さらに、何者かが、朕の成文普通法〔＝ローマ法〕に従い、ある非行によりて死罪を蒙りたるときは、良き慣習に従い、または、その非行の状況および背徳性を衡量しうる、良き、かつ、法に精通せる裁判官の指示に従い、当該死刑の方式および方法が決定せられ、かつ、判決せらるべし。しかれども、朕の皇帝法〔＝ローマ法〕が、何びとかを死をもって罰することを規定も許容もしおらざる場合（またはこれと同様なる場合）においては、朕は、朕の、かつ、帝国の本令においてもまったく死刑を規定することなかりき。されど、若干の非行においては、〔朕の皇帝〕法は、受刑者が生命を落とすことなかるべき、身体または肢体(グリート)になさるる刑　事　刑(パインリッヘ・シュトラーフェ)〔＝「民事刑」にたいして〕を認めおれり。かかる刑罰は、死刑につきて前述せられたると同じく、各ラントの良き慣習によりて、しからざれば、良き、かつ、法に精通する各裁判官の衡量によりて、認められまた用いられうべし。……

　もっとも、1532年のカロリナ刑事法典も、その後制定された1535年のヘッセン刑事裁判令（Hessische Halsgerichtsordnung）も、身体・名誉等を一括して保護するローマ法の伝統を踏襲していたにすぎなかった。

　　第２項　学説の展開

　ローマ法のこの伝統は、刑法学説からも一定の支持を集めた。たとえば、クリストフ・マルティン（*Christoph Martin*）[49]や、コンラート・フランツ・ロスヒルト（*Konrad Franz Roßhirt*）[50]は、身体傷害に対して刑法上独自の意義を認めずに、傷害罪という犯罪類型の存在そのものを否定していた。

　これに対して、クリスティアン・フリートリッヒ・ゲオルク・マイスター（*Christian Friedrich Georg Meister*）は、身体傷害の刑法上の重要性を指摘し、これを独立の犯罪として扱うよう提案した[51]。また、エドゥアルト・ヘン

（2014年）243頁以下も参照。
49　*Christoph Martin*, Lehrbuch des Teutschen gemeinen Criminal-Processes, 5. Aufl., Leipzig/Heidelberg 1857, § 128 (S. 399 ff.).
50　*Konrad Franz Roßhirt*, Geschichte und System des deutschen Strafrechts, 2. Theil, Stuttgart 1839, § 88 (S. 231 ff.).

ケ（Eduard Henke）も、「他の者の健康状態を害したが、致死結果をともなわない違法行為および不作為すべて」を、健康に対する重罪（Verbrechen wider die Gesundheit）として挙げている[52]。さらに、パウル・ヨハン・アンゼルム・フォイエルバッハ（Paul Johann Anselm Feuerbach）も、傷害を、「行為がその客体、目的またはその他の本質によれば、致死の意図をもたずに行われ、健全感を害し、致死結果をともなわない他の者の身体に対する違法な攻撃すべて」[53]と定義し、傷害罪という独立の犯罪類型の存在を認めるとともに、「身体傷害」概念の言語化に尽力した[54]。

第3項　1813年のバイエルン刑法典制定まで

ローマ法の伝統に抗う所説の影響が大きくなるにつれて、傷害罪という犯罪類型は、その刑法典上の地位を次第に確立していった。以下では、1751年のバイエルン刑事法典およびこれと比較的近い時期に起草された諸法典（後出・1）、1794年のプロイセン一般ラント法（後出・2）、そして1813年のバイエルン刑法典（後出・3）までの歴史的経緯をたどり、各法典の成果を整理

---

51 *Christian Friedrich Georg Meister*, Principia iuris criminalis Germaniae, 5. ed., Goettingae 1780 (Nachdruck: Frankfurt am Main 1996), Cap. VII, §§ 181 f. (S. 103 ff.). なお、同書の解読に際して、*Brigitte Tag*, Der Körperverletzungstatbestand im Spannungsfeld zwischen Patientenautonomie und Lex artis, Berlin/Heidelberg/New York 2000, S. 49 Anm. 233 を参照した。

52 *Eduard Henke*, Handbuch des Criminalrechts und der Criminalpolitik, 2. Theil, Berlin/Stettin 1826, § 106 f. (S. 119 ff.).

53 *Anselm Ritter von Feuerbach*, Lehrbuch des gemeinen in Deutschland gültigen peinlichen Rechts, 11. Aufl., Giessen 1832, § 244 (S. 165). 圏点は原文で隔字体である。なお、同書第14版（*ders./Carl Joseph Anton Mittermaier*, Lehrbuch des gemeinen in Deutschland gültigen peinlichen Rechts, 14. Aufl., Giessen 1847, § 244 (S. 408 f.)) の邦訳として、西村克彦＝保倉和彦訳「フォイエルバハ『ドイツ普通刑法綱要』から（一）～（五・完）」警察研究48巻11号（1977年）69頁以下、48巻12号（1977年）62頁以下、49巻1号（1978年）83頁以下、49巻2号（1978年）67頁以下、49巻3号（1978年）79頁以下、西村克彦訳「フォイエルバッハの刑法各論──『ドイツ普通刑法綱要』第二編──（上）（下）」青山法学論集22巻1号（1980年）37頁以下、60頁、22巻2号（1980年）65頁以下〔同訳『近代刑法の遺産　中──　L・フォイエルバハ、A・フォイエルバハ、ミッターマイヤー、スチュベール──』（1998年・信山社）41頁以下所収、128頁〕を参照。

54 *Carl August Tittmann*, Handbuch der Strafrechtswissenschaft und der deutschen Strafgesetzkunde, 1. Bd., 2. Aufl., Halle 1822, §§ 179 ff. (S. 366 ff.) は、「身体に対する損害、重傷または疾患がもたらされる行為」を、健康に対する重罪と位置づける。さらに、*Anton Bauer*, Lehrbuch des Strafrechtes, 2. Aufl., Göttingen 1833, § 187 f. (S. 277 ff.) が、精神障害・精神異常の惹起を健康損害と解するのに対し、*Tittmann*, ebenda, § 179 (S. 366) は、これを、「精神力に対する重罪（Verbrechen wider die Geisteskräfte）」に分類する。

する。

1　1751年のバイエルン刑事法典とその周辺：ローマ法以来の伝統的立場との訣別

　1751年のバイエルン刑事法典（Codex Juris Bavarici Criminalis）[55]は、第IX章の7条で、「故意及び予謀に基づ〔く〕（boshafft und fürsetzlicher Weis）」損害を規定する。その内容は以下のとおりである[56]。

> **1751年バイエルン刑事法典第IX章7条（故意に基づいて損害を与えた場合の刑罰）**
> ……身体、財産又はその他に、故意及び予謀に基づいて損害を与えた者であって、さらにその事実につき他に掲げられた刑に該当せず、その損害が再度補償されないときは、これに民事制裁のみを科すことができる。
> ……

　1751年のバイエルン刑事法典によれば、行為者は、器物損壊や傷害に対して損害賠償義務を負う。その際、その損害が甚大である場合にのみ、「遂行された悪行（Bosheit）と、身体に対する損傷の程度（Grösse der Damnification）」に応じて刑罰が科される[57]。

　また、1768年のテレジアーナ刑法典（Constitutio Criminalis Theresiana）83条は、故殺、負傷（Verwundung）およびその他の致死的行為を処罰の対象とし[58]、1787年のヨセフィーナ刑法典（Constitutio Criminalis Josephina）も、第1

55　1751年のバイエルン刑事法典につき、Wieacker, a. a. O. (Anm. 45), S. 326〔ヴィーアッカー（鈴木訳）・前出注（45）408頁〕、足立昌勝「ドイツ・オーストリアの啓蒙主義刑法理論と刑事立法」風早八十二先生追悼『啓蒙思想と刑事法』（1995年・勁草書房）291頁以下、315頁以下〔同『近代刑法の実像』（2000年・白順社）19頁以下所収、40頁以下。以下、引用は同書による〕、高橋直人「近代刑法の形成とバイエルン刑事法典（一七五一年）――啓蒙と伝統との交錯の中で――」同志社法学47巻6号（1996年）429頁以下、同「マクシミリアン三世ヨーゼフの内政改革――バイエルン刑事法典（一七五一年）編纂の背景――」同志社法学50巻1号（1998年）340頁以下、Rüping/Jerouschek, a. a. O. (Anm. 43), Rn. 203 ff.〔リューピング（川端＝曽根訳）・前出注（43）127頁以下〕等参照。

56　1751年のバイエルン刑事法典第IX章7条の法文は、Codex Juris Bavarici Criminalis de Anno MDCCLI, 1756 (Neu herausgegeben von *Werner Schmid*, Frankfurt am Main 1988), S. 148; *Buschmann* (Hrsg.), a. a. O. (Anm. 48), S. 179 ff., 214 による。

57　*Günther*, a. a. O. (Anm. 47), S. 143.

編89条と、119条から122条で、「身体の安全（körperliche Sicherheit）に直接関係する重罪」、「重傷」および「四肢の切断」を包括的に規定していた[59]。

　これらの諸法典の動きからは、「身体」傷害概念の細分化、およびそれにともなう同概念の具体化への努力が垣間みえる。この意味で、1751年のバイエルン刑事法典やヨセフィーナ刑法典の立場は、人の身体をもっぱら断片的に保護していたローマ法、カロリナ刑事法典およびヘッセン刑事裁判令の伝統的立場と大きく異なる。こうした努力は、以下でみる19世紀の諸立法にとどまらず、20世紀の刑法改正作業でもつづけられた。

2　1794年のプロイセン一般ラント法：名誉に対する罪への執心

　18世紀中葉の諸立法の傾向は、カロリナ刑事法典等の傾向と明らかに異なっていた。この姿勢は、1794年6月1日のプロイセン一般ラント法（Allgemeines Landrecht für die Preußischen Staaten. 以下「ALR」という。）によっていっそう強化された[60]。

　ALRは、第2編第20章第11節「身体的傷害（körperliche Verletzung）」節下の691条以下で、身体・健康の保護を規定する。ALRのうち、本書の検討対象となる条文を以下に掲げよう[61]。

58　*Günther*, a. a. O. (Anm. 47), S. 144 f.
59　1787年のヨセフィーナ刑法典の邦訳として、足立昌勝「『ヨセフィーナ刑法典』試訳（一）（二・完）」法経論集（静岡大学法経短期大学部）41号（1978年）57頁以下、42号（1979年）55頁以下、59頁、64-65頁。さらに、同「近代初期刑法の基本構造——オーストリア・プロイセンを素材として——」法経論集（静岡大学法経短期大学部）69・70号（1993年）23頁以下、39頁以下〔同・前出注（55）『近代刑法の実像』61頁以下所収、71頁以下〕も参照。ヨセフィーナ刑法典の理論的背景につき、振津隆行「オーストリア刑法学研究序説（1）（2）——オーストリアにおける犯罪論の展開について——」商学討究34巻2号（1983年）85頁以下、89頁以下、34巻4号（1984年）43頁以下〔同『刑事不法論の展開』（2004年・成文堂）1頁以下所収、6頁以下〕参照。
60　ALRにつき、*Wieacker*, a. a. O. (Anm. 45), S. 327 ff.〔ヴィーアッカー（鈴木訳）・前出注（45）410頁以下〕、石部雅亮『啓蒙的絶対主義の法構造——プロイセン一般ラント法の成立——』（1969年・有斐閣）6頁以下、159頁以下、足立・前出注（55）『近代刑法の実像』75頁以下、*Rüping/Jerouschek*, a. a. O. (Anm. 43), Rn. 198 f.〔リューピング（川端＝曽根訳）・前出注（43）125-126頁〕等参照。
61　ALRの法文は*Buschmann* (Hrsg.), a. a. O. (Anm. 48), S. 272 ff., 361 を、邦訳は、足立昌勝監修＝岡本洋一・齋藤由紀・永嶋久義訳「プロイセン一般ラント法　第2編第20章（刑法）試訳（4）」関東学院法学23巻2号（2013年）163頁以下、175-176頁〔岡本洋一訳〕を参照。

> **1794年プロイセン一般ラント法（ALR）796条**
> 　被害者にとって、それ以上なんら不利益な結果とならないような単純な打撃、又はその他些細な傷害を故意に加えたときは、暴行による侮辱（Realinjurien）と同様に処罰される（第628条以下）。
> **同797条**
> 　ただし、ある者がそこから他の者の健康又は四肢に対して著しい不利益をもたらしうる重大な損害を故意に与えたときは、常にそれに比例した要塞刑（Festungsstrafe）又は懲役刑（Zuchthausstrafe）が成立する。
> **同801条**
> 　故意に惹起された精神錯乱が故殺と同視されるときは（第863条）、継続的な精神錯乱を自己の責任により惹起した場合を除き、死亡結果の場合に処される最も近い刑を科す。

　ALR 796条は、些細な侵害結果のみをともなう軽傷害を処罰の対象とし、ALR 797条は、健康または四肢に対する重大な侵害により重い制裁を科している。その際、軽傷害は、暴行による侮辱に準じて処罰されている。このように、ALR において、「身体に対する罪と名誉に対する罪との峻別」はまだ実現していない[62]。

3　1813年のバイエルン刑法典：傷害概念の細分化の試み

　1813年5月6日のバイエルン刑法典（Bayerisches Strafgesetzbuch）[63]は、第1編第2章「人身に対する損害及びその他の虐待について（Von Beschädigungen und andern Mißhandlungen an der Person）」章下の178条でつぎのように規定し、負傷、侵害（Verletzung）またはその他の損害（Beschädigung）による傷害と虐待を区別する[64]。

62　W. Bauer, a. a. O. (Anm. 40), S. 91.
63　1813年のバイエルン刑法典につき、Wieacker, a. a. O. (Anm. 45), S. 327〔ヴィーアッカー（鈴木訳）・前出注（45）409-410頁〕; Mitteis/Lieberich, a. a. O. (Anm. 45), S. 472 ff.〔ミッタイス＝リーベリッヒ（世良訳）・前出注（45）559頁以下〕; Rüping/Jerouschek, a. a. O. (Anm. 43), Rn. 204 f.〔リューピング（川端＝曽根訳）・前出注（43）128-129頁〕、野村和彦「バイエルン刑法典について（二）」平成法政研究14巻1号（2009年）201頁以下等参照。
64　1813年のバイエルン刑法典178条の法文は、Melchior Stenglein (Hrsg.), Sammlung der deutschen Strafgesetzbücher, 1. Bändchen, München 1858, I. Bayern, S. 77; Buschmann (Hrsg.), a. a. O. (Anm. 48), S. 447 ff., 485 を、邦訳は、中川祐夫「一八一三年のバイエルン刑法典（Ⅱ）」龍谷法学3巻1号（1970年）109頁以下、115頁を参照。

1813年バイエルン刑法典178条（傷害）
　殺害することを意図しなかったが、違法な故意をもって他の者を暴行により攻撃し、他の者の身体を虐待し、又はその健康を傷つけ、害することにより、若しくはその他何らかの方法によって損害を与えた者は、つぎの場合に傷害の重罪にあたるとし、責任を負うとみなされる。

　この規定は、その後1814年 9 月10日のオルデンブルク刑法典（Strafgesetzbuch für die Herzoglich-Oldenburgischen Lande: Oldenburgisches Strafgesetzbuch）に受け継がれ、同法典183条も、身体的虐待と健康損害を択一的に掲げている[65]。

1814年オルデンブルク刑法典183条
　殺害することを意図しなかったが、違法な故意をもって他の者を暴行により攻撃し、他の者の身体を虐待し、又はその健康を傷つけ、害することにより、若しくはその他何らかの方法によって損害を与えた者は、つぎの場合に傷害の重罪にあたるとし、責任を負うとみなされる。

　この1813年のバイエルン刑法典と1814年のオルデンブルク刑法典こそが、のちにドイツ現行刑法223条として結実することとなる。そこで次項では、1851年のプロイセン刑法典（後出・第 4 項 1 ）、1870年の北ドイツ連邦刑法典（後出・同 2 ）、1871年のライヒ刑法典（後出・同 3 ）、およびドイツ現行刑法典（後出・同 4 ）が起草されるまでの経緯をたどる。

第 4 項　ライヒ刑法典制定まで

1　1851年のプロイセン刑法典：傷害と暴行による侮辱との連続性

　19世紀中葉の諸法典は、ALR が積み残した課題に取り組み、身体に対する罪（傷害）と名誉に対する罪（暴行による侮辱）とを峻別しようと試みた。たとえば、1838年 3 月30日のザクセン王国刑事法典（Königlich sächsisches Criminalgesetzbuch）[66]、1839年 3 月 1 日のヴュルテンベルク王国刑法典（Strafgesetz-

---

65　1814年のオルデンブルク刑法典の法文は、Stenglein (Hrsg.), a. a. O. (Anm. 64), 1. Bändchen, II. Oldenburg, S. 82 による。

第 2 節　ドイツ刑法223条の制定とその解釈　*237*

buch für das Königreich Württemberg)[67]、1841年 9 月17日のヘッセン大公国刑法典（Strafgesetzbuch für das Großherzogthum Hessen）[68]、および1845年 3 月 6 日のバーデン大公国刑法典（Strafgesetzbuch für das Großherzogthum Baden）[69]は、ローマ法の伝統に異議を唱え、身体に対する罪に対して、名誉に対する罪と異なる意味づけを与えた。ここで、19世紀中葉に制定された各邦国刑法典の概要を一覧表にして以下に示す。

表 2　19世紀中葉の各邦国刑法典

	傷　　　害	暴行による侮辱
ザクセン王国刑事法典 （1838年）	第 2 編第 5 章 「健康に対する罪」 132条〜144条	第 2 編第 9 章 「名誉の侵害」 198条
ヴュルテンベルク王国刑法典 （1839年）	各則第 2 編第 2 章 「傷　害」 260条〜273条	各則第 2 編第 4 章 「名誉に対する侵害」 283条〜294条
ヘッセン大公国刑法典 （1841年）	第 2 編第30章 「傷　害」 262条〜272条	第 2 編第37章 「名誉に対する侵害」 308条
バーデン大公国刑法典 （1845年）	第 2 編第10章 「傷　害」 225条〜238条 第 2 編第15章 「自　傷」 257条〜259条	第 2 編第19章 「誣告、讒謗、及び名誉毀損」 291条、293条

以上の諸法典に対して、1851年 4 月14日のプロイセン刑法典（Strafgesetzbuch

66　1838年のザクセン王国刑事法典の法文は、*Stenglein* (Hrsg.), a. a. O. (Anm. 64), 1. Bändchen, III. Sachsen=Altenburg, S. 82 ff., 109 による。
67　1839年のヴュルテンベルク王国刑法典の法文は、*Otto Schwab* (Hrsg.), Das Strafgesetzbuch für das Königreich Württemberg vom 1. März 1839, Stuttgart 1849, S. 59 ff., 65 ff.; *Stenglein* (Hrsg.), a. a. O. (Anm. 64), 1. Bändchen, IV. Württemberg, S. 104 ff., 113 ff. による。
68　1841年のヘッセン大公国刑法典の法文は、Strafgesetzbuch für das Großherzogthum Hessen, nebst den damit zusammenhängenden Gesetzen, Darmstadt 1853, S. 82 ff., 100; *Melchior Stenglein* (Hrsg.), Sammlung der deutschen Strafgesetzbücher, 2. Bändchen, München 1858, VII. Großherzogthum Hessen und Frankfurt, S. 113 ff., 133 f. による。
69　1845年のバーデン大公国刑法典の法文は、*Stenglein* (Hrsg.), a. a. O. (Anm. 68), 2. Bändchen, VIII. Baden, S. 77 ff., 102 による。

für die Preußischen Staaten)[70]は、傷害と暴行による侮辱との連続性を指摘する。すなわち、プロイセン刑法典187条は、「故意に他の者を刺突し（stößen）若しくは打撃を加え（schlagen）、又はこの者にその他身体の虐待若しくは傷害を行った者」を処罰の対象とするが[71]、同法典の立法者は、「違法な、人の身体の取扱いはすべて、……客観的侵害（objektive Injurie）を含む」[72]として、人身に対する刺突・打撃のような攻撃態様が虐待を構成する、としている。その一方で、プロイセン刑法典の立法者は、刺突・打撃の強度（Intensität）に達しない些細な暴行には、「象徴的侮辱（symbolische Beleidigung）」[73]、つまり「暴行による侮辱」[74]が成立する、とも述べている。このように、プロイセン刑法典187条は、暴行・傷害（身体に対する罪）と侮辱（名誉に対する罪）を明確に区別してこなかったローマ法の伝統を踏襲した規定といえる。

2　1870年の北ドイツ連邦刑法典：傷害と暴行による侮辱との峻別

だがしかし、その後、1870年5月31日の北ドイツ連邦刑法典（Strafgesetzbuch für den Norddeutschen Bund）の制定によって、ローマ法の伝統は完全に放棄された。北ドイツ連邦刑法典はつぎのように規定する[75]。

70　1851年のプロイセン刑法典につき、*Robert von Hippel*, Deutsches Strafrecht, 1. Bd., Berlin 1925, S. 342; *Eberhard Schmidt*, Einführung in die Geschichte der deutschen Strafrechtspflege, 3. Aufl., Göttingen 1965, §§ 276 ff. (S. 314 ff.); *Frank Korn*, Körperverletzungsdelikte-§§ 223 ff., 340 StGB: Reformdiskussion und Gesetzgebung von 1870 bis 1933, Berlin 2003, S. 28 ff. 参照。

71　1851年のプロイセン刑法典187条の法文は、*Melchior Stenglein* (Hrsg.), Sammlung der deutschen Strafgesetzbücher, 3. Bändchen, München 1858, XI. Strafgesetzbuch für die Preußischen Staaten vom 14. April 1851, S. 100; *Buschmann* (Hrsg.), a. a. O. (Anm. 48), S. 538 ff., 576 による。

72　*Theodor Goltdammer*, Die Materialien zum Straf-Gesetzbuche für die Preußischen Staaten, Theil II, Berlin 1852, S. 405.

73　*Goltdammer*, a. a. O. (Anm. 72), S. 406. さらに、小野・前出注（39）152頁、佐伯（千）・前出注（43）162-163頁も参照。

74　*Georg Beseler*, Kommentar über das Strafgesetzbuch für die Preußischen Staaten und das Einführungsgesetz vom 14. April 1851, Leipzig 1851, S. 367 f. 参照。

75　1870年の北ドイツ連邦刑法典につき、*v. Hippel*, a. a. O. (Anm. 70), S. 342 ff.; *Eb. Schmidt*, a. a. O. (Anm. 70), § 297 (S. 343 f.); *Korn*, a. a. O. (Anm. 70), S. 44 ff. 参照。法文は、*Friedrich Oskar Schwarze*, Das Strafgesetzbuch für den Norddeutschen Bund vom 31. Mai 1870, Leipzig 1870, S. 218 f., 249; *Friedrich Meyer*, Strafgesetzbuch für den Norddeutschen Bund vom 31. Mai 1870, Berlin 1871, S. 148, 172 による。

第2節　ドイツ刑法223条の制定とその解釈　239

> **1870年北ドイツ連邦刑法典185条（侮辱）**
> 　侮辱は、200ターラー以下の罰金又は拘留若しくは1年以下の軽懲役に処し、侮辱が暴行を手段として行われたときは、500ターラー以下の罰金又は2年以下の軽懲役に処する。
> **同223条（傷害）**
> 　故意に他の者を身体的に虐待し又はその健康を害した者は、傷害のかどで、3年以下の軽懲役又は300ターラー以下の罰金に処する。

　北ドイツ連邦刑法典は、223条で傷害につき規定する一方で、185条で、暴行による侮辱を名誉毀損の類型の1つに位置づけている[76]。このように、北ドイツ連邦刑法典はローマ法の伝統と訣別し、身体に対する罪（傷害）は、名誉に対する罪（暴行による侮辱）と異なる地位を確立したのである。

3　1871年のライヒ刑法典：傷害概念をめぐる議論の停滞

　かくして、ドイツの立法者が、「身体」傷害概念の細分化や、身体に対する罪と名誉に対する罪との限界づけに苦心してきた様子が明らかとなった。しかし、1813年のバイエルン刑法典以降、「身体」傷害概念をめぐる議論は、その後、停滞することとなった。なぜなら、プロイセン刑法典も北ドイツ連邦刑法典も、同概念の具体化・細分化という課題に正面から向き合おうとしなかったからである。北ドイツ連邦刑法典公式理由書にも[77]、帝国議会審議録にも[78]、これに向けた努力の跡は見当たらない。唯一、北ドイツ連邦刑法典公式理由書だけが、「傷害と暴行による侮辱は、内心の意思方向によって限界づけられる」と指摘するにとどまる[79]。また、1871年5月15日のライヒ刑法典（Strafgesetzbuch für das Deutsche Reich: Reichsstrafgesetzbuch）第17章「傷害（Körperverletzung）」章下の223条も、北ドイツ連邦刑法223条の文言

76　*Richard Eduard John*, Entwurf mit Motiven zu einem Strafgesetzbuche für den Nordeutschen Bund, Berlin 1868, S. 459 ff. さらに、小野・前出注（39）56頁以下も参照。
77　*Richard Höinghaus*, Das neue Strafgesetzbuch für den Norddeutschen Bund, 2. Aufl., Berlin 1870, § 187 (S. 142 ff.).
78　Stenographische Berichte über die Verhandlungen des Reichstages des Norddeutschen Bundes, I. Legislatur Periode-Session 1870, 2. Bd., Berlin 1870, 34. Sitzung, S. 637 ff., 35. Sitzung, S. 665 ff.
79　*Höinghaus*, a. a. O.（Anm. 77），§§ 186 f. (S. 141 ff.) 参照。

をほぼそのまま踏襲しただけであった。その内容は以下のとおりである[80]。

1871年ライヒ刑法223条（傷害）
故意に他の者を身体的に虐待し又はその健康を害した者は、傷害のかどで、3年以下の軽懲役又は1,000マルク以下の罰金に処する。

4 議論のまとめと次項への序：名誉に対する罪から自由に対する罪へ

ライヒ刑法223条の傷害罪規定は、ほぼそのままの形式で現行刑法典に受け継がれている。かくして、北ドイツ連邦刑法典、ライヒ刑法典、そして現行刑法典という一連の諸法典によって、傷害罪は、名誉に対する罪（暴行による侮辱）とようやく区別されるに至ったのである。

しかし、その後の刑法改正作業では、傷害罪規定の改正が継続的に提案され、その際に、自由に対する罪との関連性が問題視されるようになった。こうした問題意識の背景には、1900年代に専断的治療行為処罰規定[81]の創設案がはじめて提出された点が関係している[82]。すなわち、傷害罪の罪質理解をめぐって、これまでは、もっぱら名誉に対する罪との関係性が問われてきたところ、現行刑法典制定以降は、専断的治療行為処罰の文脈で、自由に対する罪との関係性に加え、（現在でいう）患者の自己決定権との関係性がよりいっそう意識されていったのである。

そこで次項では、第二次世界大戦前（後出・第5項1）と戦後（後出・同2）の刑法改正論議に分けて、身体に対する自己決定権がどのように評価されてきたか、を追跡する。これにより、ドイツ傷害罪規定の立法論的到達点と、傷害罪の法益論との関係で立法者が積み残した課題を明らかにする。

---

80 RGBl. 1871, Nr. 24 (S. 127 ff.) 参照。1871年のライヒ刑法典につき、v. *Hippel*, a. a. O. (Anm. 70), S. 345; *Rüping/Jerouschek*, a. a. O. (Anm. 43), Rn. 232 f.〔リューピング（川端＝曽根訳）・前出注（43）147頁〕参照。法文は、*Karl Lueder*, Das Strafgesetzbuch für das Deutsche Reich vom 15. Mai 1871 nach der Novelle vom 26. Februar 1876, Erlangen 1876, S. 60 f.; *Friedrich Christian Oppenhoff*, Das Strafgesetzbuch für das Deutsche Reich, 5. Aufl., Berlin 1876, § 223 Ziff. 1 (S. 413 ff.) による。
81 専断的治療行為処罰規定とは、患者の意思に反し、またはその承諾を得ずに行われた治療行為を処罰の対象とする規定をいう。詳細につき、第3章第1節第2款第2項（本書158-159頁）参照。
82 詳細につき、第3章第2節第2款（本書166頁以下）、同第3款（本書169頁以下）参照。

苦痛を惹起しただけの行為を傷害罪の保護領域から排除するための規定である[90]。

かくして、立法者は、「身体」傷害概念の精緻化ないし純化に向けてようやく動き出した。1925年ドイツ一般刑法典公式草案（Amtlicher Entwurf eines Allgemeinen Deutschen Strafgesetzbuchs）も、233条（傷害）で身体の不可侵に対する侵害を、237条（虐待）で身体に対するその他の行為を処罰の対象とし[91]、傷害概念と虐待概念を構成要件段階で区別する。

これに対して、1927年ドイツ一般刑法典草案（Entwurf eines Allgemeinen Deutschen Strafgesetzbuchs）259条（傷害）は[92]、「他の者の身体を傷害し、身体的に虐待し又はその健康を害した者」を処罰の対象とする点で、1922年ラートブルフ草案や1925年草案と異なる。さらに、1933年一般刑法典草案（Entwurf eines Allgemeinen Strafgesetzbuchs）[93]と1936年ドイツ刑法典草案（Entwurf eines Deutschen Strafgesetzbuchs）、いわゆるギュルトナー草案[94]も同旨を

（österreichische Regierungsvorlage）から影響を受けている。Radbruchs Entwurf, a. a. O. (Anm. 87), Bemerkungen, S. 64〔中谷＝宮澤訳・前出注（87）82頁〕参照。さらに、第3章第2節第3款第1項2（本書171-172頁）も参照。

90 Radbruchs Entwurf, a. a. O. (Anm. 87), Bemerkungen, S. 64〔中谷＝宮澤訳・前出注（87）82頁〕参照。

91 Amtlicher Entwurf eines Allgemeinen Deutschen Strafgesetzbuchs nebst Begründung 1925, Entwurf S. 26; Begründung, S. 120 f.〔復刻版として、Amtlicher Entwurf eines Allgemeinen Deutschen Strafgesetzbuchs nebst Begründung 1925 (Reichsratsvorlage) (Nachdruck), in: Materialien zur Strafrechtsreform 3. Bd., Bonn 1954. 関連部分の邦訳として、司法省調査課編『一九二五年獨逸刑法草案並に理由書（各論篇）』司法資料84号（1926年）52-53頁、353頁以下〕参照。

92 Entwurf eines Allgemeinen Deutschen Strafgesetzbuchs, Berlin 1927, Entwurf, S. 28; Begründung, S. 132〔復刻版として、Entwurf eines Allgemeinen Deutschen Strafgesetzbuchs 1927 mit Begründung und 2 Anlagen (Reichstagsvorlage) (Nachdruck), in: Materialien zur Strafrechtsreform 4. Bd., Bonn 1954. 関連部分の邦訳として、司法省調査課編『一九二七年獨逸刑法草案並に理由書（各論篇）』司法資料126号（1928年）114-115頁、521-522頁〕参照。1927年草案281条は、専断的治療行為処罰規定であり、この規定を置くことで、専断的治療行為を「患者の自己決定権」の侵害として処罰する立場がより鮮明となった。第3章第2節第3款第3項1（本書175頁以下）参照。

93 1933年草案259条（傷害）も、「他の者の身体を傷害し、身体的に虐待し又はその健康を害した者」を処罰の対象とする。法文は、Entwurf eines Allgemeinen Strafgesetzbuchs 1933, in: Jürgen Regge/Werner Schubert (Hrsg.), Quellen zur Reform des Straf- und Strafprozeßrechts, II. Abteilung, NS-Zeit (1933-1939) -Strafgesetzbuch, Bd. 1. Entwürfe eines Strafgesetzbuchs, 1. Teil, Berlin/New York 1988, S. 1 ff., 49 による。1933年草案の起草経緯は、第3章第2節第4款第1項1（本書178-179頁）に詳しい。

94 法文は、Edmund Mezger, Körperverletzung, in: Franz Gürtner (Hrsg.), Das kommende

規定している。同案によれば、疾患の惹起や増幅は、その状態が継続したか否かを問わず、健康損害にあたる。さらに、純精神的・心理的虐待は、「身体関連的な (körperbezogen)」行為でないとの理由により、傷害罪の保護領域から除外されている[95]。前述のように、こうした「身体関連性」の要請は、その限界がなお不明瞭である点に課題はあるものの、「身体」法益概念に侵害対象としての具体性を付与し、法益概念の観念化に歯止めをかけうる切札として、さらに掘り下げて検討していくべき価値があるように思われる[96]。

2 第二次世界大戦後の刑法改正論議：傷害罪をつうじた自己決定権保護の試み

つづいて、第二次世界大戦後の改正作業の動向を確認する。

(1) 1960年草案から1970年代案まで

1960年刑法典草案 (Entwurf eines Strafgesetzbuches (StGB) E 1960)[97]および1962年刑法典草案 (Entwurf eines Strafgesetzbuches (StGB) E 1962) の146条 (故意による傷害)[98]はともに、ライヒ刑法典の方針に回帰し、傷害こそが虐待と健康損害の上位概念である、とした。こうした理解は、1960年草案146条が、「他の者を身体的に虐待し又はその健康を害し」と規定した点から読み取れる。また、1960年草案と1962年草案は、専断的治療行為処罰規定と傷害罪排除規定[99]を創設するよう提案しており、身体に対する患者の自己決定権は、

---

 deutsche Strafrecht, Besonderer Teil, 2. Aufl., Berlin 1936, S. 389 ff.〔邦訳として、エドムンド・メッツガア「傷害」司法省調査部編『將來の獨逸刑法 (各則) 下——刑法委員會事業報告——』司法資料238号 (1938年) 145頁以下〕; Begründung zum Entwurf eines Deutschen Strafgesetzbuchs von 1936, in: *Jürgen Regge/Werner Schubert* (Hrsg.), Quellen zur Reform des Straf- und Strafprozeßrechts, II. Abteilung, NS-Zeit (1933-1939) -Strafgesetzbuch, Bd. 1. Entwürfe eines Strafgesetzbuchs, 2. Teil, Berlin/New York 1990, S. 1 ff., 248 ff. による。
95 Begründung, a. a. O. (Anm. 94), in: *Regge/Schubert* (Hrsg.), a. a. O. (Anm. 94), S. 249 f.
96 詳細につき、第2章第3節第2款第4項2 (本書127頁以下) 参照。
97 Entwurf eines Strafgesetzbuches (StGB) E 1960 mit Begründung, Bonn 1960, S. 36〔条文訳として、齊藤金作『一九六〇年ドイツ刑法草案』早稲田大学比較法研究所紀要18号 (1961年) 78頁〕参照。
98 Entwurf eines Strafgesetzbuches (StGB) E 1962 mit Begründung, Bonn 1962, S. 36〔関連部分の邦訳として、法務省刑事局編『一九六二年ドイツ刑法草案』刑事基本法令改正資料2号 (1963年) 73頁〕.
99 傷害罪排除規定とは、治療行為と傷害行為を刑法上峻別するための規定をいう。第3章第1節第2款第2項 (本書158-159頁) 参照。1960年草案の傷害罪排除規定につき、同第3節第2款第2項2 (本書191-192頁) を、1962年草案の傷害罪排除規定につき、同第3項2 (本書194頁) を参照。

傷害罪の範疇では保護されない、とも述べている。

これに対して、1970年代案（Alternativ-Entwurf）は108条で身体的虐待につき、109条で健康損害につき規定する。関連条文の内容は以下のとおりである[100]。

> **1970年代案108条（身体的虐待） 1項**
> 　他の者を身体的に虐待した者は、6月〔分〕以下の〔日数〕罰金[101]に処する。……
> **同109条（傷害） 1項**
> 　他の者の健康を害した者は、罰金又は1年以下の自由刑に処する。……

1970年代案の特徴をまとめておこう。まず、108条にいう身体的虐待の範囲は、健康損害に至らない程度の身体的健全感に対する侵襲に限定された[102]。理由書は、身体的虐待の例として、平手打ちをはじめ、単に基体への侵害（Substanzverletzung）を与える行為を挙げている[103]。そして、これにつづく109条は、疾患状態の惹起等を捕捉するための規定である、とされた。立法者は、精神的または心理的作用を、人の身体に表れた結果の強度に応じて、108条または109条に帰属する、としている。加えて、代案は、「自由に対する罪」章下123条の専断的治療行為処罰規定によって、患者の身体・健康に対する自律的決定を保護している[104]。1970年代案は、身体・健康の本質に迫る議論を展開したとまではいえないが、さまざまな侵害態様を想定しつつ、自由に対する罪と関連づけながら人の身体・健康を保護しようと試みた点で注目される。

（2）1996年草案と第6次刑法改正法

その後に起草された1996年担当官草案（Referentenentwurf）と1998年1月26日の第6次刑法改正法（6. Gesetz zur Reform des Strafrechts: 6. Strafrechtsreformgesetz, 6. StrRG）[105]は、それまでと異なる議論を展開している。

100　法文は、*Jürgen Baumann u. a.*, Alternativ-Entwurf eines Strafgesetzbuches, Besonderer Teil, Straftaten gegen die Person, 1. Halbband, Tübingen 1970, Entwurf, S. 8 f. による。
101　1970年代案当時の罰金制度をめぐる状況につき、本書199頁注（183）参照。
102　*Baumann u. a.*, a. a. O. (Anm. 100), Begründung, S. 45.
103　*Baumann u. a.*, a. a. O. (Anm. 100), Begründung, S. 47.
104　1970年代案の専断的治療行為処罰規定につき、第3章第3節第3款第2項（本書198頁以下）参照。

まず、刑法典第17章の章題が、「傷害（Körperverletzung）」から「身体の不可侵に対する罪（Straftaten gegen die körperliche Unversehrtheit）」に変更された。草案理由書によれば、この章題変更は、「身体の不可侵という保護法益を強調する」[106]ことを目的とする。これまでの「傷害」よりも上位概念にあたる「身体の不可侵」を掲げることで、本法は、必ずしも「(身体)傷害」をともなうとは限らない「毀損（Beeinträchtigung）」を第17章によって捕捉し、これをもって身体の不可侵に対する権利を包括的に保護しようとしている[107]。ちなみに、1996年草案は、「身体の不可侵に対する罪」章下の229条で、専断的治療行為処罰規定を創設するよう提案していたが、この提案は、審議終盤の専門家聴講会後に取り下げられた[108]。そのため、身体・健康に対する権利を保護する犯罪構成要件として、傷害罪だけが残る結果となった[109]。1996年草案の専断的治療行為処罰規定が廃案となったにもかかわらず、章題が「身体の不可侵に対する罪」に変更された理由につき、立法者は、「身体・健康に対する自己決定権を強調することを意図している」旨の説明を付している[110]。1996年草案は、「身体の不可侵に対する罪」という枠

---

105 BGBl. 1998 I, 164. なお、その間に、1994年10月28日法（BGBl. 1994 I, 3186）が「einen Anderen」を「eine andere Person」に改め、1998年の第6次刑法改正法が「die Gesundheit *beschädigen*」〔――イタリック体は筆者による〕を「die Gesundheit schädigen」とし、単純傷害罪の未遂犯処罰規定（223条2項）を設けた（BT-Drs. 13/8587 vom 25.09.1997, Referentenentwurf und Begründung, S. 1, 35 f.）。改正の経緯につき、*Gereon Wolters*, Die Neufassung der Körperverletzungsdelikte, JuS 1998, S. 582 ff., 582 f. 参照。

106 BT-Drs. 13/8587, S. 35. さらに、*Eberhard Struensee*, Straftaten gegen das Leben und die körperliche Unversehrtheit, in: Friedrich Dencker u. a. (Hrsg.), Einführung in das 6. Strafrechtsreformgesetz 1998, München 1998, S. 27 ff., 45 も参照。

107 *Albin Eser*, Zur Regelung der Heilbehandlung in rechtsvergleichender Perspektive, in: FS Hirsch, a. a. O. (Anm. 28), S. 465 ff., 467 ff.〔邦訳として、アルビン・エーザー（上田健二＝浅田和茂訳）「比較法的に展望した治療行為の規制について」アルビン・エーザー（上田健二＝浅田和茂編訳）『医事刑法から統合的医事法へ』（2011年・成文堂）71頁以下、73頁以下〕参照。さらに、*Hans Joachim Hirsch*, Zur Frage eines Straftatbestands der eigenmächtigen Heilbehandlung, in: Gedächtnisschrift für Heinz Zipf, Heidelberg 1999, S. 353 ff., 363〔関連する邦訳として、ハンス・ヨアヒム・ヒルシュ（石原明訳）「専断的治療行為」神戸学院法学30巻4号（2001年）289頁以下〕、佐藤陽子「治療行為の傷害構成要件該当性について」北大法学論集56巻2号（2005年）321頁以下、342頁も参照。これに反対するのは、LK[10]/*Hirsch*, a. a. O. (Anm. 33), Vor § 223 Rn. 1; *Schroeder*, a. a. O. (Anm. 28), S. 734 である。

108 *Friedrich-Christian Schroeder*, Besondere Strafvorschriften gegen Eigenmächtige und Fehlerhafte Heilbehandlung?, Passau 1998, S. 12 f. 1996年草案の専断的治療行為処罰規定につき、第3章第3節第4款第2項（本書202-203頁）参照。

109 *Schroeder*, a. a. O. (Anm. 28), S. 728 f.

のなかで、身体・健康と結びついたかぎりでの「自己決定権」を（消極的ながら）保護していた点で注目に値する。

かくして、第6次刑法改正法は、身体・健康に対する個人の自己決定権を、傷害罪の範疇で保護する途を選んだ。ただし、かかる権利を傷害罪との関係でどのように位置づけるかという点に関して、刑法改正作業の過程で具体的に明言されることはなかった。

第6項　議論のまとめと検討課題の抽出

以上、ドイツ現行刑法223条の制定過程をたどり、刑事法制史的観点から、身体・健康概念をめぐる議論を素描してきた。具体的には、「身体」傷害概念の精緻化や、専断的治療行為の処罰論議と相まって、ドイツの刑事立法者が身体に対する自己決定権をどのように評価してきたかを追跡してきた。以下では、ここまでの刑法改正作業の議論を総合し、ドイツ現行傷害罪規定の立法的到達点（後出・1）と、立法者が積み残した課題（後出・2）を析出する。

1　ドイツ傷害罪規定をめぐる立法的到達点

ドイツ傷害罪の立法論議を系譜的に分析した結果、明らかとなった課題は、主として以下の2点に集約できる。

第1が、傷害罪における「身体」概念の意味内容である。18世紀中葉以降、ドイツの立法者は、人の「身体」を刑法典をつうじて保護してきた。しかし、そこにいう「身体」の保護範囲は、理論的には必ずしも明確化されていない。すなわち、刑法223条の制定過程で、「傷害罪は名誉に対する罪や自由に対する罪とは異なる」という意味での消極的な輪郭づけは果たされたが[111]、「傷害罪によって保護される『身体』の意味内容は何か」という意味での積極的な輪郭づけは実現していない。

第2が、身体に対する自己決定権の位置づけである。20世紀以降、ドイツの立法者は、人の身体・健康を傷害罪で、それに対する（患者の）自己決定

110　BT-Drs. 13/8587, S. 35. さらに、*Schroeder*, a. a. O.（Anm. 28), S. 734 f.; *Tanja Hartmann*, Eigenmächtige und fehlerhafte Heilbehandlung, Baden-Baden 1999, S. 65 も参照。
111　この成果は、北ドイツ連邦刑法典に負うところが大きい。詳細につき、本款第4項2（本書238-239頁）参照。

権を専断的治療行為処罰規定でそれぞれ保護するよう提案してきた。しかし、専断的治療行為処罰規定の創設が実現していないこともあり、患者の身体・健康に対する自己決定権の犯罪論上の位置づけは、現在でも見解の一致をみていない[112]。もっとも、そうした状況のなかで、1996年草案と第6次刑法改正法が、「身体の不可侵に対する罪」章下で、身体・健康と結びつくかぎりでの「自己決定権」を（消極的ながら）保護していた点は、注目に値する[113]。

2　残された課題と次款への序：問題解決への糸口

本款の系譜分析から明らかとなった2つの課題に取り組むためには、第2章第4節第2款第3項2（本書148-149頁）や第3章第4節第1款第3項（本書208-209頁）でも述べたように、傷害罪の法益の本質に立ち返った解釈論的検討が不可欠となる。すなわち、本書が設定した問題解決のために、とりわけ究明されなければならないのは、身体法益の意味内容およびそれに対する自己決定権の理論的位置づけである。これらの点は、傷害罪の保護法益をめぐる学説の2大潮流を批判的に分析することで、問題解決への糸口を見いだすことができるだろう。

ところで、かつて1936年草案や1970年代案においては、「純粋に精神的・心理的な虐待は傷害罪の保護領域に含まれない」、「精神的または心理的作用を、人の身体に表れた結果の強度に応じて、1970年代案108条（身体的虐待）か109条（健康損害）に帰属する」という趣旨の議論が展開されていた。そこでの問題は、現行刑法223条における身体的虐待と健康損害の具体的な解釈問題、すなわち、身体的虐待と健康損害はどのように解釈されてきたか、両者はどのような関係に立つか、という問題である。これは、傷害罪の保護法益の本質を論じる前に、明らかにしておかなければならない問題でもある。

112　専断的治療行為処罰規定との関係につき、第3章第4節第1款（本書206頁以下）を参照。
113　1996年草案起草時の議論は、第3章第3節第4款第2項（本書202頁以下）のほか、本節第3款第5項2(2)（本書244頁以下）に詳しい。

第4款　ドイツ刑法223条の解釈

第1項　身体的虐待の解釈

1　問題の所在：身体的虐待における「有害で不適切な取扱い」の解釈

　治療行為の刑法的評価を論じる際にまず問題となるのが、治療行為はドイツ刑法223条の傷害[114]（とりわけ身体的虐待）構成要件を充足するか否か、である。

　確立した判例は、治療行為の傷害構成要件該当性を肯定する。たとえば、後出の【判例4】ライヒ裁判所1894年5月31日判決（骨がん事件）は、身体的虐待を「もっとも広い意味で」理解しなければならないとし、「直接的・物理的に身体組織に加えられた侵害（Verletzung）すべてを含む」[115]とする。また、ヴィルフリート・ボトケ（*Wilfried Bottke*）も、虐待概念[116]は「きわめて漠然としており、満足のいくものではない」[117]から、治療行為が虐待にあた

114　わが国の先行研究として、藤本直「醫師の手術と身體傷害罪の問題に就て（一）」法学新報41巻2号（1931年）1頁以下、6頁以下、下村康正「傷害および暴行」佐伯千仭＝団藤重光編『総合判例研究叢書　刑法（7）』（1957年・有斐閣）7頁以下、齋野彦弥「暴行概念と暴行罪の保護法益」成蹊法学28号（1988年）437頁以下、446頁以下、武藤・前出注（8）245頁以下、佐藤・前出注（107）325-326頁、田坂晶「刑法における治療行為の正当化」同志社法学58巻7号（2007年）263頁以下、342-343頁、小林（公）・前出注（8）107頁以下、島田美知妃「治療行為の不可罰性の根拠について」法学新報117巻9・10号（2011年）313頁以下、319頁以下、山中敬一「医療侵襲に対する患者の同意」関西大学法学論集61巻5号（2012年）1頁以下、16頁以下〔同『医事刑法概説Ｉ（序論・医療過誤）』（2014年・成文堂）105頁以下所収、123頁以下。以下、引用は同書による〕、薮中・前出注（33）40頁以下等参照。

115　RGSt 25, 375 [378]．圏点は原文で隔字体である。詳細につき、第2章第2節第2款第1項（本書78頁以下）参照。

116　「misshandeln（虐待する）」における「miss」という接頭辞は、遅くとも19世紀末葉以降には、正しくないこと（Inkorrekte）、誤っていること（Fehlgegangene）を意味するようになっていた。*Diethelm Kienapfel*, Körperliche Züchtigung und soziale Adäquanz im Strafrecht, Karlsruhe 1961, S. 20 ff.〔紹介として、庭山英雄「D・キーンアプフェル著『体罰と社会的相当性』」一橋論叢49巻6号（1963年）93頁以下〕参照。それによれば、misshandeln には、瑕疵（Fehlerhaft）、悪いこと（Schlechte）、無価値（Unwert）といった否定的な意味合いが含まれており、これらの意味内容は、良い（gut）、成功した（erfolgreich）、有利な（vorteilhaft）、肯定的な（positiv）、瑕疵なき（ohne Fehler）といった概念の対極にある、という。さらに、*Joseph Heimberger*, Strafrecht und Medizin, München 1899, S. 38 f; *Albert Behr*, Ärztlich-operativer Eingriff und Strafrecht, München 1902, S. 33; *Welzel*, a. a. O. (Anm. 31), S. 289 も参照。

117　*Wilfried Bottke*, Suizid und Strafrecht, Berlin 1982, Ziff. 200.

るとするのは不自然ではない、と述べる。

　一方、通説によれば、身体的虐待とは、身体的健全感 (körperliches Wohlbefinden) もしくは身体の不可侵を些細とはいえない程度に損ない、またはその他の身体の統合性に影響が及ぼされるような有害で不適切な取扱い (ein übles, unangemessenes Behandeln) をいう[118]。しかし、治療行為との関係では、この理解には疑問の余地が生じる。なぜなら、医師が患者を治療した以上、そもそも当該行為は有害ないし不適切ではない、ともいえるからである。この疑問こそ、自由侵害モデルの出発点にほかならない[119]。

　問題は、身体的虐待における「有害」「不適切」という概念をどのように理解するか、これらの書かれざる概念が判例・学説史上どのような要請のもとで登場し、適用されてきたか、である。そこで以下では、まず、身体的虐待をめぐる判例の変遷とその特徴をまとめ（後出・2）、つぎに、そこで得られる成果を踏まえて学説の系譜をたどる（後出・3）。本項は、これらの作業によって、判例・学説における議論の到達点を明らかにすることを目的とする。

118　*Kienapfel*, a. a. O. (Anm. 116), S. 36〔庭山・前出注 (116) 96頁〕; *Welzel*, a. a. O. (Anm. 31), S. 288; LK[10]/*Hirsch*, a. a. O. (Anm. 33), § 223 Rn. 6; *Gössel/Dölling*, a. a. O. (Anm. 31), § 12 Rn. 2; *Haft*, a. a. O. (Anm. 31), S. 145; *Harro Otto*, Grundkurs Strafrecht, Die einzelnen Delikte, 7. Aufl., Berlin 2005, § 15 Rn. 2; *Albin Eser/Detlev Sternberg-Lieben*, in: Schönke/Schröder Strafgesetzbuch Kommentar, 29. Aufl., München 2014, § 223 Rn. 3; *Wilfried Küper/Jan Zopfs*, Strafrecht Besonderer Teil, 9. Aufl., Heidelberg 2015, Rn. 378 f.; *Wessels/Hettinger*, a. a. O. (Anm. 33), Rn. 255; *Thomas Fischer*, Strafgesetzbuch mit Nebengesetzen, 64. Aufl., München 2017, § 223 Rn. 4; *Rudolf Rengier*, Strafrecht Besonderer Teil II, 18. Aufl., München 2017, § 13 Rn. 7 等。これに対して、*Weber*, a. a. O. (Anm. 22), § 6 Rn. 21; *Hilgendorf*, a. a. O. (Anm. 22), § 6 Rn. 21 は、「身体的虐待は、身体の統合性の侵害である」〔――圏点は原文で太字のところ〕とし、*Maurach/Schroeder/Maiwald*, a. a. O. (Anm. 30), § 9 I Rn. 3 は、「有害で不適切な取扱い」が付加的な要件にすぎない、とする。さらに進んで、「有害で不適切な取扱い」という概念を放棄するよう求めるのは、*Uwe Murmann*, Die »üble, unangemessene Behandlung«-ein von der Entwicklung der Dogmatik überholter Definitionsbestandteil der »körperlichen Misshandlung«, Jura 2004, S. 102 ff., 105 である。

119　*Karl Binding*, Lehrbuch des Gemeinen Deutschen Strafrechts, Besonderer Teil, 1. Bd., 2. Aufl., Leipzig 1902, S. 56; *Welzel*, a. a. O. (Anm. 31), S. 289; LK[10]/*Hirsch*, a. a. O. (Anm. 33), Vor § 223 Rn. 3; *Maria-Katharina Meyer*, Reform der Heilbehandlung ohne Ende-Ein Beitrag zum geltenden Strafrecht und zum Referentenentwurf des Bundesjustizministeriums 1996-, GA 1998, S. 415 ff., 416; LK[11]/*Lilie*, a. a. O. (Anm. 29), Vor § 223 Rn. 3; *Walter Kargl*, Körperverletzung durch Heilbehandlung, GA 2001, S. 538 ff., 547 等参照。

2　判例の変遷とその特徴

はじめに、身体的虐待の適用をめぐる判例の変遷とその特徴を概観する。

（1）判例の変遷

身体的虐待に関する最初期の判例として、まず、【判例1】上級裁判所 (Obertribunal) 1873年6月13日判決が挙げられる。本判決は、他の者につばを吐きかける行為は、ライヒ刑法223条の虐待にあたるか、それとも185条の侮辱にあたるかが争われた事案に関するものである。上級裁判所は、「身体状態を害するように作用する肉体的影響が作出された」〔──圏点筆者〕ときは虐待となり[120]、本件では、つばを吐きかけた行為によって作出された不快感 (Ekel) が虐待を構成する、と判示した[121]。

この判決以降の2件の判例では、殴打・打撃行為の虐待該当性が争われている。まず、【判例2】ライヒ裁判所1881年9月29日判決は、2名の女生徒に対して頭部と背中を殴打した教務補助者の事案に関するものである。同判決は、虐待概念を、「身体的健全感の障害 (Störung des körperlichen Wohlbefindens)」[122] と定義している。その一方で、【判例3】ライヒ裁判所1889年4月16日判決は、教師が生徒に対し、1日に2回、懲戒と称して頭と頬にそれぞれ20発の打撃を与えた事案に判断を下した。本件の特徴は、当該生徒が脳内水泡に悩まされていたため、場合によっては苦痛が感じられない状況にあり、苦痛の声を発することができなかった点にある。裁判所は、「被害者が傷害であると感じたかどうか」は重要でないとして、「日常用語法上、『虐待』は、……不適切で邪悪で有害な取扱い (ein unangemessenes, schlimmes, übles Behandeln) と解されており、その取扱いを受けた客体が、不適切で邪悪で有害な取扱いと感じようとそうでなかろうと、その解釈に違いはない」[123] と判示した。かくして、本判決は、【判例2】の定義を補い、虐待の際の苦痛が被害者に感知される必要まではなく、その取扱いが「不適切で邪

---

[120] Ob. Trib. GA 21, 540 [540].
[121] ライヒ裁判所1910年5月30日判決（RG GA 58, 184 [184 f.]）、ツヴァイブリュッケン上級地方裁判所1990年6月18日決定（OLG Zweibrücken NJW 1991, 240 [241]）も参照。さらに、LK[11]/*Lilie*, a. a. O. (Anm. 29), § 223 Rn. 8; Sch/Sch[29]-*Eser/Sternberg-Lieben*, a. a. O. (Anm. 118), § 223 Rn. 4; *Hilgendorf*, a. a. O. (Anm. 22), § 6 Rn. 22.
[122] RGSt 5, 129 [132].
[123] RGSt 19, 136 [139].

悪で有害」であれば足りる、とした。本判決の意義は、ドイツ語の日常用語法から演繹された「有害で不適切な取扱い」ということばを、判例上はじめて用いた点にある[124]。

その後、医師の専断的治療行為に関する【判例4】が登場する。本判決は、自然療法の信奉者であった父親が事前に反対したにもかかわらず、手術が必要な状態にあった7歳の女児に対し外科手術を行った医師が、(当時の)ライヒ刑法223条の傷害罪で起訴された事案に関するものである。ライヒ裁判所は、本件行為が、少なくとも、患者の身体の重要な構成要素の侵害にあたり、「あらゆる場合において、この患者の治療を引き受けてもらうよう、とにもかくにも、まさにこの医師を呼んだのは、患者ないしその近親者および法定代理人の意思なのである」から、この意思を欠く以上、本件行為は違法な傷害を構成する、と判示した[125]。

これを受けて、【判例5】ライヒ裁判所1896年7月2日判決は、被害者の意思に反して行われたひげの切除行為に対して判断を下した。本件の特徴は、ひげの切除行為に、苦痛感(Schmerzgefühl)や身体の不快感(körperliches Unbehagen)が認められなかった点にある。ライヒ裁判所は、【判例3】の判断枠組みを踏襲しつつ[126]、身体的「虐待」といえるためには、その行為が「ある程度の重大性(Erheblichkeit)」を備えていなければならないとして[127]、ひげの切除行為が、身体的健全感の障害、つまり虐待にはあたらないとした。本判決によれば、「身体の不可侵は、それ自体としては刑法上の概念ではないし、身体の不可侵の侵害は絶対的なものではなく、違法な攻撃が向けられた法益との関係でのみ処罰の対象とされる」。そのため、身体の不可侵の侵害が認められたとしても、そのことだけで、ただちに虐待と評価することはできない[128]。さらにその際に、本判決は、【判例3】との関係にも触れ、身体に対する違法な働きかけにあっては、必ずしも苦痛感や身体の不快

---

124 *Schroeder*, a. a. O. (Anm. 28), S. 730 f.; *Murmann*, a. a. O. (Anm. 118), S. 103 参照。
125 RGSt 25, 375 [381]. 圏点は原文で隔字体である。
126 RGSt 29, 58 [59].
127 RGSt 29, 58 [60].
128 RGSt 29, 58 [61]. ただしその後、本判決の判断枠組みは、後出【判例7】によって修正が施されている。*Wessels/Hettinger*, a. a. O. (Anm. 33), Rn. 256 参照。

感が問題となるわけではなく、それらが被害者に自覚されていようとされていまいと、傷害罪の成否に直接の関係はない、とも述べている[129]。

その後、【判例6】ライヒ裁判所1899年4月11日判決は、トラックの後輪と保母のベビーカーが接触し、トラック運転手が保母を転倒させ、もって保母およびその目撃者1名が激しい恐怖をこうむった事案に対して、大要つぎのような判断を下した。すなわち、刑法223条の「身体」的虐待という文言によれば、精神的健全感を侵害したにすぎない純心理的影響は、たとえ事故の後遺症として「身体の不快感（körperliches Mißbahagen）」を惹起したとしても、その点は、223条の虐待構成要件該当性の判断にとって重要でない。したがって、本件行為は身体的虐待にあたらない、と[130]。

ところが、【判例7】ライヒ裁判所1921年5月4日判決は、【判例5】と異なる判断を下した。すなわち、裁判所は、処女女性との性交中に生じた破瓜につき、この行為が苦痛を生じさせなかったにもかかわらず、傷害にあたると判示した[131]。【判例8】ライヒ裁判所1939年2月3日判決がこの立場を踏襲し[132]、さらに、【判例9】連邦通常裁判所1952年9月25日判決も、ひげの切除が虐待を構成する、とした[133]。

その後、【判例10】連邦通常裁判所1974年1月23日判決は、【判例3】と類似の事案につき判断を下した。本判決は、看護師が重度の精神障害者に対して、タバコを嘔吐するまで飲み込むよう強制した事案に関するものである。連邦通常裁判所は、本件被害者が苦痛または不快さ（Unwohlsein）をまったく知覚できなかったと認定している。そのうえで、裁判所は、【判例3】と同様、虐待構成要件の充足にとって苦痛の惹起は重要でないとして、「有害で不適切な取扱い」基準を適用し、虐待による傷害罪の成立を認めた[134][135]。

129　RGSt 29, 58 [59].
130　RGSt 32, 113 [114].
131　RGSt 56, 64 [64].
132　RG DR 1939, 365 Nr. 13.
133　BGH NJW 1953, 1440 [1441]. 邦語による本判決の評釈として、大沼邦弘「傷害罪における身体的虐待——連邦通常裁判所第三刑事部一九五二年九月二五日判決　BGH NJW 1953, 1440」警察研究58巻9号（1987年）86頁以下がある。
134　BGHSt 25, 277 [278 f.]. なお、本判決では、「健康損害」該当性は検討されなかったが、Kargl, a. a. O. (Anm. 119), S. 548 は、本件が「健康損害」の解釈によって本来解決されるべき事案であ

（2）判例における2つの特徴

ここまでみてきた関連判例の特徴として、主として以下の2点が挙げられる。

第1が、身体的虐待における「有害で不適切な取扱い」の位置づけである。初期の判例は、身体的健全感の障害を虐待概念に含めていた。しかしその後、判例は、【判例3】や【判例10】の事案のように、苦痛感や不快感に対して著しく感度の低い（あるいはそうした感覚をもたない）者に対する「虐待」を認定するために[136]、苦痛の惹起や身体的健全感の障害といった概念に加えて、例外的に、ドイツ語の日常用語法から演繹された「有害で不適切な取扱い」という概念を投入することによって、虐待該当性を判断したのである[137]。このように、判例は、「身体的健全感の侵害」や「有害で不適切な取扱い」といった概念を重畳的に適用し、身体的虐待該当性を判断している[138]。もっとも、「有害で不適切な取扱い」は、【判例3】や【判例10】の事案を解決するために投入された、もともとは例外的なメルクマールであった点に留意されたい。そのため、判例において、「有害で不適切な取扱い」概念は、必ずしも系統だって用いられてきたわけではない[139]。

第2が、身体的虐待における「身体」侵害の判断方法である。判例は、身

った、とする。
135　その後の代表的な刑事判例として、連邦通常裁判所1990年3月7日判決（BGH NJW 1990, 3156 [3156 f.]）、デュッセルドルフ上級地方裁判所1991年5月29日決定（OLG Düsseldorf NJW 1991, 2918 [2919]）、ケルン上級地方裁判所1996年3月8日決定（OLG Köln NJW 1997, 2191 [2191 f.]）、連邦通常裁判所1996年11月5日決定（BGH NStZ 1997, 123 [123 f.]）〔本決定につき、藪中・前出注（33）62頁注（40）参照〕等がある。さらに、民事判例ではあるが、連邦通常裁判所1976年10月25/26日判決（BGH NJW 1977, 339 [339 f.]）も参照。
136　*Murmann*, a. a. O. (Anm. 118), S. 104 参照。
137　*W. Bauer*, a. a. O. (Anm. 40), S. 103 f. は、【判例3】や【判例10】のような苦痛感や不快感に対して感度の低い者のケースが、本来なら「基体への侵害」という観点から検討されるべきであった、とする。
138　このような判断形式を採用する判例として、連邦通常裁判所1960年5月3日判決（BGHSt 14, 269 [271]）、前出1990年3月7日判決（BGH NJW 1990, 3156 [3157]）、連邦通常裁判所1995年7月20日判決（BGH NJW 1995, 2643 [2643 f.]）、前出1996年11月5日決定（BGH NStZ 1997, 123 [123 f.]）等がある。*Murmann*, a. a. O. (Anm. 118), S. 104 参照。
139　*Tag*, a. a. O. (Anm. 5), S. 171. 少なくとも、判例は、身体的健全感や基体への侵害を一切考慮せずに、「有害で不適切な取扱い」概念を用いてきたわけではない。*Schroeder*, a. a. O. (Anm. 28), S. 730 f.; *Kargl*, a. a. O. (Anm. 119), S. 548; *Maurach/Schroeder/Maiwald*, a. a. O. (Anm. 30), §9 I Rn. 3 参照。

体に対する事実的・客観的な侵害を、傷害罪成立の必須条件として位置づけている。この点は、【判例１】以来の判例が、身体状態を害する肉体的影響の作出によって「虐待」を認定してきた経緯からも読み取れる。すなわち、判例は、まず、身体に対する事実的・客観的な侵害の存否を認定し、つぎに、当該行為が苦痛や不快感を作出したかどうか、を判断している。

3　判例分析に基づく学説の系譜的検討

つづいて、判例分析から得られた成果を踏まえつつ、身体的虐待に関する学説を系譜的観点から検討する。

（１）19世紀の学説：「身体的健全感の侵害」としての把握

学説においては、フォイエルバッハが、傷害概念を「健全感を害」する「違法な攻撃」と定義していた[140]。この定義に、【判例２】の「身体的健全感の障害」の萌芽がみられる。また、フーゴ・ヘルシュナー（Hugo Hälschner）は、虐待を、「苦痛または身体の不快感を惹起する暴行すべて」と解し、外部的作用によって惹起された健康損害と、暴行による侮辱（tätliche Beleidigung）を処罰の対象としていた[141]。

当時の注釈書・体系書によれば、虐待とは、身体に対する暴行によって身体の不快感を作出することをいう[142]。たとえば、フリートリッヒ・オッペンホフ（Friedrich Oppenhoff）[143]や、アウグスト・ガイヤー（August Geyer）[144]は、虐待を「健全感の毀損」と解し、カール・ビンディング（Karl Binding）は、「通常人にあって苦痛感を惹起するところの、健康を害する身体の機械

140　*von Feuerbach*, a. a. O.（Anm. 53），§ 244（S. 165）〔第14版の邦訳として、西村訳・前出注（53）『近代刑法の遺産　中』128頁〕．
141　*Hugo Hälschner*, System des Preußischen Strafrechtes, 2. Theil, Bonn 1858, S. 145 参照．
142　*Friedrich Oskar Schwarze*, Commentar zum Strafgesetzbuch für das Deutsche Reich, 3. Aufl., Leipzig 1873（Nachdruck: Frankfurt am Main 1992），S. 554; *Augst Geyer*, Verbrechen gegen die leibliche Unversehrtheit, in: Fr. v. Holtzendorf (Hrsg.), Handbuch des deutschen Strafrechts, 3. Bd., Berlin 1874, S. 515 ff., 534; *Justus Olshausen*, Kommentar zum Strafgesetzbuch für das Deutsche Reich, 2. Bd., Berlin 1883, § 223 Rn. 4.
143　*Oppenhoff*, a. a. O.（Anm. 80），§ 223 Ziff. 2.
144　*Augst Geyer*, Verbrechen gegen die leibliche Unversehrtheit, in: Fr. v. Holtzendorf (Hrsg.), Handbuch des deutschen Strafrechts, 4. Bd., Berlin 1877, S. 361 ff., 364. さらに、*Albert Friedrich Berner*, Lehrbuch des Deutschen Strafrechtes, 18. Aufl., Leipzig 1898（Nachdruck: Aalen 1986），S. 530 も参照．

的な (mechanisch) 取扱い」[145]と定義した。このように、19世紀当時の多数説は、虐待を、「身体的健全感の侵害」や「身体の不快感・苦痛の惹起」ととらえ[146]、この定義にあえて「有害」や「不適切」といった概念を投入しようとは考えていなかった。

これに対して、ラインハルト・フランク (Reinhard Frank) は、【判例3】の影響を受けて、身体的虐待を「不適切で邪悪で有害な取扱い」と定義し、身体的健全感の障害を不要と解した[147]。また、ユストゥス・オルスハウゼン (Justus Olshausen) も「有害で不適切な取扱い」概念を要求し、「虐待を受けた客体が、その取扱いをそのように〔虐待と〕感じたかどうか」で判断に違いは生じない、とする。フランクの議論との違いは、オルスハウゼンが「身体の不快感を与えること」や「身体的健全感の侵害」をも要求する点にある[148]。

（2）第二次世界大戦前の学説：「有害で不適切な取扱い」概念の一般化

20世紀以降は、行為不法を強調した虐待概念が普及していった[149]。たとえば、フランツ・フォン・リスト (Franz von Liszt) は、身体傷害を「他の者の、身体の不可侵の（生活機能〔Lebensfunktion〕の）（違法な）侵害」[150]と定義する。そしてその後は、「身体的健全感の些細とはいえない程度の侵害」[151]、「肉体の現存在 (leibliches Dasein) の不可侵」の侵害、あるいは、「主観的健全感または安寧 (Wohlbehagen) の侵害」[152]といった定義を経て、最終的には、ハインリッヒ・ゲルラント (Heinrich Gerland) が、「身体的健全感の些細とは

145　*Binding*, a. a. O. (Anm. 119), S. 43.
146　*Geyer*, a. a. O. (Anm. 144), S. 364; *Olshausen*, a. a. O. (Anm. 142), § 223 Rn. 4; *Reinhard Frank*, Das Strafgesetzbuch für das Deutsche Reich, Leipzig 1897, § 223 Ziff. I 1. その一方で、*J. D. H. Temme*, Lehrbuch des Gemeinen Deutschen Strafrechts, Stuttgart 1876, § 194 (S. 316 ff.) は、身体的基体への侵害が傷害構成要件の充足にとって不可欠の要件である、とする。
147　*Frank*, a. a. O. (Anm. 146), § 223 Ziff. I 1.
148　*Justus Olshausen*, Kommentar zum Strafgesetzbuch für das Deutsche Reich, 2. Bd., 3. Aufl., Berlin 1890, § 223 Rn. 4.
149　*Maurach/Schroeder/Maiwald*, a. a. O. (Anm. 30), § 9 I Rn. 3 f.
150　*Franz von Liszt*, Lehrbuch des Deutschen Strafrechts, 21./22. Aufl., Berlin/Leipzig 1919, S. 298. 引用箇所は、原文ではすべて隔字体である。加えて、リストは、被害者が苦痛感を感じることは必ずしも必要でない、とする。
151　*Philipp Allfeld*, Lehrbuch des Deutschen Strafrechts, 8. Aufl., Leipzig/Erlangen 1922, S. 343.
152　*Richard Schmidt*, Grundriss des Deutschen Strafrechts, 2. Aufl., Leipzig 1931, S. 224. 圏点は原文で隔字体である。

いえない程度の侵害」、具体的には、「身体のあらゆる基体に対する重大な侵害」を生じさせる「有害で不適切な取扱い」、という説明を付している[153]。

かくして、第一次世界大戦後、一部の学説が「有害で不適切な取扱い」概念を用いはじめたが、その後は、エドムント・メツガー（Edmund Mezger）をして、身体的虐待が「有害で不適切な取扱い」を意味することに「疑問の余地はない」[154]、と評せしめるほどにまでなったのである。

（3）第二次世界大戦後の学説：「身体的虐待」をめぐる学説の到達点

第二次世界大戦後の学説は、行為不法の観点[155]をいっそう強調し、虐待概念を「一定の重大性を有する、反社会的で不適切な、肉体性（Leiblichkeit）を害する作用」[156]と解釈するようになった。

そして、その後の学説は、虐待概念（およびそれと結びついた「有害で不適切な取扱い」概念）の精緻化を試みるようになる。たとえば、ハンス・ヨアヒム・ヒルシュ（Hans Joachim Hirsch）は、実行行為時の身体利益に対する客観的な方向づけを、当該概念の判断基準として提案する。それによると、ウルリッヒ・ウェーバー（Ulrich Weber）が、バスを待つ列への割込みのような日常的行為に有害さや不適切さを認めないのに対し[157]、ヒルシュは、身体に対する損害の重大性を考慮すべきである[158]、というのである。

ここまで概観したように、ドイツの通説は、身体に対する作用の有害性や

---

153 *Heinrich B. Gerland*, Deutsches Reichsstrafrecht, 2. Aufl., Berlin/Leipzig 1932, § 135（S. 481 ff., 481）.

154 *Edmund Mezger*, Deutsches Strafrecht, 3. Aufl., Berlin 1943, S. 240.

155 *Hans Welzel*, Das neue Bild des Strafrechtssystems, 4. Aufl., Göttingen 1961, S. 29〔邦訳として、ハンス・ヴェルツェル（福田平＝大塚仁訳）『目的的行為論序説〔第三版〕』（1979年・有斐閣）42-43頁〕; *ders.*, a. a. O.（Anm. 31）, S. 62 参照。

156 *Johannes Nagler/August Schaefer*, in: Strafgesetzbuch Leipziger Kommentar, Bd. 2, 6./7. Aufl., Berlin 1951, § 223（S. 223 ff., 224）等。

157 *Weber*, a. a. O.（Anm. 22）, § 6 Rn. 10 ff., 21 ff. さらに、*Hilgendorf*, a. a. O.（Anm. 22）, § 6 Rn. 10 ff., 21 ff. も同旨。

158 LK[10]/*Hirsch*, a. a. O.（Anm. 33）, § 223 Rn. 6. さらに、オルデンブルク上級地方裁判所1966年8月30日判決（OLG Oldenburg NJW 1966, 2132 [2133]）、前出1991年5月29日決定（OLG Düsseldorf NJW 1991, 2918 [2919]）等も参照。問題意識を同じくするとみられる議論として、*Wilhelm Kahl*, Der Arzt im Strafrecht, Jena 1909, S. 20〔カールの議論につき、第2章第2節第3款第2項2（本書88-89頁）参照〕; *Thomas Würtenberger*, Zur strafrechtlichen Bedeutung des Züchtigungsrechtes des Lehrers, DRZ 1948, S. 291 ff., 292; *Eberhard Schmidt*, Bemerkungen zur Rechtsprechung des Bundesgerichtshofs zur Frage des Züchtigungsrechtes der Lehrer, JZ 1959, S. 518 ff., 519 もある。

重大性を基調としながら[159]、こぶや創傷の惹起、抜歯、頭髪・ひげ等の切除・切断や身体の醜悪化のほか[160]、騒音による聴覚障害のような機能障害の発生[161]が傷害にあたる、とする。

これに対して、エックハルト・ホルン (*Eckhard Horn*) ＝ゲレオン・ヴォルタース (*Gereon Wolters*) は、身体的虐待を法的に評価する際に、客観的基準とともに主観的基準を併用している。すなわち、ホルン＝ヴォルタースは、「有害で不適切な（反社会的な）取扱い」という意味での虐待概念に対し、客観的にみて「些細とはいえない程度」というメルクマールとともに、「有害で不適切な心情 (Gesinnung) に支えられた態度」[162]という意味づけを与えている。もっとも、ホルン＝ヴォルタースの解釈によるならば、侮辱等の名誉に対する罪と身体に対する罪との限界が不明確になるとの批判は避けられないだろう[163]。

第2項　健康損害の解釈

ここまで、身体的虐待をめぐる判例・学説の変遷を概観してきたが、以下では、健康損害の解釈をめぐる判例・学説を押さえ（後出・1）、具体的な適用例を確認する（後出・2）。

1　判例・通説における基本的理解

通説によれば、健康損害とは、被害者の身体的または精神的機能が、通常の状態から不利な方向へ逸脱した病理学的状態 (pathologische Verfassung) を作出し、またはこれを悪化させることをいう[164]。また、判例も、おおむね

159　LK[10]/*Hirsch*, a. a. O. (Anm. 33), § 223 Rn. 7 ; Sch/Sch[29]-*Eser/Sternberg-Lieben*, a. a. O. (Anm. 118), § 223 Rn. 4 f. のほか、前出【判例3】、前出1966年8月30日判決 (OLG Oldenburg NJW 1966, 2132 [2133]) を参照。
160　たとえば、塗料やタールを身体に塗布する行為がこれにあたる。*Küper/Zopfs*, a. a. O. (Anm. 118), Rn. 379; *Wessels/Hettinger*, a. a. O. (Anm. 33), Rn. 256 等参照。
161　LK[10]/*Hirsch*, a. a. O. (Anm. 33), § 223 Rn. 7 参照。
162　SK-*Horn/Wolters*, a. a. O. (Anm. 33), § 223 Rn. 7, 8.
163　前出1991年5月29日決定 (OLG Düsseldolf NJW 1991, 2918 [2919]) 参照。
164　*Welzel*, a. a. O. (Anm. 31), S. 288; *Hermann Blei*, Strafrecht II. Besonderer Teil, 12. Aufl., München 1983, S. 47; LK[11]/*Lilie*, a. a. O. (Anm. 29), § 223 Rn. 12; *Gössel/Dölling*, a. a. O. (Anm. 31), § 12 Rn. 19; *Haft*, a. a. O. (Anm. 31), S. 145; Sch/Sch[29]-*Eser/Sternberg-Lieben*, a. a. O. (Anm. 118), § 223 Rn. 5; *Küper/Zopfs*, a. a. O. (Anm. 118), Rn. 269; *Wessels/Hettinger*, a. a. O.

同じような定義を採用している[165]。

これに対して、一部の学説は、通説と異なる定義づけを試みている。たとえば、ウェーバーは、健康損害の定義につき、「他の者を疾病もしくはより重篤な疾病に罹患させ、またはその健康を損なわせた者は、その者の健康を害している」[166]と解する。またその一方で、健康損害の成立範囲を限定するために、客観的に認識可能な状態の発生を要件とする見解[167]もある。

2　健康損害の適用例

判例・通説によれば、身体の内部・外部器官の罹病、骨折、アキレス腱断裂、創傷、感染症や血腫[168]、酩酊状態または昏睡状態に陥らせること[169]、HIV に感染させること[170]、レントゲン照射による組織細胞の破壊等が健康損害にあたる。その判断基準は、損害発生の危険が長期間継続し、それが些細とはいえない程度に高められたか否か[171]、また、苦痛状態が惹起・維持されたか否か、である。

(Anm. 33), Rn. 257; *Fischer*, a. a. O. (Anm. 118), § 223 Rn. 8 ; *Rengier*, a. a. O. (Anm. 118), § 13 Rn. 11 等。
165　ライヒ裁判所1889年5月20日判決（RGSt 19, 226 [227]）、同1929年12月2日判決（RGSt 64, 113 [119]）〔本判決につき、林（美）・前出注（33）224頁参照〕、同1939年10月5日判決（RGSt 73, 316 [319]）、連邦通常裁判所1960年6月21日判決（BGH NJW 1960, 2253 [2253 f.]）〔山中敬一「医療過誤と客観的帰属——医療水準論を中心に——」関西大学法学論集62巻2号（2012年）64頁以下、97-98頁〔同・前出注（114）『医事刑法概論Ⅰ』375頁以下所収、409頁〕参照〕、同1971年12月21日判決（BGH MDR 1972, 386 [386]）、同1981年3月4日判決（BGH NJW 1983, 462 [462]）、同1985年11月27日判決（BGH NStZ 1986, 266 [267]）、同1988年11月4日判決（BGHSt 36, 1 [6]）、同1989年10月12日判決（BGHSt 36, 262 [265]）、前出1996年11月5日決定（BGH NStZ 1997, 123 [123 f.]）、連邦通常裁判所1997年12月3日判決（BGHSt 43, 346 [354 f.]）〔山中・前出注（114）『医事刑法概論Ⅰ』123頁参照〕等。
166　*Weber*, a. a. O. (Anm. 22), § 6 Rn. 24. さらに、*Hilgendorf*, a. a. O. (Anm. 22), § 6 Rn. 24 も同旨。圏点は原文で太字である。
167　LK[10]/*Hirsch*, a. a. O. (Anm. 33), § 223 Rn. 11; *Maurach/Schroeder/Maiwald*, a. a. O. (Anm. 30), § 9 Ⅰ Rn. 5.
168　LK[10]/*Hirsch*, a. a. O. (Anm. 33), § 223 Rn. 12.
169　前出1981年3月4日判決（BGH NJW 1983, 462 [462]）参照。
170　前出1988年11月4日判決（BGHSt 36, 1 [6 f.]）、前出1989年10月12日判決（BGHSt 36, 262 [265]）参照。
171　前出1997年12月3日判決（BGHSt 43, 346 [354 f.]）参照。

第3項　身体的虐待と健康損害の関係

　身体的虐待と健康損害は、それぞれ独立に評価・判断されているわけではない。通説は、身体的虐待と健康損害という行為類型が互いに緊密に関係していること[172]、また、これらの行為類型が多くの部分で重なり合うことを認めている。具体的には、身体的虐待は当該事象を「行為」の側面から、健康損害はそれを発生した「結果」の側面から観察した類型である、といわれている[173]。

　これに対して、パウル・ボッケルマン（Paul Bockelmann）は、身体的虐待と健康損害を同義の概念と解し、傷害構成要件の充足にとって重要なのは健康損害である、とする。もっとも、このような理解によるならば、傷害構成要件の核心は健康損害にあり、健康損害なき身体的虐待は成立しえない、という結論に至るだろう[174]。

第5款　小　括：議論の到達点と獲得された課題

　以上、ドイツ刑法223条の傷害罪規定をめぐる議論の歴史的発展過程を明らかにしてきた。

　まず、刑法223条の傷害罪における身体・健康概念をめぐる議論を系譜的に分析し、本書を貫く基本的な分析視角と、問題解決のために必要な具体的

172　Horst Schröder, Eigenmächtige Heilbehandlung im geltenden Strafrecht und im StGB-Entwurf 1960, NJW 1961, S. 951 ff., 951 f. 参照。

173　Hans Joachim Hirsch, Hauptprobleme einer Reform der Delikte gegen die körperliche Unversehrtheit, ZStW 83 (1971), S. 140 ff., 142; LK[10]/ders., a. a. O.（Anm. 33), § 223 Rn. 4; LK[11]/Lilie, a. a. O.（Anm. 29), § 223 Rn. 4; Sch/Sch[29]-Eser/Sternberg-Lieben, a. a. O.（Anm. 118), § 223 Rn. 3, 5. さらに、武藤・前出注（8）246頁、佐藤・前出注（107）325頁参照。また、ドイツ民法学説にも、民法823条1項の解釈をめぐってパラレルな議論が存在する。Karl Larenz/Claus-Wilhelm Canaris, Lehrbuch des Schuldrechts, 2. Bd. Besonderer Teil, 2. Halbband, 13. Aufl., München 1994, S. 378〔該当部分の邦訳として、カール・ラーレンツ＝クラウス・ヴィルヘルム・カナーリス（ドイツ不法行為法研究会訳）「契約に基づかない損害賠償責任（6）」比較法学41巻3号（2008年）235頁以下、236-237頁〔谷本陽一訳〕〕参照。

174　Bockelmann, a. a. O.（Anm. 30), S. 53. この結論に反対するのは、Detlef Krauss, Zur strafrechtlichen Problematik der eigenmächtigen Heilbehandlung, in: Festschrift für Paul Bockelmann, München 1979, S. 557 ff., 560 である。

課題を獲得した（第2款、第3款）。これにより明らかとなった課題は、①傷害罪における「身体」概念の意味内容をめぐる点、および、②身体に対する自己決定権の位置づけをめぐる点、に集約できる（詳細につき、同第6項（本書246-247頁）参照）。このうち①は、「傷害罪によって保護されるべき『身体』の意味内容は何か」という意味での積極的な輪郭づけが求められること、②は、身体に対する自己決定権の理論的位置づけを明らかにすること、と関係する。これらの2つの課題に取り組むためには、傷害罪の法益の本質に立ち返った解釈論的検討が求められる。そこで次節では、傷害罪の法益をめぐる学説の2大潮流の主張内容を批判的に分析し、「治療行為論」体系の骨格を規定するための基本的視点を獲得することを目指す。

つぎに、刑法223条における身体的虐待と健康損害の具体的な解釈問題に立ち入り、傷害罪における保護法益の本質を論じるための素地を整えた（第4款）。具体的には、身体的虐待と健康損害はどのように解釈されてきたか、両者はどのような関係に立つかを明らかにした。これらの点をめぐって、現在の判例・通説は、身体に対する事実的・客観的な侵害の存否をまず認定し、ついで当該行為が主観的にみて苦痛や不快感を惹起したか否かに基づいて、傷害罪の成否を判断しているとみられる（詳細につき、同第1項3(3)（本書256-257頁）参照）。

第3節　傷害罪の法益論をめぐる2つの潮流

第1款　本節の目的

身体侵害モデルによれば、切開・切断・刺突といった個別の侵襲行為は傷害罪の構成要件に該当し、その違法性を阻却するためには、原則として、患者本人の承諾が必要となる。したがって、医師が患者の承諾を得ずに手術を行った場合は、たとえそれによって患者の疾病・創傷等が治癒・回復したとしても傷害罪が成立しうる。すなわち、身体侵害モデルによれば、治療行為に対する患者の承諾は、「身体」の傷害に対する承諾にほかならない。

これに対して、自由侵害モデルによれば、医学的適応性を備え、医学準則に則って行われた治療行為は、違法阻却を論じるまでもなく、もとより傷害罪の構成要件を充足しえない。この意味において、自由侵害モデルによれば、専断的治療行為は、患者の意思「自由」そのものを侵害する違法行為、より具体的には、患者の身体利益と別次元に属する「患者の自己決定権」それ自体の侵害を意味する。したがって、このような自由侵害モデルの考え方からすると、専断的治療行為は、強要罪や自由剥奪罪といった自由に対する罪を構成しうるにすぎない。もっとも、現在の通説的見解によれば、強要罪や自由剥奪罪の構成要件に該当しうるのは、麻酔等を使用して患者の明示的意思に反して治療を行う行為や、重病であると脅して患者の意思に反する治療を黙認させる行為のような、ごく一部の類型に限られるだろう[175]。

　このように、患者の自己決定権の刑法的評価をめぐっては、現在もなお見解の一致をみていない。第1章第1節第1款第2項3（本書41頁以下）で確認したように、問題の核心は、治療行為との関係で傷害罪の保護法益をいかにとらえるか、にある[176]。この問題をめぐり、ドイツ法には、同じく傷害罪の保護法益からアプローチしつつも、明らかに思考方法の異なる2つの潮流が存在する。

　そこで以下では、傷害罪の法益論をめぐる2つの潮流、具体的には、傷害罪の法益論において、「身体」法益概念の内容的限定を目指す伝統的潮流と、それとは逆に、当該概念の豊穣化を試みる新たな潮流の理論枠組みを批判的

175　罪刑法定主義違反の可能性を示唆するのは、*Eberhard Schmidt*, Der Arzt im Strafrecht, in: Albert Ponsold (Hrsg.), Lehrbuch der Gerichtlichen Medizin, 2. Aufl., Stuttgart 1957, S. 1 ff., 36 Anm. 2; *Paul Bockelmann*, Rechtliche Grundlagen und rechtliche Grenzen der ärztlichen Aufklärungspflicht, NJW 1961, S. 945 ff., 946; *ders*., Der ärztliche Heileingriff in Beiträgen zur Zeitschrift für die gesamte Strafrechtswissenschaft im ersten Jahrhundert ihres Bestehens, ZStW 93 (1981), S. 105 ff., 114 である。金澤文雄「医療と刑法――専断的治療行為をめぐって――」中山研一ほか編『現代刑法講座　第2巻　違法と責任』（1979年・成文堂）125頁以下、143頁以下、上田健二「診療行為の意義」中山＝泉եの意味・前出注（14）23頁以下、大谷・前出注（2）79頁以下も参照。ただ、この議論には、なお検討の余地があるように思われる。詳細な検討は他日を期したい。辰井聡子「「自由に対する罪」の保護法益――人格に対する罪としての再構成」町野朔先生古稀記念『刑事法・医事法の新たな展開　上巻』（2014年・信山社）411頁以下、413頁、同「刑法における人の「尊厳」――価値を論じるために」法学セミナー748号（2017年）24頁以下、佐伯仁志「刑法における自由の保護」法曹時報67巻9号（2015年）1頁以下、3頁以下等参照。
176　甲斐克則「医療行為と「被害者」の承諾」現代刑事法6巻3号（2004年）26頁以下、28頁。

に分析する。このうちの前者の潮流は、傷害罪における「身体」の内容を生物学的・身体的不可侵に限定しようとする立場であり、後者の潮流は、「傷害罪の法益は、生物学的・医学的な意味での『身体』にとどまらず、さらにそれに対応する処分権ないし自己決定権をも含む」とする立場である。

ところで、以上の議論においては、処分権ないし自己決定権ということばの意味内容が問われるところ、その内容は、論者によってニュアンスを大きく異にしており、まったく帰一しないといっても過言ではない[177]。したがって、本書では、処分権と自己決定権に一義的な定義を与えることは差し控えるが、本節における分析の透明性を確保するために、さしあたり、「(身体)処分権」を、法益処分に関わる決定権の総称とし、そのうえで「自己決定権」を、特定の対象（本章の文脈では、主に「身体」）に対する法益主体の自由な決定権がより具体的に化体したもの、と理解しておきたい。

以上の目的意識のもとで、本節では、ドイツ傷害罪の保護法益をめぐる学説上の2大潮流、すなわち、傷害罪の法益論をめぐる伝統的潮流（第2款）と新たな潮流（第3款）を分析し、これによって日本法との接合可能性を探る。具体的には、各潮流を規定する基本的思考方法をまず確認したうえで、各思考方法から派生する代表的なアプローチを取り上げ、批判的に検討を加える。このような手順を踏みながら分析を進めることで、わが国の刑法学がドイツ法から学ぶべき点と、逆に峻拒すべき点を浮き彫りにする。なお、その際に、ドイツ刑法における議論の経緯や、各議論の理論構造と差異をより立体的に把握するために、ドイツ民法と憲法の議論をも補助的に参照する（第4款）。これら一連の分析に取り組んでこそ、ドイツ法の理論的到達点と課題を正確に跡づけ、傷害罪の保護範囲をより明確に規定することができるだろう（第5款）。本節は、ドイツ法の解釈論的到達点を特定し、「治療行為論」体系を構築するための基本的視点を獲得することを目的とする。

---

177 自己決定権の定義をめぐる議論は、いうまでもなく多彩であるが、この議論に概観を与えるのは、*Alfred A. Göbel*, Die Einwilligung im Strafrecht als Ausprägung des Selbstbestimmungsrechts, Frankfurt am Main 1992, S. 21 ff. である。さらに、「自己決定」概念と「自己決定権」概念の違いを端的に整理する近時の文献として、*Christina Dörr*, Dogmatische Aspekte der Rechtfertigung bei Binnenkollision von Rechtsgütern, Berlin 2016, S. 33 ff., insb. 39 f. も参照。

第2款　傷害罪の法益論をめぐる伝統的潮流：
「身体」法益概念の内容的限定の試み

第1項　基本的枠組み

　傷害罪の法益論をめぐる伝統的潮流は、最大公約数的にいえば、「傷害罪の保護法益は、生物学的・身体的不可侵のみであり、法益処分権ないし自己決定権を保護するわけではない」とする理解である。この理解を基礎づける論拠として、たとえば、タンヤ・ハルトマン（*Tanja Hartmann*）は、ドイツ刑法223条の傷害罪が「身体」（および「健康」）という構成要件要素のみを挙げている点を根拠に、同条から身体に対する自己決定権や自律的な処分権をただちに読み取ることはできない、とする[178]。また、エベルハルト・シュミット（*Eberhard Schmidt*）は、223条に自己決定権を含ませる解釈が、立法者意思からの完全な乖離をもたらすとし[179]、ヴェルナー・ニーゼ（*Werner Niese*）も、こうした解釈が223条の法益を「希釈すること」以外の何物でもない、とする[180]。さらに、ヒルシュは、身体に対する自己決定権や処分権を223条に取り込むと、もはや身体それ自体ではなく、身体を保持する意思それ自体が法益となってしまう、とする[181]。すなわち、このように法益を

178　Hartmann, a. a. O. (Anm. 110), S. 65〔T・ハルトマンの法益論につき、小林（公）・前出注（8）366頁以下、375頁も参照〕; *Walter Gropp*, Die Einwilligung in den ärztlichen Heileingriff-ein Rechtfertigungsgrund: Überlegungen zum Gehalt der straftatbestandsmäßigen Handlung, GA 2015, S. 5 ff., 15 f.

179　*Eberhard Schmidt*, Anmerkung zum Urteil des BGH v. 28. 11. 1957-4 StR 525/57, JR 1958, S. 226 f., 227. さらに、*Henning Rosenau*, Begrenzung der Strafbarkeit bei medizinischen Behandlungsfehlern?, in: Henning Rosenau/Hakan Hakeri (Hrsg.), Der medizinische Bahandlungsfehler, Baden-Baden 2008, S. 215 ff., 219 f.〔関連する邦訳として、ヘニング・ローゼナウ（山本紘之訳）「医療過誤における可罰性の限定？」比較法雑誌42巻3号（2008年）75頁以下、83頁〕も参照。

180　*Werner Niese*, Ein Beitrag zur Lehre vom ärztlichen Heileingriff, in: Festschrift für Eberhard Schmidt, Göttingen 1961, S. 364 ff., 366.

181　*Hans Joachim Hirsch*, Einwilligung und Selbstbestimmung, in: Festschrift für Hans Welzel, Berlin/New York 1974, S. 775 ff., 785〔邦訳として、ハンス・ヨアヒム・ヒルシュ（石原明訳）「同意と自己決定」神戸学院法学14巻3号（1983年）207頁以下、218頁〕; ders., in: Strafgesetzbuch Leipziger Kommentar, 2. Bd., 10. Aufl., Berlin/New York 1985, Vor § 32 Rn. 98; ders., a. a. O. (Anm. 107), S. 357 f. ヒルシュの法益理解につき、佐藤・前出注（10）106頁も参照。

理解することで自由剥奪罪と傷害罪の違いは失われ[182]、その結果、「身体」法益概念の主観化[183]に至る、という[184]。そこで、伝統的潮流の論者は、このような帰結に至るのを回避するために、「傷害罪の法益は生物学的・身体的不可侵のみである」というテーゼを堅持したうえで、身体法益を静的な (statisch) 概念ととらえ、人格の自由や自己決定権を同罪の内容として読み込むのを拒否するのである[185]。

かかる法益理解から導かれるのが、――トーマス・レナウ (Thomas Rönnau) のことばを借りれば――衡量モデル (Abwägungsmodell) ないし衝突モデル (Kollisionsmodell) である[186]。これによると、各犯罪構成要件で保護された価値（本章の文脈では「身体」利益）との関係で、法益主体の意思、さらには、その処分権ないし自己決定権は、違法阻却の段階ではじめて登場する[187]。したがって、法益主体の承諾は、社会的価値としての性質を帯びた

---

182 *Christian Katzenmeier*, Ein Sonderstraftatbestand der eigenmächtigen Heilbehandlung, ZRP 1997, S. 156 ff., 158; LK[11]/*Lilie*, a. a. O. (Anm. 29). Vor § 223 Rn. 1; *Theodor Lenckner*, in: Schönke/Schröder Strafgesetzbuch Kommentar, 27. Aufl., München 2006, Vor §§ 32 ff. Rn. 33 a.
183 *Hans-Heinrich Jescheck/Thomas Weigend*, Lehrbuch des Strafrechts, Allgemeiner Teil, 5. Aufl., Berlin 1996, S. 375〔邦訳として、イェシェック゠ヴァイゲント（西原春夫監訳）『ドイツ刑法総論 第5版』(1999年・成文堂) 288頁〕. さらに、*Albin Eser*, Medizin und Strafrecht: Eine schutzgutorientierte Problemübersicht, ZStW 97 (1985), S. 1 ff., 18〔邦訳として、アルビン・エーザー（上田健二訳）「医学と刑法――保護利益に向けられた問題の概観――」エーザー（上田＝浅田編訳）・前出注（107）1頁以下、18-19頁〕; *Hartmann*, a. a. O. (Anm. 110), S. 67 f. も参照。
184 以上につき、*Paul Bockelmann*, Operativer Eingriff und Einwilligung des Verletzten, JZ 1962, S. 525 ff., 527; *ders.*, Strafrecht des Arztes, Stuttgart 1968, S. 71〔紹介として、金沢文雄「パウル・ボッケルマン著『医師の刑法』」判例タイムズ248号（1970年）63頁以下〕; *Gerald Grünwald*, Heilbehandlung und ärztliche Aufklärungspflicht, in: Hans Göpinger (Hrsg.), Arzt und Recht, München 1966, S. 125 ff., 138; *Walter Wilts*, Die ärztliche Heilbehandlung in der Strafrechtsreform (I), MDR 1970, S. 971 ff., 972; *Gössel/Dölling*, a. a. O. (Anm. 31), § 12 Rn. 73 も参照。ドイツ民法823条1項とパラレルな議論を展開するのは、*Adolf Laufs*, Zur deliktsrechtlichen Problematik ärztlicher Eigenmacht, NJW 1969, S. 529 ff., 532 である。ドイツ民法、とくに不法行為法の状況につき、本節第4款第1項1（本書301-302頁）参照。
185 *Thomas Rönnau*, in: Strafgesetzbuch Leipziger Kommentar, 2. Bd., 12. Aufl., Berlin 2006, Vor § 32 Rn. 150 参照。
186 衡量モデル（ないし衝突モデル）、そして後述する「統合モデル」と「基盤モデル」という3つの法益論モデルを提唱したのが、*Thomas Rönnau*, Willensmängel bei der Einwilligung im Strafrecht, Tübingen 2001, S. 32 ff., 49 ff., 85 ff.; LK[12]/*ders.*, a. a. O. (Anm. 185), Vor § 32 Rn. 149 ff. である。レナウの議論を踏まえた近時の研究として、*Bijan Fateh-Moghadam*, Die Einwilligung in die Lebendorganspende, München 2008, S. 90 ff.; *Christine Wagner*, Die Schönheitsoperation im Strafrecht, Berlin 2015, S. 104 ff. も参照。レナウの議論そのものは、本節第3款第3項1（本書289頁以下）で取り上げる。

利益と、法益主体の処分権に対する利益との「財の衡量（Güterabwägung）」によって正当化されうる[188]。このように、衡量モデルは、自由な承諾の可能性を認める一方で、そこには内在的制約もある、と理解するのである[189]。

第2項　伝統的潮流における各アプローチ

　もっとも、伝統的潮流の法益理解は決して一様ではない。そこで以下では、ナーグラー＝シェーファーらが打ち出した純客観的アプローチ（後出・1）、ベーリングとエンギッシュが支持する身体利益説からのアプローチ（後出・2）、現在の支配的見解とされる身体の不可侵アプローチ（後出・3）、そして、伝統的潮流の筆頭格とされるアメルンクのアプローチ（後出・4）を取り上げ、各アプローチの基本的思考枠組みを確認したうえで批判的検討を加える。

　もっとも、本項は、この領域独自のやや細かな刑法解釈論を扱うパートとなっている。そのため、後出・1から4の各記述は、読者のニーズに応じて適宜読み飛ばしてもらい、第3項（本書274頁以下）の小括を確認してから、すぐに次款に移っていただいて差し支えない。

1　純客観的アプローチ：ナーグラー＝シェーファーとザウアーの議論

　第二次世界大戦後ほどなくして登場したのが、ヨハネス・ナーグラー（*Johannes Nagler*）＝アウグスト・シェーファー（*August Schaefer*）[190]とヴィルヘルム・ザウアー（*Wilhelm Sauer*）[191]の純客観的アプローチである。このアプローチは、傷害罪の法益を人の（客観的）肉体性と解したうえで、身体の法

187　Rönnau, a. a. O.（Anm. 186）, S. 32; LK[12]/*ders.*, a. a. O.（Anm. 185）, Vor § 32 Rn. 150 参照。
188　LK[12]/*Rönnau*, a. a. O.（Anm. 185）, Vor § 32 Rn. 151; *Fateh-Moghadam*, a. a. O.（Anm. 186）, S. 97 参照。衡量モデルの嚆矢をなした *Peter Noll*, Übergesetzliche Rechtfertigungsgründe im besonderen die Einwilligung des Verletzten, Basel 1955, S. 59 ff. も参照。その詳細につき、終章第2節第1款第2項1（本書383頁以下）参照。
189　LK[12]/*Rönnau*, a. a. O.（Anm. 185）, Vor § 32 Rn. 152; *Fateh-Moghadam*, a. a. O.（Anm. 186）, S. 101 参照。
190　LK[6/7]/*Nagler/Schaefer*, a. a. O.（Anm. 156）, Vor § 223 Anm. II. 1（S. 221 ff., 222 f.）. さらに、*August Schaefer*, in: Strafgesetzbuch Leipziger Kommentar, Bd. 2, 8. Aufl., Berlin 1958, Vor § 223 Anm. II. 1（S.243 ff., 244）も同旨。
191　*Wilhelm Sauer*, System des Strafrechts, Besonderer Teil, Köln/Berlin 1954, S. 272 ff., 278 f.

的・社会的機能性に価値を見いだし、身体の有用性を認めようと試みる。しかし、実のところ純客観的アプローチに内在しているのは、傷害罪の保護領域を共同体の価値やイデオロギーに書き換え、純化しようとする意図にほかならない。それゆえ、ナーグラー＝シェーファーとザウアーのアプローチは、今日では全面的に否定されている[192]。

2　身体利益説からのアプローチ：ベーリングとエンギッシュの議論

これに対して、ベーリングとカール・エンギッシュ（Karl Engisch）が支持する身体利益説（Körperinteressentheorie）からのアプローチは、個人的「利益」の保護を重視しようとする試み[193]である。

（1）身体「利益」概念の再構成：ベーリングの議論

まず、身体利益説の始祖ベーリングによれば、身体傷害（Körperverletzung）とは、単に何らかの身体組織を切除する行為ではなく、「身体利益の侵害（Körper*interesse*verletzung）」の略語にほかならない[194]。傷害罪の構成要件は、身体に対する全体利益の侵害行為によって充足される。そのため、患者の身体の健全性、健全感または外観にとって有益な治療行為は、全体としてみれば、身体的虐待にも健康損害にもあたらない、というのである[195]。

ベーリングのアプローチは、身体組織の客観的状態を基軸として、「身体利益」概念を再構成する点に特徴がある。もっとも、このアプローチは、主観的健全感や外観といった患者の主観に帰属する要素をも身体利益の一部ととらえており、身体利益の客観化を必ずしも徹底したわけではなかった[196]。

（2）身体「利益」概念のさらなる客観化：エンギッシュの議論

ベーリングの身体利益説を受けて、その問題意識を受け継いだのがエンギッシュである。ベーリングと同じく、エンギッシュも、「身体傷害」の概念を、「身体利益の侵害」、より具体的には、健全状態、主観的健全感または健

192　*Schroeder*, a. a. O.（Anm. 28）, S. 735 f.; *Kargl*, a. a. O.（Anm. 119）, S. 552; *C. Wagner*, a. a. O.（Anm. 186）, S. 105 f. 参照。
193　こうした試みを高く評価するのは、*Schroeder*, a. a. O.（Anm. 28）, S. 735 である。
194　*Beling*, a. a. O.（Anm. 21）, ZStW 44（1924）, S. 225.
195　*Beling*, a. a. O.（Anm. 21）, ZStW 44（1924）, S. 226.
196　*Beling*, a. a. O.（Anm. 21）, ZStW 44（1924）, S. 222. ベーリングの身体利益説につき、第2章第2節第4款第2項（本書92頁以下）参照。

全な外観に対する利益の侵害として理解する[197]。しかし、エンギッシュは、ベーリングと異なり、身体利益の本質が「個人と社会一般の利益（Allgemeininteresse）」[198]にある、とする。これによれば、身体利益は、社会的構想（soziale Konzeption）のもとで理解されるべきであり、まさにこの構想の核心にあるのが、客観化された社会一般の利益である[199]。その結果、エンギッシュの理解によると、個人的利益に対する意思決定の自由は、傷害構成要件から排除され、客観的利益衡量のなかで身体利益を具体化する際の一衡量要素にとどまることとなる[200]。

エンギッシュのアプローチは、ベーリングの「身体利益」概念をさらに徹底して客観化する点に特徴がある。おそらくこのアプローチは、人の身体が単なる個人的法益それ自体というだけにとどまらず、さらに、国家的・社会的法益が重畳する点を意識しているように見受けられる。そして現に、エンギッシュは、以上の趣旨を敷衍してつぎのように叙述する。すなわち、「大家族の能力のある扶養者が問題となるときは、生きるのが楽しくない、役立たずの（unbrauchbar）、独身の知的障害者（Geistesschwäche）が問題となるときよりも、人の生命の維持に対する利益がより大きなものとなるのである」、と[201]。

もっとも、エンギッシュのこの叙述が現代の法思想と調和しえないことはいうまでもない。この叙述からは、「生命」法益を相対化する傾向がはっきりとみてとれるだけに問題がある[202]。この意味で、エンギッシュのアプローチをただちに採用するわけにはいかない。

---

197 Karl Engisch, Ärztlicher Eingriff zu Heilzwecken und Einwilligung, ZStW 58 (1939), S. 1 ff., 5.
198 Engisch, a. a. O. (Anm. 197), S. 8.
199 Engisch, a. a. O. (Anm. 197), S. 8, 14, 17 参照。
200 Engisch, a. a. O. (Anm. 197), S. 15, 29 参照。さらに、LK[11]/Lilie, a. a. O. (Anm. 29), Vor § 223 Rn. 1 も参照。
201 Engisch, a. a. O. (Anm. 197), S. 8.
202 エンギッシュの利益理解に対する批判として、第2章第2節第5款第1項3（本書99-100頁）参照。

3　身体の不可侵アプローチ：現在の支配的見解
（1）最大公約数の抽出

　ドイツで現在支配的なのは、刑法223条以下の傷害罪の法益を（もっぱら）身体の不可侵と解するアプローチである[203]。このような、身体の不可侵アプローチは、傷害罪の法益を、生理学的意味における「身体」[204]、「身体の統合性」[205]、あるいは「人の肉体的・精神的健全」[206]と説明する。これらの説明は、細かな点で違いはあるものの、傷害罪の法益から自己決定権を排除しようとする点で軌を一にする。

　このアプローチによれば、自己決定権は傷害罪の法益たりえない。なぜなら、もしそのように理解すると、身体に対する罪と自由に対する罪との境界が不明確となり、その結果、基本法103条2項[207]の明確性原則に抵触するお

203　*Wolters*, a. a. O.（Anm. 105）, S. 582 f.; *Christoph Knauer*, Ärztlicher Heileingriff, Einwilligung und Aufklärung-Überzogene Anforderungen an den Arzt?, in: Claus Roxin/Ulrich Schroth（Hrsg.）, Medizinstrafrecht, 2. Aufl., Stuttgart 2001, S. 11 ff., 15; *Cristian Katzenmeier*, Arzthaftung, Tübingen 2002, S. 117; *Kristian Kühl/Martin Heger*, Strafgesetzbuch Kommentar, 28. Aufl., München 2014, § 223 Rn. 1 等。

204　*Maurach/Schroeder/Maiwald*, a. a. O.（Anm. 30）, § 8 I Rn. 3, 5. さらに、*Kargl*, a. a. O.（Anm. 119）, S. 547 も参照。なお、LK[11]/*Lilie*, a. a. O.（Anm. 29）, Vor § 223 Rn. 1 によれば、傷害罪の法益をこのように理解することで、レントゲン照射のような些細な「身体」傷害が、身体の不可侵や身体的統合性の概念に含まれないとの結論が回避される、という。*Schroeder*, a. a. O.（Anm. 28）, S. 734, 736; *Wolfgang Joecks*, in: Münchener Kommentar zum Strafgesetzbuch, Bd. 4, 2. Aufl., München 2012, Vor §§ 223 ff. Rn. 4 も同旨か。ただし、*ders.*, ebenda, § 223 Rn. 1 は、上記の理解を前提としながら、「人の身体的健全」を223条の法益に据えることで、支配的見解にも目を配る。

205　*Schroeder*, a. a. O.（Anm. 28）, S. 728. さらに、LK[11]/*Lilie*, a. a. O.（Anm. 29）, Vor § 223 Rn. 1 も参照。これに対して、第6次刑法改正法理由書（BT-Drs. 13/8587, S. 134）は、「身体的統合性（Körperintegrität）」概念を「身体の統合性（körperliche Integrität）」と区別して用いている。同書によれば、「身体的統合性」概念は、「身体の統合性」と同義ではなく、それよりも広い概念であり、自己決定権をも含む。

206　*Klaus Ulsenheimer*, in: Adolf Laufs/Wilhelm Uhlenbruck（Hrsg.）, Handbuch des Arztrechts, 4. Aufl., München 2010, § 139 Rn. 1. さらに、*Bockelmann*, a. a. O.（Anm. 184）, Strafrechts des Arztes, S. 66, 71; *Haft*, a. a. O.（Anm. 31）, S. 143 も参照。身体の統合性と健康の保護を含む「身体的健全」が223条の法益であるとするのは、Sch/Sch[29]-*Eser/Sternberg-Lieben*, a. a. O.（Anm. 118）, § 223 Rn. 1; *Hans-Ullrich Paeffgen/Martin Böse*, in: Urs Kindhäuser/Ulfrid Neumann/Hans-Ullrich Paeffgen（Hrsg.）, Nomos Kommentar Strafgesetzbuch, Bd. 2, 5. Aufl., Baden-Baden 2017, § 223 Rn. 2 である。このうち前者は、223条が包括的な保護構成要件（Schutztatbestand）であるから、傷害構成要件によって自己決定権がともに保護されている、とする。さらに、LK[11]/*Lilie*, a. a. O.（Anm. 29）, Vor § 223 Rn. 1; *C. Wagner*, a. a. O.（Anm. 186）, S. 107 Anm. 513 も参照。

207　基本法103条2項の条文は、本書146-147頁注（285）を参照。

それがあるからである[208]。このように、身体の不可侵アプローチの目的意識は、事実上の「構成要件の交換」[209]を警戒する点にある。

ここで身体の不可侵アプローチの根拠が問われるところ、それは、第6次刑法改正法の立法者意思にある、とされている。つまり、第6次刑法改正法によって第17章の章題が「傷害」から「身体の不可侵に対する罪」に変更されたことは、身体の不可侵という法益を強調する旨を表している、というのである[210]。しかし、身体の不可侵を強調することが、なぜ、傷害罪から自己決定権を排除する根拠となるのかは、なお明らかでない。

（2）批判的検討

身体の不可侵アプローチは、「身体」法益から、法益主体の主観的価値を排除し、「身体の不可侵」をあくまでも客観的な価値として保護しようとする点に特徴がある。しかし、そうした保護のあり方が理論的に可能かどうか[211]は措くとしても、このアプローチは、行為客体と法益を混同している以上、妥当でない[212]。なぜなら、法益は、行為客体と区別されなければならないからである[213]。行為客体が生物学的組織という意味での「身体」という現実的対象をなすのに対し、法益は、現実的対象性まで備えている必要はなく、その侵害がわれわれの現実社会にとって不都合をもたらすという意味での現実性（Wirklichkeit）を有していればよい[214]。したがって、傷害罪に

---

208 *Bockelmann*, a. a. O. (Anm. 184), JZ 1962, S. 528; LK[11]/*Lilie*, a. a. O. (Anm. 29), Vor § 223 Rn. 1 参照。
209 *Knauer*, a. a. O. (Anm. 203), S. 15; *Katzenmeier*, a. a. O. (Anm. 203), S. 116 f. 参照。
210 理由書（BT-Drs. 13/8587, S. 35）は、「変更された章題は、身体の不可侵という保護法益を強調している。その文言形式は、第16章および第18章（生命および人身の自由に対する罪）と合致する」という。第6次刑法改正法につき、前節第3款第5項2(2)（本書244頁以下）も参照。
211 LK[12]/*Rönnau*, a. a. O. (Anm. 185), Vor § 32 Rn. 152 による疑問である。
212 *Claus Roxin*, Strafrecht Allgemeiner Teil, Bd. I, 4. Aufl., München 2006, § 13 Rn. 13〔第3版の邦訳として、ロクシン（平野監修・町野＝吉田訳）・前出注（39）591頁〕参照。
213 *Roxin*, a. a. O. (Anm. 212), § 2 Rn. 65〔ロクシン（平野監修・町野＝吉田訳）・前出注（39）30頁〕; *Winfried Hassemer/Ulfrid Neumann*, in: Urs Kindhäuser/Ulfrid Neumann/Hans-Ullrich Paeffgen (Hrsg.), Nomos Kommentar Strafgesetzbuch, Bd. 1, 5. Aufl., Baden-Baden 2017, Vor § 1 Rn. 120 f. 等。
214 *Roland Hefendehl*, Das Rechtsgut als materialer Angelpunkt einer Strafnorm, in: Roland Hefendehl/Andrew von Hirsch/Wolfgang Wohlers (Hrsg.), Die Rechtsgutstheorie, Baden-Baden 2003, S. 119 ff., 119 f.; *Roxin*, a. a. O. (Anm. 212), § 2 Rn. 66; NK[4]-*Hassemer/Neumann*, a. a. O. (Anm. 213), Vor § 1 Rn. 120 参照。*Roland Hefendehl*, Die Tagung aus der Perspektive eines Rechtsgutsbefürworters, in: Hefendehl/von Hirsch/Wohlers (Hrsg.), ebenda, S. 286 ff.,

いう身体法益も、かかる意味での現実性さえ備えていればよいと解される[215]。

4　アメルンクのアプローチ：承諾論による自己決定権の保護

伝統的潮流の筆頭格として挙げられるのが、クヌート・アメルンク（Knut Amelung）のアプローチである。浩瀚な法益論研究[216]によって自身のキャリ

---

287 は、観念的な「思想形象（Gedankengebilde）」ではなく、実質的、有体的（körperlich）および精神的・心的な意味での「実在性（Realität）」を要求する。

215 C. Wagner, a. a. O. (Anm. 186), S. 108.

216 Knut Amelung, Rechtsgüterschutz und Schutz der Gesellschaft, Frankfurt am Main 1972〔紹介として、甲斐克則「クヌート・アメルンク著『法益保護と社会の保護』（一）～（三・完）」九大法学45号（1983年）199頁以下、46号（1983年）33頁以下、47号（1984年）251頁以下〕がこれである。アメルンクの法益論につき、クヌト・アメルンク（日高義博訳）「ドイツ刑法学における法益保護理論の現状」ジュリスト770号（1982年）88頁以下〔日高義博『違法性の基礎理論』（2005年・イウス出版）199頁以下所収〕、日高義博「クヌート・アメルンク『ロクシンの刑事政策的刑法体系に対する批判』」専修法学論集38号（1983年）177頁以下〔ベルント・シューネマン原著編（中山研一＝浅田和茂監訳）『現代刑法体系の基本問題』（1990年・成文堂）93頁以下所収〕、Knut Amelung, Rechtsgutverletzung und Sozialschädlichkeit, in: Heike Jung/Heinz Müller-Dietz/Ulfrid Neumann (Hrsg.), Recht und Moral, Baden-Baden 1991, S. 269 ff.〔邦訳として、クヌト・アメルンク（日高義博訳）「法益侵害と社会侵害性」専修法学論集57号（1992年）239頁以下〔日高・前出『違法性の基礎理論』226頁以下所収〕のほか、伊東研祐『法益概念史研究』（1984年・成文堂）404頁以下、甲斐克則＝川口浩一『法益論と社会的有害性（社会侵害性）論をめぐるK・アメルンク教授との対話」犯罪と刑罰2号（1986年）97頁以下、中村悠人「法益論と社会侵害性について」生田勝義先生古稀祝賀『自由と安全の刑事法学』（2014年・法律文化社）27頁以下、34頁以下等を参照。同意の基礎理論につき、Knut Amelung, Die Einwilligung in die Beeinträchtigung eines Grundrechtsgutes, Berlin 1981〔紹介として、山名京子＝川口浩一「クヌート・アーメルンク『基本権に関連する法益侵害への同意——基本法解釈論と刑法解釈論の限界領域における研究——』（一）（二）（紹介）」関西大学大学院法学ジャーナル38号（1984年）105頁以下、41号（1985年）40頁以下〕；ders., Über die Einwilligungsfähigkeit (Teil I), ZStW 104 (1992), S. 525 ff.〔関連する邦訳として、クヌート・アメルンク（甲斐克則訳）「承諾能力について」広島法学18巻4号（1995年）209頁以下〕；ders., Über die Einwilligungsfähigkeit, Kansai University Review of Law and Politics 16 (1995), S. 61 ff.〔邦訳として、クヌート・アメルング（山中敬一訳）「同意能力について」関西大学法学論集45巻4号（1995年）163頁以下〕；ders., Willensmängel bei der Einwilligung als Tatzurechnungsproblem, ZStW 109 (1997), S. 490 ff.〔紹介として、須之内克彦「アメルンク, K.：行為帰責問題としての同意の際の意思の欠缺」愛媛大学法文学部論集6号（1999年）115頁以下。要約として、長谷川裕寿「『合意』と『承諾』との区別の意義（三・完）」明治大学大学院法学研究論集9号（1998年）37頁以下、42頁以下〕；ders., Irrtum und Täuschung als Grundlage von Willensmängeln bei der Einwilligung des Verletzten, Berlin 1998 参照。比較的近時の研究成果として、ders./Jörn Lorenz, Mensch und Person als Schutzobjekte strafrechtlicher Normen, insbesondere bei der Körperverletzung, in: Festschrift für Harro Otto, Köln/Berlin/München 2007, S. 527 ff. 参照。意思欠缺の理論につき、須之内克彦「被害者の瑕疵ある意思に基づく行為の取扱いについて——アメルンク説の検討を中心に——」大野眞義先生古稀祝賀『刑事法学の潮流と展望』（2000年・世界思想社）139頁以下〔同『刑法における被害者の同意』（2004年・成文堂）106頁以下所収。以下、引用は同書による〕、佐藤・前出注（10）172頁以下参照。

第3節　傷害罪の法益論をめぐる2つの潮流　　271

アを本格的にスタートさせたアメルンクは、次款（本書276頁以下）でみるロクシンとの「学問的対決」[217]をつうじて、傷害罪の法益に関する研究成果を公表してきた。

アメルンクのアプローチは、法益処分の自由を承諾論によって保護することを基本型とする。以下では、先行研究との重複を避けつつ、近年公表された研究成果を中心にアメルンク理論の基本的骨格をまず析出し、そのうえで批判的検討を試みる。

（1）アメルンクの理論構想

アメルンクは、傷害罪の法益をつぎのように規定する。

> 「刑法223条以下の法益は、人の身体であり、その身体が取引的に投入されるか、また、何のために投入されるか、とは無関係である。たしかに、このように法益を規定することは、『自然主義的な（naturalistisch）』印象を与えるが、まさにそうであるがゆえに、人格主義によって法益を規定することよりも倫理学的にすぐれているのである[218]。」

アメルンクによれば、傷害罪の構成要件が保護しているのは、生物学的所与性としての身体、より具体的には、「身体を傷害する際に生じる苦痛の源（Quelle von Leiden）として」の「人の身体」である[219]。これに対して、身体に関する自己決定権は、傷害罪では保護されない。なぜなら、「刑法223条は、身体のみを保護しているのであり、それと同時に、自律的な自己決定のために身体を用いる可能性を保護しているわけではない」[220]からである。

では、身体処分の自由は、刑法上いかにして保護されるか。この問題に対して、アメルンクはつぎのように解答する。すなわち、法益処分の自由は、223条ではなく、むしろ「承諾」という制度それ自体、より正確には、「承諾

217　*Claus Roxin*, Einwilligung, Persönlichkeitsautonomie und tatbestandliches Rechtsgut, in: Festschrift für Knut Amelung, Berlin 2009, S. 269 ff., 286.
218　*Amelung/Lorenz*, a. a. O.（Anm. 216）, S. 531. 圏点は原文でイタリック体である。なお、これは、アメルンクとローレンツの共著による論文であるが、ロクシンは、アメルンク単独の見解としてこの論文を引用している。そのため、本書もこの論文をアメルンク個人の見解として扱うこととする。*Roxin*, a. a. O.〈Anm. 217〉, S. 280 ff. 参照。
219　*Amelung/Lorenz*, a. a. O.（Anm. 216）, S. 531.
220　*Amelung*, a. a. O.（Anm. 216）, Irrtum und Täuschung, S. 28. その際にアメルンクは、さもなければ、意思能力を欠く乳幼児や横断麻痺の者が刑法上保護されなくなってしまう、とする。

は、それが自律的に与えられた場合にのみ有効であるとする承諾論(Ein-willigungsdogmatik)の原理」[221]によって保護されているのである、と。
(2) 事例分析による理論構想の具体化
　以上の構想を具体化するために、アメルンクは、法益侵害の内容とそれによって達成しようとする目的には錯誤がなく、その他の付随的事情に関してのみ錯誤に陥っているという事例[222]、具体的には、以下に掲げるいわゆる「執刀医事例」を検討の対象とする。

> 「患者Ｐは、がんに苦しんでいたため、医師Ａによって手術が行われるよう希望し、その旨がＡにより受諾された。その後Ｐは、医師Ａのかわりに、Ａと同程度の技能を有する医師Ｂがその手術を成功裡に行ったことを知った[223]。」

221　*Amelung*, a. a. O. (Anm. 216), Irrtum und Täuschung, S. 86. 圏点は原文でイタリック体である。Ebenda, S. 28 f. も同旨。さらに、*ders*., a. a. O. (Anm. 216), ZStW 109 (1997), S. 505 ff.〔須之内・前出注 (216) 愛媛大学法文学部論集 6 号126-127頁〕も参照。

222　*Claus Roxin*, Die durch Täuschung herbeigeführte Einwilligung im Strafrecht, in: Gedächtnisschrift für Peter Noll, Zürich 1984, S. 275 ff., 281 ff. およびこれと関連して、斉藤誠二「欺罔にもとづく承諾」吉川経夫先生古稀祝賀『刑事法学の歴史と課題』(1994年・法律文化社) 159頁以下、175頁以下〔齊藤誠二『医事刑法の基礎理論』(1997年・多賀出版) 59頁以下所収、72頁以下。以下、引用は同書による〕、森永真綱「欺罔により得られた法益主体の同意」川端博ほか編『理論刑法学の探究④』(2011年・成文堂) 135頁以下、140頁以下参照。この事例を紹介・検討するわが国の先行研究として、佐伯 (仁)・前出注 (11) 73頁、森永真綱「被害者の承諾における欺罔・錯誤 (一)(二・完)」関西大学法学論集52巻 3 号 (2002年) 199頁以下、221頁以下、53巻 1 号 (2003年) 204頁以下、小林憲太郎「いわゆる『法益関係的錯誤』の意義と限界」立教法学68号 (2005年) 27頁以下、33頁以下〔同『刑法の帰責——フィナリスムス・客観的帰属論・結果無価値論』(2007年・弘文堂) 227頁以下所収、233頁以下〕、佐藤・前出注 (10) 216頁以下等がある。

223　*Amelung/Lorenz*, a. a. O. (Anm. 216), S. 532. アメルンクは出典を明記していないが、この事例は、連邦通常裁判所1961年 2 月 1 日判決 (BGHSt 16, 309. 医学研修生事件) の事案を一部変更したものと思われる。事案の概要と判旨は以下のとおりである。
　被告人両名は、当時、医学部の学生であったが、(医師資格のない) 研修生として州立病院に勤務していた。その際に、被告人らは、自らを医師と信じ込んでいた複数の患者に対して手術を行った。以上の事実に対して、連邦通常裁判所は、つぎのように判示した。すなわち、「承諾の意思の欠缺は、通常、正当化効果を奪うことから出発すべきである。したがって、患者が治療侵襲を許容し委任した者を誤信して免許医であると考えた場合は、有効な承諾が欠ける。なぜなら、その意思表示は、患者の真意にそぐわないからである。それにもかかわらず、このことには例外がないわけではない。……承諾の表示に付随しまたはそれを動機づける誤信がすべて、正当化事由を阻却するわけではない……。患者を治療する者の免許に関する患者の錯誤は、例外的な場合には無意味となることがありうる。〔原文改行〕……医学的にみてごく単純な症例、たとえば、軽微な切り傷や衝突による傷の場合には、……その他の専門家、治療補助者または看護師が、医師がするのと同じように必要な支援をまさに適切かつ確実に行うことができる。……この

まず、アメルンクは、「身体を傷つけることは、患者の自律を軽視することと区別されなければならない」と主張する。アメルンクによれば、医師Aと同程度の技能を有するBが手術を行ったときは、傷害行為そのものは正当化され、それゆえ、Bに傷害罪は成立しない。もっとも、「自律の侵害も同じく法益侵害であるが、それ自体は不可罰であ」り、「民法上の不法行為」の問題となるにすぎない[224]。

 そして、以上のような方針のもとで、アメルンクは、自説をロクシンの所説と対置させ[225]、つぎのような批判的評価を下す。すなわち、ロクシンの「……『統一説（Einheitstheorie）』[226]は、身体それ自体が決して違法に（rechtswidrigerweise）傷つけられていないにもかかわらず、——これを徹底して適用すれば——医師Bを傷害によって処罰するはずであろう。これによって、統一説は、身体を傷つけることなく行われる傷害が存在する、という主張にまたもや接近するのである」、と[227]。

（3）批判的検討

 しかし、アメルンクがいうように、身体それ自体とその処分の自由とを切

場合、……治療する者の医師免許の問題は……重要ではなく、この点に関する患者の錯誤が正当化を否定するわけではない。そのような場合、承諾は、その客観的意味によれば、医師でない者による治療をも含んでいるのである」（BGHSt 16, 309［310 f.］）、と。
 以上のように、本判決は、患者の錯誤・欺罔が承諾をすべて無効化するわけではないとしながら、手術という行為の客観的意味に照らして、承諾の射程を合理的に判断すべきである、とする。詳細につき、山中敬一「被害者の同意における意思の欠缺」関西大学法学論集33巻3・4・5号（1983年）271頁以下、328頁以下、同・前出注（114）183頁以下を、本判決前後の判例の動向につき、森永・前出注（222）「（一）」236-238頁（9）を、学説の反応につき、須之内・前出注（216）『刑法における被害者の同意』114頁以下のほか、*Göbel*, a. a. O. (Anm. 177), S. 89 f.; *Amelung*, a. a. O. (Anm. 216), Irrtum und Täuschung, S. 61 ff.; *Rönnau*, a. a. O. (Anm. 186), S. 416 ff. を参照。

224　*Amelung/Lorenz*, a. a. O. (Anm. 216), S. 532. さらに、*Knut Amelung*, Buchbesprechungen von Thomas Rönnau, Willensmängel bei der Einwilligung im Strafrecht, ZStW 115 (2003), S. 710 ff., 716; *Sabine Riedelmeier*, Ärztlicher Heileingriff und allgemeine Strafrechtsdogmatik, Baden-Baden 2004, S. 139 f. も参照。
225　ロクシンの議論につき、第2章第3節第2款第4項2（本書127頁以下）、本節第3款第2項1(1)（本書278頁以下）参照。
226　アメルンクは、自身の立場を「分離アプローチ（Trennungsansatz）」と称し、ロクシンの「統一アプローチ（Einheitsansatz）」ないし「統一説」と対置させている。*Amelung/Lorenz*, a. a. O. (Anm. 216), S. 531 参照。本書の用語法に即していえば、前者が、傷害罪の法益論をめぐる伝統的潮流の考え方であり、後者が、次款でみる新たな潮流の考え方である。
227　*Amelung/Lorenz*, a. a. O. (Anm. 216), S. 532 f.

りはなし、一方を傷害罪の構成要件で、他方を承諾論の原理で保護することは妥当なのか。結論からいえば、このような理解には疑問がある。なぜなら、およそ法益とは、犯罪構成要件を媒介としてのみ保護されるのであって、承諾という制度そのものが法益を保護しているわけではないからである[228]。すなわち、「身体」という法益を保護するのは、もっぱら傷害罪の構成要件であり、「承諾」という制度それ自体が身体を保護しているわけではない。身体それ自体から截然と切りはなされた身体処分の自由を観念し、かかる自由を承諾論の原理のみにかからしめて保護することは、身体処分権の無限定な拡散につながるおそれがある。おそらくアメルンクにとって、承諾の本来的意味は、法益主体が自己の財を・自・律・的・に取り扱うことを保障する点にあるのだろう[229]。しかし、このような理解は、少なくとも、人の「身体」という結節対象（Bezugsobjekt）があってはじめて可能となるように思われる[230]。

第3項　伝統的潮流の批判的検討

以上、純客観的アプローチ（前出・1）、身体利益説からのアプローチ（前出・2）、身体の不可侵アプローチ（前出・3）、そしてアメルンクのアプローチ（前出・4）を中心に、法益論をめぐる伝統的潮流の基本的思考枠組みを確認してきた。各アプローチに対する疑問点を総合し、前節第3款（本書228以下）でみた傷害罪規定の立法的到達点という視点をも加味すると、伝統的潮流に対しては、大要つぎのような批判を差し向けることができる。

伝統的潮流は、身体に対する罪と名誉・自由に対する罪とを区別しようとした立法者の問題意識を具現化し、身体法益からその処分権ないし自己決定権を放逐することでこれを実現しようとする立場といえる。だが、傷害罪の法益が身体の不可侵であるというだけで、ただちに、「身体」概念の積極的な意味内容が明らかになるとは思われない[231]。さらに、身体それ自体とそ

228　*Fateh-Moghadam*, a. a. O.（Anm. 186），S. 94. さらに、*Roxin*, a. a. O.（Anm. 217），S. 280 も参照。
229　*Fateh-Moghadam*, a. a. O.（Anm. 186），S. 94 参照。
230　*Dörr*, a. a. O.（Anm. 177），S. 41 f. 参照。
231　この指摘は、傷害罪規定の系譜研究から明らかとなった第1の課題に対応する。前節第3款第

の処分権を本当に切りはなすことはできるのか、という疑問もないではない。すなわち、傷害罪で保護される身体・健康に対する侵害は、個別具体的な法益主体がそれらに対していかなる意味づけを与えるかによって少なからず影響を受ける(232)。たしかに、法益は、行為客体から切りはなすことができるし(233)、また、そうでなければならない。しかし、法益主体は、自己自身の生活という自然な基盤との日々のやりとり（täglicher Umgang）をつうじて、保護法益の内容と限界を規定することができる(234)。したがって、身体・健康と、それに対する法益主体の自由な処分権ないし自己決定権とを切りはなすことは、本来できないはずである。そうであるがゆえに、身体・健康に対する自律的決定や自己決定権も、傷害罪によって保護されているのである(235)、と。このように考えてみると、法益主体の自己決定権を当該法益から截然と切りはなすのは妥当か、そもそもそれが可能かに関しては疑問の余地がある。事実、つぎにみる新たな潮流は、まさにこうした疑問を理論化した議論枠組みといってよい。

それでも、伝統的潮流の議論が、身体的基体を構成する生物学的・客観的側面、さらにいえば、経験的現実性ないし所与性を中心としながら「身体」法益概念を組み立てようとした方向性それ自体は(236)、正鵠を射ていると考える。その理由は、法益概念の過度の相対化・主観化や、個人の自由ないし意思への還元（およびその帰結としての法益概念の精神化）をおそれるからにほか

6項1（本書246-247頁）参照。

232 *Eser*, a. a. O. (Anm. 183), S. 5, 18〔エーザー（上田訳）・前出注（183）5頁、18頁〕参照。また、*Beling*, a. a. O. (Anm. 21), ZStW 44 (1924), S. 222 f. も、こうした認識を前提としていた。

233 宮本英脩「法益論」京都法学会雑誌12巻3号（1917年）32頁以下、36頁以下〔同（鈴木茂嗣編）『宮本英脩著作集 第六巻 刑事法論文集（一）』（1990年・成文堂）235頁以下所収、238頁以下。以下、引用は同書による〕、木村亀二「刑法における法益の概念」宮本博士還暦祝賀『現代刑事法学の諸問題』（1943年・弘文堂書房）1頁以下、5頁以下〔同『刑法の基本概念』（1948年・有斐閣）85頁以下所収、88頁以下〕、日沖憲郎「法益論」日本刑法学会編・前出注（10）125頁以下、126頁等。

234 *Tag*, a. a. O. (Anm. 51), S. 65.

235 *Thomas Hillenkamp*, Zur Strafbarkeit des Arztes bei verweigerter Bluttransfusion, in: Festschrift für Wilfried Küper, Heidelberg 2007, S. 123 ff., 147 参照。なお、自己決定権の位置づけにつき、前節第3款第6項1（本書246-247頁）の検討結果の第2点目を参照。

236 辰井聡子「治療行為の正当化」中谷陽二編集代表『精神科医療と法』（2008年・弘文堂）347頁以下、359頁は、「身体の価値は、本人の意思とは無関係の客観的な価値であり、したがって、その処分権は、消極的に……承認されこそすれ、積極的に……保護されるべきものではない」とする。

ならない。このような危惧は、学説史上、これまでもくり返し確認されてきた(237)。「生命」法益と結びつく「身体」法益の概念を精神化ないし希薄化する理論(238)に対しては、懐疑的な姿勢で臨まなければならないだろう。しかも現代は、法益概念の希薄化にとどまらず、その存立自体が検討の俎上に上がる時代である。そうであるからこそ、われわれは、以上の点を強く意識する必要がある(239)。

第3款　傷害罪の法益論をめぐる新たな潮流：「身体」法益概念の豊穣化の試み

第1項　基本的枠組み

伝統的潮流に対抗するかたちで展開されたのが、傷害罪の法益論をめぐる新たな潮流である。この潮流は、最大公約数的にいえば、「傷害罪の法益は、生物学的・医学的な意味での『身体』にとどまらず、さらにそれに対する処分権ないし自己決定権をも含む」とする理解といえる(240)。この理解を根拠づ

237　詳細につき、宮本・前出注(233) 243頁以下、伊東・前出注(216) 81頁以下参照。さらに、内藤謙「戦後刑法学における行為無価値論と結果無価値論の展開(一)(二・完)」刑法雑誌21巻4号(1977年) 1頁以下、22巻1号(1978年) 58頁以下、95頁以下〔同『刑法理論の史的展開』(2007年・有斐閣) 189頁以下所収、247頁以下〕、同「法益論の一考察」『団藤重光博士古稀祝賀論文集　第三巻』(1984年・有斐閣) 1頁以下、20頁以下〔同・前出『刑法理論の史的展開』139頁以下所収、159頁以下。以下、引用は同書による〕、甲斐・前出注(12)「日本刑法学における違法論の潮流と法益論——その(一)」260頁以下、276頁以下も参照。かかる法益理解の具体的帰結を示すのは、北川敦子「刑法における自律概念(1)——被害者の承諾の観点から——」早稲田大学大学院法研論集141号(2012年) 81頁以下、94頁以下である。

238　この理論は、いわゆる「生存の価値なき生命の毀滅」に傾斜する危険性を孕んでいる。その詳細と関連文献につき、第3章第2節第4款第2項2 (本書183頁)参照。

239　甲斐克則「刑事立法と法益論の機能」法律時報75巻2号(2003年) 7頁以下、11頁以下、同「刑事法と人権」ジュリスト1244号(2003年) 149頁以下、151-152頁、松宮孝明「法益論の意義と限界を論ずる意味——問題提起に代えて——」刑法雑誌47巻1号(2007年) 1頁以下、嘉門優「法益論の現代的意義」刑法雑誌50巻2号(2011年) 1頁以下、13頁以下、松原芳博「立法化の時代における刑法学」井田良＝松原芳博編『立法学のフロンティア　3　立法実践の変革』(2014年・ナカニシヤ出版) 123頁以下、138頁以下、同「刑事違法論と法益論の現在」法律時報88巻7号(2016年) 23頁以下、25頁以下等参照。

240　*Brigitte Tag*, Richterliche Rechtsfortbildung im Allgemeinen Teil am Beispiel der hypothetischen Einwilligung, ZStW 127 (2015), S. 523 ff., 525 は、いわゆる人格的法益論がこの潮流に解釈論上の基礎づけを与えている、と分析する。この問題に関する古典的文献として、*Winfried*

けるのが、「人の身体とそれに対する自由な処分権ないし自己決定権は、切りはなせない」という論拠である[241]。ユルゲン・バウマン（Jürgen Baumann）によると、自己決定をめぐる議論は、独立して、あるいは何らかのかたちで一般的に持ち出されるわけではなく、何よりもまず、「身体」という結節対象が必要となる。なぜなら、患者の身体が利益を所有するのではなく、あくまでも患者が、自己の身体に対する利益を所有しているからである[242]。

このような法益理解は、「個人的法益の機能的性格を強調するもの」[243]、と評されている。なぜなら、かかる理解においては、人の自由な活動に対して個人的法益が果たす意義が、前面に押し出されているからである[244]。それによれば、法益の中心的価値は、「むしろ、行為自由の発展のための手段として、法益主体の意のままに処分できること」にある[245]。

以上のような憲法的法益理解を支持するのが、——再びレナウの用語法を借りると——クラウス・ロクシン（Claus Roxin）やブリギッテ・タク（Brigitte Tag）らに代表される「統合モデル（Integrationsmodell）」である[246]。これによれば、各個人的法益と、それに対する法益主体の意思ないし処分権は、ま

Hassemer, Theorie und Soziologie des Verbrechens, Frankfurt am Main 1973, S. 76 ff.〔紹介として、山中敬一＝元家範文＝立石雅彦「ヴィンフリート・ハッセマー『犯罪の理論と社会学』（上）（下）」関西大学法学論集26巻2号（1976年）213頁以下、229頁以下、26巻3号（1976年）173頁以下〕を、比較的近時の研究として、Sabine Swoboda, Die Lehre vom Rechtsgut und ihre Alternativen, ZStW 122 (2010), S. 24 ff., 33 ff.; Hans Kudlich, Die Relevanz der Rechtsgutstheorie im modernen Verfassungsstaat, ZStW 127 (2015), S. 635 ff., 640 ff.; Roland Hefendehl, Eine soziale Rechtsgutstheorie, in: Gedächtnisschrift für Edda Weßlau, Berlin 2016, S. 577 ff., 581 f. 等を参照。

241　Weber, a. a. O. (Anm. 22), § 6 Rn. 28, 99; Hilgendorf, a. a. O. (Anm. 22), § 6 Rn. 28, 99 等に。
242　Jürgen Baumann, Körperverletzung oder Freiheitsdelikt?–Zum Urteil des BGH v. 28. 11. 1957, NJW 1958, S. 2092 ff. 2093 参照。バウマンの法益論につき、佐久間基「専断的治療行為と傷害罪（二）」法学（東北大学）55巻4号（1991年）88頁以下、99頁以下、小林（公）・前出注（8）46-47頁も参照。
243　LK[12]/Rönnau, a. a. O. (Anm. 185), Vor § 32 Rn. 154.
244　C. Wagner, a. a. O. (Anm. 186), S. 109 参照。
245　LK[12]/Rönnau, a. a. O. (Anm. 185), Vor § 32 Rn. 152. 圏点は原文でイタリック体である。Tag, a. a. O. (Anm. 51), S. 63 f.; Schroth, a. a. O. (Anm. 29), S. 123 f. も参照。
246　レナウの分類につき、前出注（186）参照。C. Wagner, a. a. O. (Anm. 186), S. 110 Anm. 529 の整理によると、統合モデルの代表的論者として挙げられているのは、Detlev Sternberg-Lieben, Die objektiven Schranken der Einwilligung im Strafrecht, Tübingen 1997, S. 584; Harald Niedermair, Körperverletzung mit Einwilligung und die Guten Sitten, München 1999, S. 95 ff.; Schroth, a. a. O. (Anm. 29), S. 125; Fateh-Moghadam, a. a. O. (Anm. 186), S. 95 f. である。

さに密接不可分の、統合された関係に立つ。それゆえ、統合モデルからすると、法益主体が自由な意思に基づいて行う法益の処分は、法益を「侵害」する行為ではなく、むしろそれを「実現」する行為にほかならない[247]。

第2項　新たな潮流における各アプローチ

　新たな潮流は、以上の基本的枠組みを共通項としつつも、細かな点ではそれぞれ異なるアプローチを試みている。そこで以下では、新たな潮流を代表するロクシンとルドルフィー（後出・1）、そしてターク（後出・2）の議論を取り上げ、各議論の理論構造を明晰化する。

　もっとも、本項の分析も、この領域独自のやや細かな解釈論を扱うパートとなる。ここでも先ほどと同じように、後出・1と2は、読者のニーズに応じて読み飛ばしていただき、後出・3（本書286頁以下）で述べる、新たな潮流の理論的到達点と残された課題を確認してから、すぐに次項に移ってもらって差し支えない。

1　自由主義的法益論からのアプローチ
（1）自由主義的法益論の展開：ロクシンの議論

　まず取り上げるべきは、ロクシンの議論である。なぜなら、ロクシンは、自由主義的法益論と憲法的法益概念を結びつけ、それに基づいて「身体」法益論を体系的に展開したからである[248]。

　①**自由主義的法益論の基本構想と「身体」法益への応用**　ロクシンによれば、法益とは、「**個人の自由な発展、個人の基本権の実現、およびこのような目的観念のうえに構築された国家的システムの機能するものにとって必要なすべての所与性または目的設定**」をいう[249]。このような定義づけによる

247　*Roxin*, a. a. O.（Anm. 212），§ 13 Rn. 12〔ロクシン（平野監修・町野＝吉田監訳）・前出注（39）590頁〕；*Schroth*, a. a. O.（Anm. 29），S. 125 f.
248　*Fateh-Moghadam*, a. a. O.（Anm. 186），S. 92 参照。さらに、*Uwe Murmann*, Die Selbstverantwortung des Opfers im Strafrecht, Berlin 2005, S. 215 ff. も参照。
249　*Roxin*, a. a. O.（Anm. 212），§ 2 Rn. 7〔第3版における法益の定義として、ロクシン（平野監修・町野＝吉田監訳）・前出注（39）20頁〕。圏点は原文で太字である。ロクシンによる「法益」の定義につき、*ders*., Rechtsgüterschutz als Aufgabe des Strafrechts?, in: Roland Hefendehl（Hrsg.）, Empirische und dogmatische Fundamente, kriminalpolitischer Impetus, Köln/Berlin/München 2005, S. 135 ff., 139〔紹介として、松原芳博「クラウス・ロクシン『刑法の任務として

と、法益が個人の自由な発展に資する場合、すなわち、「ある行為がその法益の担い手の処分に基づくものであり、その者の自由な発展をなんら害さず、むしろそれとは反対に、その表明（Ausdruck）である場合には」、個人的法益の侵害を観念できない[250]。それゆえに、ロクシンは、構成要件該当性を阻却する了解と、正当化事由としての承諾とを区別せずに、被害者の同意をすべて構成要件該当性阻却事由として位置づけるのである[251]。

　以上の考えを補強するためにロクシンが投入するのが、基本法の構想である。これによれば、基本法2条1項で保障された一般的行為自由が、承諾を与える者によって行使されるときは、「その者に帰属する法益を同時に侵害すること、つまり、構成要件の充足を不可能ならしめる」[252]。かくして、ロクシンは、基本法を媒介として、個人の自由な処分可能性にこそ個人的法益の本質がある、とするのである。

　では、以上の議論を「身体」法益論に投影するとどのような帰結に至るのか。ロクシンによると、人は、肉と骨のかたまりとして保護客体（対象）となるのでなく、むしろその者に宿り、その者を支配する精神と結びつくときにのみ、精神と肉体の不可分の統一体として、刑法による保護を享受する。身体とそれに対する自己決定権を別々に考察することは、身体法益とその処

の法益保護」」早稲田法学82巻3号（2007年）255頁以下、258頁〕も参照。ロクシンは、刑法の任務から法益概念を演繹すべきであるが、その際、「刑法の任務は法益保護であり、法益概念は刑法の任務から導かれる」というトートロジー（Thomas Weigend, Über die Begründung der Straflosigkeit bei Einwilligung des Betroffenen, ZStW 98 (1986), S. 44 ff., 50 等）を避けるために、基本法との関係性を確立しなければならない、とする。これにより、「……刑事政策的に拘束力を有する法益概念は、基本法に記載され、個人の自由を基礎とするわれわれの法治国家の任務からのみ明らかにされうる」(ders., Strafrecht Allgemeiner Teil, Bd. I, München 1992, § 2 Rn. 9)。ただし、この記述は、体系書の第4版（ders., a. a. O. (Anm. 212), § 2 Rn. 7)では削除されている。さらに、ders., Das strafrechtliche Unrecht im Spannungsfeld von Rechtsgüterschutz und individueller Freiheit, ZStW 116 (2004), S. 929 ff., 929 f.〔紹介として、松原芳博「クラウス・ロクシン『法益保護と個人の自由との狭間における刑事不法』」早稲田法学80巻4号（2005年）259頁以下、259-260頁〕; ders., Zur neueren Entwicklung der Rechtsgutsdebatte, in: Festschrift für Winfried Hassemer, Heidelberg 2010, S. 573 ff., 578 f.; ders., Der gesetzgebungskritische Rechtsgutsbegriff auf dem Prüfstand, GA 2013, S. 433 ff., 435 ff. も参照。

250　Roxin, a. a. O. (Anm. 212), § 13 Rn. 12〔ロクシン（平野監修・町野＝吉田監訳）・前出注(39) 590頁〕。
251　承諾の体系的位置づけにつき、第2章第3節第2款第4項1（本書124頁以下）参照。
252　Roxin, a. a. O. (Anm. 212), § 13 Rn. 14〔ロクシン（平野監修・町野＝吉田監訳）・前出注(39) 591-592頁〕。

分の自由を不自然で実生活からかけはなれたものとし、これによって、身体とその処分の自由との不可分性が互いに引きはなされてしまうのである、と[253]。

②事例処理による基本構想の具体化：アメルンクとの再対決　以上のような自由主義的法益論の基本構想、およびそれに基づく「身体」法益概念を具体化するために、ロクシンは、アメルンクが取り上げた執刀医事例[254]を再度検討の俎上に載せ、自身が依拠する理論構想からその解決方法を示している。

ロクシンによると、処分可能な法益を保護する刑罰規定は、身体の不可侵とこれに対する自己決定の自由、という2つの構成要素からなる状態を保護している。これによれば、構成要件に該当するといえるためには、行為者は、この2つの構成要素を侵害した状態で行為しなければならない。したがって、ロクシンの構想からは、身体の不可侵を侵害せずに自己決定権のみを侵害する行為も、自己決定権を侵害せずに身体の不可侵のみを侵害する行為も、構成要件を充足しない[255]。これにより、患者の自己決定権は、承諾をつうじて侵害されるのではなく、むしろそれとは反対に「実現」されるのである[256]。

以上の構想を執刀医事例にあてはめてみると、患者の身体とそれに対する自己決定の自由という、上述した2つの構成要素を侵害しており、それゆえに、ロクシンの構想を素直に適用するならば、医師Bには傷害罪が成立しそうにみえる。なぜなら、法益処分の自由一般を法益の構成要素と解するならば、法益関係的錯誤を認めるのが素直な理解であると思われるからである[257]。

253　Roxin, a. a. O. (Anm. 212), § 13 Rn. 14〔ロクシン（平野監修・町野＝吉田監訳）・前出注（39）591-592頁〕参照。これは、本節第4款第2項2（本書306-307頁）で触れる連邦憲法裁判所の理解にも通底する部分がある。ロクシンの（身体）法益論につき、第2章第3節第2款第4項2（本書127-128頁）も参照。

254　執刀医事例とは、医師Aが執刀すると思って手術に承諾したところ、実際に執刀したのが実は同僚の医師Bであったという事例である。この事例につき、前款第2項4(2)（本書272-273頁）参照。

255　Roxin, a. a. O. (Anm. 217), S. 283 参照。

256　Roxin, a. a. O. (Anm. 212), § 13 Rn. 12〔ロクシン（平野監修・町野＝吉田監訳）・前出注（39）590頁〕参照。

しかし、こうした予想に反して、ロクシンは、結論としてBを無罪とする。すなわち、手術それ自体は成功しているため、すでに身体傷害の結果が存在しない、というのである。「というのは、何らかの『自律侵害』では不十分であり、ここにいう『自律侵害』は、まさに、侵害される身体毀損のなかにはっきりと現れていなければならないからである。……医学的適応があり、成功した手術を傷害でないとみるならば、これが欠ける。そうであるからには、患者の意思を軽視したというだけでは、傷害を認めるには不十分である」、と[258]。

③**批判的検討：結果説的思考方法の問題点**　だがしかし、自由主義的法益論と結果説的思考方法を組み合わせるロクシンの理論構想は、結果説の構造的欠陥に照らせば、妥当とは思われない[259]。これによると、結果説の欠点は、まず、同説の根幹をなす成功・失敗概念の不明瞭さもさることながら、当該行為に出る時点で、行為者が適法に行為するか、それとも違法に行為するかがまったく不明である、という点にある。なぜなら、その医的侵襲が成功するかどうかが――たとえば数日後、数か月後、あるいは数年後になって――判明してはじめて（あるいは、判明しないとわかってはじめて）、当該侵襲に対して法的評価を下すことができるからである[260]。医師は、治療の成功に対して基本的に義務を負わない。したがって、刑法上、医的侵襲が成功したか、それとも失敗したかは、原則として意味をもちえない。患者の承諾が有する本来的意義は、まさにこの点にある。すなわち、承諾の真意は、その行為が医学準則に則り、その旨の説明が行われたのであれば、その成否と無関

257　塩谷毅「瑕疵ある承諾の有効性」岡山大学法学会雑誌53巻1号（2003年）161頁以下、184-185頁〔同『被害者の承諾と自己答責性』（2004年・法律文化社）21頁以下所収、45頁〕参照。

258　Roxin, a. a. O. (Anm. 217), S. 285. ロクシンは、前出1961年2月1日判決（BGHSt 16, 309. 医学研修生事件）の事案に関して、「医学的にみてごく単純な症例」の処理につき、裁判所の結論に賛成し、「そのような場合には、身体的統合性が、当該医師による侵襲が行われたとき以上に危殆化されていないため、その錯誤の法益関係性が欠ける」、「医師に関する錯誤は、法的基準からみて非本質的な点に関わるため、法益の担い手の決断による自律を侵害していない」とする。Roxin, a. a. O. (Anm. 212), §13 Rn. 101〔ロクシン（平野監修・町野＝吉田監訳）・前出注（39）626-627頁〕参照。また、ders., a. a. O. (Anm. 222), S. 282 f. も、当該錯誤は「法益に関係するわけでも、侵襲の目的に関係するわけでもなく、1つの付随事情にすぎない」とする。

259　結果説的思考方法に対する予備的検討として、第2章第4節第2款第2項2（本書142頁以下）参照。

260　Kargl, a. a. O. (Anm. 119), S. 549 等参照。

係に医的侵襲行為を正当化する点にある。承諾を正当化事由ととらえる構成は、このときに真価を発揮する[261]。

また、身体法益の構成要素という観点からみても、ロクシンの理論構想を貫徹しようとする以上、やはりBには、傷害罪の成立を認めるほかないように思われる。なぜなら、Bは、患者の身体的基体と処分権の双方を侵害しており、それゆえに、有効な承諾を得ずに構成要件該当的に行為し、他の正当化事由によってその違法性を阻却することもできないからである。

（2）法益処分権との融合の試み：ルドルフィーの議論

ハンス‐ヨアヒム・ルドルフィー（Hans-Joachim Rudolphi）の議論も、その師ロクシンの憲法的法益理解と同質である[262]。ルドルフィーによれば、身体・健康法益の意義は、「社会的現実性において、単なる静的な現存在（statisches Dasein）によって汲み尽くされるわけではな」い[263]。これらの法益の存在意義は、身体の統合性が人格の自由な発展のために特定の作用可能性をひらく点にある[264]。かかる理解をもとに、ルドルフィーは、処分対象たる法益とその処分権が融合するイメージをつぎのように定式化する。

> 「法益および法益に関する処分権限は、統一体をなすだけでなく、処分対象および処分権限とも相互に関連してそれ自体で構成要件上保護される法益となるのである[265]。」

（3）憲法的法益概念の評価をめぐって：ムルマンからの批判

ロクシンやルドルフィーの議論に対して看過できない批判を浴びせているのが、ウヴェ・ムルマン（Uwe Murmann）である。ムルマンは、ロクシンらの議論に対し、「法益論に対する憲法の影響と、犯罪構造段階内部での憲法

---

261 *Gropp*, a. a. O.（Anm. 178）, S. 17.
262 ルドルフィーの議論につき、Hans-Joachim Rudolphi, Die verschiedenen Aspekte des Rechtsgutsbegriffs, in: Festschrift für Richard M. Honig, Göttingen 1970, S. 151 ff.; *ders.*, Literaturbericht von Gunther Arzt, Willensmängel bei der Einwilligung, ZStW 86 (1974), S. 82 ff. 参照。わが国の先行研究として、伊東・前出注（216）359頁以下、嘉門優「行為原理と法益論」立命館法学327・328号（2009年）192頁以下、205頁以下参照。
263 *Rudolphi*, a. a. O.（Anm. 262）, in: FS Honig, S. 163.
264 *Rudolphi*, a. a. O.（Anm. 262）, in: FS Honig, S. 163 f. 参照。
265 *Rudolphi*, a. a. O.（Anm. 262）, ZStW 86 (1974), S. 87. 訳出に際して、ロクシン（平野監修・町野＝吉田監訳）・前出注（39）591-592頁も参照。

の地位が過大評価されている」と警告する[266]。

　ムルマンは、法益論における憲法の役割をつぎのように総括する。すなわち、憲法は、法益処分の自由を保障しているとしても、ここにいう自由が特定の態度を構成要件によって捕捉し、その許容性を正当化事由によってはじめて保障することを禁じるか否かに関しては、「ほんのわずかな情報さえ提供するものではない」[267]。つまり、法益侵害の存在は、当該態度が違法かどうかを最終的に決定するわけではない[268]。憲法は、個人的法益に対する侵害の法的許容性、いいかえれば、（刑事制裁が科される）不法の範囲を述べているにすぎないのである、と[269]。

　かくして、ムルマンは、法益概念に対する憲法の決定力を疑問視し、ロクシンとルドルフィーの議論を批判する。たしかに、憲法を基調とした法益解釈は、法益概念に確固たる実定法的基盤を付与し、われわれの現実社会から遊離した法益概念の投入に歯止めをかけることができる。この点に、憲法的法益概念のメリットがある。もっとも、憲法規範を持ち出せばすべて問題が解決するわけではない[270]。問題はその実質である。憲法規範の投入のみで

266　Murmann, a. a. O.（Anm. 248), S. 370. ここでムルマン（ebenda, S. 370 Anm. 205）が批判の対象とするのは、Roxin, a. a. O.（Anm. 222), S. 275 f.〔紹介として、齊藤（誠）・前出注（222）59頁以下〕のほか、Javier de Vicente Remesal, Die Einwilligung in ihrer strafrechtlichen Bedeutung: Bemerkungen über Tatbestandsausschluss und Rechtfertigungsgründe, in: Festschrift für Claus Roxin zum 70. Geburtstag, Berlin/New York 2001, S. 379 ff., 387; Manfred Heinrich, Rechtsgutszugriff und Entscheidungsträgerschaft, München 2002, S. 40; Christopher Woitkewitsch, Strafrechtlicher Schutz des Täters vor sich selbst, Aachen 2003, S. 131 f. 等である。

267　Murmann, a. a. O.（Anm. 248), S. 370.

268　Murmann, a. a. O.（Anm. 248), S. 374. ムルマンは、個人的「法益の概念が、承諾のないことによって特徴づけられるかどうかは、……有意義な（sinnvoll）概念形成の問題」にすぎない、とする（ebenda S. 374 f.）。さらに、これが「定義の問題」にすぎず、具体的な問題解決に直結するわけでないとするのは、Walter Perron, Rechtfertigung und Entschuldigung im deutschen und spanischen Recht, Baden-Baden 1988, S. 107〔邦訳として、ヴァルター・ペロン（高橋則夫訳）『正当化と免責――刑法の構造比較――』（1992年・成文堂）90頁〕; Sternberg-Lieben, a. a. O.（Anm. 246), S. 59 f. である。

269　Murmann, a. a. O.（Anm. 248), S. 370 参照。ムルマンによると、承諾は、（身体）法益に輪郭を与えるわけではないため、体系的には、構成要件段階ではなく正当化段階ではじめて顧慮されるべきである、という。Ebenda, S. 375 f. 参照。

270　たとえば、実質的法益概念の妥当性を憲法に求めつつも、かかる憲法的考察が単なる「スローガン」であり、刑事立法における固有の問題解決に資するわけではないとするのは、Armin Engländer, Revitalisierung der materiellen Rechtsgutslehre durch das Verfassungsrecht?, ZStW 127 (2015), S. 616 ff., 624 f.〔紹介として、小島秀夫「アルミン・エングレンダー『実質的法益論を憲法によってよみがえらせることは可能か？』」大東文化大学法学研究所報37号（2017年）43

満足し、それでもって思考停止に陥るようでは、かえって問題の本質を見誤るおそれがある。たとえば、ルドルフィーは、法益の実質的側面を全面的に肯定し[271]、法益概念を、「憲法の枠内で活動するわれわれの社会生活にとって重要な諸機能」、より具体的には、「憲法に適合したわれわれの社会にとって、つまり、個々の市民の、憲法に適合した地位や自由にとっても放棄不可能な、それゆえに価値ある社会的機能統一体」[272]と定義する。しかし、社会とともに絶えず変化する「社会的機能統一体」を法益とする見解は、いかに憲法規範を根底に据えているとはいえ、その判断主体や判断方法いかんによっては、法益（およびこれと統一体をなす処分権）の内容そのものが容易に左右される危険性があり、かえって法的安定性を損なうおそれがあるように思われる[273]。

2　治療行為における統合モデルの投入：タークの議論
（1）前提理解

統合モデルの礎を築いたのはロクシンであるが、このモデルを治療行為との関係で精緻化したのが、タークである[274]。タークによれば、「身体、魂および精神の不可分の統一体」という枠組みは、「人を、動植物から区別するのみならず、死したる物質（tote Materie）という意味での物（Sache）からも区別する」。これによって、われわれに人間の尊厳と一般的人格権が付与される。人は、物を処分するように自身の身体・健康を処分できない。しかし、身体の不可侵に対する罪の保護法益は、身体・健康に対する支配可能性に限定されるわけでもない。むしろ、身体・健康概念の内容は、自己決定を下す人格と生物学的基盤との相互依存（Interdependenz）のもとで理解されなければならない。このように理解してはじめて、人は、「自己の生物学的基盤をつうじて存在し、憲法上保障された身体の不可侵を規定することができ

頁以下、45頁〕である。
271　*Rudolphi*, a. a. O.（Anm. 262), in: FS Honig, S. 158 参照。
272　*Rudolphi*, a. a. O.（Anm. 262), in: FS Honig, S. 164.
273　甲斐克則「法益論の基本的視座」『海事法の諸問題――伊藤寧先生退職記念論集――』（1985年・中央法規出版）39頁以下、79-80頁参照。さらに、伊東・前出注（216）363-364頁も参照。
274　タ―ク法益論の学説上の位置づけにつき、*Fateh-Moghadam*, a. a. O.（Anm. 186), S. 92 参照。

るのである」、と[275]。

（2）「機能しているもの」としての身体・健康法益

タークは、ハンス・ヴェルツェル（Hans Welzel）の法益論[276]を基礎に据えつつ、「機能しているもの（In-Funktion-Sein）」としての身体・健康法益が、本質上それらに対する処分の自由によって特徴づけられている、とする[277]。そのうえで、タークは、「身体に対する罪」の法益をつぎのように定式化する。

> 「……身体・健康という保護法益を構成する要素は、これらに対する処分権限である。刑法223条と229条の基礎にある法益の基体（Substrat）は、通常の場合、自己決定を下す人格と生物学的基盤との結びつきを記述するところの、『身体であること（Körper-Sein）』ないし『健康であること（Gesund-Sein）』である。したがって、身体の不可侵に対する罪の保護法益は、生物学上の現存在形態（Daseinsform）、すなわち、個人および人格から独立した機能的統一体としての生物学的組織のみに尽きるわけではない[278]。」

（3）身体・健康法益の概念規定

タークによると、静的な状態というだけでは、法益として保護されない。「法益の意義は、むしろ、動的な（dynamisch）構成要素のなかで示されるた

---

275 Tag, a. a. O. (Anm. 51), S. 66.
276 Hans Welzel, Studien zum System des Strafrechts, ZStW 58 (1939), S. 491 ff. [in: Hans Welzel, Abhandlungen zum Strafrecht und zur Rechtsphilosophie, Berlin 1975, S. 120 ff.].ヴェルツェルの法益論につき、日沖・前出注（233）133頁以下、奈良俊夫「目的的行為論と法益概念」刑法雑誌21巻3号（1976年）17頁以下、31頁以下、伊東・前出注（216）251頁以下、内藤・前出注（237）159頁以下等参照。
277 Tag, a. a. O. (Anm. 51), S. 67. なお、日沖・前出注（233）133頁は、「In-Funktion-Sein」を「機能のうちにある存在」と訳し、伊東・前出注（216）258頁、266頁は、これを「機能内存在」と訳出する。また、ハロー・オットー（鈴木彰雄ほか訳）「解釈原理としての社会的相当性」比較法雑誌46巻1号（2012年）91頁以下、93-94頁〔原著は、Harro Otto, Soziale Adäquanz als Auslegungsprinzip, in: FS Amelung, a. a. O. (Anm. 217), S. 225 ff., 226〕は、「機能している」と訳出する。
　以上の先行研究を踏まえて、本書は、「生命、健康、自由、財産等は、ただ単に『そこにある（da）』のではなく、それらの現存在（Dasein）は、In-Funktion-Sein」、つまり、「機能している」点にあるとする Welzel, a. a. O. (Anm. 276), ZStW 58 (1939), S. 515 に照らして、「In-Funktion-Sein」を「機能している（もの）」と訳出する。
278 Tag, a. a. O. (Anm. 51), S. 68. タークは、G・W・F・ヘーゲル（長谷川宏訳）『法哲学講義』（2000年・作品社）102頁以下（§§ 41-43）、113-114頁（§ 47）、114頁以下（§ 48）等の議論を少なからず意識していると思われる。「身体であること」と「身体があること」の関係性につき、加藤尚武『ヘーゲルの「法」哲学（増補新版）』（1999年・青土社）57頁以下、64-65頁、加藤秀一「身体を所有しない奴隷——身体への自己決定権の擁護——」思想922号（2001年）108頁以下、115頁以下等参照。

め、――ヴェルツェルのことばでいえば――『機能しているもの、すなわち、社会的な結びつきのなかで作用を与え、作用を受けるもの』[279]として保護されている」[280]。

以上のような法益の総論的理解を下敷きにして、タークは、身体・健康法益の概念を以下のように定義する。

> 「……健康法益は、抽象的で静的な法益としてではなく、いかなる障害もない状態として、また、すべてに満ち足りた健全感として理解されなければならない。……健康とは動的なものであり、個人的・社会的な価値観、個人の生活態度および健全感によって特徴づけられた、生涯にわたる積極的な1つのプロセスである。……これに対して、身体法益とは、人の生物学的な生体組織の統一体、ならびにそれに対応する、身体関連的な決断による自律（körperbezogene Entscheidungsautonomie）である[281]。」

かくして、タークは、傷害構成要件が、生物学上の現存在形態、つまり人が生物として現に存在しているという事実のみならず、人の身体処分権、いわば自己決定への自由をも保護しており[282]、そしてそれゆえに、治療行為に対する承諾が傷害構成要件該当性の検討に尽きる[283]、と結論づけるのである。

3 中間的考察

以上、新たな潮流を代表するロクシンとルドルフィー（前出・1）、そしてターク（前出・2）の議論を取り上げ、各議論の構造を明らかにしてきた。傷害罪の法益論をめぐる新たな潮流を総括すると、この潮流は、「身体法益とそれに対する処分権ないし自己決定権の不可分性を強調する」点に特徴がある[284]。

---

279 *Welzel*, a. a. O. (Anm. 276), ZStW 58 (1939), S. 515 からの引用である。
280 *Tag*, a. a. O. (Anm. 51), S. 70.
281 *Tag*, a. a. O. (Anm. 51), S. 94.
282 *Tag*, a. a. O. (Anm. 51), S. 66 f., 68 参照。
283 *Tag*, a. a. O. (Anm. 51), S. 68, 182 ff., 441 参照。詳細につき、第2章第3節第2款第4項4（本書130頁以下）参照。さらに、*Hans-Ludwig Schreiber*, Buchbesprechungen von Brigitte Tag, Der Körperverletzungstatbestand im Spannungsfeld zwischen Patientenautonomie und Lex artis, MedR 2003, S. 189 も参照。
284 *Günter Stratenwerth*, Prinzipien der Rechtfertigung, ZStW 68 (1956), S. 41 ff., 43〔詳細につき、曾根威彦「『被害者の承諾』の違法阻却根拠――被害者の承諾・その一――」早稲田法学50

これに対して、ロクシンの高弟アメルンクは、個人的法益の保護領域に処分の自由を含ませる解釈が、法秩序が小児のような特定の者に対して法益処分権を認めていない点と整合しない、と批判する[285]。アメルンクからのこのような批判を受けて、ロクシンは、身上配慮権を有する親、後見人、世話人および法定代理人らがその代理権を行使することで、特定の個人集団に属する法益主体に対しても等しく処分権が帰属される、と反論する[286]。しかし、アメルンクはこれに再度反論し、ロクシンがいう代理人構成が「極端に技巧的」であるとして、もしも代理人がひとりもいない場合（たとえば、「犯人が両親を殺害し、その後にその4歳の子どもを虐待する」[287]場合）にはどうするのか、と問うのである[288]。

しかしながら、ロクシンの代理人構成は、法的・実務的な必要性のうえに成り立っているのであるから、この構成をすべて放棄する解釈は、もはや現実的とはいえない。そもそも、たとえ例外的に代理人がいない状況に置かれていたとしても、法益主体の処分権が侵害されていること自体になんら変わりはない。したがって、身体処分権を独立に行使する能力をもたない者であ

巻3号（1975年）1頁以下、43頁以下〔曽根・前出注（39）『刑法における正当化の理論』105頁以下所収、135頁以下〕、川原広美「刑法における被害者の同意（一）（二・完）——自律性原理の確認——」北大法学論集31巻1号（1980年）209頁以下、231頁以下、31巻2号（1980年）357頁以下、372頁以下、須之内・前出注（216）『刑法における被害者の同意』63頁以下参照］; Gunther Arzt, Willensmängel bei der Einwilligung, Frankfurt am Main/Athenäum 1970, S. 45 f.; ders., Heileingriffe aufgrund einer Blanko-Einwilligung bezüglich der Person des Arztes, in: Festschrift für Jürgen Baumann, Bielefeld 1992, S. 201 ff., 209 f.〔詳細につき、曽根・前出注（39）『刑法における正当化の理論』145-146頁、山中・前出注（223）327頁参照］; Krauss, a. a. O. (Anm. 174), S. 566 f.〔詳細につき、第2章第3節第2款第1項（本書117-118頁）参照］; Bottke, a. a. O. (Anm. 117), Ziff. 207; Weigend, a. a. O. (Anm. 249), S. 59 f.; Detlev Sternberg-Lieben, Strafbarkeit eigenmächtiger Genomanalyse, GA 1990, S. 289 ff., 293 f.〔詳細につき、甲斐克則「遺伝情報の保護と刑法——ゲノム解析および遺伝子検査を中心とした序論的考察——」『中山研一先生古稀祝賀論文集　第一巻　生命と刑法』（1997年・成文堂）49頁以下、54頁以下参照］等。
285　Amelung, a. a. O. (Anm. 216), Die Einwilligung in die Beeinträchtigung eines Grundrechtsgutes, S. 26〔山名＝川口・前出注（216）「（二）」46頁〕。さらに、ders., a. a. O. (Anm. 224), S. 715 も参照。
286　Roxin, a. a. O. (Anm. 212), §13 Rn. 16〔ロクシン（平野監修・町野＝吉田監訳）・前出注（39）592-593頁〕参照。
287　Amelung, a. a. O. (Anm. 216), Die Einwilligung in die Beeinträchtigung eines Grundrechtsgutes, S. 27 Anm. 31〔山名＝川口・前出注（216）「（二）」46頁〕。
288　Amelung, a. a. O. (Anm. 216), Die Einwilligung in die Beeinträchtigung eines Grundrechtsgutes, S. 26 f.〔山名＝川口・前出注（216）「（二）」46頁〕参照。さらに、ders., a. a. O. (Anm. 216), Irrtum und Täuschung, S. 23 f. Anm. 33; ders./Lorenz, a. a. O. (Anm. 216), S. 532 も参照。

っても、身体処分の主体とみなされる必要がある[289]。身体処分権の行使は、権限が与えられた第三者（親や法定代理人等）に受け継がれ、その第三者が当該主体のために決断し、行為するのである[290]。

　もっとも、新たな潮流が、身体・健康法益を保持する個人の意思を広く「法益」概念に取り込み、その意思自体が当該法益の核心を構成するというのであれば、それは妥当でない。財に対する法益主体の主観的な関わりと法益それ自体は、基本的には区別すべきだからである[291]。

　そして現に、このような法益観は、タークの議論に如実に表れている。すなわち、タークは、「自己決定権を、刑法223条以下によって保護される法益に含めるならば、もはや身体それ自体ではなく、この［身体］法益を維持するための意思こそが保護されていることとなる」[292]、と指摘する。この指摘はまさに、伝統的潮流から新たな潮流に寄せられた批判そのものであるが[293]、タークはこの批判を逆手にとって、これをむしろ自説の補強のための論拠として用いている。しかし、タークのこうした戦略は、「身体」概念の内容を解明しようとし、名誉・自由に対する罪との限界づけに取り組んできた立法者の努力を軽視する傾向にある[294]。もし、タークのように「身体」法益概念を理解するならば、傷害罪の構成要件は、過度に相対化されてしま

289　*Roxin*, a. a. O.（Anm. 212），§13 Rn. 16〔ロクシン（平野監修・町野＝吉田監訳）・前出注（39）592-593頁〕参照。

290　*Tag*, a. a. O.（Anm. 51），S. 74.

291　武藤眞朗「犯罪論における『被害者の意思』の意義」『曽根威彦先生・田口守一先生古稀祝賀論文集［上巻］』（2014年・成文堂）281頁以下、290頁。

292　*Tag*, a. a. O.（Anm. 51），S. 67.

293　*Hirsch*, a. a. O.（Anm. 181），in: FS Welzel, S. 785〔ヒルシュ（石原訳）・前出注（181）218頁〕；*Bockelmann*, a. a. O.（Anm. 184），Strafrecht des Arztes, S. 71 参照。佐伯（仁）・前出注（11）59頁は、「もし、ある構成要件の保護法益と無関係な利益についての欺罔行為を、被害者の承諾を無効にすることを通じて当該構成要件で処罰するならば、……実質的には当該法益を錯誤が関係する別の法益に変換することになるか、あるいは、欺罔から自由であるという意思活動の自由一般を保護することになってしまうであろう」とする（山口厚『問題探究　刑法総論』（1998年・有斐閣）81頁以下も同旨）。これに対して、同「法益侵害と法益主体の意思」同編『クローズアップ刑法各論』（2007年・成文堂）1頁以下、16頁は、以上の説明に疑問を呈し、「そこで保護されるのは、当該法益を処分する自由にすぎず、それはまさに法益の構成要素に他ならないのであり、当該法益とは別のものを保護することになるわけではない」として、身体についても同様に解する余地がありうる、とする（同『刑法総論　第3版』（2016年・有斐閣）171頁も同旨）。しかし、次節第3款（本書317頁以下）で詳しく述べるように、身体法益の処分やその決定に関わる諸要素を「法益」それ自体に含める解釈は、妥当とは思われない。

294　詳細につき、前節第3款第6項1（本書246-247頁）参照。

うだろう。そのかぎりで、タークの法益理解を徹底することは、明らかに問題を生じさせる[295]。身体に対する自己決定権は、「身体的基体」という行為客体に関連づけられてはじめてその意義を発揮しうるのであり、この自己決定権を、かかる基体から切りはなされた独自の法益として位置づけることはできない[296]。新たな潮流が――本章の文脈では「身体」という――現実的・事実的基礎から遊離した法益（およびその処分権）概念を甘受する以上、この帰結に対しては一定の警戒感をもって臨む必要がある。

第3項　新たな潮流のヴァリエーション

　ここまで、新たな潮流における各アプローチの基本的枠組みを抽出し、批判的検討を加えてきた。もっとも、一言で「法益論をめぐる新たな潮流」といっても、伝統的潮流と同様、その内容も一様ではない。ここまでは、自由主義的法益論と称される代表的な議論を取り上げてきたにすぎない。新たな潮流にも、いくつかのヴァリエーションがある。

　そこで以下では、新たな潮流に属する各ヴァリエーションを批判的に検討し、結論からいえば、各ヴァリエーションに含まれる問題点を浮き彫りにする。ここで分析の対象として取り上げるべきは、近時、新たな法益論モデルを提唱した（とされる）レナウの議論（後出・1）、そして治療行為論の領域では著名な、ホルン（後出・2）、シュミットホイザー（後出・3）、およびエーザー（後出・4）の議論である。もっとも、ホルン、シュミットホイザーおよびエーザーの議論に対しては、第2章ですでに予備的・概括的検討を加えたため、以下では、批判的検討に軸足を置くこととしたい。

1　基盤モデルの提唱：レナウの議論
（1）基盤モデルの基本的枠組み：統合モデルとの共通点

　はじめに、レナウの議論から確認しよう。レナウは、アメルンクらの衡量モデルと、ロクシンらの統合モデルとの中庸をゆく、第3の構想としての

---

[295] Rönnau, a. a. O. (Anm. 186), S. 160 f. は、「その法益モデルを正当化するためには、意思という擬制 (Fiktion) を広範囲にわたって持ち出さなければならない」とする。
[296] Kargl, a. a. O. (Anm. 119), S. 552 f. 参照。

「基盤モデル（Basismodell）」を提唱する[297]。

その前提として、まずレナウは、「個人的法益は、自身の人格的発展のための基盤（*Basis*）として具体的な財主体に資するがゆえに保護されている」と主張する[298]。レナウの理解によれば、個人的法益は、法益主体にとって侵すことのできないかたちで享受されるべきであり、これをつうじて、法益主体は、個人的法益に内在する行為機会（Handlungschancen）を自由に行使できる[299]。いいかえれば、刑法は、その客体の周りに防壁（Schutzwall）を築いているが、法益主体は、こうした防壁を意のままに取り払うことができる[300]。

このような前提理解によれば、たとえば、患者が医的侵襲に同意し、上記の処分権を行使するとき、その行為はもとより傷害罪の構成要件を充足しえない[301]。このかぎりで、レナウの基盤モデルも、実際には、（レナウが「統合モデル」と名付けた）ロクシン法益論のヴァリエーションの１つにすぎないようにみえる[302]。したがって、レナウの基盤モデルも、ロクシンらの統合モデルが内包する理論的課題をすべて克服したとはいいがたい。とりわけ、財に対する法益主体の主観的な関わりと法益それ自体との関係性をめぐる批判[303]は、引きつづき精査を要するといえよう。

（２）統合モデルとの相違点

これに対して、レナウの基盤モデルとロクシンらの統合モデルとの違いは、自己決定権の理論的位置づけにある。

ロクシンらの統合モデルによれば、専断的治療行為は、傷害罪で保護され

---

[297] レナウの法益論を扱うわが国の先行研究のうち、北川敦子「刑法における自律概念（２）——被害者の承諾の観点から——」早稲田大学大学院法研論集142号（2012年）27頁以下、35頁以下、吉田敏雄「被害者の自己答責的自己危殆化、承諾及び推定的承諾（２）」法学研究（北海学園大学）52巻３号（2016年）45頁以下、51頁以下は、その基礎理論を紹介し、佐藤・前出注（10）176頁以下は、錯誤・強制に基づく承諾の問題に検討を加えている。

[298] *Rönnau*, a. a. O.（Anm. 186）, S. 453. 圏点は原文でイタリック体である。さらに詳細につき、ebenda, S. 88 ff.; LK¹²/*ders.*, a. a. O.（Anm. 185）, Vor § 32 Rn. 156 も参照。

[299] *Rönnau*, a. a. O.（Anm. 186）, S. 89 参照。

[300] *Rönnau*, a. a. O.（Anm. 186）, S. 90.

[301] *Rönnau*, a. a. O.（Anm. 186）, S. 104 ff., 107. さらに、LK¹²/*ders.*, a. a. O.（Anm. 185）, Vor § 32 Rn. 156 も参照。

[302] *Roxin*, a. a. O.（Anm. 212）, § 13 Rn. 17 f. これに対するレナウからの反論として、LK¹²/*Rönnau*, a. a. O.（Anm. 185）, Vor § 32 Rn. 156 Anm. 618 参照。

る身体処分の自由という法益を侵害する行為にほかならない。この意味で、身体処分の自由は、傷害構成要件の枠内ではあるが、あらゆる点で保護される、という。これに対して、レナウの基盤モデルにおいては、レーゲ・アルティスに則り、成功した[304]専断的治療行為の場合に、身体の不可侵という客観的財が「人格的発展のための基盤」とみなされるか否かが問題となる。

　レナウはこの問題に対して否定的に解答し、それゆえに、当該治療行為は、「(刑法223条以下の枠内での) 自己決定権の法益としての質 (Rechtsgutsqualität) が欠ける」がゆえに、傷害罪の構成要件該当性が否定される、とする[305]。しかし、その結果、レナウの基盤モデルによれば、介入行為が身体的基盤 (Körperbasis) の発展または保護、およびそれらと結びついた行為の選択に資するかぎりで、身体に対するパターナリスティックな介入が相当に広い範囲で可能となる。しかし、レナウは、身体法益に介入する「医師は、いわば、将来的な発展可能性をまずもって生み出しまたは援助する、治癒プロセスの一部とみなされうるだろう」[306]として、かかる介入を無条件に甘受してしまうのである。このような、パターナリズムに基づいた思考方法は、患者の治療拒否も憲法上保障された権利であるという点を看過した解釈といわざるをえない[307]。

2　傷害構成要件における「二元的」解決：ホルンの議論

　つぎに、ホルンの議論、つまり「二元的」解決を再度取り上げる[308]。ホルンは、傷害罪の保護法益として、自己決定権と身体の統合性という2種類の法益を挙げ、これらの法益を峻別するよう主張する。これによると、治療行為の傷害 (とくに虐待) 構成要件該当性を阻却する際には、もっぱら自己決定権のみが問題となる[309]。

303　本節第2款第3項（本書274頁以下）参照。
304　もっとも、治療行為の成功・失敗を判断メルクマールとする「結果説」は、本書の立場からは支持できない。以下の叙述は、あくまでもレナウの問題設定に即した検討である。結果説に対する疑問点につき、第2章第4節第2款第2項2（本書142頁以下）参照。
305　*Rönnau*, a. a. O. (Anm. 186), S. 107.
306　*Rönnau*, a. a. O. (Anm. 186), S. 106.
307　*Fateh-Moghadam*, a. a. O. (Anm. 186), S. 95.
308　ホルンの「二元的」解決につき、第2章第3節第2款第4項3（本書129-130頁）参照。
309　したがって、患者の有効な承諾があれば、そのことだけで虐待の客観的構成要件が欠落する。

しかし、ホルンの法益理解は、治療行為が身体的基体への介入をともなうという事実を軽視している、というほかない。なぜなら、患者の身体に対する自己決定権は、その者に帰属する身体的・生物学的基盤と分かちがたく結びついているからである。身体的基体という事実的基盤から遊離した自己決定権を観念する見解は、法益概念の過度の主観化をもたらすおそれがある。

　加えて、ホルンは、健康損害による自己決定権の侵害をさほど重視していないようであるが、ドイツ刑法223条の文言上、そのような解釈は難しいように思われる。なぜなら、先に明らかにしたように[310]、223条の傷害構成要件において身体的虐待と健康損害はきわめて緊密な関係に立つからであるし、また、健康損害の枠内における「自己決定権」の侵害を軽視する解釈は、「健康を『害し』」という構成要件要素の語義にそぐわないからである[311]。

3　唯一の法益としての「自律的支配」：シュミットホイザーの議論
（1）法益論的枠組み

　ついで、エベルハルト・シュミットホイザー（Eberhard Schmidhäuser）[312]の議論に目を向けてみよう。シュミットホイザーによれば、法益とは、具体的な因果的事象によって侵害される客体ではなく、生命・健康・自由・財産等から生じ、人の意思に向けられる尊重要求（Achtungsanspruch）である。このような法益概念の基礎には「財」という一般的概念があり、そこでは、個人や社会にとって価値のあることが予定されている。それとともに、このことは、各人に向けられている尊重要求を含んでおり、法益とは、まさにそのように理解された財、すなわち尊重要求にほかならない[313]。以上のような法

　　SK-*Horn*/*Wolters*, a. a. O.（Anm. 33），§ 223 Rn. 36 参照。
310　前節第4款第3項（本書259頁）参照。
311　*Tag*, a. a. O.（Anm. 51），S. 196 参照。
312　シュミットホイザーの所説につき、第2章第3節第2款第3項1（本書121頁）参照。
313　*Eberhard Schmidhäuser*, Zur Systematik der Verbrechenslehre: Ein Grundthema Radbruchs aus der Sicht der neueren Strafrechtsdogmatik, in: Gedächtnisschrift für Gustav Radbruch, Göttingen 1968, S. 268 ff., 277〔紹介として、中義勝＝垣口克彦「シュミットホイザー『犯罪論の体系』――新しい刑法理論からみたラードブルフのライトモティーフ――」関西大学法学論集20巻6号（1971年）116頁以下、120-121頁〕; *ders*., Strafrecht Allgemeiner Teil, Lehrbuch, 2. Aufl., Tübingen 1975, 2／30, 6／6, 8／28 参照。シュミットホイザーの法益論につき、井田良

益概念を前提に、シュミットホイザーは、あらゆる個人的法益に妥当する唯一の法益として、特定の行為客体に対して「権限を有する者の自律的支配(autonome Herrschaft des Berechtigten)」を掲げるのである[314]。

（2）具体的帰結とその問題点

しかし、シュミットホイザーの法益理解からは、傷害罪や殺人罪のような個人的法益に対する罪は、その唯一の保護法益としての「自律」としか関係をもたないこととなる。このように、法益における「個人の自律」の意義を強調しすぎるのであれば、個人的法益に対する罪はすべて、自由に対する罪に還元されかねない[315]。この帰結には明らかに問題がある。

さらに、シュミットホイザーは、法益処分の限界を「人間の尊厳」に求め、生命・身体法益に関しては、個人の自律に対する尊重要求が欠ける、とする。しかし、これによると、法益処分権を制限するのは、最終的には「自律」に帰着する。それゆえ、このような制限を必要とする点で、シュミットホイザーは、その当初の構想を貫徹できていないように思われる[316]。

4 修正結果説とその法益観：エーザーの議論をめぐって

最後に、アルビン・エーザー（*Albin Eser*）の修正結果説とそれを支える法

「E・シュミットホイザーの犯罪理論について」法律学研究9号（1978年）52頁以下、66-67頁、長谷川裕寿「『合意』と『承諾』との区別の意義（二）」明治大学大学院法学研究論集8号（1998年）53頁以下、63頁以下も参照。

314 *Schmidhäuser*, a. a. O. (Anm. 313), AT (Lehrbuch), 8/124. シュミットホイザーの不法構成要件論との関係は、*ders.*, Der Unrechtstatbestand, in: Festschrift für Karl Engisch, Frankfurt am Main 1969, S. 433 ff.〔紹介として、久岡康成「シュミットホイザー『不法構成要件について』」法学論叢（京都大学）87巻1号（1970年）77頁以下〕に詳しい。

315 *Günter Stratenwerth/Lothar Kuhlen*, Strafrecht Allgemeiner Teil, 6. Aufl., München 2011, § 9 Rn. 5. シュミットホイザーの議論に対し、法益概念の精神化を指摘するのは、*Albin Eser*, Rechtsgut und Opfer: Zur Überhöhung des einen auf Kosten des anderen, in: Festschrift für Ernst-Joachim Mestmäcker, Baden-Baden 1996, S. 1005 ff., 1017 f.〔邦訳として、アルビン・エーザー（甲斐克則訳）「法益と被害者——他方を犠牲にして一方をより高めることについて——」アルビン・エーザー（甲斐克則編訳）『「侵害原理」と法益論における被害者の役割』（2014年・信山社）123頁以下、151-152頁〕である。

316 *Hirsch*, a. a. O. (Anm. 131), in: FS Welzel, S. 784〔ヒルシュ（石原訳）・前出注（181）217-218頁〕。シュミットホイザー法益論とその批判的検討として、曾根威彦「「被害者の承諾」と犯罪論体系——被害者の承諾・その二——」早稲田法学53巻1・2号（1978年）67頁以下、83頁以下〔同・前出注（39）『刑法における正当化の理論』225頁以下所収、238頁以下〕、川原・前出注（284）「（一）」234頁以下、「（二・完）」370頁以下、伊東・前出注（216）294頁以下、須之内・前出注（216）『刑法における被害者の同意』64頁以下参照。

益観を確認し、わが国の議論とも比較しつつ、傷害罪における法益のとらえ方という観点から批判的検討を加える。第2章第4節第2款第2項2（本書142頁以下）で予告したように、本書の理論構想からは、（修正）結果説の思考方法には与しえない。以下では、身体法益論の観点からその根拠を示す。

（1）修正結果説の基本構想

エーザーの修正結果説は、結果説の枠組みをベースとしながら、その行為が身体に対する「重大な侵害」を惹起するかどうか、に着目する所説である。これによれば、成功した治療行為は、それが身体に対する重大な侵害もしくは機能の喪失、またはこれらに類する深刻な人格変更をもたらさないかぎり、傷害罪の構成要件に該当しない。これに対して、患者の身体・健康の改善をもたらす行為であっても、四肢の切断や身体機能の変更・停止のような、患者の身体にとって重大な侵害である場合は、身体の統合性を保護するために患者の承諾[317]が必要であり、これを得てはじめて傷害罪の構成要件該当性が阻却される。

このように、エーザーの修正結果説は、患者の身体に対する「重大な侵害」をメルクマールとして、傷害構成要件の枠内で身体に対する自己決定権を保護しようとするのである。このかぎりで、エーザー説は、正確にいえば、身体侵害モデルと自由侵害モデルのどちらにも属さない、まさに中間的な立場といえる。

（2）わが国への継受とその展開：佐伯仁志と辰井聡子の議論

第1章でみたように、エーザーの修正結果説から着想を得てわが国でこの議論を展開したのは、佐伯仁志である。そして、佐伯の議論を「身体利益」概念の分析によって精緻化し、これにより日本法の到達点を示したのが、辰井聡子である。以下では、エーザー説を基礎とする佐伯と辰井の議論を批判的に検討し、身体法益の理論構造を明らかにするための示唆を得る。

①佐伯仁志による構成要件該当性の部分的否定　まず、佐伯仁志の理論枠組みから再確認しよう。佐伯は、①傷害罪の保護法益には、身体の健康だけ

---

[317] より正確にいえば、違法性を阻却する承諾（Einwilligung）ではなく、構成要件該当性を阻却する合意ないし了解（Einverständnis）である。エーザーによると、治療行為の際に要求される患者の「了解」と、判例が要求する「承諾」は、本質的には同義の概念である。Sch/Sch²⁹-*Eser/Sternberg-Lieben*, a. a. O.（Anm. 118），§ 223 Rn. 37 参照。

でなく身体の形態・機能も含まれる、②身体の枢要な部分・機能に対する自己決定権は健康の利益に優先する、という2つの命題を呈示し、つぎのように結論づける。すなわち、「専断的治療行為は、身体の枢要な部分や機能を恒久的に失わせてしまうような場合には傷害罪の構成要件に該当するが、そうでない場合には、全体として健康状態を改善する行為である限り傷害の結果が存在せず、傷害罪の構成要件に該当しない」、と[318]。

このように佐伯は、身体（とくにその枢要部分）は生命に近い性質を有しているとの前提理解から[319]、四肢の切断や舌の切除をともなう身体の枢要部分・機能を毀損するような専断的治療行為には傷害罪が成立する、と主張する。身体の枢要部分や重要な機能に体系上異なる意味づけを与える点で、佐伯の議論枠組みはエーザーのそれと同質である。

②辰井聡子による主観的利益の刑法的取扱い　つぎに、辰井聡子の「身体利益」論を確認する。辰井によれば、傷害罪における「身体」利益には、①生存の基礎としての健康状態に関わる利益と、②外観・生活機能によってもたらされる、人格にあずかる利益の2種類があり、両利益の衡量にあたっては、原則として①の利益が優先される[320]。むろん、②の利益も考慮されるが、その判断はつぎのように行われる。すなわち、外観や生活機能のうち、「身体の枢要部分の外観や基本的な生活機能の如何」に関わる場合や、「人格にとって本質的な影響をもちうる基本的部分の変更を伴う場合」には、本人の意思を考慮しなければ、当該利害の衡量を行うことはできない。たとえば、四肢の切断をともなう専断的治療行為の場合には、身体の枢要部分の外観や基本的な生活機能に対する主観的利益、つまり②の利益が①の利益よりも優先されるため、当該行為は傷害罪により処罰されうる[321]。

かくして、辰井は、佐伯の議論枠組みを受け継ぎ、身体の枢要部分や基本

318　佐伯仁志「違法論における自律と自己決定」刑法雑誌41巻2号（2002年）74頁以下、77頁。同・前出注（3）125頁も同旨。
319　佐伯仁志『刑法総論の考え方・楽しみ方』（2013年・有斐閣）206頁。
320　辰井・前出注（236）365-366頁。さらに、同「治療不開始／中止行為の刑法的評価――『治療行為』としての正当化の試み」法学研究（明治学院大学）86号（2009年）57頁以下、62-63頁、同「終末期医療と刑法」明治学院大学法律科学研究所年報25号（2009年）21頁以下、27頁も参照。
321　辰井・前出注（236）365頁。さらに、同・前出注（320）「治療不開始／中止行為の刑法的評価」62-63頁、同・前出注（320）「終末期医療と刑法」27頁も参照。

的な生活機能を、刑法上より手厚く保護しようとする。その際、辰井は、主観的身体利益の衡量方針を場面ごとに使い分け、専断的治療行為の処罰範囲を限定しようと試みるのである。

（3）批判的検討

以上のように、エーザーおよび佐伯・辰井は、身体の枢要な部分や基本的な生活機能に対する侵害と、それ以外の身体の部分・機能に対する侵害とを区別し、それぞれに犯罪論上異なる意味づけを与えている。しかし、エーザーおよび佐伯・辰井の所説に対しては、いくつかの看過できない批判も向けられている。そこで以下では、エーザーの修正結果説を批判的に検討し、これによって同説をベースとする佐伯説と辰井説の構造的欠陥を逆照射する。

修正結果説に対する批判は、第1に、「重大な侵害」という区別基準の不明確さに対する批判、第2に、患者の自己決定権の適用範囲を限定することへの批判、に集約できる。

①区別基準の過度の不明確さ　第1が、「重大な侵害」概念をめぐる批判である。これは、「重大な侵害」基準による限界づけがあまりにも不明確である、という趣旨の批判である。たとえば、カール・ハインツ・ゲッセル (*Karl Heinz Gössel*) ＝ディーター・デリンク (*Dieter Dölling*) は、エーザーの基準によるならば、たとえば、「どれほどの量の半月板が、承諾を得ずに摘出されてよいのか」として、この基準に疑問を呈する[322]。たしかに、何をもって「重大」とみるか、「身体の枢要部分」とは具体的には何を指すのかは、必ずしも明らかでない。そのかぎりで、ゲッセル＝デリンクの疑問は正鵠を射ている。

しかも、エーザーは、この概念を説明するために、「基体への侵害 (Substanzverletzung)」、「基体を侵害する取扱い (substanzverletzende Behandlung)」[323]、「基体に対する重大な変更 (wesentliche Substanzveränderung)」[324]、「重大な基体の喪失 (Substanzverlust)」[325]、「基体に対する損害 (Substanzeinbuße)」[326]、「基体への

322　*Gössel/Dölling*, a. a. O. (Anm. 31), § 12 Rn. 77.
323　Sch/Sch²⁹-*Eser/Sternberg-Lieben*, a. a. O. (Anm. 118), § 223 Rn. 49.
324　Sch/Sch²⁹-*Eser/Sternberg-Lieben*, a. a. O. (Anm. 118), § 223 Rn. 32 f. さらに、*Eser*, a. a. O. (Anm. 183), S. 8〔エーザー（上田訳）・前出注(183) 8頁〕は、「基体を変更する侵襲 (substanzverändernder Eingriff)」と表現する。

侵襲（Substanzeingriffe）」[327]といったそれぞれ微妙に異なる説明を付している。しかし、このようにわざわざ異なる表現を用いたことで、エーザーは、「重大な侵害」の概念をかえって不明瞭にしているように思われる。

この基準の問題点は、専断的輸血事例[328]を処理する際にさらに鮮明となる。これによれば、エーザーは、患者の承諾を得ずに行われる輸血行為につき傷害罪の構成要件該当性を肯定するが[329]、この結論は、およそ輸血行為が身体に対する「重大な侵害」にあたることを意味する。しかし、エーザーが輸血時に行われる穿刺行為それ自体、つまり侵襲行為それ自体を「重大な侵害」と断定する点に関しては、疑問の余地があるように思われる。

このような疑問は、佐伯と辰井の議論枠組みに対しても、事実上かなりの部分があてはまる。まず、佐伯は、輸血のために体に針を刺す行為を、「身体の枢要な部分や機能を恒久的に失わせてしま」わない場合であるとし、当該行為が、傷害罪の構成要件をもとより充足しない、と示唆する[330]。だがこの点で、佐伯とエーザーの間には、「枢要」ないし「重大な侵害」の概念理解をめぐって不一致が生じている。たしかに、佐伯の理論枠組みは、エーザーのそれを完全に踏襲しているわけではない。しかし、同質の枠組みを支持するはずのエーザー説と佐伯説においてですら、当該概念の評価をめぐって齟齬が生じている。このような齟齬は、「枢要」ないし「重大な侵害」の概念が、実践的には有効に機能しえないことの証左ではないだろうか。

これに対して、辰井は、「人格にとって本質的な影響をもちうる基本的部分の変更」というメルクマールを投入し、患者が輸血に特別な利益を認める

325　*Albin Eser*, Heileingriff-ärztliche Aufklärungspflicht-Sterilisation und Kastration-Transplantation, in: Albin Eser, Juristischer Studienkurs, Strafrecht III, 2. Aufl., München 1981, 7 A 10 (S. 87 ff., 90).
326　Sch/Sch[29]-*Eser/Sternberg-Lieben*, a. a. O. (Anm. 118), § 223 Rn. 32.
327　*Eser*, a. a. O. (Anm. 183), S. 7〔エーザー（上田訳）・前出注（183） 7頁〕; Sch/Sch[29]-*ders./Sternberg-Lieben*, a. a. O. (Anm. 118), § 223 Rn. 33.
328　この事例につき、*W. Eauer*, a. a. O. (Anm. 40), S. 77 参照。
329　Sch/Sch[29]-*Eser/Sternberg-Lieben*, a. a. O. (Anm. 118), § 223 Rn. 52 参照。
330　佐伯（仁）・前出注（318）77頁は、「専断的治療行為が傷害になるという通説の立場からは、……輸血のために体に針を刺すことや手術は、明らかに傷害罪の構成要件該当性が認められるであろう。しかし、それでよいのであろうか。……輸血のために針を刺す行為や、身体の枢要部分ではないガン細胞の切除がいかなる意味で傷害なのかについては、もっと検討されるべきであろう」とする。

際に、当該患者の意思を適切に顧慮しようと試みる。しかし、専断的輸血によって「基本的」部分が「変更」されるとは、いかなる状態を意味するのか。また、身体の「基本的」部分とは、具体的には、いかなる部分を指すのだろうか。たとえば、数10ccから数100ccの血液を輸血する行為によって、その「基本的」部分がいかなる意味で「変更」されるかは、必ずしも自明でない。なるほど、辰井は、高熱で苦しんでいる患者に解熱剤を注射するといったそれ自体軽微で治療効果の高い行為には、およそ傷害罪が成立しえない、と主張する[331]。しかし、輸血行為も解熱剤の注射行為もともに、一定量の血液ないし医薬品を身体に直接注入し、患者の健康を危殆化する（が、その後に健康を維持・回復する）行為である[332]。このかぎりで、これらの行為は、規範的には同質というべきではないか。

以上のように、いかなる行為が「重大な侵害」と呼べるのか、また、そもそも「重大な侵害」行為が構成要件実現にとってなぜ重要であるのかにつき[333]、その理論的根拠は必ずしも明らかでない。

②患者の自己決定権の矮小化　第2が、患者の自己決定権の適用範囲をめぐる批判である。エーザーの所説によると、健康状態の悪化や重大な侵害をもたらさない侵襲行為は、傷害罪の客観的構成要件を充足しない。また、患者の健康状態を悪化させる行為であっても、治癒結果を志向する医師の意思が傷害の故意を阻却し、構成要件に該当しない。さらに、レーゲ・アルティスに則って行われた治療行為も、傷害罪の構成要件にそもそも該当しない[334]。

以上の理解によると、成功はしたが、四肢の切断や重要な身体機能の変

331　辰井・前出注（236）350-351頁（それにもかかわらず、同361頁は、「とくに緊急性もないのに、他人が眠っている隙に、勝手に他人の疾患を治療する行為は、たとえその際の侵襲が比較的軽微であっても、当然傷害罪に該当すると考えなければならない」とする）、同・前出注（320）「治療不開始／中止行為の刑法的評価」63頁参照。

332　たしかに、注射による身体への侵襲それ自体は軽微であるが、そうだとしても、意思に反する有形力の行使があれば、暴行罪や傷害罪が成立しうるはずである。髙山佳奈子「医行為に対する刑事規制」法学論叢（京都大学）164巻1〜6号（2009年）362頁以下、374頁注（21）参照。

333　LK[11]/*Lilie*, a. a. O. (Anm. 29), Vor § 223 Rn. 4; *Gössel/Dölling*, a. a. O. (Anm. 31), § 12 Rn. 77; *Gunnar Duttge*, in: Dorothea Prütting (Hrsg.), Medizinrecht Kommentar, 4. Aufl., Köln 2016, § 223 StGB Rn. 20 参照。

334　*Eser*, a. a. O. (Anm. 183), S. 7〔エーザー（上田訳）・前出注（183）7頁〕。

更・喪失をともなう専断的治療行為においてのみ、傷害罪の枠内で自己決定権が保護される[335]。その反面、そうした結果をともなわない他の行為はすべて、(事実上、成立可能性がきわめて低い) 自由に対する罪が問題となるにすぎず、傷害罪による自己決定権の保護は否定される。その結果、エーザー説によると、自己決定権の保護範囲がむしろ制限されてしまうのである[336]。では、果たしてそれでよいのだろうか。

たとえば、すでに正常に機能しなくなった腎臓の一部を切除したという事例を考えてみよう。この事例の処理に際して、エーザーは、当該侵襲による最終的な肯定的結果をとらえて、傷害罪の構成要件にあたらないとの評価を下すはずである。佐伯の結論も同様と思われる[337]。しかもエーザーによれば、当該疾病が治癒されず、最終的に否定的な結果が生じても、治癒の意図が傷害罪の主観的構成要件を脱落させる。つまり、エーザーは、身体に対する「重大な」変更・喪失がある場合にのみ、患者の自己決定権を積極的に保護するのである。

しかし、エーザーや佐伯のように傷害構成要件該当性を部分的に否定するにせよ、辰井のように基本的な生活機能が変更された際に患者の主観的利益を衡量要素とするにせよ、およそ身体という現実的・事実的利益が侵害された以上は、傷害罪の枠内で保護される「自己決定権」も侵害されたといえるのではないだろうか。なぜなら、傷害結果が「重大」、「基本的」ないし「本質的」か否かにかかわらず、身体という経験的現実性を有する客体を侵害した点、およびそれに対する自己決定権を侵害した点で、現行傷害罪の枠内で違いは生じえないからである。

このように、自己決定権の保護を身体の「重大な」変更・喪失や、「本質的な」身体変化が生じた場合に限定する解釈は、法益論的基礎づけを欠く。この意味で、町野朔による以下の指摘は正鵠を射ている。

---

[335] *Eser*, a. a. O. (Anm. 325), III 7 A 9, 11 (S. 90); Sch/Sch²⁹–*ders./Sternberg-Lieben*, a. a. O. (Anm. 118), § 223 Rn. 31 f., 33.

[336] *Maria-Katharina Meyer*, Ausschluß der Autonomie durch Irrtum, Köln/Berlin/Bonn/München 1984, S. 211.

[337] これに対して、辰井・前出注 (236) 365頁は、「身体の枢要部分の外観や基本的な生活機能の如何 (四肢の有無、経口で食事をとることができるか等)」に関わる場合を考慮するが、その具体的帰結は必ずしも明らかでない。

「患者の身体に生じた結果が『本質的な身体変化』に至らないものであっても、それが『傷害』である以上、その結果をもたらした治療行為に傷害罪の構成要件該当性を否定することはできない。また結論的にも、化膿した指を専断的に切除する行為は傷害罪になるが、専断的な腎石の除去、心臓手術は一切傷害罪ではないというのは、均衡を失している[338]。」

さらにいえば、自己決定権を保護するか否かの分水嶺となるはずの「重大な侵害」や「身体の枢要な部分・機能」というメルクマールが、多種多様な治療行為[339]を把握するうえで有効に機能しうるかは、疑問である[340]。以上の検討からすると、エーザーおよびそれを受け継ぐ佐伯と辰井の理論枠組みも、理論的にも実践的にも看過できない問題点を含んでいる。

第4款　ドイツ民法および憲法からのアプローチ

ここまで、傷害罪の法益論をめぐる2つの潮流を概観してきたが、ドイツには、とくに新たな潮流に関する文脈で、民法や基本法の学説を参照する文献が少なからず存在する。なぜなら、新たな潮流は、民法や基本法のそれを参照しながら形成されたという経緯があるからである[341]。そのため、新たな潮流の内容を十分に咀嚼するためには、刑法の補充性・断片性・謙抑性を考慮しながらも[342]、民法と憲法上の議論にもある程度立ち入る必要がある。

そこで以下では、あらぬ誤解をおそれつつも、ドイツ民法（第1項）と基

338　町野・前出注（1）95頁。ここで同302頁注（44）は、*Hans Joachim Hirsch*, Soziale Adäquanz und Unrechtslehre, ZStW 74 (1962), S. 78 ff., 102 f. を引用している。
339　治療行為の規範構造を把握するうえで、武藤・前出注（8）261頁が、これを、①治療行為の手段としての侵襲（外科手術によって身体組織を傷つけること）と、②治療行為の結果として発生する法益侵害（手術の結果生じる健康状態の全体的・一部的悪化）の二重構造ととらえるのは示唆に富む。
340　以上につき、LK10/*Hirsch*, a. a. O. (Anm. 33), Vor § 223 Rn. 4; *ders.*, a. a. O. (Anm. 107), S. 358 f.; LK11/*Lilie*, a. a. O. (Anm. 29), Vor § 223 Rn. 4 も参照。
341　たとえば、*Gert Brüggemeier*, Deliktsrecht, Baden-Baden 1986, Ziff. 701 の「二重の保護法益論（Lehre vom doppelten Schutzgut）」は、ドイツ民法823条1項の「身体」の解釈をめぐって、新たな潮流とパラレルな議論を展開する。*Michael Terbille*, Anmerkung zum Urteil des OLG Jena, Urteil v. 3. 12. 1997 (4 U 687/97), VersR 1999, S. 235 f., 236 も同旨か。
342　たとえば、*Schreiber*, a. a. O. (Anm. 283), S. 189 は、新たな潮流に属するタークの議論に対して、ドイツ民法823条1項にいう「身体」をめぐる不法行為法学説を援用してまで、患者の自己決定権を刑法で保護する必要があるのか、としてその方法論に疑問を呈する。

本法（第2項）の議論をごく簡潔に確認する。こうした作業をつうじて、ドイツ法の思考方法をより立体的に把握することができるだろう。

第1項　ドイツ民法からのアプローチ

1　ドイツ不法行為法上の議論

まず、ドイツ民法、とくに不法行為法からみていこう。そのための端緒として、ドイツ民法823条の条文を以下に掲げる[343]。

> **ドイツ民法823条（損害賠償義務）1項**
> 　故意又は過失により他の者の生命、身体、健康、自由、所有権又はその他の権利を違法に侵害した者は、その者に対しこれにより生じた損害を賠償する義務を負う。

本条項にいう「身体」「健康」の解釈をめぐって、有力説は、「身体」を人格的・肉体的領域の不可触性（Unantastbarkeit）の意味で、そして「健康」を身体機能の総体（Inbegriff）の意味でとらえつつ[344]、自己の身体に対する権利をもっとも根源的な人格権として位置づける。たとえば、エルヴィン・ドイチュ（Erwin Deutsch）は、身体・健康法益が人格権の一部として保護されているとし[345]、ヨッヘン・タウピッツ（Jochen Taupitz）は、身体概念を、

343　ドイツ民法823条の訳出にあたっては、神戸大學外國法研究會編（柚木馨著＝上村明廣補遺）『現代外國法典叢書（２）獨逸民法〔Ⅱ〕債務法〔復刊版〕』（1955年・有斐閣）789頁、E. ドイチュ＝H.-J. アーレンス（浦川道太郎訳）『ドイツ不法行為法』（2008年・日本評論社）323頁以下等を参照したが、必ずしも同一ではない。

344　*Gottfried Schiemann*, in: Erman Bürgerliches Gesetzbuch, Bd. II, 14. Aufl., Köln 2014, § 823 Rn. 17 ff.; *Arndt Teichmann*, in: Jauernig Bürgerliches Gesetzbuch, 16. Aufl., München 2015, § 823 Rn. 3 のほか、前出1993年11月9日判決（BGHZ 124, 52 [54 f.]）参照。さらに、*Larenz/Canaris*, a. a. O. (Anm. 173), S. 377〔ラーレンツ／カナーリス（ドイツ不法行為法研究会訳）・前出注（173）235-236頁〕; *Dieter Medicus/Stephan Lorenz*, Schuldrecht II, Besonderer Teil, 17. Aufl., München 2014, Rn 1272 f.; *Johannes Hager*, in: Staudingers Kommentar zum Bürgerlichen Gesetzbuch, Bd. 2, Berlin 2017, § 823 B Rn. 8, 20; *Gerhard Wagner*, in: Münchener Kommentar zum Bürgerlichen Gesetzbuch, Bd. 6, 7. Aufl., München 2017, § 823 Rn. 173 ff., 177 ff. も参照。

345　*Erwin Deutsch*, Das Persönlichkeitsrecht des Patienten, AcP 192 (1992), S. 161 ff., 165 f. さらに、*ders./Hans-Jürgen Ahrens*, Deliktsrecht, 6. Aufl., München 2014, Rn. 231 ff.〔第4版の邦訳として、ドイチュ＝アーレンス（浦川訳）・前出注（343）121頁以下〕も参照。ドイチュの議論につき、小池泰「説明と同意（一）——医師の責任の合理的範囲をめぐって——」法学論叢（京都大学）141巻3号（1997年）69頁以下、76頁以下参照。

「生物学的統一性・総体性において（不可分の）物質（Materie）によって限定的に保護されている統一体」[346]と定義する。また、別の論者は、身体が身体状態の統合性という静的な状態であり、健康が動的な意味での生理学上の経過である、とする[347]。そして以上を受けて、ヨハネス・ハーガー（Johannes Hager）は、本条の「保護法益は、身体状態に関する自律的決定である」[348]と総括する。

さらに判例も、自己の身体・健康に対する権利を、人格権の基礎であると解する。たとえば、連邦通常裁判所1993年11月9日判決は、民法823条にいう「身体」とは、「物質」それ自体を指すのではなく、「身体的状態において物質化される人格の存在領域と決定領域」[349]をいう、と判示している。

2 家族法における懲戒権との関係

本節の問題設定との関連では、家族法における懲戒権（Züchtigungsrecht）をめぐる議論にも触れておく必要がある。なぜなら、ドイツ法は、刑法223条にいう「虐待」と、民法1631条2項の虐待禁止規定との関係をつとに問題としてきたからである[350]。

（1）ドイツ民法1631条2項の改正

まず、ドイツ家族法のうち、本書の関心対象となる条文を以下にまとめて記載する。

---

346 *Jochen Taupitz*, Der deliktsrechtliche Schutz des menschlichen Körper und seiner Teile, NJW 1995, S. 745 ff., 745. 圏点は原文でイタリック体である。さらに、*ders.*, Wem gebührt der Schatz im menschlichen Körper?−Zur Beteiligung des Patienten an der kommerziellen Nutzung seiner Körpersubstanzen−, AcP 191（1991）, S. 201 ff., 202 ff.〔関連する邦訳として、タウピッツ（一木訳）・前出注（26）173頁以下〕も参照。
347 *Erich Steffen*, in: BGB-RGRK, Bd. II, 5. Teil, 12. Aufl., Berlin 1989, § 823 Rn. 8 f., 10; *Hartwig Sprau*, in: Palandt Bürgerliches Gesetzbuch, 76. Aufl., München 2017, § 823 Rn. 4 f. 参照。
348 Staudinger/*Hager*, a. a. O.（Anm. 344）, § 823 B Rn. 8. 圏点は原文で太字である。さらに、BGB-RGRK¹²/*Steffen*, a. a. O.（Anm. 347）, § 823 Rn. 9 も参照。
349 BGHZ 124, 52 [54]. 本判決につき、前出注（26）も参照。さらに、連邦通常裁判所1980年3月18日判決（BGHZ 76, 249）、同1995年6月27日判決（BGH NJW 1995, 2407 [2407 f.]）参照。
350 BT-Drs. 12/6343, S. 14 f. 参照。

> **ドイツ民法1626条（親の配慮、諸原則）1項**
>   親は、未成年の子のために配慮する義務を負い、権利を有する（親の配慮）。親の配慮は、子の身上のための配慮（身上配慮）と子の財産のための配慮（財産配慮）とを含む。
> **同1627条（親の配慮の行使）**
>   親は、自己の責任と相互の協力によって、子の福祉（Wohl des Kindes）のために親の配慮を行使しなければならない。……
> **同1631条（身上配慮の内容及び限界）2項**
>   子は、暴力なき教育を受ける権利（Recht auf gewaltfreie Erziehung）を有する。体罰、精神的侵害及びその他の屈辱的な措置は許されない。

　ドイツでは、2000年11月2日の「教育からの暴力の排除と子の扶養法の改正に関する法律（Gesetz zur Ächtung der Gewalt in der Erziehung und zur Änderung des Kindesunterhaltsrechts）」、いわゆる暴力排除法による民法典改正によって、民法1631条2項が改正された[351]。これまで、懲戒権は、慣習法上承認された正当化事由の1つとされてきたが[352]、この改正により、立法者は、憲法上保障された教育権の限界をはじめて明文化したのである。

（2）刑法223条との関係

　民法1631条2項は、刑法の解釈に対しても影響力をもつ。なぜなら、親の教育権や懲戒権という刑法上の正当化事由は、親の配慮に関する民法1626条や、その行使に関する1627条からも読み取られてきたからである。

351　BGBl. 2000 I 1479. 民法典改正の経緯と内容は、岩志和一郎「ドイツ『親子関係法改正法』草案の背景と概要」早稲田法学72巻4号（1997年）37頁以下、同「ドイツの新親子法（上）（中）（下）」戸籍時報493号（1998年）2頁以下、495号（1998年）17頁以下、496号（1999年）26頁以下、同「ドイツ親権法規定（仮訳）」早稲田法学76巻4号（2001年）225頁以下、同「暴力によらずに教育される子の権利――ドイツ民法のアピール――」早稲田法学80巻3号（2005年）1頁以下、同「ドイツの親権法」民商法雑誌136巻4・5号（2007年）65頁以下、同「子の権利の確保のための諸力の連携――ドイツ親権法の展開――」早稲田法学85巻2号（2010年）1頁以下、ドイツ家族法研究会「親としての配慮・補佐・後見（一）――ドイツ家族法注解――」民商法雑誌142巻6号（2010年）111頁以下、143頁〔右近健男〕に詳しい。以上の点につき、ケルン地方裁判所2012年5月7日判決（LG Köln NJW 2012, 2128）の評釈である、天田悠「信仰上の理由に基づく小児割礼と傷害罪の成否」早稲田法学89巻2号（2014年）91頁以下、95頁以下も参照。

352　Werner Beulke, Züchtigungsrecht-Erziehungrecht-strafrechtliche Konsequenzen der Neufassung des § 1631 Abs. 2 BGB, in: Festschrift für Ernst-Walter Hanack, Berlin/New York 1999, S. 539 ff., 540 f. 参照。

本条項の改正によって、体罰等の措置は、刑法223条の虐待構成要件を充足するようになった(353)。その一方で、具体的事情にふさわしい、子に対する適度な身体的懲戒は、223条の虐待を構成しない(354)。なお、純精神的な健康や健全感情（Wohlempfinden）は、傷害罪や過失傷害罪の保護領域に含まれない、とされている(355)。

第2項　ドイツ憲法からのアプローチ

つぎに、ドイツ憲法学の議論を確認する。ここでも、基本法の関連条文をまず掲げる。

> **ドイツ基本法1条（人間の尊厳、基本権による国家権力の拘束）1項**
> 　人間の尊厳（Würde des Menschen）は不可侵である。これを尊重し、かつ、保護することは、すべての国家権力の義務である。
> **同2条（行為自由、人身の自由）**
> 　1．各人は、他の者の権利を侵害せず、かつ、憲法的秩序又は道徳律に反しないかぎり、その人格の自由な発展を目的とする権利を有する。
> 　2．各人は、生命及び身体の不可侵に対する権利を有する。人身の自由は、不可侵である。これらの権利は、法律の根拠に基づいてのみ、これを侵害することが許される。

基本法は以上のように規定し、人間の尊厳条項を、すべての法分野の頂点に位置づける(356)。さらに、同法は、身体・健康に関する人間の尊厳を具体

353　*Beulke*, a. a. O.（Anm. 352）, S. 542 参照。これに対して、*Eb. Schmidt*, a. a. O.（Anm. 158）, JZ 1959, S. 519 は、教育目的で行われる懲戒はすべて、刑法223条の虐待構成要件に該当しない、とする。

354　*Beulke*, a. a. O.（Anm. 352）, S. 551; *Peter Huber*, in: Münchener Kommentar zum Bürgerlichen Gesetzbuch, Bd. 9, 7. Aufl., München 2017, § 1631 Rn. 23 f. 参照。刑法学説は、齊藤誠二『刑法講義各論Ⅰ［新訂版］（新訂6版）』（1982年・多賀出版）345頁以下、*Roxin*, a. a. O.（Anm. 212）, § 17 Rn. 37 ff.［邦訳として、山中敬一監訳『ロクシン刑法総論　第1巻［基礎・犯罪論の構造］【第4版】［翻訳第2分冊］』（2009年・信山社）268頁以下］に詳しい。刑法223条の虐待構成要件との関係につき、SK-*Horn/Wolters*, a. a. O.（Anm. 33）, § 223 Rn. 13; *Dieter Schwab*, Familienrecht, 24. Aufl., München 2016, Rn. 668〔第3版の邦訳として、D・シュヴァープ（鈴木禄弥訳）『ドイツ家族法』（1986年・創文社）239-240頁〕参照。

355　BT-Drs. 12/6343, S. 15.

356　詳細につき、田口精一「ボン基本法における人間の尊厳について」法学研究（慶應義塾大学）33巻12号（1960年）167頁以下〔田口精一『基本権の理論［田口精一著作集1］』（1996年・信山社）1頁以下所収。以下、引用は同書による〕、玉蟲由樹「人間の尊厳の客観法的保護」法学論

化するための特別な基本権として、一般的人格権（基本法2条1項）と、生命および身体の不可侵に対する権利（同2条2項）を掲げている。ここで問題となるのが、基本法2条2項の解釈である。

1 基本法2条2項をめぐる議論
（1）検討対象の選別
刑法223条の傷害罪規定に対応するのが、基本法2条2項である。同項第1文は、生命に対する権利とともに、身体の不可侵に対する権利を保護している[357]。以下で取り上げるべきは、この第1文をめぐる議論である。これに対して、同項第2文をめぐる議論は、本章の目的意識からみると重要性が低い。なぜなら、同項第2文は、身体に対する行動の自由を規律する条項であり、同条項にいう行動の自由は、身体に対する自己決定権や処分権と混同されてはならないからである[358]。

（2）身体の不可侵に対する権利の保護領域
基本法2条2項第1文が保護する「身体の不可侵に対する権利」の対象は、肉体の無傷性（Unverletztheit）のみならず、生物学的・生理学的な意味での健康[359]、すなわち、身体の形態・機能の正常さという意味での健康を

叢（福岡大学）56巻2・3号（2011年）155頁以下〔同『人間の尊厳保障の法理――人間の尊厳条項の規範的意義と動態』（2013年・尚学社）96頁以下所収。以下、引用は同書による〕、西野基継『人間の尊厳と人間の生命』（2016年・成文堂）8頁以下等参照。

357　詳細につき、*Eduard Kern*, Schutz des Lebens, der Freiheit und des Heims, in: Franz L. Neumann/Hans Carl Nipperdey/Ulrich Scheuner (Hrsg.), Die Grundrechte: Handbuch der Theorie und Praxis der Grundrechte, Bd. II, Berlin 1954, S. 51 ff., 60 f.; *Eberhard Schmidt-Assmann*, Anwendungsprobleme des Art. 2 Abs. 2 GG im Immissionsschutzrecht, AöR 106 (1981), S. 205 ff., 209; *Otfried Seewald*, Zum Verfassungsrecht auf Gesundheit, Köln 1981, S. 47 等参照。

358　*E. Kern*, a. a. O. (Anm. 357), S. 66 f.; *Andreas Hamann/Helmut Lenz*, Das Grundgesetz für die Bundesrepublik Deutschland vom 23. Mai 1949, 3. Aufl., Neuwied/Berlin 1970, Art. 2 B 10; *Philip Kunig*, in: Ingo von Münch/Philip Kunig (Hrsg.), Grundgesetz Kommentar, Bd. 1, 6. Aufl., München 2012, Art 2 Rn. 73. さらに、*Thorsten Kingreen/Ralf Poscher*, Grundrechte: Staatsrecht II, 32. Aufl., Heidelberg 2016, Rn. 463〔第15版の邦訳として、ボード・ピエロート＝ベルンハルト・シュリンク（永田秀樹＝松本和彦＝倉田原志ános訳）『現代ドイツ基本権』（2001年・法律文化社）142頁〕も参照。

359　*Hans-Ullrich Gallwas*, Zur Legitimation ärztlichen Handelns, NJW 1976, S. 1134 f., 1135; *Dieter Lorenz*, Recht auf Leben und körperliche Unversehrtheit, in: Josef Isensee/Paul Kirchhof (Hrsg.), Handbuch des Staatsrechts der Bundesrepublik Deutschland, Bd. VI, Heidelberg 1989, § 128 Rn. 16.

も含む⁽³⁶⁰⁾。問題は、身体の不可侵に対する権利の保護領域が、身体に対する自己決定権を含むかどうか、である。

　肯定説によれば、基本法2条2項第1文は、身体に対する処分の自由や自己決定権をも保護している⁽³⁶¹⁾。これに対して、否定説は、治療行為における患者の自己決定権を、2条2項第1文ではなく、2条1項の一般的人格権に帰属させる。この否定説は、個人の身体に対する侵襲からの保護よりも、その前提をなす自由裁量権を重視する立場といえる⁽³⁶²⁾。肯定説は、傷害罪の法益論をめぐる新たな潮流と、否定説は伝統的潮流とそれぞれ親和的である。

2　判例の立場

　連邦憲法裁判所判例は、「身体の不可侵」の内容を限定することに対して消極的な立場を示している。たとえば、連邦憲法裁判所1981年1月14日決定（航空機騒音事件）は、「肉体、魂および精神の統一体としての人（Menschen als einer Einheit von Leib, Seele und Geist）」⁽³⁶³⁾と定式化し、同1979年7月25日決定は、人の身体的・精神的統合性に対する決定が、人格にとってもっとも特有な領域に属するとしつつ、基本法2条2項第1文が客観的健康を超えた自己決定権の保護を目的としており、自律を保障し、自由を保護するための規定である、とする⁽³⁶⁴⁾。このように、判例の立場は、人格の自由な発展の権利⁽³⁶⁵⁾、

360　*Hamann/Lenz*, a. a. O.（Anm. 358）, Art. 2 B 9 ; *Georg Hermes*, Das Grundrecht auf Schutz von Leben und Gesundheit, Heidelberg 1987, S. 223 ; *Robert Francke*, Ärztliche Berufsfreiheit und Patientenrechte, Stuttgart 1994, S. 75, 77 ; *Kingreen/Poscher*, a. a. O.（Anm. 358）, Rn. 439〔ピエロート＝シュリンク（永田＝松本＝倉田訳）・前出注（358）134頁〕。

361　*Hamann/Lenz*, a. a. O.（Anm. 358）, Art. 2 B 9 ; *Hermes*, a. a. O.（Anm. 360）, S. 223 f. ; *D. Lorenz*, a. a. O.（Anm. 359）, § 128 Rn. 64 ; *Francke*, a. a. O.（Anm. 360）, S. 104 ; *Martin Koppernock*, Das Grundrecht auf bioethische Selbstbestimmung, Baden-Baden 1997, S. 52, 57 f.

362　*Rüdiger Zuck*, Der Standort der besonderen Therapierichtungen im deutschen Gesundheitswesen, NJW 1991, S. 2933 ff., 2933 参照。

363　BVerfGE 56, 54 [74 f.]. 本決定の紹介として、松本和彦「身体の不可侵の権利と立法者の改善義務——航空機騒音決定——」ドイツ憲法判例研究会編『ドイツの憲法判例（第2版）』（2003年・信山社）78頁以下等がある。さらに、小山剛「西ドイツにおける国の基本権保護義務」法学研究（慶應義塾大学）63巻7号（1990年）54頁以下〔同『基本権保護の法理』（1998年・成文堂）15頁以下所収〕も参照。

364　BVerfGE 52, 131 [171 ff., 175]. 本決定につき、本書117頁注（160）も参照。

365　田口精一「ボン基本法における人格の自由な発展の権利について」法学研究（慶應義塾大学）36巻11号（1963年）1頁以下〔同・前出注（356）『基本権の理論』77頁以下所収〕、妹尾雅夫「ドイツ連邦共和国憲法二条一項に於ける『人格の自由な発展を目的とする権利』について」早

つまり、自律侵害からの自由に対する消極的権利を前提としている[366]。

他方、判例によれば、とくに医療の分野では、自己の生命・身体にとっていかなるリスクを甘受するかは、患者だけがこれを決定できる[367]。たとえば、前出1979年7月25日決定は、以下のように判示する。

> 「基本法2条2項第1文の基本権は、単に各人の具体的な健康状態や疾患状態に応じてその不可侵を保護しているのではなく、人の肉体的・精神的統合性の範囲で、何よりも自由の保護を保障しているが、特別な健康の保護に限定されるわけではない。病者や身体障害者も、自身の肉体的・精神的統合性に対する十分な自己決定権を有するのである[368]。」

3 学説の立場

判例と同様、学説の多くも肯定説に与し、患者の自己決定権は、自己決定権一般の下位事例の1つとみなされるべきではなく、生命・身体の不可侵に対する権利（基本法2条2項第1文）に帰属されるべきである、とする[369]。この立場は、身体侵害モデルからの帰結であるが、患者の自己決定権が身体・生命に対する処分権以外の何物でもないことの証左でもある[370]。

この肯定説の立場は、傷害罪の法益論をめぐる新たな潮流と親和的である。それもそのはずである。なぜなら、基本法から（も）示唆を得て、これを刑法理論的に整序したのが、この新たな潮流だからである[371]。むろん、身体・健康法益の概念は、刑法のみならず、その上位規範にあたる憲法の理念[372]にも照らしてこれを解釈しなければならない[373]。

稲田政治公法研究11号（1982年）175頁以下、赤坂正浩「人格の自由な発展の権利」法学（東北大学）50巻7号（1987年）33頁以下、戸波江二「自己決定権の意義と射程」芦部信喜先生古稀祝賀『現代立憲主義の展開 上』（1993年・有斐閣）325頁以下、329頁以下等参照。

366 連邦憲法裁判所1993年9月22日決定（BVerfGE 89, 120 [130]）参照。さらに、本書110頁注(133)の連邦通常裁判所1957年11月28日判決（BGHSt 11, 111 [113 f.]. 第1筋腫事件）、本書110-111頁注(134)の同1958年12月9日判決（BGHZ 29, 46 [49]. 第2電気ショック事件）、本書111頁注(135)の同1959年1月16日判決（BGHZ 29, 176 [179 f.]. 放射線事件）も参照。

367 *Koppernock*, a. a. O. (Anm. 361), S. 52 f. 参照。

368 BVerfGE 52, 131 [171 ff., 173 f.]. 圏点は原文でイタリック体である。

369 *Koppernock*, a. a. O. (Anm. 361), S. 49.

370 町野・前出注（1）82頁参照。

371 *Amelung*, a. a. O. (Anm. 216), Die Einwilligung in die Beeinträchtigung eines Grundrechtsgutes, S. 30〔山名＝川口・前出注（216）「（二）」48-49頁〕; *Herbert Tröndle*, Selbstbestimmungsrecht des Patienten-Wohltat und Plage?, MDR 1983, S. 881 ff., 882 参照。

第5款　小　括：2つの潮流の意義と問題点

　以上、治療行為の問題を解決するための基礎理論的検討という観点から、民法学や憲法学の議論も参照しつつ、傷害罪の法益論をめぐる学説上の2大潮流、すなわち、傷害罪の法益論をめぐる伝統的潮流と新たな潮流の基本的枠組みおよびそのヴァリエーションを批判的に分析してきた。

　ドイツ法の伝統的潮流は、「傷害罪の保護法益は、生物学的・身体的不可侵のみであり、法益処分権ないし自己決定権を保護するわけではない」とする。しかし、身体とそれに対する自己決定権を截然と切りはなすのは妥当か、そもそもそれが可能かという点は、かねてから根強い批判にさらされてきた。それによれば、身体法益とそれに対する自由な処分権とをまったく無

372　Amelung, a. a. O. (Anm. 216), Die Einwilligung in die Beeinträchtigung eines Grundrechtsgutes, S. 28〔山名＝川口・前出注（216）「（二）」47-48頁〕；Joachim Vogel, Strafrechtsgüter und Rechtsgüterschutz durch Strafrecht im Spiegel der Rechtsprechung des Bundesverfassungsgerichts, StV 1996, S. 110 ff., 111. 連邦憲法裁判所1958年1月15日判決（BVerfGE 7, 198 [205]. リュート事件）〔本判決につき、川北洋太郎「基本的人権の第三者効力および言論の自由」我妻栄編集代表『ドイツ判例百選』(1969年・有斐閣) 50頁以下、木村俊夫「言論の自由と基本権の第三者効力――リュート判決――」ドイツ憲法判例研究会編・前出注（363) 157頁以下参照〕、同1969年7月16日決定（BVerfGE 27, 1 [6 f.]. マイクロセンサス事件）〔本決定につき、木村弘之亮「行政手続及び行政訴訟法における手続基本権の保障――聴聞請求権、情報自己決定権、公正手続請求権を中心に――」法学研究（慶應義塾大学）62巻12号（1989年）81頁以下、111-112頁、戸波・前出注（365) 337頁、松本和彦『基本権保障の憲法理論』(2001年・大阪大学出版会) 126頁以下参照〕、同1971年2月24日決定（BVerfGE 30, 173 [193]. メフィスト事件）〔本決定につき、保木本一郎「芸術の自由の憲法的統制――メフィスト決定――」ドイツ憲法判例研究会編・前出注（363) 190頁以下、玉蟲・前出注（356) 102頁以下参照〕。

373　もとよりこの点は、法益論全般に及ぶ課題であるが、これに対する十分な回答の準備は、現在の筆者にはない。詳細な検討は他日を期したい。内藤謙「保護法益、性質・分類・順序」平場安治＝平野龍一編『刑法改正の研究2　各則』(1973年・東京大学出版会) 38頁以下、39頁〔同・前出注（237)〕『刑法理論の史的展開』120頁以下所収、前出注（237) 167-168頁、嘉門優「刑事立法論の前提的考察――ドイツ刑法の近親相姦処罰規定を題材として――」斉藤豊治先生古稀祝賀『刑事法理論の探求と発見』(2012年・成文堂) 1頁以下、3頁参照。憲法の価値体系との調和を要求するのは、Albin Eser, The Principle of "Harm" in the Concept of Crime: A Comparative Analysis of the Criminally Protected Legal Interests, 4 Duq. L. Rev. 345, 399-400 (1966)〔邦訳として、アルビン・エーザー（甲斐克則訳）「犯罪概念における『侵害』原理（一）～（七・完）――刑法上の保護法益の比較分析――」広島法学18巻2号（1994年）155頁以下、18巻3号（1995年）197頁以下、18巻4号（1995年）301頁以下、19巻1号（1995年）225頁以下、19巻2号（1995年）125頁以下、132頁以下、19巻3号（1996年）207頁以下、19巻4号（1996年）305頁以下〔エーザー（甲斐編訳）・前出注（315) 3頁以下所収、92頁以下〕である。エーザー理論の批判的検討として、伊東・前出注（216) 351頁以下も参照。

関係に理解するのは不適当であり、身体に対する法益主体の自己決定権も傷害構成要件によってともに保護されている、というのである。

このような批判を理論的に定式化したのが、法益論をめぐる新たな潮流である。この潮流は、最大公約数的にいえば、「傷害罪の法益は、『身体』とともに、それに対する処分権ないし自己決定権をも含む」とする立場である。しかし、この潮流が身体法益を担う個人の意思を広く「法益」概念に取り込み、このような意思それ自体が当該法益の核心をなすというならば、法益概念の過度の主観化をもたらし、現行法における身体に対する罪と自由に対する罪との区別を掘り崩してしまうだろう[374]。その意味で、新たな潮流もまた問題を含む。

かくして、傷害罪の法益論をめぐる2つの潮流は、単独ではともに十分な基礎づけを欠く。しかし一方で、新たな潮流が、「身体」という行為客体から遊離し、あるいは「身体」から切りはなされた自己決定権を観念することに警鐘を鳴らし[375]、身体とそれに対する自己決定の自由との緊密性を示した点は[376]、われわれに反省を迫る契機を含んでいる。他方で、伝統的潮流

---

374 (傷害) 構成要件の類型性の担保という観点からみても、このような帰結には問題がある。浅田和茂「被害者の同意の体系的地位について」産大法学34巻3号 (2000年) 1頁以下、9頁参照。さらに、Eric Hilgendorf, Grenzen des Strafrechts im Recht der Medizin: Zur Rolle der Eigenwertung des Rechtsanwenders im Medizinstrafrecht, in: Festschrift für Werner Beulke, Heidelberg 2015, S. 437 ff., 440 も参照。

375 甲斐克則「法益論の一側面――人工心肺器遮断の許容性をめぐって――」九大法学45号 (1983年) 63頁以下、101頁。さらに、同「安楽死問題における病者の意思――嘱託・同意殺の可罰根拠に関連して――」九大法学41号 (1981年) 69頁以下、72-74頁注 (8) 〔同『安楽死と刑法』(2003年・成文堂) 19頁以下所収、47-49頁注 (8)〕も参照。

376 町野朔「患者の自己決定権と刑法」刑法雑誌22巻3・4号 (1979年) 34頁以下、40-41頁 〔同『生と死、そして法律学』(2014年・信山社) 167頁以下所収、172-173頁〕は、患者の意思決定の自由を患者の生命・健康という法益から切りはなして考えると、承諾が医的侵襲による患者の身体利益侵害と無関係なものとされる結果、医師の説明義務の範囲、処罰されるべき専断的治療行為の範囲が無限に広がる可能性が出てくる、とする。平野龍一『刑法 総論Ⅱ』(1975年・有斐閣) 255頁も参照。

その一方で、佐久間修「医療事故に対する刑事責任」大野真義編『現代医療と医事法制』(1995年・世界思想社) 88頁以下、90頁 〔同『最先端法領域の刑事規制 医療・経済・IT社会と刑法』(2003年・現代法律出版) 82頁以下所収、84頁〕は、「自己決定権という意思決定の自由を、身体の安全を保護法益とする傷害の構成要件によって確保しようとする点でも、理論的には疑問が残る」とする。この見解は、自己決定に対する利益と身体の不可侵に対する利益との異質性を強調し (上田・前出注 (175) 28頁)、専断的治療行為の本質が患者の意思自由の侵害であり、傷害罪で保護されるべき身体利益とは異なる、と理解する立場であろうが〔岡上雅美「治療行為と患者の承諾について、再論――救急治療を題材にした一試論――」前出注 (291)『曽根・

が、身体利益を構成する生物学的・客観的側面を第一次的な構成要素ととらえ、経験的現実性ないし所与性を中心に「身体」法益の概念を組み立てようとした方向性それ自体は、堅持されるべきであるように思われる。なぜなら、身体処分に対する自己決定権は、まさに現実的・事実的基礎を有する「身体」という行為客体に関連づけられてはじめて、その意義を発揮できるからである。

　以上の視点を投入することで、傷害罪の保護法益およびそれと結びついた治療行為論の基本的視座がいよいよ明らかとなる。

第4節　傷害罪における「身体」法益の内容と構造

第1款　本節の目的

　本節では、ドイツ法の分析から得られた知見とわが国の議論とを総合し、わが国の傷害罪規定で保護されるべき「身体」法益の意味内容およびその構造を明らかにする。なお、わが国には、傷害罪に関するドイツ刑法223条および日本刑法204条の条文構造に着目して、両国の違いを強調する見解がある[377]。しかし、問題の核心は、傷害罪の文言の表層的な違いにあるわけではない。本書は、その問題の核心が「治療行為との関係で、傷害罪の法益をいかにとらえるか」という問いにあると理解したうえで[378]、基礎理論的な検討を加えることとする。

　そのために以下では、まず、傷害罪における「身体」利益の意味内容を明らかにする（第2款）。ここでは、ドイツ法の継受という観点から、わが国における判例・学説を系譜的に再検討し、傷害罪において区別されるべき2つ

　　田口古稀［上巻］』309頁以下、321頁）、このような理解自体に疑問があることは先述のとおりである。
377　武藤・前出注（8）260頁。さらに、井田良『刑法総論の理論構造』（2005年・成文堂）192頁注（6）、同「傷害の概念をめぐって」刑事法ジャーナル6号（2007年）110頁以下、112頁注（15）も参照。
378　佐伯（仁）・前出注（318）76頁、甲斐・前出注（176）28頁参照。さらに、傷害罪の文言解釈につき、佐藤・前出注（107）343頁、岡上・前出注（376）322頁注（43）も参照。

の「身体」利益が観念できる、と主張する。

つぎに、その2つの「身体」利益のうちのどちらが、傷害罪の法益論において中心的な地位を占めるのか、さらに、法益処分権ないし自己決定権がそのなかでどのように位置づけられるか、を検討する（第3款）。具体的には、法益論アプローチの到達点にあたるタークの議論を手がかりに、法益処分権ないし自己決定権と関連づけながら傷害罪における「身体」利益の理論構造を究明する。そして、そこでの分析を「治療行為」の問題に適用した際の展望を示し、本書を司る治療行為論の基本的視座を呈示する。こうした検討を経ることで、次章以降で取り組むべきさらなる検討課題も明らかとなるだろう。

第2款　傷害罪における2つの「身体」利益

以下では、まず、ドイツ法の分析により得られた比較法的視点を踏まえながら、わが国における判例・学説を系譜的観点から再構成し、傷害罪における「身体」法益の内容、具体的には、同罪の法益となりうる2つの「身体」利益が観念できることを確認する。

第1項　「身体的基体」利益

傷害罪における法益の候補としては、第1に、現実的・事実的基礎を有する「身体的基体（Körpersubstanz）」利益を挙げることができる。たとえば、ドイツの判例は、人の身体のうち、そのコアとなる「身体的基体」に対する事実的・客観的変更を前提としながら、身体に対する働きかけの有害性や重大性を判断してきた[379]。同じく通説も、健康状態・生活機能に対する医学的・客観的な働きかけを基調としながら、傷害（とりわけ身体的虐待）の構成要件該当性を判断している[380]。

他方、わが国の裁判所も、旧刑法の「殴打創傷ノ罪」[381]の時代から、同罪

---

[379] ドイツ法判例の特徴につき、本章第2節第4款第1項2（2）（本書253-254頁）参照。
[380] v. Liszt, a. a. O. (Anm. 150), S. 298; LK[10]/Hirsch, a. a. O. (Anm. 33), §223 Rn. 6; Sch/Sch[29]-Eser/Sternberg-Lieben, a. a. O. (Anm. 118), §223 Rn. 4 f. さらに、前出【判例3】、前出1966年8月30日判決（OLG Oldenburg NJW 1966, 2132 [2133]）、前出1991年5月29日決定（OLG Düsseldorf NJW 1991, 2918 [2919]）も参照。

にいわゆる「創傷」の意義をめぐって個別事案の解決を積み重ねてきた。とりわけ、大判明治43年4月4日刑録16輯516頁が、「刑法ニ所謂創傷トハ刑法ニ所謂傷害ト同シク身體ノ生理的機能ヲ毀損スルノ謂ニシテ身體ニ於ケル生理状態ヲ不良ニ變更スルコト」をいうと判示したのが、議論の嚆矢とされている(382)。そして現行刑法204条の制定以降は、大判明治45年6月20日刑録18輯896頁が、「傷害」の意義につき、「生活機能ノ毀損即チ健康状態ノ不良變更ヲ惹起スルコトニ因リテ成立スル」と判示し、さらに、最決昭和32年4月23日刑集11巻4号1393頁も、「他人の身体に対する暴行によりその生活機能に障がいを与えることであつて、あまねく健康状態を不良に変更した場合を含む」、と解している。

このように、わが国の判例は、基本的には、傷害が生活機能（あるいは生理(的)機能)(383)の毀損・障害賦課であり、健康状態の不良変更を含む、と解している(384)。いわゆる生理(的)機能障害説の立場がこれであり、現在の通説といってよい(385)。したがって、「傷害」の意義をめぐる伝統的議論の文脈に即していえば、傷害罪における「身体」利益の意味内容として、生活機能や生理(的)機能といった、生物学的・医学的観点からみて現実的・事実的

381　旧刑法時代の議論につき、朝倉・前出注（38）4頁以下、齋野・前出注（114）439頁以下参照。系譜研究として、藪中悠「刑法二〇四条の成立過程にみる傷害概念──精神的障害に関する議論を中心に──」法学政治学論究98号（2013年）37頁以下、40頁以下も参照。

382　大判明治42年12月7日刑録15輯1749頁、大判明治44年3月13日刑録17輯341頁、大判明治44年4月28日刑録17輯712頁等も同旨。

383　「傷害」の意義をめぐっては、「生活機能」の毀損・障害と解する立場（前出大判明治45年6月20日、大判大正11年12月16日刑集1巻799頁、前出最判昭和26年9月25日、前出最決昭和32年4月23日等）、「生理(的)機能」の毀損・不良変更と解する立場（前出大判明治43年4月4日、前出最判昭和27年6月6日等）が混在しているが、わが国の判例（とおそらく通説）は、生活機能と生理(的)機能を、互換的な概念として用いているとみえる。井田・前出注（377）「傷害の概念をめぐって」110頁、林（幹）・前出注（33）250頁、西貝吉晃「判批」論究ジュリスト10号（2014年）194頁以下、196頁、松原芳博『刑法各論』（2016年・日本評論社）49頁参照。これに対して、河上和雄「傷害概念の再検討」『内田文昭先生古稀祝賀論文集』（2002年・青林書院）303頁以下、305頁は、生活機能とは、生理(的)機能よりも広く、人の外観（身体の完全性）をも含む、とする。

384　大谷實「暴行と傷害」西原春夫ほか編『判例刑法研究　第5巻』（1980年・有斐閣）29頁以下、34頁以下、松本時夫「傷害の意義」石川弘＝松本時夫編『刑事裁判実務大系　第9巻　身体的刑法犯』（1992年・青林書院）278頁以下、281頁以下、山口厚『新判例から見た刑法〔第3版〕』（2015年・有斐閣）147頁以下、151頁等参照。

385　平野（龍）・前出注（5）167頁、山口・前出注（5）45頁、西田・前出注（5）41頁、高橋（則）・前出注（5）46頁等。

基礎を有する基体的要素がそこに組み込まれているといえる。以下では、こうした現実的・事実的基礎を有する身体利益を、われわれの生活・生存の基盤をなす身体的基体に根差しているという意味を込めて、「身体的基体」利益と呼ぶこととする。

第2項 「身体の統合性」利益

1 基本構想

しかし、ドイツ法も日本法も、身体的基体それ自体に対する侵害や、生活機能ないし生理（的）機能の障害の作出だけをもって、傷害罪の構成要件該当性を判断してきたわけではない。たとえば、前出1981年1月14日決定（航空機騒音事件）は、「肉体、魂および精神の統一体としての人」[386]に対する侵害が、その人の価値観や具体的な生活態度によって特徴づけられている、と判示する。このような憲法学の議論から（も）示唆を得て、これを刑法理論として整序したのが、傷害罪の法益論をめぐる新たな潮流である[387]。

かくして、傷害罪は、身体を人格と結びついた状態として保つことへの利益をも保護している。以上のような意味での「身体」利益は、有機的に構成された精神と肉体を統合体として、つまり、1つの人格として保持し、かかる人格の存立を保護するという意味を有する[388]。本書が「körperliche Integrität」を「身体の統合性」と訳出する所以である[389]。以下、これを

---

386 BVerfGE 56, 54 [74 f.], *Roxin*, a. a. O. (Anm. 212), §13 Rn. 14〔ロクシン（平野監修・町野＝吉田監訳）・前出注（39）591頁〕も同旨。
387 ドイツ憲法学からの影響につき、本章第3節第4款第2項（本書304頁以下）参照。
388 辰井・前出注（236）365-366頁は、身体利益には、「生存の基礎としての健康状態に関わる利益」と、主観的利益である「外観・生活機能によってもたらされる、人格にあずかる利益」の2種類が含まれる、とする。同・前出注（320）「治療不開始／中止行為の刑法的評価」62頁以下も同旨。
389 唄孝一「インフォームド・コンセントと医事法学」第1回日本医学会特別シンポジウム記録集（1994年）18頁以下、21-22頁〔同『志したこと、求めたもの』（2013年・日本評論社）47頁以下所収、54頁以下〕は、インフォームド・コンセント法理に関して、「承諾の必要のなかに、自己決定権とともに肉体的完全性への権利という、重大な人権問題が潜んでいる」として、この法理の「本来的価値」は、「人間は人間としてのひとかたまりの肉体がここにあるというそのことだけで、その存在自体を権利として主張できる。しかも、それは精神とまったく別のものでなく、精神もそこにくっついているいわば実存につながる」権利、つまり、自由権とも社会権とも異なる「存在権」にある、という。そして、「その存在権という考え方に肉体の integrity という要素をもうすこし明確に加えて構成し直す」ことで、医療の場面で基礎に置かれるべき人権を説明することができる、とする。さらに、甲斐克則「判批」山口厚＝佐伯仁志編『刑法判例百選II各論

「(身体の) 統合性」利益と呼ぶこととする。

2　わが国への継受：大場茂馬の記述をめぐって

　身体の「統合性」概念の内実を正確に把握し、批判的検討の俎上に載せるためには、ドイツ刑法学受容期の明治・大正時代にさかのぼって、当該概念の出自を確認しておく必要がある。なぜなら、統合性概念をめぐって、ドイツとわが国の議論とでは隔たりがあり、とりわけ、従来の日本法学説が、統合性概念およびその原語にあたる Integrität 概念の意義を十分に咀嚼したうえで継受したかといえば、必ずしもそうではないと考えるからである。

　そこで以下では、本章の検討対象から若干外れることを自覚しつつも、ごく簡潔ながら、日本刑法学創世記の議論を振り返ってみたい。

　　わが国の刑法学がドイツ刑法学に傾斜しはじめた明治20 (1887) 年代には[390]、たとえば江木衷[391]や磯部四郎[392]が、旧刑法にいわゆる「創傷」を[393]、身体の「健全」ないし「完全」の侵害ととらえていた。しかし、現存する資料をみるかぎり、ドイツ流の議論をわが国ではじめて本格的に展開したのは、大場茂馬による一連の研究

[第7版]』(2014年・有斐閣) 12頁以下、12頁、同・前出注 (20) 34-35頁も参照。
390　青木人志「明治期法学協会にみるドイツ刑法学の受容」福田平・大塚仁博士古稀祝賀『刑事法学の総合的検討 (上)』(1993年・有斐閣) 321頁以下による分析である。その傍証となる研究として、西原春夫「刑法制定史にあらわれた明治維新の性格——日本の近代化におよぼした外国法の影響・裏面からの考察——」比較法学3巻1号 (1967年) 51頁以下、78頁以下、福田平「わが刑法学とドイツ刑法学との関係」一橋論叢97巻6号 (1987年) 1頁以下、3頁以下も参照。
391　江木衷『現行刑法各論　全』(1888年・博聞社) 279頁は、「身体ニ對スル罪ハ總テ權利ナクシテ身体ノ健全ヲ傷害スルノ所為ヲ包含ス」とし、同280頁は、「創傷トハ身体ノ完全ヲ侵害スル身体上ノ顯象ヲ指ス故ニ毛髪指甲等ヲ切割スルモ創傷ニアラストス」〔──下線筆者〕として、「マイエル氏著刑法論第四三四葉」(Hugo Meyer, Lehrbuch des Deutschen Strafrechts, 3. Aufl., Erlangen 1882, S. 434) を参照するよう指示している。江木は明記していないが、下線部の原語は、「körperliche (…) Unversehrtheit」であると思われる。さらに、江木衷『改正増補　現行刑法各論　全 (第二版)』(1889年・博聞社)〔復刻版として、同『改正増補現行刑法〔明治13年〕各論　全　日本立法資料全集　別巻477』(2007年・信山社)〕289頁以下、同『現行刑法原論 (再版)』(1894年・有斐閣書房)〔復刻版として、同『現行刑法〔明治13年〕原論　日本立法資料全集　別巻475』(2007年・信山社)〕211頁以下も参照。
392　磯部四郎『改正増補　刑法講義　下巻』(1893年・八尾書店)〔復刻版として、同『改正増補刑法〔明治13年〕講義　下巻第二分冊　日本立法資料全集　別巻141』(1999年・信山社)〕854-855頁は、「創傷ハ身躰ノ完全ヲ侵害スル有形上ノ痕跡ヲ留メタル所為ヲ云フ」、つまり、「毆打創傷ハ身躰ノ完全ヲ侵害スルノ謂ヒナリ」〔──下線筆者〕とする。
393　旧刑法の「毆打創傷ノ罪」と現行刑法の傷害罪との連続性につき、藪中・前出注 (381) 54頁以下参照。さらに、新井勉「旧刑法の編纂 (一)」法学論叢 (京都大学) 98巻1号 (1975年) 54頁以下、68頁以下も参照。

であると思われる。
　大場は、明治42（1909）年に上梓した『刑法各論　上巻』において、「傷害罪ノ法益ハ人ノ身體ノ不可侵（Die körperliche Integrität）ナリ」[394]と述べて、わが国ではじめて、「körperliche Integrität」に「身體の不可侵」という訳語を与えた。そのうえで大場は、「傷害トハ人ノ身體ノ一部ヲ傷スルカ、若クハ人健康ヲ害スルヲ謂フ。更ニ之ヲ詳言スレハ、身體ノ傷害トハ或ハ表見的ニ形體ヲ傷スルコトアリ、不表見的ニ内部ノ機能ヲ傷スルコトアリ。或ハ人ノ健康狀態ニ變更ヲ加ヘ病的狀態ニ移ラシメ若クハ其病的狀態ヲ助長セシムルコトアリ」として、身体の生活機能・生理（的）機能や健康状態の毀損・悪化のみならず、身体の外面・外観の侵害もまた傷害にあたる、とした[395]。この記述は、現在でいうところの「身体の完全性毀損説」の理解に近い。
　その後、大場の体系書は複数回にわたり改訂を重ねたが、その基本的立場に特段の変更が加えられた形跡はない。しかし、傷害罪の法益の説明に関しては、数次の変遷が確認できる。
　まず、大場は、明治44（1911）年に公刊した『刑法各論　上巻第一册』において、「人ノ身體ナル法益ノ保護ハ身體ノ完全即チ身體上ノ不可侵（Die körperliche Integrität）ノ保護ナリ」[396]として旧版の表現を部分的に改めた。ここで、大場は、「人ノ身體ノ完全ニ對スル法益ヲ充分ニ保護セントセハ人ノ身體ノ外部完全、例ヘハ人ノ表皮、毛髪、歯、爪等ノ完全及ヒ人ノ身體ノ内部ノ完全、例ヘハ人ノ筋、肉、骨及ヒ臟器ノ完全ヲ保護セサル可カラサルハ勿論身體ノ内部ト外部タルトヲ問ハス人ノ身體ノ各部ニ存スル各機能ノ完全ノ如キモ之ヲ保護セサル可カラス」[397]と述べて、身体の外部的完全性と内部的完全性をともに顧慮する姿勢をより鮮明に打ち出した。
　しかしその後、大場は、大正6（1917）年に上梓した『刑法各論　上卷（八版）』において、「人ノ身體ナル法益ノ保護ハ身體ノ完全（Die körperliche Integrität）ノ保護ナリ」と叙述し、これによって傷害罪の保護法益が「身體ノ完全」であると断言した[398]。このように、大場の記述からは、「körperliche Integrität」の概念をめぐ

394　大場茂馬『刑法各論　上卷』（1909年・日本大學）〔復刻版として、大場茂馬『刑法各論　上卷　復刻叢書法律学編42』（1994年・信山社）〕139頁。この記述は、同『刑法各論　上卷（三版）』（1910年・日本大學）139頁まで維持されている。
395　大場・前出注（394）『刑法各論　上卷』143頁。さらに、同145頁は、「余ハ人ノ身體ノ一部ヲ傷スルノ行爲ハ人ノ健康ヲ害スル行爲ト共ニ傷害罪ノ觀念中ニ包含スルモノト解スルヲ以テ、人ノ眉毛、頭髪及ヒ顎髯ヲ切斷スルカ如キハ傷害罪ナリト解スルモノナリ」とする。
396　大場茂馬『刑法各論　上卷第一册』（1911年・巌松堂）185頁。この叙述は、同『刑法各論　上卷（増訂四版）』（1911年・中央大學）185頁から、同『刑法各論　上卷（七版）』（1915年・中央大學）185頁まで確認できる。
397　大場・前出注（396）『刑法各論　上卷第一册』186頁。
398　大場茂馬『刑法各論　上卷（八版）』（1917年・中央大學）177頁。さらに、同『刑法要綱』（1917年・中央大學）432頁、同『刑法各論　完』（出版年不明（大正8年度）・中央大學）14頁も同旨。

って、それが「身體ノ不可侵」から「身體ノ完全」へと徐々に移りかわっていく様子をうかがうことができる。

　ところで、これまで大場は、明治42 (1909) 年の『刑法各論　上巻』の初版以来、「ビンヂング氏ハ痛苦ヲ惹起セシムルコト若クハ身體ノ完全ヲ害スルコトヲ以テ傷害罪ノ必要條件ナリト論セリ (Binding Lehrb, 42.)」〔──圏点筆者〕と叙述してきた[399]。しかし、ビンディング著『ドイツ普通刑法綱要各論』の該当箇所を繙いてみると、通常は、身体の表面・外面を意味する「Körperoberfläche」ないし「Oberfläche」が、「身體ノ完全」と訳出されていたことが確認できる[400]。すなわち、この記述から読み取れるのは、一方で「körperliche Integrität」、つまり身体の不可侵（身体の外部的完全性および内部的完全性を含む）を意味する「身體ノ完全」と、他方で「Körperoberfläche」、つまり身体の外面・外観のみを意味する「身體ノ完全」とが、──本来異なる意味をもつにもかかわらず──「身體ノ完全」ということばで一括りにされていたという史実である。

　以上のように、ドイツ刑法学の受容後まもない明治・大正期に、Integrität概念をめぐる議論は、錯綜の気配をすでに見せつつあった[401]。むろん、大場の議論がすべて現在のそれにつながっていると主張するつもりはないし[402]、より詳細な検討は、他日を期すほかない。しかし、Integrität概念の継受にあたって、大場が議論の地ならしの役割を担ったことだけは確かである。その後は、小野清一郎らがこの議論を受け継いでいくこととなる[403]。

399　大場・前出注 (394)『刑法各論　上巻』143-144頁註 (二)。傷害罪の保護法益が「身體ノ完全」であるとした同・前出注 (398)『刑法各論　上巻 (八版)』189頁註 (三) も同旨。
400　*Binding*, a. a. O. (Anm. 119), S. 42.
401　町野朔「生命・身体に対する罪」小暮得雄ほか編『刑法講義各論──現代型犯罪の体系的位置づけ』(1988年・有斐閣) 13頁以下、34頁は、「身体の完全性」という表現に「誤解を招くうらみ」がある、とする。
402　この意味で、伊東・前出注 (4) 5-6頁のつぎの記述には、共感を覚える点が多い。すなわち、「明らかにされた過去の立法者意思ないし立法趣旨が現時点における解釈・再定義に対して謂わば拘束力を有しているというような錯覚に何時の間にか陥っていることが少なくない……。立法者意思ないし立法趣旨と一致／矛盾するが故に現在における解釈・再定義が正しい／誤っているということは、しかしながら、原則としては正しくない。……解釈時において置かれた規定の様々なコンテクストが立法時と実質的に相違する場合における解釈の当否は、あくまでも解釈時における（可能的語義に基づく）それ自体の論理性と説得性……とに拠り判断されるのである。」
403　小野・前出注 (6) 169頁等。

3 Integrität 概念の再構成と次款に向けた課題

では、ここまでの議論を念頭に置いたうえで、Integrität 概念をどのように把握すべきか。まず、Integrität 概念は、人の精神と肉体の内面に根差しており、生活機能や生理（的）機能そのものとは区別して考えるべきである。すなわち、Integrität 概念は、人の生理（的）機能や身体機能と異なり、生活・生存に関わる利益を補完し、それらが統合された身体的状態として保護される、という意味をもつ[404]。このような理解によると、Integrität 概念は、身体の完全性毀損説にいう「完全性」の概念とかなりの程度一致するが、それよりもやや広く、有機的に構成された肉体と精神が1つに統合された状態そのものを意味することとなる。

このように、われわれは、傷害罪における「身体」法益の候補として、先にみた身体的基体利益と、身体の統合性利益という2つの身体利益を観念することができる。傷害罪の伝統的な法益論に即していえば、前者が、生理（的）機能障害説の立場であり、後者が、身体の完全性毀損説の立場であるといってもよい。問題は、この2つの身体利益のどちらが傷害罪の法益の中核たりうるか、そして法益処分権ないし自己決定権がここにどのように関係してくるか、である。

第3款　傷害罪における「身体」法益の構造

これらの問題を検討するための補助線として、まず、新たな潮流に属するタークによる、つぎの整理を導入する。タークの法益論を取り上げる理由は、前章と本章でみたタークの議論が、ロクシンが形成した法益論アプローチの到達点として位置づけられるからである[405]。

---

[404] 甲斐・前出注（176）27頁、29頁、同・前出注（389）13頁参照。さらに、中山研一『刑法各論』（1984年・成文堂）44頁注（1）、辰井・前出注（236）365頁も参照。「インテグリティ（integrity, integrität）」の概念につき、RONALD DWORKIN, LIFE'S DOMINION 222-229 (1993)〔邦訳として、ロナルド・ドゥオーキン（水谷英夫＝小島妙子訳）『ライフズ・ドミニオン　中絶と尊厳死そして個人の自由』（1998年・信山社）364頁以下〕、小林宙「R・ドゥオーキンの『統合性に基づく自律』」同志社法学50巻1号（1998年）279頁以下、306頁以下、濱真一郎「自律への権利は存在するか」法律時報75巻8号（2003年）6頁以下、8頁参照。

[405] 詳細につき、第2章第3節第2款第4項4（本書130頁以下）、本章第3節第3款第2項2（本

第1項　傷害罪における法益の核心：タークの「身体」法益論からの示唆

検討の端緒として、まず、タークのつぎのことばを引用する。

> 「身体・健康法益は、もっぱら人の生物学的実存（biologische Existenz）だけに資するわけではなく、人の自由な発展の自然的基礎をなす。……身体・健康という抽象的な法益は、具体的な生活態度によってはじめて内容と輪郭を獲得するのである[406]。」

タークによれば、傷害罪の保護領域は、身体性ないし有体性（Körperlichkeit）、より具体的にいえば、身体関連性（Körperbezogenheit）というメルクマールによって具現化される[407]。そしてこの身体関連性という意味における医学的・生物学的基盤と、自己決定を下す人格との間には、緊密な結びつきが存在する、という[408]。

タークは、身体という法益が「動的な」概念であり[409]、人の具体的な生活態度をつうじてはじめて具現化されるとしながら、それでもなお、人が生物として現に存在しているという事実そのものに身体法益の核心がある、とする[410]。すでに述べたように、新たな潮流を代表するタークの議論は、傷害構成要件の過度の主観化をもたらしうる点で、たしかに問題を含む[411]。しかしその一方で、タークが、人が生物として現に存在しているという事実的基盤そのものに「身体」法益の核心を求めようとする点は、再評価されるべきである[412]。

書284頁以下）参照。
406　*Tag*, a. a. O.（Anm. 51), S. 63 f.
407　*Tag*, a. a. O.（Anm. 51), S. 65 参照。これと関連して、1936年刑法草案理由書が、身体傷害概念の外延を画するために「身体関連性」というメルクマールを用いていた点を想起されたい。詳細につき、本章第2節第3款第5項1 (2)（本書241頁以下）参照。
408　*Tag*, a. a. O.（Anm. 51), S. 68.
409　*Tag*, a. a. O.（Anm. 51), S. 70, 94. 本章第2節第2款第3項（本書226-227頁）でみた WHO の「健康」概念をめぐる議論や、同第3節第4款第1項1（本書301-302頁）で概観したドイツ不法行為法をも参照。「動的な」法益観とその帰結につき、森永・前出注（222）「欺罔により得られた法益主体の同意」139頁以下参照。
410　*Krauss*, a. a. O.（Anm. 174), S. 567 も、「個人的『利益』は、その保護法益の客観的要素とともに」〔――圏点筆者〕発現し、もってその保護領域を具体化する、と述べる。
411　批判的検討として、前節第3款第2項3（本書286頁以下）参照。
412　わが国にも、法益概念に「犯罪による侵害の対象となりうる現実的・実体的基礎」を求める見

第 4 節　傷害罪における「身体」法益の内容と構造　　319

第 2 項　本書の基本的立場

1　傷害罪の法益としての身体的基体

　傷害罪における「身体」法益の構造という観点から、ここまでの検討をとらえなおすと、つぎのとおりとなる。すなわち、傷害罪における法益の基礎にあるのは、現実的・事実的基礎を有する身体的基体そのもの、つまり、生物学的・医学的基盤に基づく人の身体組織それ自体である[413]。この意味で、傷害罪が保護するのは、単なる「身体」利益ではなく、「身体的基体」利益にほかならない[414]。これに対して、患者の自己決定権は、それ自体が傷害

解（内藤・前出注（237）163頁、247頁）や、さらにこれを進めて、「現実的・事実的基礎を持つ社会的実体のうち、刑法上の法益として適格たるためには、その侵害が社会的に有害であって、人間の生活基盤を危殆化・破壊するものでなければならない」とする見解（甲斐・前出注（273）87頁）がある。井田良「量刑事情の範囲とその帰責原理に関する基礎的考察（五・完）——西ドイツにおける諸学説の批判的検討を中心として——」法学研究（慶應義塾大学）56巻2号（1983年）60頁以下、62頁も参照。その一方で、法益に実在性を要求することに対して懐疑的な姿勢を示唆するのは、石井徹哉「個人的法益において侵害される利益の内実」『野村稔先生古稀祝賀論文集』（2015年・成文堂）231頁以下、235-236頁である。
　本書が基礎とする「身体」法益概念も、少なくとも、刑法によって保護される一定の生活利益を意味し、傷害罪による侵害の対象となりうる現実的・事実的基礎を有しており、かつ、社会や個人の生活・生存の基盤に対して著しい影響を与える（少なくともその可能性がある）ことを必要とする。もっとも、このような法益理解が「身体」法益以外にどこまで妥当しうるかは、法益論全体を見据えた慎重な検討が必要となるため、現時点では解答を留保したい。その意味で、本書は、「治療行為」という問題領域を導きの糸として、今後この問題を検討していくための素地を整えようとする試みでもある。

413　山口厚『問題探究　刑法各論』（1999年・有斐閣）40頁は、「人の身体について生理機能（人が生体として機能し、活動することに関わる機能）に関わるものとそうでないものを区別」し、「前者をより重要なものとして評価することが可能である」とする。また、伊東研祐『現代社会と刑法各論　第2版』（2002年・成文堂）74頁も、「結論的には折衷説を支持するが、基本的視座としては生理的機能障害説からアプローチする方向で考えるべきである」とする。ただしその後、同『刑法講義　各論』（2011年・日本評論社）37頁は、「傷害に該るか否かは、阻害される身体的完全性の質・側面によって判断されるべきである」とし、心的外傷後ストレス症候群（PTSD）の場合を例示しながら、「現代社会状況を鑑みれば、身体的完全性侵害説を採るべきであろう」と述べて見解を改めた。さらに、近時この見解を発展させるかたちで、同・前出注（4）10頁は、「傷害の罪」の法益を、「法益主体による意思的な支配ないし制御・管理の可能的に及んでいる領域あるいは空間としての『身体』の状態そのもの」、いいかえれば、「人が自己の身体という領域ないし空間に関して及ぼしている支配ないし制御・管理の意思によって保たれている統合性（die Integrität：integrity）ある身体状態」と定義する。

414　たとえば、人の頭髪を切断して丸坊主にする行為は、伝統的な生理（的）機能障害説によれば傷害ではないが、身体の完全性毀損説と折衷説に立てば傷害となる。本書の理論構想によれば、頭髪の切断行為は、傷害ではなく暴行を構成するにとどまる。たしかに、頭髪は人の人格を構成する重要な要素であり、その行為は、当該人格や精神に対する重大な侵害になりうる。しかし、傷害罪における法益の中核をなすのは、あくまでも医学的・生理学的な「身体的基体」利益であ

罪における法益の核心をなすわけではなく、身体的基体をつうじて「法益」に影響を与える要素として考慮されるにとどまる[415]。したがって、身体処分に対する法益主体の自己決定権は、傷害罪の独立した法益ではない。本書は、身体法益の処分やその決定に関わる諸要素を「法益」自体に含めることなく、あくまでも当該「法益」に影響を与える要素ととらえる[416]。「身体」法益とそれに対する処分権ないし自己決定権をまったく無関係な存在として截然と切りはなすことはできないが[417]、その一方で、「身体」性から遊離ないし乖離した自己決定権を強調することにも問題があるからである[418]。

2 治療行為論において基礎となる思考モデル

以上の検討からすると、多くのドイツ刑法改正草案のように[419]、治療行為を傷害罪の捕捉対象から除外し、強要罪や監禁罪といった自由に対する罪

り、かかる意味での基体を侵害しないかぎり、その行為は傷害罪を構成しない。身体の統合性利益にも重要な価値は含まれているが、傷害罪の法益としてみたときに、これをそれ自体単独で保護すべき「法益」とは呼べないからである。佐伯（仁）・前出注（318）77頁、82頁注（8）、同・前出注（3）125-126頁参照。さらに、モーリス・メルロ＝ポンティ（中島盛夫訳）『知覚の現象学〔改装版〕』（2015年・法政大学出版局）159頁以下、250頁以下は、「生理的なもの」としての「身体」の実存的価値を再評価し、「心的なもの」との再統合を試みる。

415 専断的治療行為に関するわが国の（民事）判例・裁判例も、実質的にみると、必ずしも、抽象的な「患者の自己決定権」侵害それ自体を問責対象としているわけではない。たとえば、東京地判昭和46年5月19日下民集22巻5＝6号626頁（乳腺症事件）、秋田地大曲支判昭和48年3月27日下民集24巻1～4号154頁（舌がん事件）、最判平成13年11月27日民集55巻6号1154頁（乳房温存療法事件）は、患者の自己決定に反した手術によって「身体」利益が侵害されたとし、最判平成12年2月29日民集54巻2号582頁（東大医科研病院事件）は、「身体」利益とともに信仰の自由（人格権）が侵害された、とする。武藤・前出注（14）184頁参照。これに反対するのは、岡上・前出注（376）324-325頁である。

416 「『法益』概念を事実的基礎をもつ客体として、できるだけ明確かつ限定的に理解すべきである」とするのは、内藤謙『刑法講義　総論（中）』（1986年・有斐閣）315頁である。さらに、同『刑法講義　総論（上）』（1983年・有斐閣）211-213頁注＊も参照。

417 平野（龍）・前出注（376）255頁、町野朔「被害者の承諾」西原春夫ほか編『判例刑法研究第2巻』（1981年・有斐閣）165頁以下、168-169頁、甲斐・前出注（20）35頁、90頁参照。さらに、S.プリースト（河野哲也ほか訳）『心と身体の哲学』（1999年・勁草書房）25頁以下、小林道夫『デカルト哲学とその射程』（2000年・弘文堂）152頁以下、368頁以下も参照。

418 井上祐司「被害者の同意」日本刑法学会編『刑法講座　第2巻』（1963年・有斐閣）160頁以下、174頁〔井上祐司『刑事判例の研究（その一）』（2003年・九州大学出版会）59頁以下所収、72頁〕、生田勝義「医療行為と刑事責任」莇立明＝中井美雄編『医療過誤法』（1994年・青林書院）229頁以下、246頁〔同『行為原理と刑事違法論』（2002年・信山社）221頁以下所収、235頁〕、甲斐・前出注（176）27頁等。

419 ドイツ刑法改正草案の分析結果の総括として、第3章第4節（本書205頁以下）参照。

や、――わが国であれば立法論として――専断的治療行為処罰規定によって捕捉すべきとする自由侵害モデルの枠組みは、妥当でない。現実的・事実的基礎を有する身体的基体を侵害・毀損した以上は、医師の治療行為も、傷害罪の構成要件を充足するといわざるをえないだろう[420]。専断的治療行為においても、まず、身体的基体に対する侵害があり、それにより傷害罪の構成要件が充足される。そして、その後にはじめて違法阻却の可否が検討される。このかぎりで本書は、身体侵害モデルの基本的思考枠組みを採用する。

第5節　本章の成果

第1款　「身体」法益論の基本的視座

以上、「治療行為論」体系を確立するべく、ドイツ刑法における傷害罪の淵源から到達点までを跡づけ、これにより得られた比較法的知見を踏まえながら、わが国の傷害罪で保護されるべき「身体」法益の意味内容と理論構造を明らかにしてきた。本章では、従来わが国に欠けていたドイツ傷害罪規定をめぐる議論の整理・検討を目指したが、そうであるがゆえに、以上で取り上げた議論には明らかな偏りがあり、比較法研究としても系譜研究としても、不十分であるとのそしりは免れえないだろう。

それでもなお、本章が新たな考察を積み重ねることができたとすれば、それは、傷害罪における法益の中核が、単なる「身体」利益ではなく、現実的・事実的基礎を有する「身体的基体」利益であること、そしてそこから遊離した患者の自己決定権が刑法的保護に値しないことをドイツ法の知見から裏打ちした点にある[421]。この点は、患者の自己決定権の問題性が、自由に

---

[420] 町野・前出注（1）93頁以下、甲斐・前出注（176）27頁。さらに、曽根・前出注（39）252頁も参照。

[421] 来栖三郎『法とフィクション』（1999年・東京大学出版会）105頁以下、150頁以下、270-271頁参照。また、吉田克己「身体の法的地位（一）（二・完）」民商法雑誌149巻1号（2013年）1頁以下、149巻2号（2013年）115頁以下、119頁以下は、身体を人格そのものととらえる立場に対して、事実の世界における有体的・物理的存在との乖離が大きくなることに危惧感を示し、「人格の媒体としての身体」論を提唱する。この理論は、刑法学にとっても示唆に富むように思われ

対する罪でも専断的治療行為処罰規定でもなく、「身体」傷害罪にこそ、その原点があることを意味する。

第2款　残された課題

　もっとも、本章では、犯罪論における患者の自己決定権の位置づけはもとより、ここまでの議論を治療行為に応用した際の具体的帰結を示すことはできなかった。これらの点に関しては、次章でみるスイス法をも参照しながら、終章でさらに掘り下げて検討したい。

る。さらに、同「法は身体をどのように捉えるべきか」法社会学80号（2014年）129頁以下、141頁以下も参照。

第5章　スイス法の比較法的考察

第1節　本章の目的
第2節　スイス刑法における「身体に対する罪」の概要
第3節　専断的治療行為をめぐるスイス判例の分析
第4節　判例分析に基づく学説の比較法的検討：
　　　　3つの視点からみた各国比較
第5節　本章の成果

第 1 節　本章の目的

第 1 款　分析の対象

　スイス法は、第 2 章から第 4 章でみたドイツ法と連続・共通する部分が少なくない。もっとも、これまで確認してきたドイツの議論とまったく同じ内容のものが、そのままスイスで展開されているわけではない。ドイツとスイスでは刑法典の形式も大きく異なるのみならず、スイス法は、フランス法やイタリア法、そしてオーストリア法とも深く関連しているからである[1]。このような、複数国の法継受がみられる点に、「スイスという国がまさに『法を比較する』ための舞台として、恰好の場所である」[2]といわれる所以がある。

　ドイツ法との関連で注目すべきは、第 2 章や第 4 章でみた法益論アプローチの議論や、第 3 章で扱った専断的治療行為の刑事規制をめぐる議論が、スイスでどのような発展を遂げてきたか、また、もしドイツとの違いがあるとすれば、それが生じた理由は何か、である[3]。ここまでみてきたドイツ法を念頭に置きながら分析を進めることで、スイス法が刑法上保護される患者の「利益」の内実をいかにとらえているかが浮き彫りとなるだろう。ドイツ法の継受・協働という観点から分析を深めていくことが、本章における第 1 の狙いである。

　日本法との関連はさらに重要である。本章のもう 1 つの狙いは、身体侵害モデルにおける正当（業務）行為規定の役割をあらためて問い直すことにあ

1　宮沢浩一「比較法的研究――スイス」平場安治 = 平野龍一編『刑法改正の研究 1　概論・総則』（1972 年・東京大学出版会）103 頁以下、103 頁、宮澤浩一「スイス刑法学研究の基礎」研修 385 頁（1980 年）3 頁以下、4 頁参照。

2　宮澤浩一『外国刑事法文献集成 2　スイス刑法雑誌』（1981 年・成文堂）37 頁。同「比較刑法研究のための基礎作業」井上正治博士還暦祝賀『刑事法学の諸相（上）』（1981 年・有斐閣）169 頁以下、176-177 頁も同旨。

3　ドイツ法につき、第 2 章第 3 節第 2 款第 4 項（本書 123 頁以下）、同第 4 節第 2 款第 3 項（本書 145 頁以下）、第 3 章第 4 節第 1 款（本書 206 頁以下）、第 4 章第 3 節以降（本書 260 頁以下）参照。

る。すなわち、第1章でみたように、わが国における現在の有力説は、日本の通説が身体侵害モデルであり、ドイツの通説が自由侵害モデルであるとの認識から、日本刑法35条に相当する規定がドイツ刑法典には存在せず、その結果、構成要件段階で治療行為の犯罪性を否定する傾向がある、と主張している[4]。しかし、わが国の刑法35条に相当する規定のないドイツ法だけを眺めていても、正当（業務）行為規定による基礎づけが説得力をもつかどうかを十分に検証することはできないだろう。

　そこで本書が着目するのが、スイス法である。スイス法を検討対象とする理由は、スイス現行刑法典が、その14条（旧刑法32条[5]）にわが国の刑法35条と類似の規定を置いており、後述のようにスイス法の通説が、同条の典型的な適用例の1つとして、医師の治療行為を挙げてきたからである。現在のスイス刑法14条は、以下のように規定する[6]。

4　武藤眞朗「治療行為と傷害の構成要件該当性——専断的治療行為と患者の自己決定権に関する研究の予備作業——」早稲田大学大学院法研論集54号（1990年）243頁以下、260-261頁、佐藤陽子「治療行為の傷害構成要件該当性について」北大法学論集56巻2号（2005年）321頁以下、343-344頁、田坂晶「刑法における治療行為の正当化」同志社法学58巻7号（2007年）263頁以下、382頁等。詳細につき、第1章第1節第2款第1項2（本書54-55頁）参照。

5　スイス旧刑法32条の条文は、本章第4節第3款第1項（本書359頁以下）参照。治療行為との関連性を意識しつつ、スイス旧刑法32条に言及するわが国の先行研究として、黒田誠「行爲ノ違法（特ニ刑法第三十五條ニ就テ）」法学協会雑誌32巻1号（1914年）109頁以下、131-132頁、32巻2号（1914年）112頁以下〔同『行爲の違法（第三版）——特に刑法第三十五條に就て——』（1924年・有斐閣）1頁以下所収、35頁〕、藤本直「醫師の手術と身體傷害罪（Ⅳ・完）」司法協会雑誌11巻7号（1932年）60頁以下、61-62頁、町野朔「違法阻却事由としての業務行為——スイス刑法三二条を中心として——」『団藤重光博士古稀祝賀論文集　第一巻』（1983年・有斐閣）201頁以下、203頁以下等がある。これに対して、本書では、これらの先行研究との問題意識の違いもさることながら、現行刑法14条制定以降の議論をフォローする点にも、新たな検討を積み重ねる意味を求めたい。Yu Amada, Die Lehre des ärztlichen Heileingriffs im Strafrecht – Problemübersicht aus der Perspektive des deutschen und japanischen Rechts –, in: Henning Rosenau/Oliver Schön（Hrsg.）, Japanisches Recht im Vergleich, Frankfurt am Main 2014, S. 85 ff., 96 f. 参照。

6　スイス刑法典の訳出に際しては、司法省調査部編『瑞西聯邦統一新刑法典』司法資料262号（1940年）、法務大臣官房司法法制調査部編『スイス刑法典』法務資料385号（1964年）、葛原力三＝川口浩一監訳「スイス刑法典総則改正草案（一）（二・完）」関西大学法学論集52巻1号（2002年）131頁以下、52巻2号（2002年）155頁以下、小池信太郎＝神馬幸一訳「スイス刑法典第1編総則（2016年10月1日現在：枠囲みは2018年1月1日施行予定条文）」慶應法学36号（2016年）295頁以下等を参考にしたが、各条の理解や文脈に応じて適宜修正を加えている。なお、本章で条文のみを挙げるときは、とくに断りのないかぎり、スイス現行刑法典のそれを指す。

> **スイス刑法14条（適法行為及び責任。／法律上許容される行為**
> 〔Rechtmässige Handlungen und Schuld./Gesetzlich erlaubte Handlung〕）
>   法律が命じ又は許容する行為を行った者は、行為がこの法律又は他の法律で処罰の対象となっている場合であっても、適法に行為したものとする。

　本章では、スイス刑法14条が治療行為において果たす役割を明らかにすることで、身体侵害モデルを支えるとされる、正当（業務）行為規定による基礎づけの理論的根拠を比較法的観点から再検討する。先述のように、スイス法は、伝統的にドイツ法と議論を共有してきた部分が多い[7]。そのため、わが国でこれまであまり知られていなかったスイス法の状況を紹介・検討することで、ドイツ法の治療行為理解が、スイス刑法14条を仲介するとどのように変容するかが明らかとなり、わが国にとってより有意義な比較法的示唆を引き出すことができるだろう。結論をあらかじめ示しておくと、まず本章では、スイス法の分析をつうじて、身体侵害モデルの妥当性を正当（業務）行為規定の存否に求める立場に問題があることを逆照射する。つぎに、この指摘を受けて、専断的治療行為によって侵害される「利益」の内実理解がこの問題の要諦をなす、とする本書のアプローチの優位性を再確認する。

　本章は、専断的治療行為に関する2つの最高裁判決から論点を抽出し、それを踏まえて学説に比較法的検討を加えることで、スイス法の理論的到達点を特定し、前章までで明らかにした本書の法益論枠組みを補強するための、さらなる視点を獲得することを目的とする。

第2款　本章の構成

　以上の目的を達成するために、本章では、以下のような順序に沿って考察を進める。
　まず第2節では、第3節で重要判例を、そして第4節でこれに対応する学説を分析するための予備作業として、スイス刑法における「身体に対する

7　詳細につき、宮澤（浩）・前出注（2）『スイス刑法雑誌』32頁以下参照。さらに、同「比較刑事法の研究方法について」研修367号（1979年）31頁以下、38頁も参照。

罪」の基本構造とその解釈・運用を明らかにする。ここでは、スイス刑法典で規定された暴行・傷害に関連する各罪の保護法益を確認したうえで、とくに123条の単純傷害罪に焦点を当てて、同条にいう身体損害と健康損害という２つの行為類型の解釈を概観する。また、治療行為・医療行為において問題となる場面を念頭に置き、判例を中心としながら単純傷害罪と重傷害罪の運用状況を押さえる。このような作業をつうじて、専断的治療行為をめぐる判例を読み解く際に必要な基礎知識を蓄える。

つづく第３節では、専断的治療行為に関する２件の最高裁判決を分析し、両判決に含まれる論点を明確化する。スイス刑法において、専断的治療行為の適法性を正面から問題とした最高裁判決は２件ある。後述する1973年判決と1998年判決がこれであり、これらの判決においては、前章までに確認した論点のほぼすべてが取り扱われている。本節では、この２件の最高裁判決を重点的に分析することで、スイス判例が問題としてきた３つの論点を抽出し、次節で行う学説分析に向けた議論の整理を行う。その際、本章の目的設定から逸脱しない範囲で、日本法とドイツ法の分析から得られた成果を踏まえながらスイス法の判例法理を彫琢していく。これにより、次節で集中的に検討すべき係争点が明晰になると思われる。

そして第４節では、前節の判例分析から獲得される３つの視点に基づいて、ドイツ法、日本法、そして補助的にオーストリア法[8]との比較という観点からスイス法学説を分析し、同国における議論の到達点を明らかにする。具体的には、スイス法における法益論アプローチの現状、専断的治療行為における強要罪の成否と立法提案の状況、および、治療行為における正当（業務）行為規定の機能、という３つの視点に沿って、これらの視点に関連するスイス法学説を渉猟し、同国の理論的現況を確認する。以上の作業によって、前章までで明らかにした本書の法益論枠組みを補強するためのさらなる視座が獲得されれば、本章の目的は達成されることとなる。

---

8 オーストリア法分析に期待する成果につき、第１章第２節第１款第３項（本書69頁以下）参照。

第 2 節　スイス刑法における「身体に対する罪」の概要

　ドイツ法と同様、スイス法においても、治療行為に関する考察の出発点となるのは、「身体に対する罪」の解釈である。そこで以下では、専断的治療行為をめぐる判例・学説を正確に分析するための前提作業として、スイス刑法における暴行・傷害罪の基本的な解釈およびその運用状況を概観する。具体的な手順としては、まず、スイス刑法122条以下の罪の保護法益を明らかにしたうえで（第1款）、そこで保護されている身体・健康の意味内容を確認する（第2款）。つぎに、123条の単純傷害罪に絞って関連判例・学説を参照しながら、同条にいう身体損害と健康損害の解釈を整理する（第3款）。そして、以上の議論を深めていくために、治療行為・医療行為においてとくに問題となる事例を念頭に置きながら、判例を手がかりに単純傷害罪と重傷害罪の適用状況を確認する（第4款）。

第 1 款　身体に対する罪の保護法益

　スイス刑法典は、第2編第1章「生命及び身体に対する可罰的行為」章下で、重傷害（122条）、単純傷害（123条）、過失傷害（125条）および暴行（126条）等の罪を規定する。スイス刑法122条以下の罪の保護法益は、身体の統合性（körperliche Integrität）である。また、スイス刑法における傷害とは、人の「身体」に損害を与える行為のほか、人の肉体的・精神的「健康」を害する行為をいう[9]。関連条文の内容は、以下のとおりである。

9　*Alfred Keller*, Die Körperverletzung im schweizerischen Strafrecht, Zürich 1957, S. 24 f.; *Vital Schwander*, Das Schweizerische Strafgesetzbuch unter besonderer Berücksichtigung der bundesgerichtlichen Praxis, 2. Aufl., Zürich 1964, Nr. 518; *Günter Stratenwerth/Guido Jenny/Felix Bommer*, Schweizerisches Strafrecht, Besonderer Teil I, 7. Aufl., Bern 2010, § 3 N 1; *Thomas Fingerhuth*, in: Stefan Trechsel/Mark Pieth (Hrsg.), Schweizerisches Strafgesetzbuch, Praxiskommentar, 2. Aufl., Zürich/St. Gallen 2013, Vor Art. 122 N 4; *Andreas Roth/Anne Berkemeier*, in: Basler Kommentar, Strafrecht II, 3. Aufl., Basel 2013, Vor Art. 122 N 13 等。

122条（重傷害）
　故意に人をその生命を危険にさらすかたちで傷害した者、
　故意に人の身体、重要な器官若しくは四肢を切断した者、重要な器官若しくは四肢を使用不能にさせた者、人を永久に労働不能にし、虚弱にし若しくは精神疾患に罹患させた者、又は、人の容貌を甚だしくかつ永久に奇形にさせた者、
　故意に人の身体、又は、身体的若しくは精神的健康に対するその他の重大な損害を惹起した者
　は、10年以下の自由刑又は180日分以下の日数罰金に処する。

123条（単純傷害）1項
　故意に、その他の方法で人の身体に対して損害を与え（an Körper schädigen）、又は健康を害した（an Gesundheit schädigen）者は、告訴により3年以下の自由刑又は罰金に処する。
　軽微な場合には、裁判官は刑を減軽することができる（第48a条）。

125条（過失傷害）1項
　過失により人の身体に対して損害を与え、又はその健康を害した者は、告訴により3年以下の自由刑又は罰金に処する。

126条（暴行）1項
　人に対し、身体損害又は健康損害の結果をもたらさない暴行を加えた者は、告訴により科料に処する。

　スイス刑法における「身体に対する罪」の基本構成要件は、123条1項の単純傷害罪である[10]。同罪は、「故意に……人の身体に対して損害を与え」（以下「身体損害（Schädigung des Körpers, Körperschädigung）」という。）と、「健康を害し」（以下「健康損害（Schädigung der Gesundheit, Gesundheitsschädigung）」という。）、という2つの行為類型を規定する。123条によれば、傷害とは、人の身体または健康に対して損害を与える行為をいう。これに対して、身体にも健康にも損害を与えない、単なる身体的健全（körperliches Wohl）に対する損害は、ドイツ刑法典にはない暴行罪（スイス刑法126条）によって捕捉される[11]。

10　*Martin Schubarth*, Kommentar zum schweizerischen Strafrecht, Schweizerisches Strafgesetzbuch Besonderer Teil, 1. Bd., Bern 1982, Art. 122 N 6; *Stratenwerth/Jenny/Bommer*, a. a. O. (Anm. 9), § 3 N 2; *Andreas Donatsch*, Strafrecht III, 10. Aufl., Zürich/Basel/Genf 2013, S. 43; BSK II³-*Roth/Berkemeier*, a. a. O. (Anm. 9), Art. 123 N 1 等。

11　*Daniel Bussmann*, Die strafrechtliche Beurteilung von ärztlichen Heileingriffen, Winterthur

第2款　身体に対する罪における身体・健康の意義

第1項　身体の意義

　123条1項の構成要件の保護客体は、人の身体と健康である。通説によれば、傷害罪にいう「身体」とは、「人の解剖学的・形態学的存在（*anatomisch-morphologische* Existenz des Menschen）」[12]をいう。この定義によると、人体内部の活動、たとえば臓器の機能は身体概念から外れ、健康概念によって捕捉される。「身体」損害該当性を判断する際にも、まず、以上のような意味での「身体」が前提となる。

第2項　健康の意義：ドイツ法との比較

　一方、傷害罪にいう「健康」は、相対的な概念である。すなわち、スイス法の通説的見解によれば、健康な者だけでなく、すでに疾病に罹患している者も、傷害罪の客体となりうる[13]。さらに、健康の概念は、身体的健康のみならず、精神的健康をも含む（122条）。

　ここでドイツ法と同じく、スイス法においても、世界保健機構（以下「WHO」という。）による「健康」の定義との関係が問題となる。WHOによれば、健康とは、「肉体的、精神的、社会的に完全に良好な状態にあることをいい、単に疾病でないとか、あるいは虚弱でないということではない」。したがって、WHOの定義によれば、そこにいう「完全に良好な状態」が毀損・破壊された状態はすべて、「疾病」となる。しかし、ドイツ法もスイス法も、WHOの定義を採用していない。なぜなら、この定義を採用すると、傷害罪の適用範囲が大幅に拡大するおそれがあるからである[14]。このよ

　　1984, S. 19. 単純傷害罪も暴行罪も、親告罪である。スイス刑法123条1項、126条1項参照。
12　*Keller*, a. a. O. (Anm. 9), S. 18. 圏点は原文で隔字体である。
13　*Stratenwerth/Jenny/Bommer*, a. a. O. (Anm. 9), § 3 N 6.
14　Hans *Wiprächtiger*, «Kriminalisierung» der ärztlichen Tätigkeit? Die Strafbarkeit des Arztfehlers in der bundesgerichtlichen Rechtsprechung, in: Andreas Donatsch/Felix Blocher/Annemarie Hubschmid Volz (Hrsg.), Strafrecht und Medizin, S. 61 ff., 68. スイス法における健康の定義が、WHOのそれよりも狭いと理解するのは、T/P^2-*Fingerhuth*, a. a. O. (Anm. 9), Vor Art. 122 N 5

に健康理解をめぐって、スイス法はドイツ法と軌を一にする[15]。

第3款　単純傷害罪における身体損害と健康損害の解釈

第1項　身体損害の解釈

　治療行為との関係でとくに重要なのは、123条にいう身体損害の解釈である。通説によれば、身体「損害」該当性の判断にあたっては、損害結果が一定程度、重大であることが求められる[16]。たとえば、スイス連邦最高裁判所（Bundesgericht）[17]の判例は、被害者の健全感が無害に（harmlos）、かつ一時的にのみ損なわれた場合には、身体損害にあたらないと判示する[18]。このような理解によれば、ひっかき傷やすり傷のような軽微な侵襲は、123条の傷害構成要件ではなく、126条の暴行構成要件によって捕捉される[19]。また、身体「損害」該当性の判断にあたっては、苦痛の程度も考慮の対象とされるが[20]、単純傷害と暴行の区別はなお明らかにされていない。そのためか、

である。
15　ドイツ法上の評価につき、第4章第2節第2款第3項（本書226-227頁）参照。
16　*Oskar Adolf Germann*, Das Verbrechen im neuen Strafrecht, Zürich 1942, S. 238; *Keller*, a. a. O.（Anm. 9）, S. 29, 98 ff; *Stefan Trechsel*, Schweizerisches Strafgesetzbuch, Kurzkommentar, 2. Aufl., Zürich 1997, Vor Art. 122 N 5 参照。これに異を唱えるのは、*Philipp Thormann/Alfred von Overbeck*, Das schweizerische Strafgesetzbuch, 4. Lfg., Zürich 1940, Art. 126 N 2 である。
17　スイス連邦（刑事）破棄院（Kassationshof）は、2005年6月17日の連邦最高裁判所法（Bundesgerichtsgesetz: BGG）によって、2007年1月1日に、（連邦最高裁判所）「刑事部（strafrechtliche Abteilung）」に改称された。*Wiprächtiger*, a. a. O.（Anm. 14）, S. 62 f. Anm. 4 参照。なお、本章で言及する判例は、とくに断りのないかぎり、スイスの判例である。
18　連邦最高裁判所1946年3月29日判決（BGE 72 IV 20 Erw. 2 S. 21 f. = Pra 35（1946）Nr. 75 [S. 157 ff., 158 f.]）、同1973年10月24日判決（BGE 99 IV 253 Erw. 1 S. 255）、同1977年4月20日判決（BGE 103 IV 65 Erw. II.2.c）S. 70）等。その他の判例につき、*Keller*, a. a. O.（Anm. 9）, S. 98 ff.; *Stratenwerth/Jenny/Bommer*, a. a. O.（Anm. 9）, § 3 N 8; BSK II³-*Roth/Berkemeier*, a. a. O.（Anm. 9）, Vor Art. 122 N 15 参照。
19　*Bussmann*, a. a. O.（Anm. 11）, S. 22. 刑法126条にいう「暴行」とは、身体損害または健康損害の結果を生じさせずに、身体的な健全感を単に一時的に害することをいう。連邦最高裁判所1991年3月8日判決（BGE 117 IV 14 Erw. 2.a）S. 15 f.）、同1997年5月20日決定（BGE 6 S.228/1997, zit. bei *Wiprächtiger*, a. a. O.（Anm. 14）, S. 70 Anm. 36）参照。なお、スイス刑法では、暴行未遂も過失による暴行も不可罰である。
20　連邦最高裁判所1957年5月10日判決（BGE 83 IV 71 Erw. S. 73, zit. bei *Bussmann*, a. a. O.（Anm. 11）, S. 24 Anm. 115）、同1963年4月29日判決（BGE 89 IV 71 Erw. S. 73, zit. bei *Bussmann*, a. a. O.（Anm. 11）, S. 24 Anm. 115）、同2008年6月19日判決（BGE 134 IV 189 Erw.

裁判官には、両者の区別につき比較的大きな判断裁量が認められている[21]。

以上の理解によると、歯や指の喪失、破瓜の際の処女膜喪失、および失血等が、123条1項にいう身体損害に該当する。また、腫脹やこぶのような基体の損害（Substanzschaden）を与える場合、身体を奇形化・醜悪化させる場合[22]、機能障害を生じさせる場合、身体の外観を損なう場合、および、騒音公害によって聴覚障害を生じさせる場合も、身体損害にあたる[23]。

また、身体損害は、一般的に通常で社会的に容認される程度を超える程度の行為でなければならない[24]。たとえば、平手打ちや足蹴にする行為は単純傷害にあたるが、人ごみ（たとえば、スキーのリフトを待つ列）での害のない突き押しは、単純傷害にあたらない。ただし、その行為が身体的苦痛をともなう場合は、暴行となる[25]。これに対して、疾患にまで至らない些細な精神的苦痛は、暴行罪ではなく、名誉に対する罪（173条以下）によって捕捉されうる[26]。

さらに、単純傷害と重傷害の区別も問題となる。122条によれば、「故意に人をその生命を危険にさらすかたちで傷害した者」、「故意に人の身体、重要な器官若しくは四肢を切断した者、重要な器官若しくは四肢を使用不能にさせた者、人を永久に労働不能にし、虚弱にし若しくは精神疾患に罹患させた者、又は、人の容貌を甚だしくかつ永久に奇形にさせた者」、そして、「故意

1.3 S. 191 f. = Pra 2008 Nr. 148 ［S. 947 ff., 949 f.］）等。
21　連邦最高裁判所1981年4月2日判決（BGE 107 IV 40 Erw. S. 43, zit. bei *Brigitte Tag/Isabel Baur*, Die ärztliche Heilbehandlung als Körperverletzung? Aktuelle Rechtslage und Entwicklungen der bundesgerichtlichen Rechtsprechung, in: Olivier GUILLOD et Dominique SPRUMONT (eds.), *Le droit de la santé en mouvement*, Bern 2014, S. 117 ff., 128 Anm. 38)、同1993年1月19日判決（BGE 119 IV 25 Erw. 2 S. 27 = Pra 83 (1994) Nr. 17 ［S. 61 ff., 62 f.］)、同1993年4月15日判決（BGE 119 IV 1 Erw. S. 2, zit. bei *Tag/Baur*, ebenda, S. 128 Anm. 38）、前出2008年6月19日判決（BGE 134 IV 189 Erw. 1.3 S. 192 = Pra 2008 Nr. 148 ［S. 947 ff., 949 f.］）等。さらに、*Stratenwerth/Jenny/Bommer*, a. a. O. (Anm. 9), § 3 N 7 f.; *Donatsch*, a. a. O. (Anm. 10), S. 49 も参照。
22　連邦最高裁判所1989年2月2日判決（BGE 115 IV 17）。
23　*Bussmann*, a. a. O. (Anm. 11), S. 22.
24　前出1991年3月8日判決（BGE 117 IV 14 Erw. 2.a) bb) S. 16 f.)、前出1993年1月19日判決（BGE 119 IV 25 Erw. 2.a) S. 26 = Pra 83 (1994) Nr. 17 ［S. 61 ff., 62］)。
25　前出1991年3月8日判決（BGE 117 IV 14 Erw. 2.a) bb) S. 16 f.)。さらに、*Andreas Roth/Tornike Keschelava*, in: Basler Kommentar, Strafrecht II, a. a. O. (Anm. 9), Art. 126 N 3 ff. も参照。
26　BSK II³-*Roth/Keschelava*, a. a. O. (Anm. 25), Art. 126 N 6; T/P²-*Fingerhuth*, a. a. O. (Anm. 9), Art. 126 N 1 ff. 参照。

に人の身体、又は、身体的若しくは精神的健康に対するその他の重大な損害を惹起した者」は、重傷害として処罰されうる[27]。

第2項　健康損害の解釈

刑法123条にいう「健康損害」とは、被害者の健康状態が通常の状態から不利な方向へ逸脱した状態、すなわち、たとえ一時的であるにせよ病理学的状態を作出し、増幅しまたは変更することをいう[28]。この定義は、ドイツ刑法223条にいう「健康損害」の定義と同じである。その主要な適用例として、通説的見解は、内的または外的器官を疾患や感染症に罹患させる行為を挙げている[29]。

第3項　ドイツ法との比較[30]

ドイツ刑法における傷害罪の基本構成要件は223条であり、同条はつぎのように規定する。

ドイツ刑法223条（傷害）
1. 他の者を身体的に虐待し（körperlich misshandeln）又はその健康を害した（an der Gesundheit schädigen）者は、5年以下の自由刑又は罰金に処する。
2. 本罪の未遂は罰せられる。

27　スイス刑法122条の解釈につき、*Peter Noll*, Schweizerisches Strafrecht, Besonderer Teil I, Zürich 1983, S. 45 f.; *Stratenwerth/Jenny/Bommer*, a. a. O.（Anm. 9），§ 3 N 35 ff.; *Donatsch*, a. a. O.（Anm. 10），S. 47 ff.; BSK II³-*Roth/Berkemeier*, a. a. O.（Anm. 9），Art. 122 N 5 ff. 参照。
28　*Schubarth*, a. a. O.（Anm. 10），Art. 123 N 10; *Noll*, a. a. O.（Anm. 27），S. 41; *Stratenwerth/Jenny/Bommer*, a. a. O.（Anm. 9），§ 3 N 6 等。
29　BSK II³-*Roth/Berkemeier*, a. a. O.（Anm. 9），Vor Art. 122 N 18; T/P²-*Fingerhuth*, a. a. O.（Anm. 9），Vor Art. 122 N 5 等参照。
30　オーストリア法との比較として、*Florian Messner*, in: Salzburger Kommentar zum Strafgesetzbuch, 18. Lfg., Wien 2008, § 83 Rz. 17 ff. がある。オーストリア刑法の傷害罪規定につき、藪中悠「刑法における傷害概念と精神的障害──オーストリア刑法における議論を中心に──」法学政治学論究97号（2013年）93頁以下、101頁以下参照。

判例・通説によれば、同条1項にいう「身体的に虐待し」、つまり「身体的虐待」とは、身体的健全感 (körperliches Wohlbefinden) もしくは身体の不可侵 (körperliche Unversehrtheit) を些細とはいえない程度に損ない、またはその他の身体の統合性に影響が及ぼされるような有害で不適切な取扱い (ein übles, unangemessenes Behandeln) をいう[31]。

スイス法とドイツ法の相違は、主として以下の2点にある。
第1が、暴行罪規定の存否とそれにともなう傷害罪の保護範囲である。ドイツ刑法によれば、傷害結果をともなわない平手打ち等の行為も、223条の身体的虐待を構成する。これに対して、スイス刑法によれば、平手打ちや打撃行為は、123条の単純傷害ではなく、126条の暴行を構成する[32]。このように、ドイツ刑法には、スイス刑法の暴行罪に相当する規定がない。これにともない、スイスとドイツでは、傷害罪の射程をめぐって相違がみられる。
第2が、スイス法における「身体損害」概念と、ドイツ法における「身体的虐待」概念である。すなわち、ドイツ語の日常用語法によれば、身体的虐待とは、単に些細にすぎないとはいえない身体的健全感の毀損や、有害で不適切な取扱いを意味する[33]。しかし、スイス法にいう身体損害は、身体的虐待の概念のうちの前半のみ、つまり、単に些細にすぎないとはいえない身体的健全感の毀損のみを指す、とされている[34]。したがって、スイス法における身体損害の概念は、ドイツ法における身体的虐待の概念よりも狭い、ということができる[35]。

---

31 ドイツ刑法における身体的虐待の解釈は、第4章第2節第4款第1項（本書248頁以下）に詳しい。
32 *Bussmann*, a. a. O. (Anm. 11), S. 24.
33 ドイツ・ライヒ裁判所1889年4月16日判決 (RGSt 19, 136 [139])、ドイツ連邦通常裁判所1974年1月23日判決 (BGHSt 25, 277 [278 f.]) 等。身体的虐待をめぐるドイツ判例の変遷とその特徴につき、第4章第2節第4款第1項2（本書250頁以下）参照。
34 *Bussmann*, a. a. O. (Anm. 11), S. 27.
35 *Marc Thommen*, Medizinische Eingriffe an Urteilsunfähigen und die Einwilligung der Vertreter, Basel/Genf/München 2004, S. 129 f. 参照。

第4款　治療行為・医療行為と傷害罪の成否

第1項　単純傷害罪の成否

　傷害構成要件該当性を肯定するためには、最小限度の強度（Intensität）をともなって身体へ働きかける行為が必要となる[36]。かかる行為を要件とすることで、診断的措置の多くは、傷害罪の適用範囲から排除される。たとえば、血圧測定や超音波検査は、患者の身体または健康に直接干渉する行為ではないため、傷害罪を構成しない。これに対して、生体組織診断（Biopsie）は、患者の身体や健康に直接干渉する行為であるため、傷害罪または暴行罪にあたりうる。もっとも、診断的措置が患者の承諾を得ずに行われる場合には、当該措置は、州（Kanton）の公衆衛生法（Gesundheitsgesetz: GesG）によって処罰の対象とされている[37]。また、副作用のない鎮痛薬や解熱剤の投与も、傷害にあたらない[38]。

　もっとも、治療行為は、患者の身体・健康に直接干渉する類型がほとんどであるため、その多くは、傷害罪の構成要件を充足しうるだろう。判例によれば、注射[39]のほか、両目周辺の皮ふ、まぶたおよび結膜部分に、数時間にわたって腫脹をともなう激しい炎症を生じさせる行為は、単純傷害罪を構成する[40]。また、学説によれば、苦痛、麻痺または失神状態の惹起・維持

36　*Rochus Jossen*, Ausgewählte Fragen zum Selbstbestimmungsrecht des Patienten beim medizinischen Heileingriff, Bern 2009, S. 46 参照。

37　1984年12月2日のベルン州公衆衛生法39条（説明）、40条（承諾）および48条（その他の違反行為）等を参照。

38　*Bussmann*, a. a. O.（Anm. 11）, S. 39; *Gunther Arzt*, Die Aufklärungspflicht des Arztes aus strafrechtlicher Sicht, in: Wolfgang Wiegand（Hrsg.）, Arzt und Recht, Bern 1985, S. 49 ff., 55 参照。これに対して、*Michael Wicki*, Komplementärmedizin im Rahmen des Rechts, Bern 1998, S. 269 は、治癒を早める行為も含めて、身体に対する侵襲行為すべてが傷害にあたる、とする。

39　次節第1款（本書339頁以下）で検討する BGE 99 IV 208 Erw. 4 S. 211 = Pra 63（1974）Nr. 95（S. 292 ff., 295）をはじめ、*Stratenwerth/Jenny/Bommer*, a. a. O.（Anm. 9）, § 3 N 8; BSK II³ - *Roth/Berkemeier*, a. a. O.（Anm. 9）, Vor Art. 122 N 17; *Günther Stratenwerth/Wolfgang Wohlers*, Schweizerisches Strafgesetzbuch, Handkommentar, 3. Aufl., Bern 2013, Art. 123 N 2 参照。これに対して、*Suzanne Lehmann*, Zur Frage der rechtlichen Beurteilung von Doppelblindversuchen an Patienten, ZStrR 99（1982）, S. 174 ff., 177 f. は、皮下注射、眼球後方部への注射、および静脈注射でそれぞれ処理が異なる、とする。さらに、*Hans Wiprächtiger*, Die Strafbarkeit des Arztfehlers, in: Walter Fellmann/Tomas Poledna（Hrsg.）, Die Haftung des Arztes und des Spitals, Zürich/Basel/Genf 2003, S. 233 ff., 241 も参照。

も、健康損害にあたる[41]。これに対して、抜歯、腫脹や打撲血腫の作出、身体部分の奇形化、聴覚障害の惹起[42]、および骨折させる行為[43]等は、身体損害に該当しうる。

第2項　重傷害罪の成否

　医療行為・治療行為の場面では、122条の重傷害罪の成否も問題となる。122条は、「故意に人の身体、重要な器官若しくは四肢を切断した者、重要な器官若しくは四肢を使用不能にさせた者」を処罰の対象とする。ここにいう「器官」と「四肢」の重要度は、その機能によって判断される[44]。たとえば、手首の関節、ひじ、肩、陰茎[45]、ひざ・腰の関節[46]の持続的で著しい損傷のほか、指を傷つける行為[47]も、同条にいう「重要な器官」の損害にあたる。

　また、生存上必要な器官を切断しまたは使用不能にする行為も、重傷害となる。重傷害の解釈は、断種や去勢の際に重要となる[48]。122条にいう「人の容貌を甚だしくかつ永久に奇形にさせた」の解釈につき、判例は、完治はしたが、その後もはっきりと目視でき、若干身ぶりが必要になるほど被害者を損傷した、耳の先端まで至る口もとへの創傷が、重傷害にあたるとしている[49]。また、重度の視力障害を惹起する行為のほか[50]、大量の硬膜外出血

40　前出1997年5月20日決定（BGE 6 S.228/1997, zit. bei *Wiprächtiger*, a. a. O.（Anm. 14), S. 69 Anm. 33) 参照。

41　*Bussmann*, a. a. O.（Anm. 11), S. 21.「激しい吐き気、麻痺状態、または神経性ショックの惹起」を挙げるのは、*Stratenwerth/Jenny/Bommer*, a. a. O.（Anm. 9), §3 N 8 である。また、下剤を投与しても、実際に被害が生じなければ健康損害にあたらない。詳細につき、BSK II³-*Roth/Berkemeier*, a. a. O.（Anm. 9), Vor Art. 122 N 17 参照。

42　以上の事例につき、*Bussmann*, a. a. O.（Anm. 11), S. 22 参照。

43　BSK II³-*Roth/Berkemeier*, a. a. O.（Anm. 9), Vor Art. 122 N 17; HK³-*Stratenwerth/Wohlers*, a. a. O.（Anm. 39), Art. 123 N 2。

44　*Keller*, a. a. O.（Anm. 9) S. 63 ff.; T/P²-*Fingerhuth*, a. a. O.（Anm. 9), Art. 122 N 5 参照。

45　連邦最高裁判所2002年11月7日判決（BGE 129 IV 1 Erw. 3.2 S. 3)。

46　連邦最高裁判所1979年7月5日判決（BGE 105 IV 179 Erw. S. 180)。

47　ベルン州高等裁判所1975年10月28日判決（OGer Bern ZBJV 113, 281, 281 f.)（左手小指）等。

48　前出2002年11月7日判決（BGE 129 IV 1 Erw. 3.2 S. 3)参照。

49　前出1989年2月2日判決（BGE 115 IV 17 Erw. 2.b) S. 20)。一方で、本判決は、たとえ著しい創傷であっても、単に一時的に奇形化させるだけでは重傷害にあたらない、とする（ebenda, Erw. 2.a) S. 19)。*Wiprächtiger*, a. a. O.（Anm. 14), S. 69 f. 参照。

50　連邦最高裁判所2004年8月6日判決（BGE 1 P.219/2004, Erw. 1.2) 参照。

と激しい脳腫脹をともなう外傷性脳損傷（Schädel-Hirn-Trauma）の結果、生命を危険にさらす脳組織の血行不全および脳幹癲癇を生じさせる行為も[51]、重傷害を構成する。さらに、大動脈付近の動脈瘤の外科手術を行う行為も、「生命を危険にさらす」傷害の構成要件を充足する[52]。

　以上、専断的治療行為をめぐる判例・学説を正確に分析するための予備作業として、スイス刑法における暴行・傷害罪の基本的な解釈およびその運用状況を確認してきた。ここまでの作業を踏まえて、次節では重要判例の分析に移る。

第3節　専断的治療行為をめぐるスイス判例の分析

　スイス刑法において、専断的治療行為の適法性を正面から問題とした最高裁判決は2件ある。そのうちの1件が、連邦最高裁判所1973年9月14日判決（以下「1973年判決」という。）[53]であり、もう1件が、同1998年12月3日判決（以下「1998年判決」という。）[54]である。この2件の最高裁判決は、第1章から第4章までに確認してきた論点のほとんどを扱っているといっても過言ではない。たとえば、治療行為の傷害構成要件該当性、専断的治療行為と自由に対する罪（とくにスイス刑法181条の強要罪）との関係性、患者の（推定的）意思の意義といった点がこれである。さらに、この2件の判例は、ドイツ法やオーストリア法にも踏み込んだ検討を加えており、理論的観点のみならず、比較法的観点からみても参照価値が高い。それにもかかわらず、これらの最高裁判決が、これまでわが国で本格的に紹介・検討されたことはない[55]。こ

51　連邦最高裁判所2003年11月28日判決（BGE 130 IV 7 Erw. 3.1 S. 9 f.）参照。
52　「生命を危険にさらす」傷害につき、連邦最高裁判所1965年9月17日判決（BGE 91 IV 193 Erw. 2 S. 194）; *Stratenwerth/Jenny/Bommer*, a. a. O. (Anm. 9), § 3 N 37 f.; T/P²-*Fingerhuth*, a. a. O. (Anm. 9), Art. 122 N 2 参照。
53　BGE 99 IV 208 = Pra 63 (1974) Nr. 95 (S. 292 ff.).
54　BGE 124 IV 258.
55　1973年判決を簡潔に紹介した論文として、町野・前出注（5）217-218頁があるが、1998年判決に言及した日本語文献は確認できなかった。なお、以下で取り上げる諸判決を含めて、スイス法の現況をコンパクトにまとめた講演原稿訳として、ブリギッテ・タルク（秋山紘範訳）「判断能力に欠ける者に配慮した医事法におけるインフォームド・コンセント——スイスの現状」比較

こに、わが国におけるスイス刑法研究上の空隙が存在する。

そこで以下では、専断的治療行為に関する上記2件の最高裁判決を分析し、両判決に含まれる論点を抽出する。そのための具体的な手順としては、まず、1973年判決（第1款）および1998年判決（第2款）を詳細に分析し、両判決の判旨から重点的に検討すべきポイントを析出する。つぎに、本章の目的設定に従って、関連する他の判例とも比較検討しながらスイス法の判例法理を彫琢し、次節での考察に向けて係争点の整理を試みる（第3款）。

第1款　1973年判決の検討：リーディングケースの登場

第1項　事実の概要

患者Rは、当時、メンドリシオの州立精神病院に入院していた。同院の勤務医Xは、Rへの注射を看護スタッフに指示し、そのスタッフがこれを実行した。退院後、Rは、Xが自身の抗議を無視して看護スタッフに注射を指示したとして[56]、単純傷害罪（123条1項）および過失傷害罪（125条1項）でXを刑事告訴した。

検察代理人（Procuratore pubblico）は、Xが医師の「業務上の義務（Berufspflicht）」（当時の32条）に則って行為したとして、刑事手続を停止した。これに対して、Rが上告した。

第2項　判決要旨

連邦最高裁判所は、大要以下のように判示して原判決を破棄し、差し戻した[57]。

法雑誌46巻3号（2012年）380頁以下がある。
56　なお、本件当時、Rが承諾能力を有していたかどうかは、判決文からは明らかでない。
57　本判決の訳出・検討に際しては、*Hans Schultz*, Die strafrechtliche Rechtsprechung des Bundesgerichts im Jahre 1973, ZBJV 110 (1974), S. 377 ff., 387 ff. も参照した。

〔傷害罪の保護法益〕

「刑法123条〔単純傷害罪〕および125条〔過失傷害罪〕によれば、人の身体または身体の統合性を害した者は罰せられる。このことは、法文それ自体から明らかである。とりわけ、『atteinte à l'intégrité corporelle ou à la santé』と定めるフランス語の文言は、身体の不可侵も健康も保護される、と明記している。……身体的統合性（Körperintegrität）[58]は、それ自体単独で保護される。身体的統合性の損害は、健康損害と結びつかないときでも処罰されうる。この点は、BGE 80 IV 107と85 IV 126（= Pr 43 Nr.157, 48 Nr. 186）[59]において、刑法134条〔当時の「児童虐待及び閑却（Misshandlung und Vernachlässigung eines Kindes)」罪〕を解釈する際に、すでに間接的に説明がなされていた。すなわち、健康を害しない単純傷害は、刑法123条および125条1項に該当するにすぎないので、刑法134条1項では処罰されえない。というのは、この規定は、健康の損害または深刻な危殆化を要件としているからである。身体的統合性が独立した、それ自体単独で保護される法益であることは、支配的見解によっても承認されている。……」

「身体に対する働きかけが些細であり健康が害されていない場合は、暴行となるが（刑法126条。BGE 72 IV 21 E. 1 = Pr 35 Nr. 75)[60]、暴行は、意図的に行われた場合にのみ処罰の対象とされうる。傷害と単なる暴行との区別は程度問題であり、これを適切に評価するために、一定の裁量の余地が認められている。」[61]

〔治療行為の傷害構成要件該当性〕

「一部の学説は、〔医療〕技術上適正に行われた医的侵襲が、傷害構成要件を決して充足しないとの見解を支持している。……この見解によれば、危険な外科的侵襲は、必要な承諾を得ずに行われ、失敗したとしても、その手術が〔医療〕技術上適正に行われ、診断された疾病もしくは傷害によって医学的に正当とされ、あるいは、少なくとも患者の生命を延長する意図によって医学的に正当とされたかぎりで、当該侵襲は不可罰のままである、とされている。」[62]

しかしながら、スイス法には、このような限定解釈を行うための端緒は存在しない。このような解釈を基礎づける根拠は、「刑法181条〔強要罪〕以下[63]からは導き

58　ドイツ法上の議論ではあるが、身体の統合性（körperliche Integrität）と身体的統合性（Körperintegrität）の違いにつき、第4章第3節第2款第2項3(1)（本書268-269頁）参照。もっとも、こうした区別がスイス法にも妥当するかどうかは、定かでない。

59　連邦最高裁判所1954年7月2日判決（BGE 80 IV 102 Erw. 1 S. 107 = Pra 43 (1954) Nr. 157 [S. 438 ff., 441]）は、旧134条1項の児童虐待罪の成否が争われた事案に関するものであり、同1959年5月15日判決（BGE 85 IV 125 Erw. 1 S. 126 = Pra 48 (1959) Nr. 186 [S. 508 ff., 509]）は、123条と旧134条の関係が問題とされた事案に関するものである。

60　前出1946年3月29日判決（BGE 72 IV 20 Erw. 1 S. 21 = Pra 35 (1946) Nr. 75 [S. 157 ff., 158]）。

61　BGE 99 IV 208 Erw. 2 S. 209 f. = Pra 63 (1974) Nr. 95 (S. 293).

62　BGE 99 IV 208 Erw. 3 S. 210 = Pra 63 (1974) Nr. 95 (S. 293 f.).

第 3 節　専断的治療行為をめぐるスイス判例の分析　*341*

出されえない。すなわち、刑法181条以下の規定は自由を保護しており、身体の不可侵を保護しているわけではない。また、刑法181条以下の規定は、専断的医的侵襲から患者を十分に保護しているわけではない……。……〔スイスの〕法状況は、専断的に行われた医師の治療行為を特別な犯罪構成要件の対象とするがゆえに、先述した身体的統合性の侵害とこれにより生じうる不利な結果が傷害の一般構成要件にあたらないとせざるをえない法秩序の状況とは異なるのである。このことは、たとえば、オーストリア法において問題となる（刑法499a条。……[64]）。」[65]

　「スイス法においてはこのような特別規定が欠けており、そのため、身体的統合性または健康を害する医療侵襲のケースでは、傷害構成要件が充足されると承認されなければならない。しかしながら、本件行為が、無罪を方向づける事情によって正当化されるのか、それとも責任（Verschulden）が欠けるのかが検討されなければならない。……通常は、患者の承諾が決定的な意義を有する……。ドイツの判例は、学説側からの強い抵抗があるにもかかわらず、RGSt 25 S.375〔ライヒ裁判所1894年 5 月31日判決（骨がん事件）〕[66]以来、身体の不可侵を侵害するあらゆる医療侵襲が、傷害構成要件を充足し、患者の明示的または推定的承諾をもってのみ正当化されうる、という立場に立っている[67]……。」[68]

〔本件に関する判断〕
　原審は、「およそ治癒は、重大で永続的な生理的変化を生じさせないため、本人の承諾が不要であることは明らかであ」る、とする。〔原文改行〕しかし、「この見解には従えない。医療行為は、たとえそれが永続的な変化を生じさせなくとも、……原則として――明示的または黙示的な――患者の承諾を要件とする。承諾がない場合は、たとえば、事務管理、緊急状況、または、法律上の根拠に基づいて効力を有する官庁の命令（Verfügung）[69]のような正当化事由が必要となる。患者が、法律により定め

63　181条の条文とその解釈につき、次節第 2 款第 1 項（本書356-357頁）参照。
64　オーストリア旧刑法449ε条は、当時の専断的治療行為処罰規定である（法文は、öBGBl. 1937 Nr. 202［S. 884］参照）。旧449a 条の解釈と現110条の制定過程につき、*Josef Piegler*, Eigenmächtige Heilbehandlung und Aufklärungspflicht des Arztes im österreichischen Recht, VersR 1962, S. 921 ff., 922 f.; *Heinz Zipf*, Probleme eines Straftatbestandes der eigenmächtigen Heilbehandlung (dargestellt an Hand von § 110 öStGB), in: Festschrift für Paul Bockelmann, München 1979, S. 577 ff., 577 f. 参照。
65　BGE 99 IV 208 Erw. 3 S. 210 = Pra 63 (1974) Nr. 95 (S. 294).
66　本判決につき、第 2 章第 2 節第 2 款（本書78頁以下）参照。
67　ここで本判決は、ドイツ連邦通常裁判所1954年 7 月10日判決（BGH NJW 1956, 1106. 第 1 電気ショック事件）、同1957年11月28日判決（BGHSt 11, 111. 第 1 筋腫事件）、およびハム上級地方裁判所1962年12月18日判決（OLG Hamm MDR 1963, 520）を引用している。第 1 電気ショック事件と第 1 筋腫事件の詳細につき、第 2 章第 3 節第 1 款第 1 項 1 （本書109頁以下）参照。
68　BGE 99 IV 208 Erw. 3 S. 210 f. = Pra 63 (1974) Nr. 95 (S. 294 f.).
69　スイス法上の「命令」理解の一助となる記述として、Walter Haller, The Swiss Constitution in a Comparative Context 247-249 (2d ed. 2016)〔初版の邦訳として、ワルター・ハラー（平

られていない治療に抵抗する場合には、侵襲の緊急性が厳格に要求されるべきである。このことは、知らされていない物質が身体に注入される、その作用が些細とはいえない注射にもあてはまる。注射は、あらゆる点で、刑法123条および125条１項の意味における身体の統合性の侵害を意味する。」[70]

　かくして、「……原判決は破棄されなければならない。審査手続においては、故意傷害の構成要件要素が充足されるのか、それとも過失傷害の構成要件要素が充足されるのか、ことによると暴行の構成要件要素が充足されるのかが明らかにされなければならない。」[71]

第３項　比較・検討すべきポイントの抽出

　1973年判決は、主として以下の３点において先例としての意義を有する。

　第１が、身体侵害モデル的理解を採用する旨を、スイスの最高裁としてはじめて明言した点である。本判決は、故意傷害罪（123条）と過失傷害罪（125条）の保護法益が身体の統合性（ないし身体的統合性）であると解したうえで、それが単独で保護される法益である、とする。こうした理解は、本判決以前にも、関連判例がすでに示していたが、本判決はこれを治療行為の分野にも及ぼし、身体に損害を与えるあらゆる医的侵襲が傷害罪の構成要件を充足するとした。本判決は、身体侵害モデル的理解を採用する旨を最高裁のレベルではじめて明らかにした点で、先例的意義を有する。次款でみる1998年判決も、この点に言及している。

　第２が、専断的治療行為における強要罪との関係性である。本判決は、自由侵害モデルの論理を排斥し、刑法181条以下の自由に対する罪、とくに強要罪によるのでは、医師の専断的行為から患者を十分に保護することができない、とする。そこで立法論としては、専断的治療行為そのものを処罰の対象とすることが考えられるが、オーストリア法と異なり、スイス法にはそのための特別な犯罪構成要件が存在しない。そこで本判決は、スイス刑法の解釈論としては、身体侵害モデルから出発して違法阻却の可能性を探るほかない、とする。本判決は、オーストリア旧刑法499a条（現110条）の専断的治療

　　松毅＝辻雄一郎＝寺澤比奈子訳）『スイス憲法――比較法的研究――』（2014年・成文堂）190-191頁〕参照。
70　BGE 99 IV 208 Erw. 4 S. 211 = Pra 63 (1974) Nr. 95 (S. 295).
71　BGE 99 IV 208 Erw. 5 S. 211 f. = Pra 63 (1974) Nr. 95 (S. 295).

行為処罰規定にも触れながら自由に対する罪との関係性を論じつつも、最終的には、本件事案に対して強要罪をもってのぞむかぎり、患者を刑法上十分に保護することができない、という。このように、本判決は、自由侵害モデルの論理を直接批判するのではなく、自由侵害モデルによって生じる処罰の間隙という結論の当否を問題視している。こうした刑事政策的考慮を優先させる点に、本判決の特徴がある。

　第3が、治療行為における違法阻却の判断構造である。本判決は、原審が採用した「医師の『業務上の義務』」（旧32条）構成ではなく、原則として患者の承諾によって傷害罪の違法性が阻却されるとする「同意原則」を採用している。同意原則の論理を採用する点で、本判決の判断枠組みは、ドイツ判例のそれと帰一する。ただし、本判決は、「事務管理、緊急状況、または、法律上の根拠に基づいて効力を有する官庁の命令のような正当化事由」が存在すれば、たとえ患者の意思に反する医的侵襲であっても例外的に正当化される場合がありうる、とする。ドイツ判例の同意原則がスイスでも妥当するとした点、しかし、例外的に同意がない場合でも正当化が認められうるとした点にも、本判決の先例的意義がある。

第2款　1998年判決の検討：判例法理の確認とその深化

第1項　事実の概要

　医師Xは、患者Yに対し、右足の第2足指（人差指）と第3足指（中指）に対する足指の付け根の整復術（Face-Hals-Lifting）および足指関節切除術（Mittelgelenksresektion）を行った。Xは、第3足指の整復術に関しては、Yから手術に対する明示の承諾を得ていたが、その第3足指の術中に、さらに第2足指の整復術をも行うことを決定した。第2足指の整復術に関しては、術前にXとYの間で話し合いがなされていたが、Yは、Xに対し、当該整復術に対する明示の承諾はもとより、黙示の承諾も与えていなかった。それでもXは、本件手術の医学的必要性を確信していたため、最終的に、第2足指の整復術に踏み切った。

1997年7月1日に、チューリッヒ州高等裁判所（Obergericht des Kantons Zürich）は、単純傷害罪（123条）に基づき、Xに対して7日間の軽懲役および執行猶予2年を言い渡した。1998年8月3日には、チューリッヒ州破棄裁判所（Kassationsgericht des Kantons Zürich）も高裁の判断を維持したところ、これに対して、Xが上告した。

第2項　判決要旨

連邦最高裁判所は、大要以下のように判示して、本件上告を棄却した。

〔傷害罪の構成要件該当性〕
「Xは、成功し、〔医療〕技術上適正に行われた医療侵襲は、患者の健康を改善しているのであるから、傷害の客観的構成要件をもとより充足しえない、と主張する。」〔原文改行〕「連邦最高裁判所は、BGE 99 IV 208〔前出1973年判決〕において、……身体の統合性に関わる医師の措置はすべて、傷害の客観的構成要件を充足することを確認した。他の論者の見解によれば、医師の治療侵襲は、レーゲ・アルティス（lege artis）に則って行われたときは、傷害構成要件をもとより充足しない。なぜなら、その侵襲の意味するところは、まさに健康の損害ではないからである、という……。」
「BGE 99 IV 208〔の立場〕は堅持されなければならない。正当にも、原審は、治療目的に焦点を当てることが有用な区別基準ではない、と解している。というのは、治療目的という概念は、一般に妥当する確固たるファクター（allgemein gültige, feste Grösse）ではなく、まったく異なって定義・解釈されうることがまさに明白だからである。医学的に適切たりうることがすべて、当該患者にとってまったく正しいとみなされてはならないのである。」[72]

〔患者の健全〕
「……患者の健全（Wohl des Patienten）は、医学的に適応がある治療とただちに同視されうるわけではなく、とりわけ、医師によって〔医学的〕適応があると判断される治療を患者が拒否することも、まさに患者の健全の一部となりうる……。かくして、患者の健全とは何かという問題にとって決定的に重要なのは患者の意思であり、医師の見解によれば患者の利益にかなうとする何かではない。したがって、医的侵襲は、たとえ医師の見解によれば医学的適応があり、〔医療〕技術上適正に行われたとしても、その侵襲が（たとえば切断術がそうであるように）身体的基体に介入し、あるいは少なくとも一時的に患者の身体能力（körperliche Leistungsfähigkeit）もしくは身体的健全感（körperliches Wohlbefinden）を些細とはいえない程度に毀損しま

72　BGE 124 IV 258 Erw. 2 S. 260.

たは悪化させるかぎりで、いずれにせよ傷害構成要件を充足する。そのような侵襲は、患者の承諾によってのみ正当化されうる。」

「本件で問題となっているのは、……Yの身体の不可侵に永続的に影響を与える侵襲である。これによって、傷害の客観的構成要件が充足され、Xが主張するような単なる『暴行』は問題となりえない。」[73]

[患者の推定的承諾]

「第2足指に対しても手術が行われるべきかという問題は、術前に、XとYの間で明示的に (ausdrücklich) 話し合いが行われていた。その際、Yは、手術に対して明示の承諾も黙示の承諾も与えておらず、そのため、Xにとって明らかに認識可能なかたちで手術に了承していたわけではなかった。したがって、Xが（たとえば手術中の）任意の時点で、第2足指に対する侵襲に『推定的に (mutmasslich)』、場合によっては事後的であってもなお同意したことを前提としてよいだろう、とはいえない。医師と患者が術前に個人的に親交があり、長年にわたり患者との関係を構築していたとしても、決してこの結論を変えるものではありえない。」〔原文改行〕「……まず堅持されなければならないのは、患者が、原則として侵襲の前に、この侵襲に承諾を与えていなければならない、という点である……。」[74]

第3項　比較・検討すべきポイントの抽出

1998年判決の特徴は、主として以下の2点にある。

第1が、従来の判例法理を再確認し、これを強化した点である。すなわち、本判決は、1973年判決の枠組みを出発点としながら、たとえ一時的であるにせよ、医的侵襲が身体に介入し、あるいは患者の身体能力や健全感を些細とはいえない程度に悪化させる点をとらえて、本件行為が傷害罪の構成要件を充足する、と判示する。この意味で、本判決は、1973年判決の身体侵害モデル的理解を再確認したと評価できる。また、本判決は、1973年判決と同様の個別的考察を前提としながらも、「治療目的」概念の採用を明示的に排斥することで、身体侵害モデルの理論構想を強化している。

第2が、患者の健全に関する点である。本判決は、医的侵襲の正当化にとってもっとも重要な視点が患者の健全であり、その発露が患者の意思である、とする。これによれば、治療を受けることもこれを拒否することも、患

73　BGE 124 IV 258 Erw. 2 S. 260 f.
74　BGE 124 IV 258 Erw. 3 S. 261. 圏点は原文でイタリック体である。

者の健全の一内容をなす。さらに、本判決は、推定的承諾の法理をあくまで例外的・補充的に適用すべきとした点でも、先例的意義を有する。

第3款　判例分析から抽出される係争点

　以上の判例分析を踏まえたうえで、以下では、第1章で得られた日本法の検討結果、および第2章から第4章で獲得したドイツ法分析の成果を加味しつつ、本書の目的設定に即してスイス法の判例法理を析出し、次節の分析に向けた論点整理を行う。その際に投入する分析視角は、治療行為と傷害罪の関係（第1項）、専断的治療行為に対する強要罪の成否とそれにともなう立法的解決の要否（第2項）、そして、治療行為における違法阻却の判断枠組み（第3項）、である。

第1項　治療行為と傷害罪の関係

　第1が、治療行為と傷害罪の関係である。たとえば、前出1998年判決によれば、「医的侵襲は、たとえ医師の見解によれば医学的適応があり、［医療］技術上適正に行われたとしても、その侵襲が……身体的基体に介入し、あるいは少なくとも一時的に患者の身体能力もしくは身体的健全感を些細とはいえない程度に毀損しまたは悪化させるかぎりで、いずれにせよ傷害構成要件を充足する」[75]。本判決の立場は、身体侵害モデルの構想そのものであり、このような理解に立つ点で、スイス判例の立場はドイツ判例のそれと一致する。

　問題は、スイスの判例が身体侵害モデルの理論的妥当性をどのように根拠づけているか、である。連邦最高裁判所2001年6月15日判決は、以下のように判示する。

　　「医師の作為と不作為をそれぞれ評価することの出発点は、憲法上および人格権上保護された患者の自己決定権である（とりわけ連邦憲法7条および10条2項[76]。

75　前出2004年8月6日判決（BGE 1 P.219/2004, Erw. 3）、連邦最高裁判所2008年2月11日判決（BGE 6 B_640/2007, Erw. 3.1, zit. bei *Jossen*, a. a. O. (Anm. 36), S. 42 Anm. 222）も同旨。
76　スイス連邦憲法7条は、「人間の尊厳は、尊重され、保護されなければならない。」と定め、同

BGE 127 I 6^((77))）。医的侵襲は、構成要件に該当する傷害であり、正当化事由がなければ違法である（BGE 124 IV 258 E. 2 ; BGE 117 Ib 197 E. 2 ; BGE 99 IV 208）。正当化の承諾がない場合は、緊急救助、または、法律上の根拠に基づく官庁の命令（Anordnung）のような別の正当化事由がなければならない……[78]。」[79]

これによれば、患者の自己決定権を保護するための結節点となるのは、憲法上保障された身体の不可侵に対する権利である。したがって、治療行為の本質は、「身体」の不可侵を侵害する行為であるが、それは、患者の自己決定権をともに侵害する行為といえる。

このように、スイスの判例は、患者の自己決定権をあくまでも傷害罪の枠内で保護しようという立場に踏みとどまる。こうした立場を念頭に置きながら、連邦最高裁判所公法部1992年11月26日判決の判示を読んでみると、スイス判例の理解がよりいっそう深まるだろう。

> 「人身の自由の保護領域に属するのは、とりわけ肉体的・精神的統合性に対する権利である。こうした権利に対する介入は、実際の損害または苦痛の惹起を要件としていない……。たとえ医療行為が肉体的・精神的不可侵の回復をまさに目的とするにしても、患者の人身の自由に対する介入は、治癒活動それ自体に含まれているのである（BGE 114 Ia 357 E. 5; BGE 99 Ia 749 E. 2 参照）。」[80]

さらに、スイス法における身体処分権ないし自己決定権の位置づけを知る

じく10条2項は、「何人も、人身の自由に対する権利、特に、身体的及び精神的不可侵に対する権利、並びに移動の自由に対する権利を有する。」と規定する。
　なお、連邦憲法の訳出に際しては、美根慶樹『スイス　歴史が生んだ異色の憲法』（2003年・ミネルヴァ書房）203頁以下、高橋和之編『新版　世界憲法集　第二版』（2012年・岩波書店）399頁以下〔山岡規雄訳〕、ハラー（平松＝辻＝寺澤訳）・前出注（69）205頁以下等を参照したが、必ずしも同一ではない。さらに、日本語によるスイス憲法の概説書として、小林武『現代スイス憲法』（1989年・法律文化社）45頁以下も参照。
77　連邦最高裁判所公法部2001年3月22日判決である。
78　ここで本判決は、前出1973年判決（BGE 99 IV 208 Erw. 3）および Arzt, a. a. O. (Anm. 38), S. 49 を引用している。
79　BGE 127 IV 154 Erw. 3.a) S. 157. 本判決は、刑事制裁の目的との関係で、旧刑法43条に基づく医師の強制投薬の適法性が争われた事案に関するものである。本件も、治療行為の適法性を扱う判決ではあるが、前出1973年判決や1998年判決とは、事案の性質も、そこで考慮された事情も異なる。そのため本章では、上記両判決の議論を補完するかたちで本判決を取り扱うこととする。
80　BGE 118 Ia 427 Erw. 4.ɔ) S. 434. これに関連して、連邦最高裁判所公法部2000年5月23日判決（BGE 126 I 112 Erw. 3.a) b) S. 115 f.) も参照。

うえでは、民事判例ではあるが、連邦最高裁判所民事部1991年 5 月28日判決も参考になる。同判決は、判例が依拠する身体侵害モデル的理解とそれに反対する諸見解を丹念に検討したうえで、つぎのように判示する。

> 「一般的人格権の保護……[81]の基礎にあるのは、保護法益への他者決定による介入を禁止し、その法益に関する処分をもっぱらその主体に委ねるという原則である。したがって、身体の統合性に対する介入目的は、その介入が権利の担い手自身ではなく、第三者、たとえば手術を行う外科医によって規定されるかぎり、その違法性をなんら変更しない。法益主体だけが、原則として介入目的を決定する権限を有するのである。」[82]

以上を踏まえてスイス判例の理論枠組みをまとめると、つぎのとおりである。すなわち、専断的治療行為が侵害する患者の権利の中心にあるのは、身体の不可侵に対する権利である。そして、当該法益主体、つまりその患者だけが、「身体」という枠のなかで自身をどのように処分するのかを決定することができる。いいかえれば、患者の自己決定権は、身体の不可侵に対する権利を結節点とすることで、はじめて刑法上保護されるのである、と。

もっとも、ここまではもっぱら判例を対象とした分析であったため、スイス法学説が、判例の枠組みをどのように評価しているかはまだ明らかでない。学説が判例の立場に対して好意的な姿勢を示しているか、それとも批判的な姿勢を示しているかは、「身体」法益理解の強化を目指すという本章の目的との関係上、やはり確認しておく必要がある。

そこで次節第 1 款（本書352頁以下）では、上述したスイス判例の理論枠組みに対応する学説を概観・検討し、スイス法学説が、治療行為における患者の身体処分権ないし自己決定権をどのように把握しているのかを明らかにする。

---

81 ここで本判決は、連邦最高裁判所公法部1988年10月26日判決（BGE 114 Ia 350 Erw. 5 S. 357）を引用している。なお、Pra 78 (1989), Nr. 266 [S. 951 ff.] も参照。
82 BGE 117 Ib 197 Erw. 2.c) S. 201.

第2項　専断的治療行為に対する強要罪の成否とそれにともなう立法的解決の要否

　第2が、専断的治療行為に対する自由に対する罪（とくに強要罪）の成否、およびそれと結びついた立法的解決の要否である。ドイツ法と同様に、スイス法の判例も、専断的治療行為と自由に対する罪との関係を論じている。たとえば、1973年判決は、とくに強要罪によるのでは、本件医師の専断的行為から患者を十分に保護することができないとしており、この意味で、身体侵害モデル的理解を基礎とする。こうした理解は、処罰の間隙を埋めるという刑事政策的考慮を背景としているが[83]、その一方で、刑法解釈論的にみて、専断的治療行為に強要罪が成立する可能性が低いという事情も絡んでくる。そこで、学説が判例の議論をいかに評価しているか、理論的には、自由に対する罪（とくに181条の強要罪）の成否が問われることとなる。

　さらに、1973年判決は、オーストリア法との比較をも試みている。現在のオーストリア刑法は、その各則第4章「自由に対する罪」章下の110条において、以下のように規定する[84]。

> **オーストリア刑法110条（専断的治療行為）**
> 1. たとえ医学準則に則って治療がなされたとしても、他の者をその承諾を得ずに治療した者は、6月以下の自由刑又は360日分以下の日数罰金に処する。
> 2. 行為者が、治療の延期により被治療者の生命又は健康が著しく危険にさらされるであろうと想定して、被治療者の承諾を得なかったときは、想定された危険が存在せず、かつ、行為者が必要な注意（第6条〔過失の定義規定〕）を払えばそれを認識することができたであろう場合にのみ、行為者は、第1項によって罰せられる。
> 3. 行為者は、専断的に治療がなされた者の請求に基づいてのみ訴追されうる。

83　*Wiprächtiger*, a. a. O.（Anm. 14）, S. 74 f. 参照。
84　オーストリア刑法典の訳出に際しては、法務大臣官房司法法制調査部編『一九七四年オーストリア刑法典』法務資料423号（1975年）、町野朔『患者の自己決定権と法』（1986年・東京大学出版会）215頁、小林公夫『治療行為の正当化原理』（2007年・日本評論社）414頁、岡上雅美「治療行為と患者の承諾について、再論――緊急治療を題材にした一試論――」『曽根威彦先生・田口守一先生古稀祝賀論文集［上巻］』（2014年・成文堂）309頁以下、319-320頁等を参照したが、

1973年判決によれば、オーストリア刑法典には専断的治療行為処罰規定が存在するのに対して（旧449a条、現110条）、スイスには当該規定が存在しない。同判決は、このような規制状況が、専断的治療行為の刑法的処理にも影響を及ぼしている可能性がある、と示唆するのである。

では、具体的にはどのような影響がみてとれるか。その影響を明らかにするためには、ドイツやオーストリアの法状況とも見比べながら、1973年判決の問題関心に即した議論を渉猟する必要がある。その際に有益と思われるのは、専断的治療行為の刑事規制をめぐる議論である。具体的には、スイス法の学説のなかに、かつてのドイツのような専断的治療行為処罰規定の創設提案はあるのか[85]、もしあるならば、そこではどのような議論が展開されてきたか、が問題となる。

そこで次節第2款（本書356頁以下）では、スイス法の独自性を示す比較対象として、ドイツ法とオーストリア法を参照しつつ、専断的治療行為に対する強要罪の成否、およびこれと関連づけて、専断的治療行為処罰規定の創設提案をめぐる議論を概観する。

第3項　治療行為における違法阻却の判断枠組み

第3が、治療行為における違法阻却の判断枠組みである。1973年判決は、旧32条（現14条）にいう「業務上の義務」構成ではなく、原則として患者の承諾によって傷害罪の違法性が阻却される、とする「同意原則」を打ち出している。1998年判決も、その同意原則を前提に、治療を受けることも拒否することも、患者の健全の一内容をなすのであるから、これに反する行為は原則として違法な身体傷害を構成する、と判示する。もっとも、判例は、例外的ながら、事務管理や緊急避難による違法阻却の余地があることを認めている[86]。

　本罪の理解に沿うかたちで訳文は適宜修正している。
85　ドイツの刑法改正論議につき、第3章（本書155頁以下）参照。
86　前出2001年6月15日判決（BGE 127 IV 154 Erw. 3.a) S. 157）等。さらに、*Bussmann*, a. a. O. (Anm. 11), S. 83; *Brigitte Tag*, Strafrecht im Arztalltag, in: Moritz W. Kuhn/Tomas Poledna (Hrsg.), Arztrecht in der Praxis, 2. Aufl., Zürich/Basel/Genf 2007, S. 669 ff., 678 も参照。

ここで、治療行為における違法阻却の判断構造を明晰化することが求められるところ、その前提作業として、まず、現14条の解釈やその具体的な適用状況を確認しておく必要がある。このような作業を経てこそ、専断的治療行為における正当（業務）行為規定の役割を考察するための素地が整うといえる。したがって、次節第3款（本書359頁以下）では、スイス刑法14条が治療行為との関係でいかなる機能を果たすのかを明らかにする。

第4節　判例分析に基づく学説の比較法的検討：
3つの視点からみた各国比較

　以下では、判例分析の際に投入した3つの分析視角に即して、比較法的見地からスイス法学説を検討し、同国の理論的到達点を浮き彫りにする。それに先立ち、各款の分析対象と個別の問題点を予告しておこう。
　第1が、スイス法における法益論アプローチの現況である（第1款）。ドイツ法は、傷害罪の法益論を検討することで、専断的治療行為によって侵害される患者の「利益」の内実解明という作業に取り組んできた[87]。そこで第1款では、ドイツ法のかかる作業に対応するスイス法学説を検討し、スイス法が患者の身体処分権ないし自己決定権をどのように位置づけているかを明らかにする。
　第2が、専断的治療行為と強要罪の関係性、および、専断的治療行為処罰規定の創設提案をめぐる議論である（第2款）。スイス法の判例は、自由に対する罪、とくに181条の強要罪との関係で議論を積み重ねてきたが、第2款では、これに対応する学説を参照しながら判例の議論を跡づける。これによって、ドイツ法およびオーストリア法とも対比しつつ、専断的治療行為による患者の「利益」侵害の本質を描き出し、専断的治療行為処罰規定の導入に関するスイスの立法論的議論を扱いたい。
　第3が、正当（業務）行為規定と（専断的）治療行為の関係である（第3款）。治療行為の刑法的評価をめぐって、わが国では、刑法35条の正当（業務）行

87　ドイツ法の「身体」法益論につき、第2章第4節第2款第3項（本書145頁以下）、第3章第4節第1款（本書206頁以下）、第4章第3節以降（本書260頁以下）参照。

為規定との関係がつとに問題とされてきた。これによれば、わが国の通説的見解は身体侵害モデルを支持しているが、刑法35条の存在それ自体が自由侵害モデルの妥当性を基礎づけている、というのである。問題は、この基礎づけが理論的根拠を有するかどうか、である。第3款では、この基礎づけの妥当性を再検証するべく、スイス刑法14条をめぐる学説を整理し、同条が治療行為の評価問題において果たす役割を明らかにする。

第1款 スイス法における法益論アプローチの到達点

第1項 治療行為の傷害構成要件該当性

まず、スイス法における法益論アプローチの到達点を明らかにする。

スイスの判例によれば、治療行為は傷害罪の構成要件に該当し、その違法性を阻却するためには、原則として患者の承諾が必要となる。これは、身体侵害モデルの思考方法そのものである。多数説も基本的にこうした身体侵害モデルの考え方を支持するが[88]、その一方で、自由侵害モデルに与する学説も少数ながら存在する。それによれば、医師の治療行為とは、本来、生命・身体の保護を追求する行為であるから[89]、ナイフをもった無頼漢(Messerstecher)による行為と同視するのは妥当ではなく、患者の身体を傷害したというべきでない[90]。これと同様の指摘は、伝統的にドイツでなされてき

---

88 *Keller*, a. a. O. (Anm. 9), S. 27 f.; *Bussmann*, a. a. O. (Anm. 11), S. 35 ff.; *Arzt*, a. a. O. (Anm. 38), S. 53; *Karl-Ludwig Kunz*, Die strafrechtliche Beurteilung heimlicher HIV-Tests, ZStrR 107 (1990), S. 259 ff., 259 f.; *Jörg Rehberg*, Arzt und Strafrecht, in: Heinrich Honsell (Hrsg.), Handbuch des Arztrechts, Zürich 1994, S. 303 ff., 304; *Rolf Schöning*, Rechtliche Aspekte der Organtransplantation, Zürich 1996, S. 103 f.; *Philippe Weissenberger*, Die Einwilligung des Verletzten bei den Delikten gegen Leib und Leben, Bern 1996, S. 148 f.; KK²/*Trechsel*, a. a. O. (Anm. 16), Vor Art. 122 N 6; *Guido Jenny*, Die strafrechtliche Rechtsprechung des Bundesgerichts im Jahre 1998, ZBJV 135 (1999), S. 617 ff., 635 f.; *Thommen*, a. a. O. (Anm. 35), S. 129 f.; BSK II³-*Roth/Berkemeier*, a. a. O. (Anm. 9), Vor Art. 122 N 25 ff.; HK³-*Stratenwerth/Wohlers*, a. a. O. (Anm. 39), Art. 123 N 2; *Christopher Geth*, in: Trechsel/Pieth (Hrsg.), a. a. O. (Anm. 9), Art. 14 N 11 等。

89 *Oskar Adolf Germann*, Grundsätze der Gesetzesauslegung, in: O. A. Germann/J. Graven (Hrsg.), Methodische Grundfragen, Basel 1946, S. 11 ff., 15; *Peter Noll*, Übergesetzliche Rechtfertigungsgründe im besonderen die Einwilligung des Verletzten, Basel 1955, S. 89.

90 *Germann*, a. a. O. (Anm. 16), S. 239; *Claudia Maria Schrafl*, Die strafrechtliche Problematik

たが、スイス法も、ドイツ法と議論を共有しながら、身体侵害モデルと自由侵害モデルの理論的基礎づけに取り組んできた[91]。

1973年判決によれば、スイスで2つの思考モデルが対立している原因は、スイス刑法典が専断的治療行為処罰規定をもたない点にある[92]。たしかに、ドイツ法にもオーストリア法にも、専断的治療行為の処罰をめぐる議論は存在する。しかし、オーストリア法は、オーストリア刑法110条によってこの問題をすでに立法により解決しているため、オーストリアには、スイス法やドイツ法ほどの鋭い対立は存在しない。そして現に、オーストリア法の判例・通説は、──わずかな例外[93]を除けば──自由侵害モデル的理解を基礎としている[94]。

---

des kosmetischen Eingriffs Winterthur 1958, S. 33 ff.; *Arthur Haefliger*, Rechtmässigkeit der durch Gesetz oder Berufspflicht gebotenen Tat, ZStrR 80 (1964), S. 27 ff., 39〔紹介として、宮沢浩一「スイス刑法雑誌八〇巻(一九六四年)」法学研究(慶應義塾大学)39巻3号(1966年)86頁以下、88頁〕; *Peter Noll*, Der ärztliche Eingriff in strafrechtlicher Sicht, DZGerMed 1966, S. 12 ff., 14 ff.; *André Grotsch*, Heilbehandlung und eigenmaechtige Heilbehandlung unter besonderer Beruecksichtigung der Unmuendigen, Basel 1973, S. 35 f., 85 f.; *Schubarth*, a. a. O. (Anm. 10), Art. 123 N 49; *Hans Schultz*, Die eigenmächtige Heilbehandlung: eine kantonalrechtliche Lösung?, ZStrR 107 (1990), S. 281 ff., 287; *Claudia Fink*, Aufklärungspflicht von Medizinalpersonen (Arzt, Zahnarzt, Tierarzt, Apotheker), Bern 2008, S. 312, 318 f. 等。治療行為の社会的意味を強調するのは、*Tag*, a. a. O. (Anm. 86), S. 684; *Regina E. Aebi-Müller u. a.*, Arztrecht, Bern 2016, S. 348 f. である。その基本的立場につき、第2章第3節第2款第4項4(本書130頁以下)、第4章第3節第3款第2項2(本書284頁以下)参照。

91 *Tag*, a. a. O. (Anm. 86), S. 673 f., 679 ff.; *dies./Baur*, a. a. O. (Anm. 21), S. 121 ff. 参照。さらに、*Jost Gross*, Die Persönliche Freiheit des Patienten, Bern 1977, S. 139 ff. も参照。

92 *Grotsch*, a. a. O. (Anm. 90), S. 36.

93 *Wolfgang Lotheissen*, Das ärztliche Aufklärungsproblem nach dem Strafgesetzbuch, RZ 1975, S. 2 ff., 2; *Herbert Loebenstein*, Die strafrechtliche Haftung des Arztes bei operativen Eingriffen: Ein Überblick, ÖJZ 1978, S. 309 ff., 309; *Helmut Fuchs*, Strafrecht Allgemeiner Teil I, 9. Aufl., Wien 2016, Kap. 16 Rz. 43 f. 等。

94 オーストリア連邦最高裁判所2001年12月6日判決(OGH 12 Os 63/01)、同2007年4月11日判決(OGH 13 Os 141/06v)のほか、*Christian Bertel*, in: Wiener Kommentar zum Strafgesetzbuch, 2. Aufl., 17. Lfg., Wien 2000, § 110 Rz. 5; *ders./Klaus Schwaighofer/Andreas Venier*, Österreichisches Strafrecht Besonderer Teil I, 13. Aufl., Wien 2015, § 83 Rz. 1, § 110 Rz. 2, 12; SbgK/*Messner*, a. a. O. (Anm. 30), § 83 Rz. 81; *Diethelm Kienapfel/Hans Valentin Schroll*, Strafrecht Besonderer Teil I, Studienbuch, 4. Aufl., Wien 2016, § 83 Rz. 25 等参照。ヨーロッパ各国の状況につき、*Albin Eser*, Zur Regelung der Heilbehandlung in rechtsvergleichender Perspektive, in: Festschrift für Hans Joachim Hirsch, Berlin/New York 1999, S. 465 ff.〔邦訳として、アルビン・エーザー(上田健二=浅田和茂訳)「比較法的に展望した治療行為の規制について」アルビン・エーザー(上田健二=浅田和茂編訳)『医事刑法から統合的医事法へ』(2011年・成文堂)71頁以下〕; *Hans Lilie*, Strafrechtliche Verantwortlichkeit, in: Gerfried Fischer/Hans Lilie, Ärztliche Verantwortung im europäischen Rechtsvergleich, Köln/Berlin/Bonn/München 1999, S. 83 ff., 88 ff. 参照。

これに対して、ドイツ法は、専断的治療行為処罰規定の立法化に向けて議論を積み重ねてきたが、立法化にともなう数々の問題を克服することができず、現在も専断的治療行為処罰規定の創設は実現していない[95]。スイス刑法典が専断的治療行為処罰規定をもたないという点で、スイス法はドイツ法と共通する。したがって、ドイツ法と同様、スイス法においても、現行法上、専断的治療行為を処罰の対象とするためには、傷害罪によって患者の自己決定権侵害を捕捉するしか途は残されていないのである[96]。

第2項　身体法益とその処分権

ドイツ法やオーストリア法と同様、問題の核心は、傷害罪の法益のとらえ方にある[97]。スイス法によれば、人の「身体」という法益は、当該法益主体の主観的利益に照らして理解されなければならない[98]。こうした理解の背景には、法益主体であるその患者にしか、自身にとって何が「健康」であるかを決めることはできない、という発想が潜在している[99]。

たとえば、喉頭がんの治療のために喉頭を摘出するという事例を考えてみよう。この場合、たとえ医師が喉頭の摘出手術を受けるよう推奨したとしても、声の喪失をともなう治療法と、発声能力は失わないが治癒効果が不確実な治療法のうち、どちらの治療法がその健康にとってよりふさわしいかを熟考し、最終的に決定することができるのは、当該患者だけである[100]。この意味で、患者の健康にとっての客観的な衡量基準は存在しない。人の健康は、「差引可能な財（saldierungsfähiges Gut）」ではない。そのため、何がその人にとっての健康かという判断は、第三者には不可能だというのである[101]。

95　その理由につき、第3章第4節第2款（本書209頁以下）参照。
96　*Jenny*, a. a. O. (Anm. 88), S. 636; BSK II³–*Roth/Berkemeier*, a. a. O. (Anm. 9), Vor Art. 122 N 28 は、自由に対する罪による保護では不十分である、とする。
97　*Weissenberger*, a. a. O. (Anm. 88), S. 148 f. オーストリア法の検討として、長谷川裕寿「オーストリア刑法学における『被害者態度』と『行為者答責』」明治大学大学院法学研究論集12号（2000年）35頁以下、41頁以下も参照。
98　*Bussmann*, a. a. O. (Anm. 11), S. 36.
99　*Schöning*, a. a. O. (Anm. 88), S. 101 f.; *Jossen*, a. a. O. (Anm. 36), S. 43 参照。*Thommen*, a. a. O. (Anm. 35), S. 131 は、「身体は、身体関連的な（körperbezogen）自己決定への利益と無関係に保護されうるわけではない」とする。
100　*Bussmann*, a. a. O. (Anm. 11), S. 37 f. による設例である。
101　*Jossen*, a. a. O. (Anm. 36), S. 44.

このように、スイス法の理解によると、身体という法益は、その患者だけがこれを処分するか否かを決することができる[102]。グンター・アルツト（Gunther Arzt）のことばを借りれば、「処分の自由のない、身体の統合性という法益またはその他処分可能な法益を観念するならば、人はもはや財を担うのではなく、負担（Last）を負うこととなる」[103]からである。

第3項　議論の成果：スイス法の「身体」法益理解

スイス法の判例および有力説の「身体」法益理解を総合すると、以下のとおりとなる。すなわち、専断的治療行為が侵害する患者の「利益」の中核をなすのは、身体の不可侵に対する利益である。そして、当該法益主体、つまりその患者だけが、「身体」という枠のなかで、自身をどのように処分するかを決定する権限を有する。すなわち、スイス法の法益理解によれば、患者の自己決定権は、身体の不可侵に対する権利に付随するかたちで（のみ）、刑法上保護される権利となる。スイス法は、患者の「利益」侵害の本質を以上のように理解することで、「身体」侵害モデルの理論的妥当性を基礎づけている。そして、このような理解を前提とするならば、オーストリア刑法110条やドイツ刑法改正諸草案のような専断的治療行為処罰規定は、実務的に不要であるばかりでなく、理論的にも妥当性を欠くこととなる[104]。

では、ドイツ法における法益論アプローチ、具体的には、ドイツ傷害罪規定の法益論をめぐる2つの潮流[105]との共通点・相違点は何か。傷害罪の法益があくまでも「身体」それ自体であるとの立場を堅持する点で、スイス法は、身体法益の内容的限定を試みる「伝統的潮流」と親和的である。しかし、スイス法は、法益概念の豊穣化を目指す「新たな潮流」とまったく異なるわけではなく、身体関連性を必須の要件とすることで、法益処分権の保護範囲を限定しようと試みる。この意味で、スイス法の法益理解は、新たな潮

---

102 *Detlef Krauss*, Zur strafrechtlichen Problematik der eigenmächtigen Heilbehandlung, in: FS Bockelmann, a. a. O. (Anm. 64), S. 557 ff., 570〔クラウスの議論につき、第2章第3節第2款第1項（本書117-118頁）参照〕; *Tag*, a. a. O. (Anm. 86), S. 684 参照。

103 *Arzt*, a. a. O. (Anm. 38), S. 53.

104 *Schöning*, a. a. O. (Anm. 88), S. 102; T/P²-*Fingerhuth*, a. a. O. (Anm. 9), Vor Art. 122 N 6 参照。

105 詳細につき、第4章第3節（本書260頁以下）参照。

流にも添うといえる。

　かくして、スイス法は、傷害罪の法益を基本的には身体の不可侵に求めつつ、それを結節点とした患者の自己決定権を保護することで、身体侵害モデルを基礎づけようとする立場、と整理できる。端的にいえば、スイス法は、傷害罪が保護する「身体」という枠のなかで（のみ）、患者の自己決定権を保護しようと試みる。この点にスイス法の理論的特色がある。

第2款　専断的治療行為における強要罪の成否と立法提案の状況

　つぎに、専断的治療行為に対する強要罪の成否、および、専断的治療行為処罰規定の創設提案をめぐる議論を概観する。そのためにまず、スイス刑法181条の強要罪の基本的な解釈から確認する。なぜなら、かつて1973年判決が、専断的治療行為に対する強要罪の成否を検討していたからである。

第1項　専断的治療行為と強要罪の関係

　スイス刑法181条は、以下のように規定する。

> **181条（強要）**
> 　暴行により、著しい不利益をもたらす脅迫により、又はその他の行為自由を制限することにより、人を強要してあることを行わせた者、行わせなかった者、又は忍容させた者は、3年以下の自由刑又は罰金に処する。

　181条の保護法益は個人の自由であり、より具体的には、自由な意思形成や意思活動の自由である[106]。この定義を素直に解釈するのであれば、たとえば、医師の治療行為が患者の意思に反して行われた場合は、強要罪が成立する。

106　*Erika Schmidt*, Die Nötigung als selbständiger Tatbestand und als Tatbestandselement im Strafgesetzbuch, Bern 1969, S. 24; *Stratenwerth/Jenny/Bommer*, a. a. O.（Anm. 9），§ 5 N 13; *Vera Delnon/Bernhard Rüdy*, in: Basler Kommentar, Strafrecht II, a. a. O.（Anm. 9），Art. 181 N 7; HK³-*Stratenwerth/Wohlers*, a. a. O.（Anm. 39），Art. 181 N 1 参照。

もっとも、ドイツ法と同様、スイス法でも、専断的治療行為が実際に181条の強要構成要件を充足するケースは、ごく限られるように思われる[107]。すなわち、医師が患者に治療を忍容させるために行う行為、たとえば、肉体的暴行を加える行為、著しい不利益をもたらす脅迫行為、またはその他の行為自由を制限する行為が強要罪を構成する可能性は、実際にはきわめて低い[108]。それでも、医師が麻酔を使用して患者の意思に反して治療を行う場合や[109]、患者に注射をするためにその者を拘束する場合には[110]、強要罪の成立可能性を理論上否定することはできない。しかしながら、医師が、患者から事前に了解を得て治療を実施する場合や、患者の現実的意思を無視して内密に治療を行う場合に、強要罪が成立するとは考えにくい[111]。これらの場合には、患者に暴行または脅迫が加えられたとはいえないし、当該行為を強制されたともいえないからである。

第2項　立法提案をめぐる状況：
　　　　ドイツ法・オーストリア法との比較

以上のように、「患者の意思を暴力により屈服させるのではなく、単に尊重しないだけの医師」[112]が、強要罪で処罰されることはない。専断的治療行為が強要罪を構成する現実的可能性が低いのなら、そこでつぎに、専断的治療行為を処罰の対象とする独自の犯罪構成要件、つまり、自由に対する罪としての専断的治療行為処罰規定を新設することが考えられる。

しかし、スイスには、ドイツ刑法改正諸草案やオーストリア刑法110条のような専断的治療行為処罰規定を設けるよう提案する論者自体が、きわめて少ない。そうしたなかで、アンドレ・グロッチュ (André Grotsch) は、ドイ

107　*Noll*, a. a. O. (Anm. 27), S. 51; *Bussmann*, a. a. O. (Anm. 11), S. 41; *Jossen*, a. a. O. (Anm. 36), S. 39. ドイツ法につき、第3章第2節第1款第2項2（本書164-165頁）参照。
108　181条における各構成要件要素の解釈につき、*Stratenwerth/Jenny/Bommer*, a. a. O. (Anm. 9), §5 N 2 ff.; *Donatsch*, a. a. O. (Anm. 10), S. 426 ff; BSK II³-*Delnon/Rüdy*, a. a. O. (Anm. 106), Art. 181 N 18 ff.; T/P²-*Fingerhuth*, a. a. O. (Anm. 9), Art. 181 N 2 ff. 参照。
109　*Schultz*, a. a. O. (Anm. 90), S. 287; *Stratenwerth/Jenny/Bommer*, a. a. O. (Anm. 9), §5 N 11; BSK II³-*Delnon/Rüdy*, a. a. O. (Anm. 106), Art. 181 N 19 参照。
110　*Grotsch*, a. a. O. (Anm. 90), S. 35.
111　*Bussmann*, a. a. O. (Anm. 11), S. 41, 50; *Wiprächtiger*, a. a. O. (Anm. 14), S.74 参照。
112　*Grotsch*, a. a. O. (Anm. 90), S. 36.

ツ1970年代案123条[113]をモデルとした「専断的治療行為」と題する規定を、強要罪に隣接する181[bis]条に設けるよう提案し[114]、クラウディア・フィンク（*Claudia Fink*）も、オーストリア刑法110条のような専断的治療行為処罰規定をスイス刑法典に導入すべきである、と主張する[115]。しかしながら、専断的治療行為処罰規定の設置を求める声は、スイスでは少数派であるといってよい[116]。

第3項　議論の成果：自由に対する罪としての把握の峻拒

かくして、スイス法学説は、専断的治療行為処罰規定の立法化に対して総じて消極的な姿勢を示している。こうした姿勢に、ドイツ法およびオーストリア法との違いがある。この違いから読み取れるのは、スイス法において、身体侵害モデル的立場がかなり確立した状況にある、という現状である。自由侵害モデルを採用することで生じうる処罰の間隙は、身体侵害モデルからは問題となりえない。スイス法が処罰の間隙を埋めるための立法提案に対して消極的である現状は、その前提をなす自由侵害モデルの影響力が立法府まで及んでいないこと、また、先にみた身体侵害モデルとそれを司る「身体」法益観がきわめて有力であること、を示している。

上述のように、スイス法は、あくまでも現行刑法（それも傷害罪）の枠組みを維持したまま、その枠組みのなかで患者の自己決定権を保護する立場を採用している。スイス法がこのような立場をとる背景には、可能なかぎり現行法の枠内で対処しようするプラグマティックな発想がある[117]。宮澤浩一も、スイス法がいわゆる理論刑法学・解釈学に偏しているドイツ法と比べて、「実際的であり、具体的である」と評価する。「その大きな理由は、1937年に連邦刑法典が成立し、1942年に施行されるまで、統一法典がなく、25の州の法律とそれぞれの裁判所の判例を頼りにして、法判断を形成していたことと

113　ドイツ1970年代案123条につき、第3章第3節第3款第2項（本書198頁以下）参照。
114　*Grotsch*, a. a. O. (Anm. 90), S. 97 f., 106 参照。
115　*Fink*, a. a. O. (Anm. 90), S. 286 ff., 304. さらに、*Schubarth*, a. a. O. (Anm. 10), Art. 123 N 52 も同旨。
116　立法提案に関する包括的な記述として、*Schultz*, a. a. O. (Anm. 90), S. 289 f. 参照。
117　*Jossen*, a. a. O. (Anm. 36), S. 45 参照。

関連」し、「実際的な解決を志向せざるをえないような社会的背景」[118]があるからである。

第3款　治療行為における正当（業務）行為規定の機能

　最後に、（専断的）治療行為における正当（業務）行為規定の機能を検討する。具体的には、わが国の刑法35条と比較しながら、スイス刑法14条が治療行為の刑法的評価においていかなる役割を果たすかを明らかにする。

第1項　スイス刑法14条の概要：旧32条との対比

　まず、スイス判例の基本的立場をもう一度確認しておきたい。1998年判決によれば、「医師によって［医学的］適応があると判断される治療を患者が拒否することも、まさに患者の健全の一部となりうる」。患者の健全にとって決定的に重要なのは、患者の意思である。患者が治療行為に承諾すれば、その行為は正当化される。すなわち、治療行為においてもっとも重要な正当化事由は、事前に十分な説明を受けたうえで与えられる患者の承諾である、と[119]。

　これによると、患者の承諾の必要性、およびその前提となる医師による説明の必要性は、患者の一般的人格権（allgemeines Persönlichkeitsrecht）を根拠とする。患者の承諾は、患者の意思自由と同様、患者の自己決定権および身体の保護に資する。つまり、医師の治療行為は、患者の客観的・医学的な優越的利益を維持することではなく、患者の承諾によって正当化されるのである[120]。

　以上のような議論の実体法上の根拠となるのが、スイス現行刑法14条（旧刑法32条）である。検討の便宜上、旧32条とともに、現14条の条文を以下に再掲しよう[121]。

118　宮澤（浩）・前出注（2）『スイス刑法雑誌』33頁。
119　1998年判決の詳細につき、前節第2款第2項（本書344-345頁）参照。
120　前出1991年5月28日判決（BGE 117 Ib 197 Erw. 2.a) S. 200）。さらに、*Thommen*, a. a. O. (Anm. 35), S. 130; *Tag*, a. a. O. (Anm. 86), S. 677; *Günter Stratenwerth*, Schweizerisches Strafrecht, Allgemeiner Teil I, 4. Aufl., Bern 2011, § 10 N 22 f. も参照。

> 現14条（適法行為及び責任。／法律上許容される行為）
> 　法律が命じ又は許容する行為を行った者は、行為がこの法律又は他の法律で処罰の対象となっている場合であっても、適法に行為したものとする。
> 旧32条（適法行為。法律、職務上又は業務上の義務〔Rechtmässige Handlungen. Gesetz, Amts- oder Berufspflicht〕）
> 　法律又は職務上若しくは業務上の義務が命じる行為、又は法律が許容されると宣言し若しくは不可罰であると宣言する行為は、重罪又は軽罪ではない。

　現14条（旧32条）は、正当化事由に関する一般規定であり、通説的理解によると、正当化事由の存在が構成要件該当行為の違法性を阻却する旨を予定する条文である[122]。旧32条（適法行為）にいう「法律が……不可罰であると宣言する行為は、重罪又は軽罪ではない」〔――圏点筆者〕という表現は、刑法典における適法行為と不可罰的行為の区別を掘り崩すおそれがあるとの批判を浴びたため[123]、現在の条文では用いられていない。そのため、現14条は、「不可罰」という文言の使用を意図的に避け、「適法に行為したものとする」と規定している。

　現行法と旧法を比較してみると、現14条は、旧32条と異なり、法律上の義務（Gesetzespflicht）（「法律が命じ……る行為」）と、法律上の許容（Gesetzeserlaubnis）（「法律が……許容する行為」）という2つの正当化事由に限定されている。こうした違いから明らかなように、現14条は、旧32条が定めていた「職務上の義務」と「業務上の義務」という2つの義務規定を廃止している。もっとも、これらの義務は、超法規的正当化事由としてなお認められており[124]、現在

---

[121] 現14条と旧32条の関係につき、*Brigitte Tag/Thomas Manhart*, Strafgesetzbuch: Ein Überblick über die Neuerungen, Plädoyer 1/07, S. 32 ff., 34; *Andreas Donatsch/Brigitte Tag*, Strafrecht I, 9. Aufl., Zürich/Basel/Genf 2013, S. 249; *Kurt Seelmann*, in: Basler Kommentar, Strafrecht I, 3. Aufl., Basel 2013, Vor Art. 14 N 4, Art. 14 N 1 f. 参照。

[122] *Hans Wiprächtiger*, Revision des Allgemeinen Teils des StGB: Änderungen im Schatten des Sanktionenrechts, ZStrR 123 (2005), S. 403 ff., 413.

[123] Botschaft zur Änderung des Schweizerischen Strafgesetzbuches (Allgemeine Bestimmungen, Einführung und Anwendung des Gesetzes) und des Militärstrafgesetzes sowie zu einem Bundesgesetz über das Jugendstrafrecht vom 21 September 1998, BBl 1999, S. 1979 ff., 2003 f.

[124] *Stratenwerth*, a. a. O. (Anm. 120), § 10 N 90. 旧32条が白地規定（Blankettnorm）にすぎないとするのは、*Stefan Trechsel/Peter Noll*, Schweizerisches Strafrecht, Allgemeiner Teil I, 6. Aufl.,

でも、医師の治療行為は、業務上の義務を説明する際の一例として用いられている[125]。ちなみに、2002年のスイス刑法典改正[126]審議の際に、被害者の承諾や優越的利益原理のような超法規的違法阻却事由を成文化する提案は見送られた。その理由は、これらの正当化事由の射程があまりに不明確であり、成文化に向かないと判断されたからである[127]。

第2項 日本法との比較

ドイツには、スイス刑法14条に相当する規定がない。これに対して、わが国には刑法35条が存在する。わが国の学説においては、このような規定状況の違いをとらえて、「ドイツ現行刑法典には、日本刑法35条にあたるような規定がないため、自由侵害モデルが有力化し、かたやわが国では、その刑法35条の適用によって柔軟な対応が可能であるからこそ、身体侵害モデルが支持を集めてきた」という説明が付されるのが一般的である。たとえば、武藤眞朗は、わが国とドイツの学説状況がこのように食い違う理由につき、「わが国の刑法における一般的正当化事由を規定した三五条に相当する規定がドイツ刑法には存在せず、構成要件レヴェルにおいて犯罪性を否定する傾向があることが背景にあるのではなかろうか」[128]として、正当（業務）行為規定のない状況がドイツの自由侵害モデルを裏打ちしている、と推測する。

また、佐藤陽子も、武藤の説明を敷衍するかたちで、つぎのように叙述する。すなわち、日本刑法のもとでは、治療行為に傷害罪の構成要件該当性を認めたとしても、刑法35条に基づいて治療行為それ自体に特別な意義を認め、行為の違法性を阻却することができる。これに対して、ドイツ刑法には

Zürich 2004, S. 134 である。
125 *Stratenwerth*, a. a. O. (Anm. 120), § 10 N 99; T/P²-*Geth*, a. a. O. (Anm. 88), Art. 14 N 6 等。
126 2002年のスイス刑法典改正につき、宮澤浩一「バーゼル刑法大注釈書」捜査研究626号（2003年）60頁以下、外山美砂子「スイス刑法改正について——犯罪論を中心に（1）——」捜査研究633号（2004年）56頁以下、末道康之「スイス刑法改正について——犯罪論を中心に（2）——」捜査研究634号（2004年）58頁以下参照。2007年に施行されたスイス新刑法典総則の概要につき、*Tag/Manhart*, a. a. O. (Anm. 121), S. 32 ff. 参照。
127 Botschaft, a. a. O. (Anm. 123), S. 2003 f. これに対して、こうした理由づけが「きわめて説得的でない」とするのは、*Wiprächtiger*, a. a. O. (Anm. 122), S. 414; *ders.*, Revision des Allgemeinen Teils des StGB: Die übrigen Neuerungen–ein Sammelsurium, in: Marianne Heer–Hensler (Hrsg.), Revision des Allgemeinen Teils des Strafgesetzbuches, Bern 2007, S. 137 ff., 148 である。
128 武藤・前出注（4）260-261頁。

そのような規定が存在しない。そのため、いったん治療行為に傷害罪の構成要件該当性を認めてしまうと、この行為を正当化するためには、治療行為そのものを超法規的違法阻却事由としないかぎり、他の正当化事由を用いなければならない。こうした事情が「一般的正当化事由を持たないドイツの通説を治療行為非傷害説の側に寄せたのであり、他方より柔軟な解決が期待できる刑法三五条の存在が、日本の通説を治療行為傷害説に引き寄せたという見解は、十分に説得力を持つものである」、と[129]。

第3項　議論の成果：正当（業務）行為規定による基礎づけの批判的検討

しかし、前章までの分析からすでに明らかなように、わが国の刑法35条に相当する規定をもつスイスでも、治療行為の傷害構成要件該当性判断は、専断的治療行為が侵害する患者の「利益」理解、より具体的には、「身体」法益の内実理解いかんによって決せられる。そのため、正当にもクルト・ゼールマン（*Kurt Seelmann*）が指摘するように、刑法典における正当（業務）行為規定の存否そのものは、治療行為の構成要件該当性判断に対して直接影響を及ぼすわけではない[130]。

これまでドイツ法は、判例が傷害罪における身体的虐待の意義をいかに理解するかという問いを投げかけ、これに答えるかたちで学説も議論を積み重ねてきた[131]。そして、スイス法もまた、正当（業務）行為規定の解釈論に重きを置かずに、現行傷害罪の解釈論、具体的には、傷害罪の法益論から治療行為の刑法的性質を規定しようと試み、これによって身体侵害モデルの妥当性を基礎づけてきた。その一方で、日本法は、第二次世界大戦前は刑法35条との関係で議論をスタートさせたが、近年はその限界が指摘されるとともに、傷害罪の法益論に着目するアプローチが抬頭しつつある[132]。その意味

129　佐藤・前出注（4）344頁。田坂・前出注（4）382頁も同旨。小林（公）・前出注（84）411頁は、「刑法三五条に正当業務行為規定を持つ我が国においては、治療行為の傷害罪としての構成要件該当性をひとまず認め、その違法性阻却を刑法三五条に求めることが妥当」であるとし、わが国で専断的治療行為処罰規定を立法化することは不要である、とする。
130　BSK I³/*Seelmann*, a. a. O. (Anm. 121), Art. 14 N 12 参照。
131　ドイツ法の展開過程につき、第2章第2節第2款以降（本書78頁以下）参照。
132　日本法の到達点につき、第1章第1節第1款第2項3（本書41頁以下）参照。

で、先に掲げた日本法学説は、法益論アプローチの有用性が認識される以前の議論であり、すでに克服されつつあるといってよい。

　また、スイス刑法典改正との関係では、つぎのような見方もありうるだろう。すなわち、旧32条の時代には、医師の治療行為が「業務上の義務」として実定法上正当化されていたところ、旧32条が現14条に改正されたことで、「業務上の義務」は、超法規的違法阻却事由となった。しかし、この改正により、医師の治療行為を現14条によって実定法上正当化することができなくなったにもかかわらず、スイスでは、身体侵害モデルが依然として通説的地位を占めている。こうした状況から、実定法上の正当化事由の存否は、身体侵害モデル・自由侵害モデルの対立とは無関係である、との見方が成り立ちうる。むろん、専断的治療行為に関して直接参照できる判例が少ないこと、そして刑法改正から本書公刊時点で15年あまりしか経過していないことからすると、この見方に関してはなお慎重な検討を要する。それでも、以上の状況からすると、スイス法が、正当行為規定に関連づけた解釈よりも、傷害罪の法益理解を重視した解釈を貫いてきたことに疑問の余地はないように思われる。

　かくして、正当（業務）行為規定の存否それ自体が、治療行為の刑法的評価に対して決定的な影響を及ぼすわけではない。治療行為の評価問題においてもっとも重要な視角は、傷害構成要件が保護する法益ないし利益の内容理解にほかならない。

第5節　本章の成果

第1款　スイス法における法益論アプローチの特徴

　以上、専断的治療行為に関する2つの最高裁判決から論点を抽出し、日本法・ドイツ法・オーストリア法の比較法的知見を参照しながら、スイス法の理論的到達点を特定し、これに検討を加えることによって、前章までで明らかにした本書の法益論枠組みを補強するためのさらなる視点を獲得してきた。

スイス法もまた、専断的治療行為による患者の「利益」侵害の本質を明らかにするために、傷害罪の法益分析に取り組んできた。これによると、専断的治療行為が侵害する患者の「利益」の中核をなすのは、身体の不可侵に対する利益である。そして、当該法益主体、つまりその患者だけが、「身体」という枠のなかで、自身をどのように処分するかを決定する権限を有する。すなわち、患者の自己決定権は、身体の不可侵に対する権利に付随するかたちで（のみ）、刑法上保護される権利となる。スイス法は、患者の「利益」侵害の本質を以上のように理解することにより、わが国の刑法35条に相当する正当（業務）行為規定（スイス旧刑法32条、現14条）の存否とは無関係に、「身体」侵害モデルの理論的妥当性を基礎づけている。こうした利益理解からは、オーストリア刑法110条やドイツ刑法改正諸草案のような専断的治療行為処罰規定は実務上不要であるばかりでなく、理論的にも妥当性を欠くこととなる。

第2款　次章への課題

以上の分析を踏まえて、次章では、前章までの分析から得られた比較法的知見をもとにわが国の議論を再検討し、これによって本書が依拠する「治療行為論」の基本構想を示す。具体的には、まず、傷害罪が保護する「身体」法益の内実を解明し、つぎに、そこでの成果に基づいて治療行為の刑法的評価を確定する。この作業をつうじて、刑法上保護されるべき患者の自己決定権の理論的位置づけを明らかにする。

終　章　治療行為の法益論的基礎づけ

第１節　治療行為をめぐる議論の法益論的検討
第２節　治療行為の正当化──違法阻却論の基本的枠組み

本章は、前章までの分析から得られた比較法的・系譜的知見を総合し、本書の「治療行為論」体系を司る理論的基礎を構築することを目的とする。治療行為に対する承諾の刑法的意義を論じるにせよ、治療行為の正当化要件とその理論的位置づけを探るにせよ、まず、治療行為の法的評価を決する基本的な思考枠組みを明らかにしないかぎり、治療行為をめぐる各問題点に立ち入ることはできないと考えるからである。

　ここまで指摘してきたように、治療行為の刑法理論的基礎を規定するにあたってもっとも重要な視点は、法益論アプローチの理論的枠組みとその具体的適用である。この視点を治療行為の各問題領域に浸透させていくために、第2章から第5章では、わが国の状況と対比しながらドイツ・スイス・オーストリア法上の議論を渉猟し、わが国に法益論アプローチを導入するための比較法的・系譜的検討を加えてきた。こうした検討を踏まえて、本章では、前章までの比較法的・系譜的検討から得られた知見を再度精査し、専断的治療行為による患者の「利益」侵害の内実とともに、刑法上保護されるべき「患者の自己決定権」の理論的位置づけを明らかにする。傷害罪における「身体」利益の内容を確定することで、構成要件レベルで身体侵害モデルの妥当性を導くだけでなく、正当化レベルでも衡量される諸利益を体系的に規定することができる。こうした視点に基づく基礎理論的検討は、わが国の治療行為論研究を進展させるための礎石となる。

　そこで本章では、以下のような手順で検討を進める。
　まず第1節では、本書を規定する「身体」法益論の基本的な理論枠組みを彫琢し、その枠組みに基づいて「治療行為論」体系の理論的骨格を呈示する。具体的には、主として第4章の分析から得られた系譜的・比較法的成果を発展させるかたちで、傷害罪が保護する「身体」法益の内容およびその理論構造を解明する。このような分析を経ることでこそ、治療行為の刑法的評価を確定し、刑法上保護されるべき「患者の自己決定権」の理論的位置づけを明確化することができる。
　つづく第2節では、治療行為における違法阻却の理論構造を解明するため

に、その根幹をなす身体利益「衡量」の枠組みに分析を加える。ここでは、第１節で獲得する「身体」法益論の構想を応用し、違法阻却論における利益衡量の基本方針を規定する。そして、治療行為の違法阻却を決する「身体」利益衡量という観点から、これに関連するわが国とドイツの議論を再検討することで、治療行為の正当化において患者の承諾が果たす役割、および、患者の承諾以外の医学的正当化要素の刑法理論的位置づけを明らかにする。

第１節　治療行為をめぐる議論の法益論的検討

　医学的正当性はあるが、患者の承諾を得ずに、またはその意思に反して行われた治療行為には、どのような犯罪が成立するか。身体侵害モデル（治療行為傷害説）と自由侵害モデル（治療行為非傷害説）の主戦場は、まさにこのような「専断的治療行為」の局面においてであった。

　このうちまず、身体侵害モデルとは、治療行為は傷害罪の構成要件に該当し、その違法性を阻却するためには、原則として患者の承諾が必要であるとする思考モデルをいう。このモデルによれば、治療行為に対する承諾は、「身体」の傷害に対する承諾を意味する。そのため、患者の承諾を得ずに行われた専断的治療行為は、人の身体に対する違法な侵襲行為と評価され、刑法上は、暴行罪・傷害罪等の身体に対する罪を構成しうる。

　これに対して、自由侵害モデルとは、医学的適応性があり、医学準則に則って行われた治療行為は、その違法阻却を論じるまでもなく、もとより傷害罪の構成要件に該当しないとする思考モデルをいう。これによれば、専断的治療行為は、患者の意思「自由」に反する措置を行った点にその違法性が見いだされ、身体利益と別次元に属する「患者の自己決定権」そのものを侵害する行為として位置づけられる。それゆえに、このモデルからみると、専断的治療行為は、刑法理論的には、強要罪・監禁罪等の自由に対する罪を構成しうる。

　すでに明らかにしたように、身体侵害モデルと自由侵害モデルの対立は、患者の「利益」をいかに把握するか、つまり、専断的治療行為によって侵害される患者の「利益」とは何か、という問いに集約される。この問いに正面

から取り組むことで治療行為の評価問題を決しようとするのが、本書の法益論アプローチである。本節は、このようなアプローチから、本書を司る「身体」法益論の基本的枠組みを明らかにし、それをもとに治療行為の刑法的評価を確定することを目標とする。身体法益の内実を明らかにしてはじめて、治療行為の体系的位置づけ、治療行為に関する適法化判断の基本構造、および、そこにおいて患者の承諾や医学的正当化要素が果たす機能を規定できると考えるからである。

第1款　「身体」利益概念の再構成

第1項　身体利益固有の性質

　まず、本章で再検討の端緒として取り上げるのは、器物損壊罪との対比である[1]。これによれば、職人は修理の過程で、一度その物（たとえば時計）を分解しなければならず、これによってその物の有用性を一時的に毀損している。しかし、これをもって職人を器物損壊罪に問うことが通常ありえないように[2]、器物損壊罪の成立は、一般的に、まさに行為の全体的考察とその社会的意味によって否定される[3]。したがって、物の修理が器物損壊になりえないのと同様に、病者を治癒する行為もまた、身体に対する傷害を構成しえ

1　大場茂馬『刑法各論　上巻』（1909年・日本大學）〔復刻版として、大場茂馬『刑法各論　上巻　復刻叢書法律学編42』（1994年・信山社）〕158-159頁、*Paul Bockelmann*, Strafrecht des Arztes, Stuttgart 1968, S. 66〔紹介として、金沢文雄「パウル・ボッケルマン著『医師の刑法』」判例タイムズ248号（1970年）63頁以下〕; Hans Joachim Hirsch, Zur Frage eines Straftatbestands der eigenmächtigen Heilbehandlung, in: Gedächtnisschrift für Heinz Zipf, Heidelberg 1999, S. 353 ff., 356〔関連する邦訳として、ハンス・ヨアキム・ヒルシュ（石原明訳）「専断的治療行為」神戸学院法学30巻第4号（2001年）289頁以下〕等参照。議論のまとめとして、第1章第1節第2款第1項1(2)（本書52-53頁）、第2章第4節第1款第2項1（本書136-137頁）も参照。

2　ただし、その例外として、古い床板を剥がす行為と、新しい床板を張る行為が器物損壊を構成するとした、ライヒ裁判所1900年2月27日判決（RGSt 33, 177）を参照。これによれば、所有者が破損した物の維持に対する利益を有する場合は、物の修理は器物損壊となりうる。議論の概観として、*Johannes Wessels/Thomas Hillenkamp*, Strafrecht Besonderer Teil 2, 39. Aufl., Heidelberg 2016 Rn. 34 参照。*Rudolf Rengier*, Strafrecht Besonderer Teil I, 19. Aufl., München 2017, § 24 Rn. 14 およびこれに対応して、樋口亮介「ドイツ財産犯講義ノート」東京大学法科大学院ローレビュー Vol. 8（2013年）144頁以下、152頁も参照。

3　*Walter Stree/Bernd Hecker*, in: Schönke/Schröder Strafgesetzbuch Kommentar, 29. Aufl., München 2014, § 303 Rn. 10; *Wessels/Hillenkamp*, a. a. O. (Anm. 2), Rn. 29 参照。

ない、というのである[4]。

物の修理による器物損壊罪の成否と、治療行為における傷害罪の成否との比較は、自由侵害モデルにおける「利益」概念の解釈、およびその前提をなす全体的考察の正当性を基礎づけるために用いられてきた。しかし、本書の結論をあらかじめ示せば、器物損壊罪の法益と傷害罪の法益は、基本的には、それぞれ異なる性質を有する法益であるというべきである[5]。すなわち、傷害罪における健康法益は、器物損壊罪の法益と異なり、当該法益主体の個人的・具体的事情によって特徴づけられた「きわめて主観的な財（ein so subjektives Gut）」[6]であり、他者の客観的な価値基準をその判断の基礎に置くことはできない[7]。このかぎりで、差引残高の理論を根拠とする身体利益説や結果説の思考方法には問題がある。なぜなら、たとえ患者に最終的な治癒結果が生じたからといって、これをもって患者の身体・健康がその侵襲の中間段階で毀損されたという構成要件的結果そのものを打ち消すことはできないからである[8]。

---

4 *Horst Schröder*, Eigenmächtige Heilbehandlung im geltenden Strafrecht und im StGB-Entwurf 1960, NJW 1961, S. 951 ff., 952; *Walter Wilts*, Die ärztliche Heilbehandlung in der Strafrechtsreform (I), MDR 1970, S. 971 ff., 972; *Hirsch*, a. a. O. (Anm. 1), S. 356.
5 *Theodor Lenckner*, Arzt und Strafrecht, in: Balduin Forster (Hrsg.), Praxis der Rechtsmedizin für Mediziner und Juristen, Stuttgart/New York 1986, S. 569 ff., 593 参照。
6 *Ulrich Weber*, in: Gunther Arzt/Ulrich Weber/Bernd Heinrich/Eric Hilgendorf, Strafrecht Besonderer Teil, 2. Aufl., Bielefeld 2009, § 6 Rn. 100; *Eric Hilgendorf*, in: Gunther Arzt/Ulrich Weber/Bernd Heinrich/Eric Hilgendorf, Strafrecht Besonderer Teil, 3. Aufl., Bielefeld 2015, § 6 Rn. 100.
7 *Wilfried Bottke*, Suizid und Strafrecht, Berlin 1982, Ziff. 207. さらに、*Ingeborg Puppe*, Die strafrechtliche Verantwortlichkeit des Arztes bei mangelnder Aufklärung über eine Behandlungsalternative—Zugleich Besprechung von BGH, Urteile vom 3. 3. 1994 und 29. 6. 1995, GA 2003, S. 764 ff., 765 参照。立岩真也『私的所有論 [第2版]』（2013年・生活書院）250-251頁は、「医療者が〔患者の〕決定を左右する権利はどこにもない」と喝破し、つぎのように説く。すなわち、「どう決定すべきかわからない時、どう決定すべきかが問題である時、その人がなすべきことは、その決定についての決定を自らの外側に求めることである。……そして外側にいる人達、私達がしなければならないこと、せざるをえないことは、その困難を引き受けることである」、と。
8 *Lenckner*, a. a. O. (Anm. 5), S. 593; *Peter Cramer*, Ein Sonderstraftatbestand für die eigenmächtige Heilbehandlung: Einige Bemerkungen zu §§ 229, 230 des Entwurfs eines 6. Gesetzes zur Reform des Strafrechts (6. StrRG), in: Festschrift für Theodor Lenckner, München 1998, S. 761 ff., 773. 町野朔『患者の自己決定権と法』（1986年・東京大学出版会）93頁、佐藤陽子「治療行為の傷害構成要件該当性について」北大法学論集56巻2号（2005年）321頁以下、346-347頁も同旨。

第2項 財産的利益との比較

　財産犯分野と比較しながら、もう少し詳しく説明しよう。たとえば、財産的損害は、客観的に妥当する基準（当該給付または反対給付の市場価値等）を基調として確定されるというのが、——むろん議論の余地はあるだろうが——現在一般的な理解である[9]。しかし、ドイツ法やスイス法が強調するように[10]、きわめてセンシティブな領域に関わる身体・健康利益を、他者の価値基準から一義的に判断することはできない[11]。財産のような本来的な取引の対象と、身体の安全や健康といった本来取引に供されるべきでない一身専属的利益との区別は、やはり重要ではないだろうか[12]。本書の理解からは、「身体機能としての健康が何であるのかは、その機能の目標を設定しようとする者だけがこれを決することができ、身体の健全感が何であるのかは、健全である者だけがこれを述べることができる」[13]。なぜなら、「何人も、〔身体・健康のような〕個人的な価値観によって特徴づけられた利益を、本人自身よりも適切に判断することなどできない」からである[14]。その意味で、傷害罪における身体利益は、他者の目からみた処分価値や交換価値を

9　*Bottke*, a. a. O.（Anm. 7), Ziff. 207; *Puppe*, a. a. O.（Anm. 7), S. 765 等。財産犯論との比較として、辰井聡子「治療行為の正当化」中谷陽二編集代表『精神科医療と法』（2008年・弘文堂）347頁以下、353頁以下参照。

10　ドイツ法につき、第2章第4節第2款第3項1 (2)（本書147-148頁)、第4章第3節第3款（本書276頁以下）を、スイス法につき、第5章第4節第1款第3項（本書355-356頁）を参照。

11　*Wolfgang Bauer*, Die strafrechtliche Beurteilung des ärztlichen Heileingriffs, Hamburg 2008, S. 67 参照。

12　島田聡一郎「（第1講）議論のまとめ」山口厚編『クローズアップ刑法各論』（2007年・成文堂）32頁以下、36頁参照。民法学における近時の検討として、櫛橋明香「人体の処分の法的枠組み（八・完）」法学協会雑誌131巻12号（2014年）100頁以下、102頁以下も参照。

13　*Detlef Krauss*, Zur strafrechtlichen Problematik der eigenmächtigen Heilbehandlung, in: Festschrift für Paul Bockelmann, München 1979, S. 557 ff., 570. また、*Bottke*, a. a. O.（Anm. 7), Ziff. 207; *Hans-Ludwig Schreiber*, Zur Reform des Arztstrafrechts, in: Festschrift für Hans Joachim Hirsch, Berlin/New York 1999, S. 713 ff., 714 も同旨。さらに、*Carl Schmitt*, Freiheitsrechte und institutionelle Garantien der Reichsverfassung (1931), in: Carl Schmitt, Verfassungsrechtliche Aufsätze aus den Jahren 1924-1954, 3. Aufl., Berlin 1958, S. 140 ff., 167〔紹介として、森静太郎「ドイツ憲法の制度的保障」法文叢（九州大学）15号（1934年）28頁以下、49頁。全訳として、カール・シュミット（佐々木高雄訳）「ワイマル憲法における自由権と制度的保障」時岡弘編『人権の憲法判例〔第三集〕』（1980年・成文堂）281頁以下、313頁〕も参照。

14　*Brigitte Tag*, Der Körperverletzungstatbestand im Spannungsfeld zwischen Patientenautonomie und Lex artis, Berlin/Heidelberg/New York 2000, S. 440 f.

も保護の対象とする財産的利益[15]と決定的に異なる。したがって、法益論の一般理論を共通の基盤としつつも、財産その他の利益と区別された「身体」固有の法益論的枠組みを示す必要がある。

第2款　身体法益論に基づく「治療行為論」体系の構築

第1項　傷害罪における「身体」利益の内実：
治療行為と傷害構成要件の関係

では、傷害罪における「身体」利益の内実をどのように規定すべきか。傷害罪における法益の内容として、現実的・事実的基礎を有する「身体的基体」利益が中核となるという構想は、すでに第4章で示したとおりである[16]。しかし、傷害罪の法益がこうした「基体利益」だけで汲み尽くせないこともまた、先述のとおりである。すなわち、傷害罪の法益を規定するためには、法益主体の個人的価値観や生活態度も考慮しなければならない。患者は、身体に対する侵襲に随伴するリスクや副作用を受け容れるかを判断する権利を有する。たとえば、腫瘍摘出後の化学療法は、患者にとって大きな身体的苦痛や精神的苦痛を惹起し、重い副作用（たとえば、抗がん剤の投与にともなう脱毛）をもたらすかもしれない[17]。この場合、患者は、そのような副作用の可能性がある治療法ではなく、また別の——場合によっては生命を短縮する——治療法を選択するかもしれない。

たしかに、理性の高権（Vernunfthoheit）に基づいて、医師が患者の身体利益を衡量し、当該患者にとってより適切な治療方法を選択する決断も、数ある選択肢の1つではある。しかしながら、身体に関連づけられたその患者個人の利益を、もっぱら医学的観点のみで客観化しつくすことはできない。承諾による決定が、その患者にとって「利益」をもたらすか、それとも「不利

15　もっとも、財産の刑法的性質をめぐっては、およそ処分価値や交換価値が保護の対象となるのか、それともそれは各構成要件によって異なるのかが問題となるが、この点には立ち入らない。
16　詳細につき、第4章第4節第3款第2項1（本書319-320頁）参照。
17　*Daniel Bussmann*, Die strafrechtliche Beurteilung von ärztlichen Heileingriffen, Winterthur 1984, S. 36 による設例である。

益」をもたらすかは、第三者の「客観的な」合理性ではなく、承諾を与える者自身の「主観的な」価値基準によって決せられるからである[18]。患者の身体に対する処分権がすべて医師の手に委ねられる結果、患者の自己決定権が後退するのならば、その帰結は、理論的にも実践的にも妥当とは思われない[19]。

もっとも、自律的に自身の生につき悩み、自身で決定を下すことを強さと呼ぶならば、すべての患者にそうした強さを求めるのは過酷かもしれない[20]。だが、その一方で、本人の承諾が必要とされる場面で決定すべき課題に対して医師や家族が承諾を与えることで、主体（当事者）の曖昧化や拡張を許容することになりはしないかとの懸念も生じうる[21]。そこでは、治療行為における自己決定権（およびそれを支える承諾）の主体を、本人以外の者にまで拡張し、医師や家族の声を患者の自己決定の要素とする解釈が、なぜ、その患者の健全性に資するのか、また、患者本人の決定に制約を課せるほどの重みをもった意見とそうでない意見とをいかにして区別するか[22]も問題となる。さらに、治療上の決定を他者の「理性の高権」に委ねることで、医師や家族が負う責務の範囲が不明確になり、ひいては、患者自身が自らの生を自律的に考える契機を剥奪することにつながる。

---

18 *Knut Amelung*, Über die Einwilligungsfähigkeit (Teil I), ZStW 104 (1992), S. 525 ff., 547〔関連する邦訳として、クヌート・アメルンク（甲斐克則訳）「承諾能力について」広島法学18巻4号（1995年）209頁以下、218-219頁〕. さらに、ders., Über die Einwilligungsfähigkeit, Kansai University Review of Law and Politics 16 (1995), S. 61 ff., 69〔邦訳として、クヌート・アメルング（山中敬一訳）「同意能力について」関西大学法学論集45巻4号（1995年）163頁以下、174頁〕も同旨。

19 *Krauss*, a. a. O. (Anm. 13), S. 569 参照。

20 加藤摩耶「刑法における自己決定の意義と射程——『共生』を視点に入れた序論的考察——」広島法学26巻3号（2003年）251頁以下、257頁は、「ときに他者に依存せざるをえない、『弱い人間像』をベースとして『自己決定』の再構築が要請されている」として、「社会との関わりのなかでなされる自己決定を把握する必要」がある、という。また、甲斐克則「医療行為と「被害者」の承諾」現代刑事法6巻3号（2004年）26頁以下、28頁も、「そもそも治療行為ないし医療行為自体、『医療』という『場』においてなされる以上、そこに内在的制約がある」とする。憲法学的検討として、中山茂樹「医科学研究におけるインフォームド・コンセント——若干の法学的課題についての覚書」町野朔＝辰井聡子編『ヒト由来試料の研究利用——試料の採取からバイオバンクまで——』（2009年・上智大学出版）57頁以下、73頁以下も参照。

21 野崎亜紀子「インフォームド・コンセントの法理の法哲学的基礎づけ」甲斐克則編『医事法講座　第2巻　インフォームド・コンセントと医事法』（2010年・信山社）25頁以下、38-39頁参照。

22 奥田純一郎「生命倫理と法——臓器売買問題を中心として」井上達夫編『現代法哲学講義』（2009年・信山社）334頁以下、344頁以下参照。

だがしかし、法益主体の処分権、本書の文脈に即していえば「患者の自己決定権」が、医療の専門家による決定に対してつねに優先されるわけでもない。傷害罪における法益の中核をなすのは、あくまでも、生物学的・医学的意味において現実的・事実的基礎を有する身体的基体だからである[23]。したがって、患者の自己決定権を肉体から切りはなして独自の利益とすることはできず、身体的基体を媒介として「法益」に影響を与える要素として考慮されるにとどまる[24]。このかぎりで、本書の理論構想は、身体侵害モデル的理解を基礎としている。

以上の検討から、治療行為と傷害構成要件の関係は、つぎのように整理できる。すなわち、ドイツ刑法改正草案のように、専断的治療行為を自由に対する罪で捕捉する自由侵害モデル的発想は、妥当とはいえない。現実的・事実的基盤を有する人の身体組織を――たとえ一時的とはいえ――侵害・毀損する以上、たとえ治療行為といえども、傷害罪の構成要件をすでに実現しているといわざるをえないからである[25]。したがって、患者の承諾を得て行われた治療行為は、まず構成要件段階で、身体的基体の侵害を根拠として傷害罪の構成要件を充足する。つぎに、詳しくは次節（本書380頁以下）で述べるように、違法性段階において、その治療により損なわれる患者の身体的基体利益と、健康の維持・回復という客観的治癒効果との衡量という意味での優越的利益保護の観点を中心としつつ、さらに、患者の承諾によってかかる利益の要保護性が減弱ないし否定されることで違法性が阻却され、傷害罪の成立が否定される。

---

23 たとえば、*Walter Kargl*, Körperverletzung durch Heilbehandlung, GA 2001, S. 538 ff., 547 ff. は、傷害（身体的虐待）構成要件によって身体的基体の損యと結びつかない介入をも捕捉しようとするが、先述の理由からすれば、妥当とは思われない。
24 *Claus Roxin*, Strafrecht Allgemeiner Teil, Bd. I, 4. Aufl., München 2006, § 13 Rn. 26〔第3版の邦訳として、平野龍一監修＝町野朔・吉田宣之監訳『ロクシン刑法総論　第一巻〔基礎・犯罪論の構造〕（第三版）（翻訳第一分冊）』（2003年・信山社）598頁〕は、「223条〔傷害罪〕によって自己の身体的統合性に関する自己決定権もともに保護されているとみなされる」〔――圏点筆者〕とするが、本書の理論構想からすると、このような記述は正確さを欠くように思われる。さらに、*ders.*, Einwilligung, Persönlichkeitsautonomie und tatbestandliches Rechtsgut, in: Festschrift für Knut Amelung, Berlin 2009, S. 269 ff., 285 も参照。
25 町野・前出注（8）93頁以下、甲斐・前出注（20）27頁参照。さらに、曽根威彦『刑法における正当化の理論』（1980年・成文堂）225頁以下、252頁も参照。

第2項　専断的治療行為の罪責：オーストリア法との比較

　本書の理論構想によると、患者の意思に反して行われた専断的治療行為は、傷害罪（または暴行罪）の構成要件を充足する。その結果、自由侵害モデルの帰結としての自由に対する罪の成否は、もとより問題となりえない。なぜなら、人の「身体」性から遊離した意思決定の自由は、刑法上それ自体単独で保護される利益ではないからである。

　たしかに、専断的治療行為に対する刑法的対応としては、ドイツ刑法改正諸草案やオーストリア法110条のように、医師の専断的治療行為を処罰の対象とする犯罪構成要件（専断的治療行為処罰規定）[26]を設けることが考えられる。しかし、本書の立場からみると、オーストリア刑法やドイツ刑法改正諸草案のような専断的治療行為処罰規定は、理論的妥当性を欠くといわざるをえない。すなわち、オーストリア刑法110条は、単に人の身体それ自体ではなく、治療の実施ないし許容に対する自由な意思決定という意味での、「患者の自己決定権」そのものの保護を目的とする規定である[27]。また、ドイ

26　オーストリア刑法110条の条文は、第5章第3節第3款第2項（本書349-350頁）を参照。
27　*Heinz Zipf*, Die strafrechtliche Haftung des Arztes, StPG 6 (1978), S. 1 ff., 2 f.; *ders.*, Probleme eines Straftatbestandes der eigenmächtigen Heilbehandlung (dargestellt an Hand von § 110 öStGB), in: FS Bockelmann, a. a. O. (Anm. 13), S. 577 ff., 578, 584; *Manfred Proske*, Ärztliche Aufklärungspflicht und Einwilligung des Patienten aus strafrechtlicher Sicht, in: Peter J. Schick (Hrsg.), Die Haftung des Arztes in zivil- und strafrechtlicher Sicht unter Einschluß des Arzneimittelrechts, Graz 1983, S. 101 ff., 102; *Oskar Maleczky*, Unvernünftige Verweigerung der Einwilligung in die Heilbehandlung, ÖJZ 1994, S. 681 ff., 681; *Peter Lewisch*, Strafrecht Besonderer Teil I, 2. Aufl., Wien 1999, S. 115; *Diethelm Kienapfel/Hans Valentin Schroll*, Grundriss des Strafrechts Besonderer Teil Bd. I, 5. Aufl., Wien 2003, § 110 Rz. 3; *Christian Bertel/Klaus Schwaighofer/Andreas Venier*, Österreichisches Strafrecht Besonderer Teil I, 13. Aufl., Wien 2015, § 110 Rz. 1 等。その一方で、*Kurt Schmoller*, in: Salzburger Kommentar zum Strafgesetzbuch, 5. Lfg., Wien 1997, § 110 Rz. 12 は、オーストリア刑法110条が第一次的には身体の不可侵ないし統合性を保護する規定であり、これらに関するかぎりでのみ、患者の自己決定に対する自由をともに保護している、とする（*Helmut Fuchs/Susanne Reindl-Krauskopf*, Strafrecht Besonderer Teil I, 5. Aufl., Wien 2015, S. 108 f.; *Helmut Fuchs*, Strafrecht Allgemeiner Teil I, 9. Aufl., Wien 2016, Kap. 16 Rz. 43 も同旨）。これに対して、*Richard Soyer/Stefan Schumann*, in: Wiener Kommentar zum Strafgesetzbuch, 2. Aufl., 122. Lfg., Wien 2015, § 110 Rz. 2 は、オーストリア刑法典で110条が身体に対する罪ではなく、自由に対する罪に分類されている点と整合的でない、とする。オーストリア刑法の解釈論としては、後者の指摘のほうが適切というべきであろう。議論の概説として、*Karin Bruckmüller/Stefan Schumann*, Die Heilbehandlung im österreichischen Strafrecht, in: Claus Roxin/Ulrich Schroth (Hrsg.), Handbuch des Medizinstrafrechts, 4. Aufl., Stuttgart/München/Hannover/Berlin/

ツ刑法改正諸草案の専断的治療行為処罰規定も、その多くが本来このような目的に基づいて起草された[28]。

すでに述べたように、身体性から切りはなされた処分権や自己決定権それ自体は、刑法上保護される法益ではない。本書の理解によれば、身体に対する意思自由それ自体を保護するという枠組み、つまり、自由侵害モデルの理論的枠組みは、拒絶されなければならない。実際に、ドイツ刑法改正作業において専断的治療行為処罰規定の設置が頓挫した要因の1つは、当該規定の法益をめぐって意見の一致がみられなかったためであった[29]。以上のようにみてみると、オーストリア法学説における自由侵害モデルの思考枠組み[30]、およびこれを支持する立法と判例の対応[31]は、刑法理論的にみて問

Weimar/Dresden 2010, S. 813 ff., 820; *Elisabeth Gleixner-Eberle*, Die Einwilligung in die medizinische Behandlung Minderjähriger, Berlin/Heidelberg 2014, S. 17 ff. も参照。

28 ドイツ民法においては、2013年2月26日の「患者の権利の改善に関する法律（Gesetz zur Verbesserung der Rechte von Patientinnen und Patienten）」（いわゆる「患者の権利法（Patientenrechtegesetz）」）によって新設された、診療提供者の承諾取得義務に関する民法630d条が、「患者の人格の自由な発展と、患者の個人の尊厳の尊重に対する憲法的保障を民法上具体化したものという意味での、患者の自己決定権」（BT-Drs. 17/10488, S. 23）を保護法益としている。詳細につき、服部高宏「ドイツにおける患者の権利の定め方」法学論叢（京都大学）172巻4・5・6号（2013年）255頁以下、270頁以下、村山淳子「ドイツ2013年患者の権利法の成立——民法典の契約法という選択——」西南学院大学法学論集46巻3号（2014年）117頁以下、143頁以下、同『医療契約論——その典型的なるもの』（2015年・日本評論社）191頁以下、197頁、亀井隆太「同意能力がない患者の医療同意——ドイツ法を中心に」千葉大学人文社会科学研究28号（2014年）86頁以下、88頁以下等参照。

29 詳細につき、第3章第4節第1款第2項（本書207-208頁）参照。ドイツ1996年連邦司法省刑法改正作業班もこの点を問題視していた。*Georg Freund*, Der Entwurf eines 6. Gesetzes zur Reform des Strafrechts: Eine Würdigung unter Einbeziehung der Stellungnahme eines Arbeitskreises von Strafrechtslehrern, ZStW 109 (1997), S. 455 ff., 476 f. 参照。

30 *Christian Bertel*, in: Wiener Kommentar zum Strafgesetzbuch, 2. Aufl., 17. Lfg., Wien 2000, § 110 Rz. 5; *Manfred Burgstaller/Hannes Schütz*, in: Wiener Kommentar zum Strafgesetzbuch, 2. Aufl., 50. Lfg., Wien 2004, § 90 Rz. 87; *Florian Messner*, in: Salzburger Kommentar zum Strafgesetzbuch, 18. Lfg., Wien 2008, § 83 Rz. 81; *Bertel/Schwaighofer/Venier*, a. a. O. (Anm. 27), § 110 Rz. 2, 12; *Ernst Eugen Fabrizy*, Strafgesetzbuch Kurzkommentar, 12. Aufl., Wien 2016, § 110 Rz. 1; *Diethelm Kienapfel/Hans Valentin Schroll*, Strafrecht Besonderer Teil I, Studienbuch, 4. Aufl., Wien 2016, § 83 Rz. 25, § 110 Rz. 57 等。これに対して、学説上有力なのは、承諾によって正当化されるとする見解（*Oskar Edlbacher*, Körperliche, besonders ärztliche, Eingriffe an Minderjährigen aus zivilrechtlicher Sicht, ÖJZ 1982, S. 365 ff., 366 等）や、治療行為を独自の正当化事由として位置づける見解（*Friedrich Nowakowski*, Das österreichische Strafrecht in seinen Grundzügen, Graz/Wien/Köln 1955, S. 61 f.〔紹介として、宮澤浩一「フリードリッヒ・ノヴァコウスキー著『オーストリア刑法綱要』」法学研究（慶應義塾大学）29巻5号（1956年）78頁以下〕; *Günther Kunst*, Ärztliche Heilbehandlung und Einwilligung des Verletzten, RZ 1975, S. 33; *Herbert Loebenstein*, Die strafrechtliche Haftung des Arztes bei

題がある。

第3項 「患者の自己決定権」の刑法的保護：
わが国の民事判例との対比

　治療行為における身体侵害モデルの理論的妥当性は、「身体」法益論の観点から基礎づけられる。これまでのわが国のアプローチは、構成要件の機能や「患者の承諾」の刑法的意味に抽象的に着目するにとどまり、自由や財産等とは区別された「身体」法益の特殊性を十分に汲みつくせていなかったように思われる。この点が、先行研究の問題点であり、また、これまでのわが国に不足していた視点であった。これに対して、本書は、傷害罪における「身体」利益の内実解明という課題を設定し、ドイツ語圏刑法学との比較をつうじて、専断的治療行為によって侵害される患者の「利益」の本質を探究してきた。

　その結果、本書は、傷害罪が保護する「身体」利益の中核をなすのが、現実的・事実的基礎を有する「身体的基体」利益であること、そしてそこから截然と分離された患者の自己決定権が刑法上単独で保護される利益たりえないことを明らかにした。これと関連して、わが国の民事判例・裁判例、具体的には、東京地判昭和46年5月19日下民集22巻5＝6号626頁（乳腺症事件）も、「医師が行なう手術は、疾患の治療ないし健康の維持、増進を目的とするものではあるが、通常患者の身体の一部に損傷を生ぜしめるものであるばかりでなく、患者に肉体的な苦痛を与えることも少なくないのであるから、治療の依頼を受けたからといつて当然になし得るものではなく、原則として、患者……の治療の申込とは別の手術の実施についての承諾を得たうえで行なうことを要すると解すべきであり、承諾を得ないでなされた手術は患者の身体に対する違法な侵害であるといわなければならない。」〔――圏点筆

---

　　operativen Eingriffen: Ein Überblick, ÖJZ 1978, S. 309 ff., 309; *Fuchs*, a. a. O. (Anm. 27), Kap. 16 Rz. 47 f. 等）である。

31　Erläuternde Bemerkungen zur Regierungsvorlage zum Strafgesetzbuch (EBRV), 30 der Beilagen zu den stenographischen Protokollen des Nationalrates XIII. GP, Wien 1971, S. 220, 241. さらに、オーストリア連邦最高裁判所2001年12月6日判決（OGH 12 Os 63/01）、同2005年12月13日判決（OGH 11 Os 4/05f）、同2007年4月11日判決（OGH 13 Os 141/06v）等。

者〕と判示し、患者の自己決定（権）に反した手術によって「身体」利益が侵害されるという理論構成を採用する。このように本判決も、必ずしも、抽象的な「患者の自己決定権」侵害それ自体を問責対象としているわけではない[32]。本書もまた、このような権利・利益理解を基礎とする。

　これに対して、平成以降の民事判例においては、死亡・重度障害といった重篤な結果が生じた事故だけでなく、身体的損害が生じていなくても自己決定権が侵害されたとして賠償請求をする事案も特別ではなくなってきている[33]。たとえば、末期がんの患者および家族に対してその事実を告知しなかった事案に対し、最判平成14年9月24日裁判集民207号175頁は、いわば「家族の手厚い看護を受けるなかで生涯をまっとうする権利」の侵害があったとして、損害賠償を認める判断を下した[34]。もとより、本判決はほんの一例にすぎないが、近時では、財産的損害の立証が困難な場面で、別の権利侵害、とくに自己決定権侵害を観念し、そうした権利侵害を不法行為の問題として解決していこうという方向が、かなり顕著にみられるようになってきている[35]。

　このような動きを受けて、佐伯仁志は、最判平成12年2月29日民集54巻2号582頁（東大医科研病院事件）を評して、「最高裁が手術をしたこと自体についてではなく、医師の説明義務違反という自己決定権の侵害だけを問題にして、損害賠償責任を認めたことは、刑法学にとっても示唆に富むもののように思われる」[36]、「この判決が意思決定権の侵害だけを問題にしているのは、

32　武藤眞朗「手術と刑事責任」中山研一＝甲斐克則編『新版　医療事故の刑事判例』（2010年・成文堂）151頁以下、184頁。
33　たとえば、手嶋豊『医事法入門〔第4版〕』（2015年・有斐閣）218頁参照。
34　本判決につき、樋口範雄「判批」宇都木伸ほか編『医事法判例百選』（2006年・有斐閣）120頁以下、丸山英二「判批」甲斐克則＝手嶋豊編『医事法判例百選〔第2版〕』（2014年・有斐閣）66頁以下およびそこで引用されている各評釈・解説を参照。本判決の位置づけにつき、米村滋人『医事法講義』（2016年・日本評論社）136頁以下、140-141頁参照。比較的近時の判例分析として、手嶋豊「医療と説明義務」判例タイムズ1178号（2005年）185頁以下、窪田充見編『新注釈民法（15）債権（8）』（2017年・有斐閣）574頁以下〔手嶋〕、秋吉仁美編『医療訴訟』（2009年・青林書院）225頁以下〔片野正樹〕、米村滋人「医療過誤」能見善久＝加藤新太郎編『論点体系　判例民法〈第2版〉　7　不法行為Ⅰ』（2013年・第一法規）214頁以下、233頁以下も参照。
35　窪田充見「損害概念の変遷と民法の役割——刑法と民法の対話の形とともに——」刑法雑誌44巻2号（2005年）99頁以下、112頁。
36　佐伯仁志「違法論における自律と自己決定」刑法雑誌41巻2号（2002年）74頁以下、77頁。

この少数説〔治療行為非傷害説、すなわち自由侵害モデル〕と親和的なのではないだろうか、そうだとすると刑法にとって大変興味深い判決だ」〔――圏点筆者〕[37]、といったコメントを寄せている。

しかし、以上のような傾向は、少なくとも刑法上の法益のとらえ方としては問題があるように思われる。すなわち、民法では、生じた損害をどこでつかまえようと、問題となる法律要件は民法709条であり、損害賠償の中身は異なるとしても、いわば構成要件レベルでの問題は生じない。これに対して、刑法の問題として考えるのであれば、侵害された法益が何であるかによって適用される構成要件も異なるのであり、自己決定権の侵害だけでは、どの構成要件にも該当しない[38]。そこで、民法学のように、「患者の自己決定権」の侵害だけをとらえて、傷害罪の構成要件該当性を認めるのは可能かどうかが問われることとなる。

本書が依拠する理論構想によると、患者の人格権ないし自己決定権そのものは、刑法上単独で保護される利益ではない。患者の自己決定権を身体的基体から遊離した別個の利益として把握すると、かかる権利・利益の内容が希薄化する結果、医師の説明義務や患者の承諾の範囲が無限定に拡散するおそれがある[39]。したがって、患者の意思決定や自己決定への権利は、これを違法判断の際の重要な要因とすることは可能であっても、そうした権利性の高低を正面から違法判断の対象としたり[40]、それ自体単独で、刑罰法規で保護する法益としたりすることには、問題があるように思われる[41]。

---

37 中田裕康ほか「20周年記念特別座談会 民法と刑法（3）・完」法学教室243号（2000年）44頁以下、48頁〔佐伯仁志発言〕。
38 窪田・前出注（35）112-113頁。
39 ハンス・ヨナス（加藤尚武監訳）『責任という原理――科学技術文明のための倫理学の試み――〔新装版〕』（2010年・東信堂）186-187頁は、つぎのようにいう。「医師の責任は大きいと同時に、厳密に限定されている。医師の責任は患者の治療という時点に始まり、患者の治癒、苦痛の軽減、延命へと向かう。しかし、これ以外の点での患者の幸福や不幸は医師の責任の範囲外であるし、医師の治療行為の結果得られた生存が『価値ある』ものか否かを医師は考慮しない。医師の責任は治療の終結とともに終わる」、と。
40 町野朔「被害者の承諾」西原春夫ほか編『判例刑法研究 第2巻』（1981年・有斐閣）165頁以下、168-169頁は、曽根・前出注（25）145頁以下の利益衡量説を評して、その超個人主義的な法益理解にすでに問題があるとして、この所説は、「一見、個人の自由を基礎に置くかのようにみえながら、実はそれとは正反対の思想にもとづいている」とする。
41 甲斐克則「輸血拒否と医師の刑事責任」現代刑事法4巻9号（2002年）116頁以下、119頁〔同『医事刑法への旅Ⅰ〔新版〕』（2006年・イウス出版）53頁以下所収、59-60頁。以下、引用は同書

第3款　小　括

　以上、前章までの分析から得られた比較法的知見に基づいて、傷害罪における「身体」利益概念を再検討し、これによって治療行為の刑法的評価と、刑法上保護されるべき患者の自己決定権の外延を明らかにしてきた。

　治療行為の刑法的基礎を規定するのは、二元的構造を有する傷害罪の法益論である。これによれば、オーストリア刑法や一部のドイツ刑法改正草案のように、患者の自己決定権を身体から切りはなして、専断的治療行為を自由に対する罪とすることはできない。専断的治療行為が侵害するのは、患者の「身体」利益、およびそれと結びつくかぎりでの患者の自己決定権にほかならない。この意味で、本書は、身体侵害モデル的理解を基礎としている。

　問題は、患者の「身体」利益と自己決定権との関係である。本書の理論構想によれば、傷害罪における法益の中核をなすのは、単なる「身体」利益ではなく、現実的・事実的基礎を有する「身体的基体」利益であり、そこで保護されているのは、人の生理的・客観的な身体組織そのものである。これに対して、患者の自己決定権は、これを肉体から切りはなして独自の法益とすることはできず、身体的基体を介して「法益」に影響を与える要素として考慮されるにとどまる。患者の自己決定権を身体と別個の概念として観念すると、かかる権利の過度の抽象化を招き、説明義務や承諾の内容が無限定に拡大するおそれがあるからである。

第2節　治療行為の正当化
——違法阻却論の基本的枠組み

　本節では、前節までの検討から得られた利益理解を応用し、治療行為における違法阻却の理論構造を解明するために、まず、その根幹をなす身体利益

による〕。さらに、辰井聡子「判批」西田典之＝山口厚＝佐伯仁志編『刑法判例百選Ⅰ総論［第6版］』（2008年・有斐閣）46頁以下、47頁。憲法学的検討として、中山茂樹「人体の一部を採取する要件としての本人の自己決定——憲法上の生命・身体に対する権利の視点から——」産大法学40巻3・4号（2007年）71頁以下、96頁以下も参照。

「衡量」の枠組みに検討を加える (第1款)。治療行為の正当化においてもっとも問題となるのは、当該行為によって損なわれる患者の身体利益と、それにより維持・回復される健康とをいかなる指針に沿って「衡量」するか、である。以下では、この問題に関して議論の蓄積があるドイツの学説を分析することで、検討対象の具体化を試みる。

つぎに、そこで得られる成果を踏まえて、治療行為における患者の承諾とそれ以外の正当化要素との関係性を明確化する (第2款)。具体的には、まず、わが国とドイツの先行研究を批判的に検討し、治療行為における医学的正当化要素、すなわち、医学的正当性それ自体の刑法的意義を明らかにする必要があることを示す。ついで、本書の理論構想を発展させるかたちで、構成要件該当性阻却と違法阻却の観点に分けて検討を加え、治療行為における医学的正当性、とくに医学的適応性の刑法解釈論的機能を明らかにする。本節の分析は、前節で示した「身体」利益論の枠組みを発展させ、これをより実践的なフィールドで展開しようとする試みである。

第1款　治療行為における利益衡量の基本的枠組み

第1項　検討対象の設定

本書の法益論的構想によれば、治療行為は傷害罪致死傷罪等の構成要件に該当する違法な行為であるが、その行為の違法性は、患者の意思と当該行為の有する客観的優越的利益との衡量によって阻却されうる。前節では、本書のこうした基本構想を示すことはできたものの、そこでは、肝心の利益「衡量」の構造を明らかにすることまではできなかった。治療行為の場面では、健康の維持・回復という客観的優越的利益と、当該患者の自己決定に基づく主観的利益が、同一主体内で衝突する。この点にこそ治療行為の問題固有の難しさがあり、これらの利益の衝突を刑法上の違法阻却論としていかに把握し、調整するかが問題解決の鍵となる。図式的にいえば、前節で検討したのは、利益衡量における身体「利益」の内実であったが、本節で分析するのは、そこにおける身体利益「衡量」の判断枠組みである。

ここで本節が検討の端緒とするのは、第4章で取り上げた傷害罪の法益論をめぐる伝統的潮流であり、そのうちとくに衡量モデル（ないし衝突モデル）である。ここにいう衡量モデルとは、傷害罪における身体の不可侵を、法益主体の意向とは無関係に保護される客観的価値ととらえ、法益とそれに対する処分の自由とを区別する思考モデルをいう[42]。このモデルによると、身体の不可侵は、客観的価値を有する存在として構成要件段階で保護され、法益主体の意思は、違法阻却のレベルではじめて考慮される[43]。傷害行為は、その行為に優越的利益があるときにのみ正当化され、その際、法益主体の承諾は、法益客体の維持に対する客観的利益と、法益処分権に対する利益との衡量において正当化効果を発揮する、とされている[44]。

　では、治療行為の正当化における利益「衡量」の構造をどのように把握すべきか。本款では、治療行為に関連づけた違法阻却の理論構造を解明すべく、その根幹をなす身体利益「衡量」の基本原理を分析の対象とする。そのために、衡量モデルの母国ドイツにおける刑法学説のうち、同モデルの始祖とされるペーター・ノル（*Peter Noll*）の議論を導きの糸として、まず、その基本的枠組みを抽出し（第2項1）、つぎに、これを受け継ぐハンス-ハインリッヒ・イェシェック（*Hans-Heinrich Jescheck*）=トーマス・ヴァイゲント（*Thomas Weigend*）の議論と（同項2）、ディーター・デリンク（*Dieter Dölling*）の議論（同項3）に考察を加え、これらの考察により、次款でさらに掘り下げて検討すべき課題を明晰化する（第3項）。考察の出発点をノルの議論に設定する理由は、ノルの衡量モデルが、この問題領域において現在もなお一定のインパクトを有すると考えるからである[45]。

42　第4章第3節第2款第1項（本書263頁以下）参照。詳細につき、*Thomas Rönnau*, Willensmängel bei der Einwilligung im Strafrecht, Tübingen 2001, S. 14 ff. による整理をも参照。わが国でこれに近い立場をとるのが、辰井・前出注（9）359頁である。

43　*Rönnau*, a. a. O. (Anm. 42), S. 32; *ders*., in: Strafgesetzbuch Leipziger Kommentar, 2. Bd., 12. Aufl., Berlin 2006, Vor § 32 Rn. 150.

44　LK^{12}/*Rönnau*, a. a. O. (Anm. 43), Vor § 32 Rn. 151 参照。

45　*Bijan Fateh-Moghadam*, Die Einwilligung in die Lebendorganspende, München 2008, S. 97; *Christine Wagner*, Die Schönheitsoperation im Strafrecht, Berlin 2015, S. 192 参照。本款の分析もこれらの研究に多くを負っている。

第2項　承諾の基礎としての優越的利益原理

1　違法阻却論における優越的利益アプローチの提唱：ノルの議論
(1)　議論の出発点としての一元説

　ノルの議論から確認しよう。その出発点は、違法阻却論にいわゆる一元説である。この一元説によれば、優越的利益原理があらゆる正当化事由に共通の基礎をなす。エドムント・メツガー（Edmund Mezger）の二元的体系[46]と異なり、ノルの議論に、利益欠缺という概念は登場しない。なぜなら、「利益概念は、被害者の利得と真の福利（Vorteil und wahres Wohl）という意味で、客観的に解釈」すべきだからである。たとえば、「……献血目的で採血をさせる者は、客観的にはその不利益となるように行為している」[47]。

　そこでノルは、法益主体の主観的利益を、法律の評価から読み取られる客観的な「真の福利」と対置させ、「被害者の承諾の問題性はすべて、法律の客観的評価に対する被害者の主観的評価、という関係にある」とする[48]。「このとき重要なのは、刑法における私的自治（Privatautonomie）の可能性であ」[49]り、その承諾が有効か否かは、どの程度まで、「被害者の主観的評価、その動機および目的を、法律の客観的評価に接近させる」かに左右される[50]。これによれば、自己決定権およびこれに対応する承諾は、利益衡量の際の一要素としてのみ意義を有する。したがって、法益処分の自由が法秩序によって制限される場合、すなわち、承諾が法的に無効となる場合とは、その行為が自己の法益を自由に処分し、それにより追求される目的の実現に向けた自由よりも重大な客観的価値を侵害する場合、となる。いいかえれ

46　Edmund Mezger, Strafrecht, 3. Aufl., Berlin/München 1949, §§ 27 ff. (S. 204 ff.). メツガーの体系論につき、第2章第3節第2款第4項1 (2)（本書126頁注〔197〕）参照。
47　Peter Noll, Übergesetzliche Rechtfertigungsgründe im besonderen die Einwilligung des Verletzten, Basel 1955, S. 59. 圏点は原文でイタリック体である。わが国の先行研究として、金沢文雄「人体実験の適法性の限界」植松博士還暦祝賀『刑法と科学　法律編』(1971年・有斐閣) 113頁以下、120頁以下、曽根・前出注 (25) 141頁以下、166頁以下、川原広美「刑法における被害者の同意 (一) ──自律性原理の確認──」北大法学論集31巻1号 (1980年) 209頁以下、227頁、佐藤陽子『被害者の承諾──各論的考察による再構成──』(2011年・成文堂) 15頁以下も参照。
48　Noll, a. a. O. (Anm. 47), S. 60. 圏点は原文でイタリック体である。
49　Noll, a. a. O. (Anm. 47), S. 60 Anm. 3.
50　Noll, a. a. O. (Anm. 47), S. 61.

ば、被侵害法益の客観的価値は、「侵害の重大性および目的」[51]との関係によって決せられる。

たとえば、軽微な傷害の場合、法倫理的に（とくに）非難すべき目的が追求される場合を除き、被害者の承諾は原則として有効となる[52]。これに対して、重大な傷害は、被害者の「真の福利」に反する行為として、法倫理的に是認されず、承諾があっても原則として違法となる[53]。なぜなら、健康という価値は、被害者の自由な自己決定という価値よりも明らかに優越するからである。ただし、傷害が重大であっても、法的に是認される目的が追求され、無価値内容を優越する場合は、違法性が阻却される場合がある。

かくして、自己決定の重要性は、被害者によって追求される目的が客観的にみてどれほどの価値があるかにより決せられる。ノルはいう。「このような、被害者の主観的評価は、……法秩序によって再度評価されるのである」[54]、と。

（2）優越的利益アプローチの具体的適用：生体からの臓器摘出事例

以上を踏まえてノルは、生体からの臓器摘出を例として挙げながら、自説の具体化を試みる。ノルによれば、この場合の臓器摘出は、重大な傷害を生じさせるにもかかわらず、ドナーの承諾によって正当化されうる。なぜなら、それは法的に是認される目的（患者の治癒）を追求する行為だからである。もっとも、かかる目的のもとで行われた行為であるからといって、重大な傷害がただちに正当化されるわけではない。その際の条件として、ノルはつぎのように指摘する。

---

51 *Noll*, a. a. O. (Anm. 47), S. 75. ノルが侵害の目的を顧慮する理由は、彼が法益主体の自己決定と衡量する法の客観的価値として結果無価値的要素のみならず、行為無価値的要素を含ませているからである。つまり、かかる行為無価値を克服するために、自己決定には個別具体的なプラスの価値が必要となるのである。佐藤・前出注（47）16頁参照。

52 *Noll*, a. a. O. (Anm. 47), S. 75, 85, 87 参照。もっとも、*Stefan Trechsel/Peter Noll*, Schweizerisches Strafrecht, Allgemeiner Teil I, 6. Aufl., Zürich 2004, S. 141 f. によれば、単純傷害は、被害者の承諾によってつねに適法となり、行為者と被害者がいかなる目的でその傷害を行ったかは重要でない。

53 *Noll*, a. a. O. (Anm. 47), S. 86 f. 参照。ただし、ノルは、「承諾が傷害の違法性を阻却しない場合にはすべて、承諾は、超法規的減軽事由として顧慮されなければならない」とする (ebenda, S. 88)。

54 *Noll*, a. a. O. (Anm. 47), S. 84.

「移植の場合、病者にとっての利得は、少なくとも、その侵襲のために［自己の身体を］処分する者にとっての損失（Nachteil）と同程度でなければならない[55]。」

ノルはこのように述べて、臓器摘出に対する承諾の有効性が、ドナーのリスクとレシピエントの予期されるベネフィットとの関係に左右される、と説く。このように、ノルは、個人的法益の維持（ドナーの健康上の福利）を志向するだけでなく、身体に対するリスクとベネフィットの功利主義的な差引計算に対しても一定の理解を示している。

しかし、ノルの理論モデルは、後見的パターナリズムの見地から、共同体の福利を志向する功利主義への転換を促す見解であるように思われる。なぜなら、ノルの衡量モデルは、健康という本来その個人にのみ帰属すべき個人的法益を、共同体の客観的価値として保護するのみならず、これを集団的法益に変質させてしまうからである[56]。それゆえに、個人の自己決定がどれほど重要な価値を有するかを判断するためには、全体的・客観的見地からみて共同体の福利が得られるか、という視点が決定的とならざるをえない。こうした視点を甘受するだけでなく、強調さえするがゆえに、ノルの理論モデルを徹底することには問題がある[57]。

だが、以上のような問題点があるにもかかわらず、ノルの衡量モデルは、とりわけ医事刑法の分野において、医的侵襲の正当化を決する際の判断指標としての多くの支持を集めてきた。このモデルによれば、患者の承諾には、正当化の柵（Rechtfertigungsschranke）としての機能が認められるにとどまり、当該行為を正当化するためには、医学的適応性や医術的正当性といったさらに別の医学的正当化要素が必要となる[58]。ノルの衡量モデルの学説史的意義は、治療行為の正当化において（も）、先にみた視点を鮮明に打ち出し、

---

55 *Noll*, a. a. O. (Anm. 47), S. 91.
56 *Fateh-Moghadam*, a. a. O. (Anm. 45), S. 99 参照。
57 ノル理論の批判的検討として、深町晋也「危険引受け論について」本郷法政紀要9号（2000年）121頁以下、127-128頁も参照。同128頁は、ノルの「利益衡量説とは、『いかなるファクターでも取り込むことが可能であるが、いかなるファクターについても、その基礎付けのためには、外在的な根拠を必要とする』見解なのである」とする。
58 *Gerd Geilen*, Einwilligung und ärztliche Aufklärungspflicht, Bielefeld 1963, S. 89 参照。さらに、*Detlev Sternberg-Lieben*, Die Strafbarkeit eines nicht indizierten ärztlichen Eingriffs, in: FS Amelung, a. a. O. (Anm. 24), S. 325 ff., 327 Anm. 12 も参照。

これに後続する議論の地ならしの役目を担った点にある[59]。

2　衡量モデルのさらなる推進：イェシェック＝ヴァイゲントの議論

　つぎに、イェシェック＝ヴァイゲントの議論を取り上げる。衡量モデルは、傷害罪における「身体」とそれに対する身体法益主体の意思とを切りはなし、身体の不可侵をそれ自体固有の客観的価値として保護する思考モデルである。しかし、ノルの理論モデルがそうであったように、このような保護のあり方は、功利主義的ないし「『国家主義的な (etatistisch)』法益解釈」[60]に傾斜する危険性を孕んでいる。イェシェック＝ヴァイゲントの議論は、衡量モデルのこうした危険性を自覚しつつも、その衡量的思考をさらに推進しようとする試みである。

　イェシェック＝ヴァイゲントは、つぎのように指摘する。すなわち、「個人的法益もまた、共同体の客観的価値としての意味を有する……」[61]。身体その他の個人的法益は、「まず第1に、自由、自己決定および人間の尊厳を構成する共同体の生活財 (Lebensgüter) として、権限を有する者 (Berechtigte) の意思から独立して保護されており、それどころか、たいていは、憲法によって保障されている（基本法2条2項、10条、14条）」[62]。まさにそれゆえに、基本法2条2項第1文による身体の不可侵の保護は、同条1項で定められた法益主体の処分の自由に対置されるのである、と。そして、イェシェック＝ヴァイゲントはつぎのように述べる。

　　「個人による法益の主観的評価は、法秩序によって、一定の限度内で基準を与えるものとして認められている。なぜなら、・人・身・の・自・由・を・妨・げ・ら・れ・る・こ・と・な・く・行・使・す・る・こ・と（基本法2条1項）は、それ自体が自由主義的な法治国家においては社会的価値とみなされ、その価値は、法益を維持することに対する共同体の利益と衡量されなけれ

59　承諾論一般に対するノルの寄与につき、曽根・前出注（25）145-146頁参照。
60　*Rönnau*, a. a. O.（Anm. 42）, S. 34.
61　*Hans-Heinrich Jescheck/Thomas Weigend*, Lehrbuch des Strafrechts, Allgemeiner Teil, 5. Aufl., Berlin 1996, S. 375〔邦訳として、イェシェック＝ヴァイゲント（西原春夫監訳）『ドイツ刑法総論　第5版』（1999年・成文堂）288頁〕。ただし、本書の文脈に沿うかたちで、訳文は適宜改めている（以下同じ）。
62　*Jescheck/Weigend*, a. a. O.（Anm. 61）, S. 375 f.〔イェシェック＝ヴァイゲント（西原監訳）・前出注（61）289頁〕。基本法の関連条文につき、第4章第3節第4款第2項（本書304頁以下）を参照。

ばならないからである⁽⁶³⁾。」

　かくして、イェシェック＝ヴァイゲントは、ノルの衡量モデルをベースとしつつも、衡量的思考を基本法2条の個人の基本権に投影し⁽⁶⁴⁾、これによってノルの理論モデルから垣間みえる「国家主義的」色彩を薄め、個人志向的な利益衡量論を打ち立てようと試みる。イェシェック＝ヴァイゲントの議論の特徴は、ノルが個人の価値としてとらえたものを「社会的価値」の側面から取り上げ、社会ないし共同体の利益・不利益という観点から問題解決を図った点にある⁽⁶⁵⁾。

　そしてこの議論の応用として、イェシェック＝ヴァイゲントは、同意傷害の評価につき、つぎのようにいう。すなわち、健康は、共同体における人間のたいていの任務を履行するための基本的前提であり、その保持には公的利益が存在するので、同意傷害には制限が課せられる。具体的には、重大な傷害、とりわけ長期間にわたり継続する障害をともなう傷害は禁止される、と⁽⁶⁶⁾。

3　衡量モデルにおける発想の転換：デリンクの帰納モデル

　さらに、デリンクの議論に検討を加える。衡量モデルによれば、治療行為を正当化するためには、患者（またはその法定代理人）の承諾では不十分であり、これに加えて当該行為に対する客観的優越的利益が必要となる。このとき、患者の承諾は原則として有効であるが、例外的に、嘱託殺人に関する刑法216条⁽⁶⁷⁾や同意傷害について定める228条⁽⁶⁸⁾等によって制限される。しかし、デリンクの衡量モデルは、これと反対の方向を目指す思考モデルであ

63　*Jescheck/Weigend*, a. a. O.（Anm. 61）, S. 377〔イェシェック＝ヴァイゲント（西原監訳）・前出注（61）290頁〕．圏点に原文で太字である。
64　*Fateh-Moghadam*, a. a. O.（Anm. 45）, S. 100. ノルの議論との連続性につき、川原・前出注（47）227-228頁参照。
65　川原広美「刑法における被害者の同意（二・完）――自律性原理の確認――」北大法学論集31巻2号（1980年）357頁以下、367頁。
66　*Jescheck/Weigend*, a. a. O.（Anm. 61）, S. 379〔イェシェック＝ヴァイゲント（西原監訳）・前出注（61）292頁〕。
67　ドイツ刑法216条（要請に基づく殺人）1項は、「被殺者の明示的かつ真摯な嘱託により殺害を決した者があるときは、6月以上5年以下の自由刑を言い渡すものとする。」と規定する。
68　ドイツ刑法228条（旧226a条）の条文とその制定過程につき、第2章第2節第5款第3項1（本書105-106頁）参照。

る。すなわち、デリンクは、法律上の例外を一般化し、承諾にこれを転用しようと試みるのである。以下では、デリンクのこの衡量モデルを、とくに「帰納モデル（Induktionsmodell）」と呼ぶこととする[69]。

デリンクによれば、承諾における一般的「構造原理」[70]は、特別法上の制限から読み取られる。たとえば、去勢の実施要件や方法に関する去勢法（Kastrationsgesetz: KastrG）2条および4条[71]、臓器摘出の許容要件を定める臓器移植法（Transplantationsgesetz: TPG）8条[72]、そして、臨床試験の実施要件に関する医薬品法（Arzneimittelgesetz: AMG）40条および41条[73]がこれである[74]。そのうえでデリンクは、「個人的法益に対する重大な介入の場合は、承諾と重大な利益との組み合わせが正当化のために必要であり、しかもそれで足りることがありうる」[75]とする。これによると、行為が身体の不可侵に対して重大なかたちで介入し、とりわけ継続的で不可逆的な結果をもたらしうる場合は、被害者の承諾を得ているにもかかわらず、その傷害は法秩序によって否認される（つまり、刑法上正当化されない）。この場合は、被害者の承諾に加えて、当該行為に対する重大な利益が必要となる[76]。すなわち、傷

---

69 *Fateh-Moghadam*, a. a. O.（Anm. 45），S. 100 による呼称である。
70 *Dieter Dölling*, Einwilligung und überwiegende Interessen, in: Festschrift für Karl Heinz Gössel, Heidelberg 2002, S. 209 ff., 209. デリンク理論の骨子につき、*ders*., Fahrlässige Tötung bei Selbstgefährdung des Opfers, GA 1984, S. 71 ff., 90 ff.〔紹介として、荒川雅行「ディーター・デェーリング『被害者が自己危殆化におもむいた場合の行為者の過失責任』」法と政治35巻3号（1984年）189頁以下、199頁以下〕も参照。
71 ドイツ去勢法の概要につき、山中敬一「身体・死体に対する侵襲の刑法上の意義（3・完）」関西大学法学論集63巻4号（2013年）37頁以下、62頁以下参照。
72 ドイツ臓器移植法の概観に適した近時の文献として、臼木豊「ドイツ移植法（TPG）の現状」町野朔先生古稀記念『刑事法・医事法の新たな展開 下巻』（2014年・信山社）209頁以下、神馬幸一「ドイツ・オーストリア・スイスにおける臓器移植」甲斐克則編『医事法講座 第6巻 臓器移植と医事法』（2015年・信山社）159頁以下、165頁以下参照。
73 ドイツ医薬品法40条および41条をめぐる近時の議論につき、グンナー・デュトゲ（只木誠訳）「医事法における年齢区分の機能――医療行為と承諾――」比較法雑誌46巻1号（2012年）69頁以下、77頁以下、山中敬一「身体・死体に対する侵襲の刑法上の意義（2）」関西大学法学論集63巻3号（2013年）44頁以下、47頁以下参照。
74 これらの法律の条文は、アルビン・エーザー（上田健二＝浅田和茂編訳）『医事刑法から統合的医事法へ』（2011年・成文堂）315頁以下、ソーニャ・ロートエルメル（只木誠監訳）『承諾、拒否権、共同決定 未成年の患者における承諾の有効性と権利の形成』（2014年・中央大学出版会）341頁以下〔原著として、*Sonja Rothärmel*, Einwilligung, Veto, Mitbestimmung: Die Geltung der Patientenrechte für Minderjährige, Baden-Baden 2004〕に邦訳が掲載されている。
75 *Dölling*, a. a. O.（Anm. 70），in: FS Gössel, S. 211.

害およびその起こりうる結果が重大であればあるほど、その行為によって追求される利益は、より重要な意味を有していなければならない[77]。

ここで当該行為の正当化を導くのが、「承諾と正当化的緊急避難という諸要素の組み合わせ」[78]である。その際に、デリンクは、正当化を判断する際の指標となるのが、「個人または社会一般（Allgemeinheit）の高次の利益」[79]であり、かかる観点を基調としながら、同意傷害規定等をも考慮した法的利益衡量が行われなければならない[80]、と説くのである。

第3項　議論のまとめとさらなる検討課題の特定

以上、衡量モデルの始祖ノルの理論枠組みを抽出し、これを押し進めたイェシェック＝ヴァイゲントの議論と、それを基礎として「発想の転換」を試みたデリンクの議論を概観してきた。もっとも、本書の視点からすると、デリンクの帰納モデルは、承諾の原則と例外を逆転させた点に意義があるわけではない。帰納モデルの意義はむしろ、法益主体の承諾だけで医的侵襲を正当化することはできず、さらに別の正当化要素が必要である、と宣言した点にある。この点につき、詳しくは後述のように、治療行為の違法性が阻却される中核的根拠は、患者の承諾にあるとされてきた。だがその一方で、承諾だけで治療行為がすべて正当化されるわけではない、ともいわれている。この意味で、治療行為の正当化判断においては、患者の承諾に加えて、それ以外の医学的要素が別途要求されることとなる。問題は、治療行為における患者の承諾とその他の医学的正当化要素がいかなる関係に立つか、である。次款ではこの問題を掘り下げて検討するが、そのためにまず、わが国における学説の現状から確認する。

76　Dölling, a. a. O.（Anm. 70）, in: FS Gössel, S. 211 f. 参照。
77　Dölling, a. a. O.（Anm. 70）, in: FS Gössel, S. 212. ここでデリンクは、*Alfred A. Göbel*, Die Einwilligung im Strafrecht als Ausprägung des Selbstbestimmungsrechts, Frankfurt am Main 1992, S. 55 を引用している。さらに、*Dölling*, a. a. O.（Anm. 70）, GA 1986, S. 92〔荒川・前出注（70）199頁〕も参照。
78　Dölling, a. a. O.（Anm. 70）, in: FS Gössel, S. 212.
79　Dölling, a. a. O.（Anm. 70）, in: FS Gössel, S. 214.
80　Dölling, a. a. O.（Anm. 70）, in: FS Gössel, S. 214 f. 参照。

第2款　治療行為に対する承諾とその他の正当化要素

第1項　わが国の現状と課題の設定

　患者の承諾のみで治療行為を正当化することは可能か。それとも、さらに別の正当化要素が必要か。この問題につき、わが国の学説では、患者の承諾が正当化の決定的ないし中核的要件であるとする見解が有力に主張されている[81]。これに対して、通説的見解はさらに、治療行為が患者の生命・健康を維持・回復する必要のあるときに行われるという意味での「医学的適応性」と、医学的に認められた正当な方法で実施されるという意味での「医術的正当性」（以下、両者をあわせて「医学的正当性」と呼ぶ。）をも要求する[82]。このほか、医学的適応性と医術的正当性をあえて区別する必要はないとする見解[83]や、行為者の治療目的を別途要求する見解[84]も存在するが、承諾以外

---

[81] 前田雅英『刑法総論講義　第6版』（2015年・東京大学出版会）238頁等参照。齊藤誠二『刑法講義各論Ⅰ〔新訂版〕〔新訂6版〕』（1982年・多賀出版）192頁以下も同旨か。山口厚『刑法総論　第3版』（2016年・有斐閣）176頁は、治療行為の違法性が阻却される根拠の中核が患者の同意にある、とする。

[82] 町野・前出注（8）3頁、甲斐・前出注（41）32頁以下等。同「被害者の承諾」椎橋隆幸＝西田典之編『変動する21世紀において共有される刑事法の課題——日中刑事法シンポジウム報告書——』（2011年・成文堂）95頁以下、104頁は、「治療行為が……適法であるためには、医学的適応性、医術的正当性、そしてインフォームド・コンセントという3つの要件が必要であるということについては、今日、日本では大方の一致がある」とする。

[83] 辰井・前出注（9）367頁は、医学的適応性と医術的正当性の「2要件には特段不当な点はない」と前置きしつつ、「治療行為の正当化にあたり、問題とするべきなのは、当該行為が治療効果を期待できる適切な行為かどうかという点だけである。医学的適応性を有しない者に対して、治療効果が期待できる行為というものは観念しえないから、治療効果が期待できる、医学的正当性を備えた行為であることを要件とすれば、これと別に医学的適応という要件を立てる必要はないはずである」とする。

[84] たとえば、大塚仁『刑法概説（総論）〔第四版〕』（2008年・有斐閣）424頁、福田平『全訂　刑法総論〔第五版〕』（2011年・有斐閣）177頁等によれば、治療目的は主観的正当化要素であり、治療目的なき侵襲行為は、たとえ医学的に必要かつ相当であり、治癒結果をもたらしたとしても違法となる。これに対して、浅田和茂『刑法総論〔補正版〕』（2007年・成文堂）197-198頁、山中敬一『刑法総論〔第3版〕』（2015年・成文堂）602頁等は、治療目的とは行為の医学的・客観的目的（客観的治癒傾向）である、とする。その一方で、野村稔『刑法総論　補訂版』（1998年・成文堂）257頁は、治療目的なくして行われた治療行為が成功した場合には、発生した傷害の結果の違法性が阻却され、その行為自体の違法性のみが存在するため、傷害の未遂罪として暴行罪で処罰する余地がある、とする。

　治療目的を要求する見解は、美容外科治療や実験的治療に治療目的がないことを理由に、一律

の要素を正当化判断に盛り込む点で、通説的見解は軌を一にする。

　もっとも、患者の承諾とそれ以外の医学的要素との関係は、必ずしも明らかにされてこなかったように思われる。たしかに、患者の承諾と医学的正当性は「相関的に」働いて当該行為を正当化するとされており[85]、また治療的実験の文脈では、承諾を基軸として医学的・手続的要素が「累積的に（kumulativ）」機能して当該実験が適法化される[86]、といわれている。

　なるほど、患者の承諾とそれ以外の医学的正当化要素との衡量によって正当化を試みる点で、以上の諸見解は、基本的に妥当な説明といってよい。しかし、たとえそうだとしても、その理論的根拠が何であるかは、必ずしも明らかでない。医学的正当性の（刑）法的性質を十分に解明しないまま、漫然と「相関的」ないし「累積的」に衡量されるというだけでは、医療・司法実務がよりどころにできる理論枠組みを提供することなどできないだろう。

　本書のみるところ、これまでのわが国の学説は、「患者の承諾」に関しては比較的熱心に議論を積み重ねてきたが、それと衡量されるべき正当化要素である「医学的正当性」それ自体の解釈論的検討は、きわめて手薄であった

　　に正当化を否定する傾向にある。しかし、美容外科治療と通常の治療との区別は近年相対化しており、臨床試験に至っては治療目的と研究目的が併存しているケースも多い（米村・前出注(34) 170頁、325-326頁参照）。また、医学的に正当な治療行為であると証明された場合にも、主観的な治療目的がないことを理由に処罰する必要があるかは疑問である（内藤謙『刑法講義　総論（中）』（1986年・有斐閣）531頁参照）。むろん、主観的正当化要素としての治療目的の要否は、究極的には論者のよって立つ違法観に左右されるが、治療目的を正当化の必須条件とすることは、実際問題として不都合が多いように思われる。議論の概観として、田坂晶「刑法における治療行為の正当化」同志社法学58巻7号（2007年）263頁以下、278頁以下、同「治療行為とインフォームド・コンセント〔刑事法的側面〕」甲斐編・前出注(21) 45頁以下、49頁以下、同「治療行為の正当化における患者の同意」比較法雑誌51巻1号（2017年）97頁以下、108頁以下参照。

85　武藤・前出注(32) 186頁等。町野朔「患者の自己決定権」日本医事法学会編『医事法学叢書　第1巻　医師・患者の関係』（1986年・日本評論社）39頁以下、45頁〔同『生と死、そして法律学』（2014年・信山社）145頁以下所収、151頁〕は、「治療行為が患者の利益である程度が高ければ高いほど、すなわち……、『医学的適応性』が高ければ高いほど、患者の同意というのはそれを従属的に補足するという二次的な地位になる。逆に適応性が低くなればなるほど正当化要素としての患者の同意の重大性が高まってくるという関係にある」とする。小林公夫『治療行為の正当化原理』（2007年・日本評論社）142頁以下、大塚仁ほか編『大コンメンタール刑法　第三版　第2巻〔第35条〜第37条〕』（2016年・青林書院）388頁以下〔小林公夫〕も同旨か。

86　甲斐克則「臨床研究・人体実験とドイツ法」年報医事法学13号（1998年）69頁以下、76頁〔同『被験者保護と刑法』（2005年・成文堂）91頁以下所収、98頁。以下、引用は同書による〕等参照。同「臨床研究とインフォームド・コンセント」同編・前出注(21) 145頁以下、156頁、164頁も同旨。

ように思われる。本款は、治療行為の違法阻却を決する「身体」利益衡量の観点から、医学的正当性の刑法的位置づけを明らかにすることを目的とする。

第2項　ドイツ法上の議論：現状確認と課題の抽出

そのための端緒として、本款では、ドイツ法を再度取り上げる。比較・検討対象としてドイツ法を選択する理由は、第4章で示したように、ドイツの刑法学説が傷害罪の法益論を共通の土台としながら、この問題に関して議論を積み重ねてきたからである。そこで以下では、まず、ドイツ法学説の現況を把握し（後出・1）、それによって明らかとなる傾向を踏まえて、さらに掘り下げて検討を加えるべきポイントを特定する（後出・2）。

1　学説の概観：3つの基本要件をめぐって

ドイツ法によれば、医師の治療行為を正当化するためには、以下に掲げる3つの基本要件を満たしていなければならない[87]。

第1が、医学的適応性である。医学的適応性とは、患者の疾患・症状等を医学的に治癒・改善する必要性をいう。「診療を行う医師は、患者の全症状及び予後を考慮して、いかなる医療措置に［医学的］適応があるのかを検討する」（民法1901b条1項第1文）[88]。医学的適応性の判断は、患者との協議に基づいていなければならないが（民法630c条2項[89]、1901b条1項第2文）、最終

87　*Adolf Laufs*, Wesen und Inhalt des Arztrechts, in: Adolf Laufs/Christian Katzenmeier/Volker Lipp, Arztrecht, 7. Aufl., München 2015, Kap. I Rn. 29〔第3版の紹介として、ドイツ医事法研究会「ラウフス『医事法』（二）——第一章　医事法の本質と内容——」民商法雑誌94巻1号（1986年）132頁以下〔山本隆司〕。第4版の紹介として、植木哲＝山本隆司編『世界の医事法』（1992年・信山社）20頁以下〔山本隆司〕〕; *Volker Lipp*, Die medizinische Indikation-ein „Kernstück ärztlicher Legitimation"?, MedR 2015, S. 762 ff., 762 参照。

88　ドイツ世話法（Betreuungsrecht）の条文訳につき、小池泰「ドイツにおける成年後見制度」民事月報65巻6号（2010年）78頁以下、エーザー（上田＝浅田編訳）・前出注（74）330頁以下、アルビン・エーザー（甲斐克則＝福山好典訳）「患者の事前指示と事前配慮代理権：臨死介助におけるそれらの刑法上の役割」比較法学47巻2号（2013年）191頁以下、195頁以下を、その解釈につき、武藤眞朗「ドイツにおける治療中止——ドイツにおける世話法改正と連邦通常裁判所判例をめぐって——」甲斐克則編『医事法講座　第4巻　終末期医療と医事法』（2013年・信山社）185頁以下、190頁以下、アルビン・エーザー（甲斐克則＝天田悠訳）「治療中止、自殺幇助、および患者の事前指示——臨死介助における新たな展開と改正の努力について——」早稲田法学88巻3号（2013年）241頁以下、254頁以下を参照。

89　民法630c条2項は、「診療提供者は、患者に対し、診療の開始時、及び必要とされるかぎりで

的には、医師がその職責により専門的見地から判断を下す[90]。その際、当該措置が成功する見込みと、それに付随する負担・リスクが衡量されなければならない[91]。この意味で、医学的適応性は、当該患者につき個別具体的に判断されなければならない[92]。

　第2が、医学的正当性である。医師は、医学上一般に承認されたルール（医学準則ないしレーゲ・アルティス）に則って治療を行わなければならない。民法630a条2項は、治療行為が「診療の時点で存在する、一般に承認された専門的水準に従って行われなければならない」と定めており、この条項が医学的正当性の要件にとっての法的根拠をなす。

　第3が、患者の承諾である。患者は、治療に際し十分に説明を受けたうえで、これに承諾を与えなければならない。逆に、「医療措置、特に身体又は健康への侵襲を実施する前に、診療提供者は、患者の承諾を得る義務を負う」（民法630d条1項第1文）。そこにいう「承諾の有効性は、患者、又は〔第630d条〕第1項第2文の〔患者が承諾無能力の〕場合には承諾への権限を

　　　はその過程で、当該診療にとって本質的なすべての諸事情、特に診断、予測される健康上の変化、治療、及び治療時に治療後に施される措置につき、分かりやすく説明する義務を負う。診療提供者にとって医療過誤の推定を基礎づける諸事情があると認識できる場合、この者は、照会に応じて又は健康上の危険を防止するために、これらの諸事情に関して患者に情報提供を行わなければならない。……」と規定する。「患者の権利法」の条文訳は、服部・前出注（28）264頁以下、村山・前出注（28）『医療契約論』205頁以下を参照。ただし、本書の文脈に沿うかたちで適宜修正を加えている。

90　*Jochen Taupitz*, Empfehlen sich zivilrechtliche Regelungen zur Absicherung der Patientenautonomie am Ende des Lebens?, in: Verhandlungen des Dreiundsechzigsten Deutschen Juristentages Leipzig 2000, Bd. I (Gutachten) Teil A, Gutachten A für den 63. Deutschen Juristentag, München 2000, A 24; *Torsten Verrel*, Patientenautonomie und Strafrecht bei der Sterbebegleitung, in: Verhandlungen des Sechsundsechzigsten Deutschen Juristentages Stuttgart 2006, Bd. I (Gutachten) Teil C, Gutachten C für den 66. Deutschen Juristentag, München 2006, C 99 f. 参照。

91　*Adolf Laufs*, Informed consent und ärztlicher Heilauftrag, in: Thomas Hillenkamp (Hrsg.), Medizinrechtliche Probleme der Humangenethik, Berlin/Heidelberg 2002, S. 119 ff., 126 のほか、連邦通常裁判所2003年3月17日決定（BGHZ 154, 205 [225 ff.]. リューベック事件）をも参照。本決定は、患者が自己の死に際して、患者の事前指示（Patientenverfügung）を残していた場合に、当該指示の法的効力が問題とされた事案に関するものである。詳細につき、武藤眞朗「人工的栄養補給の停止と患者の意思——ドイツにおける判例を素材として——」東洋法学49巻1号（2005年）1頁以下、12頁以下、アルビン・エーザー（甲斐克則＝三重野雄太郎訳）「近時の判例から見た臨死介助と自殺関与」刑事法ジャーナル37号（2013年）54頁以下、58-59頁、鈴木彰雄「臨死介助の諸問題——ドイツ法の現状と課題——」法学新報122巻11・12号（2016年）267頁以下、310頁以下参照。

92　*Taupitz*, a. a. O. (Anm. 90), A 24; *Lipp*, a. a. O. (Anm. 87), S. 763 参照。

有する者が、承諾に先立ち、〔説明義務を定める〕第630e条第1項から第4項に基づいて説明を受けていることを要件とする」(民法630d条2項)[93]。患者の承諾は、形式を問わずにいつでもこれを撤回することができる(民法630d条3項)。その際に、患者の意思決定が、医師（または第三者）の目からみて合理的かどうかは、必ずしも重要でない[94]。この意味で、患者の承諾は、自己の人格と身体的統合性に関する自己決定権を具現化する要件と解されている[95]。

2 学説における医学的適応性の位置づけ

問題は、これらの要件がどのような関係に立つか、である。まず学説上は、医学的適応性に重要な意義を認める見解[96]が主張されている。これによると、医師の行為を適法化する際にもっとも重要なのは、医学上の必要性という意味での医学的適応性である。近時の有力説は、医学的適応性をとくに重視し[97]、これを「医師の正統性の中核部分（Kernstücke）」[98]、「医師患者関係の、規範上の重要な基礎的ファクター（Basisgröße）」[99]、あるいは、医師の行為を適法化するための「基本的要件（grundsätzliche Voraussetzung）」[100]

---

93 以上のルールは、民法630d条と630e条が制定される前の判例・通説を明文化したものである。*Christian Katzenmeier*, Aufklärungspflicht und Einwilligung, in: Laufs/Katzenmeier/Lipp, a. a. O.（Anm. 87), Kap. V Rn. 5 ff. 参照。
94 連邦通常裁判所1978年2月22日判決（BGH NJW 1978, 1206. 抜歯事件）は、医学的にみて不合理であるにもかかわらず、すべての歯を抜くよう希望した患者の承諾は無効であるとして、医学的適応性なき医的侵襲を承諾のみで正当化することはできない、と判示した。詳細につき、塩谷毅『被害者の承諾と自己答責性』（2004年・法律文化社）137-138頁、山中敬一『医事刑法概論 I（序論・医療過誤）』（2014年・成文堂）204頁以下参照。
95 *Lipp*, a. a. O.（Anm. 87), S. 763 参照。
96 *Alexander P. F. Ehlers*, Die ärztliche Aufklärung vor medizinischen Eingriffen, Köln/Berlin/Bonn/München 1987, S. 43; *Reinhard Damm/Tobias Schulte in den Bäumen*, Indikation und informed consent-Indikatoren eines Gestaltwandels von Medizin und Medizinrecht, KritV 2005, S. 101 ff. さらに、*Adolf Laufs*, in: Adolf Laufs/Wilhelm Uhlenbruck（Hrsg.), Handbuch des Arztrechts, 4. Aufl., München 2010, § 6 Rn. 1 f. も参照。
97 *Christof Stock*, Die Indikation in der Wunschmedizin, Frankfurt am Main 2009, S. 87 ff. は、医学的適応性を、治療行為の正当化における「2つの基本要件」のうちの1つと位置づけながらも、医学的適応性により重要な意義を認める。
98 *Lipp*, a. a. O.（Anm. 87), S. 766. なお、L/K/L[7]-*Laufs*, a. a. O.（Anm. 87), Kap. I Rn. 29.
99 *Reinhard Damm*, Informed consent zwischen Indikations- und Wunschmedizin: Eine medizinrechtliche Betrachtung, in: Matthias Kettner (Hrsg.), Wunscherfüllende Medizin, Frankfurt am Main/New York 2009, S. 183 ff., 183.

と呼んでいる。

　有力説によると、医師は、医学的適応がある場合に当該侵襲を行うことができる。むしろ、医学的適応性が本来の正当化事由をなし、患者の承諾はいわば「適法性の柵」にすぎない(101)。つまり、患者の承諾を得たからといって、その承諾が医師の行為をただちに適法化するわけではない。医師の介入権限は、患者の承諾ではなく、むしろ医学的適応性によって基礎づけられる(102)。したがって、医学的適応なき行為は、原則として違法であるというのである。

　たしかに、この有力説の理解は、医師の職業倫理に関する「ヒポクラテスの誓い」を忠実に体現しているともいえる。すなわち、ヒポクラテスの誓いによれば、医師は、患者の損害回復を第一次的任務とし、かかる任務こそが医師の行為を正統化し、患者の身体への介入権限を根拠づける(103)。しかし、今日では、医学的必要性を欠くか、あるいはそれが乏しいとされる医的侵襲もひろく一般に行われている。純粋に美容上の理由に基づく整形手術、単なる研究目的による臨床試験、移植目的等で行われるドナーからの臓器・組織摘出はその典型例である。ただ、医学的適応性こそが医師の行為を正当化するための最重要ファクターであるというならば、医学的必要性が乏しい当該行為を正当化することはきわめて困難となるはずである。だが、現実はそうではない。したがって、医学的適応性を正当化の「中核部分」とまで呼べるかどうかは、なお慎重な検討を要する(104)。

100　*Cristian Katzenmeier*, Arzthaftung, Tübingen 2002, S. 272.
101　*Geilen*, a. a. O. (Anm. 58), S. 29 f., 134; *Klaus Bernsmann/Gerd Geilen*, in: Frank Wenzel (Hrsg.), Handbuch des Fachanwalts Medizinrecht, 3. Aufl., Köln 2013, Kap. 4 B. Rn. 454; *Karl Engisch*, Heileingriff und ärztliche Aufklärungspflicht, in: Karl Engisch/Wilhelm Hallermann (Hrsg.), Die ärztliche Aufklärungspflicht aus rechtlicher und ärztlicher Sicht, Köln/Berlin/Bonn/München 1970, S. 7 ff., 20.
102　*Bernd-Rüdiger Kern/Adolf Laufs*, Die ärztliche Aufklärungspflicht, Berlin/Heidelberg/New York 1983, S. 9 f; *Albin Eser*, Medizin und Strafrecht: Eine schutzgutorientierte Problemübersicht, ZStW 97 (1985), S. 1 ff.〔邦訳として、アルビン・エーザー（上田健二訳）「医学と刑法——保護利益に向けられた問題の概観——」エーザー（上田＝浅田編訳）・前出注（74）1頁以下〕参照。
103　「ヒポクラテスの誓い」の内容とその今日的意義の簡潔なまとめとして、*Eric Hilgendorf*, Einführung in das Medizinstrafrecht, München 2016, S. 3 f. Rn. 8 ff.〔紹介として、福山好典＝天田悠「エリック・ヒルゲンドルフ著『医事刑法入門（Einführung in das Medizinstrafrecht)』」年報医事法学32号（2017年）200頁以下、200頁〕参照。
104　*Damm/Schulte in den Bäumen*, a. a. O. (Anm. 96), S. 110, 134; *C. Wagner*, a. a. O. (Anm. 45),

では、医学的適応性は、治療行為の正当化においてどのような意味が認められるか。以下では、医学的適応性の解釈論的意義を、構成要件段階（第3項）と違法性段階（第4項）に分けて検討する。

第3項　構成要件段階における医学的適応性の機能

1　構成要件該当性阻却機能：自由侵害モデルの立場から

まず、医学的適応性が構成要件段階で発揮する機能を検討する。自由侵害モデルにとって、医学的適応性は、独自の解釈論的意義を有する。このモデルによれば、医師の治療行為が医学上正当に行われた場合は、患者が承諾したか否かに関係なく、傷害罪の構成要件にそもそも該当しない。自由侵害モデルの内部にも多彩な議論が存在することは先述のとおりであるが[105]、このモデルのうち、結果説の主唱者パウル・ボッケルマン（*Paul Bockelmann*）は、つぎのようにいう。

> 「……患者を健康にし、それどころかその生命さえ救った医師が、それにもかかわらず、患者の承諾を得ていないときは傷害で罰せられるべきだというのは耐えがたい。そのような場合には、医師は、患者の身体をまさに傷害したのではなく、治癒したのである[106]。」

自由侵害モデルによれば、治療行為の適法性は、医学的適応性の存否によって左右される[107]。医学的適応性があれば、当該行為は傷害罪の構成要件にあたらないのに対し、医学的適応性がない場合は、傷害構成要件をまず充足し、承諾を中心とした違法阻却が検討される。かくして、自由侵害モデルからすると、医学的適応性は、行為の体系的評価において重要な意義を有し、構成要件段階で「独自の刑事帰属カテゴリー」[108]として機能する。

S. 185 参照。
105　自由侵害モデルの基本構造とそのヴァリエーションにつき、第2章第4節第2款（本書138頁以下）参照。
106　*Paul Bockelmann*, Rechtliche Grundlagen und rechtliche Grenzen der ärztlichen Aufklärungspflicht, NJW 1961, S. 945 ff., 946 f.
107　*Detlev Sternberg-Lieben*, Die objektiven Schranken der Einwilligung im Strafrecht, Tübingen 1997, S. 192 f.; *Fateh-Moghadam*, a. a. O.（Anm. 45）, S. 37 f., 101 f. 参照。
108　*C. Wagner*, a. a. O.（Anm. 45）, S. 188. 引用部分は、原文でイタリック体である。さらに、*Sternberg-Lieben*, a. a. O.（Anm. 58）, S. 326 も参照。*Fateh-Moghadam*, a. a. O.（Anm. 45）, S.

2 批判的考察：医学的適応性の「高低」としての把握

　本書の理論構想からみて、自由侵害モデルおよびそれを支える法益観が妥当性を欠くことはすでに述べた。このモデルを司る差引残高的発想も[109]、それを基礎とする結果説の思考方法も問題を含む[110]。それゆえ、自由侵害モデルを前提に医学的適応性の法的性質を把握する立場は妥当でない。もっとも、ここで求められるのは、自由侵害モデルそのものに対する内在的批判ではなく、医学的適応性に固有の（刑）法的性質に着目した検討である。

　まず、医学的適応性の存否が一義的に判断可能か否かは、なお検討を要するように思われる。なぜなら、医学的適応性という概念は、「存否」という二者択一の問題として判断できるわけではないからである。たとえば、一言で美容整形手術といっても、単に「異性にもてたい」という主観的願望から鼻を整形するような場合から、交通事故によって著しく外観が損なわれた鼻を元どおりに修復するために整形手術を受ける場合まで、多種多様な類型がありうる。前者の場合は、客観的には鼻を整形する必要はないが、もっぱら本人の主観的意向から整形術を施す場合である。これに対して、後者の場合は、本人がそれを望んでいることはもちろん、むしろ、医学的・客観的にみて鼻を修復する必要性が高い場合であり、本書の視点に即して一般化すれば、生物学的身体ないし現実的・事実的基礎を有する身体的基体利益を保持するために身体に干渉する場合、である。

　これらの場合を念頭に置きながら考えてみると、医学的適応性の概念は、医学的必要性が高いか低いかといった「高低」の問題として把握するほうが、より適切であるように思われる[111]。それゆえ、医学的適応性の「存否」に基づく一義的な構成要件該当性判断は、医学的適応性概念の本質に照らす

102　は、医学的適応性を「医師を特権化する構成要件該当性阻却事由」〔――圏点は原文でイタリック体〕と呼ぶ。
109　差引残高の理論につき、第1章第1節第2款第2項1(2)（本書60-61頁）を、同理論の検討として、第2章第4節第2款第2項1(1)（本書140-141頁）を参照。
110　結果説の包括的検討として、第2章第4節第2款第2項2（本書142頁以下）参照。そのうちの修正結果説の批判的検討として、第4章第3節第3款第3項4（本書293頁以下）参照。
111　武藤・前出注(32)186頁は、医学的適応性と医術的正当性を「量的概念」として把握する。さらに、甲斐・前出注(20)30頁も参照。

と、妥当とは思われない。医学的適応性をこのように理解すると、当該概念に対し、あまりに広汎な規範的意義を認めることとなる[112]。この意味では、正当にもドリス・フォール (*Doris Voll*) が指摘するように、「[医学的]適応性の存在は、それ自体をみれば、法的にはそもそも何の効果ももたらさない」[113]。

先述のように、医学的必要性がきわめて低い措置も現在一般に行われているが、それらの措置がただちに違法となるわけではない[114]。そうした措置の多くは、患者が承諾能力を備えていたか、医師から適切な説明を受けて同意したかという観点のもとで正当化されうる[115]。したがって、違法阻却段階で検討される「患者の承諾」との関係で、医学的正当化要素たる医学的適応性がいかなる機能を果たすのかが明らかにされなければならない。

第4項　違法性段階における医学適応性の機能

つぎに、医学的適応性が違法性段階において果たす機能に分析を加える。そのためにまず、承諾モデル（後出・1）と衡量モデル（後出・2）という2つの理論モデルに分けて検討を進め、ついで両モデルの対立点と結節点を探る（後出・3）。

1　承諾モデル：被害者の承諾と患者の承諾をめぐって

第1は、患者の承諾が正当化の中核的要件であり、医学的適応性がこれを裏づけるとする理論モデル（以下「承諾モデル」という。）である。この承諾モデルによれば、患者がこれから行われる侵襲の「本質、意義および射程」[116]

---

[112] *Hans-Ludwig Schreiber*, Recht und Ethik-am Beispiel des Arztrechts, in: Festschrift für Hanns Dünnebier, Berlin 1982, S. 633 ff., 642; *Fateh-Moghadam*, a. a. O. (Anm. 45), S. 40.

[113] *Doris Voll*, Die Einwilligung im Arztrecht, Frankfurt am Main 1996, S. 45. フォールは、医師の説明義務の内容を確定するうえで医学的適応性を欠くことが独自の意味を有するわけではない、とする (ebenda, S. 45 f.)。

[114] *Fateh-Moghadam*, a. a. O. (Anm. 45), S. 102. さらに、*Damm/Schulte in den Bäumen*, a. a. O. (Anm. 96), S. 107, 110 ff.; L/K/L[7]-*Laufs*, a. a. O. (Anm. 87), Kap. I Rn. 29 も同旨。エーザーは、承諾を「正当化の柵」と位置づけ、その限界が刑法216条と旧226a条（現228条）にあるが、断種のような医学的適応のない侵襲であっても適法化されうる、とする。*Eser*, a. a. O. (Anm. 102), S. 14 f.〔エーザー（上田訳）・前出注（102）15頁〕参照。裏を返せば、医学上正当でない侵襲は、承諾がなければ原則として適法化されない。*Voll*, a. a. O. (Anm. 113), S. 44 参照。

[115] *Albin Eser/Detlev Sternberg-Lieben*, in: Schönke/Schröder StGB Kommentar, a. a. O. (Anm. 3), § 223 Rn. 50 参照。

を理解してこれに承諾したのなら、その侵襲は、傷害罪の構成要件を充足するが、違法性段階で承諾を根拠に正当化される。つまり、行為の違法性を決するのは承諾にほかならず、患者が自身に行われる侵襲の内容を完全に認識して真摯に承諾したのであれば、それだけで当該行為を適法化することができる[117]。

（1）伝統的な「被害者の」承諾をめぐる諸問題

まず、医的侵襲の正当化において承諾が大きなウェイトを占めることにつき、もはや異論の余地はない。わが国にも、「手術の担当医師に対しては、手術の実施にあたって、手術の方法や内容、手術の結果における成功の度合い、副作用の有無等のみならず、通常の手術の場合以上に手術の美容的結果、なかでも手術による傷跡の有無やその予想される状況について十分に説明し、それにより、患者がその手術を応諾するか否かを自ら決定するに足りるだけの資料を提供する義務が当然負わされている」[118]と判示した民事裁判例があり、基本的に妥当な理解であると思われる。しかし、かねてから指摘されているように、承諾を正当化の必須条件にまで昇華させると、「違法性の阻却を肯定しえないあまりにも多くの侵襲結果が存在することになってしまう。被害者の承諾、特に傷害罪におけるその要件は、現在の一般的な考え方に従えば相当に厳格なものにならざるをえないからである」[119]。

承諾をめぐっては、たとえば以下の3点が問題となりうる。

---

116 この公式につき、本書135頁注（232）の民事判例、およびこれを受け継ぐ医薬品法40条1項3号a）、医療機器法（Medizinproduktegesetz: MPG）20条1項2号等を参照。

117 井上祐司「被害者の同意」日本刑法学会編『刑法講座 第2巻』（1963年・有斐閣）160頁以下、174頁〔井上祐司『刑事判例の研究（その一）』（2003年・九州大学出版会）59頁以下所収、72-73頁〕は、「治療意図に基づき成功したレーゲ・アルティスに則った治療でも、被害者の同意、推定的同意がない限り、身体傷害罪はとられるべきである。……手段の相当性は成功した結果によっても、医学規則との合致によっても、補われることはできない。被害者の同意は正に医学上の規則と同じ資格をもって並ぶ契機である」とする。さらに、前田・前出注（81）237-238頁も参照。

118 福岡地判平成5年10月7日判時1509号123頁。広島地判平成6年3月30日判時1530号89頁等も同旨。

119 町野・前出注（8）174頁。田坂・前出注（84）「刑法における治療行為の正当化」386頁以下は、「被害者の同意」と「患者の同意」の異同を検討し、後者の実体が「危険の引受け」であり、治療行為に対する患者の同意（つまり危険の引受け）によって、行為の社会的相当性が認められ、その違法性が阻却される、とする。さらに、同・前出注（84）「治療行為の正当化における患者の同意」102頁以下、110-111頁も参照。

第1が、承諾能力である。承諾を有効に行うためには承諾能力が必要であり、法益主体が承諾の対象となる法益侵害の意義を理解できるだけの精神能力を有している必要がある[120]。これによると、幼児[121]や、意思能力を欠く精神障害者[122]のほとんどは承諾能力をもたないこととなる。したがって、承諾モデルの考え方を徹底するならば、これらの者に対する治療行為は、その承諾を無効として違法阻却を否定せざるをえない[123]。

　第2が、承諾の有効性である。強制または錯誤・欺罔に基づく承諾は、一般に無効とされている。では、医師Aが執刀すると思って手術に承諾したところ、実際に執刀したのが実は同僚の医師Bであったという事例（執刀医事例）[124]を考えてみよう。犯罪論における伝統的な「被害者の」承諾からすると、この事例における執刀医の同一性に関する錯誤は、承諾を一律に無効とするだろう。もし承諾を有効にしようとするならば、その要件と範囲を緩やかに解し、「同等の技能を有する医師の手術」に対する承諾という具合に、ある程度の抽象化を認めるしかない[125]。

　第3が、身体傷害における承諾の制限である。たとえば、最決昭和55年11月13日刑集34巻6号396頁は、保険金詐欺目的で被害者の承諾を得て傷害行為を行った事案につき、「被害者が身体傷害を承諾したばあいに傷害罪が成立するか否かは、単に承諾が存在するという事実だけでなく、右承諾を得た動機、目的、身体傷害の手段、方法、損傷の部位、程度など諸般の事情を照らし合せて決すべきものであるが、本件のように、過失による自動車衝突事

120　西田典之『刑法総論〔第2版〕』（2010年・弘文堂）191頁、山口・前出注（81）166頁、高橋則夫『刑法総論〔第3版〕』（2016年・成文堂）325-326頁等。
121　大判昭和9年8月27日刑集13巻1086頁（6歳未満の幼児）等。
122　最決昭和27年2月21日刑集6巻2号275頁。また、大判昭和8年4月19日刑集12巻471頁も参照。いずれも生命侵害の事案である。
123　町野・前出注（8）174頁、佐伯（仁）・前出注（36）78頁参照。
124　執刀医事例の検討として、第4章第3節第2款第2項4(2)（本書272-273頁）、同第3款第2項1(1)②（本書280-281頁）参照。
125　森永真綱「被害者の承諾における欺罔・錯誤（一）」関西大学法学論集52巻3号（2002年）199頁以下、221-222頁参照。ただし、その前提として、同221頁は、「身体の場合に限らず、時計の修理の場合のように器物についても、同じことが考えられよう」とするが、財産的利益と区別された身体利益固有の性質に着目する本書の立場からすれば、このような説明には疑問が残る。詳細につき、第1章第1節第2款第1項1(2)（本書52-53頁）、前節第1款第1項（本書369-370頁）参照。

故であるかのように装い保険金を騙取する目的をもって、被害者の承諾を得てその者に故意に自己の運転する自動車を衝突させて傷害を負わせたばあいには、右承諾は、保険金を騙取するという違法な目的に利用するために得られた違法なものであって、これによって当該傷害行為の違法性を阻却するものではないと解するのが相当である。」と判示した[126]。学説のなかにも、この判例の立場を支持する見解[127]が存在する。しかしその一方で、重大な傷害[128]や生命に危険が生じるような傷害[129]を生じさせないかぎり、同意傷害は違法性を阻却するという見解[130]も有力に主張されている。この見解の立場からは、判例の立場はパターナリズムに基づく不当な制限となり、重大な傷害を生じさせる場合や、生命に危険が及ぶような場合には、違法阻却が認められない。これによると、たとえば、四肢の一部または全部の喪失をもたらす治療行為や、生命に危険を及ぼす治療行為は、被害者の承諾を正当化の中核的要件とするならば、嘱託殺人・自殺関与を処罰の対象とする刑法202条の趣旨に照らすと[131]、行為の違法性を完全に阻却することができないだろう[132]。

126　さらに、仙台地石巻支判昭和62年2月18日判時1249号145頁（指つめ事件）（傷害罪成立）参照。医的侵襲に関する事案として、無免許医の豊胸手術に関する東京高判平成9年8月4日高刑集50巻2号130頁（傷害致死罪成立）、福岡高判平成22年9月16日判タ1348号246頁（爪ケア事件）（傷害罪不成立）等も参照。

127　団藤重光『刑法綱要総論〔第三版〕』（1990年・創文社）224頁注（三四）、大塚・前出注（84）421頁注（七）、佐久間修『刑法総論』（2009年・成文堂）197頁、福田・前出注（84）182頁注（三）等。

128　内藤・前出注（84）588頁、佐伯仁志『刑法総論の考え方・楽しみ方』（2013年・有斐閣）224頁、松原芳博『刑法総論 第2版』（2017年・日本評論社）130-131頁等。

129　井田良『講義刑法学・総論』（2008年・有斐閣）323頁、西田・前出注（120）189頁、高橋（則）・前出注（120）323頁等。

130　平野龍一『刑法 総論Ⅱ』（1975年・有斐閣）254頁、大谷實『刑法講義総論〔新版第4版〕』（2012年・成文堂）254頁、山口・前出注（81）175頁、曽根威彦『刑法原論』（2016年・成文堂）263頁等は、重大な傷害と生命に危険のある傷害とをあわせて、あるいはとくに区別せず、このように主張する。

131　性交中に相手方の承諾を得て首を絞めて死亡させた事案に関する大阪高判昭和40年6月7日下刑集7巻6号1166頁（傷害致死罪成立）、東京高判昭和52年11月29日東高刑時報28巻11号143頁（傷害致死罪成立）、大阪地判昭和52年12月26日判時893号104頁（傷害致死罪成立）、大学のクラブ活動でシゴキにより下級生を死亡させた事案に関する東京地判昭和41年6月22日下刑集8巻6号869頁（傷害致死罪成立）、空手の練習中に相手方を死亡させた事案に関する大阪地判昭和62年4月21日判時1238号160頁（傷害致死罪成立）、加持祈祷により相手方を殴打し死亡させた事案に関する札幌地判昭和36年3月7日下刑集3巻3＝4号237頁（傷害致死罪成立）、熊本地八代支判昭和55年5月23日判時995号134頁（傷害致死罪成立）等参照。

（2）「患者の」承諾の特殊性

以上のように、承諾モデルの考え方を徹底すると、その要件の厳格性と違法阻却効果の限定性からは、医的侵襲行為の多くが正当化不可能となる。あくまでも被害者の承諾によってその行為の適法性を説明しようとするなら、現実的承諾の存在を擬制するか、「推定的承諾」の存在をひろく肯定するかしかない[133]。治療行為が、傷害罪における被害者の承諾という厳格な違法阻却事由にあてはまらなければ処罰されるというのは理論的に不当であるし、実際の帰結としても耐えがたいだろう[134]。

また、治療行為の局面において、患者が侵襲結果のすべてを理解したうえで承諾を与える状況はむしろ稀である。医師が患者に対してどれほど懇切丁寧に説明をしたとしても、医師の理解には遠く及ばない。そうであるからこそ、医師という専門職が存在するのである[135]。そのような事情を捨象して得られた患者の意思が「恣意的な擬制」に堕ちるおそれがあることは、すでに1900年代初頭にヴィルヘルム・カール（*Wilhelm Kahl*）が述べていたとおりである[136]。

身体法益論を違法阻却における利益衡量に及ぼそうとする本書の立場からすると、患者の自己決定は傷害罪の第一次的な法益ではなく、あくまでも、身体的基体を介して「法益」に影響を与える要素にとどまるのであるから、承諾モデルの考え方を徹底することには賛同できない。それゆえ、患者の承諾のみで治療行為の違法阻却を導くのは理論上困難であるし、さらにそれに

132　むろん、佐伯千仭『四訂　刑法講義（総論）』（1981年・有斐閣）219頁、浅田・前出注（84）206頁、西田典之＝山口厚＝佐伯仁志編『注釈刑法　第１巻　総論　§§１～72』（2010年・有斐閣）364頁〔深町晋也〕、前田・前出注（81）245頁等のように、同意傷害はすべて不可罰であるとする見解もあるが、詳細な検討は他日を期したい。

133　町野・前出注（８）176頁。むろんその場合は、推定的承諾が緩やかに認められる理論的根拠が問われなければならない。

134　町野・前出注（８）133頁。伊東研祐「刑法における自己決定権」『西原春夫先生古稀祝賀論文集　第三巻』（1998年・成文堂）21頁以下、26頁も、医療の分野における、古典的な「被害者の承諾」という枠組みの限界を指摘する。同「『被害者の承諾』論の再検討と犯罪論の再構成」現代刑事法６巻３号（2004年）19頁以下、23頁以下も参照。

135　辰井・前出注（９）363頁。さらに、大杉一之「治療行為における患者の同意の意義」法学新報123巻９・10号（2017年）605頁以下、616頁も参照。

136　*Wilhelm Kahl*, Der Arzt im Strafrecht, Jena 1909, S. 17. カールの議論につき、第２章第２節第３款第２項２（本書88-89頁）参照。

とどまらず、承諾は、必ずしも必須の要件ではないと解すべきである。

2 衡量モデル：ガイレンとケルン＝ラウフスの議論

第2は、治療行為の医学的正当性（とくに医学的適応性）こそが本来の正当化事由であり、承諾は正当化の柵にすぎないとする理論モデル（以下「衡量モデル」という。）である[137]。この衡量モデルによれば、医学的適応性が、治療行為を適法化するための必須条件であり[138]、承諾だけでは不十分である。いいかえれば、医学上不要な侵襲行為は原則として正当化されず、傷害罪を構成しうる[139]。たとえば、クラウス・ウルゼンハイマー（*Klaus Ulsenheimer*）はつぎのように述べる。

> 「……承諾は、それだけで医師に侵襲への権限を付与するわけではなく、こうした侵襲は、医師の立場からみてむしろ望ましくなければならない。したがって、治療上正当化されない医師の措置はすべて、『原則として禁止されている』」[140]。」

衡量モデルによれば、患者の承諾は、それ以外の医学的正当化要素との客観的衡量が行われてはじめて正当化効果を発揮する。このような見地からすると、身体の維持に対する客観的利益と法益主体の処分権とは対置され（あるいは衝突関係にあるとされ）、基本的には、身体の不可侵に対する客観的・事実的利益が、患者の自己決定権に優越する。つまり、治療行為に対する承諾は、その行為に優越的客観的利益が認められる場合にのみ有効となる。

---

137 *Laufs*, a. a. O. (Anm. 91), S. 121. 衡量モデルの基本的枠組みにつき、第4章第3節第2款第1項（本書263頁以下）、本節第1款第2項1（本書383頁以下）参照

138 *Sternberg-Lieben*, a. a. O. (Anm. 58), S. 327; *Fateh-Moghadam*, a. a. O. (Anm. 45), S. 101.

139 *Damm/Schulte in den Bäumen*, a. a. O. (Anm. 96), S. 101; L/K/L⁷-*Laufs*, a. a. O. (Anm. 87), Kap. I Rn. 29 など。民法的観点からは、*Katzenmeier*, a. a. O. (Anm. 100), S. 272 ff. を、刑法的観点からは、*Eckhard Horn*, Der medizinisch nicht indizierte, aber vom Patienten verlangte ärztliche Eingriff-strafbar?-BGH, NJW 1978, 1206, JuS 1979, S. 29 ff., 30 f.; *Ulrich Schroth*, Ärztliches Handeln und strafrechtlicher Maßstab: Medizinische Eingriffe ohne und mit Einwilligung, ohne und mit Indikation, in: Claus Roxin/Ulrich Schroth (Hrsg.), Handbuch des Medizinstrafrechts, 4. Aufl., Stuttgart/München/Hannover/Berlin/Weimar/Dresden 2010, S. 21 ff., 43 f. を参照。

140 *Klaus Ulsenheimer*, Arztstrafrecht in der Praxis, 2. Aufl., Heidelberg 1998, Rn. 57. ただし、*ders.*, Arztstrafrecht in der Praxis, 5. Aufl., Heidelberg 2015, Rn. 337 は、「……医学的適応性が欠けることから、医的侵襲の違法性がただちに推定されてはならない」、と述べるにとどまる。さらに、*ders.*, in: Laufs/Uhlenbruck (Hrsg.), a. a. O. (Anm. 96), § 138 Rn. 6, § 139 Rn. 42 も参照。

(1) 「適法性の柵」としての承諾理解：ガイレンの議論

先述のように、ノルが掘り起こした衡量モデルは、医事刑法の分野で、医的侵襲の正当化判断枠組みとして多くの支持を集めてきた。このモデルによれば、患者の承諾には、適法性の柵としての機能が認められるにとどまり、当該行為を適法化するためには、承諾以外の正当化要素、具体的には、医学的適応性等の医学的正当化要素が必要となる[141]。

このような考え方を早くから鮮明に打ち出していたのが、ゲルト・ガイレン（Gerd Geilen）である。ガイレンはつぎのようにいう。

> 「……承諾は、肯定的な価値判断を単独で根拠づける目的・手段関係の枠内でのみ、正当化を導く触媒（Katalysator）となる。承諾の存在が正当化を基礎づけるのではなく、承諾の欠如が正当化を妨げるのである……。この点で、承諾は、医学的適応性によってすでに肯定的に徴表された利益衡量の枠内での自己決定に資するにすぎない[142]。」

> 「治療への承諾は、適法性の基礎（Rechtsmäßigkeits*fundament*）ではなく、適法性の柵（Rechtsmäßigkeits*schranke*）である。実際に説明が問題とならない些細なケースを除いて、何人も、身体的統合性を随意に処分することはできない。……正当化を導くためには、承諾が、医学的適応性か、それとは別のさらに有意義な、その侵襲の意義によりふさわしい適応性と結びつかなければならない[143]。」

かくして、ガイレンは、「適法性の柵」としての患者の承諾が、医師の専断を抑制する役割を果たす、とする。このような承諾理解は、すでにわが国でも多くの支持を集めている[144]。

(2) 正当化の決定的要件としての医学的適応性：ケルン＝ラウフスの議論

ベルント-リューディガー・ケルン（Bernd-Rüdiger Kern）＝アドルフ・ラウフス（Adolf Laufs）の議論も、ガイレンの議論と方向性を同じくする。ただし、ケルン＝ラウフスは、患者の自己決定権の重要性を認めつつも、医学

---

141 以上の点につき、本節第1款第2項1（本書383頁以下）参照。
142 Geilen, a. a. O.（Anm. 58）, S. 89 f.
143 Geilen, a. a. O.（Anm. 58）, S. 134 f. 以上、圏点は原文でイタリック体である。
144 町野朔「患者の自己決定権と刑法」刑法雑誌22巻3・4号（1979年）34頁以下、39頁〔同・前出注（85）『生と死、そして法律学』167頁以下所収、171頁〕、佐伯（仁）・前出注（128）232頁等。ただし、町野・前出注（8）133-134頁、335頁注（31）は、ガイレンがこの結論を治療行為非傷害説、つまり自由侵害モデルによってのみ導けるとする点、および、医学的正当性を重視し患者の意思を全面的に相対化する点には問題がある、とする。

的適応性を正当化の決定的要件にまで昇華させる。この意味で、以下に引用するケルン゠ラウフスの議論は、ガイレンのそれよりもはるかに徹底している。

> 「……医的侵襲の正当性は、治療目的から独立した自律という考えから導き出されうるわけではない。〔原文改行〕自己決定権の発露（Ausfluß）としての患者の承諾だけが、医師に対し、侵襲への権限を付与するのではない。侵襲への権限は、むしろ医学的必要性にその根拠がある。医学的適応性が正当化事由をなし、承諾が正当化の柵をなす。［医学的］適応性がある場合にのみ、医師は侵襲を行うことが許容されるが、患者の承諾によって制約が加えられる限度でのみ、その侵襲は許容される。承諾は、侵襲の必要性と治療目的に、制限をかけるかたちで規制機能をもつもの（Regulativ）として付け加わっているのである[145]。」

そしてラウフスは、以上のエッセンスをさらに突き詰める。ラウフスによれば、治療行為の正当化においては、医学的適応性、医学準則およびインフォームド・コンセントという相互に関連する3つの基本要件が必要となるが、そのうちもっとも重要なのが、医学上の治療必要性という意味での医学的適応性である。ラウフスはつぎのように説く。

> 「……医的侵襲は、まず何よりも［医学的］適応性を必要とする。……〔原文改行〕医師は、たしかに患者や依頼者の意思には沿うが、職業規則と合致しない侵襲を本来行ってはならない。……〔原文改行〕……やはり根本的には、治療上無意味な措置は、治療侵襲ではなく、非医学的で違法な行為なのである[146]。」

ラウフスによれば、医学的適応性がない以上、その医的侵襲を治療行為と呼ぶことはできない。それにとどまらず、医学的適応性を欠くこと自体が、その侵襲の適法化を否定する、というのである。しかし、衡量モデルをこれほどまでに徹底すると、治療行為の適法化に必要なのは最終的には医学的適応性だけであり、患者の承諾は結局不要となりかねない。このような帰結が、患者の自己決定権の思想にそぐわないことは明らかである[147]。衡量モデルの枠組みを維持するにしても、ラウフスがいうように、医学的適応性を徹底した意味で要求するのではなく、ガイレンがいうように、承諾に「正当

---

145 *Kern/Laufs*, a. a. O. (Anm. 102), S. 9.
146 L/K/L[7]–*Laufs*, a. a. O. (Anm. 87), Kap. I Rn. 29. 圏点は原文で太字である。
147 *Fateh-Moghadam*, a. a. O. (Anm. 45), S. 41; *Schroth*, a. a. O. (Anm. 139), S. 30 参照。

化の柵」としての意味を求めるほうが適切であるように思われる。その意味で、医学的適応性を正当化の決定的要件にまで高める所説は、妥当とは思われない[148]。「……医学的適応性も患者の意思も、治療の枠内で行われた医療措置をそれだけで正統化するわけではない。医学的適応性と患者の意思は、それらが協働しあってはじめて、医師の行為にとっての法的基礎をなすのである」[149]。

3　承諾モデルと衡量モデルの融和の試み：エーザーの議論
(1) 治療的実験における「承諾原理」と「衡量原理」の結びつき

以上のように、承諾モデルも衡量モデルも、いずれか一方のみをみれば、理論的・実践的妥当性を欠く。それでも、両モデルの分析からは、治療行為の正当化における重要な視点として、「正当化の柵」としての承諾と医学的正当性が必要であること、そして両者が密接に結びつくことが明らかとなった。

この点との関係で興味深い議論を展開するのが、アルビン・エーザー（*Albin Eser*）である。エーザーは、患者の消極的自己決定[150]と「自己決定のための説明（Selbstbestimmungsaufklärung）の限界」との関係で、医的侵襲の分野では、自律的決定に基づく「承諾原理（Einwilligungsprinzip）」がそれ自体単独で決定的な意味をもつわけではなく、承諾原理が「衡量原理（Abwägungsprinzip）」と結びついてはじめて正当化効果を発揮する、と説く[151]。

148　本款第3項2（本書397-398頁）参照。
149　*Volker Lipp*, Rechtliche Grundlagen der Entscheidungsfindung über den Einsatz lebenserhaltender Maßnahmen und ihres Abbruchs bei Vergeblichkeit, in: Peter Koslowski (Hrsg.), Lebensverlängerung-Sterbensverlängerung, München 2012, S. 107 ff., 109〔邦訳として、フォルカー・リップ（田山輝明監訳・青木仁美＝池田辰夫訳）「生命維持措置の導入および無益である場合におけるその中止を決定する法的基礎」早稲田法学89巻1号（2013年）145頁以下、148頁〕。ただし、訳文は一部変更している。
150　患者の消極的自己決定につき、甲斐・前出注（41）6頁以下参照。
151　*Albin Eser*, Rechtfertigungs- und Entschuldigungsprobleme bei medizinischer Tätigkeit, in: Albin Eser/Geroge P. Fletcher (Hrsg.), Rechtfertigung und Entschuldigung, Bd. II, Freiburg 1988. S. 1443 ff., 1451 f. 圏点は原文で下線部のところである。さらに、*ders*., Das Humanexperiment: Zu seiner Komplexität und Legitimität, in: Gedächtnisschrift für Horst Schröder, München 1979, S. 191 ff., 207 ff.〔邦訳として、アルビン・エーザー（甲斐克則訳）「人体実験——その複雑性と適法性について——（一）（二・完）」広島法学21巻2号（1997年）239頁以下、21巻3号（1998年）209頁以下〔甲斐・前出注（86）『被験者保護と刑法』165頁以下所収、180頁以下、エーザー（上田＝浅田編訳）・前出注（74）92頁以下所収、109頁以下〕〕も同旨。

まずエーザーは、治療行為と比較的性質が近いとされる「治療的実験 (Heilversuch)」を例として挙げながら、医的侵襲が患者の (現実的または推定的) 承諾によってひろく正当化されうる、とする。しかし、当該侵襲に付随する未知のリスクにかんがみると、その場合は、承諾を補完するために、「ベネフィットとリスクの衡量 (Nutzen-Risiko-Abwägung)」が行われなければならない[152]。たとえば、死への恐怖を抱く患者があらゆるリスクに対して盲目的に承諾を与えている場合には、その承諾を制限ないし補充する必要がある。そこでエーザーは、そうした承諾を制限するための実定法上の出発点として、刑法旧226a条 (現228条) の良俗違反条項 (Sittenwidrigkeitsklausel) を挙げる[153]。

　かくして、エーザーは、医的侵襲においては承諾が正当化の要であるとしつつも、その制約原理として「リスクとベネフィットの衡量」という視点を投入し、かかる視点のもとで承諾の有効性を判断しなければならない、と主張するのである[154]。

(2) 「第3の途」からの示唆

　もっとも、以上のようなエーザーの議論に対しては、つぎのような疑問も生じうる。

　まず、エーザーの議論は、治療的実験の適法化を見据えた理論枠組みであるところ、この枠組みが、果たして通常の治療行為にも妥当するのかどうか、という疑問が浮かぶ。しかし、エーザーは、医学上一般に承認された治療行為を念頭に置きながら承諾原理の重要性を説き、そこでの論理が規格化されていない治療的実験にも及ぶ、と説明する[155]。このような論理の運び方からすれば、エーザー説の射程は、通常の治療行為にも及ぶと評価できる。

　また、エーザーは、現228条の良俗違反条項を基礎として、ある一定の場

152　*Eser*, a. a. O. (Anm. 151), Rechtfertigungs- und Entschuldigungsprobleme, S. 1455.
153　*Eser*, a. a. O. (Anm. 151), Rechtfertigungs- und Entschuldigungsprobleme, S. 1456. 旧226a条 (現228条) の条文とそれをめぐる議論につき、第2章第2節第5款第3項1 (本書105-106頁) 参照。
154　*Eser*, a. a. O. (Anm. 102), S. 24〔エーザー (上田訳)・前出注 (102) 25頁〕参照。この意味でエーザーの議論は、デリンクの帰納モデルと異なる。帰納モデルにつき、前款第2項3 (本書387頁以下) 参照。
155　*Eser*, a. a. O. (Anm. 151), Rechtfertigungs- und Entschuldigungsprobleme, S. 1449 ff., 1455 ff. 参照。

合には、リスクとベネフィットの衡量によって承諾を制限ないし補完する必要がある、と説く。しかし、そのような「衡量」の一般的要件が同条からただちに読み取れるかどうかは疑問の余地がある[156]。そもそも、その理論的根拠にも判然としない部分がある。現にエーザー自身も、その理由づけが不十分であること、それゆえにこの制限をいかに行うかという課題を残していること、を自覚している[157]。それでもなお、エーザーの議論は、正当化の柵としての「承諾原理」を正当化の中核に据えつつも[158]、承諾原理が、医学的客観的利益「衡量原理」によって補完ないし制限されうるという「第3の途」を示した点で、重要な示唆を含んでいる。

第5項　小　括：承諾モデルと衡量モデルが機能する各局面

　以上みてきたように、承諾を正当化の必須条件とする承諾モデルにも、医学的適応性こそが本来の正当化事由であるとする徹底した衡量モデルにも、それだけをみると問題がある。では、どのように考えるべきか。ここでも重要なのは、やはり、「身体利益の内実をどのように理解するか」という視点である。

　本書が依拠する理論構想によれば、治療により損なわれる患者の身体的基体利益と、健康の維持・回復という客観的治癒効果との衡量という意味での優越的利益保護の観点を基軸としつつ、さらに、患者の承諾によってかかる利益の要保護性が減弱ないし否定されることで、治療行為はその違法性が阻却されうる[159]。ここで患者の意思は、患者の内部で客観的利益が対立する場合に、どの利益を放棄してどの利益を保護するかという選択であり[160]、医学の専断を抑制する機能を果たす。このかぎりで、衡量モデルのような「正当化の柵」としての承諾理解は、正鵠を射ている。もしかりに承諾モデ

156　*Fateh-Moghadam*, a. a. O.（Anm. 45）, S. 102.
157　*Eser*, a. a. O.（Anm. 151）, Rechtfertigungs- und Entschuldigungsprobleme, S. 1456.
158　エーザーの承諾理解につき、本書398頁注（114）も参照。
159　本書の理論構想につき、前節第2款第1項（本書372頁以下）参照。
160　武藤眞朗「治療行為の違法性と正当化――患者の承諾の意義――」早稲田大学大学院法研論集59号（1991年）195頁以下、205頁、同「医師の説明義務と患者の承諾――『仮定的承諾』序説――」東洋法学49巻2号（2006年）5頁以下、20頁。なお、島田美小妃「被害者の承諾と患者の承諾」中央大学大学院研究年報（法学研究科篇）44号（2015年）139頁以下、149頁。

ルを徹底し、承諾を正当化の決定的要件と解して違法阻却の可否を判断すると、承諾要件の厳格性と違法阻却効果の限定性に照らせば、今日実際に行われている治療行為のほとんどが、理論的には正当化されえないこととなる。

承諾モデルがその真価を発揮するのは、むしろ、医学的正当性が認められないか、あるいはそれが希薄な医的侵襲、たとえば、純粋に美容上の理由に基づく美容整形手術や、未試験の療法に基づく治療的実験の場面においてである。これらの場面では、法益主体の自己実現のための承諾が、正当化の中核的要件となり、医学的適応性がその程度に応じてこれを裏づける構図となる。もっとも、ここにいう承諾の刑法的性質は、刑法35条後段の正当（業務）行為とされる「患者の」承諾よりも、一般に超法規的違法阻却事由として扱われる「被害者の」承諾に接近する。この意味で、その際の承諾要件は、より厳格なものが求められる[161]。

---

161 町野・前出注（8）172頁以下、内藤・前出注（84）532-533頁、甲斐・前出注（20）26頁。

結　語

一　本書の成果
二　今後の課題と問題の広がり

一　本書の成果

　以上、比較法的・系譜的視点から、治療行為の刑法理論的基礎およびその違法阻却の基本的枠組みを明らかにしてきた。本書の成果は、以下のとおりである。

1　本書の目的、わが国の現状、および課題の設定（序章、第1章）

　（1）わが国の通説的見解によれば、治療行為は、傷害罪（刑法204条）等の構成要件に該当するが、それが、患者の生命・健康を維持・回復する必要があるという意味で医学的適応性を有し、医学上一般に承認された正当な方法という意味で医術的正当性を備え、患者に対して十分な説明ないし情報提供をしてその承諾を得て行われたかぎりで、刑法35条後段の正当（業務）行為として違法性が阻却される、と解されている。

　では、患者の承諾を得ずに行われた「専断的治療行為」の場合、何らかの犯罪が成立する余地はあるか。この点が直接問題とされた刑事判例は、わが国の公刊物をみるかぎり存在しないが、民事裁判の場ではかねてから争われてきた。その先駆けの1つが、秋田地大曲支判昭和48年3月27日下民集24巻1〜4号154頁（舌がん事件）である。本判決は、舌がんにかかった原告患者が舌の切除に対して拒否していたにもかかわらず、被告医師が、舌の切除ではなく潰瘍部分を焼き取ると説明したうえで、舌の3分の1を切除した事案に関するものである。

　もしこの事案を刑法の問題として処理するならば、通説的見解からすると、患者は身体に対する侵襲をともなう手術に承諾していなかったため、この医師の行為は傷害罪を構成するとみられる。患者の自己決定権に裏打ちされた承諾がないため、治療行為としての違法阻却が認められないからである。しかし、そこにいう「患者の自己決定権」に刑法上いかなる位置づけが与えられているのか、より具体的にいえば、患者の自己決定権と、傷害罪が保護する「人の身体」がどのような関係に立つのかは、これまで必ずしも明らかにされてこなかった。それにともない、専断的治療行為による犯罪の成

立範囲や限界も十分に明確化されているとはいえず、その結果、医師には、どこまでの治療行為が適法であり、どこからが違法なのかを事前に予測・判断する手立てがなかった。この点に、先行研究上の空隙が存在する。この空隙を埋め合わせるために、本書は、治療行為の刑法的評価をめぐる問題に対し、これまで不足していた体系的基盤を与えることを目的とした。

（２）そこで第１章では、わが国における議論の到達点を明らかにし、本書の具体的な検討課題を設定した。

現在わが国では、治療行為の刑法的評価を規定する思考モデルとして、大きく分けて、身体侵害モデル（治療行為傷害説）と自由侵害モデル（治療行為非傷害説）の２つが主張されている。

身体侵害モデルとは、治療行為は傷害罪の構成要件に該当し、その違法性を阻却するためには、原則として患者の承諾が必要であるとする思考モデルをいう。このモデルによれば、治療行為に対する承諾は、「身体」の傷害に対する承諾を意味する。そのため、患者の承諾を得ずに行われた専断的治療行為は、人の身体に対する違法な侵襲行為と評価され、刑法上は、暴行罪・傷害罪等の身体に対する罪を構成しうる。

これに対して、自由侵害モデルとは、医学上正当に行われた治療行為は、その違法阻却を論じるまでもなく、もとより傷害罪の構成要件に該当しないとする思考モデルをいう。このモデルによれば、専断的治療行為は、患者の意思「自由」に反する措置を行った点にその違法性が見いだされ、身体利益と区別された「患者の自己決定権」そのものを侵害する行為として位置づけられる。それゆえにこの行為は、理論的には、強要罪・監禁罪等の自由に対する罪を構成しうる。

この２つの思考モデルの対立は、第二次世界大戦後から顕在化したものであるが、そのなかで有力化したのが町野朔の議論である。その功績は、第１に、同意原則違反の具体的帰結として専断的治療行為の罪責を明らかにした点、第２に、専断的治療行為が侵害するのは、患者の身体処分権であると明言した点にある。しかし、身体の処分権を傷害罪の法益そのものととらえ、法益主体の意思を「身体」法益の内容に直接読み込んでしまうと、患者の意思に反して行われた専断的治療行為の場合に、客観的「優越利益」保護を理

一　本書の成果　　415

由として当該行為を正当化することは著しく困難となる。そこで、こうした帰結が甘受できるか、この帰結を支える法益理解が妥当かどうかにつき、検討が要請された。

　これを受けて主張されたのが、構成要件該当性判断の際に治療の成功・失敗を考慮する結果説的思考方法である。この思考方法は、身体の健康だけでなく、身体の形態・機能をも傷害罪の法益とし、身体の枢要な部分や機能に関する自己決定は健康の利益に優先するとの認識から、全体として患者の健康状態を改善した治療行為には傷害結果が存在せず、傷害罪の構成要件には該当しないが、身体の枢要な部分や機能を恒久的に失わせてしまった行為は、患者の承諾を得ていないかぎり傷害罪の成立を認める、という枠組みをとる。しかし、この思考方法に対しては、たとえその行為が身体の枢要な部分や機能を恒久的に失わせるといった「本質的な身体変化」を惹起しなかったとしても、手術時にすでに生じた構成要件上の傷害結果を、その後生じた治癒結果によって事後的に打ち消すことは不可能であるとの批判が向けられた。

　本書の視点からすると、この批判は基本的に正当であると考えるが、それでも、結果説的思考方法が治療行為によって人の「身体」「健康」を害する意味を正面から問題とした点は、正鵠を射ていたように思われる。もっとも、これまでのわが国の議論が、刑法上の「身体」「健康」概念の内容を明晰に言語化する作業に十分に取り組んできたとはいいがたい。こうした現状を打開し、治療行為の刑法的評価を確定するためには、当該行為との関係でこれまで棚上げにされてきた傷害罪の法益の内実を解明し、それが自己決定権といかなる関係に立つのかを明らかにする必要がある。

　（3）そこで本書は、以上のような理論的空隙を埋めるべく、以下の2つの検討課題を設定した。

　第1が、治療行為をめぐる議論の比較法的検討である（第2章～第5章）。具体的には、上述した2つの思考モデルをめぐって100年以上の議論の蓄積があるドイツ法、およびこれと体系を同じくするスイス法とオーストリア法から、分析の素材と視点を抽出する。そして、これらの比較法的・系譜的検討をつうじて、これまでのわが国に欠けていた、あるいは手薄だった分析視角を明晰化する。

第2が、治療行為論の理論的基礎の呈示である（終章）。すなわち、第1の課題を検討して得られる比較法的・系譜的知見を、わが国における既存の議論と接合することで、まず、傷害構成要件が保護する「身体」利益の内容およびその理論構造を解明し、これにより治療行為の刑法的評価を司る思考モデルを確定する。つぎに、以上の考察を正当化レベルで発展させるかたちで、違法阻却論として衡量されるべき諸利益を規定し、治療行為の正当化における利益衡量の基本方針を明らかにする。

2 ドイツ法の系譜的・理論的考察（第2章〜第4章）

（1）以上で設定した課題に取り組むべく、まず第2章では、ドイツ法における判例・学説の歴史的発展過程をたどり、上記課題を達成するための基本的な分析視角を獲得した。

ドイツの判例は、個別的考察に基づく身体侵害モデル的立場を採用し、100年以上にわたってこれを維持している。これに対して、自由侵害モデルの内容は、全体的考察を採用する点で一致するが、細かな点では帰一しない。自由侵害モデルのなかにも、大別して、①適法化メルクマールの措定・操作による解決と、②傷害罪の法益論による解決（法益論アプローチ）が存在する。

まず、①は、(a) 治療行為による危険の緩和・減少や、(b) 当該行為の成否、つまり成功・失敗によって治療行為の刑法的性質を特徴づける解決である。しかし、(a) につき、傷害罪の成否が危険の増加ないし緩和・減少に左右される理論的根拠は必ずしも明らかでなく、そこにいう「危険」概念の内実もあまりに不明瞭である。また (b) に関しても、治療行為の成功・失敗という「結果」概念をいかにして規定するか、また、結果説の基本コンセプトである全体的考察をどの程度徹底できているか、という点で疑問の余地がある。

これに対して、②は、治療行為との関係で傷害罪の保護法益をどのようにとらえるかを問う解決であり、従来のわが国に欠けていた視点を提供するという意味で、一定の参照価値が認められる。そこで次章以降は、この②の解決をさらに掘り下げて検討し、わが国にとって有意な比較法的知見を抽出す

ることで、「治療行為論」体系構築のための手がかりを見いだすこととした。

（２）つぎに第３章では、判例・学説を受けて起草されたドイツ刑法改正作業の展開をたどり、専断的治療行為による「利益」侵害の内実を考察するための視点と素材を獲得した。

1900年代以降、ドイツ刑法改正草案は、専断的治療行為を処罰の対象とする独立の犯罪構成要件を創設するための努力をつづけてきた。こうした専断的治療行為処罰規定の保護法益をめぐっては、大きく分けて、以下の３つの権利・利益理解が示されてきた。すなわち、専断的治療行為により侵害される「利益」の内実を、①患者の「自由」ととらえる理解（1911年対案、1927年草案、1970年代案等）、②患者の「身体の不可侵」ととらえる理解（1996年草案）、および、③患者の自己決定権そのものとする理解（1959年第１・第２草案、1960年草案、1962年草案等）がこれである。とりわけ、③の理解に立つ諸草案は、専断的治療行為による「利益」侵害の本質を、身体侵害という側面か、自由侵害という側面のどちらか一方に見いだすのが難しいとして、これを「医的侵襲及治療行為」節下で妥協的に中間に位置づけ、身体侵害・自由侵害のどちらに重きを置いても解釈できるようにしていた。

しかし、③の理解から垣間みえるように、患者の自己決定権を刑法理論上いかに位置づけ、この権利を身体ないし自由の不可侵に対する権利との関係でどのように保護するかという点で、刑法改正諸草案は見解の一致をみておらず、まさにこの点に関する理論的検討が不十分であったがゆえに、刑法改正は結局実現していない。本書の視点からすると、今後新たに議論を積み重ねていくためには、まず、傷害罪の保護法益を分析・確定するという作業が不可欠となる。なぜなら、ドイツ法は、専断的治療行為による利益侵害の構造を解明するために、傷害罪における「身体」利益との関係性をつねに念頭に置いて議論を展開してきたからである。それはまた、従来のわが国に欠けていた視角でもあった。

（３）そこで第４章では、日独刑法における傷害罪の保護法益を分析し、「身体」法益論の基本的枠組み、および、本書における「治療行為論」体系の基軸となる思考モデルを導出した。

まず、ドイツ刑法223条の傷害罪規定の制定過程をたどり、ドイツ法の歴

史的発展経緯を明らかにした。その結果判明したのは、治療行為をめぐる問題を解決するためには、傷害罪の法益の本質に立ち返った解釈論的検討が不可欠であること、そしてその際に、「身体」法益の意味内容およびそれに対する自己決定権の位置づけを明らかにする必要があること、であった。

ついで、傷害罪の法益をめぐる学説の2大潮流、すなわち、傷害罪の法益論をめぐる伝統的潮流（傷害罪における身体・健康を生物学的・身体的不可侵に限定する立場）と新たな潮流（傷害罪の法益は、生物学的・医学的な意味における「身体」にとどまらず、さらにそれに対する処分権ないし自己決定権をも含むとする立場）の内容を批判的に分析し、わが国への導入可能性を模索した。伝統的潮流は、身体利益を（患者の意思と無関係に）客観的に（あるいは自然的に）把握する点に特徴がある。しかし、身体とそれに対する自己決定権を截然と切りはなすことが妥当か、そもそもそれが可能かに関しては、かねてから疑問が呈されてきた。この疑問を理論化したのが、新たな潮流である。これによれば、傷害罪の法益は身体の不可侵のみならず、自己決定や意思決定の自由をも含む。しかし、新たな潮流が、身体を担う個人の意思を広く法益の内容に取り込み、かかる意思それ自体が当該法益の核心をなすというならば、法益概念を過度に主観化し、身体に対する罪と自由に対する罪との区別を掘り崩してしまうだろう。その意味で、新たな潮流にも問題がある。

このように2つの理論的潮流は、単独ではともに十分な基礎づけを欠く。しかし、新たな潮流は、「身体」という行為客体から遊離した自己決定権を観念することに警鐘を鳴らし、身体とそれに対する自己決定の自由との緊密性を示した点で重要な示唆を含んでいる。他方で、伝統的潮流が、生物学的・客観的側面を「身体」法益の第一次的要素ととらえ、経験的現実性ないし所与性を中心に身体法益の概念を組み立てようとした方向性それ自体は、なお堅持されるべきであるように思われる。なぜなら、身体法益主体の意思は、現実的・事実的基礎を有する「身体」という客体に関連づけられてはじめてその意義を発揮しうるからである。

では、傷害罪で保護されるべき「身体」利益はいかなる内容をもつか。この問題に取り組むための補助線として、新たな潮流に属するブリギッテ・ターク（Brigitte Tag）によるつぎの整理を導入した。タークは、身体という法

益が、人の具体的な生活態度を通してはじめて意味をもつとしながら、それでもなお、生物学上の現存在形態、つまり、人が生物として現に存在しているという事実そのものに身体法益の核心を求める。たしかに、新たな潮流は、傷害構成要件が身体それ自体ではなく、むしろ身体を保持するための意思を保護しているという傾向にあり、賛同できない。しかし、そのなかでタークが身体法益の核心を、人が生物として現に存在しているという事実的基盤に求め、この基盤を自己決定主体としての人格と結びつけることで、傷害罪の法益を再構成しようとした点は示唆に富む。

このような観点からすると、傷害罪における法益の基礎にあるのは、現実的・事実的基礎を有する「身体的基体」、つまり生物学的・医学的基盤に基づく人の身体組織そのもの、となる。この意味で、傷害罪が保護するのは、単なる「身体」利益ではなく、「身体的基体」利益にほかならない。これに対して、患者の自己決定権は、それ自体が傷害罪における法益の核心をなすわけではなく、身体的基体をつうじて「法益」に影響を与える要素として考慮されるにとどまる。「身体」法益とそれに対する処分権ないし自己決定権をまったく無関係な存在として截然と切りはなすことはできないが、その一方で、「身体」性から遊離ないし乖離した自己決定権を強調することにも問題があるからである。

3 スイス法の比較法的考察（第5章）

さらに第5章では、比較法的観点からスイス法に着目し、前章までに明らかにした本書の法益論枠組みをさらに補強するための示唆を獲得した。具体的には、2件のスイス最高裁判決を基軸とした検討から獲得した3つの視点に基づいて、ドイツ法・日本法、そして補助的にオーストリア法との比較という観点からスイス法学説を分析し、同国における議論の理論的到達点を明らかにした。

本章で明らかにした結論のうち、もっとも重要なのは、スイス法における法益論アプローチの表れ方である。これによると、専断的治療行為が侵害する患者の「利益」の中核をなすのは、身体の不可侵に対する利益である。そして、当該法益主体、つまりその患者だけが、「身体」という枠のなかで、

自身をどのように処分するかを決定する権限を有する。すなわち、患者の自己決定権は、身体の不可侵に対する権利に付随するかたちで(のみ)、刑法上保護される権利となる。スイス法は、患者の「利益」侵害の本質を以上のように理解することで、わが国の刑法35条に相当する正当(業務)行為規定(スイス旧刑法32条、現14条)の存否とは無関係に、「身体」侵害モデルの理論的妥当性を基礎づけている。こうした利益理解からは、オーストリア刑法110条やドイツ刑法改正諸草案のような専断的治療行為処罰規定は実務上不要であるばかりでなく、理論的にも妥当性を欠くこととなる。

4　治療行為の法益論的基礎づけ(終章)

　そして終章では、以上の分析から得られた比較法的知見に基づいて、まず、傷害構成要件における「身体」利益の概念を再検討し、これによって治療行為の刑法的評価と、刑法上保護されるべき患者の自己決定権の外延を明らかにした。つぎに、この検討を正当化レベルで発展させるかたちで、違法阻却論として衡量されるべき諸利益を規定し、治療行為の正当化における利益衡量の基本方針を打ち出した。

　(1)　治療行為の刑法的基礎を規定するのは、二元的構造を有する傷害罪の法益論である。これによれば、オーストリア刑法や一部のドイツ刑法改正草案のように、患者の自己決定権を身体から切りはなして、専断的治療行為を自由に対する罪ととらえる立場は、本書の立場からは支持できない。専断的治療行為が侵害するのは、患者の「身体」利益、およびそれと結びつくかぎりでの患者の自己決定権にほかならない。この意味で、本書は、身体侵害モデル的理解を基礎としている。

　問題は、患者の身体利益と自己決定権との関係である。本書の理論構想によれば、傷害罪における法益の中核をなすのは、単なる「身体」利益ではなく、現実的・事実的基礎を有する「身体的基体」利益であり、そこで保護されているのは、人の生理的・客観的な身体組織そのものである。これに対して、患者の自己決定権は、これを人の肉体から切りはなして独自の法益とすることはできず、身体的基体を介して「法益」に影響を与える要素として考慮されるにとどまる。患者の自己決定権を身体と別個の概念として観念する

一　本書の成果　421

と、かかる権利の過度の抽象化を招き、説明義務や承諾の内容が無限定に拡散するおそれがあるからである。したがって、患者の意思決定や自己決定への権利は、これを違法判断の際の重要な要因とすることは可能であっても、そうした権利性の高低を正面から違法判断の対象としたり、それ自体単独で、刑罰法規で保護する法益としたりすることには問題がある。

　（2）では、治療行為は、どのような観点のもとで正当化されるか。本書は、それが、治療行為の違法阻却を決する「身体」利益衡量の観点であるとしたうえで、患者の承諾が正当化の中核的要件であるとする「承諾モデル」と、治療行為の医学的正当性（とくに医学的適応性）こそが本来の正当化事由であるとする「衡量モデル」とに分けて検討を試みた。

　本書が依拠する理論構想によれば、治療により損なわれる患者の身体的基体利益と、健康の維持・回復という客観的治癒効果との衡量という意味での優越的利益保護の観点を基軸としつつ、さらに、患者の承諾によってかかる利益の要保護性が減弱ないし否定されることで、治療行為はその違法性が阻却されうる。ここで患者の意思は、患者の内部で客観的利益が対立する場合に、どの利益を放棄してどの利益を保護するかという選択であり、医学の専断を抑制する機能を果たす。このかぎりで、衡量モデルのような「正当化の柵」としての承諾理解は、正鵠を射ている。もしかりに承諾モデルを徹底し、承諾を正当化の決定的要件と解して違法阻却の可否を判断すると、承諾要件の厳格性と違法阻却効果の限定性に照らせば、今日実際に行われている治療行為のほとんどが、理論的には正当化されえないこととなる。

　承諾モデルがその真価を発揮するのは、むしろ、医学的正当性が認められないか、あるいはそれが希薄な医的侵襲、たとえば、純粋に美容上の理由に基づく美容整形手術や、未試験の療法に基づく治療的実験の場面においてである。これらの場面では、法益主体の自己実現のための承諾が、正当化の中核的要件となり、医学的適応性がその程度に応じてこれを裏づける構図となる。もっとも、ここにいう承諾の刑法的性質は、刑法35条後段の正当（業務）行為とされる「患者の」承諾よりも、一般に超法規的違法阻却事由として扱われる「被害者の」承諾に接近する。この意味で、その際の承諾要件は、より厳格なものが求められる。

二　今後の課題と問題の広がり

「(専断的) 治療行為が侵害するのは、患者の『身体』利益である」。本書の結論はこの単純な命題に集約される。たしかに、この命題そのものは、取り立てて目新しいわけではない。しかし、一見単純なこの命題にいう「身体」利益の内実は、従来必ずしも明らかにされてこなかった。そこで本書は、ドイツ語圏刑法学の議論から示唆を得て、傷害罪における「身体的基体」利益の概念を中核に据えながら、「治療行為論」体系を構築するよう主張した。こうした法益論的視点に基づく検討が必要であることは、これまでおぼろげながら認識されてきたように思われるが、本書は、このような視点により自覚的に立脚しつつ、個別事案を解決するための理論的支柱としての「治療行為論」を打ち立てようとしてきた。今後は、この支柱を各研究領域との関係でさらに強化し、深化させることが課題となる。

そこで最後に、刑法学の立場から「治療行為」を論じることで明らかとなった今後の検討課題と、この問題領域の将来的な展望を示してから擱筆したい。

1　構成要件と違法性の関係

第1が、構成要件と違法性の関係である。自由侵害モデルからは、患者の健康を維持・回復する医師の治療行為と、無頼漢による単なる傷害行為とを同視することは妥当でないとの批判が向けられている。しかし、その考えは、構成要件該当性判断と違法判断を実質的に同時に行う解釈に帰着するように思われる。やはり、行為者が誰であれ、「被害者」に身体侵襲行為を行う以上は、等しく傷害構成要件に該当するというほかない。人の身体組織は傷害罪の法益であるとしても、治癒利益との相殺ないしそれとの衡量は、本来的には違法論に属する問題だからである[1]。

このように、治療行為の問題は、構成要件該当行為の内容として何を盛り込むか、構成要件と違法性の関係をどのように理解するか[2]、消極的構成要

---

[1]　武藤眞朗「治療行為と傷害の構成要件該当性——専断的治療行為と患者の自己決定権に関する研究の予備作業——」早稲田大学大学院法研論集54号 (1990年) 243頁以下、263頁。

件要素の理論の当否[3]、そしてこれと関連して、承諾を構成要件該当性阻却事由とみるか、それとも正当化事由とみるか[4]といった問題に関係し、こうした点に本研究の広がりが見いだせる。今後は、これらの問題をさらに掘り下げて検討する必要がある。

2　同意傷害との関係

　第2が、同意傷害一般との関係である。傷害構成要件の各論的検討を試みた本書においても、「被害者の承諾」の法理一般との関係は重要な意味をもつ。そのなかでも、違法論上の対立がもっとも先鋭化する同意傷害との関係につき、さらに精査が必要となる。すでに述べたように、治療行為に対する「患者の承諾」は、伝統的犯罪論における「被害者の承諾」（とくに同意傷害）と、本人の自己決定が中心となる点で一部共通するが、前者には、基本的に患者の身体・健康に関する客観的優越的利益が存在するのに対し、後者には、少なくとも客観的利益はなく、あえていえば「自己決定の自由」という主観的利益があるにすぎない、という点で異なる。理論的には、前者は、刑法35条後段の正当（業務）行為として位置づけられるのに対し、後者は、構成要件該当性阻却事由または超法規的違法阻却事由として理解される。また、前者が、患者の医学的客観的利益が見込まれる場合もありうるため、その要件は緩やかに、しかも推定的承諾で足りるときもあるのに対して、後者は、それよりも厳格な要件が要求される[5]。

　このような事情を一瞥しただけでも、治療行為に対する「患者の承諾」と「被害者の承諾」の違いは明らかであるが、患者の承諾の「本質、意義およ

2　このような問題意識に基づく近時の研究成果として、*Walter Gropp*, Die Einwilligung in den ärztlichen Heileingriff-ein Rechtfertigungsgrund: Überlegungen zum Gehalt der straftatbestandsmäßigen Handlung. GA 2015, S. 5 ff., 10 ff. がある。
3　治療行為と消極的構成要件要素の理論との関係につき、*Brigitte Tag*, Der Körperverletzungstatbestand im Spannungsfeld zwischen Patientenautonomie und Lex artis, Berlin/Heidelberg/New York 2000, S. 160 f. 参照。
4　第2章第3節第2款第4項1（本書124頁以下）参照。
5　以上の点につき、町野朔『患者の自己決定権と法』（1986年・東京大学出版会）174頁以下、甲斐克則「医療行為と『被害者』の承諾」現代刑事法6巻3号（2004年）26頁以下、26-27頁、武藤眞朗「犯罪論における『被害者の意思』の意義」『曽根威彦先生・田口守一先生古稀祝賀論文集［上巻］』（2014年・成文堂）281頁以下、292頁以下参照。

び射程」をより正確に把握するためには、同意傷害一般の制約根拠と限界を明らかにする必要がある。その際、本書で示した「身体」利益理解がいかなる意味をもつのかが再び問われることとなる。

以上の分析は、「治療行為」の周辺領域において理論的・実践的意義を有する。たとえば、美容上の理由に基づく整形手術ないし性別適合手術[6]、新規療法を試験する目的で行われる臨床試験ないし治療的実験[7]、および、移植目的等で行われるドナーからの臓器等の摘出[8]の問題は、治療行為と同意傷害の中間に位置するといえるだけに、両者の異同を意識した検討が求められる[9]。

3　推定的承諾および緊急避難との関係

第3が、患者の推定的承諾および緊急避難の法理に基づく正当化である。この検討課題は、患者が意識不明の状態で行われる救急治療や終末期医療の場面でとくに問題となりうる[10]。

6　刑法的検討として、猪田真一「性転換手術の治療行為性に関する一試論」帝京法学20巻1・2号（1998年）75頁以下、萩原由美恵「美容整形と医師の刑事責任」法学論叢（中央学院大学）25巻1・2号（2012年）1頁以下、山中敬一「身体・死体に対する侵襲の刑法上の意義（3・完）」関西大学法学論集63巻4号（2013年）37頁以下等がある。わが国の刑事判例の整理・分析として、上田健二「診療行為の意義」中山研一＝泉正夫編『医療事故の刑事判例　第二版』（1993年・成文堂）23頁以下、40頁以下、米田泰邦「手術と刑事責任」中山＝泉編・前出書155頁以下、167頁以下、武藤眞朗「手術と刑事責任」中山研一＝甲斐克則編『新版　医療事故の刑事判例』（2010年・成文堂）151頁以下、158頁以下参照。

7　刑法学の立場からの分析として、金沢文雄「人体実験の適法性の限界」植松博士還暦祝賀『刑法と科学　法律編』（1971年・有斐閣）113頁以下、同『刑法とモラル』（1984年・一粒社）171頁以下、武田茂樹「医学上の人体実験の適法性」日本大学大学院法学研究年報11号（1981年）63頁以下、甲斐克則『被験者保護と刑法』（2005年・成文堂）、山中敬一「身体・死体に対する侵襲の刑法上の意義（2）」関西大学法学論集63巻3号（2013年）44頁以下、萩原由美恵「治験における被験者保護」法学論叢（中央学院大学）29巻2号（2016年）25頁以下等がある。さらに比較法的検討として、「シンポジウム／臨床研究」年報医事法学13号（1998年）26頁以下、「シンポジウム／臨床研究」年報医事法学27号（2012年）51頁以下も参照。

8　臓器移植に関する近時の多角的検討として、城下裕二編『生体移植と法』（2009年・日本評論社）、町野朔＝山本輝之＝辰井聡子編『移植医療のこれから』（2011年・信山社）、倉持武＝丸山英二責任編集『シリーズ生命倫理学　第3巻　脳死・移植医療』（2012年・丸善出版）、甲斐克則編『医事法講座　第6巻　臓器移植と医事法』（2015年・信山社）等がある。

9　医事法学の立場からの近時の検討として、甲斐克則『医事法講座　第2巻　インフォームド・コンセントと医事法』（2010年・信山社）参照。

10　近時の研究成果として、*Armin Engländer*, Die Anwendbarkeit von § 34 StGB auf intrapersonale Interessenkollisionen, GA 2010, S. 15 ff.; *Jörg L. Schmitz*, Rechtfertigender Notstand

推定的承諾[11]との関連では、まず、患者の承諾能力の本質とその判断方法を明らかにするための予備的検討が必要となる[12]。ついで、患者の推定的意思をどのように特定し、これを考慮するか、法定代理人等による承諾の代行（代諾）[13]をいかなる条件のもとで認めるかが問題となる。

　緊急避難[14]との関係では、本書の法益論的検討から明らかとなった違法阻却論の基本的枠組みをいかに応用するか、患者という同一法益主体内で衝突する個人的「利益」をどのように衡量するかが問われうる。むろんその際には、緊急避難の本質に立ち返った検討も求められる。

---

bei internen Interessenkollisionen, Berlin 2013; *Christina Dörr*, Dogmatische Aspekte der Rechtfertigung bei Binnerkollision von Rechtsgütern, Berlin 2016 等がある。わが国における最近の議論として、山中敬一「臨死介助における同一法益主体内の利益衝突について——推定的同意論および緊急避難論の序論的考察——」近畿大学法学62巻3・4号（2015年）265頁以下を参照。

11　推定的承諾につき、斉藤誠二「『推定的な承諾』の法理をめぐって」警察研究49巻11号（1978年）15頁以下、須之内克彦『刑法における被害者の同意』（2004年・成文堂）85頁以下、小林憲太郎『刑法の帰責——フィナリスムス・客観的帰属論・結果無価値論』（2007年・弘文堂）249頁以下等参照。

12　患者の承諾能力に関する近時の研究として、田坂晶「治療行為に対する患者の同意能力に関する一考察——アメリカ合衆国との比較法的考察——」同志社法学60巻4号（2008年）217頁以下、同「イギリスにおける治療行為に対する同意能力の意義とその判断基準」同志社法学60巻8号（2009年）375頁以下、同「ドイツ刑法における治療行為に対する患者の同意能力の意義とその判断基準」島大法学53巻3号（2009年）83頁以下、同「同意能力を有さない患者への医的侵襲の正当化」『大谷實先生喜寿記念論文集』（2011年・成文堂）509頁以下、同「治療行為の正当化における患者の同意」比較法雑誌51巻1号（2017年）97頁以下、111頁以下、山中敬一『医事刑法概論Ⅰ（序論・医療過誤）』（2014年・成文堂）149頁以下等がある。さらに、ヘニング・ロゼナウ（甲斐克則＝福山好典訳）「同意無能力者に対する研究」比較法学43巻3号（2010年）187頁以下、ヘニング・ロゼナウ（只木誠監訳＝菅沼真也子訳）「承諾無能力者、限定承諾能力者の承諾の有効性シンポジウム報告——承諾無能力者に対する説明と同意——」比較法雑誌46巻1号（2012年）333頁以下、グンナー・ドゥットゲ（甲斐克則＝福山好典＝天田悠訳）「医師法における承諾能力というカテゴリー——ドイツ法のパースペクティブからみた基本的な疑問——」比較法学46巻3号（2013年）201頁以下も参照。

13　治療行為に対する代諾に刑法的分析を加えるのは、町野朔「自己決定と他者決定」年報医事法学15号（2000年）44頁以下〔同『生と死、そして法律学』（2014年・信山社）185頁以下所収〕、大杉一之「ドイツにおける治療行為に対する承諾の代行」比較法制研究29号（2006年）109頁以下、同「治療行為といわゆる『代諾』序説」法学新報113巻3・4号（2007年）377頁以下、田坂晶「刑法における同意能力を有さない患者への治療行為に対する代諾の意義」島大法学55巻2号（2011年）1頁以下、同・前出注（12）「治療行為の正当化における患者の同意」114頁以下、山中・前出注（12）161頁以下等である。

14　比較的近時の包括的研究として、井上宜裕『緊急行為論』（2007年・成文堂）、遠藤聡太「緊急避難論の再検討（一）～（七）」法学協会雑誌131巻1号（2014年）105頁以下、131巻2号（2014年）174頁以下、131巻6号（2014年）1頁以下、131巻7号（2014年）1頁以下、131巻12号（2014年）71頁以下、132巻7号（2015年）74頁以下、133巻5号（2016年）1頁以下等がある。

4　リスク（危険）の引受けとの関係

　第4が、治療行為における患者の承諾と、リスク（危険）の引受けとの関係である。リスクの引受けは、その刑法上の位置づけをめぐってもっとも争いのある問題領域の1つである[15]。治療行為における患者の承諾もリスクの引受けも、ともに法益主体の自律的決定を基礎とするが、両者の関係は必ずしも明らかでない。前出・2の検討とあわせて、患者の承諾とリスクの引受けとの異同、そしてこれらに対する「被害者の承諾」の位置づけを明確化する必要がある。

　この検討は、とりわけ、臨床試験におけるリスクとベネフィットの衡量を考える際に実践的意義を有する。臨床試験を刑法上正当化する際には、ただ単に「リスクの引受け」論を持ち出したとしても、そのことが、ただちに具体的な問題解決に資するわけではない。それだけに、被害者（被験者）の承諾や緊急避難といった競合する各正当化事由の関係性を意識しながら、リスクとベネフィットの具体的な衡量方法を明らかにしなければならない[16]。

　以上のように、治療行為というテーマは、刑法理論の各研究領域および医療をめぐる多くの問題領域へと波及していくことが期待される。本書では、これらの領域の研究に取り組むための第一歩を踏み出したにすぎない。今後の検討を期することを約しつつ、本書を閉じることとする。

15　近時の研究成果として、田中優輝「被害者による危険の引受けについて（一）～（五・完）」法学論叢（京都大学）173巻1号（2013年）48頁以下、173巻4号（2013年）57頁以下、174巻1号（2013年）57頁以下、174巻3号（2013年）53頁以下、174巻5号（2014年）86頁以下、三代川邦夫『被害者の危険の引受けと個人の自律』（2017年・立教大学出版会）102頁以下等。なお、松原久利「刑事法学の動き　田中優輝「被害者による危険の引受けについて（1）～（5・完）」」法律時報87巻8号（2015年）109頁以下、113頁も参照。

16　正当化事由の競合につき、曽根威彦『刑法における正当化の理論』（1980年・成文堂）259頁以下参照。医療問題への応用につき、甲斐・前出注（7）58頁以下、96頁以下、同「臨床研究とインフォームド・コンセント」同編・前出注（9）145頁以下、155頁以下参照。

参考文献一覧

一　日本語文献一覧

青井秀夫
　──「カール・エンギッシュの法哲学の基礎（一）──『事物の本性』論を中心として──」法学（東北大学）42巻1号（1978年）1頁以下

青木清相＝武田茂樹
　──「医療行為の適法性について──その総論的考察──」日本法学48巻3号（1983年）127頁以下

青木人志
　──「明治期法学協会にみるドイツ刑法学の受容」福田平・大塚仁博士古稀祝賀『刑事法学の総合的検討（上）』（1993年・有斐閣）321頁以下

青柳文雄
　──「社会的相当性についての実務的考察」法学研究（慶應義塾大学）35巻12号（1962年）1頁以下

赤坂正浩
　──「人格の自由な発展の権利」法学（東北大学）50巻7号（1987年）33頁以下
　──「ドイツ法上の職業と営業の概念」季刊・企業と法創造8巻3号（2012年）85頁以下
　──「職業遂行の自由と営業の自由の概念──ドイツ法を手がかりに──」立教法学91号（2015年）1頁以下

赤星定義
　──「権利侵害は不法行為の要件か（上）」法学新報38巻9号（1928年）108頁以下

秋山紘範
　──「我流の方法についての医師による説明──『レモン果汁事件』」比較法雑誌46巻3号（2012年）489頁以下
　──「判批」法学新報120巻3・4号（2013年）511頁以下

秋吉仁美(編)
　──『医療訴訟』（2009年・青林書院）

朝倉京一
　──「暴行傷害罪に関する一考察」専修法学論集35号（1982年）1頁以下

浅田和茂
　──「被害者の同意の体系的地位について」産大法学34巻3号（2000年）1頁以下
　──『刑法総論［補正版］』（2007年・成文堂）

淺野博宣
　　──「判批」長谷部恭男＝石川健治＝宍戸常寿編『憲法判例百選Ⅰ［第6版］』（2013年・有斐閣）56頁以下
安達光治
　　──「社会的相当性の意義に関する小考──ヴェルツェルを中心に──」立命館法学327・328号（2009年）20頁以下
足立昌勝
　　──「『ヨセフィーナ刑法典』試訳（一）（二・完）」法経論集（静岡大学法経短期大学部）41号（1978年）57頁以下、42号（1979年）55頁以下
　　──「近代初期刑法の基本構造──オーストリア・プロイセンを素材として──」法経論集（静岡大学法経短期大学部）69・70号（1993年）23頁以下〔同『近代刑法の実像』（2000年・白順社）61頁以下所収〕
　　──「ドイツ・オーストリアの啓蒙主義刑法理論と刑事立法」風早八十二先生追悼『啓蒙思想と刑事法』（1995年・勁草書房）291頁以下〔同『近代刑法の実像』（2000年・白順社）19頁以下所収〕
足立昌勝監修＝岡本洋一・齋藤由紀・永嶋久義訳
　　──「プロイセン一般ラント法　第2編第20章（刑法）試訳（3）（4）」関東学院法学23巻1号（2013年）151頁以下、23巻2号（2013年）163頁以下
阿部純二
　　──「傷害罪と承諾──その一側面」鴨良弼先生古稀祝賀『刑事裁判の理論』（1979年・日本評論社）397頁以下
天田　悠
　　──「ドイツ刑法における治療行為論の歴史的展開（一）（二・完）──刑法改正作業を中心に──」早稲田法学会誌63巻2号（2013年）1頁以下、64巻1号（2013年）1頁以下
　　──「治療行為論の史的考察（一）（二・完）──ドイツ刑法の判例・学説を中心に──」早稲田法学会誌64巻2号（2014年）57頁以下、65巻1号（2014年）1頁以下
　　──「信仰上の理由に基づく小児割礼と傷害罪の成否」早稲田法学89巻2号（2014年）91頁以下
　　──「傷害罪の保護法益からみた治療行為論（一）（二・完）」早稲田法学会誌65巻2号（2015年）1頁以下、66巻1号（2015年）1頁以下
　　──「同意──比較刑法ノート（6）──」刑事法ジャーナル49号（2016年）139頁以下
アメルンク、クヌト（日高義博訳）
　　──「ドイツ刑法学における法益保護理論の現状」ジュリスト770号（1982年）88頁以下〔日髙義博『違法性の基礎理論』（2005年・イウス出版）199頁以下所収〕
新井　勉
　　──「旧刑法の編纂（一）」法学論叢（京都大学）98巻1号（1975年）54頁以下

飯田英男
　　──『刑事医療過誤Ⅱ〔増補版〕』(2007年・判例タイムズ社)
　　──「刑事司法と医療」ジュリスト1339号(2007年)60頁以下
イエルデン、ヤン・C(山中友理訳)
　　──「異例の治療方法を適用する際の医師の説明義務違反と刑事責任について──連邦通常裁判所『レモン汁事件』を例に──」関西大学法学論集64巻5号(2015年)250頁以下
生田勝義
　　──「医療行為と刑事責任」莇立明＝中井美雄編『医療過誤法』(1994年・青林書院)229頁以下〔同『行為原理と刑事違法論』(2002年・信山社)221頁以下所収〕
石井茂樹
　　──「Iniuria ノ史的觀察(一)(二、完)」法学協会雑誌42巻6号(1924年)119頁以下、42巻7号(1924年)94頁以下
石井徹哉
　　──「個人的法益において侵害される利益の内実」『野村稔先生古稀祝賀論文集』(2015年・成文堂)231頁以下
石部雅亮
　　──『啓蒙的絶対主義の法構造──プロイセン一般ラント法の成立──』(1969年・有斐閣)
石渡敏一
　　──『刑法總論　完』(1901年・日本法律學校)
磯部四郎
　　──『改正増補　刑法講義　上巻』(1893年・八尾出版)〔復刻版として、同『改正増補　刑法〔明治13年〕講義　上巻第二分冊　日本立法資料全集　別巻139』(1999年・信山社)〕
　　──『改正増補　刑汯講義　下巻』(1893年・八尾書店)〔復刻版として、同『改正増補　刑法〔明治13年〕講義　下巻第二分冊　日本立法資料全集　別巻141』(1999年・信山社)〕
　　──『改正刑法正解』(1907年・六合館)〔復刻版として、同『改正刑法正解　日本立法資料全集　別巻34』(1995年・信山社)〕
井田　良
　　──「E・シュミットホイザーの犯罪理論について」法律学研究9号(1978年)52頁以下
　　──「量刑事情の範囲とその帰責原理に関する基礎的考察(五・完)──西ドイツにおける諸学説の批判的検討を中心として──」法学研究(慶應義塾大学)56巻2号(1983年)60頁以下
　　──『刑法総論の理論構造』(2005年・成文堂)

── 「傷害の概念をめぐって」刑事法ジャーナル 6 号（2007年）110頁以下
── 「医療とインフォームド・コンセントの法理」五十子敬子編『医をめぐる自己決定──論理・看護・医療・法の視座──』（2007年・イウス出版）129頁以下
── 『講義刑法学・総論』（2008年・有斐閣）
── 「外国法（学）の継受という観点から見た日本の刑法と刑法学」早稲田大学比較法研究所編『日本法の中の外国法──基本法の比較法的考察──』（2014年・成文堂）139頁以下
── 『講義刑法学・各論』（2016年・有斐閣）

稲垣　喬
── 「判批」判例評論183号（判例時報734号）（1974年）143頁以下〔同『医事訴訟と医師の責任』（1981年・有斐閣）211頁以下所収〕

市野川容孝
── 「ドイツ──優生学はナチズムか？」米本昌平ほか『優生学と人間社会　生命科学の世紀はどこへ向かうのか』（2000年・講談社）51頁以下

市村光恵
── 『改版　醫師ノ權利義務』（1928年・寶文館）〔復刻版として、同『改版　医師ノ権利義務　復刻叢書法律学篇37』（1994年・信山社）〕

伊東研祐
── 『法益概念史研究』（1984年・成文堂）
── 「刑法における自己決定権」『西原春夫先生古稀祝賀論文集　第三巻』（1998年・成文堂）21頁以下
── 『現代社会と刑法各論　第 2 版』（2002年・成文堂）
── 「『被害者の承諾』論の再検討と犯罪論の再構成」現代刑事法 6 巻 3 号（2004年）19頁以下
── 『刑法講義　各論』（2011年・日本評論社）
── 「『傷害の罪』の法益」日本法学82巻 2 号（2016年）3 頁以下

井上宜裕
── 『緊急行為論』（2007年・成文堂）
── 「正当行為と違法の統一性」大阪市立大学法学雑誌58巻 3 ・ 4 号（2012年）107頁以下

井上正治
── 『過失の實證的研究』（1950年・日本評論社）11頁以下〔同『過失犯の構造』（1958年・有斐閣）50頁以下所収〕
── 「違法論の法理」法政研究33巻 3 ～ 6 号（1967年）217頁以下
── 「法益の侵害」佐伯千仭博士還暦祝賀『犯罪と刑罰（上）』（1968年・有斐閣）257頁以下

井上正仁
　　──「犯罪の非刑罰的処理──『ディヴァージョン』の観念を手懸りにして──」芦部信喜ほか編『岩波講座　基本法学8──紛争』（1983年・岩波書店）395頁以下
井上祐(祐)司
　　──「構成要件該当性の内容について」法政研究24巻3号（1957年）15頁以下〔同『刑事判例の研究〔その一〕』（2003年・九州大学出版会）3頁以下所収〕
　　──「被害者の同意」日本刑法学会編『刑法講座　第2巻』（1963年・有斐閣）160頁以下〔同『刑事判例の研究（その一）』（2003年・九州大学出版会）59頁以下所収〕
　　──「信頼の原則と過失犯の理論」法政研究39巻1号（1972年）29頁以下〔同『行為無価値と過失犯論』（1973年・成文堂）59頁以下所収〕
猪田真一
　　──「性転換手術の治療行為性に関する一試論」帝京法学20巻1・2号（1998年）75頁以下
入江俊郎
　　──『ユス・プレトリウムの研究』（1926年・巌松堂書店）
岩崎　正
　　──「刑事手続打切り論についての一考察（一）──医療過誤の刑事責任限定論を契機として──」阪大法学64巻2号（2014年）153頁以下
岩志和一郎
　　──「ドイツ『親子関係法改正法』草案の背景と概要」早稲田法学72巻4号（1997年）37頁以下
　　──「ドイツの新親子法（上）（中）（下）」戸籍時報493号（1998年）2頁以下、495号（1998年）17頁以下、496号（1999年）26頁以下
　　──「ドイツ親権法甓定（仮訳）」早稲田法学76巻4号（2001年）225頁以下
　　──「ヒトの身体構成部分の法的性質をめぐるドイツの議論」ジュリスト1247号（2003年）56頁以下
　　──「暴力によらずに教育される子の権利──ドイツ民法のアピール──」早稲田法学80巻3号（2005年）1頁以下
　　──「ドイツの親権法」民商法雑誌136巻4・5号（2007年）65頁以下
　　──「子の権利の確保のための諸力の連携──ドイツ親権法の展開──」早稲田法学85巻2号（2010年）1頁以下
　　──「判批」甲斐克則＝手嶋豊編『医事法判例百選［第2版］』（2014年・有斐閣）80頁以下
上嶌一高
　　──「ドイツの第六次刑法改正法」刑法雑誌38巻2号（1999年）247頁以下
上田健二
　　──「診療行為の意義」中山研一＝泉正夫編『医療事故の刑事判例　第二版』（1993

年・成文堂）23頁以下

上野正吉
　──「医療と人権侵害」日本医事新報2246号（1967年）57頁以下
　──「再び『医療と人権侵害』について」日本医事新報2255号（1967年）83頁以下
　──「医療と刑法三七条」ジュリスト404号（1968年）14頁
　──「医療と刑法37条」内科31巻3号（1973年）1頁
　──「外科と法律」木本誠二監修『現代外科学大系　第1巻《外科史、外科と法律、手術室と関連施設》』（1973年・中山書店）57頁以下
　──「医療行為における医師の自律規範」法律時報47巻10号（1975年）25頁以下〔日本医事法学会編『医事法学叢書　第2巻　医療行為と医療文書』（1986年・日本評論社）13頁以下所収〕

上野正吉ほか
　──「討論」ジュリスト568号（1974年）52頁以下〔日本医事法学会編『医事法学叢書　第1巻　医師・患者の関係』（1986年・日本評論社）62頁以下所収〕

植松　正
　──「判批」判例評論129号（判例時報569号）（1969年）125頁以下

ヴェルツェル、ハンス（大野平吉訳）
　──「一九六二年ドイツ刑法草案について」ヴェルツェル、ハンス（福田平編訳）『目的的行為論の基礎』（1967年・有斐閣）49頁以下

臼井滋夫
　──「西ドイツにおける刑事法改正の動き」ジュリスト314号（1965年）50頁以下

臼木　豊
　──「ドイツ移植法（TPG）の現状」町野朔先生古稀記念『刑事法・医事法の新たな展開　下巻』（2014年・信山社）209頁以下

内田文昭
　──「過失犯論の史的展開について（一）」上智法学論集16巻1号（1972年）3頁以下〔同『犯罪概念と犯罪論の体系』（1990年・信山社）175頁以下所収〕
　──「刑法三五条の制定」神奈川法学30巻1号（1995年）131頁以下
　──『刑法各論〔第三版〕』（1996年・青林書院）

内田文昭＝山火正則＝吉井蒼生夫（編）
　──『刑法〔明治40年〕（2）　日本立法資料全集21』（1993年・信山社）
　──『刑法〔明治40年〕（3）－Ⅰ　日本立法資料全集22』（1994年・信山社）
　──『刑法〔明治40年〕（4）　日本立法資料全集24』（1995年・信山社）
　──『刑法〔明治40年〕（5）　日本立法資料全集25』（1995年・信山社）
　──『刑法〔明治40年〕（6）　日本立法資料全集26』（1995年・信山社）
　──『刑法〔明治40年〕（7）　日本立法資料全集27』（1996年・信山社）

宇都木伸＝木原章子
　　──「判批」宇都木伸ほか編『医事法判例百選』（2006年・有斐閣）117頁
宇藤　崇
　　──「検察審査会の役割と制度の概要」法律のひろば62巻6号（2009年）4頁以下
江木　衷
　　──『現行刑法各論　全』（1888年・博聞社）
　　──『改正増補　現行刑法各論　全（第二版）』（1889年・博聞社）〔復刻版として、同『改正増補現行刑法〔明治13年〕各論　全　日本立法資料全集　別巻477』（2007年・信山社）〕
　　──『現行刑法原論（再版）』（1894年・有斐閣書房）〔復刻版として、同『現行刑法〔明治13年〕原論　日本立法資料全集　別巻475』（2007年・信山社）〕
江口三角
　　──「フランス刑法における正当化事由（一）」愛媛法学4号（1972年）29頁以下
エーザー、アルビン
　　──「近時の判例から見た臨死介助と自殺関与」刑事法ジャーナル37号（2013年）54頁以下〔甲斐克則＝三重野雄太郎訳〕
　　──「治療中止、自殺幇助、および患者の事前指示──臨死介助における新たな展開と改正の努力について──」早稲田法学88巻3号（2013年）241頁以下〔甲斐克則＝天田悠訳〕
　　──「患者の事前指示と事前配慮代理権：臨死介助におけるそれらの刑法上の役割」比較法学47巻2号（2013年）191頁以下〔甲斐克則＝福山好典訳〕
遠藤聡太
　　──「緊急避難論の再検討（一）～（七）」法学協会雑誌131巻1号（2014年）105頁以下、131巻2号（2014年）174頁以下、131巻6号（2014年）1頁以下、131巻7号（2014年）1頁以下、131巻12号（2014年）71頁以下、132巻7号（2015年）74頁以下、133巻5号（2016年）1頁以下
大杉一之
　　──「ドイツにおける治療行為に対する承諾の代行」比較法制研究29号（2006年）109頁以下
　　──「治療行為といわゆる『代諾』序説」法学新報113巻3・4号（2007年）377頁以下
　　──「治療行為における患者の同意の意義」法学新報123巻9・10号（2017年）605頁以下
大塚　仁
　　──「医療行為と社会的相当性・許された危険」福田平＝大塚仁『刑法総論Ⅰ──現代社会と犯罪』（1979年・有斐閣）210頁以下
　　──『刑法概説（各論）〔第三版増補版〕』（2005年・有斐閣）
　　──『刑法概説（総論）〔第四版〕』（2008年・有斐閣）

大塚仁ほか(編)
　　——『大コンメンタール刑法　第二版　第10巻〔第193条～第208条の３〕』（2006年・青林書院）
　　——『大コンメンタール刑法　第三版　第２巻〔第35条～第37条〕』（2016年・青林書院）
大沼邦弘
　　——「傷害罪における身体的虐待——連邦通常裁判所第三刑事部一九五二年九月二五日判決　BGH NJW 1953, 1440」警察研究58巻９号（1987年）86頁以下
大場(場)茂馬
　　——『刑法各論　上巻』（1909年・日本大學）〔復刻版として、同『刑法各論　上巻　復刻叢書法律学編42』（1994年・信山社）〕
　　——『刑法各論　上巻（三版）』（1910年・日本大學）
　　——『刑法各論　上巻第一册』（1911年・嚴松堂）
　　——『刑法各論　上巻（増訂四版）』（1911年・中央大學）
　　——『刑法各論　上巻（七版）』（1915年・中央大學）
　　——『刑法各論　上巻（八版）』（1917年・中央大學）
　　——『刑法要綱』（1917年・中央大學）
　　——『刑法各論　完』（出版年不明（大正８年度）・中央大學）
大谷實(実)
　　——「暴行と傷害」西原春夫ほか編『判例刑法研究　第５巻』（1980年・有斐閣）29頁以下
　　——「町野朔著『患者の自己決定権と法』」ジュリスト860号（1986年）145頁
　　——『医療行為と法〔新版補正第２版〕』（1997年・弘文堂）
　　——『刑法講義総論［新版第４版］』（2012年・成文堂）
　　——『刑法講義各論［新版第４版補訂版］』（2015年・成文堂）
大谷實(実)ほか
　　——「討論」刑法雑誌22巻３・４号（1979年）47頁以下
岡上雅美
　　——「ドイツ刑法学の五つの重点——古きものと新たなものとの両面で——」刑法雑誌41巻２号（2002年）175頁以下
　　——「治療行為と患者の承諾について、再論——緊急治療を題材にした一試論——」『曽根威彦先生・田口守一先生古稀祝賀論文集［上巻］』（2014年・成文堂）309頁以下
岡田朝太郎
　　——『訂正増補再版　日本刑法論　完』（1895年・有斐閣書房）
　　——『刑法講義　全（刑法總論)』（1903年・明治大學出版部）
　　——『刑法講義　全（刑法各論)』（1903年・明治大學出版部）
　　——『刑法講義總論』（1906年・明治大学出版部）

―――『刑法講義總論』(出版年不明（1907年か）・明治大學出版部)
―――『比較刑法　上巻』(出版年不明（1916年か）・明治大學出版部)〔復刻版として、同『比較刑法　上巻　日本立法資料全集　別巻315』(2004年・信山社)〕

岡田庄作
―――『刑法原論總論』(1913年・明治大學出版部)
―――『刑法原論總論〔增訂改版第十六版〕』(1924年・明治大學出版部)

岡西賢治
―――「治療行為における自己決定権」日本大学大学院法学研究年報17号 (1987年) 71頁以下

奥田純一郎
―――「生命倫理と法――臓器売買問題を中心として」井上達夫編『現代法哲学講義』(2009年・信山社) 334頁以下

小田直樹
―――「治療行為と刑法」神戸法学年報26号 (2010年) 1頁以下

小名木明宏
―――「バールの違法論」熊本法学98号 (2000年) 1頁以下

小野清(清)一郎
―――「構成要件充足の理論」『松波先生還暦祝賀論文集』(1928年・有斐閣) 337頁以下〔同『犯罪構成要件の理論』(1953年・有斐閣) 195頁以下所収〕
―――「ナチス刑法學の一體系―― Siegert, Grundzüge des Strafrechts im neuen Staate (1934). ――」法学協会雑誌52巻12号 (1934年) 115頁以下〔同『法学評論 (上)』(1938年・弘文堂書房) 85頁以下所収〕
―――『新訂刑法講義各論』(1949年・有斐閣)
―――『刑法に於ける名誉の保護（増補版)』(1970年・有斐閣)

甲斐克則
―――「安楽死問題における病者の意思――嘱託・同意殺の可罰根拠に関連して――」九大法学41号 (1981年) 69頁以下〔同『安楽死と刑法』(2003年・成文堂) 19頁以下所収〕
―――「法益論の一側面――人工心肺器遮断の許容性をめぐって――」九大法学45号 (1983年) 63頁以下
―――「法益論の基本的視座」『海事法の諸問題――伊藤寧先生退職記念論集――』(1985年・中央法規出版) 39頁以下
―――「個人の自己決定権にもとづく違法性の阻却」西原春夫ほか編『刑法マテリアルズ――資料で学ぶ刑法総論』(1995年・柏書房) 309頁以下
―――「遺伝情報の保護と刑法――ゲノム解析および遺伝子検査を中心とした序論的考察――」『中山研一先生古稀祝賀論文集　第一巻　生命と刑法』(1997年・成文堂) 49頁以下

──「臨床研究・人体実験とドイツ法」年報医事法学13号（1998年）69頁以下〔同『被験者保護と刑法』（2005年・成文堂）91頁以下所収〕
──「医事法の立場から　医事法的観点からみた患者の身体」医学哲学医学倫理18号（2000年）167頁以下
──「治療行為と刑法」現代刑事法4巻8号（2002年）109頁以下〔同『医事刑法への旅Ⅰ［新版］』（2006年・イウス出版）29頁以下所収〕
──「輸血拒否と医師の刑事責任」現代刑事法4巻9号（2002年）116頁以下〔同『医事刑法への旅Ⅰ［新版］』（2006年・イウス出版）53頁以下所収〕
──「刑事立法と法益概念の機能」法律時報75巻2号（2003年）7頁以下
──「刑事法と人権」ジュリスト1244号（2003年）149頁以下
──「人体の利用と刑法・その1──身体、身体から切り離された『身体の一部』および死体の法的位置づけ──」現代刑事法6巻2号（2004年）111頁以下〔同『臓器移植と刑法』（2016年・成文堂）87頁以下所収〕
──「医療行為と『被害者』の承諾」現代刑事法6巻3号（2004年）26頁以下
──「刑事法学の視点から──人体・ヒト組織・ヒト由来物質の利用と刑事規制をめぐる序論的考察」北大法学論集54巻6号（2004年）156頁以下
──「人体およびヒト組織等の利用をめぐる生命倫理と刑事規制」唄孝一先生賀寿記念『人の法と医の倫理』（2004年・信山社）481頁以下〔同『臓器移植と刑法』（2016年・成文堂）31頁以下所収〕
──「人体・ヒト組織・ヒト由来物質の利用をめぐる生命倫理と刑事規制」刑法雑誌44巻1号（2004年）101頁以下
──『医事刑法への旅Ⅰ［新版］』（2006年・イウス出版）
──「日本刑法学における違法論の潮流と法益論──その（一）・主観的違法論および初期の規範違反説を中心に──」『鈴木茂嗣先生古稀祝賀論文集［上巻］』（2007年・成文堂）253頁以下
──「人体構成体の取扱いと『人間の尊厳』」ホセ・ヨンパルトほか編『法の理論26』（2007年・成文堂）3頁以下〔同『臓器移植と刑法』（2016年・成文堂）3頁以下所収〕
──「医療と刑法──医事刑法の回顧と展望」ジュリスト1348号（2008年）130頁以下
──「日本の医事法学──回顧と展望──」同編『医事法講座　第1巻　ポストゲノム社会と医事法』（2009年・信山社）5頁以下
──「日本刑法学における違法論の潮流と法益論──（その二）・第二次世界大戦前後から一九七〇年代までの客観的違法論と法益論──」『立石二六先生古稀祝賀論文集』（2010年・成文堂）113頁以下
──「臨床研究とインフォームド・コンセント」同編『医事法講座　第2巻　インフォームド・コンセントと医事法』（2010年・信山社）145頁以下
──「被害者の承諾」椎橋隆幸＝西田典之編『変動する21世紀において共有される刑

事法の課題——日中刑事法シンポジウム報告書——』(2011年・成文堂) 95頁以下
　　——「刑法におけるリスクと危険性の区別」法政理論45巻4号 (2013年) 86頁以下
　　——「判批」山口厚＝佐伯仁志編『刑法判例百選Ⅱ各論［第7版］』(2014年・有斐閣) 12頁以下

甲斐克則(編)
　　——『医事法講座　第2巻　インフォームド・コンセントと医事法』(2010年・信山社)
　　——『医事法講座　第6巻　臓器移植と医事法』(2015年・信山社)

甲斐克則＝川口浩一
　　——「法益論と社会的有害性 (社会侵害性) 論をめぐるK・アメルンク教授との対話」犯罪と刑罰2号 (1986年) 97頁以下

勝田有恒＝森征一＝山内進(編)
　　——『概説　西洋法制史』(2004年・ミネルヴァ書房)

勝本勘三郎
　　——『刑法析義各論之部　下巻』(1900年・有斐閣書房)
　　——『刑法講話』(1912年・嚴松堂書店)
　　——「刑法第三五條ト醫業トノ關係 (一) (二、完)」京都法学会雑誌8巻10号 (1913年) 106頁以下、8巻11号 (1913年) 103頁以下〔同著 (勝本正晃編)『刑法の理論及び政策』(1925年・有斐閣) 231頁以下所収〕
　　——『刑法要論總則〔訂正三版〕』(1915年・明治大學出版部)

加藤秀一
　　——「身体を所有しない奴隷——身体への自己決定権の擁護——」思想922号 (2001年) 108頁以下

加藤尚武
　　——『ヘーゲルの「法」哲学 (増補新版)』(1999年・青土社)

加藤正明
　　——「許された危険について」神奈川法学45巻1号 (2012年) 61頁以下

加藤摩耶
　　——「刑法における自己決定の意義と射程——『共生』を視点に入れた序論的考察——」広島法学26巻3号 (2003年) 251頁以下
　　——「判批」宇都木伸ほか編『医事法判例百選』(2006年・有斐閣) 14頁以下
　　——「診療行為の意義」中山研一＝甲斐克則編『新版　医療事故の刑事判例』(2010年・成文堂) 17頁以下

門田成人
　　——「インフォームド・コンセントと患者の自己決定権」大野真義編『現代医療と医事法制』(1995年・世界思想社) 54頁以下

金川琢雄
　　——「医療における説明と承諾の問題状況——医師の説明義務を中心として」法律時

報55巻 4 号（1983年）71頁以下〔日本医事法学会編『医事法学叢書　第 3 巻　医事紛争・医療過誤』（1986年・日本評論社）225頁以下所収〕

金澤(沢)文雄
　──「治療行為」木村亀二編『法律学演習講座　刑法』（1955年・青林書院）109頁以下
　──「治療行為」木村亀二編『現代法律学演習講座　刑法（総論）』（1955年・青林書院）255頁以下
　──「傷害（二七三条・二七四条）」日本刑法学会編『改正刑法準備草案〔刑法雑誌第11巻 1・2 号〕』（1961年・有斐閣）152頁以下
　──「人体実験の適法性の限界」植松博士還暦祝賀『刑法と科学　法律編』（1971年・有斐閣）113頁以下
　──「判批」判例タイムズ280号（1972年）89頁以下
　──「医療と刑法──専断的治療行為をめぐって──」中山研一ほか編『現代刑法講座　第 2 巻　違法と責任』（1979年・成文堂）125頁以下
　──「患者の自己決定権と医師の説明義務──西ドイツの連邦憲法裁判所判決とシュライバーの判例批判をめぐって」広島法学 4 巻 2 号（1980年）57頁以下
　──『刑法とモラル』（1984年・一粒社）

上口裕訳
　──「カール 5 世刑事裁判令（1532年）試訳（1）～（3・完）」南山法学37巻 1・2 号（2014年）149頁以下、37巻 3・4 号（2014年）299頁以下、38巻 1 号（2014年）243頁以下

神山敏雄
　──「西ドイツの医療過誤に関する刑事判例」中山研一＝泉正夫編『医療事故の刑事判例』（1983年・成文堂）311頁以下

亀井隆太
　──「同意能力がない患者の医療同意──ドイツ法を中心に」千葉大学人文社会科学研究28号（2014年）86頁以下

嘉門　優
　──「行為原理と法益論」立命館法学327・328号（2009年）192頁以下
　──「法益論の現代的意義」刑法雑誌50巻 2 号（2011年）1 頁以下
　──「刑事立法論の前提的考察──ドイツ刑法の近親相姦処罰規定を題材として──」斉藤豊治先生古稀祝賀『刑事法理論の探求と発見』（2012年・成文堂）1 頁以下
　──「被害者の意思侵害要件の展開──強姦罪における暴行・脅迫要件を題材として──」『浅田和茂先生古稀祝賀論文集〔上巻〕』（2016年・成文堂）743頁以下

河上和雄
　──「傷害概念の再検討」『内田文昭先生古稀祝賀論文集』（2002年・青林書院）303頁以下

川北洋太郎
　　——「基本的人権の第三者効力および言論の自由」我妻栄編集代表『ドイツ判例百選』（1969年・有斐閣）50頁以下

河原　格
　　——『医師の説明と患者の同意　インフォームド・コンセント法理の日独比較』（1998年・成文堂）

川原広美
　　——「刑法における被害者の同意（一）（二・完）——自律性原理の確認——」北大法学論集31巻1号（1980年）209頁以下、31巻2号（1980年）357頁以下

北川敦子
　　——「フランス刑法における被害者の同意（1）——グザヴィエ・パンの見解を素材に——」早稲田法学会誌59巻2号（2009年）127頁以下
　　——「刑法における自律概念（1）（2）——被害者の承諾の観点から——」早稲田大学大学院法研論集141号（2012年）81頁以下、142号（2012年）27頁以下

木村龜（亀）二
　　——「カロリナ法典について——その四百年に際して——」法学志林34巻12号（1932年）26頁以下
　　——「ナチスの刑法」我妻榮編『ナチスの法律』（1934年・日本評論社）159頁以下
　　——「被害者の承諾と違法性」法学（東北大学）5巻10号（1936年）1頁以下〔同『刑法解釋の諸問題　第一』（1939年・有斐閣）305頁以下所収〕
　　——「刑法における法益の概念」宮本博士還暦祝賀『現代刑事法學の諸問題』（1943年・弘文堂書房）1頁以下〔同『刑法の基本概念』（1948年・有斐閣）85頁以下所収〕
　　——『法哲學——人と思想——』（1949年・角川書店）

木村弘之亮
　　——「行政手続及び行政訴訟法における手続基本権の保障——聴聞請求権、情報自己決定権、公正手続請求権を中心に——」法学研究（慶應義塾大学）62巻12号（1989年）81頁以下

木村俊夫
　　——「言論の自由と基本権の第三者効力——リュート判決——」ドイツ憲法判例研究会編『ドイツの憲法判例（第2版）』（2003年・信山社）157頁以下

ギュット、アルツール（美濃口時次郎訳）
　　——「人口政策と人種政策」二荒芳徳編纂代表『新獨逸國家大系第一巻　政治篇1』（1939年・日本評論社）369頁以下

櫛橋明香
　　——「人体の処分の法的枠組み（八・完）」法学協会雑誌131巻12号（2014年）100頁以下

葛原力三＝川口浩一監訳
　　──「スイス刑法典総則改正草案（一）（二・完）」関西大学法学論集52巻1号（2002年）131頁以下、52巻2号（2002年）155頁以下
窪田充見
　　──「損害概念の変遷と民法の役割──刑法と民法の対話の形とともに──」刑法雑誌44巻2号（2005年）99頁以下
窪田充見(編)
　　──『新注釈民法（15）債権（8）』（2017年・有斐閣）
倉持武＝丸山英二(責任編集)
　　──『シリーズ生命倫理学　第3巻　脳死・移植医療』（2012年・丸善出版）
栗生武夫
　　──『人格權法の發達』（1929年・弘文堂）
来栖三郎
　　──『法とフィクション』（1999年・東京大学出版会）
クレー、エルンスト(松下正明監訳)
　　──『第三帝国と安楽死［生きるに値しない生命の抹殺］』（1999年・批評社）
クレスマン、クリストフ(石田勇治＝木戸衛一訳)
　　──『戦後ドイツ史1945-1955──二重の建国』（1995年・未來社）
黒瀬善治
　　──『醫事法制に就て』（1927年・醫海時報社）
黒田　誠
　　──「行爲ノ違法（特ニ刑法第三十五條ニ就テ）」法学協会雑誌32巻1号（1914年）109頁以下、32巻2号（1914年）112頁以下〔同『行爲の違法（第三版）──特に刑法第三十五條に就て──』（1924年・有斐閣）1頁以下所収〕
畔柳達雄
　　──「ドイツの医師免許制度と医師に対する懲戒制度」小島武司先生古稀祝賀『民事司法の法理と政策　下巻』（2008年・商事法務）987頁以下
小疇　傳
　　──『新刑法論總則〔第二版〕』（1911年・清水書店）
小池信太郎＝神馬幸一訳
　　──「スイス刑法典第1編総則（2016年10月1日現在：枠囲みは2018年1月1日施行予定条文）」慶應法学36号（2016年）295頁以下
小池　泰
　　──「説明と同意（一）──医師の責任の合理的範囲をめぐって──」法学論叢（京都大学）141巻3号（1997）69頁以下
　　──「ドイツにおける成年後見制度」民事月報65巻6号（2010年）78頁以下

厚生省大臣官房国際課・厚生科学課
　　——「WHO 憲章における『健康』の定義の改正案について」平成11年 3 月19日付厚生省報道発表資料
　　——「WHO 憲章における『健康』の定義の改正案のその後について（第52回 WHO 総会の結果）」平成11年10月26日付厚生省報道発表資料

神戸大學外國法研究會（編）（柚木馨著＝上村明廣補遺）
　　——『現代外國法典叢書（ 2 ）獨逸民法〔Ⅱ〕債務法〔復刊版〕』（1955年・有斐閣）

古賀廉造
　　——『刑法新論』（1898年・和沸法律學校出版部）
　　——『刑法講義總論』（1901年・明治法律學校出版部）

古川原明子
　　——「終末期における治療行為論（一）」龍谷法学36巻 4 号（2004年）261頁以下
　　——「安楽死・尊厳死の刑法的評価——終末期における治療行為論に向けて——」現代法学18号（2009年）77頁以下

コッホ，ハンス-ゲオルク（甲斐克則＝福山好典＝新谷一朗訳）
　　——「補充交換部品貯蔵庫および生体試料供給者としての人か？　——ドイツにおける人の臓器および組織の採取と利用に関連する法的諸問題——」比較法学43巻 3 号（2010年）155頁以下〔甲斐克則『臓器移植と刑法』（2016年・成文堂）221頁以下所収〕

小林公夫
　　——「医療の範疇における同意傷害——ドイツ刑法典228条の議論を中心に——」一橋法学 4 巻 2 号（2005年）241頁以下
　　——『治療行為の正当化原理』（2007年・日本評論社）

小林憲太郎
　　——「いわゆる『法益関係的錯誤』の意義と限界」立教法学68号（2005年）27頁以下〔同『刑法的帰責——フィナリスムス・客観的帰属論・結果無価値論』（2007年・弘文堂）227頁以下所収〕
　　——「許された危険」立教法学69号（2005年）43頁以下〔同『刑法的帰責——フィナリスムス・客観的帰属論・結果無価値論』（2007年・弘文堂）264頁以下所収〕

小林　武
　　——『現代スイス憲法』（1989年・法律文化社）

小林直樹
　　——『立法学研究——理論と動態——』（1984年・三省堂）

小林　宙
　　——「R・ドゥオーキンの『統合性に基づく自律』」同志社法学50巻 1 号（1998年）279頁以下

小林道夫
　　──『デカルト哲学とその射程』（2000年・弘文堂）
小林好信
　　──「岡田朝太郎の刑法理論」吉川経夫ほか編『刑法理論史の総合的研究』（1994年・日本評論社）177頁以下
小松　進
　　──「医療と刑罰」石原一彦ほか編『現代刑罰法大系　第3巻　個人生活と刑罰』（1982年・日本評論社）71頁以下
小山　剛
　　──「西ドイツにおける国の基本権保護義務」法学研究（慶應義塾大学）63巻7号（1990年）54頁以下〔同『基本権保護の法理』（1998年・成文堂）15頁以下所収〕
齊(斉)藤誠二
　　──「『推定的な承諾』の法理をめぐって」警察研究49巻11号（1978年）15頁以下
　　──『刑法講義各論Ⅰ〔新訂版〕（新訂6版）』（1982年・多賀出版）
　　──「被害者の承諾と傷害（1）」受験新報488号（1991年）20頁以下
　　──「欺罔にもとづく承諾」吉川経夫先生古稀祝賀『刑事法学の歴史と課題』（1994年・法律文化社）159頁以下〔同『医事刑法の基礎理論』（1997年・多賀出版）59頁以下所収〕
　　──『医事刑法の基礎理論』（1997年・多賀出版）
斉藤　博
　　──『人格権法の研究』（1979年・一粒社）
齋野彦弥
　　──「暴行概念と暴行罪の保護法益」成蹊法学28号（1988年）437頁以下
佐伯千仭
　　──「タートベスタント序論（一）（二・完）──所謂構成要件の理論のために──」法学論叢（京都大学）29巻2号（1933年）57頁以下、29巻3号（1933年）16頁以下〔同『刑法における違法性の理論』（1974年・有斐閣）95頁以下、同『違法性と犯罪類型、共犯論　佐伯千仭著作選集　第二巻』（2015年・信山社）1頁以下所収〕
　　──「刑法に於けるキール學派に就て（一）（二・完）」法学論叢（京都大学）38巻2号（1938年）74頁以下、38巻3号（1938年）106頁以下〔同『刑事法の歴史と思想、陪審制　佐伯千仭著作選集　第四巻』（2015年・信山社）24頁以下所収〕
　　──「フリードリッヒ大王と刑法（一）（二・完）」法学論叢（京都大学）40巻4号（1939年）1頁以下、40巻5号（1939年）63頁以下〔同『刑事法の歴史と思想、陪審制　佐伯千仭著作選集　第四巻』（2015年・信山社）110頁以下所収〕
　　──「ベーリンクといわゆる構成要件の理論（一）（二）」立命館法学15号（1956年）1頁以下、18号（1957年）1頁以下

──「法律家からみた医療」大阪府医師会編『医療と法律』（1971年・法律文化社）28頁以下〔同『刑事法と人権感覚──ひとつの回顧と展望──』（1994年・法律文化社）192頁以下所収〕
──『四訂　刑法講義（総論）』（1981年・有斐閣）

佐伯千仭＝小林好信
──「刑法学史（学史）」鵜飼信成ほか責任編集『講座　日本近代法発達史　11』（1967年・勁草書房）207頁以下

佐伯仁志
──「被害者の錯誤について」神戸法学年報1号（1985年）51頁以下
──「違法論における自律と自己決定」刑法雑誌41巻2号（2002年）74頁以下
──「被害者の同意とその周辺（1）（2）」法学教室295号（2005年）107頁以下、296号（2005年）84頁以下〔同『刑法総論の考え方・楽しみ方』（2013年・有斐閣）200頁以下所収〕
──「身体に対する罪」法学教室358号（2010年）119頁以下
──「ドイツにおける刑事医療過誤」『三井誠先生古稀祝賀論文集』（2012年・有斐閣）249頁以下
──『刑法総論の考え方・楽しみ方』（2013年・有斐閣）
──「刑法における自由の保護」法曹時報67巻9号（2015年）1頁以下

佐伯仁志＝川端博
──「≪対談≫被害者の承諾の取扱いをめぐって」現代刑事法6巻3号（2004年）4頁以下

佐伯仁志＝道垣内弘人
──『刑法と民法の対話』（2001年・有斐閣）

佐久間　修
──「医療行為における『被害者の承諾』──特に生命の処分について──」阪大法学44巻2・3号下巻（1994年）349頁以下〔同『最先端法領域の刑事規制　医療・経済・IT社会と刑法』（2003年・現代法律出版）102頁以下所収〕
──「医療事故に対する刑事責任」大野真義編『現代医療と医事法制』（1995年・世界思想社）88頁以下〔同『最先端法領域の刑事規制　医療・経済・IT社会と刑法』（2003年・現代法律出版）82頁以下所収〕
──「ゲノム社会の到来と生命・身体の処分──臓器売買と安楽死・尊厳死」警察学論集57巻5号（2004年）127頁以下
──「ヒトの身体構成部分の法的保護とその限界」刑法雑誌44巻2号（2005年）73頁以下
──『刑法総論』（2009年・成文堂）

佐久間邦夫
──「判解」『最高裁判所判例解説民事篇　平成12年度（上）（1月～4月分）』（2003

年・法曹会）115頁以下

佐久間 基
　　──「専断的治療行為と傷害罪（一）～（三・完）」法学（東北大学）55巻3号（1991年）87頁以下、55巻4号（1991年）88頁以下、58巻2号（1994年）124頁以下
　　──「エーベルハルト・シュミットの治療行為非傷害説」創立20周年記念論文集発刊部会編『法学の諸課題』（1992年・大阪経済法科大学出版部）229頁以下

佐藤陽子
　　──「治療行為の傷害構成要件該当性について」北大法学論集56巻2号（2005年）321頁以下
　　──『被害者の承諾──各論的考察による再構成──』（2011年・成文堂）
　　──「被害者の承諾」伊東研祐＝松宮孝明編『リーディングス刑法』（2015年・法律文化社）228頁以下

塩谷 毅
　　──「同意傷害について」岡山大学法学会雑誌50巻2号（2001年）241頁以下〔同『被害者の承諾と自己答責性』（2004年・法律文化社）126頁以下所収〕
　　──「瑕疵ある承諾の有効性」岡山大学法学会雑誌53巻1号（2003年）161頁以下〔同『被害者の承諾と自己答責性』（2004年・法律文化社）21頁以下所収〕

潮見佳男
　　──「判批」宇都木伸ほか編『医事法判例百選』（2006年・有斐閣）96頁以下

篠田公穂
　　──「『許された危険』の学説史的考察（一）（二）──とくにドイツおよびわが国の理論をめぐって──」名古屋大学法政論集61号（1974年）100頁以下、63号（1975年）184頁以下
　　──「許された危険の理論についての一考察──その内在原理について──」刑法雑誌27巻2号（1986年）39頁以下

芝原邦爾
　　──「行政の実効性確保──刑事法の視点から」公法研究58号（1996年）256頁以下〔同『経済刑法研究　上』（2005年・有斐閣）110頁以下所収〕

司法省(藏版)
　　──『各國刑法類纂　上巻』（1878年・司法省）
　　──『刑法表』（1883年・司法省）〔復刻版として、同『刑法表〔明治13年〕　日本立法資料全集　別巻288』（2003年・信山社）〕

司法省調査課(編)
　　──『獨逸刑法第一讀会終了（一九三〇年）案』司法資料181号（1934年）

司法省調査部(編)
　　──『瑞西聯邦統一新刑法典』司法資料262号（1940年）

島田聡一郎
　　――「薬害エイズ事件判決が過失犯論に投げかけたもの」刑事法ジャーナル 3 号（2006年）26頁以下
　　――「（第 1 講）議論のまとめ」山口厚編『クローズアップ刑法各論』（2007年・成文堂）32頁以下
島田美小妃
　　――「仮定的承諾論」中央大学大学院研究年報（法学研究科篇）39号（2010年）185頁以下
　　――「治療行為の不可罰性の根拠について」法学新報117巻 9・10号（2011年）313頁以下
　　――「被害者の承諾と患者の承諾」中央大学大学院研究年報（法学研究科篇）44号（2015年）139頁以下
下村康正
　　――「ベーリングの構成要件論」刑法雑誌 3 巻 3 号（1953年）45頁以下
　　――「傷害および暴行」佐伯千仭＝団藤重光編『総合判例研究叢書　刑法（7）』（1957年・有斐閣）
下山瑛二ほか
　　――「討論　医師と患者の関係をめぐって」ジュリスト678号（1978年）46頁以下
荘子邦雄
　　――『労働刑法（総論）〔新版〕』（1975年・有斐閣）
城下裕二（編）
　　――『生体移植と法』（2009年・日本評論社）
神馬幸一
　　――「ドイツ・オーストリア・スイスにおける臓器移植」甲斐克則編『医事法講座　第 6 巻　臓器移植と医事法』（2015年・信山社）159頁以下
新屋達之
　　――「本格始動した改正検察審査会」法律時報82巻11号（2010年）1 頁以下
末川　博
　　――『権利侵害論〔第 2 版〕』（1949年・日本評論社）
末松謙澄
　　――『ユスチーニアーヌス帝欽定羅馬法學提要〔訂正増補四版〕』（1924年・大雄閣書房）
末道康之
　　――「スイス刑法改正について――犯罪論を中心に（2）――」捜査研究634号（2004年）58頁以下
杉本一敏
　　――「規範論から見たドイツ刑事帰属論の二つの潮流（上）」比較法学37巻 2 号（2004年）159頁以下

──「行為無価値論と結果無価値論の対立はどこまで続くか」法学セミナー708号（2014年）106頁以下〔高橋則夫＝杉本一敏＝仲道祐樹『理論刑法学入門——刑法理論の味わい方』（2014年・日本評論社）313頁以下所収〕

杉山晴康＝吉井蒼生夫（編）
──『刑法改正審査委員会決議録』（1989年・早稲田大学比較法研究所）

鈴木彰雄
──「臨死介助の諸問題——ドイツ法の現状と課題——」法学新報122巻11・12号（2016年）267頁以下

ステファニ，G＝ルヴァスール，G＝ブーロック，B（澤登俊雄＝澤登佳人＝新倉修訳）
──『フランス刑事法〔刑法総論〕』（1981年・成文堂）

須之内克彦
──「刑法における被害者の同意（一）（二・完）——その序論的一考察——」法学論叢（京都大学）93巻1号（1973年）66頁以下、94巻1号（1973年）26頁以下〔同『刑法における被害者の同意』（2004年・成文堂）23頁以下所収〕
──「刑法における『自己決定』に関する一考」愛媛法学会雑誌3巻2号（1977年）73頁以下〔同『刑法における被害者の同意』（2004年・成文堂）62頁以下所収〕
──「被害者の瑕疵ある意思に基づく行為の取扱いについて——アメルンク説の検討を中心に——」大野眞義先生古稀祝賀『刑事法学の潮流と展望』（2000年・世界思想社）139頁以下〔同『刑法における被害者の同意』（2004年・成文堂）106頁以下所収〕

妹尾雅夫
──「ドイツ連邦共和国憲法二条一項に於ける『人格の自由な発展を目的とする権利』について」早稲田政治公法研究11号（1982年）175頁以下

曾(曽)根威彦
──「正当防衛の歴史的考察——違法阻却論研究・その一 ——」早稲田法学会誌22巻（1972年）69頁以下〔同『刑法における正当化の理論』（1980年・成文堂）3頁以下所収〕
──「『被害者の承諾』の違法阻却根拠——被害者の承諾・その一 ——」早稲田法学50巻3号（1975年）1頁以下〔同『刑法における正当化の理論』（1980年・成文堂）105頁以下所収〕
──「刑法における正当化原理」刑法雑誌22巻2号（1978年）175頁以下〔同『刑法における正当化の理論』（1980年・成文堂）151頁以下所収〕
──「『被害者の承諾』と犯罪論体系——被害者の承諾・その二——」早稲田法学53巻1・2号（1978年）67頁以下〔同『刑法における正当化の理論』（1980年・成文堂）225頁以下所収〕
──「違法論」ジュリスト1348号（2008年）19頁以下〔同『刑事違法論の展開』（2013年・成文堂）3頁以下所収〕

──『刑法各論〔第5版〕』（2012年・弘文堂）
　　──『刑法原論』（2016年・成文堂）
園部逸夫
　　──「公法の領域における外国法の受容──接ぎ木法文化の一側面──」日本比較法研究所50周年記念講演録編集委員会編『多文化世界における比較法』（2000年・中央大学出版部）63頁以下
高島学司
　　──「判批」唄孝一＝成田頼明編『医事判例百選』（1976年・有斐閣）202頁以下
高橋和之(編)
　　──『新版　世界憲法集　第二版』（2012年・岩波書店）
高橋直人
　　──「近代刑法の形成とバイエルン刑事法典（一七五一年）──啓蒙と伝統との交錯の中で──」同志社法学47巻6号（1996年）429頁以下
　　──「マクシミリアン三世ヨーゼフの内政改革──バイエルン刑事法典（一七五一年）編纂の背景──」同志社法学50巻1号（1998年）340頁以下
高橋則夫
　　──『刑法各論〔第2版〕』（2014年・成文堂）
　　──「『一連の行為』論をめぐる諸問題」司法研修所論集125号（2015年）158頁以下
　　──『刑法総論〔第3版〕』（2016年・成文堂）
高平奇恵
　　──「判批」法政研究78巻2号（2011年）69頁以下
髙山佳奈子
　　──「医行為に対する刑事規制」法学論叢（京都大学）164巻1〜6号（2009年）362頁以下
瀧川春雄
　　──「医療をめぐる法律上の諸論点──一九六七年度の学会における『医療と法律』問題のスケッチ」法律時報40巻2号（1968年）17頁以下
瀧川幸辰
　　──『犯罪論序説』（1947年・有斐閣）
　　──「刑法における構成要件の機能」刑法雑誌1巻2号（1950年）1頁以下〔同『瀧川幸辰刑法著作集　第五巻』（1981年・世界思想社）314頁以下所収〕
　　──『刑法各論』（1951年・世界思想社）
瀧川幸辰＝宮内裕＝瀧川春雄
　　──『法律學体系コンメンタール篇9　刑法』（1950年・日本評論社）
ターク、ブリギッテ(秋山紘範訳)
　　──「判断能力に欠ける者に配慮した医事法におけるインフォームド・コンセント──スイスの現状」比較法雑誌46巻3号（2012年）380頁以下

田口精(精)一
　　——「ボン基本法における人間の尊嚴について」法学研究（慶應義塾大学）33巻12号（1960年）167頁以下〔同『基本権の理論［田口精一著作集１］』（1996年・信山社）１頁以下所収〕
　　——「ボン基本法における人格の自由な発展の権利について」法学研究（慶應義塾大学）36巻11号（1963年）１頁以下〔同『基本権の理論［田口精一著作集１］』（1996年・信山社）77頁以下所収〕

田口正樹
　　——「岡松参太郎のヨーロッパ留学」北大法学論集64巻２号（2013年）61頁以下

武田茂樹
　　——「医学上の人体実験の適法性」日本大学大学院法学研究年報11号（1981年）63頁以下

竹田直平
　　——「ベーリンクの構成要件の理論」法学（近畿大学）６巻１号（1957年）１頁以下〔同『法規範とその違反』（1961年・有斐閣）103頁以下所収〕

武村信義
　　——「癌患者に対する医師の説明義務」日本医事新報2042号（1963年）16頁以下

田坂　晶
　　——「刑法における治療行為の正当化」同志社法学58巻７号（2007年）263頁以下
　　——「治療行為に対する患者の同意能力に関する一考察——アメリカ合衆国との比較法的考察——」同志社法学60巻４号（2008年）217頁以下
　　——「イギリスにおける治療行為に対する同意能力の意義とその判断基準」同志社法学60巻８号（2009年）375頁以下
　　——「ドイツ刑法における治療行為に対する患者の同意能力の意義とその判断基準」島大法学53巻３号（2009年）83頁以下
　　——「同意能力を有さない患者への医的侵襲の正当化」『大谷實先生喜寿記念論文集』（2011年・成文堂）509頁以下
　　——「刑法における同意能力を有さない患者への治療行為に対する代諾の意義」島大法学55巻２号（2011年）１頁以下
　　——「治療行為とインフォームド・コンセント（刑事法的側面）」甲斐克則編『医事法講座　第２巻　インフォームド・コンセントと医事法』（2010年・信山社）45頁以下
　　——「判批」甲斐克則＝手嶋豊編『医事法判例百選［第２版］』（2014年・有斐閣）10頁以下
　　——「治療行為の正当化における患者の同意」比較法雑誌51巻１号（2017年）97頁以下

辰井聡子
　　——「判批」平成17年度重要判例解説（2006年）165頁以下

―――「判批」西田典之＝山口厚＝佐伯仁志編『刑法判例百選Ⅰ総論［第6版］』（2008年・有斐閣）46頁以下
―――「治療行為の正当化」中谷陽二編集代表『精神科医療と法』（2008年・弘文堂）347頁以下
―――「治療不開始／中止行為の刑法的評価―――『治療行為』としての正当化の試み」法学研究（明治学院大学）86号（2009年）57頁以下
―――「終末期医療と刑訟」明治学院大学法律科学研究所年報25号（2009年）21頁以下
―――「終末期医療とルールの在り方」甲斐克則編『医事法講座　第4巻　終末期医療と医事法』（2013年・信山社）215頁以下
―――「『自由に対する罪』の保護法益―――人格に対する罪としての再構成」町野朔先生古稀記念『刑事法・医事法の新たな展開　上巻』（2014年・信山社）411頁以下
―――「刑法における人の『尊厳』―――価値を論じるために」法学セミナー748号（2017年）24頁以下

立石二六
―――「エンギッシュの消極的構成要件要素論―――彼のいわゆる全不法構成要件概念との関連において」法学新報81巻7号（1974年）129頁以下
―――「構成要件概念について―――構成要件と違法性の関係を中心に―――」下村康正先生古稀祝賀『刑事法学の新動向　上巻』（1995年・成文堂）227頁以下
―――「ヴェルツェルの構成要件概念―――構成要件と違法性の関係を中心として―――」法学新報112巻1・2号（2005年）361頁以下

立岩真也
―――『私的所有論［第2版］』（2013年・生活書院）

田中正身
―――『改正刑法釋義　上巻』（1907年・西東書房）〔復刻版として、同『改正刑法釋義　上巻　日本立法資料全集　別巻35』（1994年・信山社）〕

田中優輝
―――「被害者による危険の引受けについて（一）～（五・完）」法学論叢（京都大学）173巻1号（2013年）48頁以下、173巻4号（2013年）57頁以下、174巻1号（2013年）57頁以下、174巻3号（2013年）53頁以下、174巻5号（2014年）86頁以下

玉蟲由樹
―――「人間の尊厳の客観法的保護」法学論叢（福岡大学）56巻2・3号（2011年）155頁以下〔同『人間の尊厳保障の法理―――人間の尊厳条項の規範的意義と動態』（2013年・尚学社）96頁以下所収〕

田村幸雄
―――「医師の説明（告知）義務をめぐる諸問題」日本医事新報2064号（1963年）75頁以下

団藤重光
　　　──『刑法綱要総論〔第三版〕』（1990年・創文社）
　　　──『刑法綱要各論〔第三版〕』（1990年・創文社）
団藤重光（編）
　　　──『注釈刑法（5）　各則（3）』（1965年・有斐閣）
　　　──『注釈刑法（2）のⅠ　総則（2）』（1968年・有斐閣）
ディエナース、ペーター（本間学訳）
　　　──「クルト・ヨエル──ライヒ司法の行政官」ハインリッヒス、ヘルムートほか（森勇監訳）『ユダヤ出自のドイツ法律家』（2012年・中央大学出版部）723頁以下
手嶋　豊
　　　──「判批」年報医事法学15号（2000年）162頁以下
　　　──「医療と説明義務」判例タイムズ1178号（2005年）185頁以下
　　　──「インフォームド・コンセント法理の歴史と意義」甲斐克則編『医事法講座　第2巻　インフォームド・コンセントと医事法』（2010年・信山社）3頁以下
　　　──『医事法入門〔第4版〕』（2015年・有斐閣）
土井十二
　　　──『醫事法制學の理論と其實際』（1934年・凡進社）
ドイツ家族法研究会
　　　──「親としての配慮・補佐・後見（一）──ドイツ家族法注解──」民商法雑誌142巻6号（2010年）111頁以下
ドゥットゲ／デュトゲ、グンナー
　　　──「医事法における年齢区分の機能──医療行為と承諾──」比較法雑誌46巻1号（2012年）69頁以下〔只木誠訳〕
　　　──「医師法における承諾能力というカテゴリー──ドイツ法のパースペクティブからみた基本的な疑問──」比較法学46巻3号（2013年）201頁以下〔甲斐克則＝福山好典＝天田悠訳〕
戸波江二
　　　──「自己決定権の意義と射程」芦部信喜先生古稀祝賀『現代立憲主義の展開　上』（1993年・有斐閣）325頁以下
富田孝三
　　　──「性転換手術と刑事責任──東京地裁昭和四〇年合（わ）第三〇七号優生保護法違反等被告事件　昭和四四年二月一五日刑一二部判決をめぐって──」法律のひろば23巻5号（1970年）20頁以下
外山美砂子
　　　──「スイス刑法改正について──犯罪論を中心に（1）──」捜査研究633号（2004年）56頁以下

トロンブレイ、スティーブン（藤田真利子訳）
　——『優生思想の歴史——生殖への権利』（2000年・明石書店）
内藤　謙
　——「西ドイツ刑法改正事業の現況——連邦議会刑法特別委員会の『報告書』について——」ジュリスト349号（1966年）60頁以下
　——「ドイツ刑法改正事業と一般的『違法性阻却』規定」佐伯千仭博士還暦祝賀『犯罪と刑罰（上）』（1968年・有斐閣）336頁以下〔同『刑法改正と犯罪論（下）』（1976年・有斐閣）546頁以下所収〕
　——「保護法益、性質・分類・順序」平場安治＝平野龍一編『刑法改正の研究2　各則』（1973年・東京大学出版会）38頁以下〔同『刑法理論の史的展開』（2007年・有斐閣）120頁以下所収〕
　——『刑法改正と犯罪論（上）（下）』（1974年／1976年・有斐閣）
　——『西ドイツ新刑法の成立——改正刑法草案との比較法的検討——』（1977年・成文堂）
　——「刑法学説史（一）外国」中山研一ほか編『現代刑法講座　第1巻　刑法の基礎理論』（1977年・成文堂）121頁以下〔同『刑法理論の史的展開』（2007年・有斐閣）526頁以下所収〕
　——「戦後刑法学における行為無価値論と結果無価値論の展開（一）（二・完）」刑法雑誌21巻4号（1977年）1頁以下、22巻1号（1978年）58頁以下〔同『刑法理論の史的展開』（2007年・有斐閣）189頁以下所収〕
　——『刑法講義　総論（上）』（1983年・有斐閣）
　——「法益論の一考察」『団藤重光博士古稀祝賀論文集　第三巻』（1984年・有斐閣）1頁以下〔同『刑法理論の史的展開』（2007年・有斐閣）139頁以下所収〕
　——『刑法講義　総論（中）』（1986年・有斐閣）
中　義勝
　——『誤想防衛論』（1971年・有斐閣）
長井　圓
　——「人格的法益と財産的法益との排他性・流動性」『山中敬一先生古稀祝賀論文集［下巻］』（2017年・成文堂）161頁以下
中川祐夫
　——「一八一三年のバイエルン刑法典（Ⅱ）」龍谷法学3巻1号（1970年）109頁以下
中島茂樹
　——「ドイツ市民革命期における『営業の自由』（一）（二）」名古屋大学法政論集63号（1975年）126頁以下、64号（1975年）155頁以下
中島晋治＝大澤唯治郎（石渡敏一＝勝本勘三郎校閲）
　——『現行刑法對比　改正刑法草案理由　總則編之部』（1898年・法政學會出版）

中田裕康ほか
　　──「20周年記念特別座談会　民法と刑法（３）・完」法学教室243号（2000年）44頁以下
央　忠雄
　　──「醫師の醫療手術と身體侵害罪（一）～（三、完）（醫療手術に因る醫師の刑責問題）」法曹会雑誌３巻４号（1925年）64頁以下、３巻５号（1925年）83頁以下、３巻６号（1925年）68頁以下
仲道祐樹
　　──『行為概念の再定位──犯罪論における行為特定の理論──』（2013年・成文堂）
中村悠人
　　──「法益論と社会侵害性について」生田勝義先生古稀祝賀『自由と安全の刑事法学』（2014年・法律文化社）27頁以下
中山研一
　　──『刑法各論』（1984年・成文堂）
中山茂樹
　　──「人体の一部を採取する要件としての本人の自己決定──憲法上の生命・身体に対する権利の視点から──」産大法学40巻３・４号（2007年）71頁以下
　　──「医科学研究におけるインフォームド・コンセント──若干の法学的課題についての覚書」町野朔＝辰井聡子編『ヒト由来試料の研究利用──試料の採取からバイオバンクまで──』（2009年・上智大学出版）57頁以下
夏目文雄
　　──「犯罪構成要件構造論序説」『愛知大学十周年記念論文集（法政編）』（1956年・愛知大学法経学会）287頁以下
奈良俊夫
　　──「目的的行為論と法益概念」刑法雑誌21巻３号（1976年）17頁以下
新美育文
　　──「医師と患者の関係（一）──説明と同意の法的側面──」名古屋大学法政論集64号（1975年）67頁以下
　　──「判批」唄孝一＝成田頼明編『医事判例百選』（1976年・有斐閣）82頁以下
　　──「医師の説明義務と患者の同意」加藤一郎＝米倉明編『民法の争点Ⅱ（債権総論・債権各論）』（1985年・有斐閣）230頁以下
　　──「町野朔著『患者の自己決定権と法』」年報医事法学２号（1987年）144頁以下
西　英昭
　　──「岡田朝太郎の欧州留学について」法政研究84巻１号（2017年）１頁以下
西貝吉晃
　　──「判批」論究ジュリスト10号（2014年）194頁以下

錦織成史
　　──「民事不法の二元性（一）──ドイツ不法行為法の発展に関する一考察──」法学論叢（京都大学）98巻1号（1975年）25頁以下
西野基継
　　『人間の尊厳と人間の生命』（2016年・成文堂）
西原春夫
　　──「犯罪論における定型的思考の限界」『齊藤金作先生還暦祝賀論文集』（1963年・成文堂）159頁以下〔同『犯罪実行行為論』（1998年・成文堂）28頁以下所収〕
　　──「構成要件の価値的性格──犯罪論における定型的思考の限界・その二──」早稲田法学41巻1号（1965年）161頁以下〔同『犯罪実行行為論』（1998年・成文堂）65頁以下所収〕
　　──「西ドイツの刑法改正論争をめぐって──その一・概説」法律時報37巻1号（1965年）42頁以下〔同『刑事法研究　第一巻』（1967年・成文堂）3頁以下所収〕
　　──「刑法制定史にあらわれた明治維新の性格──日本の近代化におよぼした外国法の影響・裏面からの考察──」比較法学3巻1号（1967年）51頁以下
　　──『犯罪各論　訂補準備版』（1991年・成文堂）
西田典之
　　──『刑法総論〔第2版〕』（2010年・弘文堂）
　　──『刑法各論〔第6版〕』（2012年・弘文堂）
西田典之＝山口厚＝佐伯仁志（編）
　　──『注釈刑法　第1巻　総論　§§1〜72』（2010年・有斐閣）
西山雅明
　　──「社会的相当性の理論──ヴェルツェルをめぐって──」西南学院大学法学論集1巻1号（1968年）165頁以下
　　──「治療行為と刑法」西南学院大学法学論集2巻3号（1969年）29頁以下
　　──「患者の同意と医師の説明義務」刑法雑誌22巻3・4号（1979年）33頁以下
日本刑法学会（編）
　　──『日本刑法学会50年史』（2003年・有斐閣）
ノイロール、J・F（山﨑章甫＝村田宇兵衛訳）
　　──『第三帝国の神話〔新装版〕』（2008年・未來社）
野崎亜紀子
　　──「インフォームド・コンセントの法理の法哲学的基礎づけ」甲斐克則編『医事法講座　第2巻　インフォームド・コンセントと医事法』（2010年・信山社）25頁以下
野村和彦
　　──「バイエルン刑法典について（二）」平成法政研究14巻1号（2009年）201頁以下

野村　稔
　　──『刑法総論　補訂版』（1998年・成文堂）
信澤久美子
　　──「判批」判例地方自治209号（2001年）50頁以下
唄　孝一
　　──「治療行為における患者の意思と医師の説明──西ドイツにおける判例・学説──」『契約法体系Ⅶ（補巻）』（1965年・有斐閣）66頁以下〔同『医事法学への歩み』（1970年・岩波書店）3頁以下所収〕
　　──「治療行為における患者の承諾と医師の説明義務の範囲──第二電気ショック事件──」我妻栄編集代表『ドイツ判例百選』（1969年・有斐閣）96頁以下
　　──「東大における『医事法制講義』事始を中心として──山崎佐先生との"雅談"など」年報医事法学6号（1991年）53頁以下
　　──「インフォームド・コンセントと医事法学」第1回日本医学会特別シンポジウム記録集（1994年）18頁以下〔同『志したこと、求めたもの』（2013年・日本評論社）47頁以下所収〕
　　──「医事法学への轉進──志したこと、求めたもの──」法と精神医療18号（2004年）1頁以下〔同『志したこと、求めたもの』（2013年・日本評論社）160頁以下所収〕
萩原由美恵
　　──「美容整形と医師の刑事責任」法学論叢（中央学院大学）25巻1・2号（2012年）1頁以下
　　──「治験における被験者保護」法学論叢（中央学院大学）29巻2号（2016年）25頁以下
橋爪　隆
　　──「違法論」法律時報81巻6号（2009年）19頁以下
長谷川裕寿
　　──「『合意』と『承諾』との区別の意義（二）（三・完)」明治大学大学院法学研究論集8号（1998年）53頁以下、9号（1998年）37頁以下
　　──「オーストリア刑法学における『被害者態度』と『行為者答責』」明治大学大学院法学研究論集12号（2000年）35頁以下
服部高宏
　　──「ドイツにおける患者の権利の定め方」法学論叢（京都大学）172巻4・5・6号（2013年）255頁以下
花井卓藏
　　──「刑法上醫師ノ權利義務ヲ論ス（一）（二・完)」刑事法評林4巻9号（1912年）1頁以下、4巻10号（1912年）1頁以下〔同『刑法俗論』（1912年・博文社）383頁以下所収〕

――「醫師と法律」法学新報27巻1号（1917年）28頁以下
花井卓藏（編纂）
　　　――『改正新刑法註解』（1908年・東京法律研究會）
塙　　浩
　　　――「カルル五世刑事裁判令（カロリナ）」同『フランス・ドイツ刑事法史　塙浩著作集4』（1992年・信山社）145頁以下
濱真一郎
　　　――「自律への権利は存在するか」法律時報75巻8号（2003年）6頁以下
林　幹人
　　　――「錯誤に基づく被害者の同意」『松尾浩也先生古稀祝賀論文集　上巻』（1998年・有斐閣）233頁以下
　　　――「精神的ストレスと傷害罪」判例時報1919号（2006年）3頁以下〔同『判例刑法』（2011年・東京大学出版会）247頁以下所収〕
　　　――『刑法各論　第2版』（2007年・東京大学出版会）
林美月子
　　　――「PTSDと傷害」神奈川法学36巻3号（2004年）219頁以下
原田慶吉
　　　――「『法學提要希臘語義解』第四巻邦譯」同『法學提要希臘語義解』（1934年・法學協會）
　　　――「民法七〇九條の成立する迄」同著（石井良助編）『日本民法典の史的素描』（1954年・創文社）337頁以下
春木一郎
　　　――「Lex Aquiliaニ付テ」鳩山秀夫編輯『土方教授在職廿五年記念私法論集』（1917年・有斐閣書房）129頁以下
　　　――「十二表法ノiniuriaニ付テ」法学協会雑誌37巻4号（1919年）1頁以下
日沖憲郎
　　　――「法益論」日本刑法学会編『刑事法講座　第1巻　刑法（Ⅰ）』（1952年・有斐閣）125頁以下
樋口範雄
　　　――「判批」宇都木伸ほか編『医事法判例百選』（2006年・有斐閣）120頁以下
樋口亮介
　　　――「ドイツ財産犯講義ノート」東京大学法科大学院ローレビュー Vol. 8（2013年）144頁以下
日髙義博
　　　――「クヌト・アメルンク『ロクシンの刑事政策的刑法体系に対する批判』」専修法学論集38号（1983年）177頁以下〔ベルント・シューネマン原著編（中山研一＝浅田和茂監訳）『現代刑法体系の基本問題』（1990年・成文堂）93頁以下所収〕

平井宜雄
　　──「責任の沿革的・比較法的考察──不法行為責任を中心として──」『岩波講座　基本法学5──責任』（1984年・岩波講座）3頁以下〔同『不法行為法理論の諸相──平井宜雄著作集Ⅱ』（2011年・有斐閣）1頁以下所収〕

平野哲郎
　　──「判批」宇都木伸ほか編『医事法判例百選』（2006年・有斐閣）230頁以下

平野龍（竜）一
　　──「オーストリア刑法草案について──改正刑法準備草案との関連で──」法律時報34巻3号（1962年）72頁以下〔同『犯罪者処遇法の諸問題〔増補版〕刑事法研究　第6巻』（1982年・有斐閣）188頁以下所収〕
　　──「現代における刑法の機能」同編『岩波講座　現代法11　現代法と刑罰』（1965年・岩波書店）3頁以下〔同『刑法の基礎』（1966年・東京大学出版会）93頁以下所収〕
　　──「刑法の基礎⑭　その他の違法阻却事由」法学セミナー134号（1967年）41頁以下
　　──「ドイツ刑法の改正」鈴木禄弥＝五十嵐清＝村上淳一編『概観ドイツ法』（1971年・東京大学出版会）271頁以下
　　──『刑法　総論Ⅱ』（1975年・有斐閣）
　　──『刑法概説』（1977年・東京大学出版会）
　　──「結果無価値と行為無価値」法学教室37号（1983年）20頁以下〔同『刑法の機能的考察』（1984年・有斐閣）15頁以下所収〕

平沼騏一郎
　　──『刑法總論　完』（1905年・日本大學）
　　──『刑法汎論　完』（1906年・東京法學院大學）

平場安治
　　──「構成要件理論の再構成」瀧川先生還暦記念『現代刑法學の課題　下』（1955年・有斐閣）535頁以下〔同『刑法における行為概念の研究』（1961年・有信堂）83頁以下所収〕

廣峰正子
　　──「民刑峻別の軌跡」立命館法学327・328号（2009年）710頁以下

深町晋也
　　──「危険引受け論について」本郷法政紀要9号（2000年）121頁以下
　　──「『一連の行為』論について──全体的考察の意義と限界──」立教法務研究3号（2010年）93頁以下

福田平
　　──「社会的相当性」日本刑法学会編『刑法講座　第2巻』（1963年・有斐閣）106頁以下〔同『目的的行為論と犯罪理論』（1964年・有斐閣）133頁以下所収〕
　　──「社会的相当性とはなにか。」福田平＝大塚仁『新版　刑法の基礎知識（1）』

(1982年・有斐閣) 119頁以下
　　――「わが刑法学とドイツ刑法学との関係」一橋論叢97巻6号(1987年) 1頁以下
　　――『全訂　刑法各論〔第三版増補〕』(2002年・有斐閣)
　　――『全訂　刑法総論〔第五版〕』(2011年・有斐閣)
藤木英雄
　　――「社会的相当行為雑考」警察研究28巻1号(1957年)44頁以下〔同『可罰的違法性の理論』(1967年・有信堂)51頁以下所収〕
　　――「過失犯の考察(一)～(三・完)」法学協会雑誌74巻1号(1957年) 1頁以下、74巻3号(1957年) 22頁以下、74巻4号(1957年)18頁以下〔同『過失犯の理論』(1969年・有信堂) 3頁以下所収〕
　　――「「社会的相当行為」理論の労働刑法への適用について」警察研究31巻1号(1960年)25頁以下〔同『可罰的違法性の理論』(1967年・有信堂)89頁以下所収〕
　　――「超法規的違法阻却事由について」警察学論集16巻6号(1963年)24頁以下
　　――「可罰的違法性の理論」法学協会雑誌83巻7・8号(1966年)62頁以下〔同『可罰的違法性の理論』(1967年・有信堂) 1頁以下所収〕
　　――「可罰的違法性の理論について」書研所報17号(1968年) 1頁以下
　　――「『許された危険』と未必の故意」研修242号(1968年) 3頁以下
　　――『刑法各論――現代型犯罪と刑法』(1972年・有斐閣)
　　――『可罰的違法性』(1975年・学陽書房)
　　――『刑法講義　総論』(1975年・弘文堂)
　　――『刑法講義　各論』(1976年・弘文堂)
富士見産婦人科病院被害者同盟＝富士見産婦人科病院被害者同盟原告団(編)
　　――『富士見産婦人科病院事件　私たちの30年のたたかい』(2010年・一葉社)
藤本　直
　　――「醫師の手術と身體傷害罪の問題に就て(一)～(三)」法学新報41巻2号(1931年) 1頁以下、41巻3号(1931年)71頁以下、41巻5号(1931年)72頁以下
　　――「醫師の手術と身體傷害罪(Ⅰ)～(Ⅳ・完)」司法協会雑誌11巻4号(1932年)16頁以下、11巻5号(1932年)54頁以下、11巻6号(1932年)48頁以下、11巻7号(1932年)60頁以下
　　――『断種法』(1941年・岩波書店)
船田亨二
　　――『ローマ法　第三巻　私法第二分冊　債権〔改版〕』(1970年・岩波書店)
振津隆行
　　――「オーストリア刑法学研究序説(1)(2)――オーストリアにおける犯罪論の展開について――」商学討究34巻2号(1983年)85頁以下、34巻4号(1984年)43頁以下〔同『刑事不法論の展開』(2004年・成文堂) 1頁以下所収〕

不破武夫
　　──『刑事責任論』（1948年・弘文堂）
プリースト、S.（河野哲也ほか訳）
　　──『心と身体の哲学』（1999年・勁草書房）
ヘーゲル、G・W・F（長谷川宏訳）
　　──『法哲学講義』（2000年・作品社）
法務省大臣官房司法法制部(編)
　　──『ドイツ刑法典』（2007年・法曹会）
法務大臣官房司法法制調査部(編)
　　──『スイス刑法典』法務資料385号（1964年）
　　──『一九七四年オーストリア刑法典』法務資料423号（1975年）
　　──『ドイツ刑法典』法務資料439号（1982年）
保木本一郎
　　──「芸術の自由の憲法的統制──メフィスト決定──」ドイツ憲法判例研究会編『ドイツの憲法判例（第2版）』（2003年・信山社）190頁以下
マウ、H. ＝クラウスニック、H.(内山敏訳)
　　──『ナチスの時代──ドイツ現代史──』（1961年・岩波書店）
前田雅英
　　──「許された危険」中山研一ほか編『現代刑法講座　第3巻　過失から罪数まで』（1979年・成文堂）25頁以下
　　──『可罰的違法性論の研究』（1982年・東京大学出版会）
　　──「インフォームド・コンセントの法的側面──刑法の視点から」現代のエスプリ339号（1995年）48頁以下
　　──「自己決定権はどこまで患者を守れるか──刑事法の視点」法と精神医療10号（1996年）87頁以下
　　──『刑法総論講義　第5版』（2011年・東京大学出版会）
　　──『刑法総論講義　第6版』（2015年・東京大学出版会）
牧野英一
　　──「スイスの新統一刑法典（上）」警察研究10巻5号（1939年）1頁以下〔同『刑法研究　第十』（1942年・有斐閣）155頁以下所収〕
　　──「刑法の革新とナチス刑法綱領（一）～（五・完）」警察研究11巻1号（1940年）1頁以下、11巻2号（1940年）1頁以下、11巻3号（1940年）1頁以下、11巻4号（1940年）1頁以下、11巻5号（1940年）1頁以下〔同『改正刑法假案とナチス刑法綱領』（1941年・有斐閣）121頁以下所収〕
　　──『刑法總論　上巻〔全訂版〕』（1958年・有斐閣）
桝本妙子
　　──『健康社会学への誘い──地域看護の視点から──』（2006年・世界思想社）

町野　朔
　　――「刑法解釈論からみた治療行為（一）（二）」法学協会雑誌87巻４号（1970年）29頁以下、88巻９・10号（1971年）１頁以下〔同『患者の自己決定権と法』（1986年・東京大学出版会）所収〕
　　――「判批」我妻栄編輯代表『続刑法判例百選』（1971年・有斐閣）258頁以下
　　――「患者の自己決定権」ジュリスト568号（1974年）44頁以下
　　――「患者の自己決定権と刑法」刑法雑誌22巻３・４号（1979年）34頁以下〔同『生と死、そして法律学』（2014年・信山社）167頁以下所収〕
　　――「治療行為における患者の意思（一）（二）――刑法上の違法阻却論との関連において――」上智法学論集22巻２号（1979年）65頁以下、24巻２号（1981年）41頁以下〔同『患者の自己決定権と法』（1986年・東京大学出版会）所収〕
　　――「被害者の承諾」西原春夫ほか編『判例刑法研究　第２巻』（1981年・有斐閣）165頁以下
　　――「同意傷害――連邦通常裁判所一九五三年一月二九日判決 BGHSt 4, 24」警察研究53巻１号（1982年）82頁以下〔堀内捷三＝町野朔＝西田典之編『判例によるドイツ刑法（総論）』（1987年・良書普及会）36頁以下所収〕
　　――「治療行為と患者の同意――連邦通常裁判所一九五七年一一月二八日判決 RGSt 11, 111」〔ママ〕警察研究53巻１号（1982年）88頁以下〔堀内捷三＝町野朔＝西田典之編『判例によるドイツ刑法（総論）』（1987年・良書普及会）43頁以下所収〕
　　――「違法阻却事由としての業務行為――スイス刑法三二条を中心として――」『団藤重光博士古稀祝賀論文集　第一巻』（1983年・有斐閣）201頁以下
　　――『患者の自己決定権と法』（1986年・東京大学出版会）
　　――「構成要件の理論（その１）～（その３・完）」法学セミナー378号（1986年）66頁以下、379号（1986年）90頁以下、380号（1986年）86頁以下〔芝原邦爾ほか編『刑法理論の現代的展開――総論Ｉ』（1987年・日本評論社）１頁以下、町野朔『犯罪論の展開Ｉ』（1989年・有斐閣）43頁以下所収〕
　　――「患者の自己決定権」日本医事法学会編『医事法学叢書　第１巻　医師・患者の関係』（1986年・日本評論社）39頁以下〔同『生と死、そして法律学』（2014年・信山社）145頁以下所収〕
　　――「生命・身体に対する罪」小暮得雄ほか編『刑法講義各論――現代型犯罪の体系的位置づけ』（1988年・有斐閣）13頁以下
　　――『犯罪各論の現在』（1996年・有斐閣）
　　――「自己決定と他者決定」年報医事法学15号（2000年）44頁以下〔同『生と死、そして法律学』（2014年・信山社）185頁以下所収〕
町野朔＝秋山秀樹＝中島一憲
　　――「座談会――インフォームド・コンセントをめぐる諸問題」現代のエスプリ339号（1995年）15頁以下

町野朔＝山本輝之＝辰井聡子(編)
　　──『移植医療のこれから』（2011年・信山社）
松尾浩也(増補解題)
　　──『増補　刑法沿革綜覧　日本立法資料全集　別巻2』（1990年・信山社）
松尾浩也ほか
　　──「〈座談会〉これからの刑事法学」ジュリスト655号（1978年）192頁以下
松倉豊治
　　──「判批」判例タイムズ318号（1975年）91頁以下〔同『医学と法律の間』（1977年・判例タイムズ社）180頁以下所収〕
松原久利
　　──「刑事法学の動き　田中優輝『被害者による危険の引受けについて（1）～（5・完）』」法律時報87巻8号（2015年）109頁以下
　　──「医療事故調査制度と医師の刑事責任」『浅田和茂先生古稀祝賀論文集［上巻］』（2016年・成文堂）377頁以下
松原芳博
　　──「立法化の時代における刑法学」井田良＝松原芳博編『立法学のフロンティア3　立法実践の変革』（2014年・ナカニシヤ出版）123頁以下
　　──『刑法各論』（2016年・日本評論社）
　　──「刑事違法論と法益論の現在」法律時報88巻7号（2016年）23頁以下
　　──『刑法総論　第2版』（2017年・日本評論社）
松宮孝明
　　──「ドイツにおける過失犯論の変遷と『許された危険論』の役割（一）（二・完）」法学論叢（京都大学）115巻2号（1984年）28頁以下、115巻3号（1984年）32頁以下〔同『刑事過失論の研究　補正版』（2004年・成文堂）1頁以下所収〕
　　──「患者の自己決定権と治療拒否権」南山法学11巻3号（1988年）95頁以下
　　──「法益論の意義と限界を論ずる意味──問題提起に代えて──」刑法雑誌47巻1号（2007年）1頁以下
　　──「構成要件の概念とその機能」『三井誠先生古稀祝賀論文集』（2012年・有斐閣）23頁以下
松本和彦
　　──『基本権保障の憲法理論』（2001年・大阪大学出版会）
　　──「身体の不可侵の権利と立法者の改善義務──航空機騒音決定──」ドイツ憲法判例研究会編『ドイツの憲法判例（第2版）』（2003年・信山社）78頁以下
松本時夫
　　──「傷害の意義」石川弘＝松本時夫編『刑事裁判実務大系　第9巻　身体的刑法犯』（1992年・青林書院）278頁以下

丸山英二
　──「判批」宇都木伸ほか編『医事法判例百選』（2006年・有斐閣）66頁以下
丸山正次
　──『醫師の診療過誤に就て』（1934年・司法省調査課）
溝淵正氣＝藤田次郎（龜山貞義校閲）
　──『新舊對象刑法草案理由書　完』（1898年・法典實習會）
三田奈穂
　──「『各国刑法比照』をめぐる一考察」法学政治学論究92号（2013年）35頁以下
美根慶樹
　──『スイス　歴史が生んだ異色の憲法』（2003年・ミネルヴァ書房）
宮内　裕
　──「違法性の阻却」日本刑法学会編『刑事法講座　第1巻　刑法（Ⅰ）』（1952年・有斐閣）217頁以下
宮崎澄夫
　──「ラートブルッフ刑法草案について」法学研究（慶應義塾大学）28巻8号（1955年）1頁以下
宮澤(沢)浩一
　──「開かれた構成要件と法義務のメルクマール（一）～（四・完）」法学研究（慶應義塾大学）33巻11号（1960年）47頁以下、34巻10号（1961年）44頁以下、34巻11号（1961年）34頁以下、34巻12号（1961年）31頁以下〔同『刑事法論集　第一巻　刑法の思考と論理』（1975年・成文堂）139頁以下所収〕
　──「社会的行為論──学説史的にみて──」綜合法学5巻12号（1962年）32頁以下〔同『刑事法論集　第一巻　刑法の思考と論理』（1975年・成文堂）333頁以下所収〕
　──「オーストリア刑事法学の一断面──第二次大戦後の雑誌論文目録──」法学研究（慶應義塾大学）41巻12号（1968年）51頁以下
　──「比較法的研究──スイス」平場安治＝平野龍一編『刑法改正の研究1　概論・総則』（1972年・東京大学出版会）103頁以下
　──「西ドイツ刑事法学の研究体制　付　オーストリアおよびドイツ語圏スイスの状況」法学研究（慶應義塾大学）47巻3号（1974年）70頁以下
　──「日数罰金制の意義と現実──西ドイツの新刑法典を中心にして──」法学研究（慶應義塾大学）49巻1号（1976年）61頁以下
　──「刑法学研究の基礎──一九世紀ドイツ刑法学の論文集成を終えて──」法学研究（慶應義塾大学）51巻5号（1978年）51頁以下
　──「比較刑事法の研究方法について」研修367号（1979年）31頁以下
　──「オーストリア刑事法学の一断面──第二次大戦後の雑誌論文目録──（追録Ⅱ）──」法学研究（慶應義塾大学）52巻5号（1979年）51頁以下
　──「スイス刑法学研究の基礎」研修385頁（1980年）3頁以下

──『外国刑事法文献集成 2　スイス刑法雑誌』（1981年・成文堂）

──「比較刑法研究のための基礎作業」井上正治博士還暦祝賀『刑事法学の諸相（上）』（1981年・有斐閣）169頁以下

──「バーゼル刑法大注釈書」捜査研究626号（2003年）60頁以下

宮沢浩一＝臼井滋夫

──「ドイツ刑法沿革略史」法務大臣官房司法法制調査部編『ドイツ刑法典』法務資料424号（1975年）1頁以下

宮沢俊義（編）

──『世界憲法集　第四版』（1983年・岩波書店）

宮野　彬

──「生きる価値のない生命を絶つことの許容性──ビンディングとホッヘの見解を中心に──」鹿児島大学法文学部紀要法学論集3号（1967年）130頁以下

──「ナチスドイツの安楽死思想──ヒトラーの安楽死計画──」鹿児島大学法文学部紀要法学論集4号（1968年）119頁以下

──「判批」平野龍一編『刑法判例百選Ⅰ総論』（1978年・有斐閣）76頁以下

──「被害者の承諾」中山研一ほか編『現代刑法講座　第2巻　違法と責任』（1979年・成文堂）109頁以下

──『安楽死から尊厳死へ』（1984年・弘文堂）

宮本英脩

──「法益論」京都法学会雑誌12巻3号（1917年）32頁以下〔同（鈴木茂嗣編）『宮本英脩著作集　第六巻　刑事法論文集（一）』（1990年・成文堂）235頁以下所収〕

三代川邦夫

──『被害者の危険の引受けと個人の自律』（2017年・立教大学出版会）

武藤眞朗

──「治療行為と傷害の構成要件該当性──専断的治療行為と患者の自己決定権に関する研究の予備作業──」早稲田大学大学院法研論集54号（1990年）243頁以下

──「治療行為の違法性と正当化──患者の承諾の意義──」早稲田大学大学院法研論集59号（1991年）195頁以下

──「人工的栄養補給の停止と患者の意思──ドイツにおける判例を素材として──」東洋法学49巻1号（2005年）1頁以下

──「医師の説明義務と患者の承諾──『仮定的承諾』序説──」東洋法学49巻2号（2006年）5頁以下

──「手術と刑事責任」中山研一＝甲斐克則編『新版　医療事故の刑事判例』（2010年・成文堂）151頁以下

──「ドイツにおける治療中止──ドイツにおける世話法改正と連邦通常裁判所判例をめぐって──」甲斐克則編『医事法講座　第4巻　終末期医療と医事法』（2013年・信山社）185頁以下

──「犯罪論における『被害者の意思』の意義」『曽根威彦先生・田口守一先生古稀祝賀論文集〔上巻〕』（2014年・成文堂）281頁以下

村上淳一
　　──「倫理的自律としての私的自治」法学協会雑誌97巻7号（1980年）98頁以下
　　──「近代ドイツの経済発展と私的自治──『営業の自由』を中心として──」加藤一郎編『民法学の歴史と課題』（1982年・東京大学出版会）351頁以下

村上淳一＝守矢健一／Marutschke, Hans Peter
　　──『ドイツ法入門〔改訂第8版〕』（2012年・有斐閣）

村田保（編）
　　──『各國刑法比照　二』（1883年・慶應義塾大学図書館所蔵版）

村山淳子
　　──「ドイツの医療法制──医療と法の関係性の分析──」西南学院大学法学論集43巻3・4号（2011年）235頁以下
　　──「ドイツ2013年患者の権利法の成立──民法典の契約法という選択──」西南学院大学法学論集46巻3号（2014年）117頁以下
　　──『医療契約論──その典型的なるもの』（2015年・日本評論社）

メルロ＝ポンティ、モーリス（中島盛夫訳）
　　──『知覚の現象学〔改装版〕』（2015年・法政大学出版局）

泉二新熊
　　──『日本刑法論上巻（總論）〔訂正第四十版〕』（1927年・有斐閣）

森永真綱
　　──「被害者の承諾における欺罔・錯誤（一）（二・完）」関西大学法学論集52巻3号（2002年）199頁以下、53巻1号（2003年）204頁以下
　　──「欺罔により得られた法益主体の同意」川端博ほか編『理論刑法学の探究④』（2011年・成文堂）135頁以下

八木国之
　　──「被害者の承諾と傷害罪の成立」我妻栄編集代表『続学説展望──法律学の争点──』（1965年・有斐閣）160頁以下

薮中 悠
　　──「刑法における傷害概念と精神的障害──オーストリア刑法における議論を中心に──」法学政治学論究97号（2013年）93頁以下
　　──「刑法二〇四条の成立過程にみる傷害概念──精神的障害に関する議論を中心に──」法学政治学論究98号（2013年）37頁以下
　　──「ドイツ刑法における傷害概念と精神的障害」法学政治学論究99号（2013年）37頁以下

山岡萬之助
　　──「醫師ノ業務上ニ於ケル過失ノ責任」法学新報23巻6号（1913年）60頁以下

山川秀道
　　——「医師の説明義務違反と（危険）傷害罪との関係」広島法学36巻4号（2013年）112頁以下
山口　厚
　　——『問題探究　刑法総論』（1998年・有斐閣）
　　——『問題探究　刑法各論』（1999年・有斐閣）
　　——「薬害エイズ事件三判決と刑事過失論」ジュリスト1216号（2002年）10頁以下
　　——『刑法総論　補訂版』（2005年・有斐閣）
　　——「法益侵害と法益主体の意思」同編『クローズアップ刑法各論』（2007年・成文堂）1頁以下
　　——『刑法各論　第2版』（2010年・有斐閣）
　　——『新判例から見た刑法〔第3版〕』（2015年・有斐閣）
　　——『刑法総論　第3版』（2016年・有斐閣）
山崎　佐
　　——『醫事法制學』（1920年・克誠堂書店）
山崎喜比古
　　——「健康・病気と保健・医療の新しい見方」同編『健康と医療の社会学』（2001年・東京大学出版会）33頁以下
山下　登
　　——「医師の説明義務をめぐる最近の論議の展開（1）～（3）——ドイツの判例・学説を中心として——」六甲台論集30巻1号（1983年）96頁以下、30巻3号（1983年）33頁以下、31巻3号（1984年）68頁以下
山田　晟
　　——『ドイツ法概論Ⅰ〔第3版〕』（1985年・有斐閣）
山中敬一
　　——「被害者の同意における意思の欠缺」関西大学法学論集33巻3・4・5号（1983年）271頁以下
　　——「ナチス刑法における『法の革新』の意義——その解明の試み——」ナチス研究班『ナチス法の思想と現実〔研究叢書第3冊〕』（1989年・関西大学法学研究所）159頁以下〔同『近代刑法の史的展開』（2017年・信山社）193頁以下所収〕
　　——「ドイツにおける近代犯罪論の生成の現代的意義」法律時報84巻1号（2012年）22頁以下〔同『近代刑法の史的展開』（2017年・信山社）179頁以下所収〕
　　——「医療侵襲に対する患者の同意」関西大学法学論集61巻5号（2012年）1頁以下〔同『医事刑法概論Ⅰ（序論・医療過誤）』（2014年・成文堂）105頁以下所収〕
　　——「医師の説明義務（1）（2・完）」関西大学法学論集61巻6号（2012年）1頁以下、62巻1号（2012年）1頁以下〔同『医事刑法概論Ⅰ（序論・医療過誤）』（2014年・成文堂）235頁以下所収〕

──「医療過誤と客観的帰属──医療水準論を中心に──」関西大学法学論集62巻2号（2012年）64頁以下〔同『医事刑法概論Ⅰ（序論・医療過誤）』（2014年・成文堂）375頁以下所収〕
　　──「身体・死体に対する侵襲の刑法上の意義（1）〜（3・完）」関西大学法学論集63巻2号（2013年）1頁以下、63巻3号（2013年）44頁以下、63巻4号（2013年）37頁以下
　　──『医事刑法概論Ⅰ（序論・医療過誤）』（2014年・成文堂）
　　──「臨死介助における同一法益主体内の利益衝突について──推定的同意論および緊急避難論の序論的考察──」近畿大学法学62巻3・4号（2015年）265頁以下
　　──『刑法総論〔第3版〕』（2015年・成文堂）
山本啓一ほか
　　──「ドイツの医療過誤裁判における傷害罪関係判例」犯罪学雑誌65巻5号（1999年）207頁以下
吉田克己
　　──「身体の法的地位（一）（二・完）」民商法雑誌149巻1号（2013年）1頁以下、149巻2号（2013年）115頁以下
　　──「法は身体をどのように捉えるべきか」法社会学80号（2014年）129頁以下
吉田敏雄
　　──「被害者の自己答責的自己危殆化、承諾及び推定的承諾（2）」法学研究（北海学園大学）52巻3号（2016年）45頁以下
ヨナス、ハンス（加藤尚武監訳）
　　──『責任という原理──科学技術文明のための倫理学の試み──〔新装版〕』（2010年・東信堂）
米田泰邦
　　──『医療行為と刑法』（1985年・一粒社）
　　──「手術と刑事責任」中山研一＝泉正夫編『医療事故の刑事判例　第二版』（1993年・成文堂）155頁以下
米村滋人
　　──「医療過誤」能見善久＝加藤新太郎編『論点体系　判例民法〈第2版〉　7　不法行為Ⅰ』（2013年・第一法規）214頁以下
　　──「再論・『患者の自己決定権と法』」町野朔先生古稀記念『刑事法・医事法の新たな展開　下巻』（2014年・信山社）83頁以下
　　──『医事法講義』（2016年・日本評論社）
ロゼナウ／ローゼナウ、ヘニング
　　──「同意無能力者に対する研究」比較法学43巻3号（2010年）187頁以下〔甲斐克則＝福山好典訳〕
　　──「承諾無能力者、限定承諾能力者の承諾の有効性シンポジウム報告──承諾無能

力者に対する説明と同意——」比較法雑誌46巻1号（2012年）333頁以下〔只木誠監訳＝菅沼真也子訳〕

二 外国語文献一覧

Aebi-Müller, Regina E. u. a.
—— Arztrecht, Bern 2016

Allfeld, Philipp
—— Lehrbuch des Deutschen Strafrechts, 8. Aufl., Leipzig/Erlangen 1922

Amada, Yu
—— Die Lehre des ärztlichen Heileingriffs im Strafrecht-Problemübersicht aus der Perspektive des deutschen und japanischen Rechts-, in: *Rosenau, Henning/ Schön, Oliver* (Hrsg.), Japanisches Recht im Vergleich, Frankfurt am Main 2014, S. 85 ff.

Amelung, Knut
—— Rechtsgüterschutz und Schutz der Gesellschaft, Frankfurt am Main 1972〔紹介として、甲斐克則「クヌート・アメルンク著『法益保護と社会の保護』（一）〜（三・完）」九大法学45号（1983年）199頁以下、46号（1983年）33頁以下、47号（1984年）251頁以下〕

—— Die Einwilligung in die Beeinträchtigung eines Grundrechtsgutes, Berlin 1981〔紹介として、山名京子＝川口浩一「クヌート・アーメルンク『基本権に関連する法益侵害への同意——基本法解釈論と刑法解釈論の限界領域における研究——』（一）（二）（紹介）」関西大学大学院法学ジャーナル38号（1984年）105頁以下、41号（1985年）40頁以下〕

—— Rechtsgutverletzung und Sozialschädlichkeit, in: *Jung, Heike/Müller-Dietz, Heinz/Neumann, Ulfrid* (Hrsg.), Recht und Moral, Baden-Baden 1991, S. 269 ff.〔邦訳として、クヌト・アメルンク（日髙義博訳）「法益侵害と社会侵害性」専修法学論集57号（1992年）239頁以下〔日髙義博『違法性の基礎理論』（2005年・成文堂）226頁以下所収〕〕

—— Über die Einwilligungsfähigkeit (Teil I), ZStW 104 (1992), S. 525 ff.〔関連する邦訳として、クヌート・アメルンク（甲斐克則訳）「承諾能力について」広島法学18巻4号（1995年）209頁以下〕

—— Über die Einwilligungsfähigkeit, Kansai University Review of Law and Politics 16 (1995), S. 61 ff.〔邦訳として、クヌート・アメルング（山中敬一訳）「同意能力について」関西大学法学論集45巻4号（1995年）163頁以下〕

—— Willensmängel bei der Einwilligung als Tatzurechnungsproblem, ZStW 109 (1997), S. 490 ff.〔紹介として、須之内克彦「アメルンク, K.：行為帰責問題としての同意の際の意思の欠缺」愛媛大学法文学部論集6号（1999年）115頁以下〕

―― Irrtum und Täuschung als Grundlage von Willensmängeln bei der Einwilligung des Verletzten, Berlin 1998
―― Buchbesprechungen von Thomas Rönnau, Willensmängel bei der Einwilligung im Strafrecht, ZStW 115 (2003), S. 710 ff.

Amelung, Knut/Lorenz, Jörn
―― Mensch und Person als Schutzobjekte strafrechtlicher Normen, insbesondere bei der Körperverletzung, in: Festschrift für Harro Otto, Köln/Berlin/München 2007, S. 527 ff.

Amtlicher Entwurf eines Allgemeinen Deutschen Strafgesetzbuchs nebst Begründung 1925, Berlin 1925; *Amtlicher Entwurf* eines Allgemeinen Deutschen Strafgesetzbuchs nebst Begründung 1925 (Reichsratsvorlage) (Nachdruck), in: Materialien zur Strafrechtsreform 3. Bd., Bonn 1954 〔邦訳として、司法省調査課編『一九二五年獨逸刑法草案並に理由書（總則篇）』司法資料79号（1925年）、同編『一九二五年獨逸刑法草案並に理由書（各論篇）』司法資料84号（1926年）〕

Arzt, Gunther
―― Willensmängel bei der Einwilligung, Frankfurt am Main/Athenäum 1970
―― Die Aufklärungspflicht des Arztes aus strafrechtlicher Sicht, in: *Wiegand, Wolfgang* (Hrsg.), Arzt und Recht, Bern 1985, S. 49 ff.
―― Heileingriffe aufgrund einer Blanko-Einwilligung bezüglich der Person des Arztes, in: Festschrift für Jürgen Baumann, Bielefeld 1992, S. 201 ff.

von Bar, Ludwig
―― Zur Frage der strafrechtlichen Verantwortlichkeit des Arztes, GS 60 (1902), S. 81 ff.
―― Gesetz und Schuld im Strafrecht, Bd. III, Berlin 1909

Bauer, Anton
―― Lehrbuch des Strafrechtes, 2. Aufl., Göttingen 1833

Bauer, Karl Heinrich
―― Rechtsfragen in der Chirurgie, Universitätstage (1964), S. 199 ff.

Bauer, Wolfgang
―― Die strafrechtliche Beurteilung des ärztlichen Heileingriffs, Hamburg 2008

Baumann, Jürgen
―― Körperverletzung oder Freiheitsdelikt?-Zum Urteil des BGH v. 28. 11. 1957, NJW 1958, S. 2092 ff.

Baumann, Jürgen u. a.
―― Alternativ-Entwurf eines Strafgesetzbuches 1966, Allgemeiner Teil, Tübingen 1966 〔邦訳として、法務省検事局編『一九六六年ドイツ刑法草案総則対案』刑事基本法令改正資料12号（1968年）、同編『一九六六年ドイツ刑法草案総則対案理

由書』刑事基本法令改正資料15号（1969年）〕
—— Alternativ-Entwurf eines Strafgesetzbuches, Besonderer Teil, Straftaten gegen die Person, 1. Halbband, Tübingen 1970

Begründung zum Entwurf eines Deutschen Strafgesetzbuchs von 1936, in: *Regge, Jürgen／Schubert, Werner* (Hrsg.), Quellen zur Reform des Straf- und Strafprozeßrechts, II. Abteilung, NS-Zeit (1933-1939) -Strafgesetzbuch, Bd. 1. Entwürfe eines Strafgesetzbuchs, 2. Teil, Berlin/New York 1990, S. 1 ff.

Behr, Albert
—— Ärztlich-operativer Eingriff und Strafrecht, München 1902
—— Medizin und Strafrecht, GS 62 (1903), S. 400 ff.

Beling, Ernst
—— Die Lehre vom Verbrechen, Tübingen 1906
—— Die strafrechtliche Verantwortlichkeit des Arztes bei Vornahme und Unterlassung operativer Eingriffe, ZStW 44 (1924), S. 220 ff.
—— Die Lehre vom Tatbestand, Tübingen 1930〔紹介として、佐伯千仭「ベーリング『タートベシュタンド論』」法学論叢（京都大学）26巻2号（1931年）125頁以下〕

Berner, Albert Friedrich
—— Lehrbuch des Deutschen Strafrechtes, 18. Aufl., Leipzig 1898 (Nachdruck: Aalen 1986)

Bernsmann, Klaus／Geilen, Gerd
—— in: *Wenzel, Frank* (Hrsg.), Handbuch des Fachanwalts Medizinrecht, 3. Aufl., Köln 2013, Kap. 4 B

Bertel, Christian
—— in: Wiener Kommentar zum Strafgesetzbuch, 2. Aufl., 17. Lfg., Wien 2000, § 110

Bertel, Christian／Schwaighofer, Klaus／Venier, Andreas
—— Österreichisches Strafrecht Besonderer Teil I, 13. Aufl., Wien 2015

Beseler, Georg
—— Kommentar über das Strafgesetzbuch für die Preußischen Staaten und das Einführungsgesetz vom 14. April 1851, Leipzig 1851

Beulke, Werner
—— Züchtigungsrecht-Erziehungrecht-strafrechtliche Konsequenzen der Neufassung des § 1631 Abs. 2 BGB, in: Festschrift für Ernst-Walter Hanack, Berlin/New York 1999, S. 539 ff.

Binding, Karl
—— Handbuch des Strafrechts, 1. Bd., Leipzig 1885
—— Lehrbuch des Gemeinen Deutschen Strafrechts, Besonderer Teil, 1. Bd., 2. Aufl., Leipzig 1902

Binding, Karl/Hoche, Alfred
　―― Die Freigabe der Vernichtung lebensunwerten Lebens, Leipzig 1920, 2. Aufl., Leipzig 1922〔初版の部分訳として、中野峯夫「ビンディングの『殺人の許容』」法学論叢（京都大学）11巻5号（1924年）110頁以下。第2版の全訳およびその批判的検討として、カール・ビンディング＝アルフレート・ホッヘ／森下直貴＝佐野誠訳著『「生きるに値しない命」とは誰のことか――ナチス安楽死思想の原典を読む――』（2001年・窓社）〕

Blei, Hermann
　―― Strafrecht II. Besonderer Teil, 12. Aufl., München 1983

Bockelmann, Paul
　―― Rechtliche Grundlagen und rechtliche Grenzen der ärztlichen Aufklärungspflicht, NJW 1961, S. 945 ff.
　―― Operativer Eingriff und Einwilligung des Verletzten, JZ 1962, S. 525 ff.
　―― Das Strafrecht des Arztes, in: *Ponsold, Albert* (Hrsg.), Lehrbuch der Gerichtlichen Medizin, 3. Aufl., Stuttgart 1967, S. 1 ff.
　―― Strafrecht des Arztes, Stuttgart 1968〔紹介として、金沢文雄「パウル・ボッケルマン著『医師の刑法』」判例タイムズ248号（1970年）63頁以下〕
　―― Strafrecht Besonderer Teil/2, München 1977
　―― Der ärztliche Heileingriff in Beiträgen zur Zeitschrift für die gesamte Strafrechtswissenschaft im ersten Jahrhundert ihres Bestehens, ZStW 93 (1981), S. 105 ff.

Botschaft zur Änderung des Schweizerischen Strafgesetzbuches (Allgemeine Bestimmungen, Einführung und Anwendung des Gesetzes) und des Militärstrafgesetzes sowie zu einem Bundesgesetz über das Jugendstrafrecht vom 21 September 1998, BBl. 1999, S. 1979 ff.

Bottke, Wilfried
　―― Suizid und Strafrecht, Berlin 1982

Brückmann, Arthur
　―― Neue Versuche zum Problem der strafrechtlichen Verantwortlichkeit des Arztes für operative Eingriffe: Negatives und Positives, ZStW 24 (1904), S. 657 ff.

Bruckmüller, Karin/Schumann, Stefan
　―― Die Heilbehandlung im österreichischen Strafrecht, in: *Roxin, Claus/Schroth, Ulrich* (Hrsg.), Handbuch des Medizinstrafrechts, 4. Aufl., Stuttgart/München/Hannover/Berlin/Weimar/Dresden 2010, S. 813 ff.

Brüggemeier, Gert
　―― Deliktsrecht, Baden-Baden 1986

Burgstaller, Manfred/Schütz, Hannes
　── in: Wiener Kommentar zum Strafgesetzbuch, 2. Aufl., 50. Lfg., Wien 2004, § 90
Buschmann, Arno（Hrsg.）
　── Textbuch zur Strafrechtsgeschichte der Neuzeit, München 1998
Bussmann, Daniel
　── Die strafrechtliche Beurteilung von ärztlichen Heileingriffen, Winterthur 1984
Codex Juris Bavarici Criminalis de Anno Mdccli, 1756（Neu herausgegeben von *Schmid, Werner,* Frankfurt am Main 1988）
Cramer, Peter
　── Ein Sonderstraftatbestand für die eigenmächtige Heilbehandlung: Einige Bemerkungen zu §§ 229, 230 des Entwurfs eines 6. Gesetzes zur Reform des Strafrechts（6. StrRG）, in: Festschrift für Theodor Lenckner, München 1998, S. 761 ff.
Damm, Reinhard
　── Informed consent zwischen Indikations- und Wunschmedizin: Eine medizinrechtliche Betrachtung, in: *Kettner, Matthias*（Hrsg.）, Wunscherfüllende Medizin, Frankfurt am Main/New York 2009, S. 183 ff.
Damm, Reinhard/Schulte in den Bäumen, Tobias
　── Indikation und informed consent-Indikatoren eines Gestaltwandels von Medizin und Medizinrecht, KritV 2005, S. 101 ff.
Delnon, Vera/Rüdy, Bernhard
　── in: Basler Kommentar, Strafrecht II, 3. Aufl., Basel 2013, Art. 181
Deutsch, Erwin
　── Das Persönlichkeitsrecht des Patienten, AcP 192（1992）, S. 161 ff.
Deutsch, Erwin/Ahrens, Hans-Jürgen
　── Deliktsrecht, 6. Aufl., München 2014〔第 4 版の邦訳として、E. ドイチュ＝H.-J. アーレンス（浦川道太郎訳）『ドイツ不法行為法』（2008年・日本評論社）〕
zu Dohna, Alexander Graf
　── Die Rechtswidrigkeit als allgemeingültiges Merkmal im Tatbestande strafbarer Handlungen, Halle 1905
Dölling, Dieter
　── Fahrlässige Tötung bei Selbstgefährdung des Opfers, GA 1984, S. 71 ff.〔紹介として、荒川雅行「ディーター・デーリング『被害者が自己危殆化におもむいた場合の行為者の過失責任』」法と政治35巻3号（1984年）189頁以下〕
　── Einwilligung und überwiegende Interessen, in: Festschrift für Karl Heinz Gössel, Heidelberg 2002, S. 209 ff.

Donatsch, Andreas
　―― Strafrecht III, 10. Aufl., Zürich/Basel/Genf 2013
Donatsch, Andreas /Tag, Brigitte
　―― Strafrecht I, 9. Aufl., Zürich/Basel/Genf 2013
Dörr, Christina
　―― Dogmatische Aspekte der Rechtfertigung bei Binnenkollision von Rechtsgütern, Berlin 2016
Duttge, Gunnar
　―― in: *Prütting, Dorothea* (Hrsg.), Medizinrecht Kommentar, 4. Aufl., Köln 2016, § 223 StGB
Dworkin, Ronald
　―― Life's Dominion (1993)〔邦訳として、ロナルド・ドゥオーキン（水谷英夫＝小島妙子訳）『ライフズ・ドミニオン　中絶と尊厳死そして個人の自由』（1998年・信山社）〕
Ebermayer, Ludwig
　―― Der Arzt im Recht, Leipzig 1930
Edlbacher, Oskar
　―― Körperliche, besonders ärztliche, Eingriffe an Minderjährigen aus zivilrechtlicher Sicht, ÖJZ 1982, S. 365 ff.
Ehlers, Alexander P. F.
　―― Die ärztliche Aufklärung vor medizinischen Eingriffen, Köln/Berlin/Bonn/München 1987
Engisch, Karl
　―― Untersuchungen über Vorsatz und Fahrlässigkeit im Strafrecht, Berlin 1930 (Nachdruck: Aalen 1964)〔邦訳として、カール・エンギッシュ（荘子邦雄＝小橋安吉訳）『刑法における故意・過失の研究』（1989年・一粒社）〕
　―― Ärztlicher Eingriff zu Heilzwecken und Einwilligung, ZStW 58 (1939), S. 1 ff.
　―― Die rechtliche Bedeutung der ärztlichen Operation, in: *Stich, R. /Bauer, K. H.* (Hrsg.), Fehler und Gefahren bei chirurgischen Operationen, Bd. II, 4. Aufl., Jena 1958, S. 1521 ff.
　―― Arzt und Patient in der Sicht des Strafrechts, Universitas 5 (1965), S. 469 ff.
　―― Heileingriff und ärztliche Aufklärungspflicht, in: *Engisch, Karl/Hallermann, Wilhelm* (Hrsg.), Die ärztliche Aufklärungspflicht aus rechtlicher und ärztlicher Sicht, Köln/Berlin/Bonn/München 1970, S. 7 ff.
Engländer, Armin
　―― Die Anwendbarkeit von § 34 StGB auf intrapersonale Interessenkollisionen, GA 2010, S. 15 ff.

―― Revitalisierung der materiellen Rechtsgutslehre durch das Verfassungsrecht?, ZStW 127 (2015), S. 616 ff.〔紹介として、小島秀夫「アルミン・エングレンダー『実質的法益論を憲法によってよみがえらせることは可能か？』」大東文化大学法学研究所所報37号（2017年）43頁以下〕

Entwurf des Allgemeinen Teils eines Strafgesetzbuchs nach den Beschlüssen der Großen Strafrechtskommission in erster Lesung, 1959〔邦訳として、齊藤金作『一九五六年ドイツ刑法総則草案――刑法大委員会第一読会の決議による――』早稲田大学比較法研究所紀要3号（1958年）、同『一九五六年ドイツ刑法総則草案理由書（上）（下）――刑法大委員会第一読会の決議による――』早稲田大学比較法研究所紀要4号（1959年）、5号（1959年）〕

Entwurf eines Allgemeinen Deutschen Strafgesetzbuchs, Berlin 1927; *Entwurf* eines Allgemeinen Deutschen Strafgesetzbuchs 1927 mit Begründung und 2 Anlagen (Reichstagsvorlage) (Nachdruck), in: Materialien zur Strafrechtsreform 4. Bd., Bonn 1954〔邦訳として、司法省調査課編『一九二七年獨逸刑法草案並に理由書（總則篇）』司法資料124号（1928年）、同編『一九二七年獨逸刑法草案並に理由書（各論篇）』司法資料126号（1928年）〕

Entwurf eines Allgemeinen Deutschen Strafgesetzbuchs nach den Beschlüssen des Deutschen Reichstagsausschusses und den Deutschen und Österreichischen Strafrechtskonferenzen, 29. Aufl., Berlin/Leipzig 1930; *Entwurf* eines Allgemeinen Deutschen Strafgesetzbuchs 1930 (Entwurf Kahl) (Nachdruck), in: Materialien zur Strafrechtsreform 5. Bd., Bonn 1954〔邦訳として、司法省調査課編『一九三〇年獨逸刑法草案並に現行獨逸刑法典』司法資料191号（1935年）〕

Entwurf eines Allgemeinen Strafgesetzbuchs 1933, in: *Regge, Jürgen/Schubert, Werner* (Hrsg.), Quellen zur Reform des Straf- und Strafprozeßrechts, II. Abteilung, NS-Zeit (1933-1939) -Strafgesetzbuch, Bd. 1. Entwürfe eines Strafgesetzbuchs, 1. Teil, Berlin/New York 1988, S. 1 ff.

Entwurf eines Strafgesetzbuches (StGB) E 1960 mit Begründung, Bonn 1960〔邦訳として、齊藤金作『一九六〇年ドイツ刑法草案』早稲田大学比較法研究所紀要18号（1961年）〕

Entwurf eines Strafgesetzbuches (StGB) E 1962 mit Begründung, Bonn 1962〔邦訳として、法務省刑事局編『一九六二年ドイツ刑法草案』刑事基本法令改正資料2号（1963年）、同編『一九六二年ドイツ刑法草案理由書（総則篇）――第一分冊・第二分冊――』刑事基本法令改正資料10号（1966年）、11号（1968年）〕

Entwurf eines Strafgesetzbuchs nach den Beschlüssen der Großen Strafrechtskommission in erster Lesung, 1959〔邦訳として、齊藤金作『一九五九年ドイツ刑法各則草案――刑法大委員会第一読会の決議、司法省の修正による――』早稲田大学比較法研究所紀要13号（1960年）〕

Entwürfe zu einem Deutschen Strafgesetzbuch: Entwurf der Strafrechtskommission 1913/Entwurf 1919/Denkschrift zum Entwurf 1919 mit Anhang, 1. Teil/2. Teil/3. Teil, Berlin 1920

Erläuternde Bemerkungen zur Regierungsvorlage zum Strafgesetzbuch (EBRV), 30 der Beilagen zu den stenographischen Protokollen des Nationalrates XIII. GP, Wien 1971

Eser, Albin

—— The Principle of "Harm" in the Concept of Crime: A Comparative Analysis of the Criminally Protected Legal Interests, 4 Duq. L. Rev. 345 (1966) 〔邦訳として、アルビン・エーザー（甲斐克則訳）「犯罪概念における『侵害』原理（一）～（七・完）——刑法上の保護法益の比較分析——」広島法学18巻2号（1994年）155頁以下、18巻3号（1995年）197頁以下、18巻4号（1995年）301頁以下、19巻1号（1995年）225頁以下、19巻2号（1995年）125頁以下、19巻3号（1996年）207頁以下、19巻4号（1996年）305頁以下〔アルビン・エーザー（甲斐克則編訳）『「侵害原理」と法益論における被害者の役割』（2014年・信山社）3頁以下所収〕〕

—— Das Humanexperiment: Zu seiner Komplexität und Legitimität, in: Gedächtnisschrift für Horst Schröder, München 1979, S. 191 ff.〔邦訳として、アルビン・エーザー（甲斐克則訳）「人体実験——その複雑性と適法性について——（一）（二・完）」広島法学21巻2号（1997年）239頁以下、21巻3号（1998年）209頁以下〔甲斐克則『被験者保護と刑法』（2005年・成文堂）165頁以下、アルビン・エーザー（上田健二＝浅田和茂編訳）『医事刑法から統合的医事法へ』（2011年・成文堂）92頁以下所収〕〕

—— Heileingriff-Ärztliche Aufklärungspflicht-Sterilisation und Kastration-Transplantation, in: *Eser, Albin*, Juristischer Studienkurs, Strafrecht III, 2. Aufl., München 1981, 7

—— Medizin und Strafrecht: Eine schutzgutorientierte Problemübersicht, ZStW 97 (1985), S. 1 ff.〔邦訳として、アルビン・エーザー（上田健二訳）「医学と刑法——保護に向けられた問題の概観——」同志社法学37巻3号（1985年）81頁以下〔アルビン・エーザー（上田健二＝浅田和茂編訳）『先端医療と刑法』（1990年・成文堂）1頁以下、エーザー（上田＝浅田編訳）『医事刑法から統合的医事法へ』（2011年・成文堂）1頁以下所収〕〕

—— Rechtfertigungs- und Entschuldigungsprobleme bei medizinischer Tätigkeit, in: *Eser, Albin/Fletcher, George P.* (Hrsg.), Rechtfertigung und Entschuldigung, Bd. II, Freiburg 1988, S. 1443 ff.

—— Beobachtungen zum „Weg der Forschung" im Recht der Medizin, in: *Eser, Albin* (Hrsg.), Recht und Medizin, Darmstadt 1990, S. 1 ff.

── Rechtsgut und Opfer: Zur Überhöhung des einen auf Kosten des anderen, in: Festschrift für Ernst-Joachim Mestmäcker, Baden-Baden 1996, S. 1005 ff.〔邦訳として、アルビン・エーザー（甲斐克則訳）「法益と被害者――他方を犠牲にして一方をより高めることについて――」アルビン・エーザー（甲斐克則編訳）『「侵害原理」と法益論における被害者の役割』（2014年・信山社）123頁以下〕

── Zur Regelung der Heilbehandlung in rechtsvergleichender Perspektive, in: Festschrift für Hans Joachim Hirsch, Berlin/New York 1999, S. 465 ff.〔邦訳として、アルビン・エーザー（上田健二＝浅田和茂訳）「比較法的に展望した治療行為の規制について」アルビン・エーザー（上田健二＝浅田和茂編訳）『医事刑法から統合的医事法へ』（2011年・成文堂）71頁以下。紹介として、岡本昌子「アルビン・エーザー『比較法的視点における治療行為の規定について』」立命館法学276号（2001年）203頁以下〕

── in: Schönke/Schröder Strafgesetzbuch Kommentar, 26. Aufl., München 2001, § 223

Eser, Albin/Sternberg-Lieben, Detlev

── in: Schönke/Schröder Strafgesetzbuch Kommentar, 29. Aufl., München 2014, § 223

Fabrizy, Ernst Eugen

── Strafgesetzbuch Kurzkommentar, 12. Aufl., Wien 2016

Fateh-Moghadam, Bijan

── Die Einwilligung in die Lebendorganspende, München 2008

von Feuerbach, Anselm Ritter

── Lehrbuch des gemeinen in Deutschland gültigen peinlichen Rechts, 11. Aufl., Giessen 1832

von Feuerbach, Anselm Ritter/Mittermaier, Carl Joseph Anton

── Lehrbuch des gemeinen in Deutschland gültigen peinlichen Rechts, 14. Aufl., Giessen 1847〔邦訳として、西村克彦＝保倉和彦訳「フォイエルバハ『ドイツ普通刑法綱要』から（一）～（五・完）」警察研究48巻11号（1977年）69頁以下、48巻12号（1977年）62頁以下、49巻1号（1978年）83頁以下、49巻2号（1978年）67頁以下、49巻3号（1978年）79頁以下、西村克彦訳「フォイエルバッハの刑法各論──『ドイツ普通刑法綱要』第二編──（上）（下）」青山法学論集22巻1号（1980年）37頁以下、22巻2号（1980年）65頁以下〔同訳『近代刑法の遺産　中──L・フォイエルバハ、A・フォイエルバハ、ミッターマイヤー、スチュベール──』（1998年・信山社）41頁以下所収〕〕

Finger, August

── Chirurgische Operation und ärztliche Behandlung, ZStW 20 (1900), S. 12 ff.

Fingerhuth, Thomas
   —— in: *Trechsel, Stefan/Pieth, Mark* (Hrsg.), Schweizerisches Strafgesetzbuch, Praxiskommentar, 2. Aufl., Zürich/St. Gallen 2013, Vor Art. 122, Art. 122, 126
Fink, Claudia
   —— Aufklärungspflicht von Medizinalpersonen (Arzt, Zahnarzt, Tierarzt, Apotheker), Bern 2008
Fischer, Thomas
   —— Strafgesetzbuch mit Nebengesetzen, 64. Aufl., München 2017
Francke, Robert
   —— Ärztliche Berufsfreiheit und Patientenrechte, Stuttgart 1994
Frank, Reinhard
   —— Das Strafgesetzbuch für das Deutsche Reich, Leipzig 1897
   —— Die Überspannung der staatlichen Strafgewalt, ZStW 18 (1898), S. 733 ff.
   —— Das Strafgesetzbuch für das Deutsche Reich, 2. Aufl., Leipzig 1901
Freund, Georg
   —— Der Entwurf eines 6. Gesetzes zur Reform des Strafrechts: Eine Würdigung unter Einbeziehung der Stellungnahme eines Arbeitskreises von Strafrechtslehrern, ZStW 109 (1997), S. 455 ff.
Freund, Georg/Heubel, Friedrich
   —— Der menschliche Körper als Rechtsbegriff, MedR 1995, S. 194 ff.
Fuchs, Helmut
   —— Strafrecht Allgemeiner Teil I, 9. Aufl., Wien 2016
Fuchs, Helmut/Reindl-Krauskopf, Susanne
   —— Strafrecht Besonderer Teil I, 5. Aufl., Wien 2015
Gallwas, Hans-Ullrich
   —— Zur Legitimation ärztlichen Handelns, NJW 1976, S. 1134 f.
Gegenentwurf zum Vorentwurf eines deutschen Strafgesetzebuchs, Berlin 1911
Geilen, Gerd
   —— Einwilligung und ärztliche Aufklärungspflicht, Bielefeld 1963
   —— Rechtsfragen der ärztlichen Aufklärungspflicht, in: *Mergen, Armand* (Hrsg.), Die juristische Problematik in der Medizin, Bd. II, München 1971, S. 11 ff.
Gerland, Heinrich B.
   —— Deutsches Reichsstrafrecht, 2. Aufl., Berlin/Leipzig 1932
Germann, Oskar Adolf
   —— Das Verbrechen im neuen Strafrecht, Zürich 1942
   —— Grundsätze der Gesetzesauslegung, in: *Germann, O. A./Graven, J.* (Hrsg.), Methodische Grundfragen, Basel 1946, S. 11 ff.

Geth, Christopher
　── in: *Trechsel, Stefan/Pieth, Mark*（Hrsg.）, Schweizerisches Strafgesetzbuch, Praxiskommentar, 2. Aufl., Zürich/St. Gallen 2013, Art. 14
Geyer, Augst
　── Verbrechen gegen die leibliche Unversehrtheit, in: *v. Holtzendorf, Fr.*（Hrsg.）, Handbuch des deutschen Strafrechts, 3. Bd., Berlin 1874, S. 515 ff.
　── Verbrechen gegen die leibliche Unversehrtheit, in: *v. Holtzendorf, Fr.*（Hrsg.）, Handbuch des deutschen Strafrechts, 4. Bd., Berlin 1877, S. 361 ff.
Gleixner-Eberle, Elisabeth
　── Die Einwilligung in die medizinische Behandlung Minderjähriger, Berlin/Heidelberg 2014
Göbel, Alfred A.
　── Die Einwilligung im Strafrecht als Ausprägung des Selbstbestimmungsrechts, Frankfurt am Main 1992
Goltdammer, Theodor
　── Die Materialien zum Straf-Gesetzbuche für die Preußischen Staaten, Theil II, Berlin 1852
Gössel, Karl Heinz/Dölling, Dieter
　── Strafrecht Besonderer Teil 1, 2. Aufl., Heidelberg 2004
Gröning, Christian
　── Körperverletzungsdelikte-§§ 223 ff., 340 StGB: Reformdiskussion und Gesetzgebung seit 1933, Berlin 2004
Gropp, Walter
　── Ärztliches Handeln als Körperverletzung aus Sicht der Rechtslehre und Jurisdiktion, ZaefQ 1998, S. 536 ff.
　── Die Einwilligung in den ärztlichen Heileingriff-ein Rechtfertigungsgrund: Überlegungen zum Gehalt der straftatbestandsmäßigen Handlung, GA 2015, S. 5 ff.
　── Strafrecht Allgemeiner Teil, 4. Aufl., Berlin/Heidelberg, 2015〔邦訳として、ヴァルター・グロップ（金尚均＝玄守道監訳）「『刑法総論』（第4版、2015年）（1）～（4）」龍谷法学49巻1号（2016年）101頁以下、49巻2号（2016年）383頁以下、49巻3号（2017年）177頁以下、49巻4号（2017年）701頁以下〕
Gross, Jost
　── Die Persönliche Freiheit des Patienten, Bern 1977
Grotsch, André
　── Heilbehandlung und eigenmaechtige Heilbehandlung unter besonderer Beruecksichtigung der Unmuendigen, Basel 1973

Grünwald, Gerald
—— Die Aufklärungspflicht des Arztes, ZStW 73 (1961), S. 5 ff.
—— Heilbehandlung und ärztliche Aufklärungspflicht, in: *Göpinger, Hans* (Hrsg.), Arzt und Recht, München 1966, S. 125 ff.

Günther, L.
—— Ueber die Hauptstadien der geschichtlichen Entwicklung des Verbrechens der Körperverletzung und seiner Bestrafung, Erlangen 1884

Gustav Radbruchs Entwurf eines Allgemeinen Deutschen Strafgesetzbuches (1922), Tübingen 1952〔邦訳として、中谷瑾子＝宮澤浩一訳「ラートブルッフ刑法草案及理由書」法学研究（慶應義塾大学）28巻8号（1955年）13頁以下〕

Haefliger, Arthur
—— Rechtmässigkeit der durch Gesetz oder Berufspflicht gebotenen Tat, ZStrR 80 (1964), S. 27 ff.〔紹介として、宮沢浩一「スイス刑法雑誌八〇巻（一九六四年）」法学研究（慶應義塾大学）39巻3号（1966年）86頁以下、88頁〕

Haft, Fritjof
—— Strafrecht Allgemeiner Teil, 9. Aufl., München 2004
—— Strafrecht Besonderer Teil II, 8. Aufl., München 2005

Hager, Johannes
—— in: Staudingers Kommentar zum Bürgerlichen Gesetzbuch, Bd. 2, Berlin 2017, § 823 B

Haller, Walter
—— The Swiss Constitution in a Comparative Context (2d ed. 2016)〔初版の邦訳として、ワルター・ハラー（平松毅＝辻雄一郎＝寺澤比奈子訳）『スイス憲法——比較法的研究——』（2014年・成文堂）〕

Hälschner, Hugo
—— System des Preußischen Strafrechtes, 2. Theil, Bonn 1858

Hamann, Andreas/Lenz, Helmut
—— Das Grundgesetz für die Bundesrepublik Deutschland vom 23. Mai 1949, 3. Aufl., Neuwied/Berlin 1970

Hardwig, Werner
—— Betrachtungen zur Frage des Heileingriffes, GA 1965, S. 161 ff.

Hartmann, Tanja
—— Eigenmächtige und fehlerhafte Heilbehandlung, Baden-Baden 1999

Hassemer, Winfried
—— Theorie und Soziologie des Verbrechens, Frankfurt am Main 1973〔紹介として、山中敬一＝元家範文＝立石雅彦「ヴィンフリート・ハッセマー『犯罪の理論と社会学』（上）（下）」関西大学法学論集26巻2号（1976年）213頁以下、26巻3

号（1976年）173頁以下〕

Hassemer, Winfried/Neumann, Ulfrid
―― in: Kindhäuser, Urs/Neumann, Ulfrid/Paeffgen, Hans-Ullrich (Hrsg.), Nomos Kommentar Strafgesetzbuch, Bd. 1, 5. Aufl., Baden-Baden 2017, Vor § 1

Hefendehl, Roland
―― Das Rechtsgut als materialer Angelpunkt einer Strafnorm, in: Hefendehl, Roland/von Hirsch, Andrew/Wohlers, Wolfgang (Hrsg.), Die Rechtsgutstheorie, Baden-Baden 2003, S. 119 ff.
―― Die Tagung aus der Perspektive eines Rechtsgutsbefürworters, in: Hefendehl, Roland/von Hirsch, Andrew/Wohlers, Wolfgang (Hrsg.), Die Rechtsgutstheorie, Baden-Baden 2003, S. 286 ff.
―― Eine soziale Rechtsgutstheorie, in: Gedächtnisschrift für Edda Weßlau, Berlin 2016, S. 577 ff.

Heimberger, Joseph
―― Strafrecht und Medizin, München 1899
―― Berufsrechte und verwandte Fälle, in: von Birkmeyer, Karl u. a. (Hrsg.), Vergleichende Darstellung des deutschen und ausländischen Strafrechts, IV. Bd., Berlin 1908, S. 15 ff.
―― Der Ausschluß der Rechtswidrigkeit und Verwandtes (§§ 20-22 AE.), in: Aschrott, Paul Felix/Kohlrausch, Eduard (Hrsg.), Reform des Strafrechts, Berlin/Leipzig 1926, S. 76 ff.
―― Arzt und Strafrecht, in: Festgabe für Reinhard von Frank, Bd. I, Tübingen 1930, S. 389 ff.

Heinrich, Manfred
―― Rechtsgutszugriff und Entscheidungsträgerschaft, München 2002

Henke, Eduard
―― Handbuch des Criminalrechts und der Criminalpolitik, 2. Theil, Berlin/Stettin 1826

Hermes, Georg
―― Das Grundrecht auf Schutz von Leben und Gesundheit, Heidelberg 1987

Hess, Anton
―― Die Ehre und die Beleidigung des § 185 St. G. B., Hamburg 1891

Hilgendorf, Eric
―― Grenzen des Strafrechts im Recht der Medizin: Zur Rolle der Eigenwertung des Rechtsanwenders im Medizinstrafrecht, in: Festschrift für Werner Beulke, Heidelberg 2015, S. 437 ff.
―― in: Arzt, Gunther/Weber, Ulrich/Heinrich, Bernd/Hilgendorf, Eric, Strafrecht

Besonderer Teil, 3 Aufl., Bielefeld 2015, § 6
—— Einführung in das Medizinstrafrecht, München 2016〔紹介として、福山好典＝天田悠「エリック・ヒルゲンドルフ著『医事刑法入門（Einführung in das Medizinstrafrecht）』」年報医事法学32号（2017年）200頁以下〕

Hillenkamp, Thomas
—— Zur Strafbarkeit des Arztes bei verweigerter Bluttransfusion, in: Festschrift für Wilfried Küper, Heidelberg 2007, S. 123 ff.

von Hippel, Robert
—— Deutsches Strafrecht, 1. Bd., Berlin 1925

Hirsch, Hans Joachim
—— Soziale Adäquanz und Unrechtslehre, ZStW 74 (1962), S. 78 ff.
—— Hauptprobleme einer Reform der Delikte gegen die körperliche Unversehrtheit, ZStW 83 (1971), S. 140 ff.
—— Einwilligung und Selbstbestimmung, in: Festschrift für Hans Welzel, Berlin/New York 1974, S. 775 ff.〔邦訳として、ハンス・ヨアヒム・ヒルシュ（石原明訳）「同意と自己決定」神戸学院法学14巻3号（1983年）207頁以下〕
—— in: Strafgesetzbuch Leipziger Kommentar, 2. Bd., 10. Aufl., Berlin/New York 1985, Vor § 32
—— in: Strafgesetzbuch Leipziger Kommentar, 5. Bd., 10. Aufl., Berlin/New York 1989, Vor § 223, § 223
—— Zur Frage eines Straftatbestands der eigenmächtigen Heilbehandlung, in: Gedächtnisschrift für Heinz Zipf, Heidelberg 1999, S. 353 ff.〔関連する邦訳として、ハンス・ヨアキム・ヒルシュ（石原明訳）「専断的治療行為」神戸学院法学30巻4号（2001年）289頁以下〕

Hofmann, Berthold
—— Die Berufung des Arztes und das Reichsgericht, DR 1936, S. 502 ff.

Höinghaus, Richard
—— Das neue Strafgesetzbuch für den Norddeutschen Bund, 2. Aufl., Berlin 1870

Horn, Eckhard
—— Der medizinisch nicht indizierte, aber vom Patienten verlangte ärztliche Eingriff-strafbar?-BGH, NJW 1978, 1206, JuS 1979, S. 29 ff.
—— in: Systematischer Kommentar zum Strafgesetzbuch, Bd. II, Besonderer Teil, 14. Lfg., Frankfurt am Main 1983, § 223

Horn, Eckhard/Wolters, Gereon
—— in: Systematischer Kommentar zum Strafgesetzbuch, Bd. II, Besonderer Teil, 64. Lfg., Frankfurt am Main 2005, § 223

Honig, Richard
　── Die Einwilligung des Verletzten, Teil I, Mannheim/Berlin/Leipzig 1919
Huber, Peter
　── in: Münchener Kommentar zum Bürgerlichen Gesetzbuch, Bd. 9, 7. Aufl., München 2017, § 1631
Jenny, Guido
　── Die strafrechtliche Rechtsprechung des Bundesgerichts im Jahre 1998, ZBJV 135 (1999), S. 617 ff.
Jescheck, Hans-Heinrich/Weigend, Thomas
　── Lehrbuch des Strafrechts, Allgemeiner Teil, 5. Aufl., Berlin 1996〔邦訳として、イェシェック＝ヴァイゲント（西原春夫監訳）『ドイツ刑法総論　第5版』（1999年・成文堂）〕
Joecks, Wolfgang
　── in: Münchener Kommentar zum Strafgesetzbuch, Bd. 4, 2. Aufl., München 2012, Vor §§ 223 ff., § 223
John, Richard Eduard
　── Entwurf mit Motiven zu einem Strafgesetzbuche für den Norddeutschen Bund, Berlin 1868
Jossen, Rochus
　── Ausgewählte Fragen zum Selbstbestimmungsrecht des Patienten beim medizinischen Heileingriff, Bern 2009
Kahl, Wilhelm
　── Der Arzt im Strafrecht, ZStW 29 (1909), S. 351 ff.
　── Der Arzt im Strafrecht, Jena 1909
Kallfelz, Walter
　── Anmerkung zum Urteil des RG v. 19. 06. 1936-III ZR 298/35 (RGZ 151, 349), JW 1936, S. 3114 ff.
Kargl, Walter
　── Körperverletzung durch Heilbehandlung, GA 2001, S. 538 ff.
Katzenmeier, Christian
　── Ein Sonderstraftatbestand der eigenmächtigen Heilbehandlung, ZRP 1997, S. 156 ff.
　── Arzthaftung, Tübingen 2002
　── Aufklärungspflicht und Einwilligung, in: *Laufs, Adolf/Katzenmeier, Cristian/Lipp, Volker*, Arztrecht, 7. Aufl., München 2015, Kap. V
Kaufmann, Arthur
　── Die eigenmächtige Heilbehandlung, ZStW 73 (1961), S. 341 ff.

Keller, Alfred
　── Die Körperverletzung im schweizerischen Strafrecht, Zürich 1957
Kern, Bernd-Rüdiger/Laufs, Adolf
　── Die ärztliche Aufklärungspflicht, Berlin/Heidelberg/New York 1983
Kern, Eduard
　── Schutz des Lebens, der Freiheit und des Heims, in: *Neumann, Franz L./Nipperdey, Hans Carl/Scheuner, Ulrich* (Hrsg.), Die Grundrechte: Handbuch der Theorie und Praxis der Grundrechte, Bd. II, Berlin 1954, S. 51 ff.
Keßler, Richard
　── Die Einwilligung des Verletzten in ihrer strafrechtlichen Bedeutung, Berlin/Leipzig 1884
Kienapfel, Diethelm
　── Körperliche Züchtigung und soziale Adäquanz im Strafrecht, Karlsruhe 1961〔紹介として、庭山英雄「D・キーンアプフェル著『体罰と社会的相当性』」一橋論叢49巻6号（1963年）93頁以下〕
Kienapfel, Diethelm/Schroll, Hans Valentin
　── Grundriss des Strafrechts Besonderer Teil Bd. I, 5. Aufl., Wien 2003
　── Strafrecht Besonderer Teil I, Studienbuch, 4. Aufl., Wien 2016
Kindhäuser, Urs
　── Strafrecht Allgemeiner Teil, Baden-Baden 2005
　── Zum sog. „unerlaubten" Risiko, in: Festschrift für Manfred Maiwald, Berlin 2010, S. 397 ff.
　── Normtheoretische Überlegungen zur Einwilligung im Strafrecht, GA 2010, S. 490 ff.
　── Strafrecht Allgemeiner Teil, 7. Aufl., Baden-Baden 2015
Kingreen, Thorsten/Poscher, Ralf
　── Grundrechte: Staatsrecht II, 32. Aufl., Heidelberg 2016〔第15版の邦訳として、ボード・ピエロート＝ベルンハルト・シュリンク（永田秀樹＝松本和彦＝倉田原志訳）『現代ドイツ基本権』（2001年・法律文化社）〕
Kitzinger, Friedrich
　── Zur Lehre von der Rechtswidrigkeit im Strafrecht, GS 55 (1898), S. 83 ff.
Knauer, Christoph
　── Ärztlicher Heileingriff, Einwilligung und Aufklärung-Überzogene Anforderungen an den Arzt?, in: *Roxin, Claus/Schroth, Ulrich* (Hrsg.), Medizinstrafrecht, 2. Aufl., Stuttgart 2001, S. 11 ff.
Kohler, Josef/Scheel, Willy
　── Die Peinliche Gerichtsordnung Kaiser Karls V., Constitutio Criminalis Carolina.

Bd. I. Neudruck der Ausgabe, Halle 1900 (Nachdruck: Aalen 1968)

Kohlrausch, Eduard
—— Irrtum und Schuldbegriff im Strafrecht, Berlin 1903

Koppernock, Martin
—— Das Grundrecht auf bioethische Selbstbestimmung, Baden-Baden 1997

Korn, Frank
—— Körperverletzungsdelikte-§§ 223 ff., 340 StGB: Reformdiskussion und Gesetzgebung von 1870 bis 1933, Berlin 2003

Kötz, Hein/Wagner, Gerhard
—— Deliktsrecht, 13. Aufl., München 2016〔第11版の邦訳として、ハイン・ケッツ＝ゲルハルト・ヴァーグナー（吉村良一＝中田邦博監訳）『ドイツ不法行為法』（2011年・法律文化社）〕

Krauss(ß), Detlef
—— Zur strafrechtlichen Problematik der eigenmächtigen Heilbehandlung, in: Festschrift für Paul Bockelmann, München 1979, S. 557 ff.
—— Der „Kunstfehler" oder zur Bedeutung juristischer Kategorien für die Bewertung ärztlichen Handelns, in: *Jung, Heike/Schreiber, Hans Wilhelm* (Hrsg.), Arzt und Patient zwischen Therapie und Recht, Stuttgart 1981, S. 141 ff.

Kudlich, Hans
—— Die Relevanz der Rechtsgutstheorie im modernen Verfassungsstaat, ZStW 127 (2015), S. 635 ff.

Kühl, Kristian/Heger Martin
—— Strafgesetzbuch Kommentar, 28. Aufl., München 2014

Kunig, Philip
—— in: *von Münch, Ingo/Kunig, Philip* (Hrsg.), Grundgesetz Kommentar, Bd. 1, 6. Aufl., München 2012

Kunst, Günther
—— Ärztliche Heilbehandlung und Einwilligung des Verletzten, RZ 1975, S. 33

Kunz, Karl-Ludwig
—— Die strafrechtliche Beurteilung heimlicher HIV-Tests, ZStrR 107 (1990), S. 259 ff.

Küper, Wilfried/Zopfs, Jan
—— Strafrecht Besonderer Teil, 9. Aufl., Heidelberg 2015

Larenz, Karl/Canaris, Claus-Wilhelm
—— Lehrbuch des Schuldrechts, 2. Bd. Besonderer Teil, 2. Halbband, 13. Aufl., München 1994〔関連部分の邦訳として、カール・ラーレンツ＝クラウス・ヴィルヘルム・カナーリス（ドイツ不法行為法研究会訳）「契約に基づかない損害賠償責任（６）」比較法学41巻３号（2008年）235頁以下〕

Laufs, Adolf
—— Zur deliktsrechtlichen Problematik ärztlicher Eigenmacht, NJW 1969, S. 529 ff.
—— Informed consent und ärztlicher Heilauftrag, in: *Hillenkamp, Thomas* (Hrsg.), Medizinrechtliche Probleme der Humangenethik, Berlin/Heidelberg 2002, S. 119 ff.
—— in: *Laufs, Adolf/Uhlenbruck, Wilhelm* (Hrsg.), Handbuch des Arztrechts, 4. Aufl., München 2010, § 6
—— Wesen und Inhalt des Arztrechts, in: *Laufs, Adolf/Katzenmeier, Cristian/Lipp, Volker*, Arztrecht, 7. Aufl., München 2015, Kap. I 〔第3版の紹介として、ドイツ医事法研究会「ラウフス『医事法』(二)——第一章 医事法の本質と内容——」民商法雑誌94巻1号(1986年)132頁以下〔山本隆司〕。第4版の紹介として、植木哲＝山本隆司編『世界の医事法』(1992年・信山社)20頁以下〔山本隆司〕〕

Laufs, Adolf/Eichener, Alexander
—— Ursprünge einer strafrechtlichen Arzthaftung: Untersuchungen zu Artikel 134 der Constitutio Criminalis Carolina, in: Festschrift für Hubert Niederländer, Heidelberg 1991, S. 71 ff.

Lehmann, Suzanne
—— Zur Frage der rechtlichen Beurteilung von Doppelblindversuchen an Patienten, ZStrR 99 (1982), S. 174 ff.

Lenckner, Theodor
—— Arzt und Strafrecht, in: *Forster, Balduin* (Hrsg.), Praxis der Rechtsmedizin für Mediziner und Juristen, Stuttgart/New York 1986, S. 569 ff.
—— in: Schönke/Schröder Strafgesetzbuch Kommentar, 27. Aufl., München 2006, Vor §§ 32 ff.

Lewisch, Peter
—— Strafrecht Besonderer Teil I, 2. Aufl., Wien 1999

Lilie, Hans
—— Strafrechtliche Verantwortlichkeit, in: *Fischer, Gerfried/Lilie, Hans*, Ärztliche Verantwortung im europäischen Rechtsvergleich, Köln/Berlin/Bonn/München 1999, S. 83 ff.
—— in: Strafgesetzbuch Leipziger Kommentar, 6. Bd., 11. Aufl., Berlin 2001, Vor § 223, § 223

von Lilienthal, Karl
—— Die pflichtmässige ärztliche Handlung und das Strafrecht, in: Festgabe zur Dr. Ernst Immanuel Bekker, Berlin 1899 (Nachdruck: Aalen 1973), S. 1 ff.
—— Verbrechen und Vergehen gegen das Leben, Zweikampf, Körperverletzung, in: *Aschrott, Paul Felix/von Liszt, Franz* (Hrsg.), Die Reform des Reichsstrafgesetzbuchs, Bd. 2, Berlin 1910, S. 265 ff.

Lipp, Volker
―― Rechtliche Grundlagen der Entscheidungsfindung über den Einsatz lebenserhaltender Maßnahmen und ihres Abbruchs bei Vergeblichkeit, in: *Koslowski, Peter* (Hrsg.), Lebensverlängerung-Sterbensverlängerung, München 2012, S. 107 ff.〔邦訳として、フォルカー・リップ（田山輝明監訳・青木仁美＝池田辰夫訳）「生命維持措置の導入および無益である場合におけるその中止を決定する法的基礎」早稲田法学89巻1号（2013年）145頁以下〕
―― Die medizinische Indikation-ein „Kernstück ärztlicher Legitimation"?, MedR 2015, S. 762 ff.

von Liszt, Franz
―― Lehrbuch des Deutschen Strafrechts, 11. Aufl., Berlin 1902〔邦訳として、フォン、リスト原著（岡田朝太郎校閲＝吾孫子勝・乾政彦共譯）『獨逸刑法論』（1903年・早稻田大學出版部）〕
―― Lehrbuch des Deutschen Strafrechts, 14./15. Aufl., Berlin 1905〔邦訳として、フォン、リスト原著（岡田朝太郎校閲＝吾孫子勝・乾政彦共譯）『獨逸刑法論　總則〔訂正再版〕』（1908年・早稻田大學出版部）、同『獨逸刑法論　各論』（1908年・早稻田大學出版部）〕
―― Die Verantwortlichkeit bei ärztlichen Handlungen, in: *Kutner, R.* (Hrsg.), Ärztliche Rechtskunde: zwölf Vorträge, Jena 1907, S. 1 ff.
―― Lehrbuch des Deutschen Strafrechts, 16./17. Aufl., Berlin 1908
―― Lehrbuch des Deutschen Strafrechts, 21./22. Aufl., Berlin/Leipzig 1919

Loebenstein, Herbert
―― Die strafrechtliche Haftung des Arztes bei operativen Eingriffen: Ein Überblick, ÖJZ 1978, S. 309 ff.

Löffler, Alexander
―― Die Körperverletzung (Abschnitt 17 des II. Teiles des RStrGB.), in: *von Birkmeyer, Karl u. a.* (Hrsg.), Vergleichende Darstellung des deutschen und ausländischen Strafrechts, V. Bd., Berlin 1905, S. 205 ff.

Lorenz, Dieter
―― Recht auf Leben und körperliche Unversehrtheit, in: *Isensee, Josef/Kirchhof, Paul* (Hrsg.), Handbuch des Staatsrechts der Bundesrepublik Deutschland, Bd. VI, Heidelberg 1989, § 128

Lotheissen, Wolfgang
―― Das ärztliche Aufklärungsproblem nach dem Strafgesetzbuch, RZ 1975, S. 2 ff.

Lueder, Karl
―― Das Strafgesetzbuch für das Deutsche Reich vom 15. Mai 1871 nach der Novelle vom 26. Februar 1876, Erlangen 1876

Maleczky, Oskar
　—— Unvernünftige Verweigerung der Einwilligung in die Heilbehandlung, ÖJZ 1994, S. 681 ff.

Martin, Christoph
　—— Lehrbuch des Teutschen gemeinen Criminal-Processes, 5. Aufl., Leipzig/Heidelberg 1857

Materialien zur Strafrechtsreform 1. Bd., Bonn 1954〔邦訳として、法務大臣官房司法法制調査部編『ドイツ刑法改正資料（第一巻）（上）（下）――刑法学者の意見集――』法務資料370号（1960年）、373号（1964年）〕

Materialien zur Strafrechtsreform, 2. Bd., I. Allgemeiner Teil, Bonn 1954, II. Besonderer Teil, Bonn 1955〔邦訳として、法務大臣官房司法法制調査部編『ドイツ刑法改正資料　第二巻Ⅰ（上）（中）（下）――比較法的研究――』法務資料374号（1962年）、375号（1961年）、376号（1963年）、同『ドイツ刑法改正資料　第二巻Ⅱ（上）（中）（下）――比較法的研究――』法務資料403号（1967年）、410号（1969年）、412号（1970年）〕

Maurach, Reinhart/Schroeder, Friedrich-Christian/Maiwald, Manfred
　—— Strafrecht Besonderer Teil, Teilband 1, 10. Aufl., Heidelberg 2009

Mayer, Max Ernst
　—— Rechtsnormen und Kulturnormen, Breslau 1903（Nachdruck: Darmstadt 1965）

Medicus, Dieter/Lorenz, Stephan
　—— Schuldrecht II, Besonderer Teil, 17. Aufl., München 2014

Meister, Christian Friedrich Georg
　—— Principia iuris criminalis Germaniae, 5. ed., Goettingae 1780（Nachdruck: Frankfurt am Main 1996）

Merkel, Adolf
　—— Lehrbuch des Deutschen Strafrechts, Stuttgart 1889

Messner, Florian
　—— in: Salzburger Kommentar zum Strafgesetzbuch, 18. Lfg., Wien 2008, § 83

Meyer, Friedrich
　—— Strafgesetzbuch für den Norddeutschen Bund vom 31. Mai 1870, Berlin 1871

Meyer, Hugo
　—— Lehrbuch des Deutschen Strafrechts, 3. Aufl., Erlangen 1882
　—— Lehrbuch des Deutschen Strafrechts, 5. Aufl., Leipzig 1895

Meyer, Maria-Katharina
　—— Ausschluß der Autonomie durch Irrtum, Köln/Berlin/Bonn/München 1984
　—— Reform der Heilbehandlung ohne Ende-Ein Beitrag zum geltenden Strafrecht und zum Referentenentwurf des Bundesjustizministeriums 1996-, GA 1998, S.

415 ff.

Mezger, Edmund

―― Der strafrechtliche Schutz von Staat, Partei und Volk, in: *Frank, Hans* (Hrsg.), Nationalsozialistisches Handbuch für Recht und Gesetzgebung, 2. Aufl., München 1935, S. 1382 ff.〔関連する邦訳として、エドムンド・メツガア「國家、ナチス黨及び國民の刑法上の保護」司法省調査課編『ハンス・フランク編（一九三四年版）ナチスの法制及び立法綱要（刑法及び刑事訴訟法の部）』司法資料211号（1936年）271頁以下〕

―― Körperverletzung, in: *Gürtner, Franz* (Hrsg.), Das kommende deutsche Strafrecht, Besonderer Teil, 2. Aufl., Berlin 1936, S. 389 ff.〔邦訳として、エドムンド・メツガア「傷害」司法省調査部編『將來の獨逸刑法（各則）下――刑法委員會事業報告――』司法資料238号（1938年）145頁以下〕

―― Deutsches Strafrecht, 3. Aufl., Berlin 1943

―― Strafrecht, 3. Aufl., Berlin/München 1949

Mitteis, Heinrich/Lieberich, Heinz

―― Deutsche Rechtsgeschichte, 19. Aufl., München 1992〔第11版の邦訳として、ミッタイス＝リーベリッヒ（世良晃志郎訳）『ドイツ法制史概説　改訂版』（1971年・創文社）〕

Mittermaier, Carl Joseph Anton

―― Die Frage der ärztlichen Eingriffe, in: Entwurf eines Allgemeinen Deutschen Strafgesetzbuchs, Anlage I., Berlin 1927, S. 92 ff.〔邦訳として、ミッテルマイヤア「醫療上の處置の問題」司法省調査課編『刑法改正に關する比較法制資料（中、後篇）』司法資料128号（1928年）289頁以下〕

Mommsen, Theodor

―― Römisches Strafrecht, Leipzig 1899

Murmann, Uwe

―― Die »üble, unangemessene Behandlung«‐ein von der Entwicklung der Dogmatik überholter Definitionsbestandteil der »körperlichen Misshandlung«, Jura 2004, S. 102 ff.

―― Die Selbstverantwortung des Opfers im Strafrecht, Berlin/Heidelberg 2005

Nagler, Johannes/Schaefer, August

―― in: Strafgesetzbuch Leipziger Kommentar, Bd. 2, 6./7. Aufl., Berlin 1951, § 223

Niedermair, Harald

―― Körperverletzung mit Einwilligung und die Guten Sitten, München 1999

Niederschriften über die Sitzungen der Großen Strafrechtskommission, 7. Bd., Besonderer Teil, 67. bis 75. Sitzung, Bonn 1959

Niese, Werner
—— Ein Beitrag zur Lehre vom ärztlichen Heileingriff, in: Festschrift für Eberhard Schmidt, Göttingen 1961, S. 364 ff.

Noll, Peter
—— Übergesetzliche Rechtfertigungsgründe im besonderen die Einwilligung des Verletzten, Basel 1955
—— Der ärztliche Eingriff in strafrechtlicher Sicht, DZGerMed 1966, S. 12 ff.
—— Schweizerisches Strafrecht, Besonderer Teil I, Zürich 1983

Nowakowski, Friedrich
—— Das österreichische Strafrecht in seinen Grundzügen, Graz/Wien/Köln 1955
〔紹介として、宮澤浩一「フリードリッヒ・ノヴァコウスキー著『オーストリア刑法綱要』」法学研究（慶應義塾大学）29巻5号（1956年）78頁以下〕

Oba, Shigema
—— Strafgesetzbuch für das Kaiserlich japanische Reich vom 23. April 1907, Berlin 1908

Olshausen, Justus
—— Kommentar zum Strafgesetzbuch für das Deutsche Reich, 2. Bd., Berlin 1883
—— Kommentar zum Strafgesetzbuch für das Deutsche Reich, 2. Bd., 3. Aufl., Berlin 1890
—— Kommentar zum Strafgesetzbuch für das Deutsche Reich, 2. Bd., 7. Aufl., Berlin 1906

Oppenheim, Lassa
—— Das ärztliche Recht zu körperlichen Eingriffen an Kranken und Gesunden, Basel 1892
—— Die rechtliche Beurteilung der ärztlichen Eingriffe, ZStrR 6 (1893), S. 332 ff.

Oppenhoff, Friedrich Christian
—— Das Strafgesetzbuch für das Deutsche Reich, 5. Aufl., Berlin 1876

Otto, Harro
—— Einverständnis, Einwilligung und eigenverantwortliche Selbstgefährdung, in: Festschrift für Friedrich Geerds, Lübeck 1995, S. 603 ff.
—— Der strafrechtliche Schutz des menschlichen Körpers und seiner Teile, Jura 1996, S. 219 ff.
—— Grundkurs Strafrecht, Die einzelnen Delikte, 7. Aufl., Berlin 2005
—— Soziale Adäquanz als Auslegungsprinzip, in: Festschrift für Knut Amelung, Berlin 2009, S. 225 ff. 〔邦訳として、ハロー・オットー（鈴木彰雄ほか訳）「解釈

原理としての社会的相当性」比較法雑誌46巻 1 号（2012年）91頁以下〕
Paeffgen, Hans-Ullrich/Böse, Martin
—— in: *Kindhäuser, Urs/Neumann, Ulfrid/Paeffgen, Hans-Ullrich* (Hrsg.), Nomos Kommentar Strafgesetzbuch, Bd. 2, 5. Aufl., Baden-Baden 2017, § 223
Perron, Walter
—— Rechtfertigung und Entschuldigung im deutschen und spanischen Recht, Baden-Baden 1988〔邦訳として、ヴァルター・ペロン（髙橋則夫訳）『正当化と免責——刑法の構造比較——』（1992年・成文堂）〕
Piegler, Josef
—— Eigenmächtige Heilbehandlung und Aufklärungspflicht des Arztes im österreichischen Recht, VersR 1962, S. 921 ff.
Proske, Manfred
—— Ärztliche Aufklärungspflicht und Einwilligung des Patienten aus strafrechtlicher Sicht, in: *Schick, Peter J.* (Hrsg.), Die Haftung des Arztes in zivil- und strafrechtlicher Sicht unter Einschluß des Arzneimittelrechts, Graz 1983, S. 101 ff.
Protokolle der Strafrechtskommission des Reichsjustizministeriums, 22. Sitzung vom 18. April 1934, in: *Regge, Jürgen/Schubert, Werner* (Hrsg.), Quellen zur Reform des Straf- und Strafprozeßrechts, II. Abteilung, NS-Zeit (1933-1939) -Strafgesetzbuch, Bd. 2, 1. Teil, Berlin/New York 1988, S. 553 ff.
Prussia Justizministerium (Hrsg.)
—— Nationalsozialistisches Strafrecht: Denkschrift des Preußischen Justizministers, Berlin 1933〔邦訳として、司法省調査課編『ナチスの刑法（プロシヤ邦司法大臣の覺書）』司法資料184号（1934年）〕
Puppe, Ingeborg
—— Die strafrechtliche Verantwortlichkeit des Arztes bei mangelnder Aufklärung über eine Behandlungsalternative-Zugleich Besprechung von BGH, Urteile vom 3. 3. 1994 und 29. 6. 1995, GA 2003, S. 764 ff.
Radbruch, Gustav
—— Geburtshülfe und Strafrecht, Jena 1907
—— Abschnitt 17 bis 20, in: *Aschrott, Paul Felix/Kohlrausch, Eduard* (Hrsg.), Reform des Strafrechts, Berlin/Leipzig 1926, S. 301 ff.
Regge, Jürgen/Schubert, Werner (Hrsg.)
—— Quellen zur Reform des Straf- und Strafprozeßrechts, II. Abteilung, NS-Zeit (1933-1939) -Strafgesetzbuch, Bd. 1. Entwürfe eines Strafgesetzbuchs, 1./2. Teil, Berlin/New York 1988/1990
Rehberg, Jörg
—— Arzt und Strafrecht, in: *Honsell, Heinrich* (Hrsg.), Handbuch des Arztrechts,

Zürich 1994, S. 303 ff.

Rengier, Rudolf
—— Strafrecht Besonderer Teil I, 19. Aufl., München 2017
—— Strafrecht Besonderer Teil II, 18. Aufl., München 2017

Riedelmeier, Sabine
—— Ärztlicher Heileingriff und allgemeine Strafrechtsdogmatik, Baden-Baden 2004

Rietzsch
—— Angriffe auf die persönliche Freiheit, in: *Gürtner, Franz* (Hrsg.), Das kommende deutsche Strafrecht, Besonderer Teil, 2. Aufl., Berlin 1936, S. 420 ff.〔邦訳として、リーチュ「個人の自由に對する侵害」司法省調査部編『將來の獨逸刑法（各則）下 ——刑法委員會事業報告——』司法資料238号（1938年）192頁以下〕

Rönnau, Thomas
—— Willensmängel bei der Einwilligung im Strafrecht, Tübingen 2001
—— in: Strafgesetzbuch Leipziger Kommentar, 2. Bd., 12. Aufl., Berlin 2006, Vor § 32

Rosenau, Henning
—— Begrenzung der Strafbarkeit bei medizinischen Behandlungsfehlern?, in: *Rosenau, Henning/Hakeri, Hakan* (Hrsg.), Der medizinische Behandlungsfehler, Baden-Baden 2008, S. 215 ff.〔関連する邦訳として、ヘニング・ローゼナウ（山本紘之訳）「医療過誤における可罰性の限定？」比較法雑誌42巻3号（2008年）75頁以下〕

Rosenberg, Werner
—— Strafbare Heilungen, GS 62 (1903), S. 62 ff.

Roßhirt, Konrad Franz
—— Geschichte und System des deutschen Strafrechts, 2. Theil, Stuttgart 1839

Rotering
—— Die chirurgische Operation insbesondere die Perforation als Ausnahme von der Norm, Archiv für Strafrecht 30 (1882), S. 179 ff.

Roth, Andreas/Berkemeier, Anne
—— in: Basler Kommentar, Strafrecht II, 3. Aufl., Basel 2013, Vor Art. 122, Art. 122

Roth, Andreas/Keschelava, Tornike
—— in: Basler Kommentar, Strafrecht II, 3. Aufl., Basel 2013, Art. 126

Rothärmel, Sonja
—— Einwilligung, Veto, Mitbestimmung: Die Geltung der Patientenrechte für Minderjährige, Baden-Baden 2004〔邦訳として、ソーニャ・ロートエルメル（只木誠監訳）『承諾、拒否権、共同決定　未成年の患者における承諾の有効性と権利の形成』（2014年・中央大学出版会）〕

Röttgen, Karl
　—— Der Eingriff des Arztes ohne oder wider Willen des Patienten, Köln 1937
Roxin, Claus
　—— Die durch Täuschung herbeigeführte Einwilligung im Strafrecht, in: Gedächtnisschrift für Peter Noll, Zürich 1984, S. 275 ff.
　—— Strafrecht Allgemeiner Teil, Bd. I, München 1992
　—— Das strafrechtliche Unrecht im Spannungsfeld von Rechtsgüterschutz und individueller Freiheit, ZStW 116 (2004), S. 929 ff.〔紹介として、松原芳博「クラウス・ロクシン『法益保護と個人の自由との狭間における刑事不法』」早稲田法学80巻4号（2005年）259頁以下〕
　—— Rechtsgüterschutz als Aufgabe des Strafrechts?, in: *Hefendehl, Roland* (Hrsg.), Empirische und dogmatische Fundamente, kriminalpolitischer Impetus, Köln/Berlin/München 2005, S. 135 ff.〔紹介として、松原芳博「クラウス・ロクシン『刑法の任務としての法益保護』」早稲田法学82巻3号（2007年）255頁以下〕
　—— Strafrecht Allgemeiner Teil Bd. I, 4. Aufl., München 2006〔関連部分の邦訳として、平野龍一監修・町野朔＝吉田宣之監訳『ロクシン刑法総論　第一巻［基礎・犯罪論の構造］（第三版）（翻訳第一分冊）』（2003年・信山社）、山中敬一監訳『ロクシン刑法総論　第1巻［基礎・犯罪論の構造］【第4版】［翻訳第2分冊］』（2009年・信山社）〕
　—— Einwilligung, Persönlichkeitsautonomie und tatbestandliches Rechtsgut, in: Festschrift für Knut Amelung, Berlin 2009, S. 269 ff.
　—— Zur neueren Entwicklung der Rechtsgutsdebatte, in: Festschrift für Winfried Hassemer, Heidelberg 2010, S. 573 ff.
　—— Der gesetzgebungskritische Rechtsgutsbegriff auf dem Prüfstand, GA 2013, S. 433 ff.
Rudolphi, Hans-Joachim
　—— Die verschiedenen Aspekte des Rechtsgutsbegriffs, in: Festschrift für Richard M. Honig, Göttingen 1970, S. 151 ff.
　—— Literaturbericht von Gunther Arzt, Willensmängel bei der Einwilligung, ZStW 86 (1974), S. 82 ff.
Rüping, Hinrich/Jerouschek, Günter
　—— Grundriss der Strafrechtsgeschichte, 6. Aufl., München 2011〔初版の邦訳として、H．リューピング（川端博＝曽根威彦訳）『ドイツ刑法史綱要』（1984年・成文堂）〕
Sauer, Wilhelm
　—— System des Strafrechts, Besonderer Teil, Köln/Berlin 1954

Sawicki, Jerzy
　—— Über die Verantwortlichkeit für fehlerhafte ärztliche Eingriffe, Rechtswissenschaftlicher Informationsdienst, 1955, S. 201 ff.

Schaefer, August
　—— in: Strafgesetzbuch Leipziger Kommentar, Bd. 2, 8. Aufl., Berlin 1958, Vor § 223

Schaffstein, Friedrich
　—— Soziale Adäquanz und Tatbestandslehre, ZStW 72 (1960), S. 369 ff.

Schiemann, Gottfried
　—— in: Erman Bürgerliches Gesetzbuch, Bd. II, 14. Aufl., Köln 2014, § 823

Schmidhäuser, Eberhard
　—— Zur Systematik der Verbrechenslehre: Ein Grundthema Radbruchs aus der Sicht der neueren Strafrechtsdogmatik, in: Gedächtnisschrift für Gustav Radbruch, Göttingen 1968, S. 268 ff.〔紹介として、中義勝＝垣口克彦「シュミットホイザー『犯罪論の体系』——新しい刑法理論からみたラードブルフのライトモティーフ——」関西大学法学論集20巻6号（1971年）116頁以下〕
　—— Der Unrechtstatbestand, in: Festschrift für Karl Engisch, Frankfurt am Main 1969, S. 433 ff.〔紹介として、久岡康成「シュミットホイザー『不法構成要件について』」法学論叢（京都大学）87巻1号（1970年）77頁以下〕
　—— Strafrecht Allgemeiner Teil, Lehrbuch, 2. Aufl., Tübingen 1975
　—— Strafrecht Besonderer Teil, Grundriß, 2. Aufl., Tübingen 1983
　—— Strafrecht Allgemeiner Teil, Studienbuch, 2. Aufl., Tübingen 1984

Schmidt, Eberhard
　—— Der Arzt im Strafrecht, Leipzig 1939
　—— Der Arzt im Strafrecht, in: *Ponsold, Albert* (Hrsg.), Lehrbuch der Gerichtlichen Medizin, 2. Aufl., Stuttgart 1957, S. 1 ff.
　—— Anmerkung zum Urteil des BGH v. 28. 11. 1957-4 StR 525/57, JR 1958, S. 226 f.
　—— Bemerkungen zur Rechtsprechung des Bundesgerichtshofs zur Frage des Züchtigungsrechtes der Lehrer, JZ 1959, S. 518 ff.
　—— Empfiehlt es sich, daß der Gesetzgeber die Fragen der ärztlichen Aufklärungspflicht regelt?, in: Verhandlungen des Vierundvierzigsten Deutschen Juristentages Hannover 1962, Bd I (Gutachten) 4. Teil, Gutachten für den 44. Deutschen Juristentag, Tübingen 1962
　—— Einführung in die Geschichte der deutschen Strafrechtspflege, 3. Aufl., Göttingen 1965
　—— Soziale Handlungslehre, in: Festschrift für Karl Engisch, Frankfurt am Main 1969, S. 339 ff.〔紹介として、藤尾彰「エーベルハルト・シュミット『社会的行為論』」法学論叢（京都大学）93巻3号（1973年）100頁以下〕

Schmidt, Erika
　——　Die Nötigung als selbständiger Tatbestand und als Tatbestandselement im Strafgesetzbuch, Bern 1969
Schmidt, Richard
　——　Die strafrechtliche Verantwortlichkeit des Arztes für verletzende Eingriffe, Jena 1900
　——　Grundriss des Deutschen Strafrechts, 2. Aufl., Leipzig 1931
Schmidt-Assmann, Eberhard
　——　Anwendungsprobleme des Art. 2 Abs. 2 GG im Immissionsschutzrecht, AöR 106 (1981), S. 205 ff.
Schmitt, Carl
　——　Freiheitsrechte und institutionelle Garantien der Reichsverfassung (1931), in: *Schmitt, Carl,* Verfassungsrechtliche Aufsätze aus den Jahren 1924-1954, 3. Aufl., Berlin 1958, S. 140 ff.〔紹介として、森靜太郎「ドイツ憲法の制度的保障」法文論叢（九州大学）15号（1934年）28頁以下。全訳として、カール・シュミット（佐々木高雄訳）「ワイマル憲法における自由権と制度的保障」時岡弘編『人権の憲法判例〔第三集〕』（1980年・成文堂）281頁以下〕
Schmitz, Jörg L.
　——　Rechtfertigender Notstand bei internen Interessenkollisionen, Berlin 2013
Schmoller, Kurt
　——　in: Salzburger Kommentar zum Strafgesetzbuch, 5. Lfg., Wien 1997, § 110
Schöning, Rolf
　——　Rechtliche Aspekte der Organtransplantation, Zürich 1996
Schrafl, Claudia Maria
　——　Die strafrechtliche Problematik des kosmetischen Eingriffs, Winterthur 1958
Schreiber, Hans-Ludwig
　——　Recht und Ethik-am Beispiel des Arztrechts, in: Festschrift für Hanns Dünnebier, Berlin 1982, S. 633 ff.
　——　Novellierung des Arztstrafrechts-Juristische Gründe, ZaefQ 1998, S. 568 ff.
　——　Zur Reform des Arztstrafrechts, in: Festschrift für Hans Joachim Hirsch, Berlin/New York 1999, S. 713 ff.
　——　Buchbesprechungen von Brigitte Tag, Der Körperverletzungstatbestand im Spannungsfeld zwischen Patientenautonomie und Lex artis, MedR 2003, S. 189
Schröder, Horst
　——　Eigenmächtige Heilbehandlung im geltenden Strafrecht und im StGB-Entwurf 1960, NJW 1961, S. 951 ff.

Schroeder, Friedrich-Christian
 —— Besondere Strafvorschriften gegen Eigenmächtige und Fehlerhafte Heilbehandlung?, Passau 1998
 —— Begriff und Rechtsgut der „Körperverletzung", in: Festschrift für Hans Joachim Hirsch, Berlin/New York 1999, S. 725 ff.

Schroth, Ulrich
 —— Das Rechtsgut der Körperverletzungsdelikte und seine Verletzung: Zugleich ein Beitrag zur strafrechtlichen Bewertung des ärztlichen Heileingriffs, in: *Neumann, Ulfrid/Prittwitz, Cornelius* (Hrsg.), „Personale Rechtsgutslehre" und „Opferorientierung im Strafrecht", Frankfurt am Main 2007, S. 113 ff.
 —— Ärztliches Handeln und strafrechtlicher Maßstab: Medizinische Eingriffe ohne und mit Einwilligung, ohne und mit Indikation, in: *Roxin, Claus/Schroth, Ulrich* (Hrsg.), Handbuch des Medizinstrafrechts, 4. Aufl., Stuttgart/München/Hannover/Berlin/Weimar/Dresden 2010, S. 21 ff.

Schubarth, Martin
 —— Kommentar zum schweizerischen Strafrecht, Schweizerisches Strafgesetzbuch Besonderer Teil, 1. Bd., Bern 1982

Schubert, Gernot
 —— Feuerbachs Entwurf zu einem Strafgesetzbuch für das Königreich Bayern aus dem Jahre 1824, Berlin 1978〔邦訳として、Gernot Schubert（山中敬一訳）『1824年バイエルン王国刑法典　フォイエルバッハ草案』（1980年・関西大学出版部）〕

Schubert, Werner/Regge, Jürgen (Hrsg.)
 —— Quellen zur Reform des Straf- und Strafprozeßrechts, I. Abteilung, Weimarer Republik (1918-1932), Bd. 2, Beratungen des Entwurfs eines Allgemeinen Deutschen Strafgesetzbuchs von 1924/25 im Reichsrat (1926/27), Berlin/New York 1998
 —— Quellen zur Reform des Straf- und Strafprozeßrechts, II. Abteilung, NS-Zeit (1933-1939) -Strafgesetzbuch, Bd. 1, Entwürfe eines Strafgesetzbuchs, 1. Teil, Berlin/New York 1988

Schultz, Hans
 —— Die strafrechtliche Rechtsprechung des Bundesgerichts im Jahre 1973, ZBJV 110 (1974), S. 377 ff.
 —— Die eigenmächtige Heilbehandlung: eine kantonalrechtliche Lösung?, ZStrR 107 (1990), S. 281 ff.

Schwab, Dieter
 —— Familienrecht, 24. Aufl., München 2016〔第3版の邦訳として、D・シュヴァープ（鈴木禄弥訳）『ドイツ家族法』（1986年・創文社）〕

Schwab, Otto (Hrsg.)
  —— Das Strafgesetzbuch für das Königreich Württemberg vom 1. März 1839, Stuttgart 1849
Schwalm, Georg
  —— Die strafrechtliche Bedeutung der ärztlichen Aufklärungspflicht, MDR 1960, S. 722 ff.
Schwander, Vital
  —— Das Schweizerische Strafgesetzbuch unter besonderer Berücksichtigung der bundesgerichtlichen Praxis, 2. Aufl., Zürich 1964
Schwarze, Friedrich Oskar
  —— Das Strafgesetzbuch für den Norddeutschen Bund vom 31. Mai 1870, Leipzig 1870
  —— Commentar zum Strafgesetzbuch für das Deutsche Reich, 3. Aufl., Leipzig 1873 (Nachdruck: Frankfurt am Main 1992)
Seelmann, Kurt
  —— in: Basler Kommentar, Strafrecht I, 3. Aufl., Basel 2013, Vor Art. 14, Art. 14
Seewald, Otfried
  —— Zum Verfassungsrecht auf Gesundheit, Köln 1981
Soyer, Richard/Schumann, Stefan
  —— in: Wiener Kommentar zum Strafgesetzbuch, 2. Aufl., 122. Lfg., Wien 2015, § 110
Sprau, Hartwig
  —— in: Palandt Bürgerliches Gesetzbuch, 76. Aufl., München 2017, § 823
Steffen, Erich
  —— in: BGB-RGRK, Bd. II, 5. Teil, 12. Aufl., Berlin 1989, § 823
Stellungnahme der deutschen Gesellschaft für Chirurgie, in: Gutachten und Stellungnahmen zu Fragen der Strafrechtsreform mit ärztlichem Einschlag, Bonn 1958, S. 140 f.
Stenglein, Melchior (Hrsg.)
  —— Sammlung der deutschen Strafgesetzbücher, 1. Bändchen (I. Bayern, II. Oldenburg, III. Sachsen=Altenburg, IV. Württemberg), München 1858
  —— Sammlung der deutschen Strafgesetzbücher, 2. Bändchen (VII. Großherzogthum Hessen und Frankfurt, VIII. Baden), München 1858
  —— Sammlung der deutschen Strafgesetzbücher, 3. Bändchen (XI. Strafgesetzbuch für die Preußischen Staaten vom 14. April 1851), München 1858

参考文献一覧   *495*

Stenographische Berichte über die Verhandlungen des Reichstages des Norddeutschen Bundes, I. Legislatur Periode-Session 1870, 2. Bd., Berlin 1870, 34. Sitzung, S. 637 ff., 35. Sitzung, S. 665 ff.

Sternberg-Lieben, Detlev
—— Strafbarkeit eigenmächtiger Genomanalyse, GA 1990, S. 289 ff.
—— Die objektiven Schranken der Einwilligung im Strafrecht, Tübingen 1997
—— Die Strafbarkeit eines nicht indizierten ärztlichen Eingriffs, in: Festschrift für Knut Amelung, Berlin 2009, S. 325 ff.

Stock, Christof
—— Die Indikation in der Wunschmedizin, Frankfurt am Main 2009

Stooss, Carl
—— Operativer Eingriff und Körperverletzung, ZStrR 6 (1893), S. 53 ff.
—— Rechtswidrigkeit und Verbrechen, ZStrR 10 (1897), S. 351 ff.
—— Chirurgische Operation und ärztliche Behandlung, Berlin 1898
—— Die strafrechtliche Natur ärztlicher Handlungen, DJZ 1899, S. 184 ff.
—— Der gesetzliche Tatbestand und seine Ausnahmen, ZStrR 23 (1910), S. 309 ff.

Strafgesetzbuch für das Großherzogthum Hessen, nebst den damit zusammenhängenden Gesetzen, Darmstadt 1853

Stratenwerth, Günter
—— Prinzipien der Rechtfertigung, ZStW 68 (1956), S. 41 ff.
—— Schweizerisches Strafrecht, Allgemeiner Teil I, 4. Aufl., Bern 2011

Stratenwerth, Günter/Jenny, Guido/Bommer, Felix
—— Schweizerisches Strafrecht, Besonderer Teil I, 7. Aufl., Bern 2010

Stratenwerth, Günter/Kuhlen, Lothar
—— Strafrecht Allgemeiner Teil, 6. Aufl., München 2011

Stratenwerth, Günther/Wohlers, Wolfgang
—— Schweizerisches Strafgesetzbuch, Handkommentar, 3. Aufl., Bern 2013

Stree, Walter/Hecker, Bernd
—— in: Schönke/Schröder Strafgesetzbuch Kommentar, 29. Aufl., München 2014, § 303

Struensee, Eberhard
—— Straftaten gegen das Leben und die körperliche Unversehrtheit, in: *Dencker, Friedrich u. a.* (Hrsg.), Einführung in das 6. Strafrechtsreformgesetz 1998, München 1998, S. 27 ff.

Swoboda, Sabine
—— Die Lehre vom Rechtsgut und ihre Alternativen, ZStW 122 (2010), S. 24 ff.

Tag, Brigitte
　── Der Körperverletzungstatbestand im Spannungsfeld zwischen Patientenautonomie und Lex artis, Berlin/Heidelberg/New York 2000
　── Strafrecht im Arztalltag, in: *Kuhn, Moritz W./Poledna, Tomas* (Hrsg.), Arztrecht in der Praxis, 2. Aufl., Zürich/Basel/Genf 2007, S. 669 ff.
　── Rechtliche Problematik der Placeboanwendung, in: Bundesärztekammer (Hrsg.), Placebo in der Medizin, Deutscher Ärzte-Verlag 2011, S. 105 ff.〔邦訳として、ブリギッテ・ターク（山本紘之訳）「プラシーボの法的問題」比較法雑誌47巻4号（2014年）101頁以下〕
　── Richterliche Rechtsfortbildung im Allgemeinen Teil am Beispiel der hypothetischen Einwilligung, ZStW 127 (2015), S. 523 ff.

Tag, Brigitte/Baur, Isabel
　── Die ärztliche Heilbehandlung als Körperverletzung? Aktuelle Rechtslage und Entwicklungen der bundesgerichtlichen Rechtsprechung, in: Guillod, Olivier et Sprumont, Dominique (eds.), *Le droit de la santé en mouvement*, Bern 2014, S. 117 ff.

Tag, Brigitte/Manhart, Thomas
　── Strafgesetzbuch: Ein Überblick über die Neuerungen, Plädoyer 1/07, S. 32 ff.

Taupitz, Jochen
　── Der deliktsrechtliche Schutz des menschlichen Körper und seiner Teile, NJW 1995, S. 745 ff.
　── Wem gebührt der Schatz im menschlichen Körper?-Zur Beteiligung des Patienten an der kommerziellen Nutzung seiner Körpersubstanzen-, AcP 191 (1991), S. 201 ff.〔関連する邦訳として、ヨッヘン・タウピッツ（一木孝之訳）「原材料としての人間：その利益は誰のものか？ ──利得と損害の狭間に位置する人体細胞の利用について──」比較法学34巻1号（2000年）173頁以下〕
　── Empfehlen sich zivilrechtliche Regelungen zur Absicherung der Patientenautonomie am Ende des Lebens?, in: Verhandlungen des Dreiundsechzigsten Deutschen Juristentages Leipzig 2000, Bd. I (Gutachten) Teil A, Gutachten A für den 63. Deutschen Juristentag, München 2000

Teichmann, Arndt
　── in: Jauernig Bürgerliches Gesetzbuch, 16. Aufl., München 2015, § 823

Temme, J. D. H.
　── Lehrbuch des Gemeinen Deutschen Strafrechts, Stuttgart 1876

Terbille, Michael
　── Anmerkung zum Urteil des OLG Jena, Urteil v. 3. 12. 1997 (4 U 687/97), VersR 1999, S. 235 f.

Thierack, Georg
　—— Notwehr, Notstand-Rechtfertigungsgründe im neue Strafrecht, in: *Freisler, Roland/Luetgebrune, Walter* (Hrsg.), Denkschrift des Zentralausschusses der Strafrechtsabteilung der Akademie für Deutsches Recht über die Grundzüge eines Allgemeinen Deutschen Strafrechts, Berlin 1934, S. 85 ff.

Thommen, Marc
　—— Medizinische Eingriffe an Urteilsunfähigen und die Einwilligung der Vertreter, Basel/Genf/München 2004

Thormann, Philipp/von Overbeck, Alfred
　—— Das schweizerische Strafgesetzbuch, 4. Lfg., Zürich 1940

Tittmann, Carl August
　—— Handbuch der Strafrechtswissenschaft und der deutschen Strafgesetzkunde, 1. Bd., 2. Aufl., Halle 1822

Trechsel, Stefan
　—— Schweizerisches Strafgesetzbuch, Kurzkommentar, 2. Aufl., Zürich 1997

Trechsel, Stefan/Noll, Peter
　—— Schweizerisches Strafrecht, Allgemeiner Teil I, 6. Aufl., Zürich 2004

Tröndle, Herbert
　—— Selbstbestimmungsrecht des Patienten-Wohltat und Plage?, MDR 1983, S. 881 ff.

Ulsenheimer, Klaus
　—— Arztstrafrecht in der Praxis, 2. Aufl., Heidelberg 1998
　—— in: *Laufs, Adolf/Uhlenbruck, Wilhelm* (Hrsg.), Handbuch des Arztrechts, 4. Aufl., München 2010, §§ 138 f.
　—— Arztstrafrecht in der Praxis, 5. Aufl., Heidelberg 2015

Verrel, Torsten
　—— Patientenautonomie und Strafrecht bei der Sterbebegleitung, in: Verhandlungen des Sechsundsechzigsten Deutschen Juristentages Stuttgart 2006, Bd. I (Gutachten) Teil C, Gutachten C für den 66. Deutschen Juristentag, München 2006

Vicente Remesal, Javier de
　—— Die Einwilligung in ihrer strafrechtlichen Bedeutung: Bemerkungen über Tatbestandsausschluss und Rechtfertigungsgründe, in: Festschrift für Claus Roxin zum 70. Geburtstag, Berlin/New York 2001, S. 379 ff.

Vogel, Joachim
　—— Strafrechtsgüter und Rechtsgüterschutz durch Strafrecht im Spiegel der Rechtsprechung des Bundesverfassungsgerichts, StV 1996, S. 110 ff.

Voll, Doris
　—— Die Einwilligung im Arztrecht, Frankfurt am Main 1996

Vorentwurf zu einem Deutschen Strafgesetzbuch, Begründung, Besonderer Teil, Berlin 1909

Vorentwurf zu einem österreichischen Strafgesetzbuch und zu dem Einführungsgesetze, Wien 1909

Vormbaum, Thomas
　── Einführung in die moderne Strafrechtsgeschichte, 3. Aufl., Berlin/Heidelberg 2016

Wagner, Cristine
　── Die Schönheitsoperation im Strafrecht, Berlin 2015

Wagner, Gerhard
　── in: Münchener Kommentar zum Bürgerlichen Gesetzbuch, Bd. 6, 7. Aufl., München 2017, § 823

Weber, Ulrich
　── in: *Arzt, Gunther/Weber, Ulrich/Heinrich, Bernd/Hilgendorf, Eric*, Strafrecht Besonderer Teil, 2. Aufl., Bielefeld 2009, § 6

Weigend, Thomas
　── Über die Begründung der Straflosigkeit bei Einwilligung des Betroffenen, ZStW 98 (1986), S. 44 ff.

Weissenberger, Philippe
　── Die Einwilligung des Verletzten bei den Delikten gegen Leib und Leben, Bern 1996

Welzel, Hans
　── Studien zum System des Strafrechts, ZStW 58 (1939), S. 491 ff. [in: *Welzel, Hans*, Abhandlungen zum Strafrecht und zur Rechtsphilosophie, Berlin 1975, S. 120 ff.]
　── Das neue Bild des Strafrechtssystems, 4. Aufl., Göttingen 1961〔邦訳として、ハンス・ヴェルツェル（福田平＝大塚仁訳）『目的的行為論序説〔第三版〕』（1979年・有斐閣）〕
　── Das Deutsche Strafrecht, 11. Aufl., Berlin 1969

Wessels, Johannes/Hettinger, Michael
　── Strafrecht Besonderer Teil 1, 40. Aufl., Heidelberg 2016

Wessels, Johannes/Hillenkamp, Thomas
　── Strafrecht Besonderer Teil 2, 39. Aufl., Heidelberg 2016

Wicki, Michael
　── Komplementärmedizin im Rahmen des Rechts, Bern 1998

Wieacker, Franz
　── Privatrechtsgeschichte der Neuzeit, 2. unveränderter Nachdruck der 2., neubearb. Auflage von 1967, Göttingen 1996〔初版の邦訳として、F・ヴィーア

ッカー（鈴木禄弥訳）『近世私法史』（1961年・創文社）〕

Wilts, Walter
—— Die ärztliche Heilbehandlung in der Strafrechtsreform (I), MDR 1970, S. 971 ff.

Wiprächtiger, Hans
—— Die Strafbarkeit des Arztfehlers, in: *Fellmann, Walter/Poledna, Tomas* (Hrsg.), Die Haftung des Arztes und des Spitals, Zürich/Basel/Genf 2003, S. 233 ff.
—— Revision des Allgemeinen Teils des StGB: Änderungen im Schatten des Sanktionenrechts, ZStrR 123 (2005), S. 403 ff.
—— Revision des Allgemeinen Teils des StGB: Die übrigen Neuerungen – ein Sammelsurium, in: *Heer-Hensler, Marianne* (Hrsg.), Revision des Allgemeinen Teils des Strafgesetzbuches, Bern 2007, S. 137 ff.
—— «Kriminalisierung» der ärztlichen Tätigkeit? Die Strafbarkeit des Arztfehlers in der bundesgerichtlichen Rechtsprechung, in: *Donatsch, Andreas/Blocher, Felix/Volz, Annemarie Hubschmid* (Hrsg.), Strafrecht und Medizin, Bern 2007, S. 61 ff.

Woitkewitsch, Cristopher
—— Strafrechtlicher Schutz des Täters vor sich selbst, Aachen 2003

Wolters, Gereon
—— Die Neufassung der Körperverletzungsdelikte, JuS 1998, S. 582 ff.

Würtenberger, Thomas
—— Zur strafrechtlichen Bedeutung des Züchtigungsrechtes des Lehrers, DRZ 1948, S. 291 ff.

Zipf, Heinz
—— Die strafrechtliche Haftung des Arztes, StPG 6 (1978), S. 1 ff.
—— Probleme eines Straftatbestandes der eigenmächtigen Heilbehandlung (dargestellt an Hand von § 110 öStGB), in: Festschrift für Paul Bockelmann, München 1979, S. 577 ff.

Zuck, Rüdiger
—— Der Standort der besonderen Therapierichtungen im deutschen Gesundheitswesen, NJW 1991, S. 2933 ff.

事項索引

あ

安楽死　8, 183

い

医学準則　9, 15, 51, 58-59, 65, 69, 83, 85, 95, 97-98, 101, 105, 119, 121, 130, 132, 135, 139-141, 143, 152-153, 164, 168, 173, 261, 281, 349, 368, 393, 405

医学的正当性　3, 44, 53, 61, 63, 71, 368, 381, 390-393, 403-404, 406, 409, 421

医学的適応性　3-4, 9, 15, 36, 51, 59, 64, 83, 85, 97, 101, 114, 120-121, 129-135, 139-141, 152, 164, 261, 368, 381, 385, 390-398, 403-406, 408-409, 413, 421

医業　181

医師会（ドイツ）　83, 167, 196, 202, 204, 211-212

医師患者関係　78, 394

医事刑法　i, 7-8, 218, 385, 404

意思決定　34, 36, 41, 70, 100, 113, 267, 309, 375, 379, 394, 418, 421

意思自由　85, 164, 170, 177, 202-203, 309, 359, 376

医師法　49, 58

意思方向説　170

医師の職業倫理　174, 395

医事法制　26

医術的正当性　3, 114, 120, 385, 390, 397, 413

1個の行為　113, 141

一般的行為自由　→　行為自由

一般的人格権　→　人格権

違法阻却

──一般規定　159, 168, 207

──事由　29, 43, 71, 86, 101, 152, 191, 402

医薬品　10, 220, 298

──法（ドイツ）　135, 388, 399

医療過誤　8, 65, 78, 393

医療行為　10, 29-30, 41, 49, 57, 84, 88, 106, 119, 132, 167-168, 175, 220, 328-329, 336-337, 341, 347, 373

医療事故　i, 58

医療措置　→　措置

インフォームド・コンセント　132, 313, 390, 405

う

ヴュルテンベルク王国刑法典　236-237

え

営業の自由　90

エホバの証人　41

延命　143, 379

お

殴打創傷ノ罪　311, 314

オーストリア刑法典　167, 349-350, 375

オルデンブルク刑法典　236

遅れると危険　136, 192, 196, 199, 204

親の配慮　→　配慮

か

外観　44-45, 93-94, 96-97, 218, 224, 266-267, 295, 299, 312, 313, 315-316, 333, 397

過失　80, 110, 116, 170-171, 200, 203, 229, 230, 301, 330, 332, 349, 400

──の競合　7

──の標準　7

過失傷害

──罪　3, 15, 29, 57, 65, 140, 152-153, 217, 304, 339-340, 342

過失致死

──罪　3, 15, 57, 65, 217

過失犯　7, 29, 65, 115

家族　3, 143, 180, 267, 373, 378

──法（ドイツ）　302

仮定的承諾　117, 136

可罰的違法性　4, 29

監禁

──罪　15, 25, 55, 59, 64, 320, 368, 414

看護師　10, 51, 252, 272

患者

──の権利　36, 87, 348

──の事前指示　393

──の自律　82, 145, 273

──の選択　37, 63

──の利益　99, 101, 121, 123, 213, 344, 391

患者の意思は最高の法である　82, 135

患者の権利法　376, 393

慣習法　23, 83, 95

──説　23, 90, 162

カール草案　178-179

カロリナ刑事法典　222, 228, 230-231, 234

き

危険

──の引受け　→　リスクの引受け

許された──　→　許された

502　事項索引

リスク（危険）
危険緩和説　121-122, 141-142, 153
危険減少説　122, 142, 153
危険判断アプローチ　76, 109, 118, 121-123, 133
基体 → 身体の基体
北ドイツ連邦刑法典　162, 236, 238-240, 246
機能的統一体　224, 285
帰納モデル　387-389, 407
基盤モデル　264, 289-291
基本権　278, 304-305, 307, 387
基本法　100, 110-111, 113-114, 120, 126, 133, 146, 192, 196, 208-209, 268, 279, 300, 304-307, 386-387
器物損壊
　──罪　52, 137, 369-370
欺罔　218, 273, 288, 400
客観的帰属論　127
客観的構成要件 → 構成要件
客観的治癒傾向 → 治癒傾向
旧刑法（オーストリア）　341, 342
旧刑法（スイス）　55, 326, 347, 359, 364, 420
旧刑法（日本）　17-18, 19, 311-314
ギュルトナー草案　182, 242
教育権　303
強制治療権　101, 106-108, 163
脅迫
　──罪　25
業務権　21-24, 83, 90, 95, 107
　──説　23-24, 83, 90, 162
強要
　──罪　15, 24-25, 42, 55, 59, 64, 69, 89, 91, 95, 138, 165, 175, 261, 320, 328, 338, 340, 342-343, 346, 349-351, 356-358, 368, 414
去勢　230, 337
　──法（ドイツ）　388

け

拒絶意思　36, 39
許容命題　126
緊急避難　37, 350, 424, 426
　正当化的──　124, 136, 389
緊急救助　168, 347

け

刑事制裁　58, 78, 283
刑事訴追　203
軽懲役　79, 81, 159, 167, 170, 176, 179, 182, 189-190, 192, 195, 239-240, 344
契約　78, 82
結果説　31, 47, 57, 64-66, 76, 109, 113, 115-120, 133, 139, 142-145, 150, 152, 281, 291, 294, 370, 396-397, 415-416
　修正──　46-47, 66, 116, 118, 120, 130-131, 144-145, 152-153, 293-294, 296, 397
結果無価値　30-31, 65, 118-120, 131-132, 384
　──論　16, 27-28, 43
健康
　──損害　79-80, 87, 89, 94, 104, 106, 114, 118, 129-132, 148, 153, 172, 221-223, 232, 236, 243-244, 247, 252, 254, 257-260, 266, 292, 328-330, 332, 334, 337, 340
　──の定義（WHOによる）　226-227, 331
健康社会学　226
現在の危難　38
検察官　43, 49, 80
検察審査会　49
現実の承諾　136, 402
現存在　94, 131, 255, 282, 285-286, 419
憲法　i, 262, 282-284, 291, 300, 303, 304-308, 313, 346-347, 386
憲法的法益概念　277-278, 282-283
謙抑性　57, 300

こ

故意　79, 80, 115-116, 130, 152-153, 203, 228, 233, 235-236, 238-240, 243, 301, 330, 333, 337, 401
　傷害の──　24, 87-88, 116, 142-143, 298
　未必の──　132
故意犯　7, 29
合意　122, 124, 294
行為客体　124, 147, 269, 275, 289, 293, 309-310, 418
行為自由　277, 304, 356-357
　一般的──　279
行為主体　11
行為説　63-64, 139-140
行為無価値　29, 30, 64, 131-132, 384
　──論　16, 27-28, 30-31, 43
後見人　287
公衆衛生法（スイス）　336
公序良俗　101, 183
構成要件
　受け皿──　165
　客観的──　65, 87, 116, 129, 140, 142, 152-153, 291, 298, 344-345
　主観的──　115-116, 142, 152-153, 299
　閉ざされた──　29
構成要件該当性
　──阻却効果　141, 143
　──阻却事由　6, 124-127, 191, 279, 397, 423
構成要件の結果　60, 65, 140, 144, 370
構成要件の錯誤　203
構成要件による解決　84
構成要件要素　29-30, 51, 62, 131, 194, 263, 292, 342, 357
構成要件論　28, 88, 92, 97, 114, 224, 293
功利主義　385-386
合理的患者　112
拘留　165, 179, 182, 189,

事項索引 *503*

192, 195, 239
衡量モデル 264-265, 289, 382, 385-389, 398, 403-406, 408, 421
故　殺 233, 235
個　人
　――の自由 275, 278-279, 356, 379
　――の自律 293
個人主義 181
個人的法益 62, 124, 267, 277, 279, 283, 287, 290, 293, 385-386, 388
国家認容説 23
個別的考察 51-52, 60, 136-137, 144, 150, 152, 345, 416

さ

罪刑法定主義 106, 138, 165, 181, 261
財　産 53, 233, 285, 292, 371-372, 377
財産的損害 371, 378
財産的利益 61, 371-372, 400
財産配慮 → 配　慮
裁　量 86, 91, 333, 340
　――権 210, 306
作　為 104, 141, 346
錯　誤 192, 195, 203, 218, 272-273, 281, 288, 290, 400
ザクセン王国刑事法典 236-237
差引残高の理論 39, 60-61, 66, 95-96, 140-141, 144, 370, -397
殺　人
　――罪 3, 114, 140, 217, 293

し

事後判断 95
自殺関与 401
自然主義 271
自然療法 78, 163, 251
事前判断 102, 104, 120, 122
死　体 224
失敗した治療行為 → 治療行為
執刀医事例 272, 280, 400
私的自治 100-101, 107, 383
事務管理 23, 83, 341, 343, 350
　――説 83
社会的行為論 76-77, 103, 108, 139, 141
社会的相当性 28-31, 99, 117, 143, 399
自由刑 79, 202-203, 223, 229, 244, 330, 334, 349, 356, 387
自由主義的法益論 127, 130, 278, 280-281, 289
重傷害 192, 195, 329-330, 333-334, 337-338
自由剥奪
　――罪 91, 95, 137, 165, 261, 264
主観的構成要件 → 構成要件
傷　害
　――概念 105, 150, 188-189, 217, 220, 234-235, 239, 241-242, 246, 254, 318
　――罪排除規定 159, 165, 169, 171-172, 174-176, 178-179, 183-185, 188, 191, 194, 200, 204, 243
傷害致死
　――罪 3, 49, 217, 401
消極的構成要件要素の理論 88, 423
承　諾
　――能力 8, 196, 339, 398, 400, 425
　――の代行（代諾）　425
　――の有効性 385, 393, 400, 407
　――モデル 398, 400, 402, 406, 408-409, 421
　――論 270-272, 274, 386
衝突モデル 264, 382
職業上の義務 22, 173
嘱託殺人 387, 401
自律的支配 147, 292-293
人格権 41, 301-302, 320, 346, 379
　――侵害 41, 228
　――一般的―― 284, 305-306, 348, 359
人格的法益論 276
人工妊娠中絶 10
侵　襲
　治療―― 9, 60, 83, 87, 95, 97, 103-104, 115, 121, 199, 272, 344, 405
身上配慮 → 配　慮
身体的基体 103, 255, 275, 282, 289, 292, 311, 313, 317, 319-321, 344, 346, 372, 374, 377, 379-380, 397, 402, 408, 419-422
身体的虐待 79-80, 94, 114, 122, 130-132, 148, 153, 172, 221-223, 236, 244, 247-250, 252-257, 259-260, 266, 292, 311, 335, 362, 374
身体的健全感 79, 118, 123, 131-132, 144, 224, 244, 249-251, 253-255, 332, 335, 344, 346
身体の統合性（Körperintegrität） 114, 268, 281, 340-342, 374, 394, 404
身体の完全性 312, 316
　――毀損説 42, 218, 315, 317, 319
身体の統合性（körperliche Integrität） 79, 113, 119-120, 128-130, 202, 209, 224, 227, 249, 268, 282, 291, 294, 313, 317, 320, 329, 335, 340, 342, 344, 348, 355
身体の不可侵 79, 80, 93, 126, 130-133, 148, 190, 205, 209, 241-242, 249, 251, 255, 268-269, 274, 280, 291, 306, 309, 316, 335, 340-341, 345, 355-356, 364, 375, 382, 386, 388, 403, 417-419
　――アプローチ 265, 268-269, 274

504　事項索引

――に対する権利　35, 110, 114, 147, 196, 204, 207-208, 245, 304-307, 347-348, 355, 364, 420
――に対する罪　189, 202, 207, 245, 247, 269, 284-285
身体利益
　　――説　76-77, 85, 91-93, 95-96, 103, 105, 108, 123, 133, 140, 152, 265-266, 274, 370
診　断　9, 111, 177, 191-192, 194-195, 202, 340, 393
診断的措置　→　措　置

す

スイス刑法典　326-327, 329, 353-354, 358, 361, 363
推定的意思　36, 39, 136, 168, 171, 338, 425
推定的承諾　6, 62, 89, 117, 129, 136, 341, 345-346, 402, 407, 423-425

せ

生活機能　44-45, 220, 225, 295-296, 299, 311-313, 315, 317
成功した治療行為　→　治療行為
精神的損害　3, 57, 148
精神の障害　9, 194-195
性転換手術　49
正当化事由　5, 54, 81, 90, 121, 124-126, 191, 272, 279, 282-283, 303, 341, 343, 347, 359-363, 376, 383, 395, 403, 405, 408, 421, 423, 426
正当化的緊急避難　→　緊急避難
正当化による解決　84
正当（業務）行為　3, 6, 17-22, 24, 51, 54-55, 69, 217, 325-328, 351, 359, 361-364, 409, 413, 420-421, 423
性別適合手術　424
生命維持措置　→　措　置
生理（的）機能障害説　218, 312, 317, 319
世界保健機構（WHO）　226-227, 318, 331
折衷説（「傷害」の意義に関する）　218, 319
説明義務
　　――違反　65, 378
　　――の特則　113, 189, 193, 204, 211-212
　　――の範囲　87, 108, 110, 309
世話人　287
全体主義　181
全体的考察　52, 59-60, 87-88, 137-139, 144, 150, 152, 369-370, 416
善良な風俗　105, 159, 169

そ

臓　器
　　――提供者　191
　　――摘出　384-385, 388
臓器移植　i, 8, 424
　　――法（ドイツ）　388
措　置
　　医療――　392-393, 405-406
　　診断的――　336
　　生命維持――　122
　　治療――　114, 119-120
　　予防的――　191
損害賠償　3-4, 33, 41, 57, 78, 217, 233, 301, 378-379
尊厳死　8
尊重要求　292-293

た

対　案　71, 161, 167-168, 170-171, 173, 179, 184, 196, 200, 204-206, 417
代　案　117, 158, 160, 186, 198-201, 203, 205-206, 212, 243-244, 247, 358, 417
大学医学　9, 173
第5次刑法改正法（ドイツ）　200, 227
胎　児　10, 202
第6次刑法改正法（ドイツ）　158, 160, 186, 201, 204-205, 224, 244-247, 268-269
他者決定　348
堕　胎　10, 230
断　種　337, 398
　　――法（ドイツ）　180
担当官草案　200-202, 244

ち

注意義務　7, 29, 116, 143
治癒傾向　104
　　客観的――　390
懲　戒　250, 304
　　――権　302-304
　　――処分　211
超法規的違法阻却事由　6, 54, 361-363, 409, 421, 423
治療行為
　　――関連規定　158-160, 162, 166-167, 186, 188-189, 200-201, 204-206, 209-210
　　――傷害説　15, 33-34, 54, 84, 106, 362, 368, 414
　　――の成功・失敗　46, 57, 61, 105, 113, 120, 132-133, 139, 143, 150, 291, 416
　　――の不処罰根拠　22-24, 90
　　――非傷害説　15, 34, 51, 54, 84, 362, 368, 379, 404, 414
　　失敗した――　64-65, 87, 114, 120, 141-143
　　成功した――　64-65, 87, 104, 114, 119, 142, 294
治療侵襲　→　侵　襲
治療措置　→　措　置
治療的実験　391, 407, 409, 421, 424
治療の中止・差控え　8
治療（の）目的　23, 28, 30, 83, 97-98, 111, 120, 129, 137, 139, 142, 152-153, 159, 170, 174, 176-177, 179, 182, 188-189, 192, 195, 344-345, 390-391, 405

事項索引　505

て
テレジアーナ刑法典　233
典型的危険　110-112

と
ドイツ外科学会　188-189, 193
ドイツ法曹大会　197
同意
　——原則　23-25, 31, 35, 40, 78, 81, 87, 89, 91, 108, 110, 163, 166, 343, 350, 414
　——思想　25, 35, 40, 98, 107, 181-182
　——説　23-24, 61-63
同意傷害　85, 106, 162, 177, 218, 387, 401-402, 423-424
　——規定　159, 168, 170, 174, 207, 389
統合モデル　264, 277-278, 284, 289-290
特別刑法　209-210
ドナー　8, 10, 384-385, 395, 424

な
ナチス　77, 105-108, 158, 160-161, 178-185, 187-188, 190, 200

に
「二元的」解決　129-131, 148, 153, 291
二元的体系　126, 383
二重の保護法益論　133, 300
日数罰金 → 罰金
人間の尊厳　284, 293, 304, 346, 386
妊婦　10, 176

は
バイエルン刑事法典　232-234
バイエルン刑法典　232, 235-236, 239
配慮
　親の——　303
　財産——　303
　身上——　168, 287, 303
パターナリズム　291, 385, 401
罰金
　日数——　199, 244, 330, 349
バーデン大公国刑法典　237
犯罪論体系　27, 30, 78, 84, 121, 127

ひ
ヒポクラテスの誓い　395
美容整形手術　8, 10, 62, 192, 397, 409, 421
病理学的状態　79, 93, 257, 334

ふ
副作用　94, 110, 114, 132, 336, 372, 399
福祉　303
不作為　104, 141, 232, 346
侮辱
　暴行による——　229, 235-240, 254
不真正不作為犯　104, 108, 141, 152
不法行為　33, 36, 57-58, 228, 273, 300, 378
　——責任　25
　——法（ドイツ）　264, 301, 318
六法損害　230
プロイセン一般ラント法（ALR）　232, 234-236

へ
ヘッセン刑事裁判令　231, 234
ヘッセン大公国刑法典　237
ベネフィット
　——とリスク → リスクとベネフィット

ほ
法益
　——概念　12, 128, 146-147, 243, 261, 263-264, 275-276, 278-280, 282-284, 288, 292-293, 309, 318-319, 355, 418
　——客体　122, 382
　——処分　262, 271, 280, 283, 293, 383
　——処分権　263, 282, 287, 293, 308, 311, 317, 355, 382
　——保護　126, 279
　——論アプローチ　76, 109, 118, 123-124, 130, 132-134, 145-146, 148, 150, 160, 205, 208, 209, 213, 311, 317, 325, 328, 351-352, 355, 363, 367, 369, 416, 419
法益関係的錯誤　280
豊胸手術　49, 401
暴行
　——罪　3, 15, 17, 42, 51, 217, 298, 330, 331, 333, 335-336, 368, 375, 390, 414
法定代理人　9, 23, 33, 56, 80, 83, 95, 110, 135, 163, 251, 287-288, 387, 425
保健師助産師看護師法　5, 48, 217
保護客体　128, 279, 331
母体保護法　49

み
民事制裁　233
民法　i, 23, 36, 57-58, 83, 159, 169, 185, 259, 262, 264, 273, 300-303, 308, 371, 376, 379, 392-394

む
無資格者　5, 48, 217
無免許医　10, 49, 401

め
明確性の原則　146

明示的意思　55, 89, 165, 167, 261
名　誉
　　──毀損　229, 237, 239
　　──に対する罪　227, 229, 234-240, 246, 257, 333
命　令　18, 341, 343, 347

ゆ

優越的利益
　　──アプローチ　383-384
　　──原理　76-77, 96, 98, 108, 126, 361, 383
有害で不適切な取扱い　79, 114, 123, 132, 144, 248-249, 250-253, 255-257, 335
輸　血　41, 95, 136, 145, 192, 297-298
許されたリスク（危険）　97, 101-102, 114, 117, 143

よ

要塞刑　235

ヨセフィーナ刑法典　233-234
予　謀　233
予　防　9, 17, 177, 191-192, 194-195, 202
予防的措置 → 措　置

ら

ライヒ刑法典　75, 79, 158, 162, 236, 239-240, 243
ラートブルフ草案　159, 161, 171-173, 177, 184, 241-242

り

利益欠缺　383
　　──原理　99, 126
利益衡量　12, 44, 67, 98-100, 102, 267, 368, 381, 383, 387, 389, 392, 402, 404, 416, 420-421
　　──説　379, 383
リスク
　　──とベネフィット　385,

407-408, 426
　　──の引受け　426
理性の高権　131, 372-373
了　解　122, 124-125, 152-153, 170-171, 279, 294, 357
良心的な医師の慣行　98, 101, 159, 171-174, 176-177, 179, 184
良心的な医師の諸原則　189, 191, 194
臨床試験　i, 8, 10, 177, 202, 388, 391, 395, 424, 426

れ

レーゲ・アルティス　9, 98, 119, 120, 129-130, 132, 140, 291, 298, 344, 393, 399
レシピエント　385
レックス・アルティス → レーゲ・アルティス

わ

ワイマール憲法　169

人名索引

あ行

アメルンク、クヌート (Amelung, Knut) 265, 270-274, 280, 287, 289
アルツト、グンター (Arzt, Gunther) 355
イェシェック、ハンス-ハインリッヒ (Jescheck, Hans-Heinrich) 382, 386-387, 389
磯部四郎 20, 314
井上正治 219
ヴァイゲント、トーマス (Weigend, Thomas) 382, 386-387, 389
ウェーバー、ウルリッヒ (Weber, Ulrich) 256, 258
ヴェルツェル、ハンス (Welzel, Hans) 285-286
ヴォルタース、ゲレオン (Wolters, Gereon) 257
ウルゼンハイマー、クラウス (Ulsenheimer, Klaus) 403
江木衷 314
エーザー、アルビン (Eser, Albin) 42, 46-47, 65-66, 76, 109, 118-120, 130-131, 144-145, 289, 293-300, 406-408
エンギッシュ、カール (Engisch, Karl) 76-77, 96-105, 107-108, 123, 132, 140-141, 152, 266-267
大場茂馬 24, 26-27, 43, 314-316
大谷實 57, 63-64
オットー、ハロー (Otto, Harro) 24
オッペンホフ、フリートリッヒ (Oppenhoff, Friedrich) 254
小野清一郎 316
オルスハウゼン、ユストゥス (Olshausen, Justus) 255

か行

ガイヤー、アウグスト (Geyer, August) 254
ガイレン、ゲルト (Geilen, Gerd) 404-405
カウフマン、アルトゥール (Kaufmann, Arthur) 47, 66, 76, 109, 113-114, 116, 133, 143, 198
勝本勘三郎 23-27, 43
金澤文雄 56-57, 64-65
カール、ヴィルヘルム (Kahl, Wilhelm) 77, 85, 87-90, 167, 178, 402
カルフェルツ、ヴァルター (Kallfelz, Walter) 106
ギュルトナー、フランツ (Gürtner, Franz) 179
キントホイザー、ウルス (Kindhäuser, Urs) 125, 127
クラウス、デトレフ (Krauss(ß), Detlef) 117-118, 147
クラマー、ペーター (Cramer, Peter) 118
グリュンヴァルト、ゲラルト (Grünwald, Gerald) 111-112
グロッチュ、アンドレ (Grotsch, André) 357
ゲッセル、カール・ハインツ (Gössel, Karl Heinz) 296
ゲルラント、ハインリッヒ (Gerland, Heinrich) 255
ケルン、ベルント-リューディガー (Kern, Bernd-Rüdiger) 404-405
古賀廉造 21
ゴールトシュミット、ジェームズ (Goldschmidt, James) 167

さ行

ザウアー、ヴィルヘルム (Sauer, Wilhelm) 265-266
佐伯仁志 16, 28, 39-46, 53, 64-65, 294-300, 378
佐藤陽子 54, 56, 361
シェーファー、アウグスト (Schaefer, August) 265-266
シュヴァルツェンベルク、ハンス・フォン (von Schwarzenberg, Hans) 230
シュヴァルム、ゲオルク (Schwalm, Georg) 190, 193, 212
シュトース、カール (Stooss, Carl) 47, 77, 85, 87-89
シュミット、エベルハルト (Schmidt, Eberhard) 76-77, 96, 102-105, 107-108, 123, 141, 146, 152, 169, 175, 193, 263,
シュミット、リヒャルト (Schmidt, Richard) 82
シュミットホイザー、エベルハルト (Schmidhäuser,

508　人名索引

Eberhard）　76, 109, 121-122, 141, 147, 289, 292-293
ゼールマン、クルト（Seelmann, Kurt）　362

た行

タウピッツ、ヨッヘン（Taupitz, Jochen）　301
タ－ク、ブリギッテ（Tag, Brigitte）　76, 109, 124, 130-134, 148, 209, 210, 277-278, 284-286, 288-289, 300, 311, 317-318, 418-419
田坂 晶　56
辰井聡子　16, 28, 39-40, 44-46, 53, 294-300
デ－ラ－、トーマス（Dehler, Thomas）　186-187
デリンク、ディ－タ－（Dölling, Dieter）　296, 382, 387-389, 407
ドイチュ、エルヴィン（Deutsch, Erwin）　301
ドーナ、アレキサンダー・グラ－フ・ツー（zu Dohna, Alexander Graf）　84

な行

ナーグラー、ヨハネス（Nagler Johannes）　265-266
ニーゼ、ヴェルナー（Niese, Werner）　146, 263
ニーベルディンク、ルドルフ・アーノルド（Nieberding, Rudolf Arnold）　166
ノイマイヤー、フリッツ（Neumayer, Fritz）　187
ノル、ペーター（Noll, Peter）　382-387, 389, 404

は行

唄 孝一　32
ハイムベルガー、ヨーゼフ（Heimberger, Joseph）　21-22, 137, 162, 167, 175
バウマン、ユルゲン（Baumann, Jürgen）　198, 205, 277
ハーガー、ヨハネス（Hager, Johannes）　302
花井卓蔵　19-20
バール、ルートヴィッヒ・フォン（von Bar, Ludwig）　77, 85-87
ハルトマン、タンヤ（Hartmann, Tanja）　263
平沼騏一郎　20-21
ヒルシュ、ハンス・ヨアヒム（Hirsch, Hans Joachim）　256, 263
ビンディング、カール（Binding, Karl）　82-83, 164, 254, 316
フィンガー、アウグスト（Finger, August）　84, 88
フィンク、クラウディア（Fink, Claudia）　358
フォイエルバッハ、パウル・ヨハン・アンゼルム（Feuerbach, Paul Johann Anselm）　232, 254
フォール、ドリス（Voll, Doris）　398
藤木英雄　16, 27-31, 40-41, 43
藤本 直　25
ブムケ、エルヴィン（Bumke, Erwin）　170
フランク、ラインハルト（Frank, Reinhard）　255
ブリュックマン、アルトゥール（Brückmann, Arthur）　83
ブリュッゲマイアー、ゲルト（Brüggemeier, Gert）　133
フロイント、ゲオルク（Freund, Georg）　224-225
ヘス、アントン（Hess, Anton）　164
ベーリング、エルンスト（Beling, Ernst）　76-77, 91-98, 101-102, 104, 108, 122-123, 132, 224, 265-267
ヘルシュナー、フーゴ（Hälschner, Hugo）　254
ヘンケ、エドゥアルト（Henke, Eduard）　231-232
ホイベル、フリートリッヒ（Heubel, Friedrich）　224-225
ボッケルマン、パウル（Bockelmann, Paul）　76, 109, 113, 115-116, 133, 259
ボトケ、ヴィルフリート（Bottke, Wilfried）　147, 248
ホフマン、ベルトルト（Hofmann, Berthold）　106
ホルン、エックハルト（Horn, Eckhard）　76, 109, 124, 129-131, 148, 209, 257, 289, 291-292

ま行

マイスター、クリスティアン・フリートリッヒ・ゲオルク（Meister, Christian Friedrich Georg）　231
マイヤー、マリア－カタリナ（Meyer, Maria-Katharina）　76, 109, 121-122
前田雅英　61-62
町野 朔　16, 27-28, 31, 32-41, 43, 45, 65, 299, 414
マルティン、クリストフ（Martin, Christoph）　231
宮澤浩一　358
武藤眞朗　54, 63, 361
ムルマン、ウヴェ（Murmann, Uwe）　282-283
メツガー、エドムント（Mezger, Edmund）　126, 256, 383

や行

山中敬一　61-62

ヨエル、クルト（Joël, Curt）　170

ら行

ラウフス、アドルフ（Laufs, Adolf）　404-405
ラートブルフ、グスタフ（Radbruch, Gustav）　171, 175
リスト、フランツ・フォン（von Liszt, Franz）　22, 164, 167, 255
リリエンタール、カール・フォン（von Lilienthal, Karl）　77, 85-87, 167
ルーカス、ヘルマン（Lucas, Hermann）　166
ルドルフィー、ハンス - ヨアヒム（Rudolphi, Hans-Joachim）　278, 282-284, 286
レットゲン、カール（Röttgen, Karl）　107
レナウ、トーマス（Rönnau, Thomas）　264, 277, 289-291
ロクシン、クラウス（Roxin, Claus）　76, 109, 124-128, 133-134, 148, 208-209, 271, 273, 277-284, 286-287, 289-290, 317
ロスヒルト、コンラート・フランツ（Roßhirt, Konrad Franz）　231
ローゼナウ、ヘニング（Rosenau, Henning）　210
ローゼンベルク、ヴェルナー（Rosenberg, Werner）　83

判例索引

1 日本

大判明治41年2月25日刑録14輯134頁 ……… 220
大判明治42年12月7日刑録15輯1749頁 …… 312
大判明治43年4月4日刑録16輯516頁 …… 312
大判明治44年3月13日刑録17輯341頁 …… 312
大判明治44年4月28日刑録17輯712頁 …… 312
大判明治45年6月20日刑録18輯896頁 …… 312
大判大正11年10月23日評論11巻刑法400頁 … 220
大判大正11年12月16日刑集1巻799頁 …… 312
大決大正15年7月20日新聞2598号9頁 …… 220
長崎地佐世保支判昭和5年5月28日（丸山正次『醫師の診療過誤に就て』〔1934年・司法省調査課〕246頁） …………… 25–26
大判昭和8年4月19日刑集12巻471頁 …… 400
大判昭和8年6月5日刑集12巻736頁 …… 220
大判昭和9年8月27日刑集13巻1086頁 …… 400
最判昭和26年9月25日裁判集刑53号313頁
………………………………… 220, 312
最決昭和27年2月21日刑集6巻2号275頁
……………………………………… 400
最決昭和27年6月6日刑集6巻6号795頁
………………………………… 220, 312
最決昭和32年4月23日刑集11巻4号1393頁
………………………………… 220, 312
札幌地判昭和36年3月7日下刑集3巻3＝4号237頁 ………………………… 49, 401
大阪高判昭和40年6月7日下刑集7巻6号1166頁 ………………………………… 401
名古屋高金沢支判昭和40年10月14日高刑集18巻6号691頁 ……………………… 220
東京地判昭和41年6月22日下刑集8巻6号869頁 ………………………………… 401
熊本地玉名支判昭和42年11月10日下刑集9巻11号1372頁 …………………… 220
東京高判昭和45年11月11日高刑集23巻4号759頁（ブルーボーイ事件） ……… 49
東京地判昭和46年5月19日下民集22巻5＝6号626頁（乳腺症事件） …… 3–4, 32, 50, 320, 377
秋田地大曲支判昭和48年3月27日下民集24巻1〜4号154頁（舌がん事件） …… 3–4, 32, 50,
320, 413
京都地判昭和51年10月1日下民集31巻9〜12号1025頁 ……………………… 32
広島高判昭和52年4月13日高民集30巻2号51頁 ……………………………… 32–33
熊本地判昭和52年5月11日下民集31巻9〜12号1042頁 ……………………… 33
東京高判昭和52年11月29日東高刑時報28巻11号143頁 …………………………… 401
大阪地判昭和52年12月26日判時893号104頁
……………………………………… 401
札幌地判昭和53年9月29日判時914号85頁（札幌ロボトミー事件） ……………… 33
熊本地八代支判昭和55年5月23日判時995号134頁 ……………………………… 401
最決昭和55年11月13日刑集34巻6号396頁
………………………………… 400–401
名古屋地判昭和56年3月6日下民集31巻9〜12号1445頁（名古屋ロボトミー事件） … 33
最判昭和56年6月19日裁判集民133号145頁（開頭手術事件） ………………… 33
仙台地石巻支判昭和62年2月18日判時1249号145頁（指つめ事件） …………… 401
大阪地判昭和62年4月21日判時1238号160頁
……………………………………… 401
福岡高宮崎支判昭和62年6月23日判時1255号38頁 ……………………………… 220
東京高判平成元年2月23日判タ691号152頁（富士見産婦人科病院事件） …… 5, 48, 217
福岡地判平成5年10月7日判時1509号123頁
……………………………………… 399
広島地判平成6年3月30日判時1530号89頁
……………………………………… 399
東京高判平成6年10月5日判時1513号115頁（野村病院事件） …………………… 49
東京高判平成9年8月4日高刑集50巻2号130頁 ………………………… 49, 401
東京地判平成11年6月30日判タ1007号120頁
……………………………………… 49
最判平成12年2月29日民集54巻2号582頁（東大医科研病院事件） …… 41, 320, 378

判例索引　*511*

東京高判平成13年2月20日判時1756号162頁（ベランダ転落死事件）……………………………… 53
東京地判平成13年3月28日判時1763号17頁（薬害エイズ帝京大学病院事件）…………………… 7
最判平成13年11月27日民集55巻6号1154頁（乳房温存療法事件）………………………… 320
最判平成14年9月24日裁判集民207号175頁 ……………………………………………………… 378
東京高判平成15年5月29日LEX/DB: 28082381 ……………………………………………… 49, 217
最決平成16年3月22日刑集58巻3号187頁（クロロホルム事件）………………………………… 53
最決平成17年7月4日刑集59巻6号403頁（シャクティ治療事件）………………………………… 53
福岡高判平成22年9月16日判夕1348号246頁（爪ケア事件）……………………………… 51, 401
最決平成24年1月30日刑集66巻1号36頁 … 220

2　外　国

Ob. Trib. GA 21, 540（ドイツ・上級裁判所1873年6月13日判決）…………………… 250
RGSt 2, 442（ドイツ・ライヒ裁判所1880年11月15日判決）…………………………………… 81
RGSt 5, 129（ドイツ・ライヒ裁判所1881年9月29日判決）………………………………… 250
RGSt 6, 61（ドイツ・ライヒ裁判所1882年2月22日判決）…………………………………… 81
RGSt 19, 136（ドイツ・ライヒ裁判所1889年4月16日判決）…………………………… 250, 335
RGSt 19, 226（ドイツ・ライヒ裁判所1889年5月20日判決）………………………………… 258
LG Hamburg *Stooss*, Chirurgische Operation und ärztliche Behandlung, 1898, S. 108（ドイツ・ハンブルク地方裁判所1894年2月2日判決）………………………………………… 81
RGSt 25, 375（ドイツ・ライヒ裁判所1894年5月31日判決〔骨がん事件〕）……… 22-23, 75-82, 90-91, 108, 110, 134, 160-161, 163, 165, 169, 184, 248, 251, 341
RGSt 29, 58（ドイツ・ライヒ裁判所1896年7月2日判決）………………………………… 251
RGSt 32, 113（ドイツ・ライヒ裁判所1899年4月11日判決）………………………………… 252
RGSt 33, 177（ドイツ・ライヒ裁判所1900年2月27日判決）………………………………… 369
RGSt 38, 34（ドイツ・ライヒ裁判所1905年4月10日判決）……………………… 81-82, 91, 134

RG GA 58, 184（ドイツ・ライヒ裁判所1910年5月30日判決）……………………………… 250
RGZ 78, 432（ドイツ・ライヒ裁判所1912年3月1日判決）…………………………………… 91
RGSt 56, 64（ドイツ・ライヒ裁判所1921年5月4日判決）………………………………… 252
RGSt 64, 113（ドイツ・ライヒ裁判所1929年12月2日判決）………………………………… 258
RGSt 67, 12（ドイツ・ライヒ裁判所1931年12月1日判決）…………………………… 9, 108
RGSt 66, 181（ドイツ・ライヒ裁判所1932年2月29日判決）………………………………… 108
RGZ 151, 349（ドイツ・ライヒ裁判所1936年6月19日判決）………………………… 107, 181
RGZ JW 1937, 927（ドイツ・ライヒ裁判所1936年11月24日判決）…………………………… 91
RG DR 1939, 365 Nr. 13（ドイツ・ライヒ裁判所1939年2月3日判決）…………………… 252
RGSt 73, 316（ドイツ・ライヒ裁判所1939年10月5日判決）………………………………… 258
RGSt 74, 91（ドイツ・ライヒ裁判所1940年2月23日判決）……………………………… 91, 134
RGZ 163, 129（ドイツ・ライヒ裁判所1940年3月8日判決）………………………………… 107
RGZ 168, 209（ドイツ・ライヒ裁判所1941年12月3日判決）………………………………… 107
BGE 72 IV 20（スイス連邦最高裁判所1946年3月29日判決）…………………………… 332, 340
BGH NJW 1953, 1440（ドイツ連邦通常裁判所1952年9月25日判決）……………………… 252
BGE 80 IV 102（スイス連邦最高裁判所1954年7月2日判決）…………………………… 340
BGH NJW 1956, 1106（ドイツ連邦通常裁判所1954年7月10日判決〔第1電気ショック事件〕）………………………… 110, 135, 188, 341
BGE 83 IV 71（スイス連邦最高裁判所1957年5月10日判決）………………………………… 332
BGHSt 11, 111（ドイツ連邦通常裁判所1957年11月28日判決〔第1筋腫事件〕）…… 9, 110, 117, 134, 188, 307, 341
BVerfGE 7, 198（ドイツ連邦憲法裁判所1958年1月15日判決〔リュート事件〕）……………… 308
BGHZ 29, 33（ドイツ連邦通常裁判所1958年12月5日判決〔甲状腺事件〕）……………… 135
BGHZ 29, 46（ドイツ連邦通常裁判所1958年12月9日判決〔第2電気ショック事件〕）……………………… 110-111, 135, 188, 307

BGHZ 29, 176（ドイツ連邦通常裁判所1959年
　1月16日判決〔放射線事件〕）…… 111, 188, 307
BGHSt 12, 379（ドイツ連邦通常裁判所1959
　年2月10日判決）……………………… 134-135
BGE 85 IV 125（スイス連邦最高裁判所1959
　年5月15日判決）…………………………… 340
BGHSt 14, 269（ドイツ連邦通常裁判所1960
　年5月3日判決）…………………………… 253
BGH NJW 1960, 2253（ドイツ連邦通常裁判
　所1960年6月21日判決）………………… 258
BGHSt 15, 200（ドイツ連邦通常裁判所1960
　年10月28日判決〔第2筋腫事件〕）…… 117, 200
BGHSt 16, 309（ドイツ連邦通常裁判所1961年
　2月1日判決〔医学研修生事件〕）
　…………………………………… 134, 272-273, 281
OLG Hamm MDR 1963, 520（ドイツ・ハム上
　級地方裁判所1962年12月18日判決）……… 341
BGE 89 IV 71（スイス連邦最高裁判所1963年
　4月29日判決）……………………………… 332
BGH JZ 1964, 231（ドイツ連邦通常裁判所1963
　年6月28日判決）…………………… 117, 134-135
BGE 91 IV 193（スイス連邦最高裁判所1965
　年9月17日判決）…………………………… 338
OLG Oldenburg NJW 1966, 2132（ドイツ・オ
　ルデンブルク上級地方裁判所1966年8月30
　日判決）……………………………… 256-257, 311
BVerfGE 27, 1（ドイツ連邦憲法裁判所1969年
　7月16日決定〔マイクロセンサス事件〕）…… 308
BVerfGE 30, 173（ドイツ連邦憲法裁判所1971
　年2月24日決定〔メフィスト事件〕）……… 308
BGH NJW 1971, 1887（ドイツ連邦通常裁判
　所1971年6月22日判決）………………… 135
BVerfGE 32, 98（ドイツ連邦憲法裁判所1971
　年10月19日決定）………………………… 135
BGH NJW 1972, 335（ドイツ連邦通常裁判所
　1971年11月16日判決）……………… 10, 135
BGH MDR 1972, 386（ドイツ連邦通常裁判所
　1971年12月21日判決）…………………… 258
BGE 99 IV 208（スイス連邦最高裁判所1973
　年9月14日判決）……… 328, 336, 338-345, 347,
　349-350, 353, 356
BGE 99 IV 253（スイス連邦最高裁判所1973
　年10月24日判決）………………………… 332
BGHSt 25, 277（ドイツ連邦通常裁判所1974
　年1月23日判決）…………………… 252, 335
OGer Bern ZBJV 113, 281（スイス・ベルン州
　高等裁判所1975年10月28日判決）………… 337

BGH NJW 1977, 339（ドイツ連邦通常裁判所
　1976年10月25/26日判決）………………… 253
BGE 103 IV 65（スイス連邦最高裁判所1977年
　4月20日判決）……………………………… 332
BGH NJW 1978, 1206（ドイツ連邦通常裁判
　所1978年2月22日判決〔抜歯事件〕）…… 135, 394
BGE 105 IV 179（スイス連邦最高裁判所1979
　年7月5日判決）…………………………… 337
BVerfGE 52, 131（ドイツ連邦憲法裁判所1979
　年7月25日決定）………………… 117, 135, 306-307
BGHZ 76, 249（ドイツ連邦通常裁判所1980年
　3月18日判決）……………………………… 302
BVerfGE 56, 54（ドイツ連邦憲法裁判所1981
　年1月14日決定〔航空機騒音事件〕）
　………………………………………………… 306, 313
BGH NJW 1983, 462（ドイツ連邦通常裁判所
　1981年3月4日判決）……………………… 258
BGE 107 IV 40（スイス連邦最高裁判所1981
　年4月2日判決）…………………………… 333
BGH NStZ 1981, 351（ドイツ連邦通常裁判所
　1981年5月22日決定）……………………… 135
BGH NJW 1983, 352（ドイツ連邦通常裁判所
　1982年10月26日決定）…………………… 135
BGH NStZ 1986, 266（ドイツ連邦通常裁判所
　1985年11月27日判決）…………………… 258
BGHSt 35, 246（ドイツ連邦通常裁判所1988
　年3月25日決定）…………………… 135-136
BGE 114 Ia 350（スイス連邦最高裁判所1988
　年10月26日判決）………………………… 348
BGHSt 36, 1（ドイツ連邦通常裁判所1988年
　11月4日判決）……………………………… 258
BGE 115 IV 17（スイス連邦最高裁判所1989
　年2月2日判決）…………………… 333, 337
BGHSt 36, 262（ドイツ連邦通常裁判所1989
　年10月12日判決）………………………… 258
BGH NJW 1990, 3156（ドイツ連邦通常裁判
　所1990年3月7日判決）…………………… 253
OLG Zweibrücken NJW 1991, 240（ドイツ・ツ
　ヴァイブリュッケン上級地方裁判所1990年
　6月18日決定）……………………………… 250
BGE 117 IV 14（スイス連邦最高裁判所1991
　年3月8日判決）…………………… 332-333
BGHSt 37, 383（ドイツ連邦通常裁判所1991
　年5月17日決定）…………………………… 9
BGE 117 Ib 197（スイス連邦最高裁判所1991
　年5月28日判決）………………… 347-348, 359
OLG Düsseldorf NJW 1991, 2918（ドイツ・デ

ュッセルドルフ上級地方裁判所1991年5月
 29日決定）·················· 253, 256-257, 311
BGE 118 Ia 427（スイス連邦最高裁判所1992
 年11月26日判決）·························· 347
BGE 119 IV 25（スイス連邦最高裁判所1993
 年1月19日判決）··························· 333
BGE 119 IV 1（スイス連邦最高裁判所1993年
 4月15日判決）······························· 333
BVerfGE 89, 120（ドイツ連邦憲法裁判所
 1993年9月22日決定）···················· 307
BGHZ 124, 52（ドイツ連邦通常裁判所1993年
 11月9日判決）····················· 225, 301-302
BGH NJW 1995, 2407（ドイツ連邦通常裁判
 所1995年6月27日判決）················ 302
BGH NStZ 1996, 34（ドイツ連邦通常裁判所
 1995年6月29日判決）···················· 135
BGH NJW 1995, 2643（ドイツ連邦通常裁判
 所1995年7月20日判決）················ 253
OLG Köln NJW 1997, 2191（ドイツ・ケルン上
 級地方裁判所1996年3月8日決定）··· 253
BGH NStZ 1997, 123（ドイツ連邦通常裁判所
 1996年11月5日決定）············· 253, 258
BGE 6 S.228/1997（スイス連邦最高裁判所
 1997年5月20日決定）············· 332, 337
BGHSt 43, 306（ドイツ連邦通常裁判所1997
 年11月19日判決）························· 135
BGHSt 43, 346（ドイツ連邦通常裁判所1997
 年12月3日判決）················ 10, 135, 258
BGE 124 IV 258（スイス連邦最高裁判所1998
 年12月3日判決）········ 328, 338-339, 342-347,
 350, 359
BGHSt 45, 219（ドイツ連邦通常裁判所1999
 年10月4日判決）··················· 117, 135-136

BGH NStZ 2000, 87（ドイツ連邦通常裁判所
 1999年10月12日判決）·················· 135
BGE 126 I 112（スイス連邦最高裁判所2000
 年5月23日判決）··························· 347
BGE 127 I 6（スイス連邦最高裁判所2001年
 3月22日判決）······························· 347
BGE 127 IV 154（スイス連邦最高裁判所2001
 年6月15日判決）··················· 346-347, 350
OGH 12 Os 63/01（オーストリア最高裁判所
 2001年12月6日判決）··············· 353, 377
BGE 129 IV 1（スイス連邦最高裁判所2002年
 11月7日判決）······························· 337
BGHZ 154, 205（ドイツ連邦通常裁判所2003
 年3月17日決定〔リューベック事件〕）··· 393
BGH JR 2004, 251（ドイツ連邦通常裁判所
 2003年10月15日決定）·················· 117
BGE 130 IV 7（スイス連邦最高裁判所2003年
 11月28日判決）···························· 338
BGE 1P.219/2004（スイス連邦最高裁判所2004
 年8月6日判決）······················ 337, 346
OGH 11 Os 4/05f（オーストリア最高裁判所
 2005年12月13日判決）·················· 377
OGH 13 Os 141/06v（オーストリア最高裁判
 所2007年4月11日判決）········ 353, 377
BGE 6 B_640/2007（スイス連邦最高裁判所
 2008年2月11日判決）···················· 346
BGE 134 IV 189（スイス連邦最高裁判所2008
 年6月19日判決）······················ 332-333
BGH NJW 2011, 1088（ドイツ連邦通常裁判
 所2010年12月22日判決〔レモン汁事件〕）
 ··· 135
LG Köln NJW 2012, 2128（ドイツ・ケルン地方
 裁判所2012年5月7日判決）··········· 303

著者略歴

天　田　　悠　（あまだ　ゆう）
　　1987年　東京都生まれ
　　2010年　早稲田大学法学部卒業
　　2012年　早稲田大学大学院法学研究科修士課程修了
　　　　　　日本学術振興会特別研究員DC1
　　2016年　早稲田大学大学院法学研究科博士後期課程研究指導終了
　　　　　　博士（法学）（早稲田大学）
　　現　在　早稲田大学法学学術院助教

治療行為と刑法
2018年2月1日　初版第1刷発行

　　著　者　　天　田　　悠
　　発行者　　阿　部　成　一
　　　　　〒162-0041　東京都新宿区早稲田鶴巻町514番地
　　発行所　　株式会社　成文堂
　　　　　　電話 03(3203)9201(代)　FAX 03(3203)9206
　　　　　　　　http://www.seibundoh.co.jp

製版・印刷　シナノ印刷　　　　　　　　製本　弘伸製本
　　　　　ⓒ2018　Y. Amada　Printed in Japan　検印省略
　　　　☆乱丁本・落丁本はおとりかえいたします☆
　　　　　　ISBN978-4-7923-5231-8 C3032

　　　　　　　定価（本体12,000円＋税）